高等学校教育技术学专业精品教材

丛书主编◎武法提

技术支持的教师专业发展

TECHNOLOGY ENHANCED TEACHER PROFESSIONAL DEVELOPMENT

马宁◎著

北京师范大学出版集团
BEIJING NORMAL UNIVERSITY PUBLISHING GROUP
北京师范大学出版社

图书在版编目(CIP)数据

技术支持的教师专业发展/马宁著.—北京:北京师范大学出版社,2022.10

高等学校教育技术专业精品教材

ISBN 978-7-303-26731-6

Ⅰ.①技… Ⅱ.①马… Ⅲ.信息技术-应用-师资培养-高等学校-教材 Ⅳ.①G451.3-39

中国版本图书馆 CIP 数据核字(2021)第 011861 号

教 材 意 见 反 馈　gaozhifk@bnupg.com　010-58805079
营 销 中 心 电 话　010-58802755　010-58800035
北 师 大 出 版 社 教 师 教 育 分 社 微 信 公 众 号　京师教师教育

JISHU ZHICHI DE JIAOSHI ZHUANYE FAZHAN

出版发行:北京师范大学出版社　www.bnup.com
　　　　　北京市西城区新街口外大街 12-3 号
　　　　　邮政编码:100088
印　　刷:保定市中画美凯印刷有限公司
经　　销:全国新华书店
开　　本:184 mm × 260 mm　1/16
印　　张:29.25
字　　数:606 千字
版　　次:2022 年 10 月第 1 版
印　　次:2022 年 10 月第 1 次印刷
定　　价:68.00 元

策划编辑:王剑虹　　　　　　责任编辑:马力敏　李灵燕
美术编辑:焦　丽　　　　　　装帧设计:李尘工作室
责任校对:康　悦　　　　　　责任印制:赵　龙

丛书编委会

顾　问　何克抗

主　编　武法提

副主编　吴　娟

编委会（以姓氏笔画为序）

冯晓英　刘美凤　李　芒　李玉顺

李艳燕　杨开城　余胜泉　陈　丽

武法提　郑勤华　黄荣怀　董　艳

序　言

教育技术学作为兼具"教育"与"技术"基因的学科，经过几十年的发展已逐渐壮大，学科研究范畴不断拓宽，学科体系日益兼容扩展，学科实践开始引领与推动我国教育现代化进程。在教育系统发生结构性变革的大趋势之下，迎面而来的各类新技术、新观念、新手段承载着人们对智能教育、未来学校、教学方式与学习方式变革的思考，使我国教育技术学科呈现出令人鼓舞的愿景与良好的发展势头。

教育技术学是通过设计、开发、利用、管理、评价有合适技术支持的教育过程与教育资源，来促进学习并提高绩效的理论与实践。以教育信息化全面推动教育现代化是教育技术学专业的历史使命和时代担当。构建具有中国特色、国际领先水准的教育信息化理论体系，将信息技术融入各学科的教学过程，用大数据技术驱动教育科研精准化，用人工智能技术破解教育实践中的各种难题，是推动教育深化改革，创新传统教育生态，塑造信息时代全新教育系统，实现教育现代化的必由之路。当前，教育信息化已进入 2.0 时代，"互联网＋教育"和"人工智能＋教育"正在快速扩展，各个学科在人才培养、理论创新和实践引领上都需要更进一步，以便建成具有国际领先水平的一流学科，这既是我们一代代教育技术学人孜孜以求的目标，也为当前我国的教育技术学科赋予了全新的使命和更高的要求。

学科概念体系的建立是教育技术学发展的命脉。"器而后有形，形而后有上。"长期以来，技术的工具理性同样制约着教育技术学的发展，体现为教育技术本身对"规律"的揭示不足，教育技术之"常"往往被人们忽略，新兴技术环境下的"信息化教学创新理论与实践"还未能充分体现，教育技术的人才培养与就业趋势中依然存在忧患。教育领域的"技术问题"不可能仅靠技术手段或操作方式的改变来解决。因此，教育技术的学科思维理应成为教育发展的关键点，这是学科发展之"道"的体现。

在新时代背景下，教育技术学亟须对本学科内涵展开追问，从教育教学问题的解决中寻求建树。在确立学科内涵的同时，也应重视学科研究的跨领域视角，体现人才培养的多元特色与特征。"高等学校教育技术学专业精品教材"正是在这样的思想指导之下，立足于教育技术学专业推动人才培养的时代需求和北京师范大学教育技术学院的人才培养实践的经验总结。这套教材以提升问题解决能力为导向，设计了面向教育产品研发、企业绩效培训、信息技术教育等不同领域，涵盖理论基础、基本原理和设计、技术、开发等多个层面的教材体系，从而实现"学与教、理论与技术并驾齐驱，寻求教育技术学科的内涵发展"。

本套教材共包括 29 本著作，整体上遵循历史与逻辑相结合、理论与实践相结合、问题与项目相结合的编写原则，在考察信息技术与教育深度融合实践中遇到的一系列重大理论问题的基础上，探讨在教育信息化理论创新方面的突破。本套教材由北京师范大学教育技术学院具有深厚研究基础和教学经验的中青年教师团队执笔，拥有较高的学术价值。本套教材的出版，对我国教育技术学专业的人才培养将具有重要的现实意义和深远影响。总体来看，本套教材具有以下四个方面的特色。

一、着眼基本原理问题，注重学科思维培养

以原理式思维深挖教育技术的学科特质，回归学科本体，是教育技术学发展的根基。在这方面，北京师范大学教育技术研究团队做出了卓越的贡献：经过 20 多年的实践探索、自主创新而形成的"中国特色信息化教学创新理论"由六大核心理论支撑，前四大核心理论是创造性思维理论、新型建构主义理论、深层次整合理论、新型学教并重教学设计。本套教材吸纳了上述研究成果，既有教育的理论，又有技术的理论，更有对信息技术和课程深度融合的内涵梳理，力求将领域知识的发展历史、来龙去脉说清楚，并在历史叙述中深入分析、评述，将演变逻辑阐述清楚。

二、立足教育技术理论的实际应用，提升学习者的设计能力

教育技术学作为信息技术课程人才培养的依托，应在实践中创造学科人才的新流向。在教育信息化 2.0 时代，"构建教育新生态"成为教育的核心目标。与之对应，本套教材将信息技术重塑教育生态的设计能力作为学科培养的重要内容。设计能力，包括技术支持的学与教的设计、以技术为教学内容的设计，以及为重塑教育生态格局而进行的学与教的设计等方面的能力，涵盖了以混合教学设计、数字教师、设计能力为核心的创新设计和开发能力的培养。本套教材借鉴了认知心理学领域的理论和实践，开发了合作性的课程项目，进行了数字环境下的学习体验设计，以便为学习者创造有意义、有价值的在线学习体验。

本套教材兼顾了不同价值观的理论基础对实践进行的具体指导，重点破解了不同价值观的理论基础是如何指导"用技术的手段解决教育教学的问题"的，较好地体现了知识体系中经典和前沿的结合，以及学生综合素质培养与创新型人才培养的结合。教材内容体现了时代担当与社会责任，重视新知识的比例，案例丰富、新颖，覆盖不同的教育场景，力求以先进的教育观念为指导，科学地运用先进技术引领现代社会发展。

三、着眼课堂教学结构变革，拓展跨学科生长点

教育系统结构性变革要通过"课堂教学结构的变革"来落实。本套教材体现出了教育技术学科的自身特色，配套提供了精品数字化教材，为重点内容提供了数字资源。教材设计之初考虑到如何在混合学习环境下实施教学，以及对讲授教学、翻转课堂、自主学习的支持，提供了对应的场景化案例、相关工具与资源，以支撑学生的自主学习、协作探究、深层次意义建构和情感体验与内化。

进入 21 世纪，跨学科已成为技术创新的组成部分，弥合了研究、工业和教育之间的差距。进行教育技术学的跨学科研究已经逐渐成为学术界的共识，也成为学科人才培养的未来趋势。教材内容强化了以脑科学、学习科学为理论框架的跨学科研究，以期从心理、生理及行为的综合视角对人类如何学习进行探索，从而寻找到促进和改善学习活动的方式与方法。当前，学习者的学习方式也正在逐渐适应智能时代发展的新诉求。虚拟现实教育应用、人工智能教育应用、教育数据挖掘与学习分析等内容充分体现了我们对学科跨界融合趋势的充分思考。

四、"知、行、创"合一，体现国际一流水准

教材体系体现了跨学科人才培养的多样性，并考虑到了学科教育、教育技术、心理学、计算机科学的协同项目设计，在原有人才培养目标的基础上，更加注重可迁移能力与创造能力的发展，从而实现"知、行、创"三者合一。教材内容将理论讲解与案例分析相结合，加大笔墨分析理论对案例设计、开发的具体指导。这体现在以下三个方面：一是能力指向，教材内容注重问题解决，培养学生识别问题、分析需求、设计方案、开发原型、形成产品的能力；二是项目承载，教材设计了不同教育实际场景下的综合项目，力求利用协同式项目研究培养学生将理论知识综合应用于问题解决的能力；三是将工程系统思维与学科结合，引入"信息架构师"体系，探索基于实践场域的创新应用与服务。

未来的时代是新兴技术与教育教学深度融合创新的时代。以云计算、大数据、物联网、虚拟现实、人工智能为代表的新一代信息技术给教育信息化注入的新活力，正在深刻改变着教育服务模式和资源配置方式，"信息技术与学科教学深度融合"已成为当前教育技术学科内涵的基本特征。"高等学校教育技术学专业精品教材"从当前信息化教学模式层面的问题出发，寻求技术支撑教与学的关键要点。我们相信，本套教材既有助于读者了解当前教育技术学的研究趋势，也有助于读者掌握教育技术学的研究方法与范式，帮助读者开阔视野，催生国内高水平教育技术研究与实践，在理论和实践两个层面肩负起时代重任。中国教育技术学科将能够立足本土需要，彰显后发优势，逐步成为具有中国特色、国际水准的学科体系，我们对此亦有充分的依据和信心。

　　"高等学校教育技术学专业精品教材"涵盖了教育技术学的热点领域，包括专业基础、原理性课程、设计类课程、开发类课程与应用类课程 5 个部分。教材体系完善、内容新颖、案例翔实，不仅适合教育技术学专业的本科生、研究生、研究者和教师阅读，也适合教育学、心理学等专业的研究者与专业技术人员查阅与参考。

　　本套教材历时三年终于问世，北京师范大学教育技术学院的中青年教师团队付出了大量的时间与精力，教材主编武法提统筹了丛书的策划并对编写方案做了大量的论证，北京师范大学出版社王剑虹为教材的出版付出了大量心血，在此对这些贡献者致以深深的谢意！

何克抗
武法提
2020 年 5 月

前　言

百年大计，教育为本；教育大计，教师为本。在提升教育质量，深化教育改革的过程中，我国一直高度重视教师教育的发展和创新，并将其作为教育改革的突破点和着力点。《教师教育振兴行动计划（2018—2022 年）》强调，要不断优化教师培养培训的内容方式，不断提升教师的综合素质水平和创新能力。随着大数据、人工智能等新兴技术的飞速发展，教育变革也进入深水区。如何应对信息时代对人才培养和教育提出的要求和挑战，如何应用信息技术有效提升教育教学质量，如何促进信息化环境下教师的专业发展，成为当前教育领域研究的热点和重点之一。

2018 年 1 月，中共中央、国务院颁布《关于全面深化新时代教师队伍建设改革的意见》，要求教师主动适应信息化、人工智能等新技术变革，积极有效开展教育教学。2018 年 2 月，教育部颁布《教师教育振兴行动计划（2018—2022 年）》，提出"互联网＋教师教育"创新行动，指出要充分利用大数据、人工智能等新技术，推进教师教育信息化教学服务平台建设和应用，推动教师主动适应信息化、人工智能等新技术变革，积极有效开展教育教学。2019 年 3 月，教育部颁布《关于实施全国中小学教师信息技术应用能力提升工程 2.0 的意见》（以下简称《意见》），突出以学校信息化教育教学改革发展引领教师信息技术应用能力培训，帮助教师适应技术发展。《意见》指出，到 2020 年，要基本实现"三提升一全面"的总体发展目标：校长信息化领导力、教师信息化教学能力、培训团队信息化指导能力显著提升，全面促进信息技术与教育教学融合创新发展。教师专业化发展体系正随着技术的融入发生着深刻的变革，教师的能力结构、专业发展的途径与方式等都在面临新的挑战。

面对信息时代的新形势、新起点，本书从全球视角出发，介绍了各国应对信息时代所提出的信息化策略以及对教师能力素养的要求，并针对我国信息化现状，构建了教师核心能力与素养模型，介绍了新兴工具、技术、模式和方法，缜密构思、精心选材，可满足读者"学习、研究、应用"三方面的需求。

本书共分为 8 章。第 1 章"教育信息化与教师专业发展"介绍了各国教育信息化政策及发展情况，从全球角度阐述了信息时代给教师专业发展带来的机遇和挑战；第 2章"教师专业发展的理论基础"系统地介绍了信息时代下教师专业发展的理论基础；第 3章"信息时代教师能力素养典型框架"介绍了联合国教科文组织、英国、美国以及中国对于信息时代教师能力素养提出的框架及标准；第 4 章从领导力素养、信息化素养及设计素养三方面出发，构建了数字教师核心能力与素养模型。"在线学习与混合式学习""交流与协作""自我调节与自我管理"以及"基于学习分析的教师专业发展"4章，介绍了信息时代下教师专业发展的相关工具、模型和方法。

本书提供了丰富的拓展读物和在线学习资源，便于教师组织教学和实践，培养读者的创造性学习能力，是全国各高等院校教育技术专业学生的理想教材。我们希望本书能够满足教育技术学学生了解信息时代下教师专业发展的新要求、新内涵和新方法，也希望使用此书的中小学教师能够将书中的方法应用到教学中，并期待书中的理论、原理和方法能够被读者真正理解和应用。

本书由马宁负责整体统筹和策划，崔京菁、赵若辰、何俊杰、李亚蒙、曾敏、程鑫、杨文妍、罗欣、张舒然、马超、张燕玲、杜蕾、郭佳惠、路瑶等参与书稿各章节的资料整理、撰写等工作，全书由马宁修改、审定和统稿。

本书的编写和出版离不开广大同人的大力支持，感谢北京师范大学教育技术学院武法提教授、吴娟副教授在书稿选题、书稿编写过程中的帮助和支持，感谢余胜泉教授、张志祯副教授对书稿的审阅和建议，感谢出版社王剑虹老师及各位编辑对本书的出版付出的努力。

期待本书的出版能为读者带来一定的启发和思考。在编写的过程中，我们力求将理论和实践相结合，在系统介绍支撑教师专业发展的相关理论、模型、方法的同时，辅助有代表性的实践与案例。由于我们的认识水平和时间等条件的限制，难免有不尽人意之处，敬请读者批评指正，将有关思考和建议及时反馈给我们，以便我们不断完善本书。

马宁

2021 年 11 月

目　录

第 1 章

教育信息化与教师专业发展

本章概要

　　随着信息技术的迅猛发展，社会各界整体的信息化和智能化水平不断提高，对教育界也带来了深刻的影响，世界各国均颁布了相应的教育信息化政策来应对变革。信息技术可为解决教育中的问题，提高教育教学效率，实现个性化教学提供创新的解决方案，但同时也对人才的培养和教师的专业发展提出了更高的要求。当代社会越来越多地以信息、知识和技术为基础，为适应信息化时代的发展，学习者需要具备收集信息、处理信息、整合信息、表征信息以及用信息创造性地解决问题的知识和能力等。教师不仅需要在教学知识、学科知识等方面得到发展，还需要掌握信息技术教学应用的知识和技能，提高自身信息素养。目前，我国教师专业发展已取得一定的成效，但仍存在许多问题和挑战，需要不断转变与创新。因此，信息时代对教师专业发展既是机遇，又是挑战，但更多的是机遇。

结构图

教育信息化与教师专业发展
- 教育变革与教育信息化
  - 教育变革与创新
  - 教育信息化
  - 国外教育信息化发展
  - 中国教育信息化发展
- 教师专业发展的内涵与意义
  - 教师专业发展的概念与内涵
  - 教师专业发展的国内外发展历程
  - 对教师专业发展不同维度的解读
  - 促进教师专业发展的意义
- 信息时代教师专业发展的机遇与挑战
  - 信息时代教师专业发展的必要性
  - 信息时代教师专业发展的机遇
  - 信息时代教师专业发展的挑战

学习目标

1. 了解教育信息化的背景、含义与发展。
2. 掌握教师专业发展的内涵与意义。
3. 明确信息时代教师专业发展的机遇与挑战。

读前反思

信息时代，教师如何实现自身专业发展？

　　读者在阅读本章内容时，不应局限于对概念和意义的记忆，而应结合教育信息化与教师专业发展的国内外发展历程，进一步理解教师专业发展的内涵与意义，并思考教师应如何应对信息时代带来的机遇与挑战。

1.1
教育变革与教育信息化

🎯 **学习目标**

1. 了解教育产生的变革与创新。
2. 理解教育信息化的内涵。
3. 了解教育信息化的国内外发展历程。

我们已进入知识经济时代，各个国家之间的竞争变得更加激烈，国家之间的竞争，其本质是人才的竞争，人才的综合素质是国家进步、民族创新的源泉。[①] 教育是提高民族创新力、培养人才的基础，决定着一个国家的综合竞争力，与教师专业发展之间息息相关。因此，为了促进教育信息化发展，各个国家颁布了相应的应对政策并投入了大量的人力、物力和财力。

1.1.1 教育变革与创新

技术的变革带来了信息和知识的迅速膨胀，拓宽了学习者的学习空间，增加了人们的学习机会，改变了人们的认知方式与学习方式[②]，与此同时也为教育创新提供了更多的可能。但我们必须认识到，技术的发展在给教育带来机遇的同时，也带来了诸多的挑战。这迫使我们思考，为适应时代的发展，教育的宗旨应该是什么？学习者应该具备哪些核心素养。2016年，联合国教科文组织发表《反思教育：向"全球共同利益"的理念转变?》，强调教育是人类的共同利益，教育要尊重生命、尊重人格、尊重和平、尊重平等、尊重人的权益，而且要为可持续发展承担责任，21世纪教育的根本宗旨应是维护和增强个人在其他人和自然面前的尊严、能力和福祉。同年，《中国学生发展核心素养框架》发布，提出为适应社会发展，中国学生应该具备"人文底蕴""科学精神""学会学习""健康生活""责任担当"和"实践创新"六大素养。为实现信息技术与教育教学实践的深度融合，推动教育变革与创新，构建终身学习的教育体系，我们必须开展教育信息化。作为教育现代化的重要步骤，教育信息化对于促进教育公平、提升教育

---

① 张力：《关于我国教育经济研究及其功能的三个视角》，载《教育经济评论》，2016(1)。
② 祝智庭：《世界各国的教育信息化进程》，载《全球教育展望》，1999(2)。

质量、实现个性化教育、推动教育创新具有十分重要的意义，是应对教育变革的主要手段。技术的发展不仅对学习者提出了新的核心素养要求，也催生出了各种新型的教育形态，改变了学习者的学习方式、认知方式和教育关系。在这样的背景下，传统的教与学的方式已无法适应时代发展的需求，所以对教师的核心素养的重构就显得极为重要，基于此的教育专业发展将成为教育信息化工程中至关重要的一环。

1.1.2　教育信息化

教育信息化有两层含义，一是把提高信息素养纳入教育目标，培养适应信息社会的人才；二是把信息技术手段有效应用于教学管理与科研，注重教育信息资源的开发和利用，其核心内容是教学信息化。

1993 年，美国提出建设"信息高速公路"计划，推进信息技术在社会各领域的广泛应用，其中信息技术在教育中的应用即教育信息化，被认为是实施面向 21 世纪教育改革的重要途径。此后，美国政府组织了多项中小学教育信息化工程，如由美国教育部发起的"明星学校"计划以及由美国科学基金会资助的"全国学校网络试点项目"等。[①] 世界各国也纷纷制订教育信息化相关计划。例如，芬兰教育部于 1995 年提出"信息社

> **教育信息化**
>
> 　　教育信息化是指在国家及教育部门的统一规划和组织下，对教育系统的各个领域全面深入地应用现代信息技术，加速实现教育现代化的进程。

会中的教育、培训与研究：国家战略"的五年计划，计划到 2000 年实现全部学校和教育机构联网；新加坡于 1996 年推出全国教育信息计划，拟斥资 20 亿美元实现每间教室连通互联网，教师人手一台笔记本电脑，每两位学生共用一台计算机的目标；中国于 1996 年拟订了一个关于 1000 所学校教育手段现代化试点项目的五年计划，为 1000 所试点的学校建设校园网、多媒体教室、电脑教学机房等。下面重点介绍美国、芬兰、英国、日本以及我国的基础教育信息化发展进程。

1.1.3　国外教育信息化发展

1.1.3.1　美国

自 20 世纪 90 年代美国提出"教育信息化"这一概念以来。从 1996 年到 2017 年，美

---

① 祝智庭：《世界各国的教育信息化进程》，载《全球教育展望》，1999(2)。

国已发布了六个《国家教育技术规划》(National Educational Technology Plan，简称"NETP")，美国的教育开始了以 NETP 为蓝图的信息化进程。1996 年，美国发布历史上第一个 NETP，提出"让美国学生为 21 世纪做好准备：迎接技术素养的挑战"，旨在建立支持教育信息化的教育环境以实现信息与通信技术 (Information Communications Technology，简称"ICT")和教学的整合，强调教育信息化基础设施和教师教育技术能力的建设；2000 年，美国政府提出了"数字化学习：让所有的孩子随时都能得到世界一流的教育"，将信息素养纳入学生能力标准，对教师和学生的 ICT 应用能力提出了更高的要求，以提升教育信息化基础设施在教学和学习中的有效利用率；2005 年，提出"面向美国教育的黄金时代：因特网、法律和当代学生展望"，立足美国信息化发展现状，旨在通过预算、领导力和教师培训等多项改革措施提高 ICT 应用效能，在更高层次上建立以学生发展为中心的技术应用和教学模式；2010 年，美国提出"变革美国教育：技术推动学习"，为实现学生个性的充分发展，促进教育公平，提出了"技术支持下的 21 世纪学习模型"，强调利用 ICT 营造学习氛围，提供实用工具和丰富学习资源，使学习者能够充分自由地选择学习方式；2016 年，美国提出了"为未来做准备的学习：重塑技术在教育中的角色"，利用 ICT 全面改进教与学，强调学生终身学习能力和非认知能力的提升，从学习、教学、领导力、评价和基础设施五个领域全面指引未来五年美国教育信息化的发展方向。

在教师专业发展方面，为了促进 ICT 与课程的融合，对教师的能力和角色提出了新的要求。美国从 NETP1996 开始，就关注教师的 ICT 应用能力建设。NETP2000 提出，所有的教师都应具备有效运用技术来促进学生高水平学习的能力，之后的每次规划都强调了对教师 ICT 应用能力的要求和培养，到 NETP2016 则提出转变教师角色的要求，明确教师应成为学生学习的引导者、促进者、激励者、共同学习者，并特别提出要加强教师的职前、职中技术培训，注重技术与教学的融合，培养一支擅长"线上、线下"混合教学的强大师资队伍。

从美国教育信息化发展历程可以看出，美国 NETP 每一阶段的战略都建立在上一阶段的基础上，充分结合对教育信息化发展的诊断，推出下阶段发展的新目标，层层推进。

1.1.3.2　芬兰

近年来，芬兰的优质教育体系以及其学生在国际学生评价项目(PISA)中阅读素养、解决问题能力以及数学等方面的出色表现，使得芬兰教育在国际上引起广泛关注。他们将教育质量的提高作为"立足世界强国"的主要手段，强调"为学而教"，重视教师队伍建设，采用分工协作的方式构建了教育生态系统。

早在 1995 年《芬兰国家策略》发布前以及实行过程中，政府投入了大量资金帮助网络学校购买 ICT 设备以及资助教师教育。芬兰议会中的为了未来委员会采纳"教学和学习中的信息和通信技术"作为其评估项目之一，并要求芬兰国家研究发展基金会执行。随后，一系列有关国家策略的评估报告出版，有力推动了芬兰教育信息化的进程。1999 年，芬兰颁布了《信息社会的教育、培训和研究：2000—2004 的国家策略》，希望各教育机构在 2002 年前评估完他们的课程并起草有关 ICT 教育用途的信息策略。策略强调学生的参与，并认可学生的信息科技能力。进入 21 世纪，芬兰教育信息化政策有了新发展。在 2004 年发布的《教育、培训和研究的信息社会项目（2004—2006）》中提出了一系列目标，旨在促进信息技术与教学之间的整合[①]。2014 年，芬兰通过了《基础教育国家核心课程标准》，特别强调培养学生当今与未来社会必备的七大核心素养，并基于核心素养建构了课程体系。此外，芬兰还实施了一项叫作"万家信息化"项目，为了配合"万家信息化"项目的有效实施，芬兰还制定了"ICT 校校通工程"，目的是进一步推进芬兰通信网络的普及，促进芬兰互联网的全面覆盖。数据显示，芬兰 99％的小学都走上了信息化的道路，各个学校的信息化水平发展都比较均衡。[②]

在教师专业发展方面，芬兰也宣称 PISA 的成功有赖于高素质的教师及其背后良好的教师教育。[③] 芬兰政府投入了大量的人力、物力和财力在教师的专业发展上，要求所有综合学校的教师必须获得硕士学位。他们的教师知识结构合理、知识渊博、个人总体素质较高，提高了整个教育队伍的水平，为高素质人才的培养提供了坚实的保障。此外，芬兰的所有学校都已开发学生管理系统，管理学生的各种信息，以便全面了解学生，根据学生的需要调整安排课时教学计划，促进每一位学生的发展。同时，教师通过信息技术组织的教师专业协会也是重要的网络，在这个虚拟的组织中来自全国各地的教师都可以分享自己的经验并向其他教师学习，这一交流模式为教师水平的提高提供了很好的联合学习机会，有助于促进教师智慧不受时空限制地流动，使教育智慧能够在每个学校所向播撒。

1.1.3.3　英国

谈到教育与信息技术的发展，历史悠久又深具特色的英国教育信息化建设是不容忽视的。英国教育信息化主要体现在两方面：一是开设专门的计算机课程，培养学科素养与能力；二是在将信息与通信技术与其他学科教学相融合以提高教育质量。英国是开展信息与通信技术（ICT，Information and Communication Technology）教育先进国家之一，并建立了完备的 ICT 教育计划。自 20 世纪 80 年代起，ICT 就被设立成了专

---

①　陈杰苗：《芬兰、新西兰和爱尔兰教育信息化政策演变及启示》，载《中国教育信息化》，2017(3)。

②　陶梦云、刘义兵：《芬兰基础教育均衡发展归因分析》，载《现代中小学教育》，2015(12)。

③　杨春红、郑友奇：《博洛尼亚进程中的芬兰教师教育改革及其启示》，载《高教探索》，2011(1)。

门的课程。英国政府十分重视 ICT 的发展，希望通过信息技术教育和网络建设，改进教育技术，变革教育理念和提高国家教育质量水平。[①]

进入 20 世纪 90 年代后，为促进教育教学的整体发展，ICT 在教育中的运用得到了英国政府的进一步重视，体现在 ICT 课程本身、ICT 与课程的整合以及教师专业发展。英国政府加大力度加强对 ICT 的管理和促进其教育应用水平的研究。首先，政府多次以法律、法规的形式在全国强制推行 ICT 教育，如《1988 年教育改革法》《1997 年教育法》以及 2000 年新的《国家课程》，都明确了教育信息化的目标和内容、价值体系。此外，1998 年，英国政府专门建立了教育传播与技术署（BECTA，British Education Communication and Technology Agency），其作为政府在教育信息化方面的战略顾问，专门负责推进、深化教育领域的信息技术的建设和应用，促进了技术为学习者带来最优的学习体验和效果。

自 21 世纪后，英国政府推进的教育课程改革，对于学生的读写、计算能力和使用信息技术与他人交流的能力提出了更高的要求。[②] 英国教育与技能部于 2004 年发布了《关于孩子和学习者的五年战略规划》，强调 ICT 是教育改革的核心。2005 年，政府颁布了《利用技术：改变学习及儿童服务》的信息化战略，重点确立了包含为儿童及学习者提供综合在线信息服务、建立支持个性化学习活动的协作机制以及为教育工作者提供优质的 ICT 培训和支持等在内的多个策略，加强推进信息技术与课程整合。2016 年，英国政府针对未来五年的国家教育发展战略和规划发布了《教育部 2015—2020 战略规划：世界级教育与保健》，指出要大力推进 STEM 课程开设率，提高相关课程质量，这对提高英国教育质量具有重要意义。

1.1.3.4 日本

日本政府为推进基础教育信息化，自 20 世纪 80 年代，颁布了一系列的信息化政策和法规，分阶段制定了信息化战略，强调教育均质化，重视调研，以产学官一体化的方式开展了诸多信息化项目，多渠道实施了教师信息技术培训。

日本的教育信息化萌芽阶段为 20 世纪 80 年代，定性阶段为 20 世纪 90 年代，21 世纪进入腾飞阶段[③]，其水平现已处于世界前列。为提升国家教育信息化水平，日本政府制定了一系列相关政策法规。1971 年，日本中央教育审议会制定《关于今后学校教育综合扩充、整顿的基本国策》，文件指出要运用现代化的科技手段来支撑教育的发展，并规定了今后学校教育的总任务，为教育信息化的发展提供了可靠的保证。2000 年颁

---

① 许林：《BECTA 在英国 ICT 教育中的作用及其启示》，载《电化教育研究》，2010(7)。
② 王妍：《21 世纪初英国基础教育课程改革现状》，载《吉林省教育学院学报》，2014(3C)。
③ 魏先龙、王运武：《日本教育信息化发展战略概览及其启示》，载《中国电化教育》，2013(9)。

布的《形成高度信息通信网络社会基本法》，提出"IT立国"的发展战略①，为深化信息化发展提供了可靠的法律依据。自2001年日本政府制定"e-Japan"战略开始，教育信息化发展逐步进入"快车道"，其教育信息化政策也如雨后春笋般涌现，如2004年政府推出"u-Japan"政策、2006年的"IT新改革战略"、2009年的"i-Japan战略2015"、2013年的"日本再兴战略"、2014年的"Smart Japan ICT战略"等。②

　　日本政府出台了一系列信息化战略，为教育信息化发展明确了目标。其中，2009年，IT综合战略本部公布了"i-Japan战略2015"，以发展数字化社会，并以"教育和人才领域"作为其重点领域之一。2013年颁布的《第二期教育振兴基本计划》指出，为更有效地提高学生的实际学习能力，应改善指导方法和指导体制，开展充实的语言活动、团体学习和积极应用ICT的互动型、双向型教学改革。③ 2016年，日本政府修订了《日本再兴战略》，明确提出必须在人才培养中贯彻教育信息化战略。同年，七国集团教育部部长会议发表《仓敷宣言》，提出要在提升适应技术革新的教育，鼓励采用ICT帮助处于社会或经济劣势的日本学生。随后，在内阁会议通过的"1亿日元总投资计划"中重点强调，要提高全体一亿多国民的社会参与度，培养国民的"信息技术（ICT）活用能力"，其包括编程教育必修课化、增加应用ICT的教育免费力度和培养顶尖的信息化人才。实行产官学合作，贴近实际需求，有针对性地开展教育信息化项目，共同探索研究有效的信息化发展模式并推广经验，也是日本政府为发展教育信息化的重要举措之一。日本希望通过这种良性循环的模式，积极开展企业、政府和学校的联合运作，集中各方资源，听取多方意见，根据当地的实际需求开展个性化教育，以达到教育均质化。2014—2016年，日本文部科学省和总务省合作开展基础教育信息化项目，包括"先导性教育系统实证事业"和"充分利用信息通信技术的教育振兴事业"等。此外，日本也十分注重培养教师的信息应用能力，建设高水平的信息化师资队伍。日本文部科学省在不断更新和提高对教师、学生的信息技术能力要求，2011年发表的《教育信息化愿景》指出，在学科指导中活用信息技术，开展信息教育。2013年颁布的《第二期教育振兴基本计划》指出，为更有效地提高学生的实际学习能力，应改善指导方法和指导体制，开展充实的语言活动，团体学习，积极应用ICT的互动型、双向型教学改革。④通过开展教师信息技术研修活动，考查教师信息技术的应用能力并引导其利用技术实施教学，从而推动教育信息化的发展。

---

① 刘菊霞：《中日两国基础教育信息化比较研究》，载《教育科学文摘》，2013(3)。
② 张玮、李哲、奥林泰一郎等：《日本教育信息化政策分析及其对中国的启示》，载《现代教育技术》，2017(3)。
③ 荣喜朝：《日本基础教育信息化推进策略及启示》，载《教学与管理（中学版）》，2017(8)。
④ 荣喜朝：《日本基础教育信息化推进策略及启示》，载《教育与管理（中学版）》，2017(8)。

1.1.4　中国教育信息化发展

中国教育信息化的发展依托国家相关政策的制定。因此，本书将通过回顾从 1978 年至今发布的教育信息化相关政策文件梳理中国教育信息化的发展进程。

1978 年 4 月，邓小平在全国教育工作会议上指出，发展教育事业要制定加快发展电视、广播等现代化手段的措施，拉开了教育信息化的序幕。1984 年 2 月，邓小平同志提出"计算机的普及要从娃娃做起"，掀起了计算机教育的热潮。1987 年，教育部颁布了《中学电子计算机选修课教学纲要（试行）》。同年，"全国中学计算机教育研究中心"成立，促进了计算机教育在小学的开展。1993 年，中共中央、国务院印发《中国教育改革和发展纲要》，强调要"积极发展广播电视教育和学校电化教学，推广运用现代化教学手段"，推动了计算机辅助教学的发展。1978—1999 年可以称为教育信息化发展的起始阶段。这一阶段，教育信息化工作的重点是建设电化教育（包括卫星、电视、广播等设备）基础设施和资源，培养信息化人员，开发符合电化教育教学的课程与教材等。[1]

2000 年，教育部发布《关于在中小学实施"校校通"工程的通知》《关于在中小学普及信息技术教育的通知》和《中小学信息技术课程指导纲要（试行）》等文件，推动了中小学信息技术教育的快速发展，内容包括：提出将信息技术课程列入中小学必修课程，推动信息技术与课程教学改革的结合，积极探索信息技术与其他学科教学的整合；全面启动中小学"校校通"工程，重视信息技术教育资源的开发建设，实现优质资源的共享；加强信息技术教育师资队伍建设，将信息技术作为师范院校学生的必修课程并大力开展在职中小学教师的信息技术培训工作等。2002 年，教育部发布《教育部关于推进教师教育信息化建设的意见》，其中对教师教育信息化建设提出了三个发展目标：构建全国教师教育信息化网络教育体系；提高中小学教师的信息素养，促进信息技术与学科课程的整合；探索并构建信息环境下的教师教育的有效模式，并针对目前教师教育信息化建设的现状提出了若干措施和意见。2003 年 9 月，国务院下发了《国务院关于进一步加强农村教育工作的决定》，提出要"实施农村中小学现代远程教育工程，促进城乡优质资源共享，提高农村教育质量和效益"。此后，国家陆续又推出了"现代远程教育扶贫示范工程""农远工程""西部中小学现代远程教育工程"等项目，为促进基础教育均衡发展做出了重要贡献。2004 年，为进一步提高中小学教师教育技术水平，教育部颁布了《中小学教师教育技术能力标准（试行）》，详细阐述了信息时代中小学教师应具备的教育技术能力素质。2000—2009 年可以称为教育信息化的迅速发展阶段。这一阶段，教育信息化工作的重点是促进信息技术与课程改革、课堂教学的整合；在信息技术的

---

[1]　钟志贤、曾睿、张晓梅：《我国教育信息化政策演进（1989—2016 年）研究》，载《电化教育研究》，2017(9)。

辅助下促进教育公平，缩小城乡教育差距；提升中小学教师的教育技术水平等。

2010年3月，国务院发布《国家中长期教育改革和发展规划纲要（2010—2020年）》，强调信息技术对教育发展具有革命性影响，必须予以高度重视。2012年3月，教育部发布《教育信息化十年发展规划（2011—2020年）》，在对当时基础教育信息化现状和挑战进行总结的基础上提出，到2020年，形成与国家教育现代化相适应的教育信息化体系，基本建成人人可享有优质教育资源的信息化学习环境，基本形成学习型社会的信息化支撑服务体系，基本实现所有地区和各级各类学校宽带网络的全面覆盖五个目标。针对这五个目标提出缩小基础教育数字鸿沟等八个发展任务，为未来十年教育信息化的发展规划了一幅蓝图。同年4月，教育部发布《教育部等九部门关于加快推进教育信息化当前几项重点工作的通知》，随后开放申请第一批教育信息化试点单位，并强调以"三通两平台"模式作为教育信息化发展的抓手。以这次会议为起点，教育信息化以"三通两平台"为标志的建设工程在全国普遍实施。2014年，教育部结合实际实施的情况对2004年颁布的《中小学教师教育技术能力标准》进行了更新，颁布《中小学教师信息技术应用能力标准（试行）》，对教师在教育教学和专业发展中应用信息技术提出了基本要求和发展性要求。从2010年到2014年可以称为教育信息化的全面推进阶段，这一阶段教育信息化的工作重点是开发、整合和共享优质的开放式资源（包括微课、MOOCs、视频公开课等）；实现信息技术与优质数字资源的有机结合，改善教育教学方式；建立相关的信息化标准，培养信息化人才等。

2015年，大数据、云计算、人工智能等技术的迅猛发展为教育信息化带来了新机遇。"互联网＋"战略的提出更让人们意识到技术不仅仅是工具和手段，它同样具有自身的思维逻辑和文化属性。在信息技术与教育融合的过程中，要尊重信息技术本身的特性，从宏观的视角来探索信息时代教育的整体变革。[1] 教育信息化的核心理念是实现信息技术与教育教学的深度融合，这就要求在教育信息化的发展过程中要打破单纯以"工具的技术"推动教育变革的思维，从重构教育生态的角度认识信息技术与教育深度融合的内涵。[2] 基于以上认识，2018年4月，教育部发布《教育信息化2.0行动计划》，指出要将教育信息化作为教育系统性变革的内生力量，支撑引领教育现代化发展，推动教育理念更新、模式变革、体系重构。自此，教育信息化进入2.0时代。它将转变人们的教育资源观（从专用资源转变为大资源）、技术素养观（从技术应用能力转向信息素养能力）、发展动力观（从应用融合发展转变为创新融合发展）和思维类型观（从工具性思维转向人工智能思维），对于促进信息技术和教育深度融合，重构教育生态具有重要的意义。从2015年至

---

① 林世员：《从强化完善既有教育到重构新型教育体系——"互联网＋"时代教育信息化的战略转型》，载《开放学习研究》，2017(3)。

② 张国强：《论基础教育信息化发展的中国道路》，载《西北师范大学报(社会科学版)》，2018(6)。

今，可以称为教育信息化的深度融合阶段，这一阶段教育信息化的工作重点是重构教育生态，实现深度融合和更高层次的教育公平，促进学生更好地成长。

通过梳理中国教育信息化的发展历程可知，教育信息化工作重点从信息化基础设施和资源的建设转向促进信息技术与课堂教学的融合最后转向重构教育生态，实现信息技术与教育的深度融合，是一个从微观到宏观的发展历程。贯穿于整个过程中的关键词包括教育公平(教育均衡)以及信息化人才的培养等。教育大计，教师为本。教师的专业发展特别是信息技术能力(素养)的发展是教育信息化发展过程中关键的一部分。从 2004 年颁布的《中小学教师教育技术能力标准(试行)》到 2014 年颁布的《中小学教师信息技术应用能力标准(试行)》，再到 2018 年颁布的《教师教育振兴行动计划(2018—2022 年)》《教育部关于实施卓越教师培养计划 2.0 的意见》，以及 2019 年颁布的《教育部关于实施全国中小学教师信息技术应用能力提升工程 2.0 的意见》中可以发现，教师信息技术能力的培养广受关注，逐渐成为基础教育信息化中的热点议题。

1.1.5　本节小结

信息技术的发展成为各个国家促进教育持续发展的必由之路，在过往的几十年间，信息化成为学校、政府部门、教育工作者重点关注的话题。本节通过对美国、芬兰、英国、日本以及我国教育信息化发展的分析，可以确定世界教育的形态已经发生重大变革，并且仍在快速的发展和建构之中。各个国家都将教育信息化纳入了教育改革工作中，推出了一系列与教育信息化相关的政策和制度，并投入了大量的人力、物力和财力。我国的教育改革在近年来取得了巨大的成就，但是还有待进一步的改革与提升，需要寻找其战略制定和实施的共通之处，进而探究教育信息化政策推动教育变革的着力点以及要将教育塑造为何种形态。此外，教育信息化也给教师的专业发展提出了新的挑战，要适应信息化时代的发展，教师必须创新自身的教学观念，用全新的思想和理念来看待教育工作，提升自身的专业素养与综合能力，特别是信息技术应用能力。

1.2
教师专业发展的内涵与意义

🎯 **学习目标**

1. 掌握教师专业发展的概念与内涵。

2. 了解教师专业发展的国内外历程。

3. 理解教师专业发展的意义。

教师专业发展是教育信息化的关键环节，教育信息化的成功推进离不开中小学教师的努力，中小学教师的专业发展特别是信息技术应用能力的提升是基础教育信息化发展的重要保障。因此，探讨教师专业发展的内涵、意义与实现策略，对于促进基础教育信息化具有十分重要的价值和意义。

1.2.1 教师专业发展的概念与内涵

1.2.1.1 教师专业发展的概念

在 1966 年，联合国教科文组织做出了明确规定：教师职业应该是专门职业。1980年，《世界教育年鉴》明确了"教师专业化"的发展目标。此后，联合国教科文组织予以了一系列的政策支持，如何实现教师专业发展成为教育界研究的热点。

针对教师专业发展，可以有以下两个方面的理解：一是将教师专业发展理解为"教师专业"的发展，关注教师职业与教师教育形态的历史演变；二是将教师专业发展理解为教师的"专业发展"，强调教师由非专业人员转变为专业人员的过程。[1] 在大多数研究中，均取教师专业发展的第二种理解。但不同的学者在具体界定教师专业发展这个概念时存在不同的观点。其中比较有代表性的观点有：叶澜教授认为，教师的专业成长或教师内在专业结构不断更新、演进和丰富的过程就是教师专业发展；朱宁波认为，教师个人在历经职前师资培育阶段、任教阶段和在职进修的整个过程中都必须持续地学习与研究，不断发展其专业内涵，逐渐达到专业圆熟的境界，这个过程就是教师专业发展；刘万海认为，以教师专业自觉意识为动力，以教师教育为主要辅助途径，教师的专业技能素质和信念系统不断完善、提升的动态发展过程即教师专业发展[2]。可以看到，关于教师专业发展概念的不同界定都强调了教师应具备的专业素质的不断发展和完善。教师专业素质是教师专业发展的核心内容。

1.2.1.2 教师专业素质

一般将教师专业素质分为专业知识、专业能力和专业情意三个方面。教师的专业知识是指教师在教师教育和教学实践中获得的，直接作用于

> **教师专业素质**
> 教师专业素质是教师拥有的有关教学的知识、能力和信念的集合。

---

[1] 季诚钧、陈于清：《我国教师专业发展研究综述》，载《课程·教材·教法》，2004(12)。

[2] 刘万海：《教师专业发展：内涵、问题与趋向》，载《教育探索》，2003(12)。

教学过程中的实用性知识，包括普通文化知识、所教学科知识和教育学知识三个方面的内容；教师的专业能力是指教师在从事教书育人活动中具备的带有教师职业特点的能力；教师的专业情意是指教师应具有的理想追求、道德规范和伦理要求等基本理想价值取向，是指导教师教育工作的精神动力[①]。2012 年教育部颁布的《小学教师专业标准（试行）》（详见表 1-1）和《中学教师专业标准（试行）》（详见表 1-2）即从这三个方面出发，详细规定了合格的中小学教师应达到的基本要求。

表 1-1　《小学教师专业标准（试行）》基本内容

维度	领域	基本要求
专业理念与师德	职业理解与认识	1. 贯彻党和国家教育方针政策，遵守教育法律法规。 2. 理解小学教育工作的意义，热爱小学教育事业，具有职业理想和敬业精神。 3. 认同小学教师的专业性和独特性，注重自身专业发展。 4. 具有良好职业道德修养，为人师表。 5. 具有团队合作精神，积极开展协作与交流。
	对小学生的态度与行为	6. 关爱小学生，重视小学生身心健康，将保护小学生生命安全放在首位。 7. 尊重小学生独立人格，维护小学生合法权益，平等对待每一个小学生。不讽刺、挖苦、歧视小学生，不体罚或变相体罚小学生。 8. 信任小学生，尊重个体差异，主动了解和满足有益于小学生身心发展的不同需求。 9. 积极创造条件，让小学生拥有快乐的学校生活。
	教育教学的态度与行为	10. 树立育人为本、德育为先的理念，将小学生的知识学习、能力发展与品德养成相结合，重视小学生全面发展。 11. 尊重教育规律和小学生身心发展规律，为每一个小学生提供适合的教育。 12. 引导小学生体验学习乐趣，保护小学生的求知欲和好奇心，培养小学生的广泛兴趣、动手能力和探究精神。 13. 引导小学生学会学习，养成良好学习习惯。 14. 尊重和发挥好少先队组织的教育引导作用。
	个人修养与行为	15. 富有爱心、责任心、耐心和细心。 16. 乐观向上、热情开朗、有亲和力。 17. 善于自我调节情绪，保持平和心态。 18. 勤于学习，不断进取。 19. 衣着整洁得体，语言规范健康，举止文明礼貌。

[①]　徐万晓：《舒尔曼学科教学知识视角下对教师专业素养的新思考》，载《重庆电子工程职业学院学报》，2012(1)。

续表

维度	领域	基本要求
专业知识	小学生发展知识	20. 了解关于小学生生存、发展和保护的有关法律法规及政策规定。 21. 了解不同年龄及有特殊需要的小学生身心发展特点和规律，掌握保护和促进小学生身心健康发展的策略与方法。 22. 了解不同年龄小学生学习的特点，掌握小学生良好行为习惯养成的知识。 23. 了解幼小和小初衔接阶段小学生的心理特点，掌握帮助小学生顺利过渡的方法。 24. 了解对小学生进行青春期和性健康教育的知识和方法。 25. 了解小学生安全防护的知识，掌握针对小学生可能出现的各种侵犯与伤害行为的预防与应对方法。
	学科知识	26. 适应小学综合性教学的要求，了解多学科知识。 27. 掌握所教学科知识体系、基本思想与方法。 28. 了解所教学科与社会实践、少先队活动的联系，了解与其他学科的联系。
	教育教学知识	29. 掌握小学教育教学基本理论。 30. 掌握小学生品行养成的特点和规律。 31. 掌握不同年龄小学生的认知规律和教育心理学的基本原理和方法。 32. 掌握所教学科的课程标准和教学知识。
	通识性知识	33. 具有相应的自然科学和人文社会科学知识。 34. 了解中国教育基本情况。 35. 具有相应的艺术欣赏与表现知识。 36. 具有适应教育内容、教学手段和方法现代化的信息技术知识。
专业能力	教育教学设计	37. 合理制定小学生个体与集体的教育教学计划。 38. 合理利用教学资源，科学编写教学方案。 39. 合理设计主题鲜明、丰富多彩的班级和少先队活动。
	组织与实施	40. 建立良好的师生关系，帮助小学生建立良好的同伴关系。 41. 创设适宜的教学情境，根据小学生的反应及时调整教学活动。 42. 调动小学生学习积极性，结合小学生已有的知识和经验激发学习兴趣。 43. 发挥小学生主体性，灵活运用启发式、探究式、讨论式、参与式等教学方式。 44. 发挥好少先队组织生活、集体活动、信息传播等教育功能。 45. 将现代教育技术手段整合应用到教学中。 46. 较好使用口头语言、肢体语言与书面语言，使用普通话教学，规范书写钢笔字、粉笔字、毛笔字。 47. 妥善应对突发事件。 48. 鉴别小学生行为和思想动向，用科学的方法防止和有效矫正不良行为。

续表

维度	领域	基本要求
	激励与评价	49. 对小学生日常表现进行观察与判断，发现和赏识每一位小学生的点滴进步。 50. 灵活使用多元评价方式，给予小学生恰当的评价和指导。 51. 引导小学生进行积极的自我评价。 52. 利用评价结果不断改进教育教学工作。
	沟通与合作	53. 使用符合小学生特点的语言进行教育教学工作。 54. 善于倾听，和蔼可亲，与小学生进行有效沟通。 55. 与同事合作交流，分享经验和资源，共同发展。 56. 与家长进行有效沟通合作，共同促进小学生发展。 57. 协助小学与社区建立合作互助的良好关系。
	反思与发展	58. 主动收集分析相关信息，不断进行反思，改进教育教学工作。 59. 针对教育教学工作中的现实需要与问题，进行探索和研究。 60. 制定专业发展规划，积极参加专业培训，不断提高自身专业素质。

表 1-2　《中学教师专业标准（试行）》基本内容

维度	领域	基本要求
专业理念与师德	职业理解与认识	1. 贯彻党和国家教育方针政策，遵守教育法律法规。 2. 理解中学教育工作的意义，热爱中学教育事业，具有职业理想和敬业精神。 3. 认同中学教师的专业性和独特性，注重自身专业发展。 4. 具有良好职业道德修养，为人师表。 5. 具有团队合作精神，积极开展协作与交流。
	对学生的态度与行为	6. 关爱中学生，重视中学生身心健康发展，保护中学生生命安全。 7. 尊重中学生独立人格，维护中学生合法权益，平等对待每一个中学生。不讽刺、挖苦、歧视中学生，不体罚或变相体罚中学生。 8. 尊重个体差异，主动了解和满足中学生的不同需要。 9. 信任中学生，积极创造条件，促进中学生的自主发展。
	教育教学的态度与行为	10. 树立育人为本、德育为先的理念，将中学生的知识学习、能力发展与品德养成相结合，重视中学生全面发展。 11. 尊重教育规律和中学生身心发展规律，为每一个中学生提供适合的教育。 12. 激发中学生的求知欲和好奇心，培养中学生学习兴趣和爱好，营造自由探索、勇于创新的氛围。 13. 引导中学生自主学习、自强自立，培养良好的思维习惯和适应社会的能力。 14. 尊重和发挥好共青团、少先队组织的教育引导作用。

续表

维度	领域	基本要求
	个人修养与行为	15. 富有爱心、责任心、耐心和细心。 16. 乐观向上、热情开朗、有亲和力。 17. 善于自我调节情绪，保持平和心态。 18. 勤于学习，不断进取。 19. 衣着整洁得体，语言规范健康，举止文明礼貌。
专业知识	教育知识	20. 掌握中学教育的基本原理和主要方法。 21. 掌握班级、共青团、少先队建设与管理的原则与方法。 22. 掌握教育心理学的基本原理和方法，了解中学生身心发展的一般规律与特点。 23. 了解中学生世界观、人生观、价值观形成的过程及其教育方法。 24. 了解中学生思维能力、创新能力和实践能力发展的过程与特点。 25. 了解中学生群体文化特点与行为方式。
	学科知识	26. 理解所教学科的知识体系、基本思想与方法。 27. 掌握所教学科内容的基本知识、基本原理与技能。 28. 了解所教学科与其他学科的联系。 29. 了解所教学科与社会实践及共青团、少先队活动的联系。
	学科教学知识	30. 掌握所教学科课程标准。 31. 掌握所教学科课程资源开发与校本课程开发的主要方法与策略。 32. 了解中学生在学习具体学科内容时的认知特点。 33. 掌握针对具体学科内容进行教学和研究性学习的方法与策略。
	通识性知识	34. 具有相应的自然科学和人文社会科学知识。 35. 了解中国教育基本情况。 36. 具有相应的艺术欣赏与表现知识。 37. 具有适应教育内容、教学手段和方法现代化的信息技术知识。
专业能力	教学设计	38. 科学设计教学目标和教学计划。 39. 合理利用教学资源和方法设计教学过程。 40. 引导和帮助中学生设计个性化的学习计划。
	教学实施	41. 营造良好的学习环境与氛围，激发与保护中学生的学习兴趣。 42. 通过启发式、探究式、讨论式、参与式等多种方式，有效实施教学。 43. 有效调控教学过程，合理处理课堂偶发事件。 44. 引发中学生独立思考和主动探究，发展学生创新能力。 45. 发挥好共青团、少先队组织生活、集体活动、信息传播等教育功能。 46. 将现代教育技术手段整合应用到教学中。

续表

维度	领域	基本要求
	班级管理与教育活动	47. 建立良好的师生关系，帮助中学生建立良好的同伴关系。 48. 注重结合学科教学进行育人活动。 49. 根据中学生世界观、人生观、价值观形成的特点，有针对性地组织开展德育活动。 50. 针对中学生青春期生理和心理发展特点，有针对性地组织开展有益身心健康发展的教育活动。 51. 指导学生理想、心理、学业等多方面发展。 52. 有效管理和开展班级、共青团、少先队活动。 53. 妥善应对突发事件。
	教育教学评价	54. 利用评价工具，掌握多元评价方法，多视角、全过程评价学生发展。 55. 引导学生进行自我评价。 56. 自我评价教育教学效果，及时调整和改进教育教学工作。
	沟通与合作	57. 了解中学生，平等地与中学生进行沟通交流。 58. 与同事合作交流，分享经验和资源，共同发展。 59. 与家长进行有效沟通合作，共同促进中学生发展。 60. 协助中学与社区建立合作互助的良好关系。
	反思与发展	61. 主动收集分析相关信息，不断进行反思，改进教育教学工作。 62. 针对教育教学工作中的现实需要与问题，进行探索和研究。 63. 制定专业发展规划，积极参加专业培训，不断提高自身专业素质。

1.2.1.3　"互联网＋"时代教师专业素质结构[①]

　　大数据、互联网、物联网、虚拟现实、深度学习算法等技术的成熟与完善给教育带来了巨大的变革。技术的发展更新了教师的教学方式与学生的学习方式，在这样的背景下，教师的专业理念、学科专业知识素养、科学文化知识素养、信息技术素养都发生了极大的改变，教师专业素质的结构需要得到发展与重塑。"互联网＋"时代对于教师专业素质提出的新要求包括：互联网思维、学科素养、科学文化素养以及信息技术素养等（详见表 1-3）。

表 1-3　"互联网＋"时代教师专业素质结构

维度	新要求	具体方面
专业理念	新发展：互联网思维	突破学科专业界限的"跨界思维"
		提高自组黏着力的"平台思维"
		提升教学改革针对性的"数据思维"
		回归教书育人本质的"用户思维"

---

① 李兆义、杨晓宏：《"互联网＋"时代教师专业素养结构与培养路径》，载《电化教育研究》，2019(7)。

续表

维度	新要求	具体方面
专业知识	新挑战：学科素养	系统的学科知识
		扎实的学科技能
		坚定的学科信仰
		超前的学科思维
		高尚的学科品质
	新要求：科学文化素养	广博的科学文化知识
		丰富的信息技术知识
		系统的心理学知识
		精通的教育学知识
		高深的专业知识
专业能力	新拓展：信息技术素养	教师的基本信息素养（包括信息意识、信息知识、信息能力和信息道德）
		教师的数据素养（包括数据意识、数据知识、数据能力和数据道德）
		教师的媒介素养（包括媒介的认知能力、媒介的选择能力、媒介的整合能力和媒介的评估能力）

其中，"跨界思维"是指教师要打破学科、专业的界限，实现学科之间的融合；"平台思维"是指教师借助多方力量，整合教育教学资源，服务于广大学生；"数据思维"是指教师要学会利用大数据洞察学生需求、诊断学情、智能决策、精细化管理，以促进教育公平，提高教育质量；"用户思维"是指教师要"以学习者为中心"，关注学生的发展。

教师的信息意识包括对互联网敏感性的认识、数据的意识、学习新技术的主动性、信息技术教学应用意识和学习新知识的意识等。教师的信息知识包括信息的基本知识、信息化教学的理论知识、信息化教学设计知识、数据的基本知识、信息安全知识、信息技术与学科深度融合的知识等。教师的信息能力包括信息的基本能力，如辨别能力、交流能力、共享能力、管理能力和分析能力等；信息化教学能力，包括信息化教学设计的能力、信息化教学的能力以及信息技术与学科课程整合的能力；支持学生个性化学习与学习社区组织能力；信息化自主学习与专业发展能力，包括信息化科研教研能力、信息化实践的能力、互联网信息能力和信息化评价的能力。

教师的数据意识是指教师应具备的数据的敏感度、判断力和洞察力；教师的数据知识是指教师应具备数据的基础理论、数据处理工具、数据处理技术、数据政策法规、数据伦理等知识；教师的数据能力包括数据处理的基本能力和数据教学应用能力；教师的数据道德是指教师在使用数据时要意识到数据的伦理和道德问题，要保证数据获取和使用的合法性，以及数据的真实、完整和规范。

教师的媒介认知能力是指教师要对媒介传播中的自我角色、媒介的功能和属性、媒介存在的方式、媒介传播信息的规律、媒介的影响力、媒介对教学的价值和意义等有清醒的认识；教师媒介的选择能力是指教师在全面了解媒介的类型、传播信息等基础上，能够根据自我需要选择合适的媒介教学；教师的媒介整合能力是指教师要利用合适的现代信息技术与学科课程深度融合；教师的媒介评估能力是指教师要批判性地看待各类媒体，懂得媒介使用的最佳时间和技巧。

1.2.1.4　教师专业发展的六个原理①

为解答教师专业发展的六大基本问题："为何"（why）；"谁"（who）；"什么"（what）；"何时"（when）；"哪里"（where）；"如何"（how），学者赵冬臣在考察教师专业发展实践和梳理教师专业发展相关研究成果的基础上，提出了教师专业发展的六大原理。

1. 双重价值原理

教师既具备教书育人、服务社会的社会价值，又具备满足自身发展需要的个体价值。因此，教师专业发展应是社会价值和个体价值统一提升的过程。教师专业发展的双重价值原理回答了"为什么要进行教师专业发展"这一基本问题，它要求教师专业发展应当兼顾社会价值和个体价值，既要改善教育教学效果，强调教师道德的提升，又要注重提升教师的满足感和幸福感。

2. 自主发展原理

教师是专业发展的主体，教师个体的自主性是教师专业发展的前提和基础。具体表现为：①在专业发展过程中教师对自身专业发展状况有清晰的认知，对未来发展有独立的思考；②教师将专业发展融入日常学习、工作和生活中，通过自我探索、自我选择、自我建构、自我创造来提升专业水平；③教师在专业发展过程中具有自律性，能够掌控、约束和评价自我行为，以达到预期的专业发展效果。教师专业发展的自主发展原理回答的是"谁进行教师专业发展"这一基本问题，教师具备自我专业发展的意识和愿望是教师成为专业发展主体的重要保证。

3. 全面发展原理

专业情意、专业知识和专业能力是教师专业素质的三个方面。全面发展原理要求促进教师专业素质的"情""知""能"三个基本维度和谐、全面发展，它回答的是"教师专业发展发展什么"的问题。

---

① 赵冬臣：《教师专业发展的六个原理》，载《教师教育学报》，2019（4）。

4. 持续发展原理

教师专业发展是一个长期的、持续不断的过程，在发展过程中会呈现出明显的阶段性。在知识更新速度不断加快的时代，教师必须终身学习，不断完善自身才能适应时代的发展。因此，持续发展原理要求教师要具有终身学习的意识和能力，既要关注自身专业发展的结果，又要重视发展过程，要谋划职业未来，明确发展目标，循序渐进地向目标迈进。它回答的是"何时进行教师专业发展"的问题。

5. 生态发展原理

生态取向的教师专业发展理论认为，教师专业发展具有情境性和交互性两个突出特点。教师专业发展不仅是教师基于具体情境中的经验的自我建构过程，还是教师主体间社会建构的过程。因此要关注教师如何与其所处的日常工作环境中的各要素融合共生，优化教师所处的环境；强调教师要通过合作、对话、分享来获得外部支持，以实现专业发展。它回答的是"哪里进行教师专业发展"的问题。

6. "经验＋反思"原理

"经验＋反思"原理源自 1989 年，美国学者波斯纳（G. J. Posner）提出的教师成长公式"经验＋反思＝成长"。它强调教师不仅要成为能够在实践中积累丰富经验的"经验型教师"，还要成为在运用经验的过程中不断反思，并积极尝试调整和改变的"反思型教师"。"经验＋反思"是进行教师专业发展的基本路径，回答了"如何进行教师专业发展"这一基本问题。

1.2.2 教师专业发展的国内外发展历程

1.2.2.1 国外发展历程

国外教师专业的发展，有着悠久的历史。最早可以追溯至 300 多年前，即 17 世纪末期。此前，教师尚未成为专业的职业，只要有经验、有知识，即可为学生授业解惑，但是他们并未接受过系统的教育和培训，在师范教育机构诞生后，这一模式发生了变化，教师的培养和教育，也有了专业化的教育机构。1966 年，联合国教科文组织公布《关于教师地位的建议》，从官方角度明确说明了教师专业化的内涵、价值，并提出要成为合格的教师，必须要经历长期、严格、持续性的学习活动，获取专门的知识和技术，20 年后，卡耐基教育学会发布了《国家为培养 21 世纪的教师做准备》，进一步明确"教学专业化"的理论，将其作为提高基础教育质量的重要途径。

从国外教师专业化发展进程来看，在发展伊始，教师专业发展并未得到应有的重视，随着教育理念的进步，教师专业发展开始得到重视，国外发达国家开始关注教学培训的精细化、多样化，强调解放个性，塑造专业化人才。国外师范教育的发展历程包括四个重要的阶段，即导生和小先生制、中等师范教育阶段、高等师范教育阶段以及高层次师范教育阶段。在导生和小先生制阶段，采用的是学徒式培训模式，在这种模式下，教师参与的培训仅仅是职业方面的训练，教育质量有限。到了中等师范教育阶段，其教学的重点主要集中在小学方面，效果也不甚理想。在最后两个阶段，师范教育模式出现了显著的变化，教师不仅要接受专业知识方面的培训和教育，还要接受人文科学、艺术教育、自然科学、心理学、哲学等学科的教育，充分凸显了师范教育的全面性、系统性。

从国外教师专业发展进程来看，其经历了被忽视、被逐渐关注的发展过程，并从群体衍生至个体，从外部发展为局部。在这一背景下，教师专业发展取得了显著的成效。

1.2.2.2　国内发展历程

与发达国家相比，我国师范教育起步较晚，始于 1897 年南洋公学师范院。1902 年，京师大学堂师范馆成立，是我国高等师范教育的开端。在当时的《奏定优级师范学堂章程》中增设了心理学、教育学等相关内容。1949 年中华人民共和国成立后，师范教育规模扩大，经过多年发展，师资培养模式迅速创新、发展。在 1993 年颁布的《中华人民共和国教师法》中，明确了教师的概念，教师并非普通工作人员，而是需要履行职责的专业人员，从法律层面肯定了教师专业发展的重要性。后来，国务院也颁布了包括《教师资格条例》等在内的多部条例，为教师的职业发展提出了明确要求。

自 20 世纪 80 年代以来，我国政府、教育部门和相关研究学者持续关注教师专业发展，不断反思、总结影响教师专业发展的关键因素，结合我国教育实际，构建教师专业发展的标准，推进教师教育实践，大大促进了我国教师专业化发展的进程并取得了一定的成就。

首先，教育部于 2000 年颁布了《〈教师资格条例〉实施办法》，使我国教师资格制度的实施有据可依。为适应课程改革和素质教育的要求，国家在 2012 年对教师资格制度进行了进一步改革，颁布了《小学教师专业标准（试行）》和《中学教师专业标准（试行）》。新的政策比以前更加科学，更加考验教师的专业素养和综合素质，极大地提高了教师入职所需的综合专业素质，成为推进教师专业发展的一个有利因素。其次，国家大力加强中小学教师专业培训并取得了一定的成效。2001 年，国家颁布了《国务院关于基础教育改革与发展的决定》，强调建设一支高素质的教师队伍是扎实推进素质教育的关键。为了使教师能够在知识、技能和态度等综合方面适应教育环境的变化，培养出符合时代需求的学生，国家每年都会投入巨大的人力、财力对在职教师进行教育理论、教育知识、教育技能、教育态度等方面的培训。另外，随着 21 世纪信息化的深入，教师专业发展的形式渐渐融合了网络学习形式，这使教师培训的覆盖范围更远、更宽，能够辐射到农村教师队伍中，如"国培计划"中的"中西部农村骨干教师培训项目"。同时，国家对义务教育阶段的教师培训也十分重视，中小学教师继续教育工程从 2001 年起正式实施。2010 年，"国培计划"正式启动。近年来，随着互联网、大数据、人工智能等技术的日趋成熟，新的教育理念与教育形式不断涌现。新技术催生的教育变革给教师的专业发展提出了新的要求，其中教师信息技术应用能力的发展广受关注。多份教育部文件如《教师教育振兴行动计划（2018—2022 年）》《教育部关于实施卓越教师培养计划 2.0 的意见》《教育部关于实施全国中小学教师信息技术应用能力提升工程 2.0 的意见》等均强调了对于教师信息技术应用能力培养的重要性。教师信息技术应用能力发展已成为教师专业发展不可或缺的一部分。

1.2.3 对教师专业发展不同维度的解读

1.2.3.1 社会学视角的解读

在工业革命的发展下，多元化的社会职业应运而生。在这一背景下，人们开始关注职业的分类问题。从社会学角度而言，人们对于教师这个职业的研究主要放在历史发展、资格认定、组织健全、守则制定、社会经济地位等方面。目前，学界流行的学派包括以下几种。

1. 结构—功能主义学派

结构—功能主义学派认为，社会是一个整体、和谐的体系，要确保这个体系的顺利运转，需要将各类功能整合起来，确保各项功能都能顺利发挥，在社会体系中，个人也有其独特的角色行为。从结构—功能主义的角度来看，实现教师专业化，要明确教师这个特殊职业的整体目标、组织地位。如今流行的"教师资格考核与认定""教师在职培训"理论，均是在这一观点基础上提出的。

2. 符号互动论学派

符号互动论学派提出，社会是人与人交流、沟通的特殊产物，在社会化的过程中，个人发挥着重要的主体地位，个人社会化强调人际互动、习得符号系统意义、发展健全自我。符号互动论学派视角下的教师专业化，强调教师在其职业生涯中，通过互动来习得专业角色，发挥出"重要他人"的角色，包括权威团队、服务对象、同辈团队等。

3. 冲突论学派

从冲突论学派角度而言，冲突是一种社会本质，也是个体获取新社会价值的来源，团体中、团体间的冲突会影响社会权利的分配和整个团体的意识价值，驱使个体对新利益团体产生认同感，并主动创造自己。冲突论学派要求教师能够学会自我批判，通过与团队之间的沟通、互动、反省，改变传统错误的思想意识，不断改正自我。

1.2.3.2　教育学视角下的解读

教育学视角下对教师专业发展的解读主要从内在角度出发，强调教师需具备应有的专业精神、专业道德，并在工作、学习中不断提升自我的技能和知识。同时，在教育学视角下，教师属于能动个体，需要认识到专业技能对于自身发展的重要性，并采取行之有效的措施来提高自己的专业水平。具体而言，包括如下几个层面的含义。

1. 专业知能水平是核心

在教师专业发展中，其决定性因素便是知能水平（知识结构、教学能力水平），这是教师专业发展的一项核心因素。从知识功用角度来看，教师的知识包括条件性知识、本体性知识、实践性知识三个方面。在入职前，教师要接受系统的培训与教育，入职后则要在实践中不断丰富自身的实践知识。教师需要利用持续学习、教学实践、教学研究的契机，借助环境、工具不断提升自身的专业水平。

2. 强调个体与群体的共同发展

在教师专业发展中，涵盖个体、群体两个角色。教师个体具有专业发展的主观能动性，能够通过学习、实践在反思和学习中成长，实现个人成长，获得外界的尊重，并借助个体的努力来提高群体的水平。同时，群体水平也会反过来影响个体的发展水平，两者是一个相辅相成的整体。

3. 注重专业伦理的提升

专业伦理是个体在从事专业活动中，需要遵循的一种行为准则与规范，是教师专业发展的一个主要指标，也是教师做好教育工作的必备条件。对于教师这个特殊的职业而言，专业伦理是教师从事教育工作时需要遵循的一种道德规范，也是教师专业的直接体现。要成为一名合格的教师，不仅要具备过硬的专业能力，还要不断提高自身的专业伦理，承担起应有的社会责任，这属于精神需求的范畴。

1.2.4　促进教师专业发展的意义

1.2.4.1　促进社会发展的客观要求

进入知识经济时代后，世界格局发生了新的变化，要提高国家的综合竞争力，关键在于有能力、有知识的专业性人才，而教师正是培养创新型人才的关键。在知识经济时代，人才不仅要具备与之相关的专业知识，更要具备创新能力和创新意识，如果教师缺乏创新意识，那么也很难培养出有创新能力的人才。因此，要塑造学生，首先要塑造教师自我，这是知识经济时代促进社会发展的客观要求。

1.2.4.2　大众受教育水平提升的呼唤

在社会经济的发展下，社会大众受教育的水平得到了显著提升。对个体来说，如今接收的信息数量、知识数量也呈现爆炸式的增长趋势。在信息时代下，个体的学习方式也发生了全新的变化。从本体性知识角度来看，教师已经失去了传统的优势，为了满足育人要求，需要在实践性知识、条件性知识等方面实现发展，能够予以学生正确的指引，这样才能满足新时代学生的学习需求。

1.2.4.3　世界教育潮流的大势所趋

促进教师专业发展是各个国家的共识，教师专业发展成为全球化的教育趋势，各个国家都提供了一系列资金、政策支持。美国、英国、日本、法国、德国、俄罗斯等国家均意识到了教师专业发展对教育改革工作的价值。因此，从这个角度来说，促进教师专业发展也是世界教育潮流的大势所趋。

1.2.5　本节小结

教师专业发展是教育信息化的关键环节，对教师专业发展的概念和内涵做出准确的界定对于教育信息化的发展具有重要的意义。教师的专业素质是教师专业发展的核心内容，包括专业情意、专业知识和专业能力三部分。信息技术的不断发展掀起了教育变革的浪潮，同样对教师应具备的核心素养提出了新的要求。其中，教师的信息技术应用能力发展深受重视，已成为新时代教师专业发展的重要组成部分。

1.3
信息时代教师专业发展的机遇与挑战

🎯 **学习目标**

1. 了解信息时代教师专业发展的必要性。
2. 明确信息时代教师专业发展的机遇与挑战。

伴随着信息时代移动互联网、人工智能、云计算、虚拟现实、泛在网络等新理论、新技术的出现与日趋成熟，无论是教师的教，还是学生的学，都产生了革命性的变革，给教育界带来了深刻的影响。信息时代的发展对教师专业发展，既是机遇，又是挑战。

1.3.1　信息时代教师专业发展的必要性

1.3.1.1　传统人才观的转变

社会的进步、科技的发展、教育的改革是一个永恒话题。21 世纪，我们步入了新的信息时代，信息在无形中成了权力和财富的代表，一个国家的竞争力，与信息技术的发展、信息占有情况、知识丰富程度成正比。与此同时，信息时代的育人思想也发生了质的变化。在信息时代，需要的人才是基于核心素养的创新型人才，能够在纷杂的信息中准确辨别，并高效利用信息来分析问题、解决问题，并生成具有新价值的信息。

在信息时代，基础教育的育人目标也出现了显著的变化，学生不仅要掌握基本的学科技能，更要在学习的过程中学会合作、学会学习，具备终身学习的能力和意识，这颠覆了千百年来传承的育人观。特别是在近几年来大数据时代的变革下，教育面临着更为深刻的变革，传统教学模式、教育理论被颠覆，言传身教的精英式教学与传统大众式教学的界限越来越模糊，因材施教真正成为可能。大数据时代教育理念、教育内容，乃至教育方法都出现了新的变化，强大的概念软件、互联网、开源软件等，为师生提供了灵活、自由的探索空间，求知领域也得到了极大的扩展，复杂的师生互动被大数据系统记录了下来，打破了以往信息时空的界限，学校与教育、学习与生活不再孤立。大数据为基础教育提供了更为广阔的思维和空间，传统人才观发生了颠覆性转变。在这一背景下，与时俱进地实现教师专业发展是一个必然选择。

1.3.1.2　信息化教育环境的要求

为了满足新时期人才的需求，1999 年，我国开始全面推行素质教育改革，2005 年制定了基础教育新课程标准，2014 年提出了"核心素养"的要求，2017 年教育部颁布的课程标准对学生的学科素养与高阶思维能力提出了更高的要求，2018 年《教育信息化2.0 行动计划》将"信息素养全面提升"列为推动教育信息化 2.0 发展的"八大行动"之一，上述种种都是为了适应新时期人才培养需求而提出的举措。要达到理想的育人目标，传统封闭式的学习模式很难满足学生的需求。后来，全国掀起以信息技术为背景的教育改革，校校通、教育信息化、现代远程教育工程初见成效。以互联网、多媒体为主的现代化信息技术，将各个学段的教育资源整合起来。只要借助网络，学生便可以享受丰富的学习资源，为自主、探究、合作提供了有益支持，这不仅发挥了教师的主观能动性，也发挥了学生的创造性、积极性，从"以教为中心"转化为"以学为中心"。

任何先进的教育技术，都需要教师、学生的合理应用，方可发挥出理想的作用。如果教师的专业发展滞后于信息时代的发展，那必然会影响教与学的质量。2018 年，《中共中央　国务院关于全面深化新时代教师队伍建设改革的意见》提出，到 2035 年，教师综合素质、专业化水平和创新能力大幅提升……教师主动适应信息化、人工智能等新技术变革，积极有效开展教育教学。然而，纵观当前基础教育的现状，依然有部分教师面对新技术停滞不前，学校投入的教学设备闲置，优质的信息资源无法得到有效利用，学生学习自主性被曲解，核心素养的精神未得到有效落实。因此，教师专业发展刻不容缓。

1.3.1.3　提高创新能力的有效渠道

创新是保持教师专业活力的一项关键性因素，也是促进教师可持续发展的必由之路。教师的高质量发展是学生创新发展的前提和保障，信息时代，我国教师在创新意识、创新能力方面还有待提升。教师受制于繁重教学压力以及教学评价的影响，常常忽视创新能力培养的重要性。为了改变这一现状，我们要采取有效的方式促进教师的专业发展，增强他们的创新意识，提高其创新能力。

1.3.2　信息时代教师专业发展的机遇

1.3.2.1　政府政策的大力扶持

对于利用信息技术推动教师的专业化发展，我国政府予以了大量的政策、资金支持。早在 2002 年，我国就颁布了《教育部关于推进教师教育信息化建设的意见》，肯定了教育信息化对于教育推动的价值，强调要逐步建立教师教育信息化网络教育体系。2010 年，《国家中长期教育改革和发展规划纲要(2010—2020 年)》中明确提出，要建立"五年一周期"以"师范大学为主体，综合大学参与"的教师全员培训机制。2012 年颁布的《教育信息化十年发展规划(2011—2020 年)》提出了，教育信息化的发展任务和方向，旨在大力促进教学、信息技术之间的融合。2016 年《教育信息化"十三五"规划》，提出要实现远程教育、在线教育之间的结合，进一步深化教育教学、信息技术的发展。2018 年，教育部等五部门发布的《教师教育振兴行动计划(2018—2022 年)》中提出，充分利用云计算、大数据、虚拟现实、人工智能等新技术，推进教师教育信息化教学服务平台建设和应用，推动以自主、合作、探究为主要特征的教学方式变革。

1.3.2.2　丰富的教师专业发展资源

在传统意义上，教师专业发展的资源主要源于面对面的授课与文字资料的传递，缺乏知识专业教师发展的有力资源和工具。在信息时代，出现了大量教师在线专业发展平台，其中既有丰富、优质、前沿性的教育资源，又有能够通过更新、整合大量吸收最新的教育理念和教学方式与方法。教师只要通过网络，就能够便捷地共享这些资源，帮助其更好地把握教学前沿，优化知识结构，发展专业能力。信息化时代不仅丰富了教师的学习资源，也带来了大量优质的教学资源，成为教学准备工作的"原材料"。信息时代丰富的动画、声音、图片、视频代替了传统意义上"黑板＋粉笔"的授课模式，在提高教师课程教学能力的同时，也提高了学生的参与兴趣。同时，信息时代下的各类社交软件、网络备课室、网络论坛等，也让师生之间的距离变得更近，为教师的专业发展提供了权威专家和同行指点的机会，从多角度、多方面促进了教育质量的提升与教师专业化的发展。

1.3.2.3　突破时间与空间因素的限制

在传统意义上，为了促进教师的专业化发展，需要腾出专门的培训时间，接受集中培训；对于日常教学任务繁重的教师而言，要抽出时间来参加培训，给他们造成了巨大的负担。信息时代，通过网络教育平台，教师可以根据自身专业发展需要，充分利用业余时间，随时随地、高效便捷地学习优质课程，及时更新、扩充、深化学科知识、跨学科知识、开展科研和社会服务的条件性知识，完善自我知识建构，进而提高自身的专业化发展水平。新型培训模式突破了传统培训在时间、空间上的限制，解决了教育资源分享的排他性问题，将大量教师集中在同一个平台中，实现了资源的共享，使教师足不出户就能了解学科领域前沿动态，拓展其学科专业视野。例如，教育部的"全国高校教师网络培训中心"就是通过这样的方式，打破了传统教育对场地、时间和培训人数的限制，让教师的专业化培训真正做到任何时间、任何地点，都可以根据自身的需要随时、随地，想学就学。相比传统的课堂培训，在线培训还有效解决了因为学员理解程度不同而无法面面俱到的尴尬局面。

1.3.2.4　大数据支撑的个性化培训

信息时代，大数据的运用改变了人们的生活。通过大数据可以充分了解教师专业发展的需求、习惯和偏好，把握教师的个性化需求和发展重点，并在此基础上，为教师的专业发展提供针对性的、有效的培训，加速其专业成长步伐。通过实时动态的大数据采集，为教师提供专业培训的相关教学机构，及时调整、重组和重构教师专业化培训内容，实时调整教师专业化培训的相关教学内容和教学手段，为教师的专业化发展提供差异化、个性化的培训内容，满足不同经历、不同背景、不同专业、不同类型、不同层次教师的专业发展需求。

1.3.2.5　构建在线学习共同体，提升专业发展质量

从情境学习理论角度来说，社会性是提高个体学习质量的重要部分，对于教师的专业发展，也不例外。在教师专业发展过程中，学习共同体的作用也是不言而喻的，在传统的模式下，教师的学习共同体大多局限在本校中，成效并不好。信息时代解决了传统教师培训缺乏互助群体与交流机制的问题，为教师之间的对话、交流和合作提供了一种更为便利的渠道。通过各类信息技术的支持，不同地域、不同学校、不同研究领域的教师打破传统培训的封闭性，连接成学习共同体，孕育出新型的、多元的、高效的网络学习生态，就实际教学、科研、专业发展过程中出现的问题、困惑相互探讨、互换意见。其中，不乏教育专家的权威性指导，他们将自己教学经验和研究成果通过平台向青年教师推广，从而起到"传帮带"的作用，教师在被帮助和帮助别人的过程中使自身能力得到了提升，有效促进了专业发展。

这一过程不仅是教师获取知识，了解同行优秀教师组织课程的思路、想法及创新点的过程，更是参与知识创新、提升专业技能的过程。这有助于教师结合自身实践，反思借鉴，创新教育理念、教学方式方法，增强教育反思力度，实现教学能力和科研能力的跨越式发展。

1.3.3　信息时代教师专业发展的挑战

1.3.3.1　对传统学习观念的挑战

在信息时代，教师不仅要借助信息技术和工具来支持自身的专业化发展，还要强化情感、认知方面的投入。从"被动适应"转向"主动参与"，从"个体工作"到"群体协作"，从"显性过程"到"隐性过程"，从"知识接受"到"知识建构"，从了解信息到培育智慧。[①]　长久以来，一些教师习惯了传统的面对面的授课模式，特别是资历较旧的老教师，在信息时代下间接的交流模式对于他们而言，容易产生交流障碍，打击了他们参与学习的积极性，甚至出现了一系列消极的情感。另外，在传统的教育理念下，经过系统设计的正式学习，才是真正的学习，而在信息时代的新型学习模式被称为非正式学习活动，部分教师对传统交互式的学习模式过于依赖，给信息时代教师的专业发展带来了挑战。

1.3.3.2　对教师传统角色定位的挑战

信息时代对教师传统的角色与定位带来了新的挑战，要取得理想的育人效果，教

师要对自己重新定位，从传统的"知识传授者"向着多元的角色转变。首先，教师要从传统的讲授者转变为引导学生、启迪学生的引导者，倡导以学生为中心的合作化、个性化学习。其次，教师要从传统的知识启蒙者向关注学生思维能力发展的引导者转变。再次，教师要善于在教学中反思，做教学创新的开拓者。最后，面对当前日新月异的社会变化，教师要成长为终身学习者，才能使自己的知识储备跟上时代更新的节奏。在新的时代，教师要意识到自己身份的转变，对教育对象进行重新定位和审视，构建全新的师生关系，既要满足教育规律的要求，又要符合信息时代的特征，既要跟上教学进度，又要满足学生的情感需求和人文关怀需求。同时，教师要主动反思自己的教学活动，通过观察、对比、分析、完善自身的知识架构，提高职业发展能力。

1.3.3.3　对教师原有知识体系的挑战

信息时代要求教师深入研究，成为一名学习能力过硬的研究者与学习者。信息时代的教育模式跨越了时空限制，原有的"教师—学生"二元教育生态格局被打破，挑战着教师的地位和权威性。学生获取知识的来源不再仅仅是教师，越来越多的学生依靠信息技术获取知识和信息，师生之间不再是"一杯水"与"一桶水"的关系，信息时代的发展出现了"弟子不必不如师"的情况，学生甚至可以批判性地质疑教师所讲授的内容，教师原有知识体系受到前所未有的挑战。

要满足信息时代学生的学习需求，教师必须要花更多时间及时收集更多信息，并对其选择吸纳、分析辨别，在教学中持更谨慎、谦虚的态度，在知识的广度和深度上都更进一步，以应对学生更广范围的提问。教师还需更新思维，加强学习，勤于思考，开拓创新，突破学科专业界限，培养跨学科思维，在多变的教育情境中恰当地迁移运用 TPACK 能力。另外，教师不仅是教学的实施者，还是教学的研究者。教师应以信息时代的教学创新作为己任，在一线教学中发现并提出具有研究价值的科学问题，利用自身的各种有利条件开展教育研究工作，提高科研能力，促进专业发展。

1.3.3.4　对创新与创造能力的挑战

信息时代也对教师创新能力、创造能力带来了新挑战，固化的知识已无法满足学生更深层次的需求。信息时代不同于以往任何一个时代，创新是其生命力，在教育方面，也要时刻以创新为基本。教学模式可以借鉴，教学技巧可以学习，但是教学内容的创新性才是教师在激烈的竞争中立足的据点。作为教师，要紧跟时代的发展洪流，在教学方式、教学理念、教学内容、教学手段等多方面创新，为学生呈现出积极的创新意识，发挥自身言传身教的作用。否则，传统教师将失去自身独特的价值，不具有无可替代性，可能面临被淘汰的风险。

1.3.4 本节小结

　　信息时代，教师不仅需要在教学知识、学科知识等方面得到发展，还需要掌握信息技术教学应用的知识和技能，提高自身信息素质。信息技术不仅是教师学习的对象，也为教师的专业发展提供了良好的支撑环境和条件。因此，信息时代对教师专业发展既是机遇，又是挑战。教师应该及时实现角色的转变，理解把握新的教学环境，将挑战转变为创新教育的机遇。科学利用合适的信息技术，使教学方式、学习方式和教学理念朝着个性化、生成化、智能化和融合化的方向发展，促进信息技术与教育的深度整合与落地。同时，政府、学校、培训机构、教师等也需积极配合，紧跟时代发展潮流，创新信息素养培训资源建设机制，发展技术支持的协同学习，实现信息时代教师的专业发展。

本章小结

　　如今，我们已进入新的历史时代，信息化和智能化水平不断提高，人类社会也面临着深刻的改革。技术的发展同时也给教育带来了变革与创新，传统教育理念和模式可能被彻底颠覆，快速的现代化大众教育模式、古典式精英教学模式之间的界限正在逐渐褪去，精准教学、因材施教已经不再遥远。教育信息化是应对这种变革的主要手段，各个国家都将教育信息化纳入教育改革工作中，推出了一系列与教育信息化相关的政策和制度，并投入了大量的人力、物力和财力。其中，教师专业发展是教育信息化的关键环节，也是促进社会发展的客观要求。因此，了解教师专业发展的内涵、国内外发展历程，对其进行不同维度的解读等就显得尤为重要。另外，伴随着信息时代移动互联网、人工智能、云计算、虚拟现实、泛在网络等新理论、新技术的出现与日趋成熟，传统人才观的转变、信息化教育环境的要求以及创新能力的提升需求，迫使我们必须与时俱进地实现教师专业发展。信息时代对于教师专业发展而言，既是机遇，又是新的挑战。

总结＞

　　Aa 关键术语 ....

教育信息化	教师专业发展	教师专业素质
Education	Teacher Professional	Professional
Informatization	Development	Quality of Teachers

应用 >

批判性思考

信息时代带来的是机遇，还是挑战？面对这些机遇和挑战，教师应如何应对？

体验练习

1. 什么是教育信息化？请简述我国教育信息化的发展历程。

2. 对比美国、芬兰、英国、日本四个国家与我国教育信息化的发展，论述应如何推进并改善我国的教育信息化发展。

3. 你如何理解教师专业发展的内涵与意义？

4. 信息时代应如何实现教师专业发展？

拓展 >

补充读物

《论教育信息化发展新阶段》何克抗著 北京师范大学出版社

本书在系统梳理教育信息化基本内涵的基础上，阐述了教育信息化的发展情势。认为当前教育信息化已经进入了一个全新的阶段，并深入论述了当代国内外教育信息化发展新阶段的主体标志性事件，以及教育信息化发展新阶段激发的诸多观念更新和重大教育创新。其中，本书第一章详细地描述了教育信息化的基本内涵与特征、国内外发展概况、经历的发展阶段及主要特征等，读者可阅读本书对教育信息化发展相关内容做进一步了解。

《信息化时代教师的专业发展》马秀麟著 北京师范大学出版社

本书从教学必备理论知识构建、学习资源获取能力培养、学习支持系统建设、师生交往能力提升、教研能力发展共 5 个方面展开详细的阐述，并提供了一系列的教学实践和师生交往案例，以供一线教师参阅。其中，本书第七章还讨论了实证性研究及其常用的数据分析技术，可帮助读者在开展教研活动时能够在合适的时机选用正确的教研方法，提升读者的教研能力和学术论文撰写能力。

第 2 章

教师专业发展的理论基础

本章概要

随着信息技术的迅猛发展及其教育影响的不断深入，信息时代下的教师专业发展的理论基础也发生着变化。理论基础的演变意味着信息时代下的教师专业发展进入了新的发展阶段。理论基础的演变体现为新观点和新理论的引入，如非正式学习、群体动力学、在线学习与混合学习及知识建构等。非正式学习已不能被简单地认为是教师学习的一种补充性学习或辅助性学习，它在教师学习谱系中占有越来越重要的位置。群体动力学指导教师学习共同体建构、在线学习以及教研共同体形成。在线学习与混合学习对教师专业发展的意义越来越重要。在知识建构理论的指导下，更多学者探索出基于知识建构的教师培训模式。自我调节和自我管理意识的提高可以让个体更加自觉，更有助于个体形成自我发展的意识和动机。

🔍 结构图

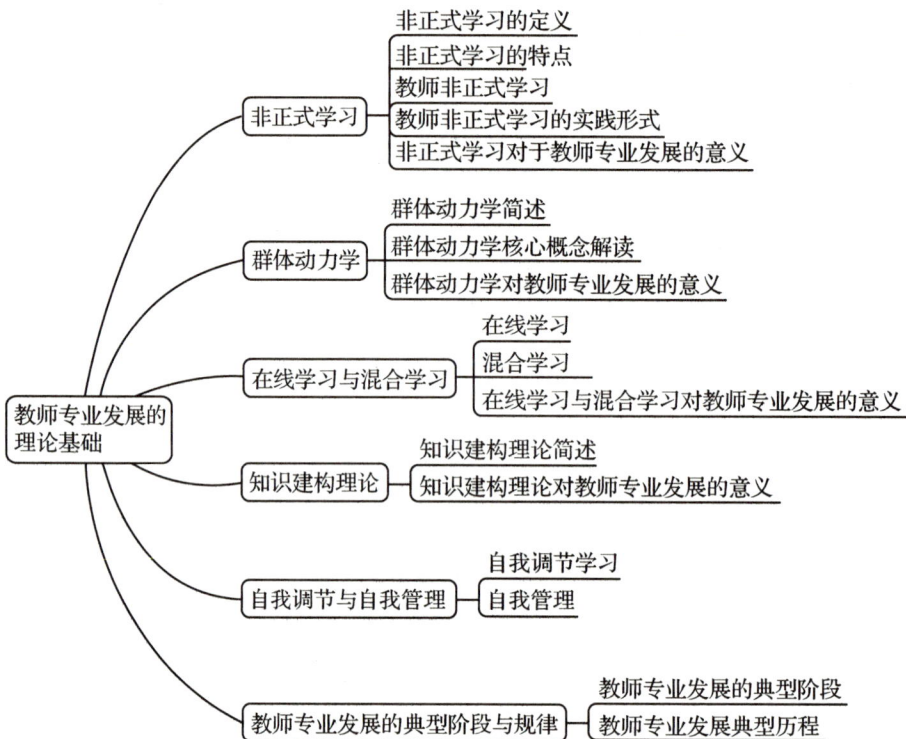

教师专业发展的理论基础
- 非正式学习
  - 非正式学习的定义
  - 非正式学习的特点
  - 教师非正式学习
  - 教师非正式学习的实践形式
  - 非正式学习对于教师专业发展的意义
- 群体动力学
  - 群体动力学简述
  - 群体动力学核心概念解读
  - 群体动力学对教师专业发展的意义
- 在线学习与混合学习
  - 在线学习
  - 混合学习
  - 在线学习与混合学习对教师专业发展的意义
- 知识建构理论
  - 知识建构理论简述
  - 知识建构理论对教师专业发展的意义
- 自我调节与自我管理
  - 自我调节学习
  - 自我管理
- 教师专业发展的典型阶段与规律
  - 教师专业发展的典型阶段
  - 教师专业发展典型历程

学习目标

1. 学习掌握教师专业发展的理论基础如非正式学习、群体动力学、在线学习、混合学习(又称"混合式学习")、知识建构、自我调节与自我管理等的概念、特点，以及对教师专业发展的意义。

2. 了解教师专业发展的典型阶段和历程，知道在信息化背景下教师专业发展的阶段与历程的变化与发展。

读前反思

你知道哪些教师专业发展的理论基础，这些理论对教师专业发展有何意义？

随着信息技术的迅猛发展及其对教育影响的不断深入，信息时代下的教师专业发展的理论基础也发生着变化。理论基础的演变意味着信息时代下的教师专业发展进入了新的发展阶段。理论基础的演变体现为新观点和新理论的引入，如非正式学习、群体动力学、在线学习与混合学习及知识建构等。

2.1
非正式学习

学习目标

1. 学习掌握非正式学习的概念、特点与实践形式等。
2. 了解非正式学习对教师专业发展的意义。

有关非正式学习的研究可以追溯到美国哲学家、教育家约翰·杜威的教育思想与实践。杜威提出"教育即生活""学校即社会""做中学""附带学习"，这些教育思想为非正式学习的研究奠定了一定的理论基础。1950 年，美国的马尔科姆·诺尔斯在《成人的非正式教育——管理者、领导者和教师的指南》一书中，首次提出非正式学习的概念，该书也因此被认为是首次以非正式教育为名撰写的著作。[①] 20 世纪 80 年代，马席克和沃特金斯在《工作场所中的非正式学习与偶发性学习》一书中介绍了不同工作场所中的非正式学习及其策略。这本书在当时引领着美国非正式学习研究的方向。1999 年，加拿大学者利文斯通在加拿大成人自我学习活动的调查研究中发现，大多数加拿大人在非正式学习上花费了大量的时间与精力，研究建议在可察觉的非正式学习行为下，教育者应该为成人提供更多的非正式学习的机会。在沃特金斯、利文斯通等学者的共同努力下，掀起了非正式学习研究的热潮。

2.1.1　非正式学习的定义

随着社会的发展和人类的进步，非正式学习受到越来越多研究者的青睐，研究领域涉及教师教育、企业培训、个人发展、知识管理等，大大提高了非正式学习的研究地位，推动了非正式学习的研究进展。目前，学界对于非正式学习的概念尚无统一的定论，研究者们从不同的研究视角给出了非正式学习的定义。

马席克和沃特金斯在与正式学习对比之后，得出非正式学习的含义。他们认为，相对于正式学习典型的制度化、结构化、基于课堂的特点，非正式学习的发生通常并不在教室内，学习也并不具有高度的结构化与制度化的特点，学习的主动权与控制权

---

① 邢蕾：《成人非正式学习的研究》，博士学位论文，华东师范大学，2011。

掌握在学习者的手中。偶发性学习被定义为学习活动的副产品，如任务的完成、人际互动、感知组织文化、尝试和错误实验等。如果学习者非正式学习行为得到外界的支持与鼓励，即使在不利于学习的环境下，非正式学习行为依然可以发生。克洛斯认为，非正式学习常常不受官方旨意支配。可能是有意的，也可能是无意的。不存在升留级，生活和工作中的成功是衡量其有效性的尺度。余胜泉、毛芳认为，所谓"非正式学习"是相对正规学校教育或继续教育而言的，指在工作、生活、社交等非正式学习时间和地点接受新知的学习形式，主要指做中学、玩中学、游中学，如沙龙、读书、聚会、打球等。① 祝智庭等认为，非正式学习通常是非官

> **非正式学习**
>
> 　　非正式学习是不受官方支配的，学习者在有意或无意下发生的学习行为，学习形式与学校教育或正规教育不同，不受时间、地点及空间的局限，在日常工作、社会交往的各类活动中都有机会发生非正式学习，学习结果没有统一的标准衡量，由学习者根据自身知识的增长情况及实践中的具体表现判定。

方的。它可能是有目的的行为也可能是在不经意间发生的。它没有通常意义上的正式教师，大都不用成绩评价也无须划分等级，衡量学习有效性的标准是在生活或工作中成功与否。②

　　对比分析国内外学者对于非正式学习的理解，可以发现他们在非正式学习发生的条件、学习的形式、学习的过程及结果等方面基本达成了共识。

2.1.2　非正式学习的特点

　　非正式学习无处不在，生活中随时随处都能发生。让非正式学习融入人们的生活、自然地发生是很有意义的。与非正式学习相关的概念有：隐性知识、元认知、社会性学习、学习能力、终身学习等。它具有如下基本特点。

　　第一，非正式学习是学习者自我发起、自我调控、自我负责的。非正式学习是指学习者自我发起、自我负责、不依赖他人的学习，学习者是学习的主导和主体。威斯顿·丘吉尔曾说过一句话："我随时准备投入学习，但是我不喜欢被教。"非正式学习是主动的、个性化的学习，学习者对自己的学习负责。

　　第二，非正式学习是社会性的。非正式学习的知识来源是多元的，包括家人、朋友、同事、邻居及图书馆、电视、网络等，主要通过非教学性质的社会交往来获取。

---

① 余胜泉、毛芳：《非正式学习——e-Learning 研究与实践的新领域》，载《电化教育研究》，2005(10)。
② 祝智庭、张浩、顾小清：《微型学习——非正式学习的实用模式》，载《中国电化教育》，2008(2)。

第三，非正式学习形式多样。非正式学习可以是同事之间的谈话、在知识库中搜索信息、观点的交流分享、向他人求助、观察同事或其他周围的人、在咖啡室聊天等。

第四，非正式学习更强调协作。非正式学习在努力创造一种自我发展和探究氛围的同时，鼓励团队通过对话、反馈和问题解决等学习活动提高团队的集体智慧和绩效。因此，非正式学习更强调个体之间的协作性，更强调交流共享。共享文化是非正式学习的一大特征。

第五，非正式学习可以是有明确目的的也可以是偶然性的。非正式学习的学习结果可能是预先期望的也可能是偶然性的。有些非正式学习具有清晰的目标，如改进一个软件或学习使用一种新工具。多数时候非正式学习的目标并不是清晰明确的，如理解一个新名词、参加一次朋友聚会等。

2.1.3　教师非正式学习

教师非正式学习是指在正规学校教育或继续教育之外，在工作、生活、社交等非正式学习时间和地点接受新知的学习方式。人们通过非正式学习获得的知识占个体所学知识的 75％ 以上，而人们对它的关注和投入却不到 20％。教师也不例外，非正式学习已不可能被简单地认为是教师学习的一种补充性学习或辅助性学习，它在教师学习谱系中占有越来越重要的位置。

卡瓦纳指出，非正式学习在教师的工作环境中既可以是有计划的也可以是无计划的，既可以是有结构的也可以是无结构的，这些活动包括教师间的互相交谈、分享经验，在互联网上搜索指导内容，并且实验新的指导方案。尚茹将教师非正式学习的界定从教师工作场所拓展到社会生活。她认为中小学教师的非正式学习是指在工作场所内，教师群体通过共同探讨、互相观摩、相互交流等形式，或教师个体通过自主学习、观察、模仿和自我反思等形式，主动提高自身的教学技能、专业知识和综合能力的活动；在社会生活中，教师通过网络、媒体、读书、朋友聚会、购物和旅游等形式，向他人主动请教或通过自学，有计划或无计划地提高自己专业水平和综合能力的活动。[①]祁玉娟将教师非正式学习界定为发生在正式学习或培训提供的课程之外，由教师自主产生，通过自我指导或非教学性质的社会交往来获取新知的学习活动。[②] 杨晓平从教师正式学习的对立面出发，认为教师非正式学习就是教师以内在的"自我"为向度，基于解决实际问题、追求自我实现的需要而在日常工作和生活中自我组织、自我决定、自

---

①　尚茹：《非正式学习与中小学教师成长》，硕士学位论文，河南大学，2007。

②　祁玉娟：《基于教师专业发展的教师非正式学习研究》，硕士学位论文，湖南科技大学，2008。

我激励的自下而上的学习活动。例如，观察同行、随堂观课、同行交流或讨论、请教专家或优秀教师、写教育博客或教学反思日记、做课题研究（包含正式和非正式的）、阅读专业书籍或文献、浏览专业报刊或杂志、收看相关节目（包含电视和电影）、上网浏览相关资料、E学习、参观博物馆等。[①]

🔗 案例

　　在北京师范大学现代教育技术研究所基础教育跨越式发展创新试验研究课题中，一年级语文教师A需要进行"比尾巴"一课的教学设计。她先通过搜索引擎，用"比尾巴""教学设计""教案"不同关键词组合查询，收集了一些资料。在这个过程中，作为意外收获，她还发现了几个很有参考价值的语文教学主题网站。然后，她结合本班学生特点，初步设计了一份教学设计方案。她想找人帮她提意见，于是就用网络即时聊天工具，把方案传给课题组指导人员B。随即两人就通过网络平台对这份设计方案进行了初步讨论。此次交流，教师A感觉不仅对"比尾巴"的教学设计方案有了更好的改进思路，同时课题指导人员B跟她交流时那种发现问题、解决问题的思考过程，对她启发也比较大。

　　综上所述，教师非正式学习具有高度的自主性，学习是由教师自我发起、自我组织、自我控制的。非正式学习既可以发生在工作场所中，又可以发生在社会生活中，学习形式多样化，如在工作场所中的随堂观课、探讨交流等，在社会生活中朋友聚会、购物、旅游、闲聊等。教师在学习活动中，既是知识的"创造者"，又是文化的"生产者"。学习结束后，教师虽未获得任何证书，但是，其自身的知识储备、自我效能感、学习动机等都有了一定的增加、强化与提高。

2.1.4　教师非正式学习的实践形式

2.1.4.1　自我反思

　　自我反思指学习者自己在工作、生活和娱乐中通过自我独立感悟和内省获取新知的过程，包括阅读（读书报、浏览网页等），观察（观察人物、事物、环境等），行动学习（反思、日记、模仿等）等学习者自我感悟获取知识的活动。教师专业发展和自我成长的快慢，是由教师自身思想观念决定的，思想观念决定行动。正确行动来自正确的思想观念，而正确的思想观念来自教师不断自我反思、自我修正。因此，自我反思被视为促进教师专业发展和自我成长的核心要素。

[①]　杨晓平：《中小学教师非正式学习研究：基于自我统整的教师发展视角》，博士学位论文，西南大学，2014。

2.1.4.2　协作学习

协作学习指在工作或生活中，关系较为密切的几个人之间的互动或相互影响，也就是协同工作和作业。在教师的非正式学习中，教师协作学习可由教师作为学习者，校外专家、同事作为助学者，以教师个体的专业成长为取向，以教师的合作精神为核心，成员共享经验和资源，最终实现互促共进，帮助教师更好地实现专业发展。

近年来，网络社交性软件已成为人们日常交流与沟通的主要渠道。社交软件具有个性化、主体性、社会性、多样性特征，人们可以自由选择学什么、在哪里学、什么时候学、怎样学，以及和谁一起学等，是人们获取知识的一种普遍方式。[①] 恰当运用社交软件，可以帮助学习者更好地实现非正式学习。基于社交软件的非正式学习，不仅为学习者创设了一个轻松愉悦的非正式学习环境，也为学习者提供了丰富的学习内容与资源，学习者在获得知识的过程中，更新并建构自身的知识体系，在与他人的交流与对话中，完成知识的转化，更为重要的一点是，社交软件可以帮助学习者形成学习共同体。

案例

基于微信的教师非正式学习平台，如图 2-1 所示，该平台以微信公众号为基础，增设如"职业导航""培养培训""交流园地"等功能。其中"职业导航"为教师提供非正式学

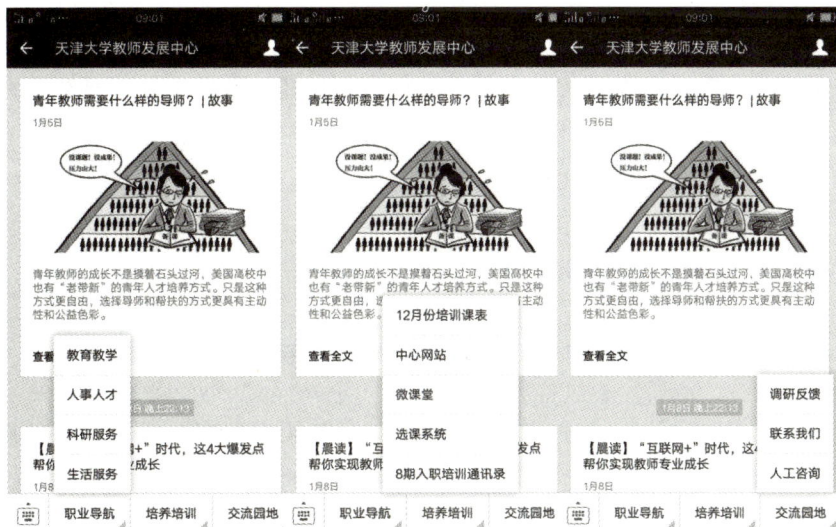

图 2-1　基于微信的教师非正式学习平台

---

① 董京峰、王伟娟、朱立波：《社会性软件促进非正式学习》，载《中国远程教育》，2009(13)。

习资源，形式有图文、音频、视频等；"培养培训"为教师提供相关学习网站链接；"交流园地"允许教师交流协作，形成学习共同体。

2.1.4.3 实践团体

实践团体指工作场所中逐渐形成的非正式群体。大多数实践团体是开放性的，结构松散，没有或只有很少的规则，没有精确的形成日期和结束日期。实践团体的形成多源于共同的兴趣爱好、关注点、目标、技能等，形成的时机可能是在餐桌上、下班后等所有方便的时候，一起讨论他们感兴趣的话题，可能与工作有关也可能无关，是非正式学习组织中最不正式的一种。

2.1.4.4 网络团体

网络环境的普及，使得教师的非正式学习活动不再受到空间、时间的限制。教师可以通过阅读在线资源、观摩在线课程等方式进行自主学习，同时也可以通过网络与同行进行跨区域的交流与互动。在网络环境下，教师通过非正式学习从自我导向出发，利用网络提供的便利条件，收集自己所需要的学习资源，采用线上交流的方式，达到知识转化的目的。[①]

网络团体指通过网络进行经常性、围绕一定话题交流的群体。网络团体的成员可能是朋友、同事、同学或者陌生人，只要愿意交流即可。网络团体规模不确定，可能是开放的也可能是封闭的，可能与工作非常相关也可能与工作完全无关。网络团体与其他团体的一个区别就是其成员可以很容易脱离这个团体。但网络团体并非虚幻，从某种意义上说它比实践团体更显真实，它的每个成员都是发自内心地愿意留在这个团体，并愿意真诚交流的。网络团体在学习型组织里非常盛行，相对网络课程来说它具有更强的社会性，而且它能提供即时的信息、帮助、交流等。

2.1.5 非正式学习对于教师专业发展的意义

2.1.5.1 非正式学习有利于促进教师的终身发展

目前关于终身学习比较统一的看法是，所谓终身学习是指贯穿人生全过程的学习历程，此历程包括正规、非正规及非正式的学习活动，旨在配合人生各阶段的社会角色与发展，以达到发展个人潜能、提高生活质量、促进社会发展的目标。[②]

---

① 曾群芳、杨刚、伍国华：《基于网络的教师非正式学习研究》，载《中国电化教育》，2015(9)。
② 王建勤：《终身学习：教师专业化的根本要求》，载《中国成人教育》，2009(12)。

21 世纪是知识经济与信息技术高速发展的时代，国家竞争、企业竞争的核心是知识的竞争和人才的竞争，最终体现为教育的竞争。《国家中长期教育改革和发展规划纲要(2010—2020 年)》以及党的十六大报告中，均提到了"学习型社会"。顾明远、石中英认为，学习型社会就其形式来说，是要创造一个全民学习和终身学习的社会；就其实质来说，是一个"以学习求发展的社会"。[①] 随着学习型社会的到来，教师的终身学习成为必然。

教师专业发展是教师不断接受新知识、提高自身专业能力的过程。终身学习的思想把教师专业发展的历程扩展到了教师的一生。教师非正式学习可以突破时间、空间、内容、制度及方法的限制，把学习无限延伸和拓展到工作、家庭、社会交往与社区活动中，它能够满足教师在不同职业发展阶段的差异化需求，让教师通过网络学习、同伴互助、观察模仿等学习方式解决工作中的问题，并且能够从不同的信息源头为教师提供知识的养料，如浏览网页、同事间的交流、家人间的聊天等。因此，非正式学习是教师终身学习不可替代的重要组成部分和灵魂，重视并积极引导教师进行非正式学习，有利于促进教师终身专业的发展。

2.1.5.2　非正式学习有利于弥补教师正式学习的不足

有研究者认为，正式学习主要包括正规的学校教育、学历教育与培训活动，它通常发生在有组织、结构化的环境下，其学习内容和过程由教育机构决定。它是一种组织严密、制度严格的培养人的活动。[②] 教师正式学习包括职前的培养，诸如教育课程、教学实习，以及职后的在职培训，其最典型的就是以专业发展的形式进行。

众所周知，教师一般承担着繁重的教学任务，在参与正式学习的过程中，工学矛盾、供需不匹配等问题较为突出。正式学习中的课程内容通常是较成熟的理念或观点，以易于传播的显性知识为主，内容往往滞后于时代的发展。例如，在正式培训中，讲解"启发式教学"相关的内容，但如何在不同的班级和不同的学生个体中运用"启发式教学"则无法面面俱到。正式培训中教条式、片面的讲解，无法让教师将所学内容直接迁移到具体的工作情境中。

教师非正式学习允许教师随时随地学习，不仅克服了正式学习中工学矛盾的问题，同时也能够紧跟时代的发展，获取实时有用的信息。通常教师非正式学习是教师为满足自我需求自主选择并获取知识的过程，知识来源于课堂观察、同事交流等，是非结构化的，但又与真实情境紧密结合，有助于教师解决实际工作中的问题。因此，非正

---

① 顾明远、石中英：《国家中长期教育改革和发展规划纲要(2010—2020 年)解读》，51 页，北京，北京师范大学出版社，2010。

② 祁玉娟：《基于教师专业发展的教师非正式学习研究》，硕士学位论文，湖南科技大学，2008。

式学习能够有效弥补教师正式学习的不足。

2.1.5.3 非正式学习有利于促进教师知识的转化与内化

迈克尔·波拉尼从认知科学的角度将知识分为显性知识和隐性知识，其中显性知识是以书面文字、图表和数学公式加以表达的知识，隐性知识具有心照不宣的、沉默的、只能意会不能言传的特点。教师知识一般分为理论性知识与实践性知识，其中理论性知识包括本体性知识（教师所具有的特定学科知识）与条件性知识（教育学和心理学的知识）。从教师知识的形态与特点上看，教师的理论性知识属于显性知识的范畴，教师的实践性知识属于隐性知识的范畴，其中教师的实践性知识是教师专业发展的知识基础。[①] 教师知识的另一标签是"实践智慧"，也称"专业技巧知识"，主要指实践经验的产物。普遍认为教师实践性知识具有情境性、实践性、工具性、缄默性、个体性、反思性等特征。[②] 据已有研究表明，教师的本体性知识与学生成绩之间几乎不存在统计上的关系，且并非本体性知识越多越好。同时，条件性知识也只有在具体实践的情境中才能发挥功效，更为重要的是实践性知识。[③] 一般来说，教师很难将实践性知识明确向他人传授，更不要说将实践性知识转换成理论知识。

要解决教师显性知识与隐性知识转化的问题需要把握知识转化的规律。知识转化的过程，包括社会化、外化、联结化、内化四个过程。日本学者野中郁次郎和竹内弘高提出的 SECI 模型反映了知识转化的过程，SECI 模型也为教师实践性知识的发展提供了重要的理论支持。[④]（图 2-2）

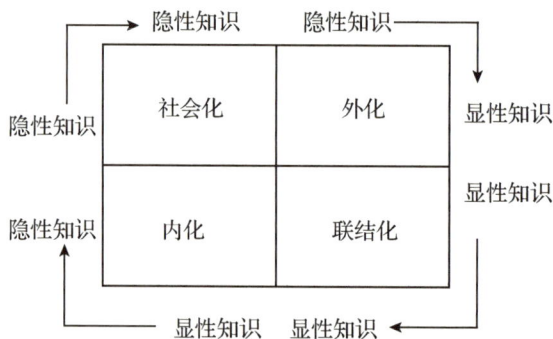

图 2-2 显性、隐性知识转化的 SECI 模型

---

① 姜美玲：《教师实践性知识研究》，博士学位论文，华东师范大学，2006.

② 刘旭东、吴银银：《我国教师实践性知识研究十年：回顾与反思》，载《教师教育研究》，2011(3)。

③ 张志越：《谈教师专业发展的新理念》，载《教育理论与实践》，2002(6)。

④ 王阿习、陈玲、余胜泉：《基于 SECI 模型的教师培训活动设计与应用研究——以"跨越式项目全国中小学语文和英语骨干教师培训"为例》，载《中国电化教育》，2016(10)。

在正式学习中，大部分的知识是显性知识，如教科书、参考资料上的内容，知识的流向是单向的，在学习过程中，忽略了教师自身存储的大量实践性知识。教师非正式学习可以有效弥补这一缺陷。在教师非正式学习中，群体间的交流与共享、观察并模仿他人的行为是获取知识的主要手段，教师以自我需求为导向，通过自主探索，完成自身隐性知识的传递与增值，即社会化过程。外化是将隐性知识转化为显性知识的过程，在这一过程中，讨论与交流非常重要，非正式学习为教师提供了宽松的交流环境，如沙龙、读书、聚会、打球等，教师可以自由地发表观点，在与他人的沟通与交流中，将隐性知识转化为可以表达与共享的显性知识。联结化过程强调教师的元认知能力，及时总结与升华所接触的知识，保证学习的有效性。内化过程则需要教师通过个人的体验、练习和反思将知识整合到自己已有的知识结构中，这一过程的关键是促进教师的自我反思。[①] 教师非正式学习一般发生在真实的场景中，教师对知识有深切的感受与深刻的理解，有助于教师将知识应用于实际的工作中。

非正式学习很好地实践了教师显性知识与隐性知识转化的过程。在学习过程中，教师理解并学会他人的隐性知识，进而增值自身的隐性知识。将个人的经验、灵感等隐性知识转化成可用于表达与共享的显性知识，建构并升级自己的知识体系，将知识应用于具体的实践中。

2.1.5.4　非正式学习有利于促进教师的专业自主

通常来说，有两种力量推动着教师的专业发展，一是在社会进步和教育发展对教师的要求和期望增加的背景下，由政府或有关机构对教师进行有计划、有组织的培训；二是教师自主发展，指的是教师对自己的专业发展负责，教师不仅是教师专业发展的对象，更应该是自身发展的主人，是一种自我更新、专业自主的发展。

20 世纪 80 年代以来，"教师作为学习者"的呼吁越来越多，从 1986 年美国的《国家为 21 世纪的教师做准备：卡内基报告》到 2001 年英国的《教学与学习：专业发展战略》，再到 2018 年我国教育部印发的《教师教育振兴行动计划（2018—2022 年）》，这些文件与政策的制定不仅透露出各国对教师专业教育能力不断提高的要求，更是对教师专业自主和发展的强化。

教师专业自主意味着教师从个人发展的角度出发，制定适合自己的专业发展目标、计划，有的放矢地选择学习的内容，灵活地选择学习发生的地点与时间，有意愿和能力将所制定的目标及计划付诸实施。如前所述，教师的实践性知识是教师专业发展的主要知识基础，是教师职业独特性和不可替代性的体现。一般来讲，实践性知识多是通过与专家交流、与同事合作、与家长接触以及实施课堂教学等途径获得的，在这些

---

① 蒋国珍：《混合式研修：信息时代的教师专业发展》，37 页，北京，高等教育出版社，2011。

活动中，教师不断反思活动中的关键事件、对话交流中表达的信息、专家同事行为传递的内容等，从而扩充自身的实践性知识。非正式学习是学习者自我发起、自我调控、自我负责的，它更能体现学习者的主体性，非正式学习所提倡的基于真实的工作情境中的自我反思和同事间对话，有利于促进教师的专业自主。[①]

2.1.5.5 非正式学习有利于促进教师的专业知识共享

如今，学习不仅是一个知识传递或个体知识建构的过程，还是一个社会对话、认知网络连接与共享的过程，学习者从不同的个体或群体中可以得到高级认知能力的训练，得到更全面的发展。因为非正式学习的典型形式有行动学习、网络学习、指导、伙伴和协作等，并且由于非正式学习具有自发性、自控性、情境性、社会性和协作性的特点，最适宜于传递具有情境性、个人性和默会性的实践性知识。因此，教师非正式学习有利于教师的专业知识，特别是实践性知识的共享。[②]

2.1.5.6 非正式学习为教师提供了相对公平的学习机会

对在职教师而言，参与各类培训、研讨会是教师正式学习的主要渠道，但这些学习机会也受到如地区经济、培训条件等多种因素的干预，在这种情况下，教师参与正式学习的机会并不是"平均分配"的。教师只有依靠在工作与生活中无处不在的非正式学习来提升自己的价值。非正式学习为那些出于某些原因无法参加正式学习或没有条件与机会参加正式学习的教师，打开了一扇窗，使其有机会继续学习，享受学习带来的乐趣，进而提升自己的专业素养，培养更多的人才，促进社会的发展。

2.1.6 本节小结

随着信息技术的发展，催生了众多新型的学习方式——移动学习、体验式学习、碎片化学习、个性化学习等。非正式学习作为一种社会化学习方式正逐渐成为教师获取信息、学习知识、丰富内涵修养、提升专业技能等的重要方式和有效途径。高质、高效的教师非正式学习对教师专业发展起着举足轻重的作用，关于教师非正式学习理论应该进行深入的探讨与研究，进而提高教师非正式学习的实践效果，提高教师发展的水平，最终保证教育发展的质量。

---

① 祁玉娟、陈梦稀：《非正式学习与教师专业发展》，载《湖南第一师范学报》，2009(6)。
② 祁玉娟：《基于教师专业发展的教师非正式学习研究》，硕士学位论文，湖南科技大学，2008。

2.2
群体动力学

🎯 **学习目标**

1. 学习掌握群体动力的核心概念。
2. 了解群体动力学对教师专业发展的意义。

群体动力学的研究为理解信息时代下的教师专业发展提供了重要启示。深入理解群体动力学的相关概念如群体凝聚力、群体结构、群体领导、群体效能等，可为信息时代下的教师专业发展明确群体目标，增强群体内聚力，创造良好的群体风气，改革领导方式，构建健康可持续发展的学习共同体，进而培养和造就高素质专业化的教师队伍，促进我国教育事业的健康发展。

2.2.1 群体动力学简述

《荀子·劝学》："蓬生麻中，不扶而直；白沙在涅，与之俱黑。"晋朝文学家和哲学家傅玄在《太子少傅箴》中写道："近朱者赤，近墨者黑；声和则响清，形正则影直。"这讲的是群体对个人发展的影响。

群体动力学(或群体过程)的发展有一个基本的前提：整体大于其部分的总和。一个社会群体是具有一定属性的实体，是不能够只通过研究组

> **群体动力学**
>
> 群体动力学是通过科学的实验方法研究群体性质、群体行为与结果，进而得出群体运作的一般规律以指导群体发展的理论。

成该群体的个体了解的。1924 年，格式塔心理学家马克斯·韦特海默确认了这一事实，他认为群体的表现不能从它的个体元素或这些元素组合中得到。相反，个体的属性都是由整个群体内在规律或机制决定的。

作为一个研究领域，群体动力学起源于心理学和社会学。实验心理学的奠基人威廉·冯特对社区心理学有着浓厚的兴趣，他认为关于人类语言、习俗和宗教的现象是不能通过对个体的研究来描述的。社会学领域中，受威廉·冯特影响的埃米尔·涂尔干，也认识到了集体现象，如公共知识。其他重要的理论家包括古斯塔夫·勒庞相信

人群具有原始的、攻击性的和反社会的本能的"种族无意识"，麦独孤（心理学家）相信"群体心智"，是一个来自个体互动的独特存在。

1939年，美国社会心理学家库尔特·勒温在《社会空间实验》一文中首次提出"群体动力学"（Group Dynamics，也被称为团体动力学、集团力学）的概念。1945年，"群体动力学研究中心"在美国麻省理工学院成立，这标志着群体动力学成为一门独立的专业或学科，掀起了群体动力学研究的高潮。库尔特·勒温的整个职业生涯专注于如何将群体动力学的研究应用到现实世界、社会问题上。随着群体动力学研究的不断深入，其研究成果已被广泛应用于企业管理、教育、心理治疗等领域。

群体，亦称社会群体、团体，是相对个人而言，由两个或两个以上的人，在交往过程中形成的共同体。徐碧琳、陈颉认为，所谓群体，是指为了达到共同目标，在行动上有着共同的行为规范的两个以上的人相互依赖、相互作用而形成的具有相对稳定关系模型的集合体。李育红认为，群体是人们互相作用的产物，随意聚集在一起没有共同活动的一群人，不是心理学意义上的群体。就本质而言，群体是一个成员之间可以相互依赖的"动力整体"。一个群体所能够拥有的动力比任何个体在任何方面所能拥有的动力都要多，任何成员状态的变化都会引起其他成员状态的变化，个体的发展都受到所属群体的影响。

库尔特·勒温借助物理学中"力场"的概念来描述群体行为的产生机制，从内外环境相互作用的角度来研究群体条件下个体行为的特点与规律，进而对群体中各种潜在的交互作用，群体对个体的影响和群体成员之间的关系进行了研究。具体来说，群体动力学以群体的性质、群体发展的规律、群体与个人的关系、群体与群体的关系等作为研究对象，主要研究群体的凝聚力、群体压力和社会规范、群体目标和相应的动机作用、群体的结构性等，为管理活动提供科学的理论基础。

1951，库尔特·勒温提出 $B=f(P，E)$ 的函数关系式。其中，B 指的是行为，P 指的是个体的内在需要，E 指的是环境外力，f 代表人与环境的函数，行为随人和环境两大因素的变化而变化。勒温指出，凡属科学的心理学都必须讨论整个情景，即人和环境的状态。他还认为，人的行为是人与环境的相互作用决定的，即个体的行为是其个性特征和场（指环境的影响）相互作用的结果。

群体是由一群有相互关系的个体形成的动力有机整体，其内部各种力的集合组成其动力系统，个体时刻都感受到来自群体的压力，最终形成群体规范，并成为个体的行为准则，群体目标决定着群体的性质，并影响个体行动的动机。《美国管理百科全书》把群体动力学的内容表述为：①群体目标和意识；②群体规范和压力；③群体凝聚力；④群体气氛；⑤群体结构；⑥群体沟通形式；⑦群体人际关系；⑧群体参与形式；⑨群体领导关系；⑩群体背景。

目前，国内外的学者大多将群体内聚力、群体成员之间的相互影响力、领导方式与群体生产力、群体目标与群体成员动机、群体的结构性这五个方面归于群体动力学理论框架之中。随着群体动力学后期的发展和完善，研究者证实了群体凝聚力受到群体的领导者、个体成员、群体目标、群体结构和环境共同作用的影响，并逐渐建立起如图 2-3 所示的群体动力学理论模型。

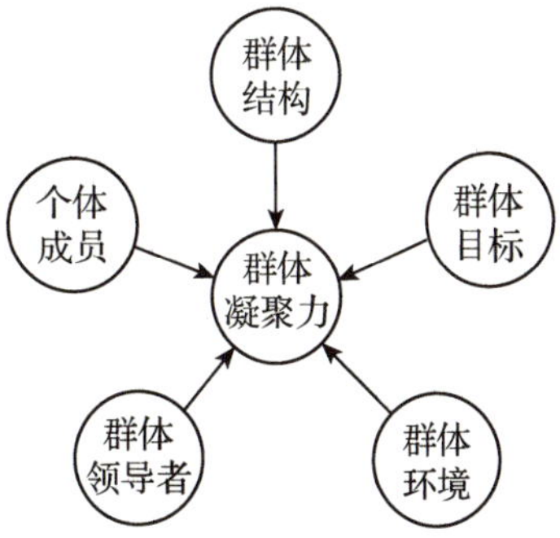

图 2-3　群体动力学理论模型

2.2.2　群体动力学核心概念解读

20 世纪，群体动力学形成了群体凝聚力、群体结构、群体领导和群体效能等独具特色的研究范畴[1]，下文我们来解读群体动力学中的核心概念。

2.2.2.1　群体凝聚力

所谓群体凝聚力，又称为群体内聚力，主要是指群体内部的团结，是使成员留在群体内的作用力。群体凝聚力本身有两个重要因素，其一是群体吸引力，其二是成员动机。[2] 在有关的研究中发现，在凝聚力低的群体中，成员会感到空虚、紧张或焦虑，随着群体凝聚力的增加，群体内的人际交流和人际关系也会得到相应的加强，成员的自信心、安全感、价值感及群体生产力也会随之得到提升。群体凝聚力受到成员间的相似性、吸引力、团体目标、沟通方式、人数等多方面的影响。

2.2.2.2　群体结构

群体结构是定义成员之间随时间变化的关系的内部框架。通常，群体结构由角色、规范、价值观、沟通模式和地位差异构成。

2.2.2.3　群体领导

领导的专业水平或技能高，能够帮助群体成员更好地扮演自己的群体角色，更好地完成任务和目标。因此在群体生活中，领导是一个至关重要的因素。领导及其领导方式直接影响群体发展，从而影响群体效能的发挥和个人价值的提高。

---

[1]　申荷永：《充满张力的生活空间——勒温的动力心理学》，100～103 页，武汉，湖北教育出版社，1999。
[2]　申荷永：《团体内聚力研究的意义与价值》，载《华南师范大学学报（社会科学版）》，1994(1)。

2.2.2.4 群体成员

群体成员是指组成群体的个体。在群体中，群体成员通常具有不同的角色。如前所述，其中的一个关键角色即领导。与此同时，群体中还存在着其他重要角色，如任务角色、关系角色和个人角色等。任务角色通常与群体期望执行的任务相关，从事任务角色的个体关注群体的目标和成员所做的工作，如协调员、记录员、评论员或技术员等。从事关系角色（或社会情感角色）的群体成员专注于维持群体成员的人际关系，满足群体成员情感需求，如鼓励者、协调者或妥协者（如图 2-1）。

表 2-1　群体成员角色

发起人	主动定义问题、提出行动和规划建议
通知者	寻求真相，给出建议与意见。
解释者	解释想法，定义术语，明确议题。
总结者	再次陈述想法，提供决策，并得出结论。
现实审核者	基于真实情境分析并测试想法及建议
协调者（氛围）	缓和团队的紧张氛围，调和分歧，探索机会。
信息传递者	保持团队沟通渠道畅通，鼓励成员参与讨论。
共识测试者	定期询问团队是否得出一个定论并进行测试。
鼓励者	给予团队成员温暖，热情对待团队成员，及时回应成员。
协调者（工作）	修改决策，提供第二种方案，承认团队错误。
批判者	批评成员的价值观，用讽刺、贬损或半掩饰的方式来开玩笑。
固执己见者	固执地抵制团体的想法，出于个人原因而不同意团体成员的意见。
控制者	以高姿态控制成员沟通的内容。
游离者	游离在群体目标之外的成员。
回避者	追求与团队无关的目标并逃避对团队的承诺。

2.2.2.5 群体规范

所谓群体规范，实际上也是群体内部制定或规定的，每个群体成员都必须遵守的条约和纪律。它对于群体的生活而言至关重要。群体中的生活以及群体的发展，往往表现为双向的相互作用的行为。

2.2.2.6 群体发展

群体的发展是个动态的过程，大多数的群体都处于一种持续改变的状态中。从群体动力学的观点来看，群体可能永远无法达到完全静止不动的状态，它应该遵循某种轨迹，一个阶段接着一个阶段地发展下去。

有研究者综合了各家的学说，归纳出依据成员间的互相依赖程度划分团体发展的过程，分为形成期、激荡期、规范期、执行期与终止期五个阶段。华南师范大学的申荷永教授在美国团体动力学家读奈森·弗西斯研究的基础上，总结了团体发展的五个阶段，即形成、动荡、凝聚、活动、终结，与上述分段方法有相似之处。

2.2.2.7　群体效能

一般来说，群体效能指的是群体目标是否有效实现，群体及成员的价值是否有效体现。为了促进群体效能的发挥，群体需要满足一些基本的条件。

第一，科学的群体结构。包括群体的任务结构，即任务和目标是否明确；群体的构成、规模是否适当；群体的角色，即各成员所扮演的群体角色是否适当；群体的规范等。

第二，有效的群体领导。包括能够帮助群体成员更好地扮演自己的群体角色，更好地完成任务和目标；能够激励成员的动机和努力。

第三，健康的群体发展。群体发展的各阶段符合群体发展的规律，呈现一种有效、良性的发展轨迹。

当一个群体能够充分发挥其效能的时候，那么它也就能够更好地体现其自身的价值，能够更好地实现其既定的群体目标。

2.2.2.8　群体分类

一种常见的群体分类方式是将群体分为正式群体与非正式群体。正式群体是由各类组织建立的，用以实现组织的目标的群体。非正式群体是自发兴起的（如图 2-4）。

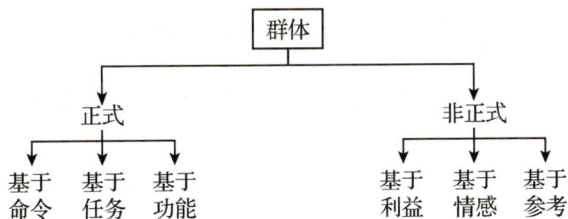

图 2-4　群体分类

1. 基于命令的群体

基于命令的群体由组织的结构而定，通常由领导及其下属组成。比如，由市场调研公司的首席执行官和他的下属组成的群组。

2．基于任务的群体

基于任务的群体由需要完成共同任务的工作人员组成，成员需要在规定的时间内完成一系列的工作任务，达成工作目标。比如，学校的教师教研室。

3．基于功能的群体

组织创建一个功能群体，在整个组织系统中承担相应的工作，以保证组织的正常运行。常见的基于功能的群体如市场部、客户服务部或会计部。

4．基于兴趣的群体

基于兴趣群体的成员由有共同兴趣的人员组成。每个兴趣群体的目标各有不同，如学生的兴趣小组。

5．基于情感的群体

基于情感的群体是由享有类似社会活动、信仰、价值观或其他共同纽带的成员组成的。成员享受彼此的陪伴，经常下班后参加一些活动。例如，瑜伽小组、亲友定期聚会等。

6．基于参考的群体

基于参考的群体是人们用来评估自己的一种群体类型。基于参考的群体的主要目标是寻求社会认同和社会比较。社会认同允许个人调整自己的态度和价值观，而社会比较则帮助个人通过与他人比较来评估自己的行为。参考小组对成员的行为有很强的影响，这些团体是自愿成立的。对于大多数人来说，家庭、朋友等都是强有力的参照群体。

正式与非正式群体的区别见表 2-2。

表 2-2　正式与非正式群体区别

	正式群体	非正式群体
形成	经过理性设计与计划而形成的合法组织	自发形成
存在	通常情况下，正式的群体不会从非正式群体中衍生出来	非正式群体有可能由正式群体衍生而来
目标	目标明确，围绕着群体的生存、利益，致力于服务社会	目标模糊，通常围绕着友谊、团结等情感方面的内容
关系	上下级关系	个人或社会关系
影响因素	受理性的、非个人或社会的情感因素影响	个人、社会的情感因素的影响
沟通	以命令或指示的形式	以一种自然的、偶然的、顺其自然且偶然的形式
领导	基于正式的权威和地位	基于个人能力和群体接受度

	正式群体	非正式群体
界限	在组织规定的范围内	无界限
性质和重点	强调高效、纪律、一致性，在实践过程中有一定的僵化与官僚主义	反映了一种文化现象，其特征是相对自由、朴素和温暖，具有自发性

2.2.3　群体动力学对教师专业发展的意义

群体动力学是一种跨学科的研究，不仅包含了社会学与心理学，也涉及了文化学与生态学等，为当代的教育和教学实践提供了一种跨学科的理论基础。群体动力学家们的研究，可以为我们理解教育和教育实践，提供新的视角和观点。[①]

2.2.3.1　群体动力学指导教师学习共同体建构

学习共同体首先得益于群体动力学。勒温认为，群体动力指群体活动的方向，而研究群体动力就是要研究影响群体动向的各种制约因素。群体动力学表明，和其他人一起学习或工作时，他们之间会出现相互促进的现象，这种促进作用会使人们工作或学习得更出色。此外，群体动力学还表明，群体工作往往比个体更容易且更快地找到解决问题的答案。在心理学中，一些心理学家也曾指出，他人在场能够缩短人们完成任务的时间，提高人们完成任务的准确性，这种现象称为社会助长。比如，在演讲者演讲时，听众越多，演讲者讲起来越起劲，思路也会越开阔。[②] 社会心理学家扎伊翁茨也认为，如果有他人在场会增加个体的工作驱动力或工作成功动机。在教师学习共同体中，教师成员聚集在一起，形成一个学习群体，该群体是一个庞大的传递知识、生产知识的组织，具有共同的目标，更需要合作交流，发挥群体优势，从而创造出大于个体之和的群体动力。这种群体动力的号召会激发教师个人的发展动力，也会督促教师群体的专业成长，从而全面有效地提高教师的整体专业水准。

杨延从和黄碧慧基于群体动力学建构出农村小学英语教师学习共同体的结构模型，模型中包括内聚力、结构、目标、领导和氛围五个维度，其运行机制包括动力机制、控制机制、整合机制和保障机制。这一结构和运行机制有助于确保群体成员个性化发展和整体绩效的发挥[③]，如图 2-5 所示。

[①]　魏非：《教师远程教育中在线知识社区的构建与反思》，硕士学位论文，华东师范大学，2005。

[②]　李琳：《学习共同体视域下民族高校英语教师专业发展研究——以甘肃某民族高校为例》，硕士学位论文，兰州大学，2016。

[③]　杨延从、黄碧慧：《群体动力学视域下农村小学英语教师学习共同体建构的研究——以厦门市×区农村小学为例》，载《教育理论与实践》，2016(17)。

图 2-5　基于群体动力学农村小学英语教师学习共同体结构模型

肖静和黄文琪基于群体动力学的三大主要因素，凝聚力（保证群体稳定的因素）、驱动力（促使群体不断演化发展的因素）和耗散力（破坏群体稳定和演化的因素），探究高校教师学习共同体的发展。在他们的研究中，三种动力要素同生共存在教师学习共同体中，使群体不断演化和发展。[①]

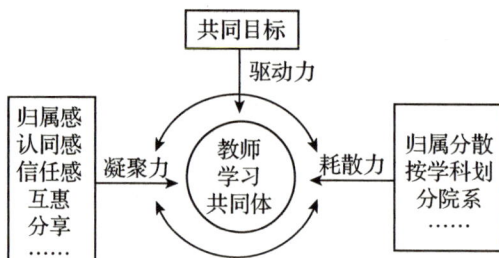

图 2-6　群体动力学视域下的高校教师学习共同体发展

案例

深圳市南山区白芒小学名师工作室

2018 年，深圳市南山区白芒小学名师工作室正式成立。这一教师学习共同体的设计，充分运用了 20 世纪 40 年代社会心理学家勒温提出的群体动力学理论，以"名师"为核心，让青年教师共同学习和探讨问题，促进知识的生产和传递，以创造出大于个体之和的群体动力，取得了一定的效果。

一、成立名师工作室——群体形成

成立名师工作室，形成教师学习共同体。在深圳市南山区教育局的支持下，2018年 5 月白芒小学举行名师工作室成立仪式。工作室以名师孟凡军老师为核心，由各学

[①]　肖静、黄文琪：《群体动力学视域下的高校教师学习共同体发展探究》，载《武汉理工大学学报（社会科学版）》，2017(5)。

科教研组组长及教师组成。

二、明确工作室目标——群体目标

在群体学习中，结合团队进步和发展的共同愿景，可以促进研究氛围形成，帮助教师树立积极的职业价值观，提升群体的内聚力。白芒小学名师工作室以借力信息技术，提升教学质量为切入点，通过对工作室成员能力的分析，承担着课题研究、新手教师培养等任务，通过理论学习、课堂锤炼、教学研讨、技能比武等方式使工作室成员在分工协作中产生共鸣，不仅提高了工作室成员的学习效率，也促进了教科研成果的显现，充分激发了团队团结进取的动力和向心力。

三、活跃工作室氛围——群体氛围

为保障名师工作室建设拥有较好的学习与研究氛围，白芒小学将教育资源等向名师工作室集中，并在硬件配备、资金支持等方面提供支持，以良好的外部环境为团队成员搭建提升和进步的平台，以此来激励、吸引、扩大更多的教师向组织对标和聚积。

四、树立工作室典范——群体领导

白芒小学名师工作室以名师孟凡军老师为核心，孟老师帮助工作室成员认识角色与分工，使工作室更好地完成目标任务。

白芒小学名师工作室自成立以来，已申报多项校本小课题研究，均取得了较好的成果，教师得到了学习与成长，教学效果有一定的提升，多次承办校级、区级活动，圆满完成了各项任务。

2.2.3.2　群体动力学对教师在线学习的启示

对于在职教师来说，他们已经走出学校，脱离课堂教育多年。因此，在线学习自然而然地成了他们自身专业发展的重要途径，群体动力学为教师在线学习提供了诸多理论依据与实践方法。

第一，群体规则约束教师线上学习活动。线上学习为教师设计了多种学习任务与活动，如协作备课、交互问答、学习测试等，甚至可以为教师提供个性化的指导与服务，以此保证教师线上学习的质量。这些活动包括群体活动与个体活动，其中，群体活动要遵循一定的规则。群体规则是用来约束教师行为的规范和准则，群体动力中的规则约束力来源于规则的不断调整和变化，要在群体的发展过程中依据群体的状态和成员的意见不断完善规则，使规则能够被成员接纳，提升学员对在线学习的认可度。

第二，群体凝聚力促进教师线上学习共同体发展。所谓群体凝聚力，主要是指群体内部的团结，是使成员留在群体内的作用力。群体凝聚力对教师在线学习共同体具有至关重要的作用，它能够促进教师之间互动行为的产生与深入，促进教师之间的交流，促进教师之间形成更有利的人际关系。和谐的人际关系是教师在线学习共同体可持续发展的关键。

第三，群体生产力加速教师在线学习成果的达成。群体是个体的聚集，因而群体所拥有的生产力远远超越任何个体生产力的总和。首先，群体生产力决定着群体的责任与秩序，教师在线学习的群体活动给予每个学习者的分工不同，学习者肩负着不同的任务，他们彼此间相互协作，使群体的活动井然有序。其次，群体生产力决定着群体的共同目标，生产力是基于实际工作而言的，实际工作要以具体目标为导向，群体的生产力往往决定着群体的共同发展愿景。最后，群体生产力能够产生良好的群体氛围，群体成员向着共同的目标，分工合作，营造了积极向上的群体氛围，能够较好地提高教师在线学习的效果。[①]

第四，群体领导推动教师在线学习活动的进展。在教师在线学习中，群体领导通常指的是教育专家、教学实践经验专家、活动小组组长等。在群体活动中，如果没有一个卓越的领导，则任何活动都无法有序进行。在教师在线活动中，专家或组长等角色的准确把握，能够较好地推动网上群体活动的进行。

2.2.3.3 运用群体动力学助力教师教研

教研是教师日常工作中的一项重要活动，通过教研，教师能够提高自身专业素质，增强课程实践能力。教研能力作为教师专业能力的重要组成部分，指的是教师在相关教育教学理论指导下，借助科学的研究方法，探讨教学规律、解决教学问题以提升教学质量、促进学生发展的能力。[②] 从群体动力学视角来看，教研活动发生在特定场域、以教书育人为共同职责的教师群体中，各位教师构成了该群体中的个体。教师个体之间，自身与整体之间的相互影响与作用，构成了教师群体动力。教师个体与群体间的相互作用，在促进教师个体专业发展的同时，也促进着教师群体的专业发展，进而提高学校教育教学质量，使得教育朝着健康快速的方向发展。群体动力学在以下方面助力教师教研。

第一，确定一致的教研目标。任何一个团体都会有一种目的，一种存在和行动的理由。被团体所选定的目标，在很大程度上将决定该团体的行为、团体作用的发挥、成员对团体的依赖性、成员的态度和信心等。[③] 教师教研群体中的每位教师虽然有着不同的专业背景、教学方法、授课风格、思维方式和智慧水平，但他们却共同享有一个目标，即完成教学任务，提升教学质量。教研目标的确定，能够让教师明晰教研工作的目标与任务，增加对群体的认同感，愿意为群体活动即教研的有效开展而努力。在这个过程中，通过自身与其他教师个体之间，以及自身与整体之间的相互影响、相互作用来完成教师自身的专业化发展。

---

① 刘志广：《城乡协同教育网络平台的设计研究：以初中阶段城乡协同教育为例》，硕士学位论文，渤海大学，2013。

② 李凌：《群体动力学视域下职业院校教师教研能力提升策略探析》，载《遵义师范学院学报》，2018(3)。

③ 申荷永：《团体动力学的理论与方法》，载《南京师大学报(社会科学版)》，1990(1)。

第二，营造团结向上的教研氛围。群体氛围不仅影响个体的价值观念、工作态度、行为方式，也是影响群体凝聚力的主要因素。除此之外，影响群体凝聚力的因素还包括任务、接触与交往、群体成员的背景与态度等。在一个教研群体中，教师多是相熟多年的同事，对于彼此的性格、爱好、喜恶等都有较深入的了解，彼此之间构成了较为稳定的关系。群体凝聚力的提高能有效增强群体成员的责任性行为，此外，群体规范起着维护群体、统一个体认知及行为的作用，能够更好地约束群体成员的行为，学校制定的相关教学制度、教研制度等都是群体规范，即教师必须遵守的准则。群体凝聚力的提高及群体规范的落实，能够有效促进群体生产力的发展，在教师教研活动中，能更好地达成教研活动的目标。

第三，构建教研共同体。教师在教研过程中为完成指定的教研工作任务而相互交流、相互合作，形成的相互影响、相互促进的群体可被称为教研共同体。在教研共同体中，教师成员聚集在一起，形成一个具有共同目标、集传递知识和生产知识为一体的组织。教研共同体除促进教师个体专业成长外，也可发挥群体优势，提高教师群体的整体专业水准。信息技术和网络技术的不断发展使教研活动不再局限于现场教研，远程教研作为一种新的教研方式已经成为现场教研的有效补充。远程教研产生了线上教研共同体，线上教研共同体能够共享更多优质教育资源，开展多种教研形式，扩大教研的活动范围，为教师教研能力的提升提供更多的路径。

🔗 案例

基于群体动力学的高校教研模式

张松、宋哲在《基于群体动力学的高校教研模式》一文中，提出高校教研模式图，如图 2-7 所示，其内容如下[①]。

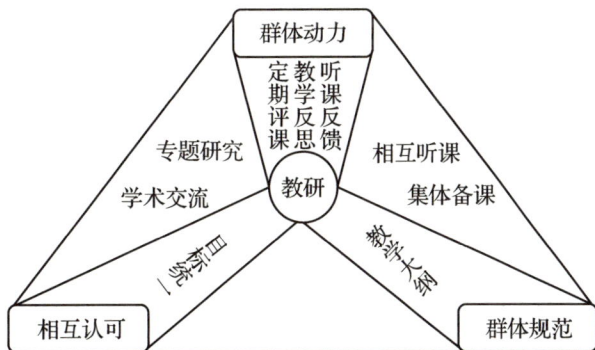

图 2-7　高校教研模式图

首先，所教课程的一致性使教研组内的教师有一致的教学目标，即彼此间相互认可。

---

①　张松、宋哲：《基于群体动力学的高校教研模式》，载《价值工程》，2012(1)。

基于这样的目标，教师共同商议、撰写教学大纲，制定所教课程的目的、任务、基本要求等，即群体规范。在由群体规范向群体动力转化的过渡阶段，依据群体规范，组内教师应进一步统一做法，进行集体备课——明确每一个教学单元的教学内容、教学重点及教学难点，并通过教师间的相互听课来发现问题，为下一个阶段中群体动力的产生做充分的准备。其次，群体动力的产生主要通过三种形式：听课反馈、教学反思和定期评课。教师在相互听课之后将感想与启示，包括在听课过程中发现的缺点与不足及时反馈给授课教师。授课教师本人根据其他教师的听课反馈进行教学反思，总结成功的经验，同时也客观地看待别人提出的缺点与不足，在保留个人教学风格的前提下不断提升教学水平。教研组定期评课，所有组内教师畅所欲言，将自己在一定时期内授课及听课的感想、发现的其他教师的成功做法加以交流，以便所有教师借鉴，增加群体气氛，促进整体教学水平和能力的提升，使教研组作为一个群体产生前进的动力。最后，基于评课的结果，教研组内的成员可就教师感兴趣或共同关注的问题进行专题研究，并结合每位教师的专业背景和专长定期举办学术交流来互通有无，将教学实践中发现的问题与其他教师分享，巩固群体的凝聚力，进而增加教研组内所有成员的一致性，即相互认可。

2.2.4　本节小结

群体动力学理论致力于人们在群体中的行为和群体行为的研究，以促进群体的功能，促进群体对个体和社会的作用。群体力量凝聚着每个个体力量却不仅仅是所有个体力量的总和。利用群体动力学理论指导数字时代下的教师专业发展，可以科学地建构教师学习共同体，并最大限度地发挥教师学习共同体的作用，同时还可以高效地进行群体教研，教师在内部目标一致、规范合理的教研环节中汲取个体精华，并相互促进，产生无限的群体动力，进而实现教研活动的目的与意义。群体动力学指导下的教师在线学习，有助于规范教师线上学习行为，提高线上学习凝聚力，最终促进教师线上学习成果的达成。

2.3
在线学习与混合学习

🎯 **学习目标**

1. 学习掌握在线学习、混合学习概念、特点与应用。
2. 通过分析案例，了解在线学习和混合学习对教师专业发展的意义。

互联网在改变人类生活方式和生产方式的同时，也改变了人类对知识的获取方式和传播方式。本节将介绍在线学习和混合学习的概念、特点、应用等，并结合案例的分析，讨论在线学习和混合学习对教师专业发展的重要意义。

2.3.1　在线学习

1837 年，艾萨克·皮特曼发明了速记符号系统。19 世纪中叶，英国铁路网络不断扩大，为人们提供了更为便携的邮政服务。在此背景下，艾萨克·皮特曼面向全国提供"速记符号系统"这门函授课程。来自英国不同地方的办公人员在无须离开自己家乡的情况下直接向速记发明者学习。这是第一个得到广泛应用的远程教育实践。随后，美国学者率先提出"在线学习"这个名词，引起了人们的广泛关注。

到目前为止，关于在线学习的定义大多是描述性的，且没有一个严格的、公认的定义。但是我们不妨列举一些定义，从中看出在线学习的基本内涵。

何克抗认为，在线学习是指主要通过互联网进行的教与学的活动，它充分利用现代信息技术提供的全新沟通机制与有丰富资源的学习环境，它将改变传统教学中教学者的作用和师生之间的关系，从而在根本上改变教学结构和教育本质。[1]

钟志贤等人认为，在线学习，简单地说，就是网络化学习，即在网上建立教育平台，学员通过网络进行学习的一种全新方式。这种学习方式离不开由多媒体网络学习资源、网上学习社区及网络技术平台构成的全新的网络学习环境。在网络学习环境中，汇集了大量的数据、档案资料、程序、教学软件、兴趣讨论组等学习资源，形成了一个高度综合集成的资源库。这些学习资源可供成千上万的学习者同时使用，没有任何限制。另外，所有的成员都可以发表自己的看法，将自己的资源加入网络资源库中，与大家共享。[2] 他认为，学习者、助学习、课程与技术是在线学习的四大要素。[3]

余胜泉等人认为对在线学习的理解应从 IT 回归到教育的本质，他认为在线学习还有其他的理解方式，如嵌入性学习，突出了在线学习泛在性特点；探索性学习变革了传统的教与学方式；投入性学习，强调了在线学习的自主性特性；体验性学习，体现了虚拟现实技术在在线学习中的应用；趣味性学习，通过提升学习者的参与度与兴奋感，达到最佳的学习效率；有效学习，回归到学习的本质目标。[4]

---

① 何克抗：《e-Learning 的本质：信息技术与学科课程的整合》，载《电化教育研究》，2002(1)。
② 钟志贤、杨蕾：《论在线学习》，载《现代远距离教育》，2002(1)。
③ 钟志贤、杨蕾：《论在线学习(续)》，载《现代远距离教育》，2002(4)。
④ 余胜泉、程罡、董京峰：《e-Learning 新解：网络教学范式的转换》，载《远程教育杂志》，2009(3)。

2.3.1.1 在线学习特点

1. 电子化

电子化是在线学习的基本属性，在线学习是基于网络的学习，在学习的过程中，利用现代教育技术，如在线学习平台、即时通信工具等助力在线学习，呈现出来的基本上是一种无纸化学习。①

2. 灵活性②

(1)可选择。在线学习的灵活性之一体现在为教与学提供了自主选择的机会。在线学习发展至今，呈现出百花齐放的繁荣景象。学习者可以自由选择在线学习平台与支持系统，在线学习自身属性允许学习者能够在任何地点与任何时间学习，自主选择学习资源学习。随着在线学习发展的完善与规范，能够提供给学习者免试入学、学历证明与结题证书。学习者在学习过程中享受的是新潮的课程设计与教学方式，可以使用搜索引擎查寻相关信息，用社交媒体或电子邮件与同伴或教师沟通联系。在线学习给学习者提供了更多的空间与时间，允许学习者有更多的机会建构自己的知识体系，激发学习者深度学习的动机。

(2)学习结果多样。用于判定学习者学习结果的依据一般包括各级教育组织，如小学、中学、大学等颁发的文凭认证(学历证书)或由各类正规组织机构颁发的技能认定文凭。在线学习赋予学习结果认定更大的灵活性，目前各大在线教育平台可为通过考核的学习者颁发结课证书、成就验证证书、职业技能证书等。对于部分学习者来说，他们认为在学习的过程中，收获知识、提升技能、丰富经历比拿到一个挂在墙上的结课证书更有用。因此，我们可以发现，当前的学习者对于学习结果认证形式有了新的认识，不单局限于证书等实物，也从自我知识增长、个人学习信誉等方面拓宽了对学习认证的形式。

3. 自主性

建构主义认为，知识不是通过教师传授得到的，而是学习者在一定的情境下，借助他们的帮助，利用必要的学习材料，通过意义建构的方式得到的。在线学习是基于建构主义的学习，是自我驱动性的自主式学习。

在在线学习的过程中，学习者无法与教师或学习同伴面对面地交流与沟通，在一定程度上学习者对他人的依赖心理大大减弱，进而慢慢培养起自主学习的理念与方法。本质上，在线学习能够极大地促使学习者处于学习主体的地位。在线学习为学习者提供了宽松的学习环境与时间，使学习者可以充分发挥自身的聪明才智，从而获得学习

---

① 钟志贤、杨蕾:《论在线学习》，载《现代远距离教育》，2002(1)。
② 约翰·丹尼尔、李薇:《灵活性:在线学习的核心要素》，载《中国远程教育》，2017(1)。

上的成就感，进一步激发学习者的主观能动性。在线学习能够有效地培养学习者独立思考、批判性思维及研究性学习的能力。

4. 社会化

在线学习在很大程度上能够接近社会的真实环境，学习者自主选择志同道合的朋友，通过一起学习、讨论、相互助力，接触更多的知识、思路与方法，在扩大知识面的同时，更有助于培养自己的沟通能力与团队精神，对今后的职业生涯有较大的帮助。

5. 平等性

在在线学习环境下，学习者保持相当程度的匿名状态。例如，年龄、衣着、外表、种族等在网络环境中不会成为阻碍交流的因素。人们所关注的是学习内容，及在协作学习中同伴的智力因素及反应能力。在线学习的学习者与教师处于平等状态，教师不再是提供知识的唯一权威，而是众多知识的来源渠道之一，教师的主体地位弱化，学生的主体地位得到提高。

2.3.1.2　学习管理系统（Learning Management System，LMS）

学习管理系统的概念来源于在线学习，所谓学习管理系统是用于管理、记录、跟踪、报告和发布教育课程或培训项目的应用软件。学习管理系统能够帮助教师向学生提供材料，管理考试和其他学习任务，跟踪学生进度，并随时记录。学习管理系统在在线学习中有多种用途，如充当在线课程的平台，支持混合式学习翻转课堂等。

例如，学习元平台是基于"生成""进化""适应""社会认知"等新理念，以学习元为最小资源组织单位的开放型学习平台，由学习元、知识群、知识云、学习工具、个人空间和学习社区六大部分构成。[①] 学习元核心功能包含学习元创作、内容协同编辑、历史版本对比、学习活动管理、个人空间展示、好友管理、知识网络导航、学习工具上传与分享、资源检索、人际网络构建与分享、知识本体协同创作、标签导航、标签聚类、社区学习与交互等。

从功能上来说，学习元平台是内容管理系统和学习管理系统的结合体，兼容了资源管理和学习管理的功能，相对于一般的网络教学平台来说，学习元平台的特色主要体现在四个方面：一是可以实现学习资源的不断进化与发展，形成一个庞大的资源库＋知识库；二是具有完备的版本控制机制，保留资源进化过程中的版本更迭、历史记录、生成性信息，学习者可以从历史的角度来观察一个观念、主题、理论的演进过程；三是将人的因素纳入可共享的学习资源的范畴中，培养和保持各种信息连接，优

① 余胜泉、杨现民、程罡：《泛在学习环境中的学习资源设计与共享："学习元"的理念与结构，载《开放教育研究》，2009(1)。

化内外学习网络，学习者可以构建持续稳定的社会交互关系；四是附加多种丰富的学习活动，提升学习者的参与度，促进有意义学习，还可以直接调用外部的各种适合的学习工具，允许第三方开发个性化的学习工具。

2.3.1.3　在线学习行为

行为，即一系列有目的、有动机的活动。行为理论和行为科学认为，人类行为是人与环境之间双向交互的过程。行为理论分析的基本单位是行为。行为本身是个系统，它包括行为主体、行为客体、行为工具、行为主体所在的群体（团体）、该群体的组织规则和任务分工等。彭文辉等定义的网络学习行为是指学习者在由现代信息技术所创设的、具有全新沟通机制与丰富资源的学习环境中，开展的远程自主学习行为。它包含的主要内容有：①它是一个多维度、多层次的系统；②它发生的环境和使用的主要工具——现代信息技术环境及其工具；③它是学习行为，且主要是自我控制的、相对独立的学习行为。[①] 网络学习行为的多维度模型如图 2-8 所示。

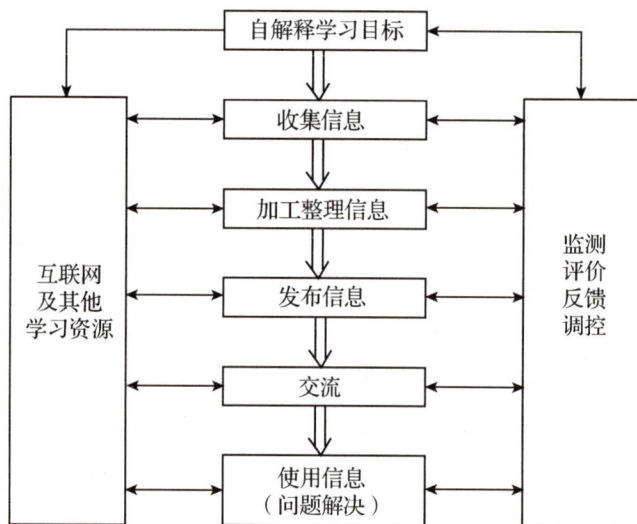

图 2-8　网络学习行为多维度模型

彭文辉等从纵向的角度考察网络学习行为，进而将网络学习行为分为高级、中级和低级三个不同的层次。所谓低级网络学习行为，主要是指学习者在网络学习过程中对于不同的媒体刺激（如声、光、文本、图形图像、视频等），所做出的一次性操作行为反应。中级网络学习行为是指学习者个体在学习过程中与承载教学内容的教学媒体、

①　彭文辉、杨宗凯、黄克斌：《网络学习行为分析及其模型研究》，中国电化教育，2006(10)。

学习团体以及学习环境所做的交流、交互行为。高级网络学习行为则指的是学习者借助网络学习环境进行的面向问题解决的协作、探究等行为。层次化的网络学习行为模型如表 2-3 所示。

表 2-3 层次化的网络学习行为模型

网络学习行为层次	每个层次对应的网络学习行为
高级	协作、探究、信息精加工、高级查询、请教(接受教师指导)、总结反省(查看个人学习记录)、设计、制作等
中级	查询信息、选择(辨别)、精读、文档管理、评价(评论)、质疑(提问)、信息发布、问题解答、查看答案、异步讨论、同步讨论等
低级	浏览(网站、网页),点击,阅读(逗留),标记,注释,保存(下载讲义),选择(辨别)等

2.3.1.4 在线学习模型

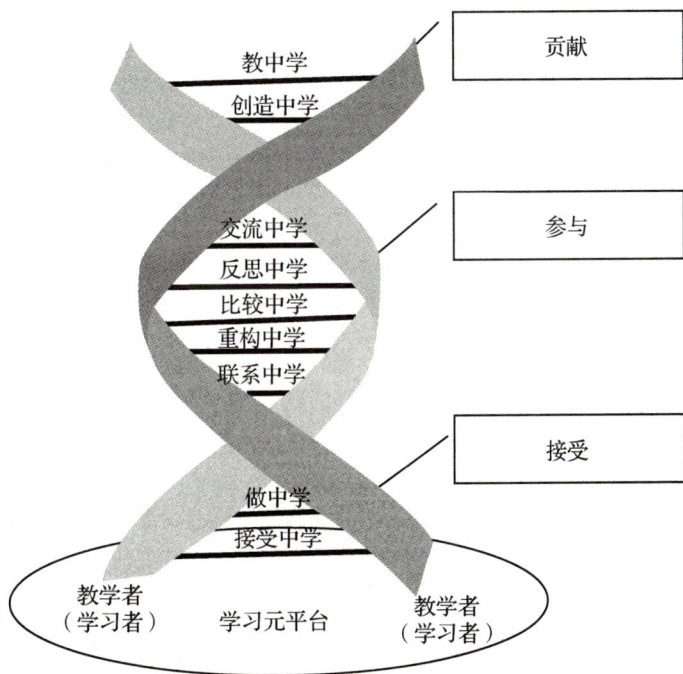

图 2-9 基于学习元平台的双螺旋深度学习模型①

---

① 余胜泉、段金菊、崔京菁：《基于学习元的双螺旋深度学习模型》,载《现代远程教育研究》,2017(6)。

基于学习元平台的双螺旋深度学习模型，如图 2-9 所示。这个模型反映了一种社会互动、群建共享、认知递进的深度学习理念。在该模型中，知识网络和社会网络是两条基本支架，两者通过学习活动衔接而形成社会知识网络。社会知识网络以知识内容为核心节点，通过知识内容建立起知识之间、知识与人之间的关系。学习者和教学者在该模型中处于平等地位且可以角色互换。在学习的初级阶段，学习者通过接受式学习，初步建构知识网络和人际网络；随着参与式学习的不断深入，基于知识交互的协同建构促进知识网络的发展，基于人际交互的网络节点生成促进人际网络的拓宽，个人学习网络动态形成并得到螺旋式发展；在学习的高级阶段，学习者主动连接网络，通过创造性学习活动以及基于活动的知识贡献与创造，构建群体的社会性知识空间，达到深度学习的目的。

基于学习元平台的双螺旋深度学习模型中的学习行为分析如表 2-4 所示。

表 2-4　学习行为分析

学习行为	学习活动	解释说明
接受中学	观摩视频	由教师建立知识群、学习元，为学习者提供丰富的学习者资料，学习者浏览学习内容对象，获取有价值的信息
做中学	下载资源，上传资源，练习、测试	学习环境通过将内容与活动、资源的无缝整合，实现浏览内容与参与活动两种学习方式的融合，学习者通过学习任务的完成实现知识的内化
联系中学	不同的知识单元之间建立联系	通过知识的语义关联和可视化导航，在知识的相互联系中整体把握知识结构，从多个角度审视和思考，加深对知识的理解，并激发灵感和促进创新
重构中学	构建个性化学习课表	通过资源聚合工具，学习者可以自由地组合和管理多个小的知识单元，建构自己的知识体系，促进知识管理，形成个性化学习课程
交流中学	群体协商、交流	学习者不只通过物化的学习对象获取知识，更能够通过学习对象关联到专家、协作者、学习者，构建与学习内容密切相关的社会知识网络，在交流中充分吸收他人的智慧
协作中学	协同编辑	通过协同编辑以及协同批注，实现知识的协同共建，群建共享
比较中学	同题异构以及同课异构等	针对同一个主题或任务，学习者可通过互相比较，吸取他人的优势与精华，发现自己的不足；同时多角度对当前内容建立新的认识，从而获得深度学习体验

学习行为	学习活动	解释说明
反思中学	反思不同的学习单元进化版本与轨迹	学习者不仅能学习当前的内容，还能看到一个知识单元生长和建构的历史轨迹，在这一过程性的情境中反思知识演化的内在逻辑；同时，学习环境应当为学习者保留详细的、可在整个泛在网络中无缝迁移的学习记录，并在内容和活动的基础上提供练习和评价，促进学习者在学习过程中对自身学习的反思
创造中学	人工制品	学习者不仅是被动地接受知识，而且可以在综合、重组、反思、交流的基础上，形成结构化的表达，主动贡献智慧，创建新的知识内容
教中学	发布教学	学习者切换"教"与"学"的角色，通过创建新的学习元实现教中学

2.3.1.5　在线学习的发展

目前，混合学习、移动学习、泛在学习、小规模限制性在线课程等在在线学习的基础上得到了大力的发展。

1. 混合学习

自 21 世纪以来，在与在线学习有关的国际会议上和信息技术教育应用的有关刊物上，一个被称作混合学习的概念日渐流行。例如，美国新媒体联盟（NMC）在 2016年 2 月推出了最新一期的高等教育版《地平线报告》。报告明确指出，混合学习的设计与应用将是未来高等教育发展的重要趋势之一。[①] 所谓混合学习就是要把传统学习方式的优势和网络化学习的优势结合起来，也就是说，既要发挥教师引导、启发、监控教学过程的主导作用，又要充分体现学生作为学习过程主体的主动性、积极性与创造性。[②]

2. 移动学习

移动互联技术的发展及对社会生活的影响也不可避免地波及教育领域，于是一个新的概念"移动学习"应运而生，它是指学习者在自己需要学习的任何时间、任何地点通过无线与移动设备（如手机、具有无线通信模块的掌上电脑等）和无线通信网络获取学习资源，与他人交流，进行学习。[③]

移动学习具有轻便性、灵活性、个性化、碎片化的特点。轻便性是指就移动学习

① 金慧、刘迪、高玲慧等：《新媒体联盟〈地平线报告〉（2016 高等教育版）解读与启示》，载《远程教育杂志》，2016(2)。
② 何克抗：《从 Blending Learning 看教育技术理论的新发展（上）》，载《教育学（人大复印）》，2004(6)。
③ 余胜泉：《移动学习——当代 E-Learning 的新领域》，载《中国远程教育》，2003(22)。

设备而言，如掌上电脑、智能手机等，这些设备都较轻便易携；就学习资源软件载体而言，相对于某些学习系统，安装在手机上的应电程序学习软件更为小巧灵活，也可借助现成的软件，如利用微信学习，甚至都无须自行设计开发软件也可达到移动学习的效果。灵活性是就学习时间、地点、需求的灵活而言。个性化可从移动学习两个主体上理解，对学习支持者来说，可以利用技术手段，追踪学习者学习路径，从而为其提供定制化的学习支持服务；对学习者来说，移动设备为学习资源的获取方式又打开了一扇新的窗口，学习者可以按需、灵活地获取学习资源。碎片化是就移动学习的内容而言，移动学习能够填充学习者的零散时间，让学习者实现碎片化学习。

3. 泛在学习

当技术无处不在的时候，学习也就无处不在，这是泛在学习最初的由来，泛在学习是时时、处处、人人的学习。泛在学习除了具有泛在性的特点以外，还有连续性、泛在性、社会性、情境性、连接性、适应性等更为重要的特征。（图 2-10）

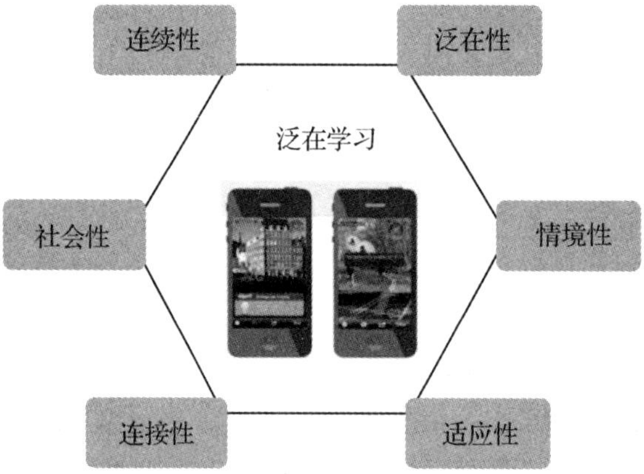

图 2-10　泛在学习的核心特征[1]

连续性：泛在学习是嵌入性的学习，学习融合于工作、学习、生活和网络之中，成为一体，学习无处、无时不在，我们已无法觉察到学习的存在。它是一种能够将正式学习与非正式学习相联结、个人学习与社群学习相融合、课堂学习与网络学习优势互补的融合学习形态。泛在学习是基于学习者自身需求，使人们获得很多能立即应用到实践当中去的知识和技能，它是因时、因地、随需而发生的，是一种自我导向的过程，是一个适量学习的过程，在学习者最需要的时候为他们提供知识信息，并且不论他们处在什么样的场所。

社会性：学习是学习者基于一定的社会文化情境，在与学习环境的互动中自我建构意义、共享和参与社会认知网络的过程。学习的本质是个体参与实践，与他人、环

---

① 余胜泉：《移动学习的典型范式》，载《中国教育网络》，2013(6)。

境等相互作用的过程，是与群体之间的合作与互动的过程，是形成参与实践活动的能力、提高社会化水平的过程。移动技术作为媒体和认知工具是针对个体来优化认知过程的，但移动技术无处不在、相互连通形成信息生态后，能促进人与人之间关系的变化，优化群体关系，提升群体互动的深度与广度。

情境性：情境是整个学习中重要而有意义的组成部分，学习受具体情境特征的影响，情境不同，所产生的学习也不同。只有当学习被镶嵌在运用该知识的情境中时，有意义学习才有可能发生。泛在学习将关注的焦点由学习者本身转至整个学习情境，认为学习者所处的情境网络以及其中的学习活动，是协助并支持学习者达成学习目标的关键所在。

泛在学习面向社会的全体公民，每个学习者的生活背景、知识技能、兴趣偏好、认知风格等各不相同，智能学习环境能依据学习者的学习信息准确分析出学习者的个性化学习模型，然后根据这些模型适应性地推送学习内容及服务，能够向不同的学习者提供个性化的学习服务。

连接性：学习是共享和构建个体认知网络和社会认知网络的过程。个人的知识组成了内部的认知网络，学习空间中的情境问题与其他学习者构成社会认知网络，学习者在情境交互过程中，完善和改进自己个人认知网络，同时也构成社会认知网络的一部分，分享和构建了社会认知网络。通过联通实践共同体网络，学习者能共同设计持续性、群体性和个性化的活动，保证学习者在不同学习情境中学习体验的连续性，促进学习者的深层认知和综合能力的持续发展，这既是移动学习的终极目标，又是移动学习发展的核心价值所在。

4. 小规模限制性在线课程(Small Private Online Course，SPOC)

自 2003 年教育部启动国家精品课建设项目以来，国家已投巨资建设了 2000 多门国家级网络精品课程。与此同时，省市级精品课、校级精品课的建设数量更是不计其数，已经覆盖了学校教育的全部门类和学科。自 MOOC 概念出现后，哈佛公开课、耶鲁公开课等国外名校的 MOOC 课程开始进入国内，清华大学、北京大学和北京师范大学等名校都不约而同地启动了 MOOC 课程的建设。

SPOC 是近两年出现的新概念，它是在 MOOC 基础上，针对 MOOC 的不足而提出的在线学习形式。SPOC 强调，要针对学生的个性化特点开展教学，向学生提供小规模且私人化的在线学习环境。它是以满足面向学生的个性化特征，并有针对性地管理和控制学生的一种在线课程形式。

马秀麟、毛荷等从翻转课堂模式下的计算机公共课"动态网站设计与开发"教学实践入手，通过采集学生在不同类型平台上学习成效的第一手数据，配以调查问卷及学习者的学习体验，论证了 MOOC 与 SPOC 两种学习模式下学习成效的差异，指出了 MOOC 型学习支持系统(Learning Support System，LSS)及其学习模式的局限性：①在多数 MOOC

型的 LSS 中，学习资源内容及类型仍较单一，难以满足学生的需求；②多数 MOOC 型 LSS 中视频资源粒度过大，学生难以便捷地定位到所需的视频片段；③多数 MOOC 型 LSS 的个性化支持不足；④多数 MOOC 型 LSS 平台对学生管理和监控的考虑不足。进而提出在 SPOC 理念下组织的教学活动需要解决的问题：①SPOC 型 LSS 的学习资源应是个性化的，要符合学生年龄特点和认知风格；②SPOC 型 LSS 的视频资源应切割标注，具备清晰的导航体系；③SPOC 型 LSS 应要求全体学生实名注册，满足对学生实时监控的要求；④SPOC 型 LSS 应支持学习进度可视化，能够实时反映学生的学习进度；⑤建构基于 SPOC 课程的模块化学分积累与认证体系，逐步建立健全学分银行体系；⑥SPOC 型 LSS 应强化教师的主导作用，突出教师的"显性领导"。①

2.3.2 混合学习

2.3.2.1 混合学习的内涵

混合学习的流行，引发了国内学者对混合学习的思考。何克抗认为，所谓混合学习就是把传统教与学方式的优势和在线学习的优势结合起来。也就是说，既要充分发挥教师引导、启发、监控教学过程的主导作用，又要突出体现学生作为认知过程主体的主动性、积极性与创造性。② 李克东认为，混合学习主要思想是把面对面教学和在线学习两种学习模式有机地整合，以达到降低成本、提高效益的一种教学方式。③ 国外学者对混合学习的定义，多集中在混合学习的内容和实施过程上。例如，柯蒂斯·J. 邦克认为，混合学习是面对面学习和计算机辅助在线学习的结合；还有学者认为，混合学习是多种网络化技术、多种教学方法与面对面的教师指导相结合的学习方式④；迈克尔·霍恩和希瑟·斯特克认为，混合学习是一部分时间在学校接受正规的教育课程，另一部分时间自主控制学习时间、地点、路径或进度的在线学习。

2.3.2.2 混合学习的应用

1. 翻转课堂

近年来，随着 MOOC 的兴起，混合式教学模式又有了新的内涵。翻转课堂（Flipped Classroom）被作为加强 MOOC 学习效果的有力手段，将线上学习与线下讨论相结合，即学生先在网上学习教师预先录制或指定的视频资料，获得初步知识，再在

---

① 马秀麟、毛荷、王翠霞：《从 MOOC 到 SPOC：两种在线学习模式成效的实证研究》，载《远程教育杂志》，2016(4)。

② 何克抗：《从 Blending Learning 看教育技术理论的新发展（上）》，载《教育学（人大复印）》，2004(6)。

③ 李克东、赵建华：《混合学习的原理与应用模式》，载《电化教育研究》，2004(8)。

④ 金一、王移芝、刘君亮：《基于混合式学习的分层教学模式研究》，载《现代教育技术》，2013(1)。

课堂上与教师就不懂的问题或有疑惑的问题研讨学习，旨在最大限度地提高学生的学习效果。其基本思路是，把传统的学习过程翻转过来，让学生在课外时间完成针对知识点和概念的自主学习，课堂变成了教师与学生之间互动的场所，主要用于解答疑惑、汇报讨论，从而达到更好的教学效果。

刘建平、贾致荣根据高等教育土木工程专业必修课程"混凝土结构设计原理"的教学现状和课程改革的需求，依托高校网络教学平台，通过翻转课堂的形式，建构了"混凝土结构设计原理"的混合学习模式，并对该模式从教学设计、教学实施、效果分析等方面进行了探讨。实践证明，基于翻转课堂的混合学习模式能够有效地激发学生的学习兴趣，提高学生的学习能力、协作能力与工程能力，提高教学效果（如图 2-11）。

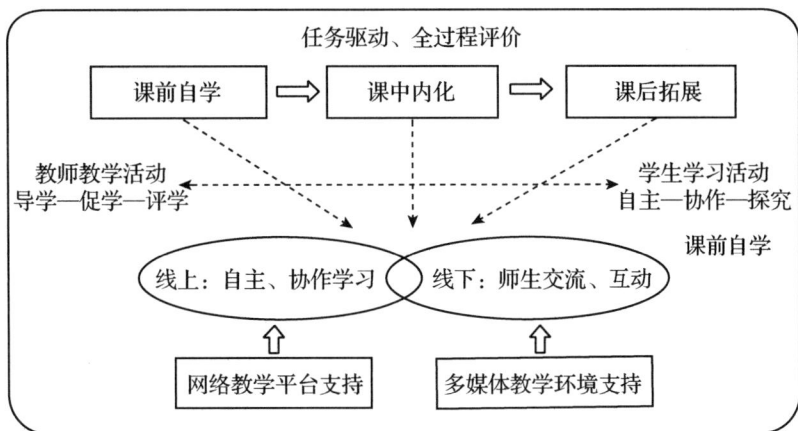

图 2-11　"混凝土结构设计原理"的混合学习模式

2. 基于混合学习的分层教学模式

金一、王移芝等针对大学计算机基础系列课程的学习者人数多、水平参差不齐，课程实践性强，来自课内外的学习资源相对丰富，辅助教学系统成熟等特点，认为混合学习具有将传统课堂教学和在线学习整合起来统筹安排，可以处理课堂教学几乎无法解决的教学难题；可以为学生提供富有亲和力的学习支持，使学生轻松愉快地完成课外学习；同时，能够满足学生不同的学习风格和学习需求，有利于学生的个性发展和专业技能的培养，以计算机基础系列课程中的"多媒体应用基础"课程为例，提出了混合学习教学设计过程模型[①]，如图 2-12 所示。

---

① 金一、王移芝、刘君亮：《基于混合式学习的分层教学模式研究》，载《现代教育技术》，2013(1)。

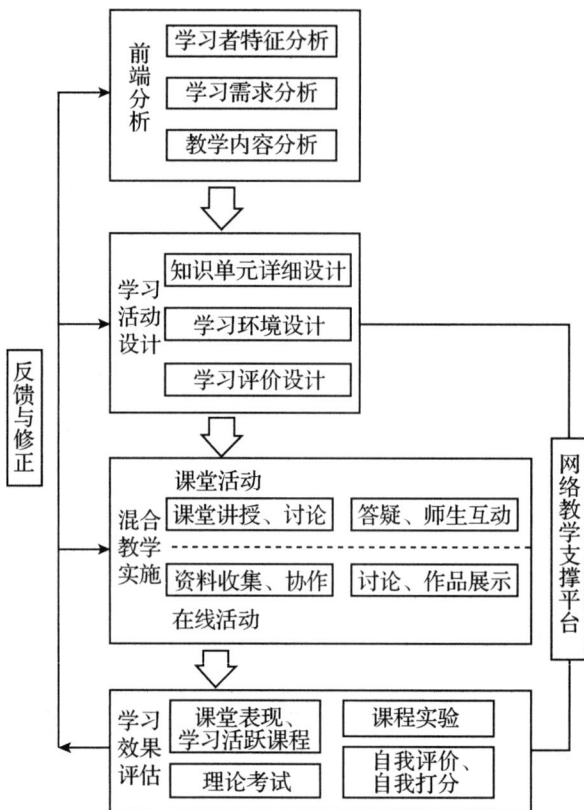

图 2-12　混合学习教学设计过程模型

3. 网络环境下的混合教学的过程模式①

网络环境（尤其是网络教学平台和教育教学资源库）为混合教学提供了有效的支持，将教师的教学行为由课堂内扩展到了课堂外，可以大大提高学生的学习效率。基于网络教学平台及优秀教育教学资源库开展混合教与学既可以发挥教师的主导作用，又可以发挥学生的主体作用。教师在课堂教学中可以利用网络教学资源授课，课后学生可以借助网络教学资源和网络交互工具学习和讨论交流。网络环境下混合教学主要有建构性学习环境设计、课堂教学、在线教学和发展性教学评价四个环节，如图 2-13 所示。

---

① 余胜泉、路秋丽、陈声健：《网络环境下的混合式教学——一种新的教学模式》，载《中国大学教学》，2005(10)。

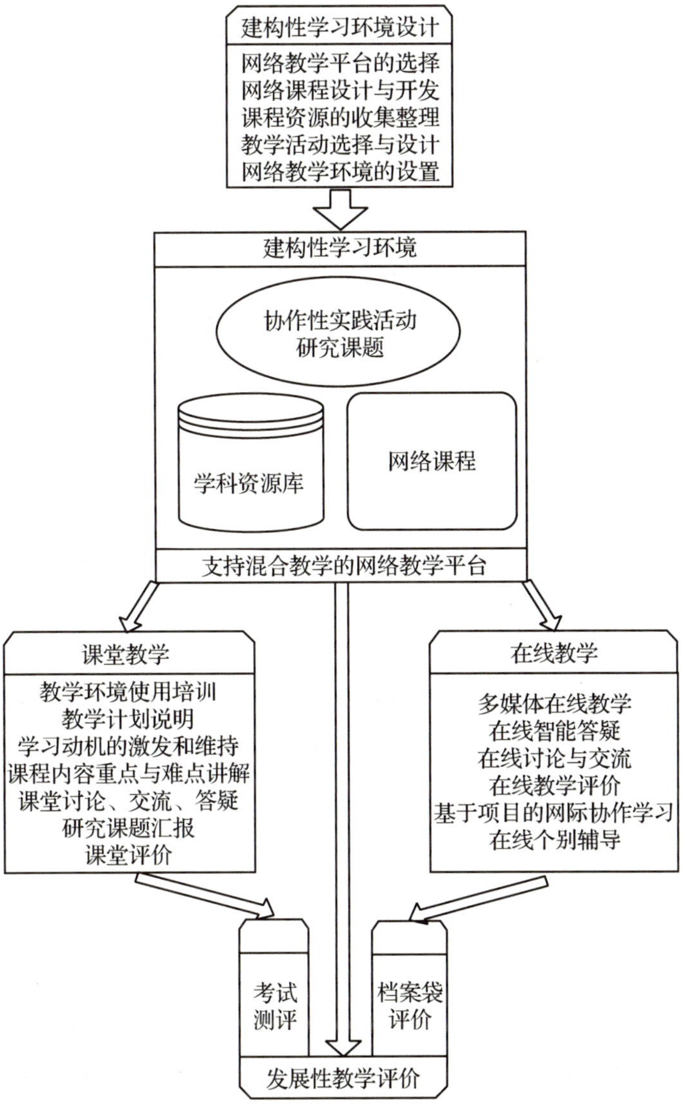

图 2-13　混合教学的过程模式

案例

"混合式理念下的项目式学习"第二期课程

随着信息技术的飞速发展和日益普及，信息化浪潮推进到社会发展的各个领域，教育理念和方式也受到巨大冲击。我国教育部发布了"中国学生发展核心素养"框架，框架指出学生应具备适应终身发展和社会发展需要的必备素养和关键能力。为了培养学生核心素养、发展教师职业能力、适应世界教育改革发展趋势，北京师范大学未来教育高精尖创新中心与伦敦大学学院教育学院合作开设了面向广大中小学一线教师和教育工作者的"混合式学习理念下的项目式学习"课程。

该课程立足于探讨如何将数字技术与学科教学进行有机融合。在混合式学习理念的视角下，设计、开展基于项目的学习，变革学生的学习方式，促进学生核心素养的发展。课程内容依托于北京师范大学的"学习元"平台为学习者免费开放，学习者登录"学习元"平台进行线上学习。此外，为深入课程内容学习，加强课程学员与主讲教师以及同伴之间的交流和沟通、解决线上学习的问题与困扰，课程团队组织教师进行线上线下的交流讨论活动，以帮助教师更好地学习该课程。

2.3.3　在线学习与混合学习对教师专业发展的意义

2.3.3.1　有利于丰富教师的学习内容与学习方式

近年来，随着在线学习与混合学习的蓬勃发展，越来越多的在线学习平台与资源可供教师免费学习，如学堂在线、中国大学慕课等。免费的在线学习平台为教师提供了丰富的课程与学习资源，教师可以自主选择学习，促进自己专业发展。《教育部关于深化中小学教师培训模式改革 全面提升培训质量的指导意见》指出，各地要积极推进教师网络研修社区建设，推动教师网上和网下研修相结合，虚拟学习和教学实践相结合的混合学习，推动培训模式综合改革。2013年10月，教育部印发《教育部关于实施全国中小学教师信息技术应用能力提升工程的意见》，正式启动能力提升工程。能力提升工程推行网络研修与现场实践相结合的混合式培训新模式，重点推行网络研修与校本研修整合培训。

随着时代的发展与科学的进步，越来越多的新技术进入了教育领域，为在线学习与混合学习注入了新鲜的血液与活力。2016年3月，谷歌"阿尔法狗"与围棋世界冠军李世石的人机大战引起了人们对人工智能的关注。人工智能具有超强的计算能力，能够通过信息反馈监测人类整个学习过程，因此，很多专家十分看好人工智能在教育领域的应用前景。人工智能可以为教学提供良好的反馈和测评，使个性化学习方案的制订变得轻松；人工智能的大数据技术可以让学习互动更加深入，有利于自主学习和探究学习的培养。总之，不断变化与发展的在线学习与混合学习为教师带来更加丰富的学习内容与更加适用的学习方式。

2.3.3.2　符合职后教师专业发展的现实需求与特殊条件

在线学习或混合学习允许学习者在任何时间与地点学习，不受时间与空间上的限制，能够在很大程度上解决教师工学矛盾的问题。另外，教师在进行在线学习或混合学习时，需要自行控制学习进度与学习时间，因此，在线学习或混合学习能够在一定程度上，提高教师的自我管理与时间管理能力。[①]

2.3.3.3　促使教师深度学习的目标达成

混合式教学模式主要以建构主义和掌握学习理论为指导，综合利用现代教育技术和多种教学方法。这种模式更符合人类的认知规律，对激发学习者的情感体验，促进学习者有效提问和主动学习，以及促进学习者知识的建构等方面有着非常重要的作用。考虑到成人学习的特点，在混合式学习模式下，记忆与理解等比较初级的目标大多已经在线上学习中完成，教师在线下的学习中，可以通过小组讨论完成学习内容的应用，提升自己的分析能力和综合能力。从这个角度看，混合式学习模式能有效促进学习者的深度学习，让学习者完成较高层次的学习目标。

2.3.3.4　促进优质教学资源的研发与利用，扩大教师学习共同体

目前，在线学习已是教师专业发展的有效途径之一。因此，越来越多的高校和教师积极开辟、研发优质的教学资源，以供教师学习用。清华大学、北京师范大学等高校团队开发了多门用于教师专业发展的混合式教学模式课程，并将其放在学堂在线、爱课程等平台上，获得了较高的评价。世界几大著名 MOOC 平台如 Coursera、edX、Udacity 等，也都走向了合作与联盟，共同进行课程的开发与优质资源的共享，形成了世界范围内的学习共同体。[②]

2.3.4　本节小结

本节对在线学习、混合学习的概念进行了说明。在线学习的灵活性、社会性和平等性等特点让学习变得更加方便快捷。混合学习强调将面对面的课堂教学与在线学习两种学习方式的优势有机地融合在一起，以此来弥补两种学习方式的不足。在线学习和混合学习在教师专业发展过程中都有着重要的意义。

---

① 魏星：《混合式教学：基本原理、发展瓶颈及优化路向》，载《齐齐哈尔大学学报（哲学社会科学版）》，2018(8)。
② 王金旭、朱正伟、李茂国：《混合式教学模式：内涵、意义与实施要求》，载《高等建筑教育》，2018(4)。

2.4
知识建构理论

🎯 学习目标

1. 学习掌握知识建构的本质、属性与建构方式。
2. 了解知识建构对教师专业发展的意义。

教师专业发展更加强调教师自身在专业知识建构当中的主观能动性。建构主义认为，知识建构是学习者通过新、旧知识之间的相互作用完成的，学习者不是被动地接受知识，而是主动地建构知识。所以，在教师专业发展中，教师需要能动地、有意识地建构专业知识，同时在知识建构的过程中强调个体与个体间的互动。知识分为隐性知识和显性知识，当教师个体进行社会化互动时，隐性知识能够得到很好的传播。本节就对知识建构的内涵、属性以及方式进行了论述，并说明了知识建构理论在教师专业发展过程中的意义。

2.4.1　知识建构理论简述

知识建构理论是多伦多大学安大略教育研究院的两位教授于 20 世纪 90 年代提出的建构主义理论。知识建构理念的基本思想认为，培养学习者知识创造能力的最直接的途径不是通过设计学习任务或活动让学习者掌握领域知识或获得特定技能，而是把传统的以知识掌握和技能培养为目的的学习转变为以发展学习者社区内的公共知识为目标的知识建构。在这种情况下，学习者是知识的创造者，学习是知识创造的副产品。该理论在自提出以来的近二十多年间影响包括中国、加拿大、美国、英国、芬兰、瑞典、挪威、西班牙、意大利、日本、墨西哥、新加坡等十余个国家和地区，跨越了语言、文化、历史等不同的社会背景，涉猎了基础教育、高等教育、职业教育等不同教学层次，覆盖了科学、数学、社会、历史、技术、医学等不同学科。

2.4.1.1　关于建构

所谓建构，是指学习者针对学习任务，通过新旧知识的互动，使之产生新的有意义的关联、组合或统整的过程和结果。在知识建构中，建构作为一种高阶认知活动具有如下显著特征。

第一，学习者面临的学习任务，通常是情境性、真实性和劣构性的问题，具有挑战性。

第二，挑战性的学习任务往往与学习者的先前知识、经验之间存在差异，构成困惑或心理紧张感。这种困惑或紧张感，是促进学习者进行知识或意义建构的催化剂。

第三，面对挑战性的学习任务，学习者需要不断阐释和反思（建构），逐渐形成复杂的、能有效解释所观察现象的心智模式。因此，建构需要学习者运用相关知识和思维技能，不断地同化或顺应，改组原有的认知结构。

第四，建构的过程是学习者在先前知识的基础上同化或顺应新观念（平衡），真正理解所学内容，调和认知冲突，满足好奇心，解除心理困惑或紧张感的过程。

第五，建构的过程是一个双向的过程，既要使用先前的知识，建构当前现象或事物的意义，同时所使用的知识本身也可能因为具体实例的差异性而得到重构（改组）。

第六，学习者的建构结果是多元的。这是由现象或事物的多样性、情境的特殊性、个体先前经验的独特性等方面决定的，这种多元的观点对于丰富现象或事物的意义非常有益。同时，意义建构的多元化也是协作建构的前提。

第七，学习者的建构，需要学习环境提供获取、使用、操控、评价信息，阐释和反思学习结果与学习过程的机会，需要亲身体验或参与真实问题的求解活动及其策略应用。理想的学习环境能"给养"学习者的建构学习活动，既能支持个体知识建构，又能支持协作（群体）知识建构。

第八，在知识或意义建构过程中，学习者所进行的学习是高阶学习和有意义的学习，学习者能不断从中发展高阶知识（个体性、灵活性、情境性和迁移性知识）和高阶思维能力（问题求解、决策制定、批判性思维和创新思维）。

总之，建构是学习者在原有认知结构或经验的基础上，改组原有的知识经验或创造新意义。个体建构和协作建构使知识建构的过程与结果更为丰富多样和真实可靠。

2.4.1.2　知识建构的内涵

随着学习研究的不断繁荣和发展，知识建构越来越成为一个看似清晰却又模糊的词汇，其中有以下两层含义。一是从学习理论出发，强调知识的建构性。建构主义本身是作为一种认识论参与教育的，随着教育理论与实践领域对行为主义和认知主义的反思和批判，建构主义俨然成为一种新型的"学习理论"。其实，建构主义表明的是一种认识世界的方式，在内涵上与客观主义相对，按照乔纳森的诠释：客观主义的根本假定是，世界是实在的和有结构的，因此存在关于客体的可靠知识，这种知识不会因人而异；教师的责任是向学习者传递这种知识，学习者的责任是接受这种知识。与客观主义比较对立的是建构主义。建构主义认为"实在"乃是人们心中之物，是智者建构了实在，或至少是按他的经验解释了实在。学习者应该是内在驱动的，在与环境的交互过程中获得对世界的认识。因此学习者是知识建构的主体，教师不应成为知识的灌输者，而应作为学习的帮促者。第二层含义是从知识实践出发，强调知识创新性。有学者认为，知识建构很明显也是一种建构性的过程，但是在建构主义的名称中大部分不是知识建构。知识建构的基础方面包括"可提升的思想"和"集体认知责任"。他们提倡在一个知识建构社区中，学习需要与科学和学术探究一样，学习者通过公共会话的方式，思想被看作概念制品得以研究和提升。[①]

2.4.1.3 知识建构的属性

传统学习观认为，学习是由内在的、无法观察到的过程结果导致的信念、态度和技能的改变。而知识建构理论认为，知识建构或者真正的学习应该导致公共知识的创新或者修正——知识存在于世界中。因此，可以看出知识建构的学习包含基本的学习、其他方法追求的次级技能和社会认知动力，通过知识建构的学习可以培植知识创新，这一观念更加符合当代学习革新追求的价值取向和发展趋势。

1. 分布式认知特性

分布式认知是认知科学的一个新分支，它借鉴了认知科学、人类学、社会学、社会心理学的方法，认为要在由个体与其他个体、人工制品所组成的功能系统的层次来解释认知现象。那些在个体的分析单元中不可能看到的认知现象，在分布式认知研究中得到了强调。知识建构强调学习过程中知识创造的集体特质和社会属性，强调群体和制品在个体学习中的中介作用。有学者指出，知识创造过程是隐性知识与显性知识之间不断互动和螺旋上升、从量变到质变的过程，知识建构过程可以从两个维度加以解释：个人知识建构过程和社会知识建构过程。社会知识建构过程由输入、协作和输出三个阶段组成。输入阶段的主要特征是计划小组共同的学习目标，并明确协作学习的要求；协作学习阶段包括组内协作和组与组之间的协作；输出阶段完成集体知识的建构，共享学习成果。

2. 虚拟社群支持

社会建构主义认为，知识是通过与社区成员相互作用建构的，知识不能独立于个人所处的社会文化情境存在。学习者和小组成员具有共同的学习目的和重点，通过协作学习在虚拟学习社区共享学习成果。虚拟学习社区为学习者提供了一个学习与发展的空间。在这一空间里，学习者可以表达自己的观点，可以与其他成员交互，从而进一步深入下去，最后达成一致或某种程度的共识。虚拟学习社区不仅要为多个阶段的

---

① 王佑镁：《信息技术支持知识建构：层次模型与效果分析》，载《远程教育杂志》，2009(6)。

知识建构提供给养，发挥促进和鼓励作用，在各个阶段为学习者的形成、表达和交流观点提供便捷的媒体工具，而且必须把各种观点和知识成果保存到数据库中，以便学习者今后可随时随地浏览、编辑、增补和反思。

3. 知识动力学演化

加拿大学者指出，知识更多的是一个动态的流而不是静态的点。在知识连续系统中，信息可理解为简单的知识，而真正意义上的知识是复杂的，与个体的经验密切相关，需要学习者投入经验，展开求知过程和进行有意义的建构，从数据到信息、知识和智慧，是学习者经验投入及理解力不断扩展、加深的过程，是一个不断情境化和提升远迁移学习能力的过程，是个体知识不断内化、转化和智慧不断凝练的过程。当前，教学中关注的是信息与知识的传播问题，而相对漠视智慧的提升。这种漠视除了教育观念的差异之外，还存在对智慧界定的含糊。智慧可以看作行动中的知识，智慧可以定义为正确判断事物的能力，明智地解决与生活行为有关问题的能力。在全球知识经济当中，智慧对于一个成功的可持续发展的社会尤为重要。我们在学校里培养成的辨别、判断能力和对不断产生的新知识的感知能力将伴随我们终生。基于知识建构论，芬兰学者进一步把革新知识社区理论发展为学习的第三种隐喻，也称之为学习的知识创新隐喻。知识创新方法的特征是根据创建支持知识提升和革新的社会结构以及协作过程来探究学习。知识创新方法描述了生成新思想和概念化知识的重要性，人们在他们的社区中提升知识的边界，这个目的是引导和结构化他们的活动以生产智慧，如确定理解的问题、建立和精练基于目标的过程、收集信息、设计实验、回答问题、提升理论、建构模型、监控和评估进程、撰写报告等所有都通过参与者自身朝着知识建构目标引导。

4. 深度学习取向

按照有关学者的理解，学习和知识建构有深浅之分。学习是增加知识和理解，有关学者把学习定义为知识、理解、技能和态度方面的改变，是通过体验和反思经验所带来的，一些学生把学习看作以教师能够接受的方式进行记忆和复制知识的事件，仅仅来应付课程要求。其他人认为，学习是一种建立个人意义的方式，转化与他们现有知识和经验有关的信息和思想。显然，这两种学习在深度上有所区分。在这个层次上可以区分学习为深度学习和浅表学习，浅表学习和深度学习之分其实可以从学习目标分类体系中找到依据。为了开发学生的认知技能，布鲁姆等创建了一套学习目标分类体系，总共分为学习的六个层级，提倡认知技能的开发。布鲁姆分类的种类能够分属两个层级：浅表学习和深度学习。浅表学习指向布鲁姆分类的前三个层级，也就是知识、理解和应用，这些层级强调再认、低层次的过程性的知识。布鲁姆分类中的最后三个层次，即分析、综合和评价，整合成一个问题解决技能类型或者深度学习层级。可以注意到每一个连续的层级都认为，是在前一个层级的基础上的。

2.4.1.4 知识建构方式：个体建构与协同建构

迄今，所有相对确定的知识，如以事实、概念、命题、公式、定理等为表征形态的"共有知识"，无不是科学共同体按照一定的规则"协商"或约定俗成的结果。这种结果可能存在谬误，在后续的协商过程和建构过程中，可能被质疑、颠覆和修正，使知识得到进一步的发展。从理论上来说，这个过程是一个永恒的没有终止的过程。知识建构的方式主要包括个体知识建构和协作知识建构。

在知识建构中，根据学习者接触新信息的来源和形式，可以把知识建构分成三类：活动性学习、观察性学习和符号性学习。活动性学习是学习者通过个体与客体的相互作用、通过活动实现的知识经验的增长；观察性学习是个体通过对其他人与客体的相互作用（即活动）过程的观察而实现的知识经验的增长；符号性学习不仅指对符号本身的学习，更主要的是指个体在通过语言符号与他人交流的过程中实现的知识经验的增长。[①]

协同知识建构，也称协作知识建构，是一种有目的的、协作的活动，指学习者在参加问题解决或学习任务等某些有一定目标且是特定的群体活动时，通过群体之间的共同协作、交流来产生一些概念、假设或者理论等智慧产品，即个体学习者在这个公共知识产生的过程中获得相关知识。[②]

我国对协同知识建构的研究开始于 21 世纪初。近年来，呈现出逐年增多和不断发展的态势，关于协同知识建构的影响因素的研究也有很多。黄荣怀认为，学习动机是协作学习的主要因素。他从协作学习动机因素出发，认为协作学习不仅强调学生个体的认知加工活动，还特别关注学习同伴之间的合作互助活动，因此协作学习动机包含了学习动机和协作动机两个方面的含义，可以从问题情境、协作活动、协作关系、评价和学习支持五个方面来考虑。[③] 刘黄玲子等提出共享、论证、协商、创作、反思和情感交流是实现"协同知识建构"的基础。[④] 杨惠提出，有学习支架的教学环境有利于学习者知识建构水平的提高，不同时期学习者高水平的知识建构程度不同，网络密度高、特征向量高、互惠性高的网络有利于学习者高水平的知识建构，教师的点出度、中介度和互惠性越高越有利于学习者的高水平知识建构，核心参与者是高水平知识建构的主要贡献者。简言之，学习者知识建构的影响因素包括教学环境、社会网络视角下的教师和学习共同体。田秋艳从宏观和微观两个角度，以互动学习网为案例，对虚拟学

---

① 钟志贤：《知识建构、学习共同体与互动概念的理解》，载《电化教育研究》，2005(11)。

② 祁林亭、熊才平、葛军等：《基于分布式学习的协同知识建构影响因素分析》，载《现代远距离教育》，2016(3)。

③ 黄荣怀、刘黄玲子、郑兰琴：《论协作学习中的动机因素》，载《现代教育技术》，2002(3)。

④ 刘黄玲子、朱伶俐、陈义勤等：《基于交互分析的协同知识建构的研究》，载《开放教育研究》，2005(2)。

习中的论坛数据进行了统计，研究了虚拟学习社区中知识建构的过程和内容，得出了虚拟学习社区知识建构主要受学习者个人、学习共同体、指导者、虚拟学习社区平台等因素综合作用的影响。① 秦慧臻认为，虚拟学习社区群体知识建构的影响因素分为外在因素和内在因素，其中外在影响因素包括网络的影响、网络平台的影响，内在影响因素包括学习者之间存在的个别差异的影响、虚拟学习社区的监控与评价体系的影响、虚拟学习社区中社会交互的影响、虚拟学习社区中教师和管理者的影响。② 马宁等构建了基于协同知识建构的教师混合式研训模型并对中小学教师的学习效果、知识建构层次、交互特征等进行了研究。③④

2.4.2　知识建构理论对教师专业发展的意义

2.4.2.1　有利于组建高水平教师队伍

所谓高阶思维，是指发生在较高认知水平层次上的心智活动或认知能力。它在教学目标分类中表现为分析、综合、评价和创造。高阶思维是高阶能力的核心，主要指创新能力、问题求解能力、决策力和批判性思维能力，具体展开为敏觉力、流畅力、变通力、独创力、精进力、领导力、交换力等。教师是教育环节中的主导者，教育的现代化要求教师队伍的现代化。用知识建构理论指导教师专业发展，能够建立一支素质优良、师德高尚、具有驾驭现代教育手段和教育信息能力的教师队伍。

2.4.2.2　有利于丰富教师培训模式

在知识建构理论的指导下，很多学者探索出基于知识建构的教师培训模式，经过验证，这些培训模式均取得了较好的效果。例如，马宁等建构的以协同知识建构为核心的教师混合式研训模式⑤；杨彦军等构建的基于课例研究的教师知识协同建构模型⑥；吴焕庆等构建的基于知识建构的数字化微格教学模式⑦；陈玲等基于学习元平台

① 田秋艳：《虚拟学习社区中知识建构的影响因素研究》，硕士学位论文，东北师范大学，2009。

② 秦慧臻：《虚拟学习社区的群体知识建构研究》，硕士学位论文，曲阜师范大学，2014。

③ 马宁、吴焕庆、崔京菁：《以协同知识建构为核心的教师混合式研训模型研究》，载《教师教育研究》，2017(3)。

④ 马宁、崔志军、曾敏：《以协同知识建构为核心的教师混合式研训效果研究——基于内容分析的方法》，载《中国电化教育》，2018(9)。

⑤ 马宁、吴焕庆、崔京菁：《以协同知识建构为核心的教师混合式研训模型研究》，载《教师教育研究》，2017(3)。

⑥ 杨彦军、童慧：《基于课例研究的教师知识协同建构模型及其实践效果研究》，载《电化教育研究》，2015(12)。

⑦ 吴焕庆、荆宝坤：《基于知识建构的数字化微格教学模式构建研究》，载《电化教育研究》，2018(5)。

建构的面向知识建构的教师区域网络协同备课模式等[①]。

2.4.3　本节小结

本节对知识建构的内涵、属性以及方式进行了论述，展示了知识建构理论的由来和发展，强调知识建构的本质特征：知识的建构是学习者通过新、旧知识之间的相互作用完成的，学习者不是被动地接受知识，而是主动建构知识。通过对知识建构原则的描述，教师在专业发展过程中可以依据原则进行知识的建构，最后论述知识建构对教师专业发展的意义，强调知识建构的重要性。

2.5
自我调节与自我管理

学习目标

1. 了解自我调节、自我管理的含义及其相关理论。
2. 知道自我调节、自我管理在教师专业发展中的重要作用。

教师专业发展依赖于教师的专业自我，需要教师有自我发展的意识和动机。苏霍姆林斯基说，人生的真谛在于认识自己，而且需要正确地认识自己，自我教育便是这里开始的。自我调节和自我管理意识的提高可以让个体更加自觉，更有助于个体形成自我发展的意识和动机。自我调节学习的概念是由齐默尔曼于 1989 年提出的，自我调节学习能够让学习者认知自己的学习活动，在教师专业发展过程中，可以指导教师认知自己的学习活动和教学实践，帮助教师的专业发展。另外，教师需要增强其终身学习的意识和能力，通过自我管理，在与组织管理不相冲突的前提下，教师运用各种技能、技巧来使自己在工作过程中减少职业压力，激励自己，在学习中提升自己的各种素质。

---

① 陈玲、张俊、汪晓凤等：《面向知识建构的教师区域网络协同备课模式研究———项基于学习元平台的实践探索》，载《教师教育研究》，2013(6)。

2.5.1　自我调节学习

2.5.1.1　自我调节学习的含义

齐默尔曼首先定义了自我调节学习的概念。在面对学习任务时，自我调节的学习者知道自己所拥有用以解决任务或问题的知识和技能，同时也知道自己所缺乏的知识或技能。当他们遇到困难，如学习条件差、过度深奥的知识或教师不能帮助解答时，他们通过将学习视作一个可控的、系统的过程，通过主动调节和学习来获得成功。自我调节的学习者为达到学习目标，能依据自我效能感灵活地运用某些特殊的自我调节学习的策略。

> **自我调节**
>
> 　　自我调节学习是指学习者在一定程度上从元认知、动机和行为方面积极主动地参与自己学习活动的过程。

当自我调节学习的定义涉及某些特定的过程时可能会有一些不同，但是对它的共识是，自我调节的学习者在学习的过程中是使用元认知的、主动积极的学习者。在元认知过程中，自我调节的学习者在学习过程中，会在不同的时间点计划，设定目标、组织、自我监控和自我评价，这些过程使他们能够在学习的过程中自学、获取知识、富有决定力。在动机过程方面，这些学习者表现出高自我效能感、进行自我归因以及表达出对任务的内在兴趣。对旁观者来说，他们进行自我驱动，在学习中表现出非凡的努力和毅力。在他们的学习行为过程中，自我调节的学习者选择、建构和创造优化学习的环境。他们寻求建议、信息和他们最有可能学习的地方，他们在习得过程中自我指导，在执行过程中自我强化。

2.5.1.2　自我调节学习的特征

齐默尔曼总结了自我调节学习的学习者特征，认为他们具有以下特征。

第一，当定义自我调节的学习时，重要的是区分自我调节过程，如自我效能感，以及旨在优化这些过程的策略，如设定中间目标。自我调节学习策略是指学习者在获取信息或技能时所涉及的行动和过程，包括学习者的中介、目的和工具感知。毫无疑问，所有的学习者在某种程度上都使用了调节过程，但是自我调节的学习者的区别在于他们有调节过程或反应和学习结果之间的战略关系的意识，以及他们使用这些策略来实现他们学术目标的意识。元认知、动机和（或）行为策略的系统使用是自我调节学习者的大多数定义的一个关键特征。

第二，自我调节学习涉及自我导向的反馈循环。这个循环需要一个循环过程，在这个过程中，学习者监控他们的学习方法或策略的有效性，并以各种方式对这种反馈做出反应，从自我感知的隐蔽变化到行为的公开改变，如改变学习策略。自我调节学习的现象学理论描述了这种反馈回路的隐蔽感知过程，如自尊和自我概念，而操作理论支持显性的描述，如自我、记录、自我指导和自我强化反应。社会认知理论的学者还反对仅用负反馈来观察这个控制回路（寻求减少一个人的目标和观察到的结果之间的差异）；他们也报告了正反馈效应（寻求基于观察到的结果来提高自己的目标）。不管被监控的结果和解释结果存在何种理论上的差异，几乎所有的研究者都假设自我调节取决于学习效果的持续反馈。

第三，自我调节学习提出学习者如何选择和使用特定策略或反应。由于自我调节的学习涉及时间界定的策略或反应，学习者主动发起和规范他们的努力需要准备时间。除非这些努力的结果足够吸引人，否则学习者就不会被激励去自我调节。当机会出现时，他们可能会选择不自我调节他们的学习，这需要对他们的学术动机过程进行全面的核算。操作主义理论家声称，所有自我调节的学习反应最终取决于偶然的外部奖励或惩罚，如社会认可、增强地位或物质利益。现象学理论家认为，学习者是由自尊或自我实现激发的。在这两个连续的两端之间，其他的一些理论家喜欢动机，如自我效能，成就成功和认知平衡。齐默尔曼的自我调节学习如图 2-14 所示。

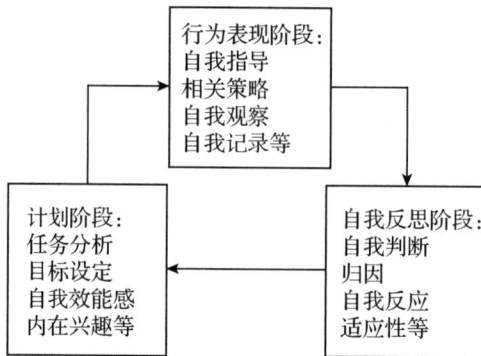

图 2-14　齐默尔曼自我调节学习阶段模型

自我调节学习理论的一个重要方面是，学习者的学习和动机是相互依存的。例如，学习者的自我效能感既是学习的动机，又是学习的后续结果。自我调节的学习者不仅对学习结果产生反应，同时还能主动寻找学习的机会。他们主动发起旨在促进自我观察、自我评价和自我提高的活动，如实践会议、专业训练和竞争性事件。他们不断增强的动机在他们不断追求更高的学习目标的倾向中是显而易见的，当他们实现较早的目标时，班杜拉称之为自我激励的品质。因此，自我调节的学习不仅涉及自我执行学习反应（即自我控制）的能力，还不止于调整从负面反馈到新的或变化的条件的学习反应的能力。它包括积极主动地寻求从学习活动中获益。在这个层面上，学习者从元认知意义上进行自我指导，并且是自我激励的。他们的技能和意志是自我调节的综合成分。

　　总之，学习者自我调节学习的定义涉及三个方面：自我调节学习策略的使用、学习者对学习有效性的自我导向反馈的反应、学习与动机相互依赖的过程。自我调节的学习者在学习有效性和技能反馈的基础上选择并使用自主学习策略，以达到预期的学业成绩。

2.5.1.3　自我调节学习的理论

　　有学者从操作理论的角度将自我调节学习行为分为三个部分，分别为自我监控、自我指导、自我强化。自我调节学习理论依据斯金纳的操作行为主义理论。自我监控是指用观察或者记录的方式记录个人行为的过程。自我指导能够刺激个体产生的行为，对要达到的行为结果进行自我指导。自我指导的方法能有效地调节个体行为，但还需要以足够的强化为前提。操作行为主义认为环境影响人的行为，如教师对学生的表扬提高学生产生相同行为的概率。同样，教师对学生的批评会降低学生的犯错概率。这种基于操作行为主义的自我调节学习理论更多地关注外界环境对人行为的影响，而忽视了人本身的内在心理机制。

　　现象学出现在 20 世纪西方哲学领域，是指通过"直接的认识"描述现象的一种研究方法。基于现象学的自我调节学习重视个体内在的心理机制。该理论认为，个体会根据本身的属性对外界事物做出反应，在教师自我调节的过程中，需要教师清晰地认识自我，根据外部环境的变化能动地调节。有学者强调自我评价在自我调节学习中的作用，在自我调节过程中要树立自信心，调整好状态。例如，在需要完成一项任务时，面对成功或者失败的结果，如果对个体进行积极评价，个体就会产生积极情绪，会提高个体动机；如果评价是消极的，个体则会产生消极情绪，容易产生逃避问题的行为。基于现象学的自我调节理论在本质上更强调个体的心理特质，与操作行为理论对比，它走向了另一个极端，忽视了外部环境特征。

　　意志论强调自我调节学习是一种意志控制的过程，强调学习者既是行为的主体，又是活动的执行者。有学者将自我调节分为内隐的自我控制过程和外显的自我控制过程。内隐的自我控制过程包括认知监控、情绪监控与动机监控；外显的自我控制过程包括学习环境中的事物控制与任务控制。可以看出，意志论的自我调节学习理论更强调个体和环境的相互作用。

2.5.1.4　影响自我调节学习的因素

　　教师的自我调节学习如同学生的自我调节学习一样受到很多因素的影响，如学习目标、自我效能感和自我调节学习的策略等。研究者总结了影响自我调节学习的因素。①②

1. 学习目标

学习者必须先获得学习的目标或标准，然后才能为达到目标而采取相应的行为，并进行自我观察、自我判断和自我反应。目标理论的研究者将人的成就目标分为两类：一类学习目标是提高自己能力和理解水平，称之为学习取向的目标或掌握目标；另一类学习目标是证实自己能力水平和获得成就感，称之为表现取向的目标或成就目标。学习者不同的学习目标会影响其学习任务的选择、完成任务的坚持性和付出努力的程度。学习目标也影响学习者如何学习，研究表明具有掌握目标的学习者比拥有成就目标的学习者更倾向于使用深加工策略，付出更大的认知努力。研究证实，掌握目标的学习者比成就目标的学习者更多地使用自我调节学习策略，与学业效能感、学习动机和学习态度水平成正相关。

2. 自我效能感

自我效能感是学习者对自己具有成功完成某一特定学习任务的能力判断。它包含以下三层意思：第一，自我效能感是对能否达到某一表现水平的预期，产生于活动发生之前；第二，自我效能感是针对某一具体活动的能力知觉，与能力的自我概念不同；第三，自我效能感是对自己能否达到某个目标或特定表现水平的主观判断。社会认知理论认为，自我效能感能够影响学习者的任务选择、努力程度以及坚持性。自我效能感高的学习者对自己的学习能力充满信心，常常选择适合自己能力水平并富有挑战性的任务。在遇到问题和困难时，愿意付出更大的努力，采取各种方法去战胜困难，从不轻言放弃，坚持性高。自我效能感低的学习者对自己的学习能力信心不足，为确保成功常常选一些过于简单的任务，当学习中遇到困难时，就认为自己能力不行，不加努力就轻易放弃。研究表明自我效能感不仅与付出努力的多少有关，而且与努力的质量有关。自我效能感高的学习者比自我效能感低的学习者更多地运用深加工认知策略和自我调控的学习策略。国外学者认为，自我效能感与自我调控学习是互相作用、互相促进的。当学习者为自己设定具体的、近期的学习目标时，他们能够较容易地观察到自己在学习上所取得的进步，从而会增强他们的自我效能感。自我效能感的增强又能促使学习者为自己设定更富有挑战性的目标。如此循环，学习者的学习成绩将不断提高。

3. 自我调节学习策略

由于自我调节学习最终要表现为外部行为，因而自我调节学习策略受到了人们的关注。人们对学习策略的研究由来已久，但对其概念的限定以及分类并不一致。从自

① 娄彦、王金素：《浅论自我调节学习与教师专业成长》，载《当代教育论坛》，2008(11)。
② 周国韬：《论自我调节学习的影响因素》，载《吉林教育科学(普教研究)》，2001(6)。

我调节学习的角度划分学习策略，可以分为学习者在参与学习活动中所使用的认知策略和认知调控策略。认知策略是学习者在认知过程中所采用的编码、保持、检索、提取等对信息加工的操作。认知调控策略是学习者对认知过程的调节与控制。由于在自我调节学习中学习者要建构学习环境，构建适当的学习环境、创造有利于学习的物质条件也被看成一种单独的策略。

4. 归因倾向

归因理论认为，学习者把学业的成功和失败归因于能力、努力、任务难度、运气等因素，并提出归因的可控性、内外部、稳定性三个维度。学习者所采取的归因方式会影响其对未来成功的期望、情绪反应、任务选择、努力程度和坚持性以及学业成绩。舒尔克发现学习者对学习做内部的、可控的归因，有助于其从自身寻找原因，调节学习活动。

5. 策略监控

自我调节学习的策略会影响学习者的学习结果，但研究者发现仅仅教会学习者学习策略的知识并不能保证学习者能很好地运用这些策略。研究者发现对策略的监控归因对学习者策略的使用能够产生影响。齐默尔曼等人发现，学习者必须对学习策略的使用过程和结果进行准确的监控，并将学习的结果归因于策略才能促使其正确使用学习策略。

2.5.2　自我管理

2.5.2.1　自我管理的含义

自我管理来源于管理学领域，随着现代社会的发展逐渐被人们所知。自我管理的理念可以追溯到班杜拉，他指出人类是一种主动积极的生物，他们并不是完全机械地应对外界环境中的刺激，个体通过对自身行为的观察、评估、强化和惩罚以实现某种目的。当然班杜拉并未明确提出自我管理的概念，但其所论符合自我管理的内涵。彼得·德鲁克在《21 世纪的管理挑战》中提出，自我管理是个人为取得良好适应、积极寻求发展而能动地管理自己。梅根·格哈特明确了自我管理具体的操作定义：自我管理主要涉及问题的评估、目标的确定、监控那些阻碍自我目标实现的时间和环境因素，并采取鼓励和惩罚措施以使目标得以推进和实现。国内外的不少学者都对自我管理进行过一定的概念定义，一般来说自我管理被认为是，个体针对特定的发展目标，通过自我认知、自我调节和自我反思等一系列对自我各个方面的管控和进行自我激励的过程。

2.5.2.2 自我管理的理论

彼得·德鲁克在《21世纪的管理挑战》一书中专门论述了关于自我管理的五个内容。第一，我的优势是什么？第二，我的行为方式如何？第三，我的所属在哪？第四，对关系负责。第五，管理下半生。① 德鲁克对这五个问题进行了解释。他认为，需要运用反馈分析法来找到自己的长处，并不断加强自己的长处，知道自己的长处及优势所在后，逐渐改善自己的表现方式，了解自己的价值观念。对于人生目标，德鲁克认为需要了解自己的归属，才能使一个普通人变得更加出众，在和别人交往过程中，需要懂得交往之道。面临长期的工作，需要规划好自己的职业生涯。德鲁克的自我管理理论认为每个人都需要进行自我管理，而且这种管理需要贯彻整个人生。

我国学者郭海龙认为，要从现代化角度考虑自我管理，强调社会现代化、管理现代化和人的现代化三者结合，应该注重自我身心调节和行为控制、个人知识管理和潜能开发、个人时间管理和自我死亡管理、自我人际关系管理和网络生存管理、个人职业规划与管理。② 他强调人的发展和社会是紧密且分不开的，提出适合我国国情的自我管理理论。

2.5.2.3 教师自我管理的现实意义

教师的自我管理是指教师在教学、学习、生活中对自身的身体、思想、情感、意识形态等进行的管理，是教师从自身出发对内的调节与管理。自我管理不同于传统意义上的教师管理，它是指教师从个人角度出发，在与组织管理不相冲突的前提下，运用各种技能、技巧来使自己在工作过程中减少职业压力，激励自己，在学习中提升自己的各种素质。因此，教师的自我管理对教师的专业发展具有重要意义。

教师的自我管理能力首先对自己专业知识和技能的成长具有重要意义。自我管理能使发展行为有目标、有组织、有效率。在目标管理的范式下，教师可以为自己建立合适的长期目标或短期目标。教师通过明确发展方向，在对自己过去专业发展的过程、现在专业发展的状态和水平有正确与客观认识的基础上，确定自己的发展方向，如学历进修、撰写论文、出国深造、职称晋升、教育技术能力的培养等。其次，老师可通过开发个人素质和外部资源，整合一切可用资源以实现自己的目标。拥有较强自我管理能力的教师可以根据主客观情况，进行自我评价和自我调整，以达到自我实现的最大化。在目标的实施过程中，教师会不断地自我检查、自我分析和自我评价，及时掌握发展状态，发现问题并找出原因，制订解决方案，积极采取措施补救。在发展过程

① 彼得·德鲁克：《自我管理之道》，载《领导文萃》，2000(4)。
② 郭海龙：《国内自我管理研究存在的问题及出路探讨》，载《重庆社会科学》，2005(1)。

中，教师能够不断总结经验，发现不足，对自己的状况进行阶段性的评估，并将评估结果及时应用于自主发展过程，以实现自我超越。

同时，教师作为知识工作者，有其独特的群体心理特点和需求。因为教师在学校这个环境中，他们既是被管理者，又是管理者。对于学校来说，教师是被管理者，他们按照上级教育行政部门和学校的要求教学，遵守规章制度，在一定的范围内进行创造性的教书育人的工作；教师在班级这个小团体里，是班级的管理者，组织、指导、协调本班级所有的教学活动，引导学生不断进步。教师在班级里作为管理者，只有具有良好的管理能力、沟通能力、协调能力等才能够更好地管理本班的教学活动，也只有在管理好自我的基础上，才能够在面对充满变化、复杂的班级管理工作时得心应手。自我管理能力强的教师不仅能高绩效地完成工作，还能够以自身的楷模作用带动和指导学生进行自我管理，使班级学风浓厚，学生和谐成长。而自我管理能力弱的教师在教学工作中大多缺乏计划性，比较盲目随意，不能很好地完成教学任务；在学生心目中没有权威感和信任感，班级缺乏凝聚力。所以，从这个意义上说，教师自我管理能力的强弱不单直接影响学生的成长，同时对学校组织整体效能的提高和目标的达成都有重要的影响。

因此，教师的自我管理不管对教师个人还是对学校、学生均具有多重的现实意义。教师应设计好自己的专业发展规划，同时将自己主动融入学校的整体规划中，使自己与学校的规划同步，以取得必要的再教育或训练等机会，促使自己的发展目标得以实现。教师应在实现自我管理能力提升的同时，带动学生自我管理能力的共同提升。

2.5.3　本节小结

本小节主要介绍自我调节和自我管理含义及其相关理论研究。

在自我调节部分，本小节介绍了自我调节的含义，从齐默尔曼定义自我调节学习的概念出发，总结了自我调节学习的三个知识点：自我调节学习策略的使用、学习者对学习有效性的自我导向反馈的反应、学习与动机相互依赖的过程。同时，本小节还介绍了基于操作类、现象学、意志论的自我调节学习理论，以及影响自我调节的因素。

自我管理的理念可以追溯到班杜拉的理论。自我管理在教师的专业发展中具有重要意义，教师的自我管理是指教师从自身出发对内的调节与管理。教师不仅需要提高对自身的管理，还要提高对学生的管理，教师的自我管理对教师个人、学校、学生具有重要的现实意义。

2.6
教师专业发展的典型阶段与规律

🎯 学习目标

1. 了解教师专业发展的典型阶段与历程。
2. 知道在信息化背景下教师专业发展的阶段与历程的变化与发展。

作为国内外教育研究的重点和热点，教师专业发展牵动着国家教育教学质量和人才培养。近几十年来，在教育改革的政策和实践中，越来越多的专家学者都意识到教师专业发展水平对国家教育的重要意义。

进入 21 世纪，人们对教师专业发展提出了进一步的诉求，要求教师不仅要有扎实的专业知识和教育教学能力，更要善于进行教学和信息技术的深度融合，不断提高自己的教学影响力，促进学生发展。信息时代知识更迭的速度超过以往任何时候，人们获取知识的渠道也越来越多元，这给教师专业发展带来了新的挑战和契机。此外，根据大量的研究发现，教师专业发展是一个具有显著阶段性和规律性的过程，本节将针对教师专业发展的这两层面进行详细解读。

2.6.1　教师专业发展的典型阶段

教师专业发展的过程从来都不是一蹴而就的，而是要经历几个阶段。这是一个长期的、贯穿教师整个职业生涯的历程，同时又是一个不断变化和革新的过程。在这个漫长的动态过程中，教师不仅要具备相应的学历，还要不断提升专业知识水平和专业能力以适应时代的进步和发展。梳理、分析教师专业成长的典型阶段、周期以及发展规律，有利于研究和理解我国教师专业发展的现状和问题，推进相关理论研究和实践工作的开展。

通过梳理国内外有关研究发现，有比较大影响力的教师专业发展阶段论主要包括教师关注阶段论、教师发展时期论、职业生命周期阶段论、心理发展阶段论。

2.6.1.1　教师关注阶段论

1969 年，美国学者弗朗斯·富勒提出了著名的教师关注阶段论，从此揭开了对教师专业发展阶段研究的序幕。他认为，在发展过程中，教师随着发展水平的变化，其所关注的事物也依据一定的顺序发生变化，即教师会逐渐从以关注自我为主转为以关注学生为主。具体包括以下四个主要阶段。

第一，任教前关注（教师仍扮演学生的角色，由于没有教学经验，对教师角色处于想象的阶段，更多地关注自身）。

第二，早期生存关注（教师开始关注自己的生存问题，包括班级管理的优化、教学内容的钻研、关心与学生和同事的相处等相关问题）。

第三，教学情境的关注（教师开始主要关注教学所需的知识、技能，并思考如何能够将其有效地运用到实际教学情境中去）。

第四，重点关注学生（教师开始关注学生的学习、社会和情感需求以及如何通过教学更好地提升学生的成绩和学习表现）。[1]

2.6.1.2 教师发展时期论

1972 年，卡茨提出了教师发展时期论，他把教师专业发展划分成了四个阶段，即求生阶段、巩固阶段、更新阶段和成熟阶段。该理论对教师发展阶段理论的深入发展有重要的价值，但作为研究教师发展的早期理论，其局限性在于未对教师在成熟阶段后的发展做进一步的研究和探索，这也是该时期发展理论研究的共同的局限性之一。

第一，求生阶段：一般在任教开始的第一至二年，教师所设想的教学与实际有差距，因而关心自己在陌生环境中能否生存。

第二，巩固阶段：在任教的第二至三年，教师开始有了应对教学情况的基本知识，开始巩固所获得的教学经验，并开始关注个别学生。

第三，更新阶段：在工作的第三、四年间，教师对重复机械的工作感到厌倦，开始试图寻找新的教学方法和技巧。

第四，成熟阶段：在任教的三至五年的时候，教师习惯了教师的角色，能够较深入地探讨一些教育问题。

2.6.1.3 职业生命周期阶段论

教师职业生命周期阶段论以人生命的发展过程与周期来看待教师职业发展过程与发展周期，许多学者从这个视角出发，提出了不同的见解。

1979 年，纽曼、伯顿、皮特森等研究学者对处在不同职业生涯阶段的教师进行了大量的样本研究，提出了"教师生涯循环发展理论"，将教师专业发展划分成了三个阶段，即求生存阶段、调整阶段和成熟阶段。与以往的研究相比，唯一不同的是该研究

---

[1] 曾祥艳：《教师专业发展及教师专业发展阶段》，载《新课程研究（新教师教学）》，2016(14)。

基于对巨大数据样本的整理和分析，增加了理论的科学性。但局限是仍未对教师成熟期之后的发展做进一步研究。

随后，在 20 世纪 80 年代，费斯勒和克里斯坦森提出了动态的"教师职业生涯发展周期模型"，在该模型中他们将教师的专业发展分为了八个阶段。

职前教育期：教师角色的准备期，即教师的培养期。

职初期：教师努力学习教学日常工作，寻求学生、同事及领导的认可。

能力建构期：教师努力积极寻求新的资料、方法和策略，学习欲望强。

热心成长期：教师已经具备较高教学水平，仍不断寻求进步，热心成长。

职业挫折期：教师工作上遭遇挫折，工作满足度下降，有时出现倦怠现象。

稳定停滞期：教师只做分内工作，不主动追求教学专业上的成长，缺乏进取心。

职业低落期：教师准备离开教育岗位的低潮时期，带着美好回忆或者苦涩离开教育岗位。

职业离岗期：教师离开教职岗位时期。

与前期理论不同的是，该理论对教师成熟阶段之后的发展进行了阐释，使教师整个职业生涯的发展研究更为完整。另外，费斯勒借用社会学的研究方法，将教师的发展周期置于个人环境与组织环境共同、交互作用的背景中来探讨，提出教师职业生涯是受多因素影响的动态变化的且非线性的发展过程，该结论对之后该理论的发展具有重要意义。

1989 年，美国学者司德菲依据人文心理学派的自我实现理论，建立了教师生涯的"人文发展模式"，将教师专业发展生涯划分为预备、专家、退缩、更新、退出五个阶段，司德菲认为，学校和教师等可以在退缩阶段采取一定的积极措施，从而帮助教师在更新阶段渡过危机，继续成长、发展，这进一步弥补了前者理论的不足。

2.6.1.4　心理发展阶段论

1992 年，加拿大学者利斯伍德突破前人对教师发展阶段的单一认识视角，提出了心理发展、专业技能和职业周期三因素相联系的发展模式。他将教师发展过程划分为五个阶段，即职业生涯的开始、稳定、分化、专业发展平台期、准备退休。心理发展阶段论把教师当作成年的学习者看待，其理论基础是认知理论、概念发展、伦理发展及自我发展理论等，认为人的发展是心理结构改变的结果，心理的改变随着年龄和个人发展阶段的不同，依照一定顺序发送不同的变化，这样的认识对教师专业发展具有一定的促进作用。

教师的专业发展具有阶段性，不同发展阶段具有不同的特点。对于教师专业发展所呈现出的阶段性发展规律，不论是研究者还是教师本人都有着较深的体会，对教师专业发展阶段及其特征的深入研究是提升教师教育的重要基础。对国外学者的教师专业发展阶段划分研究，拓展了我国学术视野和研究思路，启迪了我们的研究原理和思维方式，帮助我国学者对此研究领域进行再思考和深处探索。对此，本文将基于前者的研究成果，结合我国实际提出我国教师专业发展的阶段分布及具体特征，如表 2-5 所示。

表 2-5　教师专业发展的阶段分布及具体内容

阶段	内容
专业准备期	专业准备期就是职前教育阶段，在综合性大学、师范院校等机构接受的职前培养，通过准备期的积累，获取教师需要的知识和技能。
专业适应期	教师的专业适应期为入职后的 1～5 年，虽然在准备期接触的理论知识可以满足教学需求，但是如何管理课堂、创新教学，是他们需要重点解决的问题。
专业成熟期	成熟期的时间约为 5 年左右，经过 5 年的实践，教师意识到了教育工作的意义，体会到了教育带给自己的乐趣，职业认同感也得到显著增强。
专业高原期	在不同教师的身上，专业高原期的出现时间、出现频率是不同的，这是最危险的一个阶段，必须要采取科学的措施来干预和调控。
专业创造期	在进入专业创造期后，教师表现出了对于教育事业的热爱，开始从内心认同自己的事业，积极反思教学，努力成为一个研究者。
专业退出期	如果没有走出高原期，那么便会直接进入退出期，这一阶段的教师进取心降低、志向下降，工作也变得保守，直至退出教师专业。

专业准备期：该时期是职前教育阶段，"准教师"需要在综合性大学教育学院、师范院校等机构，接受系统的职前培训，这一阶段一般是专科 3 年、本科 4 年。从 2001 年开始，我国开始实施"4＋1＋2""4＋2"的人才培养模式，通过专业准备期的积累与学习，教师可以获得从业的基本技能，为后续的发展奠定基础。受到诸多因素的影响，师范生出现了教育知识不足、专业意志薄弱、实践能力缺失的问题。基于此，国家颁布了《关于大力推进教师教育课程改革的意见》《关于进一步加强高校实践育人工作的若干意见》等文件，致力于提高专业育人效果，缩短"准教师"到"教师"之间的适应期。

专业适应期：该时期约为教师入职后的 1～5 年。在这个时期，教师刚刚进入行业，对自己的未来充满信心，对教育事业表现出浓厚的兴趣，但是经过一段时间的实践，教育工作并非他们想象中的理想。虽然在上一阶段接受的教育足以满足这一阶段的教学需求，但是对于教学重点与难点的把握、有效教学方式的制定、怎样管理学生等问题上，常常让他们无所适从。这一阶段的信念，直接影响着教师后续的专业发展。因此，各方要予以教师必备的关怀、理解、支持和帮助。

专业成熟期：经过 5 年左右的实践，教师意识到了教育工作的意义，并体会到了其中的种种乐趣，职业认同感得到了强化。在专家、上级的指导下，能够根据自己的风格找到教学方法，树立正确的教学思想。部分教师在努力下，成为小有名气的技能型教师，可以熟练地把握教学，但是教学模式多是源自对优秀教师的模仿以及自身经验的累积。

专业高原期：经过成熟期的发展，教师对教学方法、教学过程已经非常熟悉，能够轻松应对各类问题，但是也会迎来瓶颈，不管是在管理岗位上还是在教学岗位上，他们会感到自己的前景、空间不大，激情慢慢消退，加上年龄的增长，常常出现职业怠倦感，工作处于消极状态，这就是教师专业发展的高原期。在这个阶段，教师往往只愿意完成自己负责的工作，对分外的工作，并不感兴趣，淡漠学习，不愿意研究。

专业创造期：专业高原期是每一位教师都会经历的过程，只是时间长短不同，处在专业高原期的教师，部分丧失动力，会选择辞职或者将兴趣转移至其他方面，直到进入专业退出期。另一部分教师则在同事、管理部门的支持下，积极参与继续教育，或者通过自己的心理调适走出瓶颈，开始重新审视自己的教学理念和方法，改革教学模式，更上一层楼。

专业退出期：如果无法走出高原期，教师的志向水平、进取心会慢慢下降，工作日趋保守，直到退出教师专业。顺利渡过高原期的教师，会对自己的事业更加负责，对研究、教学、培训、学习都有着浓厚的参与兴趣，处于向上、积极的发展状态，不断探索，提高自己的专业水平。退出期的教师的原因界定相对复杂，有些是年龄原因，有些是能力原因或思想原因。我们在此暂且以年龄为标准来研讨教师的退隐期，一般界定为退休前的若干年。

上述六个阶段的划分阐释，是对教师专业发展阶段历程的一个基本、整体以及系统的概括与综述。有些教师可能亲历过全部阶段，但更多的教师可能仅经历其中的若干阶段。之所以做出如上探究，首先是为了梳理教师专业发展的轨迹，帮助教师努力向专业成熟期乃至创造期的高地不断挺进，其次是深入研究教育组织系统对教师专业发展可能的作用和影响，促使有关教育管理机构与学校领导者尽力为教师发展提供相应的物质支持与制度保障。

2.6.2 教师专业发展典型历程

2.6.2.1 教师专业发展中一个不容忽视的问题：教师职业倦怠

随着教育改革的不断深入，教师在教育教学环节中的地位和重要性更加凸显，教师专业发展已成为教师教育研究、教师心理研究的一个重点。在教师专业发展过程中有一种现象是我们必须要正确面对的，这就是教师职业倦怠问题。教师个体的专业发展是一个具有阶段性特征的贯穿于整个职业生涯的历程，其间有高潮也会有低谷。在这个过程中，对于教师来说不可避免地要经历挫败，产生倦怠感。因此，教师职业倦怠可以说是一个难以避免的自然现象。同时，国内外诸多研究均显示，教师是职业倦怠的高发人群，教师身上表现出的职业倦怠感对学生的成长和发展有巨大的消极影响。因此，教师职业倦怠也是教师专业发展中一个不容忽视的问题。职业倦怠最早于1974年提出，用来描述那些服务于人的行业的职业人士或因工作时间过长，或因工作量过大，工作强度过高所产生的一种疲惫不堪的精神状态。

对教师职业倦怠的内涵理解，国内外学者做出了不同的分析与分类。其中，认为职业倦怠是在以人为服务对象的职业领域中，职业个体因情感耗竭而产生的成就感降低的症状。又有学者将教师职业倦怠分为了四个阶段，即狂热期、停滞期、挫折期和冷漠期。还有学者提出教师职业倦怠的五因素：教学对象的行为、工作环境、人际关系、工作程度和学校性质。福尔曼进一步在五因素的基础上增加了两个因素，即教师与家人的关系和教师个人能力。[①]

> **教师职业倦怠**
>
> 教师职业倦怠可以被看作是教师长期处在难以克服的工作压力下，由于紧张的心情及较低的成就感而导致的情绪低落、身心疲惫的心理状态。

有一部分国内学者也对教师职业倦怠提出了自己的理解。吴良根提出，教师职业倦怠主要是指教师对常规工作缺乏兴趣和激情，而生出一种厌烦的心理状态。[②] 陈立明认为，教师职业倦怠是因长期工作压力过大而产生的一系列不良反应。[③] 田庆花在研究中提出，教师职业倦怠是由于教师不能顺利地达到工作要求，面对压力而出现的消极身心状态。从以上观点可以看出，学者们在描述职业倦怠时侧重点有所不同，但是都包含着两个关键点：一是教师职业倦怠是教师对于工作压力的一种不良反应；二是职业倦怠会引起教师在生理和心理上的一系列消极反应。

从职业倦怠的表现上看，主要表现在生理、情绪、自我认知和行为四个方面。第一，生理方面。生理方面的表现较为明显：教师经常产生疲劳感，缺乏精力，甚至导致免疫力低下，一旦遇到有难度的、有突击性的教学任务时，就出现连锁性生理反应，如紧张、头痛、失眠等。第二，情绪方面。教师经常会表现出对周围的人和事急躁、焦虑、缺乏热情和活力，甚至神经过敏的情绪状态，从而对教育教学工作感到厌倦，或者稍遇到不顺心的事，就容易发脾气、沮丧或抑郁。第二，在自我认知方面。产生职业倦怠的教师常会感到自卑、自我评价过低、教育教学成绩差、失败感强、人际关系冷漠等，如此形成了恶性循环。他们常常会感到工作毫无意义、无价值。第四，在

---

① 闵谷艳：《教师职业倦怠研究述评》，载《教育科学论坛》，2018(7)。
② 吴良根：《当前中小学教师职业倦怠成因分析及对策》，载《中国农村教育》，2008(3)。
③ 刘晓明：《职业压力、教学效能感与中小学教师职业倦怠的关系》，载《心理发展与教育》，2004(2)。

行为方面。从教师自身来看，他们往往会表现出行为冲动、言语过激、好发脾气，甚至会对刺激物依赖性增强如抽烟酗酒、滥用药物等行为，从而影响教育教学工作。该类教师倾向于教学和备课都敷衍了事，教育教学缺乏主动性、创造性，教学效率差，教育质量不高。

从教师职业倦怠的产生因素来看，国内众多研究者普遍从个人因素、组织因素和社会因素三个方面归因。其实，造成这种问题的因素有很多，除了教师本身的专业素养水平、心理抗压能力、学校评价体系的问题以及客观薪水待遇问题之外，更重要的是还来自社会的因素。社会发展和教育改革对教师提出的要求越来越高。目前，我国教育教学改革全面开展，教师专业水平不断提高。新的课程标准相继出台，教材更新力度加大，先进的教育教学理念得到广泛传播，现代教育教学手段不断涌现，所有这一切都对教师的综合素养提出了更高的要求。现代教师不仅思想政治素质要过硬，还要具有完备的专业知识结构和较强的教学研究能力、观察能力、表达能力、交流能力，还要充分了解现代教育技术手段并将其灵活地运用于课堂教学。因此，专业素质要求高、工作任务重、压力大，但日常工作是默默无闻的育人工作，工作成绩不易被人们所看到，导致一些教师产生失落感。此外，当今世界，国际竞争将主要表现为教育竞争及优秀人才竞争，而教师在教育的发展过程中占据着关键的位置。国家的发展关键在人才的培养，优秀的人才离不开高质量的教师队伍。因此，社会各界都关注教师专业水平，对他们要求和期望很高。

因此，面对来自各方面的压力教师常常容易陷于职业倦怠的状态中去，一方面存在着"得过且过"的心态，不会主动追求教学的卓越与成长，缺乏进取心，教师的热情和满足程度也急剧下降。处于这样阶段的教师最需要帮助，如能健康度过则有助于教师继续追求专业发展成为专家型教师和令人仰慕的学者，否则容易从此一蹶不振。[①]

2.6.2.2　面向信息化的教师专业发展历程：科技接受模型

基于菲什拜因等（1975）提出的理性行为理论，戴维斯于 1989 年提出科技接受模型，其目的在于普遍性地解释使用者对于信息科技接受程度的决定性因素，为了解外部因素对使用者的内部信念、态度与意图的影响，以及这些内部因素进一步影响科技使用的情形。因此，科技接受模型常被用来研究使用者接受新兴科技程度的理论之一。

根据此理论，个体的某些特定行为表现由其行为意向所决定，而行为意向又由个人的态度和主观信念共同决定，三者有依存关系。经由研究证明，戴维斯认为影响态度的最主要的信念即两个认知构面——知觉有用性（Perceived Usefulness，PU）与知觉

---

① 武晓艳：《从教师专业发展阶段性谈教师职业倦怠及组织应对》，载《沧州师范专科学校学报》，2005(1)。

易用性(Perceived Ease of Use，PEU)。戴维斯曾定义，PU 系指对于特定系统的使用将有助于提高工作绩效或学习表现的主观期望概率；PEU 则指系统使用的容易程度。换言之，当用户对系统 PEU 认知愈高，则影响 PU 概率愈高。知觉有用性及知觉易用性两项信念会影响使用者对使用科技的态度，进而影响使用行为意向，而行为意向则进一步影响使用行为。戴维斯等针对职场行为的研究发现，"知觉有用"及"使用乐趣"实际影响着员工对科技事物的使用意愿，即使用者如果认为信息科技对其工作上是易用与有用的，不仅影响到使用者，对于使用行为也会产生直接的影响。此外，戴维斯还指出，当潜在的用户对某项科学技术持有的态度越正面，则使用意愿就越强烈，从而导致实际使用该项科技产品的行为也就越明显。

在这个教育信息化的时代，面对科技的快速发展，教师在技术支持下的专业知能发展也受到了广泛的关注。建立一定的策略使得教师能够投入到信息技术支持的教学工作中去，是保证教育信息化发展取得成效的基础。因此，了解和探究教师信息化专业发展的规律是必要的。早在 1992 年，曼迪纳契和可兰用一个四阶段框架来描述教师信息化专业知能的阶段发展规律，概括了教师对信息技术从了解到运用自如的基本过程。

挣扎阶段：教师心理上抵制技术，在技术面前挣扎，被各种技术问题困扰。

掌握阶段：教师学会了应付的策略，提高了技术能力，对新的课堂结构和新的交互形式也有了经验和信心。

冲击阶段：不再对技术心存畏惧了，出现了新的教学关系和结构。

创新阶段：技术整合到学习活动中，由此，课程和学习活动被重新组织，学习环境也被改变了。

我国学者顾小清在此基础上，于 2003 年提出了四阶段框架。

了解阶段：教师开始认识技术、学习使用技术，但是他们在心理上对技术还是抵制并畏惧的，课堂仍然是教师主导的，技术除了带来了一些管理的麻烦之外，没有对教学的常规造成任何影响。

应用阶段：经过学习、应用和反思之后，教师逐渐获得了技术应用的自信，掌握了一些技术应用的方法，出现了新的课堂组织形式。

整合阶段：技术开始改变常规的教学组织和课堂结构，教师开始调整自己的角色，更多地成为学习的帮促者而不是知识的灌输者。

创新阶段：教师对技术可以说是应付自如，能够根据自己的教学实践创造性地应用技术，设计技术整合的教学活动和学习环境。

由此可见，从接触新的信息技术到最终在教学过程中能够灵活使用信息技术，开展教育教学活动，提高课堂的教学效率以及学生的成绩和学习表现，这期间教师经历了不同的发展阶段。对此，国内外很多学者也提出了自己的研究结论，如表 2-6 所示：

表 2-6　教师在教学中熟练运用信息技术的发展阶段规律①

阶段	Rogers	Glad Hart	Russell	余胜泉
1	了解	接触	意识	学习、模仿期
2	劝说	采用	学习	尝试使用期
3	决定	整合性应用	理解并应用	怀疑、困惑期
4	实施	创造性应用	熟悉并变得自信	专业进化融合期
5	确信		在其他的情景中应用	创新发展期
6			在新的情景中创造性应用	

余胜泉等结合多年的实践，从生态学视角对教师专业发展阶段进行了划分和描述，具体如图 2-15 所示。

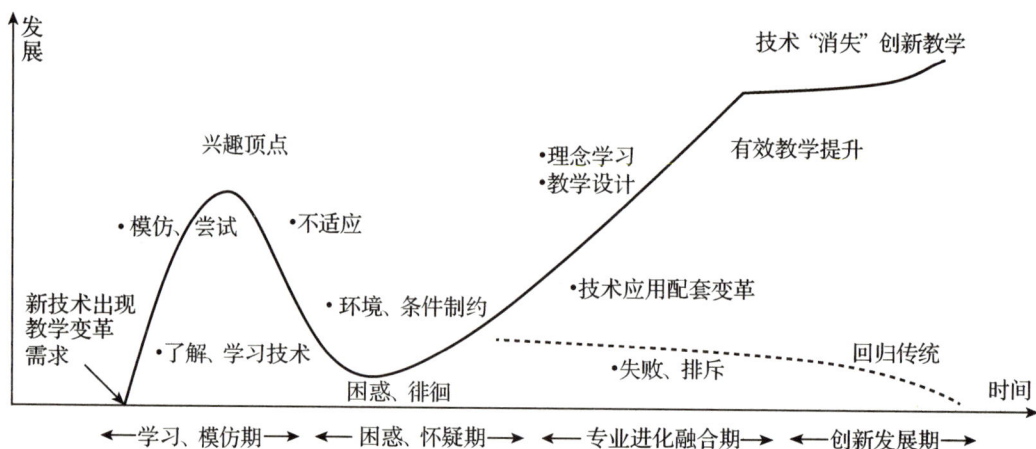

图 2-15　从教育信息生态的角度看教师专业发展历程②

（1）生态突变期的学习、模仿与尝试使用阶段

当社会上有突破性意义的技术出现后，必然会向教育领域慢慢渗透，教育领域也会对其投以密切的关注，并开展广泛的教育应用方面的讨论，当新技术的教学特点与教育领域内部变革需求相一致，能够提升和促进教育内部变革时，人们便会推动技术的革命，欢呼新技术下的教育变革，拥抱新技术时代的来临，人们都把目光投向技术的特性，会掀起技术设备配置的热潮，并以技术为中心，建立华丽的配套设施。这个阶段，教师需要经历学习模仿与尝试使用两个阶段。

学习模仿阶段：这个阶段教师需要体会到技术可能给教育教学方式带来的改变，

---

①　梁文鑫、余胜泉、吴一鸣：《面向信息化的教师专业发展阶段描述与促进策略研究》，载《教师教育研究》，2008(1)。

②　梁文鑫、余胜泉、吴一鸣：《面向信息化的教师专业发展阶段描述与促进策略研究》，载《教师教育研究》，2008(1)。

给学生能力培养带来的改变，让教师认识到技术存在的潜在的对教育教学、学生能力培养以及自身专业发展的优势。通过上节的阐述，教师需要在自身的教学实践中完成自身的专业发展，针对教师专业发展的这一特性，具有情景性的具体案例的呈现相对于理论的阐述，有更加理想的效果。根据笔者参与课题实践中对实验教师开展的多轮培训也证明了这一点，理论上阐述信息技术给教育教学、学生能力发展带来的潜在优势，辅之以具体的案例呈现这些优势。通过这样的措施，使教师在思想与认识上发生转变，开始逐渐接受信息技术在教育教学与管理中的应用。

尝试使用阶段：这个阶段教师需要在具体的教学实践中使用具体的信息技术，体会信息技术给教育教学带来的改变，即教师需要熟悉在教学中可能会用到的各种信息技术工具的使用，如课件演示工具、教学资源查找工具、教学资源集成工具，等等。这个阶段教师将面对心理上的波动，角色的调整与技术的使用对于多数教师而言意味着精力上的投入与时间上的付出，很多教师会在这个阶段出现转折。通过信息技术在教学过程中的应用，获得成功的体验，进而决定继续应用，或者放弃应用，因此这个阶段需要对教师进行心理与技术上的支持，帮助教师度过心理与能力上的困难期。这个阶段需要对教师对技术工具的使用开展具有针对性与可操作性的培训与具体应用的策略培训。通过培训，教师能够真正体验在教学过程中应用信息技术来改善教育教学的过程。因此，在这个阶段信息技术的使用培训、整合策略的培训(整合策略也因学科而异)以及对教师在心理上与技术上的支持对于信息化背景下的教师专业发展显得尤为重要，换言之，教师在这个阶段的发展外部促进与推动力量显得更为重要。所以，作为教师培训机构、进修机构或者学校自身，对教师的专业发展要有个整体规划，在这个时期应该做好教师的培训工作，并且要适当给予教师心理上的支持。

(2)生态进化期的困惑、怀疑阶段

新技术进入教育后，经过短暂的新鲜期后，技术要开始进入教育管理与教学等具体的业务中。这需要教师在教育思想、教育观念、教学模式与教学方法等方面产生一系列深层次的转变。需要教师具备一定的信息技能，不断克服旧有教学模式和教学方式的影响，在持续的学习、实践、反思、再学习的过程中来逐步提升自己，这需要花费大量的时间和精力，也给教师带来额外的工作量，教师会逐渐感受到技术介入所带来的各种不适应和方方面面的心理压力。并且，刚开始对技术投入过多，必然会减少其他方面的投入，这就形成了新的技术与原有生态物种共同竞争资源的局面，或者是新技术和其他教学活动竞争注意力资源时，就可能引起负面影响；再加上传统教学模式的习惯惯性，新技术在教学中的应用也会遇到重重阻力。另外，教育行业的效益，是长时效益，不可能在短期产生效益，大众普遍高期望值的心理与新技术带来的现实微弱效应，形成了巨大的反差，初期的新鲜感过后，大家开始普遍对技术失去兴趣，各种抱怨、各种责难、各种不信任纷至沓来，怀疑论会甚嚣尘上，学校领导的支持力度和关注程度也有所下降，这势必会影响到教师对运用新技术的认可度以及对外来各种资源的配合度。新技术进入教育面临痛苦的基因裂变，进入到持续性系统变革的进化期。如果这个冲突没有得到妥善的解决，教师就会选择回归，重新退回到以前自己熟悉和更能胜任的传统教学中。[①]

这一时期将成为教师在信息化大环境下专业发展的一个转折点。教师在尝试应用新技术后所产生的困惑与怀疑使教师或者无法接受技术带来的种种改变而最终放弃对技术的应用，回归到传统模式的教学，或者在尝试的过程中意识到技术的种种优势，接受技术给教学带来的教学模式、教学策略上的改变从而推动自身的信息化专业发展向下一个阶段进发。

（3）生态融合期的确定应用阶段

如果教师在困惑阶段，由外来研究人员（如教研员、大学研究工作者或者有经验的同事）能给教师持续提供技术、理论和心理方面的支持，同时和学校领导保持良好的反馈和沟通，帮助教师及时发现和解决信息技术给原有的信息生态系统带来的各种问题和冲突。这样，随着各种冲突和问题的出现和解决，教师的理解深度和应用水平都在提高，信息技术优化课堂教学的效果也开始逐渐显现出来，这都会让教师感受到课题研究带来的成就感和满足感。反过来，这又进一步重新激发了教师参与研究的热情和投入度，教师对整合的认识又重新得到了提高，逐渐走入了专业发展的生态融合期。

生态融合期，不再是模式适应新技术、为使用技术而改变，而是技术为教学实践、管理实践服务，整个教育生态在新技术的环境下，进行系统的整合，管理模式、教学模式在新技术的环境下进行了优化变革，实现了组织流程的优化。

教师是整合技术与学校教育的决定因素。拥有着是否在教室中应用技术，应用哪些技术以及怎样应用技术的决定权，同时，教师也有判断学生是否获得了信息技术所带来的潜在功效的职责。部分接受了技术所带来的改变的教师在多次尝试应用后进入生态融合期，发展的动力逐渐由外部力量转化为内部力量促动下的发展。作为变革的核心力量，教师会逐渐适应自己在教学过程中的新角色，适应新的教学模式与策略的调整，教师在教育教学过程中使用各种适宜的策略（所以在尝试使用阶段教师需要对技术参与环境下的教学模式、教学策略、技术使用有相应的理解和认识）开展组织教学，如能够根据教学大纲、教学内容合理准确地搜集、使用相关资源来促进学生的学习。这个阶段，合适的资源与恰当的信息技术工具对教师顺利开展整合工作也很有必要。教师在这个阶段将从实践层面上深入地认识与体会信息技术与课程整合的模式和策略，并结合自己的教学提出自己在整合过程中遇到的一些问题。这些问题也是推动教师向下一个阶段提升的关键所在，所以这个阶段教师的自我反思能力以及在反思基础上的

[①] 余胜泉：《教育信息化生态观与新技术教育应用的科学发展》，载《基础教育参考》. 2006(9)。

进一步的理论与技术学习对教师向下一个阶段的发展有着非常关键的作用。因此，这个阶段需要在教师中间开展有效的交流、讨论，在交流中促进教师有效的反思，同时给予教师更多的机会参加进一步的理论与技术学习。

（4）生态平衡期的创新应用阶段

随着运用信息技术革新教学的深入开展，教师逐渐适应了信息技术所带来的变化和不适应感。新的信息生态系统的平衡开始慢慢建立，和前面阶段相比，教师对整合的认识始终能维持一个相对较高的水平，也就进入了生态平衡期的创新应用阶段。在教学上，这一阶段体现为教师逐渐熟练掌握了适应其阶段发展和适合其信息生态系统生存的某种信息技术与课程整合的教学模式和策略。在外来研究人员的帮助下，教师将模式加以总结提炼，让更多教师来学习和借鉴，并带动整个学校的信息化发展。

这个阶段，新技术就像黑板、粉笔一样，是不再需要强调的东西，而是一个很自然的存在，它以业务方向为主导，不以技术为主导。新技术全面消融在教育组织中后，教育生态会取得新的平衡，整个教育信息生态表现出与以前不同的特性。表现在实践层面上，那就是教育管理或教学改革的成功、教育质量的提升，以及学生和教师生命价值得以彰显。

在生态平衡期，教师将焦点从技术转移到教学上来，教师自定步调的教学变得很普遍，能意识到新的技术、方法给教学带来的优势，形成了自己对信息技术与课程整合的认识与基本的能力。在心理上，教师能够完全接受信息技术在教育教学中应用的基本理念、方法、模式，能根据教学的实际情况自主设计、整合与制作教学资源，并根据学生的实际能力有针对性地选择适当的技术，设计出符合教学目标的模式，开展有效的整合。在这个阶段，教师的研究能力开始影响教师在教育教学过程中对信息技术的有效应用。在确定应用阶段，教师所面临的问题需要教师在具体的教学过程中得到有效的解决，才能够充分地挖掘信息技术在教育教学过程中的作用，并达到有效的应用。因此，这个阶段教师的研究意识、研究方法与研究能力的培养变得至关重要。教师需要明确自己遇到的问题，能够采用相应的研究工具与教师同伴或者研究者合作来解决问题，并在研究的基础上提出有效的解决策略。

总的来说，教师的专业发展是一个持续变化的动态发展历程。教师需要不断地提升或注入新的知识、技能和态度，精进自己的教学知能，才能够与时俱进，培养出能够适应社会急速发展的人才。随着信息科技的急速发展和普及，利用互联网和多种信息技术作为教学工具，已经成为不可或缺的一环。外国研究亦指出，信息科技能为教师创造更丰富、更贴近新时代的学习环境，多元地配合不同的教学需要，更快速地传递知识，以及增加教师和学生之间的互动。通过研究教师专业发展的典型阶段及有关规律，有助于研究者们更有针对性地帮助教师完成从新手教师到成熟教师的过渡。

2.6.3 本节小结

推进教师专业发展是一项需要持之以恒的艰苦事业，更是一个循序渐进、潜移默化的漫长过程。教师的专业化发展也是适应当前以及未来知识经济型社会所必要的。提高教师的专业化水平、夯实我国基础教育、促进我国教育的可持续发展，能达到发展教育的最终目标。本节梳理了国内外教师专业发展的历程，希望能对提出能够促进我国教师专业发展转变的对策具有重要的启示性意义。

本章小结

高质、高效的教师非正式学习对教师专业发展起着举足轻重的作用。对教师非正式学习进行深入的探讨与研究，有助于提高教师非正式学习的实践效果，进而提高教师发展水平，最终保证教育发展的质量。群体动力学理论致力于个体在群体中的行为和群体行为的研究。教师可依据群体动力学的规律与原则进行相关群体活动的组织与管理，进而将教师群体作用最大化。自我调节与自我管理在教师的专业发展中具有重要意义，教师的自我调节学习如同学生的自我调节学习一样受很多因素影响，如学习目标、自我效能感和自我调节学习的策略等。本章介绍了众多影响教师专业发展的理论、对教师专业发展历程和阶段的深入研究，有助于我们更好地了解教师的特点和需求，从而更有效地促进教师的专业发展。

总结

Aa 关键术语

非正式学习	群体动力学	知识建构	自我调节学习
Informal Learning	Group Dynamics	Knowledge Building	Self-regulated Academic Learning

章节链接

"第三节在线学习与混合学习"所涉及的更多有关教师学习形态的知识，请参阅"第五章在线学习与混合式学习"。

"第四节知识建构理论"所涉及的更多教学与学习设计内容，请参阅"第六章交流与协作"。

"第五节自我调节与自我管理"所涉及的更多内容，请参阅"第七章自我调节与自我管理"。

"第六节教师专业发展的典型阶段与规律"所涉及的信息化环境下教师的能力素养，请参阅"第三章信息时代教师能力素养典型框架"。

应用＞

🖊 批判性思考

信息化背景下的教师专业发展呈现出了与传统教师专业发展不同的形态与内容，用于指导教师专业发展的相关理论也有了进一步的发展。理论与实践相辅相成、理论指导实践、实践升华改进理论，如何有的放矢地运用理论指导教师专业发展？信息化背景下教师专业发展的阶段与历程还有待进一步的研究，结合经验，说一说自己的看法。

✏ 体验练习

1. 简述教师非正式学习的实践形式有哪些？
2. 简述知识建构的内涵。
3. 如何在混合式学习思想的指导下，设计一门课程？
4. 简述信息化背景下教师专业发展的阶段与历程。

拓展＞

☕ 补充读物

《教师专业发展理论研究》　朱旭东著　北京师范大学出版社

本书以系统完整介绍国外教师专业发展理论为宗旨，兼及探讨国内现实问题背景，并介绍了我国学者在相关问题上对国外研究的呼应。主要从教师专业发展理论的历史发展、理论基础以及理论构成三个维度出发，按照横向和纵向两个结构向度来介绍教师专业发展理论，并选择教师信念、教师情感、教师知识、教师能力、教师教学专长、教师学习、教师反思等理论展开阐述。在学习教师专业发展相关章节时，读者可进一步阅读《教师专业发展理论研究》一书。

《教师角色与教师发展新探》　叶澜著　教育科学出版社

本书共分五部分："导论"包括对教师职业内在价值的认识和新世纪专

业形象的总体概述；"教师德性论"从追问"教师德性是什么"入手，论述了教师德性的核心构成以及养成；"教师审美论"由教师职业美的产生、表现和价值三部分构成；"教师发展论"则通过对教师专业发展研究的历史梳理，对"自我更新"取向教师专业发展的基本特征、发展过程和机制进行了探讨；"结语"以《面向 21 世纪新基础教育探索性研究》课题所提供的经验为依托，对教师如何实现发展进行了深入的阐述。在学习教师专业发展相关章节时，读者可进一步阅读《教师角色与教师发展新探》一书。

在线学习资源＞

中国教师研修网：http：//www.yanxiu.com/

全国中小学教师继续教育网：http：//www.teacher.com.cn/

第 3 章

信息时代教师能力素养典型框架

本章概要

　　在当前的信息时代中，各个国家不断通过信息技术与教育的深度融合推进教育改革和发展。教师专业发展作为教育改革的重要一环，越来越受到重视。在一系列战略规划与政策的指导下，教师能力素养框架应运而生。本章将重点介绍联合国教科文组织《ICT-CFT》框架、面向教师的美国国家教育技术标准、IBSTPI 教师能力标准及英国教师领导力培训、TPACK 能力框架、中国中小学教师信息技术应用能力提升相关政策及标准。

🔍 结构图

```
                              ┌─ 《ICT–CFT》框架的制定背景和发展
                              │
            联合国教科文组织    ├─ 《ICT–CFT》框架模型及三大教学方式
            《ICT–CFT》框架    │
                              ├─ 《ICT–CFT》框架的应用案例
                              │
                              └─ 《ICT–CFT》框架的启示

                              ┌─ ISTE技术标准的发展
                              │
                              ├─ 面向教师的美国国家教育技术
            面向教师的美国     │   标准和绩效指标（NETS–T 2008）
            国家教育技术标准    ├─ 对NETS–T 2008的分析及其启示
                              │
                              ├─ 2017版 ISTE教育者标准
                              │
                              └─ NISTE–E 2017与NETS–T 2000、
                                  NETS–T 2008的对比

                              ┌─ IBSTPI教师能力标准的发展
                              │
                              ├─ IBSTPI教师能力标准的指标
            IBSTPI教师能力     │
            标准及英国领导力    ├─ IBSTPI教师能力标准的分析
            培训               │
                              ├─ IBSTPI教师能力标准的特点及启示
                              │
                              └─ 英国高等教育领导力基金会

                              ┌─ TPACK概念的演变
                              │
            TPACK能力框架      ├─ TPACK能力框架的内涵及特征
                              │
                              ├─ 对TPACK能力框架的分析
                              │
                              └─ TPACK能力框架的启示
```

信息时代教师能力素养典型框架

```
            中国中小学教师      ┌─ 《中小学教师教育技术能力标准（试行）》的制定背景及过程
            信息技术应用能力    │
            相关标准           ├─ 《中小学教师教育技术能力标准（试行）》的体系结构与基本内容
                              │
                              ├─ 《中小学教师教育技术能力标准（试行）》的具体绩效指标
                              │
                              ├─ 《中小学教师信息技术应用能力标准（试行）》的制定背景
                              │
                              ├─ 《中小学教师信息技术应用能力标准（试行）》的具体指标
                              │
                              ├─ 《中小学教师信息技术应用能力标准（试行）》的不同教学情境
                              │
                              ├─ 基于《中小学教师信息技术应用能力标准（试行）》的中小学
                              │   教师信息技术应用能力的现状分析
                              │
                              └─ 全国中小学教师信息技术应用能力提升工程2.0
```

1. 了解联合国教科文组织《ICT-CFT》框架
2. 了解面向教师的美国国家教育技术标准。
3. 了解 IBSTPI 教师能力标准及英国领导力培训。
4. 掌握 TPACK 能力框架。
5. 掌握中国中小学教师信息技术应用能力提升相关政策及标准。

学习
目标

读前
反思

信息时代教师需要掌握哪些能力呢？

3.1
联合国教科文组织《ICT-CFT》框架

联合国教科文组织认为，教育是每一个国家或地区的核心功能，教育需要体现出社会的核心价值并传承文化遗产，能够支持青少年和成人的个人发展，促进民主进程的发展，促进跨文化交际，改善健康与生存状况，支持当地经济发展等。

因此，随着现代社会信息技术的发展，学生需要拥有收集信息、处理信息、整合信息、表征信息以及用信息创造性地解决问题的知识和能力。这对教师就提出了很高的要求，即教师首先应该具备这些知识和技能。为此，联合国教科文组织针对教师发布了《教师信息与通信技术能力框架》（UNESCO ICT Competency Framework for Teachers，以下简称《ICT-CFT》框架）。

本节将从《ICT-CFT》框架的制定背景和发展、框架具体内容、对框架的分析等方面进行具体解读。

3.1.1 《ICT-CFT》框架的制定背景和发展

早在 2007 年，联合国教科文组织亚太地区教育局局长谢尔顿·舒佛提出了如下的愿景：

到 2008 年，通过整合亚太地区所有国家职前教师培训机构的培训，所有的区域会员国都将能为教师提供关于如何以及何时最佳利用技术促进教学的教育。学习者将直接受益于这新一代受过良好教育的教师，这些教师能够使用技术并促进学习者积极参与学习，促进知识社会的发展，促进经济的发展。

2007 年，在该愿景的指导下，联合国教科文组织与各大跨国公司以及美国的国际教育技术协会（ISTE）合作，开展了面向下一代的教师计划（The Next Generation of Teachers Project，以下简称"下一代计划"）。

"下一代计划"旨在使亚太地区的新一代教学教师充分利用 ICT 的优势来加强教学和学习。通过该项计划，各地区教师教育机构中的受训教师将学习利用 ICT 的各种教学方法，将从 ICT 中获得的好处引入课堂，从而提高教育质量，并达到所需的灵活性。

"下一代计划"总共分为以下四个主要阶段。

第一阶段：建立和启动"下一代计划"。

第二阶段：为参与的教师教育机构评估情况和需求。

第三阶段：为教师教育机构设计、开发和实施一系列干预措施。

第四阶段：评估和分享实施阶段的成功案例和问题。

紧接着，在 2008 年 1 月伦敦召开的青年人才交流会上，联合国教科文组织面向 100 多个国家的教育部部长和媒体发布了联合国教科文组织《教师信息和通信技术能力标准》（UNESCO ICT Competency Standards for Teachers，以下简称《ICT-CST》标准）。《ICT-CST》标准包含了框架政策、能力框架模块、实施细则三个小册子。框架政策解释了项目的缘起、结构和方案；能力框架模块解释了如何根据教育发展的三个阶段和教师工作的六个方面，创建一个具有 18 个教师能力模块的框架；实施细则对每个模块进行了详细的说明。

经过三年多的应用以及世界范围内的学科专家和用户的反馈，2011 年 11 月，联合国教科文组织在第 36 届大会上发布了《ICT-CFT》框架。该框架作为联合国教科文组织《教师信息与通信技术能力框架》的第二版，在继承 2008 版《ICT-CST》标准的基础上，又在题目、框架结构与内容等方面有所修订和发展。该框架相较于之前的《ICT-CST》体现了一定的灵活性，更加符合联合国教科文组织建立该项目的出发点和各国的特点，使得各国、各地区在使用时根据实际情况进行本土化与修订，具有更强的指导意义和实践价值。

《ICT-CFT》框架自颁布后被翻译成了汉语、阿拉伯语、法语、俄语等多种语言。受联合国教科文组织的委托，北京师范大学现代教育技术研究所承担了 2011 版《ICT-CFT》框架的翻译（图 3-1）及在中国应用该框架的研讨工作。

2016 年，联合国教科文组织对《ICT-CFT》框架在全球的应用情况进行了审查。审查发现，2008—2016 年，《ICT-CFT》框架对于各国制定 ICT 促进教育的政策、制定与 ICT 融入教育有关的教师标准、制定国家评估教师 ICT 能力水平和分析培训举措的标准以及教师专业发展课程的设计等方面均有正向影响。基于全世界用户对于《ICT-CFT》框架的用户友好性、提出的 18 种能力的相关性和适切性的反馈，联系信息和通信技术领域和教育的新发展，联合国教科文组织对 2011 年提出的第二版《ICT-CFT》框架进行了修改，于 2018 年发布了第三版《ICT-CFT》框架（图 3-2）。与第二版框架相比，这一版本对"2030 年可持续发展议程"做出了回应。此外，还纳入了"开放教育资源""全纳教育"以及信息技术方面的创新如物联网、AR/VR 和大数据等。

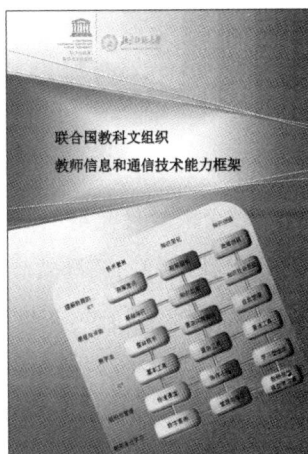

图 3-1 由北京师范大学现代教育技术研究所翻译的 **2011 年版《ICT-CFT》框架**

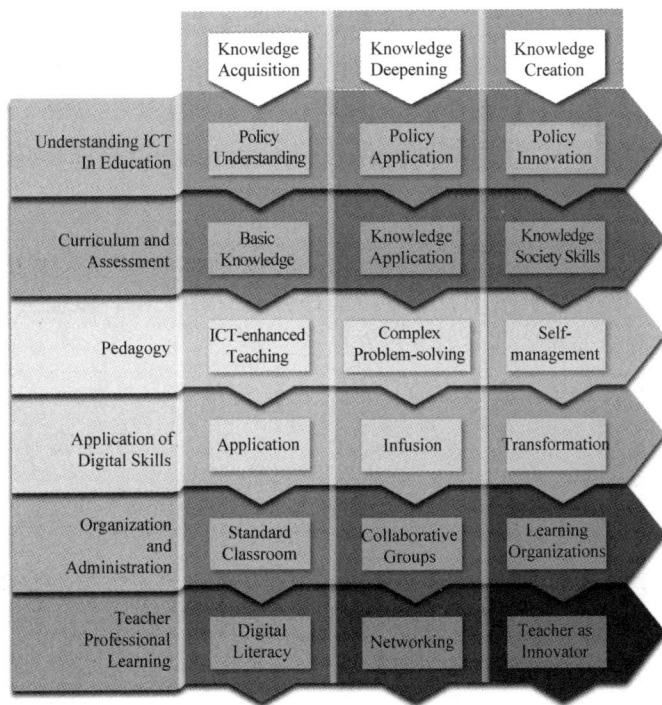

图 3-2 联合国教科文组织颁布的 **2018 年版《ICT-CFT》框架**

3.1.2 《ICT-CFT》框架模型及三大教学方式

3.1.2.1 《ICT-CFT》框架模型概述

联合国教科文组织认为，现代社会越来越依靠信息和知识，所以需要建立一个具备 ICT 技能的团队来处理信息，团队成员要会反思、有创造力，善于解决问题并能形成知识体系；使公民获得更广泛的知识和资源，这样他们能够有效地管理自己的生活，并能过上充实且满足的生活；鼓励所有公民充分参与社会生活，并对那些影响他们生活的决策产生影响力；培养跨文化的理解力以及和平解决冲突的能力。

为了实现以上四个目标，教师需要武装自己。所以，联合国教科文组织与行业领袖、国际学科专家共同合作，创建了一个国际标准，即《ICT-CFT》框架，详细地、准确地描述了教师运用 ICT 进行有效教学所应具备的能力。

《ICT-CFT》框架强调，教师仅具备 ICT 能力并把它们教给学生是远远不够的。在学生使用 ICT 学习时，教师应帮助学生发展协作能力、问题解决能力和创造力。这样，学生才能成为未来社会的合格公民和优秀人才。鉴于此，框架聚焦在教师工作的六个主要方面，即理解教育中的 ICT、课程与评估、教学法、数学技术的应用、组织与管理、教师专业学习，并描述教师的能力指标。

《ICT-CFT》框架设计了三种不同的教学方式（即教师发展的三个连续阶段），分别是知识获取、知识深化和知识创造。

第一阶段为知识获取。教师在这一阶段获取使用 ICT 的相关知识，了解在课堂上使用 ICT 的好处，能够为特定的教学方法选择合适的 ICT 工具以促进学生的学习并能使用 ICT 开展终身学习和进一步的专业发展。

第二阶段为知识深化。教师在这一阶段已经获得了 ICT 能力，并能够合理应用 ICT 工具，创建以学生为中心、协作学习的学习环境，促进学生高阶思维和问题解决能力的发展。此外，教师可以连接到国家和全球教师网络进一步学习。

第三阶段为知识创造。教师在这一阶段能够灵活使用各种 ICT 工具建立一个以学生为中心的协作学习社区，鼓励、引导、支持学生在社区中创造和谐的、充实的、繁荣的社会所需的新知识。

基于上述六个教师工作的焦点领域和教师发展的三个阶段的教学方式，《ICT-CFT》框架建构了包含 18 个模块的教师能力体系（见表 3-1），并对各个模块中的课程目标、教师能力、教师应该达到的目标、方法样例等内容进行了详细描述。

表 3-1　联合国教科文组织教师信息和通信技术能力框架

	知识获取	知识深化	知识创造
理解教育中的 ICT	政策理解	政策应用	政策创新
课程与评估	基础知识	知识应用	知识社会技能
教学法	ICT 增强教学	复杂问题解决	自我管理
数字技能的应用	应用	灌输	转型
组织与管理	标准课堂	小组协作	学习型组织
教师专业学习	数字素养	专业人际关系网络	教师作为创新者

此外,《ICT-CFT》框架还从范围说明,任务要素,外围规范,任务频度、重要性、难度以及发生率,任务触发,使用的工具,最佳实践,障碍,严重错误,成功标准等方面,对技术素养和知识深化两大方式下的学习任务、考试目标等进行了详细描述。

3.1.2.2　《ICT-CFT》框架中三大教学方式及目标

《ICT-CFT》框架将一个国家及地区的经济形态、社会发展等与教育形式结合在一起,提出了三大教学方式——知识获取、知识深化、知识创造。

这些方式代表着在教育中使用 ICT 的不同阶段,下面将分别说明政策目标、课程教学形式、教师的能力要求。

1. 知识获取

知识获取方式的目标是使教师能够支持不同能力、年龄、性别、社会文化和语言背景的学生使用信息通信技术,从而成为有效的学习者和产出丰富的社会成员。教师应了解国家发展目标以及这些目标如何与教育相对应,以及它们在实现这些目标中的作用。

在这种方式中,理想情况下,教师应获得基本的数字素养技能和知识,用来支持相关的课程背景。这将需要在传统课程中留出时间,以便将一系列相关的生产力工具和技术资源纳入其中。教学实践的变化涉及使用各种数字工具和数字内容作为全班、小组和个人学习活动的一部分。

教师实践的变化包括知道何时何地(以及何时不)应该将技术用于课堂活动和演示、管理任务以及获取额外的主题和教学知识,从而支持教师的专业学习。

2. 知识深化

知识深化方式的目标是提高人们的能力,使其将学校所学知识用于解决真实世界工作、社会和生活环境中复杂且极为重要的问题，从而为社会和经济增加价值。这些问题可能涉及环境、食品安全、健康、冲突解决等诸多方面。

在使用这种方式时，教师应该理解政策目标和社会优先事项，并能够识别、设计和使用具体的课堂活动以达成目标和相关事项。这种方式通常需要改革课程，强调对内容和评价的深度理解，强调在真实世界对问题理解基础上的应用。与之相关的评价则关注复杂的问题和学习活动中的评价。在知识深化方式下，相关的教学法应为以问题和项目为基础的协作学习，教学以学生为中心，学生通过深入探索主题，用所学知识有针对性地解决复杂的、日常的事项和问题，而教师的角色是建构学习任务、指导学生理解、支持学生开展合作项目。在此期间，教师要帮助学生创设、实施和监测各种项目计划和项目解决方案，学生也将有更多的时间开展小组合作式的学习，课程和课堂结构也更具活力。在引导学生理解关键概念时，教师可以采用专门针对相应学科领域的开放式 ICT 工具，如科学的可视化工具(仿真实验室)、数学中的数据分析工具、社会研究中的模拟角色扮演等。

在这种方式下，教师应该具备开展如下工作的能力：管理信息、构建问题任务、将开放式软件工具和具体学科应用程序整合到以学生为中心的教学方法和协作学习项目中，以支持学生对关键概念的深层次理解，并应用相关概念解决复杂的、真实世界的问题。为了支持协作项目，教师应该使用互联网和基于网络的资源帮助学生协作和获取信息，还可以与外部专家交流来分析、解决他们选定的问题。教师应使用信息和通信技术来创建和监测个体和群组学生的项目计划，获取信息并与专家交流，并能够与其他教师合作，促进自身的专业发展。

3. 知识创造

知识创造方式的目标是通过让人们持续地投入到知识创新、发明创造和终身学习中，并从中获益，从而提高生产力。

在这种方式中，教师不仅能够设计可推进这些政策目标的课堂活动，还能够参与制订学校中有同等效果的各种计划。在这种方式中，课程设置超越了以往仅对知识和学科教学的关注，明确包含了创造新知识所需要的技能。这些技能涉及解决问题、交流、协作、实验、批判性思考、创造性表达。其实，这些能力已经成为当前课程目标的重要环节，而且也是新评价方法的对象。也许，最有意义的目标是让学生能够创建他们自己的学习目标和计划——确定他们已经知道的、评估自身的优势与劣势、制定学习规划、执行学习任务、追踪进展情况、追求成功和调整失败——这些都是他们能够在学习型社会中受用一生的技能。而教师的职责则是有意识地建构这些过程，构筑学生使用这些技能的情境，并在学生获取技能的过程中帮助他们。比如，教师可以在课堂上创建一个学习社区，让学生能在其中持续专注于增强自身和他人的学习技能。事实上，此时的学校已转型为学习型组织，其中所有的成员都已经参与到了学习中。从这个角度看，教师可以被视作模型学习者和知识创造者，与其同事和外部专家合作，不断地参与教育实验和创新，以创造关于学习和教学的新知识。各种网络设备、数字化资源和数字化环境也在这个组织里被创建，支持社区中的知识产出和随时随地的协作学习。

胜任知识创造方式的教师应该能够设计基于 ICT 的学习资源和学习环境，能够使用 ICT 培养学生的知识创造和批判性思维技能，支持学生持续的反思型学习，为学生和同事创建知识社区。同时，这些教师还将在同事中发挥领导作用，建立和执行一个关于学校的远景——以创新和持续学习为基础，并因信息和通信技术而更加丰富多彩的知识社区。

3.1.2.3　《ICT-CFT》框架对教师能力体系的具体描述

如前文对《ICT-CFT》框架的概述和对三大教学方式的阐释所述，知识获取、知识深化、知识创造三大教学方式构成了一级框架，理解教育中的 ICT、课程与评估、教学法、数字技能的应用、组织与管理、教师专业学习这六个教师工作的焦点领域构成了二级框架，从而形成了 18 个模块的教师能力体系。《ICT-CFT》框架对这 18 个模块，从课程目标、教师能力、教师应达到的目标、方法样例方面进行了详细的描述，下面将对前三项分别进行详细的说明。

1. 课程目标

提取 18 个模块下的课程目标，可以得到《ICT-CFT》框架对三大教育方式下课程目标的整体要求和描述，如表 3-2 所示。

表 3-2　《ICT-CFT》框架下三大教学方式的课程目标

	知识获取	知识深化	知识创造
理解教育中的 ICT	政策理解：教师将政策与课堂实践联系起来。	政策应用：教师设计出贯彻国家政策和解决社会迫切问题的课堂实践。	政策创新：教师和学校的工作人员积极参与教育改革政策的不断演化。
课程与评估	基础知识：教师基本了解将一系列相关的 ICT 资源和工具整合进任何学科以支持教学和评估的潜在益处。	知识应用：教师支持学生运用课堂知识，发表看法，提出解决方案以解决现实问题和社会迫切问题。	知识社会技能：课堂不仅仅关注学校科目的知识，还明确包括知识社会技能，如问题解决、沟通、协作和批判性思维。教师支持学生确定自己的学习目标和学习计划。评估本身就是这个过程中的一部分，学生必须能够对自己和他人的作品进行评价。

续表

	知识获取	知识深化	知识创造
教学法	ICT增强教学：教师整合技术、工具和数字内容以支持教学。	解决复杂问题：在基于项目的协作式学习中，学生深入探索某一学科的知识并将知识应用于复杂的、日常生活的问题中。	自我管理：学生在一个学习型社会中学习，他们不断参与创建知识，构建自身与他人的知识和技能。
数字技能的应用	应用：教师在"安全使用"的框架内使用计算机、移动设备、可访问的软件和网络进行教学和管理。	灌输：教师使用开源的技术工具来理解和教授关键概念。	转型：教师和学生使用各种网络设备、数字资源和电子环境来促成和支持知识创造以及随时随地的协作学习。
组织与管理	标准课堂：教师对课堂或实验室的空间位置做一些有用的和适当的调整，以便将ICT整合进课堂，促进全纳学习环境的形成。	小组协作：课程周期和课堂结构更为动态，教师促进学生的小组协作和数字资源的使用。	学习型组织：学校转型成学习型组织，所有行为者都参与到学习进程中来。
教师专业学习	数字素养：教师发展数字素养并使用ICT来促进职业发展。	专业人际关系网络：教师使用ICT获取资源并发展专业人际关系网络。	教师作为创新者：教师本身就是知识生产者，他们参与创新，进而创造关于学习和教学实践的新知识。

2. 教师能力

提取三大教育方式下的教师能力部分并对其进行整合，可以得到《ICT-CFT》框架中对教师能力的整体要求，如表3-3所示。

表3-3 《ICT-CFT》框架下三大教学方式的教师能力整体描述

	知识获取	知识深化	知识创造
理解教育政策中的ICT	能够阐明他们的教学实践如何与机构和（或）国家的政策保持一致并予以支持。	能够设计、修改和实施支持机构和（或）国家政策、国际承诺（如联合国公约）和社会迫切需求的课堂实践。	能够对机构和国家教育政策做出评论，并能为政策修订提出意见，设计改进方案以及预测政策实施之后带来的变化。

	知识获取	知识深化	知识创造
课程与评估	能够分析课程标准并确定在教学中如何使用 ICT 以支持课程标准的实现。	能够整合信息通信技术与学科内容、教学和评估过程以及年级水平，创建一个信息通信技术增强学习的环境。在这个环境中，学生在信息通信技术的支持下能够表现出对课程标准要求的知识的掌握程度。	能够在教学实践中最好地整合以学生为中心的学习和协作学习，以确保学生能够在这个过程中掌握涉及多学科的知识。
教学法	能够为特定的教学和学习方法选择合适的 ICT 工具。	能够设计信息和通信技术支持的基于项目的学习活动，并能利用信息通信技术帮助学生创建、实施和监测项目计划，解决复杂问题。	能够在为学生提供一个以学生为中心的和协作的学习环境时，鼓励学生自我管理。
数字技能的应用	能够确定硬件组件和通用软件程序的功能，使用它们。	能够融合各种数字工具和资源，创建一个整合的数字学习环境，以支持学生的高阶思维和解决问题能力的发展。	能够设计知识社区并使用数字工具支持无所不在的学习。
组织与管理	能够组织物理环境以保证技术能够包容地支持不同的学习方法。	灵活使用数字工具，以促进协作学习，管理学生和其他学习合作伙伴，并管理学习过程。	能够发挥领导作用，为学校制定技术战略，将其转变为学习型组织。
教师专业学习	能够使用 ICT 来支持自身的专业发展。	利用技术与专业人际关系网络中的人员互动，支持自身的专业发展。	能够不断开发、实验、指导、创新和分享最佳实践，以确定如何通过技术最好地服务学校。

3. 教师应达到的目标

此外，针对各模块教师能力的整体要求，《ICT-CFT》框架还对教师应达到的具体目标进行了详细的描述，分别针对知识获取、知识深化、知识创造三大方式建构了教师能力目标体系，如表 3-4 所示。

表 3-4 《ICT-CFT》框架中三大教学方式下教师应达到的目标

	知识获取	知识深化	知识创造
理解教育政策中的ICT	KA.1.a.确定如何在课堂教学实践中实施政策。 KA.1.b确定以安全便捷的方式在教育中使用ICT的原则。	KD.1.a在他们自己的教学中，应用政策中阐述的，在教育中应用ICT的原则。分析在实施这些原则的过程中会出现的问题与解决方法。	KC.1.a设计、实施和调整学校层面的教育改革计划。 KC.1.b反思改革政策的影响和潜在影响。 KC.1.c对现有的国家教育改革政策提出改进建议。
课程与评估	KA.2.a将具体的课程标准与特定的软件包和计算机应用程序进行匹配，并描述这些应用程序是如何支持这些标准实现的。 KA.2.b搜索并识别能够支持课程标准的实现的开放教育资源。 KA.2.c选择合适的ICT来支持评估策略的实施。	KD.2.a恰当地使用ICT以达到课程标准。 KD.2.b开发和应用基于知识和行为的评估标准来评估学生对学科关键概念的理解以及技能和方法的掌握程度。 KD.2.c利用ICT支持替代性评估策略的实施，包括个人作品、图形组织者、复习和反思工具以及同伴评估。 KD.2.d调整教育资源以支持当地情况和课程标准。	KC.2.a能够在分析课程标准，同时考虑学生的学习风格、能力和社会语言学技能之后，确定如何为学生提供机会帮助学生掌握社会知识技能和复杂认知技能。 KC.2.b引导学生使用合理的ICT来获得搜索、管理、分析、评估和使用与课程相关的信息的能力。 KC.2.c引导学生选择合适的ICT，来获得推理、规划、反思和知识建构的技能。 KC.2.d帮助学生使用信息与通信技术发展沟通交流和协作的能力。 KC.2.e帮助学生开发评估准则，应用准则测试他们对学科关键知识的理解水平和ICT技能水平。帮助学生使用这些准则评价其他学生。

续表

	知识获取	知识深化	知识创造
教学法	KA.3.a 在教学中选择适当的 ICT 使用方案来支持学生掌握学科知识。 KA.3.b 在课程计划中整合恰当的 ICT 支持的活动来支持学生获得学科知识。 KA.3.c 使用演示软件和数字资源来支持教学。	KD.3.a 描述 ICT 如何支持基于项目的学习。 KD.3.b 确定一个支持项目式学习的真实世界的问题。 KD.3.c 识别和评估用于支持项目式学习的资源。 KD.3.d 设计学习活动让学生参与到推理、协作和真实问题解决的过程中。 KD.3.e 构建描述项目式学习的课程计划和学习活动。 KD.5.f 实施协作的、基于项目的课程计划，并为学生成功完成项目提供指导。	KC.3.a 在教学过程中，向学生明确地示范自身的推理、问题解决和知识创造的过程。 KC.3.b 设计在线材料和活动，使学生参与协作问题解决的研究。 KC.3.c 帮助学生设计项目计划和活动，使他们能够参与协作问题解决的研究或艺术创作。 KC.3.d 帮助学生创建支持他们自身学习和与其他受众互动的数字媒体资源。 KC.3.e 帮助学生反思自己的学习。
数字技能的应用	KA.4.a 描述和演示常用硬件的使用方法。 KA.4.b 使用文字处理软件创建简单的文本文档。 KA.4.c 创建简单的演示文稿。 KA.4.d 创建简单的图形。 KA.4.e 浏览互联网。 KA.4.f 了解网络安全、媒体和信息素养的基本原则。 KA.4.g 使用搜索引擎查找课程资源。 KA.4.h 创建一个电子邮件账户并在日常生活中使用它。 KA.4.i 识别并使用辅导和练习软件来支持学习。 KA.4.j 识别和评估教育软件和网络资源，并将它们与课程标准和学生的需求相匹配。 KA.4.k 使用记录保持软件来保存学生的记录。 KA.4.l 使用通信和协作技术，包括移动技术。 KA.4.m 使用社交网络与更广泛的学习社区交流。 KA.4.n 当技术失败时能够解决 ICT 问题，确保对课程的干扰最小。	KD.4.a 运行适合特定学科领域的软件包，鼓励学生进行高阶思考。 KD.4.b 评估支持特定学科领域的网络资源和网络工具的准确性和实用性。 KD.4.c 使用编辑创作工具设计课程材料 KD.4.d 使用学校管理软件。 KD.4.e 使用数字通信工具支持课堂内外学生的协作。 KD.4.f 使用相互关联的数字设备建立一个由教师和学生组成的社交网络，使他们能够共享数字资源并协作开展课程活动。 KD.4.g 寻找和评估能够支持残疾学生和社会少数群体的数字工具，并确保在提供教育方面实现性别平等。	KC.4.a 创建在线学习环境以支持无处不在的学习。 KC.4.b 使用数字工具支持学生与知识社区成员之间的在线协作。 KC.4.c 使用数字工具跟踪和评估学生对知识社区学习的贡献。 KC.4.d 鼓励学生开发自己的数字工具来支持学习。

	知识获取	知识深化	知识创造
组织与管理	KA.5.a 在学习环境中组织学生和 ICT 来支持教学和学习。 KA.5.b 支持小组和个人（包括不同能力、年龄、性别、社会文化和语言背景的人）在课堂上使用数字设备。 KA.5.c 确定适当的技术，包括移动设备，并与相应的社会安排进行配对，以支持学习目标的实现。明确为什么确定适当技术时会受到性别和能力等因素的影响。 KA.5.d 监控和保护学校环境中的硬件和软件。	KD.5.a 获取、评估和传播数字资源，以支持以学习者为中心的学习活动和社会交互。 KD.5.b 在技术增强学习的环境中管理学生的项目式学习活动。 KD.5.c 获取、评估、组织和传播数字资源，以支持残疾学生的学习。 KD.5.d 为其学科/部门制定 ICT 整合策略。 KD.5.e 建立数字通信机制，以便学校能够向更广泛的学校社区传播信息。	KC.5.a 组织数字知识建设环境以加强教学和学习。 KC.5.b 确定并设置数字规划工具以支持学校的组织和管理。 KC.5.c 能够为实施全校范围的技术整合计划制定战略。 KC.5.d 通过学校沟通渠道促进所有学校利益相关者之间互惠信息的流动。
教师专业学习	KA.6.a 通过获取 ICT 技能来提高工作效率，从而促进专业发展。 KA.6.b 通过使用 ICT 获取学科资源并发现新的教学策略，从而促进学科领域的专业发展。 KA.6.c 识别和管理互联网行为和安全问题。 KA.6.d 建模数字公民的原则 KA.6.e 分析和评估数字教学资源。	KD.6.a 使用 ICT 网络获取和共享支持专业发展目标达成的资源。 KD.6.b 使用 ICT 网络访问外部专家和学习社区，以支持专业发展目标的达成。 KD.6.c 使用专业社交网络获取、分析和评估专业学习机会。	KC.6.a 支持在课程和课堂活动中实施信息通信技术，展示随着信息和通信技术融入课程和课堂活动，他们的学校会变成什么样子。 KC.6.b 通过促进同事之间的持续学习来促进创新。 KC.6.c 持续评估和反思促进创新和改进的专业实践。 KC.6.d 通过专业社区分享和讨论教学方面的最佳实践。 KC.6.e 许可并将其原始教学资源发布为开放教育资源。

4. 小结

通过对上述三个表格的观察可以发现，各模块的教师能力与相应的课程目标有着直接的对应关系，而教师应达到的目标则与教师能力有着紧密的联系。此外，通过对三大教学方式的横向比较可以发现，课程目标、教师能力与教师应达到的具体目标随着在 ICT 在教学中的推进逐渐被提升和被拔高。

　　此外，联合国教科文组织目前已开发出适用于技术素养和知识深化方式的教学大纲和考试规范，其已经成为 2011 年版《ICT-CFT》框架的重要组成部分。《ICT-CFT》框架以上述的教师能力目标体系为基础，从范围说明，任务要素，外围规范，任务频度、重要性、难度以及发生率，任务触发，使用的工具，最佳实践，障碍，严重错误等方面，对具体的学习任务、考试目标等方面进行了详细的描述。同时，框架根据技术素养和知识深化两大方式的不同，从考试方式与内容方面进行了介绍，对教师的培训和考核具有很强的指导意义。

3.1.3　《ICT-CFT》框架的应用案例

　　联合国教科文组织《ICT-CFT》框架已在圭亚那、巴林、俄罗斯等地区有一定的应用和专题会议研讨，促进了相关地区教育改革及教师信息与通信能力的发展。

3.1.3.1　圭亚那

　　2011 年，圭亚那借助《ICT-CFT》框架开发并建设了"圭亚那教师信息与通信技术职业发展战略"。

　　圭亚那当地政府在对教师调研时发现，当地只有不到一半的教师达到了教育部的要求。因此，在意识到 ICT 对教育的巨大潜在作用时，圭亚那教育不打算在教师教育和培训中使用 ICT，同时开展信息技术与教学整合的实践，致力于为职前和职后教师提供高质量的教育，提高教师水平，提升课堂教学质量。鉴于圭亚那教师在信息技术与教学整合方面存在较大差距，圭亚那政府制定了教师 ICT 职业发展战略。该战略以联合国教科文组织《ICT-CFT》框架为指导，对本国职前及职后的教师发展规划进行了开发，提出了培训的具体要求，以及管理者、教师教育工作者、教师、师范生等成功运用 ICT 来支持高质量教学和学习的可理解性框架和学习路径，即"圭亚那教师信息与通信技术职业发展战略"。

　　该战略包括以下三个方面的职业发展内容。

　　1. 修订后的 Cyril Potter 教育学院（CPCE）中的 ICT 内容

　　①两门必修课程。一门向教师介绍信息与通信技术；另一门对教育中的 ICT 进行详细学习，有六个学分。以上课程中的内容主要聚焦于《ICT-CFT》框架中技术素养方面的内容。②致力于第二专业选修的学习，从而使教师精通于信息技术学科教学。③特定学科的 ICT 整合专业化学习（整合到特定学科的课程中，而不作为单独模块进行学习）。

　　2. 修订后的圭亚那大学（UG）项目中的 ICT 内容

　　①另外两门关于在教育中整合 ICT 的必修课程，可获得六个学分，相关内容聚焦

于《ICT-CFT》框架中知识深化方面的内容。②致力于第二专业选修的学习，使教师精通于信息技术学科教学。③特定学科的 ICT 整合专业化学习（整合到已存在的模块中，而不作为单独模块进行学习）。

3. 国家教育资源开发中心（NCERD）计划

①在接下来的五年中，开发一个为期 18 个月的针对学校校长的 ICT 整合模块。该模块将作为独立课程呈现，适用于那些已经学完无 ICT 整合内容的校长。该模块将聚焦于如何在学校管理中使用 ICT。②将 CPCE、UG 中的 ICT 整合模块重新打包成两个独立的课程，提供给已获得教师资格的教师；为已获得教师资格，但又不具备相关能力要求的信息技术学科教师设计独立的课程。③开发两个版本的关于在学校中使用"SuccessMaker"（一款教学软件，帮助中小学生理解和应用核心的阅读和数学概念）的独立短期课程，一门适用于已具备 ICT 素养的教师，一门适用于还不具备 ICT 素养的教师。④为学校中的 ICT 协调者开发专门的短期课程。⑤为学校中的 ICT 维护和支持人员开发课程。

3.1.3.2　俄罗斯

2011 年 12 月 1 日，在巴黎举行 IITE 会议期间，俄语版本的联合国教科文组织《ICT-CFT》框架正式启动，框架旨在帮助国家制定全面的国家教师信息通信技术能力政策和标准，是整体信息通信技术教育总体规划的重要组成部分。

俄语版本的《ICT-CFT》框架是对 2011 年发布的原始版本的更新，并根据全球主题专家和用户的反馈进行了完善，增加了示例教学大纲和技术素养、知识深化的考试规范。

基于此，俄罗斯设立了教师在线培训的门户网站 RUSERE。该门户网站总共为教师提供了三个 MOOC。

1. 学校信息教育空间的电子教科书

课程目标：获得教师在信息教育空间活动所需的新的专业能力，教师在课程中使用电子书并形成技能。

2. 教师的新信息与通信技术能力

课程目标：在教学实践中以信息与通信技术资源为基础，形成教师整合学习技术的所有准备的整体。

3. 在开放平台 Open edX 上的面具构造

课程目标：培训教师为学生设计关于课程主题的开放式培训在线模块。完成培训后，教师在开放平台 Open edX 上创建版权在线课程，并为学生提供远程开发关于主题课程的附加模块的机会。

3.1.4　《ICT-CFT》框架的启示

3.1.4.1　从经济和社会发展的角度构建教育的目标与方向

《ICT-CFT》框架将教育发展目标和方向与国家、地区的经济模式、社会发展模式等相结合，提出了知识获取、知识深化、知识创造三大教学方式。

知识获取这一教学方式对应着传统的经济模式，需要学习者掌握更多的技术以操控复杂的生产设备。知识深化、知识创造对应着增加公民产生的经济价值的经济模式，教育和人类能力发展使个体能够为经济体增加价值，通过参与社会讨论，为社会文化的传承做出贡献，人人都应接受高质量的教育，可以公平地分享和享受经济增长带来的益处。

3.1.4.2　从系统的角度促进教育变革及教师发展

《ICT-CFT》框架从三个一级指标和六个二级指标出发，详细描述了不同方式下教师的能力体系，有助于不同国家和地区根据自身特点制定长期的发展路径，具有系统性。如图 3-3 所示，一个国家可以利用其在教师培训与教学法上的优势，来改进课程、评价和学校组织。

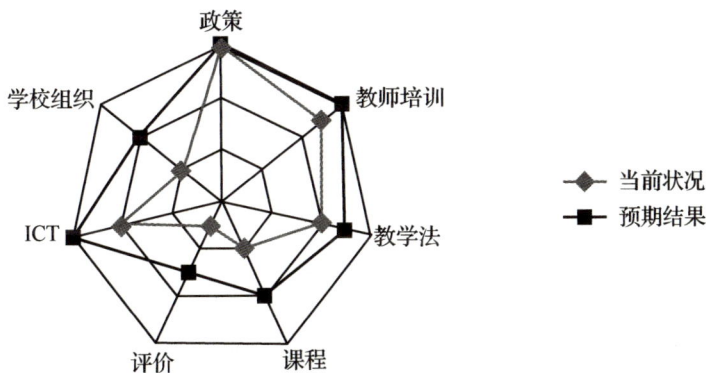

图 3-3　《ICT-CFT》框架发展案例

在促进教育变革和教师发展的过程中，应当采取面向过程的、系统的观点，使得诸如政策、环境、教学应用、教学评价、教师培训等方面能够同步发展，实现从一个阶段向另一个阶段的稳步过渡。

3.1.4.3　从教师发展阶段的角度有针对性地开展教师培训

《ICT-CFT》框架中的三大教学方式对应着教师发展的三个典型阶段。在不同的发展阶段，教师需要达到的目标、应该具有的能力也不尽相同，所以教师对培训的内容、培训的方式也有不同的需求。国内学者余胜泉等从生态学视角描述了教师利用信息技术开展教学的不同阶段，如前文所述。

因此，根据不同教师的性格特点、学习风格、发展阶段，进行有针对性的、个性化的指导和培训，对教师的专业发展大有裨益。

3.1.5　本节小结

联合国教科文组织 2018 年版《ICT-CFT》框架对不同经济形态、不同社会背景的国家和地区的教育发展和教师专业发展提供了启示和帮助，不同的国家和地区可以根据此框架制定长期政策和战略，也可以根据框架规划短期的教师教育与培训。《ICT-CFT》框架作为国际标准和规范，各国、各地区在使用该框架时，可根据各自的具体情况进行本土化的调整、细化和修改。

3.2
面向教师的美国国家教育技术标准

学习目标

1. 了解美国国家教育技术教师能力标准的发展。
2. 知道美国国家教育技术教师能力标准的绩效指标。
3. 理解美国国家教育技术教师能力标准对教学实践的意义。

在美国政府的支持下，教师教育技术的系统培训在 20 世纪 90 年代就开始了。许多美国的教育组织、教师培训专家、教育技术专家积极从事这项工作。其中，美国国际教育技术协会(International Society for Technology in Education，ISTE)为教师、管理人员、学生分别制定了美国国家教育技术标准(National Educational Technology Standards，NETS)，并提供了大量优秀案例。他们还提供了教师教育技术培训实施的方案计划，为开展培训提供了样板。据了解，美国多数的州已经采用了这一标准。2017 年，ISTE 颁布了针对教育者的标准(ISTE Standards for Educators)，不再用"美国国家教育技术能力标准"的名称和"教师"这一称呼，而改称其为"教育者"。新的标准面向的群体更广泛。

3.2.1　ISTE 技术标准的发展

在"面向学生的国家教育技术标准(NETS-S)"的基础上，"面向教师的国家教育技术标准(NETS-T)"关注教师的职前教育，定义了在教育中应用技术的基本概念、知识、技能和态度。在教师培训中，所有需要获得教师证书或教师资格认证的预备教师，都应该满足教育技术标准的要求。各个大学和合作学校的教授，应该为参加培训的教师提供达标的机会，使其达到标准。这个标准经历了五次修改和发展。

①1993 年，第一版面向教师的 ISTE 技术标准出版，包括 13 个指标。

②1997 年，第二版面向教师的 ISTE 技术标准出版，包括三大类 18 个指标。其中三大类为：基本计算机/技术操作和概念；技术的个人使用和专业使用；技术在教学中的应用。

③2000 年，第三版参照并考虑了面向学生的 ISTE 标准，并体现了应用技术对教学和学习方面的研究，以及技术的发展。面向教师的国家教育技术标准要让预备教师知道技术，并知道应用技术可以做到什么，以便让学生能满足面向学生的国家教育技术标准的要求。

第三版技术标准将第二版中的三大类扩展为六大类，将技术在教学中的应用分解为计划、应用和评价，并增加了与技术使用有关的社会、道德、法律和人文问题。具体来讲，六大类为：技术操作与概念；学习环境与学习过程的规划和设计；教学、学习与课程；评估与评价；教学效率与专业实践；社会、道德、法律与人文问题。

在上述每一类下，ISTE 标准都提供了典型的绩效指标，对这些能力范畴进行了解释和说明。第三版的绩效指标也从第二版的 18 个扩展至 23 个。带有绩效指标的六个能力范畴具有通用性，因此该标准可以根据每个州、大学或学区的具体情况进行本土化，甚至可以定义标准适用的领域。

④2008 年，ISTE 发布了标准的第四版，更加强调激发学生的创造性和技术的创新应用，也更突出了教师的领导力概念，对教师提出了更新、更高的要求。

第四版标准将第三版标准中的六类 23 条指标缩编为五类 20 条指标，把前一版中"学习环境与学习过程规划和设计""教学、学习和课程""评估与评价"三类标准的指标整合为"设计、开发数字时代的学习经验和相关评估工具"一类标准，"技术操作与概念"第一大类标准弱化为新版"成为数字化时代工作和学习的典范"第三大类标准下的一条指标，而将全新的"促进和激励学生的学习和创造性"作为第一大类标准。具体说来，五大类分别为：促进和激励学生的学习和创造性；设计、开发数字时代的学习经验和相关评估工具；成为数字化时代工作和学习的典范；提高数字化时代公民素养及责任意识并成为典范；注重专业能力和领导力的发展。

⑤2017 年 6 月，在美国圣安东尼奥召开的 ISTE 2017 年会上，ISTE 首席执行官理查德·库拉特（Richard Culatta）介绍了 2017 年版 ISTE 教育者标准。这一版标准将前四版中的"面向教师（for teachers）"改为了"面向教育者（for educators）"，对于教师（教育者）这一角色提出了更高的要求。

第五版标准并不像前四版标准一样是从技术在教学中的不同应用进行分类的，而是赋予了教育者七种角色，并对角色进行了具体的说明，共含有 24 项指标。这七种角色分别是学习者（Learner）、领导者（Leader）、公民（Citizen）、合作者（Collaborator）、设计者（Designer）、促进者（Facilitator）、分析者（Analyst）。

本节主要对 ISTE 制定的第四版面向教师的美国国家教育技术标准（NETS-T 2008）进行了介绍，以方便读者更全面地了解美国政府对教师教育技术能力的要求，从而进一步探索适合我国国情的教师教育技术标准，并深入研究信息时代教师专业发展的目标与方向。除此以外，本节最后还会对 2017 版标准进行了解读，并将其与 2000 版、2008 版标准进行了对比。

3.2.2　面向教师的美国国家教育技术标准和绩效指标（NETS-T 2008）①

ISTE 制定的第四版面向教师的美国国家教育技术标准规定，所有在课堂上教学的教师都应该满足下列标准和绩效指标。

3.2.2.1　促进和激励学生的学习和创造性

教师利用他们擅长的专业知识，教学、学习和技术方面的知识，在面对面或者虚拟的环境中为学生的学习、创造及创新能力的发展提供有益经验。教师应该做到以下几点。

①促进、支持学生创造性和创新性的思维和发现，并以身作则。

②鼓励学生使用数字化的工具和资源探究真实世界，解决真实问题。

③促进学生使用协作性的工具来思考，以揭示和澄清学生对概念的理解，思考、规划以及创造性的过程。

④树立同学生、同事以及其他人在面对面或虚拟环境的学习中协同建构知识的榜样。

3.2.2.2　设计、开发数字时代的学习经验和相关评估工具

教师设计、开发和评价真实的学习经验和评估工具，借助现代化的工具和资源，

---

① 刘志波、许惠芳：《面向教师的美国国家教育技术标准（2008 版）》，载《现代教育技术》，2008（9）。

在学生已有经验的基础上使学习更富成效，培养《面向学生的美国国家教育技术标准》(NETS-S)中规定的学生应具备的知识、技能和态度。教师应该能够做到以下几点。

①设计或者改编可以将相关数字化工具及资源整合进来的学习经验，促进学生的学习和创造性。

②创设信息技术丰富型的学习环境，在这个环境中所有的学生都能够追求个体的自主成长，并成为设定自我教育目标、管理自己学习过程、评估自己学习结果的积极参与者。

③设计多样化及个性化的学习活动，以满足学生在学习风格、学习策略的不同以及使用信息技术和资源能力方面的差别。

④为学生提供关于内容和技术标准的多样化的形成性或总结性评估，并使用评估报告中的结论性数据引导学习和教学。

3.2.2.3　成为数字化时代工作和学习的典范

教师应展现出在经济全球化、数字化时代中作为创新的专业人员应有的知识、技能和工作过程。教师应该能够做到以下几点。

①在技术系统中流畅地使用各种技术，并能够将现有知识迁移到新的技术、新的情境中去。

②与学生、同事、家长及社区成员合作使用数字化工具和资源，支持学生有效学习和创新能力的发展。

③使用各种数字化时代的媒介和方式与学生、家长及同事就一些信息和想法进行有效沟通。

④成为有效利用现有的和新兴的数字化工具来寻找、分析、评价和使用信息资源以支持研究和学习的榜样。

3.2.2.4　提高数字化时代公民素养及责任意识并成为典范

在这个数字文化不断创新的历史进程中，教师应该知道区域性及全球性的社会问题和责任，并在教学活动中展现出符合法律和道德的行为。教师应该做到以下几点。

①提倡、示范并讲授安全地、合乎法律和道德规范地使用数字化信息和技术，包括尊重版权、知识产权以及资料的恰当来源。

②按照"学习者中心"策略的要求，为所有的学生根据其不同的需求提供平等使用合适的数字化工具及资源的机会。

③示范并促进学生养成与使用技术和信息相关的网络礼节和负责任的社会交互行为。

④通过使用数字化交流、协同工具，在与不同文化背景的同事及学生交流的过程中示范并发展学生对不同文化的理解和全球意识。

3.2.2.5　注重专业能力和领导力的发展

通过促进和展示高效应用数字化工具和资源，教师持续不断地丰富自身专业实践，示范终身学习，在学校和专业圈子中展现领导力。教师应该做到以下几点。

①参与当地或全球性的学习型社区，探索如何创造性地应用信息技术以提高学生的学习水平。

②通过对引入新技术的远景预测、共同参与决策、学习型社区建设、提升他人的信息技术水平和领导力来展示自身的领导力。

③定期对当前相关研究及专业实践做出评价和反思，以便更好地利用现有的及新兴的数字化工具和资源支持学生的学习。

④为卓有成效的、充满活力的、不断自我更新的教育事业及学校和社区做出贡献。

以上标准贯穿于教师的职前教育和职后教育，将技术概念的掌握与技术操作设定为每位教师必备的背景性知识与技能，并将创造性提到了空前重要的程度。

3.2.3　对 NETS-T 2008 的分析及其启示

相较于 2000 年的版本，NETS-T 2008 更新了多个能力维度，重新嵌入了更加明晰精要的能力指标体系，在课程、评价、教学法、技术、组织和管理、教师专业发展等不同的维度对教师这一角色进行了规范。这其中不乏很多亮点。

3.2.3.1　把提高学生创造力和创新力放在了首要位置

在"21 世纪竞争"研究报告中，学习者被认为应该具有 10 个方面的生存和发展技能，而其中变革与创新能力占有重要地位。甚至在 NETS-T 2008 发布后的 2009 年提出的"21 世纪技能框架（Frameworks for 21st Century Skills）"中指出，学习者应该具备的生存和发展技能分为三个主要领域——学习及创新技能、数位素养技能、职业及生活技能，可以看到学习及创新技能仍然处于首位。

ISTE 在 2007 年版的 NETS-S 中强调，学生在数字化时代中需要具有创新与变革的核心素质，因为当今社会的中心已经由强调技术工具的使用能力转变为关注信息时代利用技术工具实现创新和变革的技能。NETS-T 2008 与 NETS-S 2007 相呼应，提出教师需要能够"促进和激发学生的学习和创造力"，这就要求教师与学生一起参与学习方式的变革，从传统的继承性学习向创新性学习转变。

3.2.3.2　创建数字化学习氛围

伴随着以数字化为基础的信息技术的飞速发展，把信息技术融入教学过程中，学习方式、学习内容以及学习环境都不可避免地朝着数字化方向发展。在这种形势下，创建良好的数字化学习氛围对于开展信息教育、培养学习者数字化学习的意识和数字化学习能力已经成为当前教育改革的必然趋势。

NETS-T 2008 中涉及了数字化工具和资源的使用、数字化时代的学习经验和评估以及数字公民及其相应的责任等内容，这些都说明了数字化学习不再只强调工具和技能的使用，更多地已经形成了一种氛围和学习环境。作为教师，需要转变传统的学习方式为数字化的学习方式，要积极利用数字化工具和资源，在数字化学习的氛围里提高学生有效学习的能力。

3.2.3.3　教师知识和技能的迁移能力

NETS-T 2008 要求教师促进学生灵活、创造性地解决问题，使学生成为自主的、个性的、主动的、能进行有效学习的学习者。要达到此目标，教师自身所具有的知识和技能的迁移能力十分重要。

对于教师而言，良好的知识和技能的迁移能力，可以使他们在有限的时间内学得更快、更好，能够积极主动地、高效地面对新的知识和技能，并在适当的数字化情境中主动、准确、创造性地应用已有的相关经验来解决新的问题，从而更好地指导学生，使其真正有效地学习。

3.2.3.4　协作和知识分享是发展趋势

标准要求当今经济全球化时代的教师应具有更广阔的视野，能够在全世界范围内和不同群体的合作者开展协作，从而提升学生的学习水平，提高学生的创造力。

3.2.3.5　NETS-T 2008 对我国中小学教育技术能力建设的启示

我国于 2004 年制定了《中小学教师教育技术能力标准（试行）》（详见本章第四节），并从 2005 年开始全国各省、自治区、直辖市教育部门陆续开展了中小学教师教育技术能力的培训工作。我国的标准定位于在职教师的能力培养，NETS-T 2008 能给我国中小学教师教育技术能力建设工作带来新的启示，具体包括：优化培训资源，创新教学方法；重视数字化工具和资源的使用；促进教师教育技术能力建设的多样化评价机制；做好职前、职后的衔接，尤其是加强职前教师教育技术能力的培养。

3.2.4　2017 版 ISTE 教育者标准

ISTE 在 2008 年颁布了 NETS-T 2008 后，经过八年的思考和重新设计，在 2016 年广泛征集全球超过 2200 名教育工作者和管理人员的意见和反馈后，ISTE 教育标准工作组通过研究和现场反馈研究，颁布了 ISTE 教育者标准（ISTE Standards for Educators，以下简称 ISTE-E 2017）。该标准不再用"美国国家教育技术能力标准"的名称和"教师"这一称呼，而直接升级为"教育者标准"。它是教育者帮助学生成为赋能学习者的路线图，并将深化教育者的实践，促进教育者与同行合作，使教育者重新思考传统教学方式，从而让学生准备好面向未来的学习。

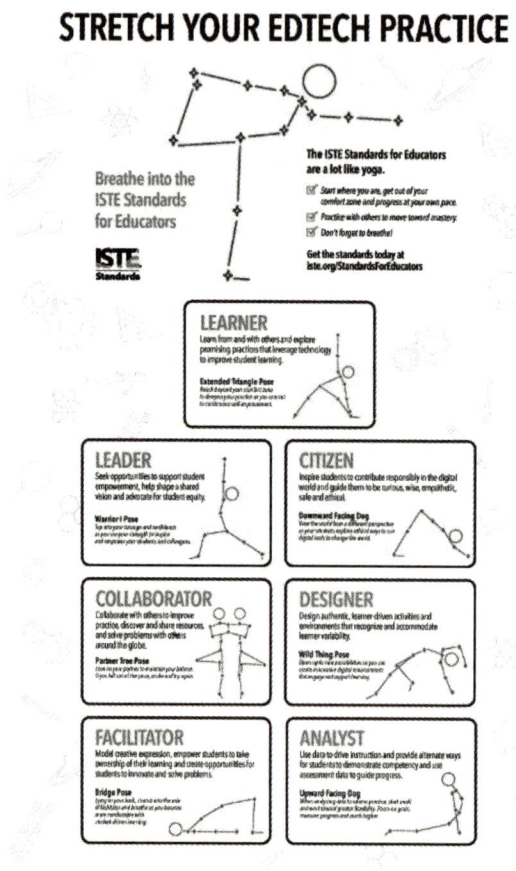

图 3-4　ISTE Standards For Educators 官方海报

ISTE-E 2017 赋予了教育者七种角色，共包含 24 项具体指标，主要内容如下。

3.2.4.1　学习者(Learner)

教育者通过向他人学习和与他人一起学习来提高自身实践能力，探索利用技术促进学生学习的实践。教育者应做到以下几点。

①制定专业的学习目标，探索和应用技术支持的教学方法，并反思其有效性。

②通过创建和积极参与本地或全球学习网络来追求专业兴趣。

③随时关注、支持并改进学生学习的研究成果，包括学习科学成果。促进、支持

学生创造性和创新性的思维和发现，并以身作则。

3.2.4.2 领导者(Leader)

教育者寻求领导机会，赋予学生权利并促使学生获得成功，同时促进教学和学习。教育者应做到以下几点。

①通过与教育利益相关者保持接触，为技术支持的赋能学习塑造、推进并加快共享的愿景。

②提倡公平获得教育技术、数字内容和学习机会，以满足所有学生的不同需要。

③给同事提供辨别、探索、评估、处理和采用新型数字学习资源和工具的范本。

3.2.4.3 公民(Citizen)

教育者激励学生积极贡献并负责任地投身数字化世界，同时还应做到以下几点。

①使学生拥有积极的、富有社会责任感的贡献经历，帮助学生产生在线移情行为，这种行为能够帮助学生和社区构建良好关系。

②建立一种学习文化，激发学生对网络资源的好奇心，提高其批判性检查能力，并培养学生的数字化素养。

③指导学生安全、合法、合乎伦理地使用数字工具，并保护知识产权。

④提供范本并促进个人数据和数字身份的管理，保护学生数据隐私。

3.2.4.4 合作者(Collaborator)

教育工作者投入大量时间与同事及学生合作，提高他们的实践能力，同时发现、共享资源及想法，并解决问题，具体应做到以下几点。

①规划一定的时间与同事合作，创造利用技术的真实学习经验。

②与学生合作，共同学习，发现、使用新的数字资源，并诊断和解决技术问题。

③在本地或全球学习网络与专家、团队和学生进行实际接触，并使用协作性工具来增强学生可靠的、真实的学习体验。

④在与学生、家长和同事交流时展示文化能力，与学生互动，成为学生学习上的合作者。

3.2.4.5 设计者(Designer)

教育者设计真实的由学习者驱动的活动和环境，来识别和适应学习者的多样性，并应做到以下几点。

①用技术创造合适的和个性化的学习环境，使之能够提高学习者独立学习的能力，并且满足学生之间的差异和需求。

②设计与内容区域标准一致的真实的学习活动，最大限度地使用数字工具和资源让学生进行积极的、有深度的学习。

③探索和应用教学设计原则，创造出符合创新原则的数字学习环境，并参与和支持学习。

3.2.4.6　促进者(Facilitator)

教育者使用技术来促进学生的学习，并支持学生实现 2016 年 ISTE 学生标准，这就要求教育者做到以下几点。

①培养一种文化，在这种文化中，学生在独立和团队环境中都有自主掌控学习目标和结果的权利。

②在数字平台、虚拟环境和动手实践创客空间中，管理技术使用情况和学生学习策略。

③创造学习机会，这种机会能够引导学生使用设计过程和计算思维去创新和解决问题。

④提供范例，培养学生的创造力，并培养其用创造性的表达方式来交流思想、知识或联系。

3.2.4.7　分析者(Analyst)

教育者要理解并使用数据来驱动自身的教学，并支持学生实现他们的学习目标，具体应做到以下几点。

①为学生提供可选择的学习方式，使用技术来展示能力，反思学习。

②利用技术去设计并进行形成性评价和总结性评价，来满足学生的需求，同时及时反馈给学生并进行相应的指导。

③使用评估数据帮助学生、家长和教育利益相关者之间的沟通，促使学生进行自我指导。

3.2.5　ISTE-E 2017 与 NETS-T 2000、NETS-T 2008 的对比[①]

2017 版 ISTE 教育者标准总结了 ISTE 以前颁布的标准的核心内容，并结合美国教育政策及国家教育技术发展规划，为教育者提供了一个通过技术增强学习、教学和领导的框架。从 2000 年、2008 年再到 2017 年，ISTE 教师(教育者)标准不断地发展变化，新标准对教育者提出了更高的要求，具体标准维度对比如表 3-5 所示。

---

① 陈佳怡、刘向永：《赋能专业发展——解读 2017 版 ISTE 教育者标准》，载《中国信息技术教育》，2017(19)。

表 3-5　新旧版美国教育技术教师(教育者)标准维度对比

2000 标准 (NETS-T 2000)	2008 标准 (NETS-T 2008)	2017 标准 (ISTE-E 2017)
·技术和操作的概念 ·策划和设计学习环境和体验 ·教学、学习与课程 ·评价与评估 ·工作实效和职业实践 ·社会、伦理、法律、人类方面的问题	·促进和激励学生的学习和创造性 ·设计、开发数字时代的学习经验和相关评估工具 ·成为数字化时代工作和学习的典范 ·提高数字化时代公民素养及责任意识并成为典范 ·注重专业能力和领导力的发展	·学习者 ·领导者 ·公民 ·合作者 ·设计者 ·促进者 ·分析者

3.2.5.1　标准思想

NETS-T 2000 要求教师理解并使用技术，NETS-T 2008 将这一要求提升到了数字时代，教师的专业能力和领导力的发展，强调教师如何促进、激励学生学习，激发学生的创造性，使其成为合格的数字化公民。ISTE-E 2017 则从面向教师使用技术支持学生学习转变为聚焦使用技术赋能学习者的教育者角色，这标志着教师标准的指导思想在变化。ISTE-E 2017 要求教师扩大技术的使用范围，创建未来的学习环境。通过上述三个版本指导思想变化的对比，我们可以看出美国教育界对信息化时代教师的认识在不断地深入，且有了不同的定位。

3.2.5.2　标准能力维度

ISTE-E 2017 主要是描述作为某一种角色所需要的具体能力要求，而 NETS-T 2008 则主要强调具体要做什么。从 2000 年、2008 年再到 2017 年，ISTE 教师标准维度发生了一些改变。由于 ISTE-E 2017 主要是基于 NETS-T 2008 重组而成的，所以这里重点比较这两个版本标准的异同。

首先，NETS-T 2008 只有 5 个维度，ISTE-E 2017 有 7 个维度。其次，相比于 NETS-T 2008，ISTE-E 2017 的每一能力维度的指标数量都发生了较大变化，由 5 类 20 项具体指标增加到 7 类 24 项。ISTE-E 2017 和 NETS-T 2008 在层次结构上基本一致，而且针对每一个维度都有具体含义的表述，同时还列有具体明细，增强了可操作性。

3.2.5.3　标准具体内容特点

与 NETS-T 2008 相比，ISTE-E 2017 强调了教师自身作为学习者和分析者应该具备的能力，这也符合美国《2016 国家教育技术规划》(National Education Technology

Plan 2016，NETP 2016)的相关理念。ISTE-E 2017 同时赋予了教师领导者的角色。与前一个版本相比，新版本要求教师选择恰当的学习资源和学习工具，赋予学生权利，在使学生获得成功的同时提高自身教学和学习水平，实现角色的转换，这也对数字时代的新型教师提出了更高的要求。ISTE-E 2017 的"合作者"维度阐明了教育者身份的转变，由展现自身的技术能力成为学习者的榜样转换为学生的同伴和他们进行协作学习，并使用协作性工具来优化学生真实的学习体验。在"促进者"这一维度中，ISTE-E 2017 在 NETS-T 2008 的基础上，增加了管理技术的使用。最后，ISTE-E 2017 还增加了"分析者"维度，这是前两个标准中未曾提及的，也是根据美国国家教育技术规划中的"评估"这一环节来制定的，要求教师利用技术深入学习过程进行形成性评价和总结性评价，并对不同学生的能力进行个性化测量，及时进行反馈修正，使用评估数据促进学习。

3.2.6　本节小结

从 1993 年最初发布，到 2017 年的颁布，ISTE 标准历经了近 25 年的发展。它不仅是多年以来实践的重要成果，还是来自多个国家成千上万的教育工作者集体智慧的结晶，从教师能力应具有的维度到教育者应具备的角色的转变，ISTE 对教师(教育者)的要求随着时代发展不断地在提高。

3.3
IBSTPI 教师能力标准及英国领导力培训

学习目标

1. 了解 IBSTPI 教师能力标准的发展。
2. 知道 IBSTPI 教师能力标准的指标。
3. 理解 IBSTPI 框架对教学实践的意义。

1977 年，由美国教育传播与技术协会、美国国家绩效与教育组织(现国际绩效促进委员会)联合成立了一个联合认证工作组(the Joint Certification Task Force)，由 30 多名专家学者组成，机构于 1984 年发展成为一家非营利性组织——国际培训、绩效、教学标准委员会(the International Board of Standards for Training, Performance and Instruction，IBSTPI），致力于能力标准的开发，以促进个人与组织在培训、教学、学习和绩效方面的工作。

早在 1988 年和 1993 年，IBSTPI 就已经制定了针对教师的专业化标准，并作为国际培训者(教师)认证的基础。考虑到教学实践和技术领域所发生的巨大变化，委员会于 2004 年对此标准进行了修订和更新，以反映技术条件下的教学对教师新能力的要求。

20 世纪 50 年代以来，英国政府注重加强对大学的管理，管理的加强并非借助行政命令，而是依靠拨款、立法与评估等非直接方式，强化对大学的监管。本节还将对英国高等教育领导力基金会(Leadership Foundation for Higher Education，LFHE)进行简单介绍。

3. 3. 1　IBSTPI 教师能力标准的发展

最初的 IBSTPI 教师能力标准主要针对的是传统的面对面的课堂教学环境，在对技术培训人员和培训者的认证中，该标准被用来作为根据。

传统的教师角色面对的是面对面的教学环境，或者师徒制的场所。而随着技术的变革，教学过程不仅需要应用课堂讲授式的教学方法和师徒制的教学方法，还需要采用在线的教学，以及这些教学方法的综合运用，这些对教师能力提出了新的要求。在多数情况下，教学更多地发生在混合的环境中，因此需要教师综合地运用各种教学方法、策略、工具、手段。

教学是一种有目的的活动，包括计划、准备、管理和应用合理的方法与测量。有能力的教师能够洞察整个教学进程并使之顺畅。因此，在 2004 年，委员会对教师能力标准进行了更新，并在全球范围内选取了 1300 多个教师样本进行试用，通过了全球的认证。该新版能力标准并不仅仅是旧版标准的简单更新，而是为教师这一职业和领域提供了新的视角。该教师能力标准适用于课堂教学环境、在线教学环境以及混合教学环境中的教师。除了常规的教学能力以外，标准对教师如何对待新的学习者群体、新的技术应用和新的教学方法提出了新的能力要求。

3. 3. 2　IBSTPI 教师能力标准的指标

IBSTPI 将能力标准定义为一整套使个人可以按照专业标准的要求有效完成特定职业或工作职责的相关知识、技能和情感态度，表明能力标准与工作绩效相关，并可按照被广泛接受的标准测量。

IBSTPI 教师能力标准聚焦于怎样成为一名称职的教师，全新地界定了 21 世纪的教师应该具有的核心能力——称职教师所应具备的知识、技能和情感态度，即无论是在面授环境中进行班级集体式教学，还是在在线环境中促进小组讨论学习，称职的教师都应该掌握这些能力。

IBSTPI 教师能力标准共有五个维度：专业基础、教学计划与准备、教学方法与策略、评估与评价、教学管理。这五个维度共包括 18 项能力和 98 条具体的绩效指标，具体包括以下内容。

3.3.2.1 专业基础

能力 1：有效地交流沟通

①根据受众、情境及文化背景，采用合适的语言。

②使用合适的语言及非语言符号。

③寻求并吸收多样的观点。

④根据不同的情境采取积极有效的倾听技巧。

⑤运用适当的技术交流。

能力 2：更新和提高自己的专业知识和技能

①拓展有关学习原理和教学策略的知识。

②不断更新技术知识和技能。

③建立并保持专业联系。

④参加专业发展活动。

⑤建立个人工作文档备用。

能力 3：遵守已有的道德和法律条文

①认识教学实践中潜在的道德问题和法律问题。

②遵循组织和职业道德规范。

③确保公平对待所有学习者。

④尊重保密及匿名请示。

⑤避免冲突。

⑥尊重包括版权在内的知识产权。

能力 4：树立和维护职业声誉

①示范职业操守。

②尊重他人的价值观和见解。

③具备学科专业知识。

④对变革和改进持开放态度。

⑤将教学与组织背景及目标相联系。

3.3.2.2　教学计划与准备

能力 5：设计教学方法和教学内容

①确定学习者、其他参与人员和教学环境的相关特征。

②设计或修改教学活动以适应学习者、教学环境和呈现方式的需要。

③明确目标、任务及次序。

④选择合适的教学方法、策略和呈现技巧。

⑤设计或修改课程内容、教师手册、评估工具和支持材料。

⑥根据需要创建或修改基于技术的资源。

能力 6：教学准备

①对学习者的困难和问题进行预测并做好准备。

②对学习者进行分析。

③确定关键知识点、相关实例及其他补充材料。

④确认支持教学的后勤保障和物质保障。

⑤确保所有学习者都能获取所需的教学资源。

⑥确认设备、技术和工具准备就绪。

3.3.2.3　教学方法与策略

能力 7：激发并维持学习者的学习动机和学习投入

①吸引并保持学习者的注意力。

②保证学习目标清晰明确。

③培养良好的学习态度。

④建立提高学习动机的策略。

⑤帮助学习者设定合理的期望值。

⑥为学生提供参与学习并获得成功的机会。

能力 8：表现出有效的表达技巧

①根据学习情境采用合适的表达方式。

②采用多种方式表述关键概念。

③提供案例，阐明含义。

④让学习者参与表达过程。

⑤根据学习者需要采用合适的表达方式。

能力 9：表现出有效的促学技巧

①利用所有参与者的知识和经验。

②为全体学习者指明努力方向。

③使学习活动高度聚焦。

④鼓励和支持合作。

⑤引领学习活动及时终止。

⑥监控、评估和适应动态变化的情境。

能力 10：表现出有效的提问技能

①提出清晰和恰当的问题。

②有效跟进学习者所提出的问题。

③使用多样的问题类型和问题层次。

④提出并重新引导到那些促进学习的问题。

⑤以回答问题来连接学习活动。

能力 11：提供阐释和反馈

①为学习者提供阐释的机会。

②使用多样的阐释和反馈策略。

③提供清晰、及时、中肯和具体的反馈信息。

④提供和接受学生反馈时保证开放与公平。

⑤帮助学习者提供和接受反馈。

能力 12：促进知识和技能的巩固

①将学习活动与已有知识联系起来。

②鼓励学习者对概念和思想观点进行细化。

③提供综合和整合新知识的机会。

④提供实践新学技能的机会。

⑤提供反思和回顾的机会。

能力 13：促进知识和技能的迁移

①提供与知识技能、运用环境相关的安全和活动。

②示范知识和技能在真实情境中的运用。

③提供在真实情境中的实践机会。

④提供为未来的运用做出规划的机会。

⑤和学习者一同探究可能促进或阻碍知识和技能迁移的情形。

⑥提供自主学习的机会。

能力 14：使用媒体和技术来加强学习、改进绩效

①认识教学媒体和技术的潜能与局限。

②运用媒体和技术开展最佳实践。

③以多样的方式呈现内容。

④为学习者使用媒体和技术做好准备。

⑤发现并解决小的技术故障。

3.3.2.4　评估与评价

能力 15：评估学习和绩效

①针对评估标准进行交流。

②监测个人和小组绩效。

③评估学习者的态度、情感和反应。

④评估学习结果。

⑤提供自我评估的机会。

能力 16：评价教学效果

①评价教学材料。

②评价教学方法和学习活动。

③评价教学绩效。

④评价教学环境和设备的影响。

⑤记录与公布评价数据。

3.3.2.5　教学管理

能力 17：管理促进学习与改进绩效的环境

①预测并处理可能影响学习和绩效的情形。

②确保学习者能够获得所需资源。

③与学习者共同制定基本规章和学习期望。

④在教学中运用时间管理原则。

⑤采取合适的方式方法，及时阻止不良行为举止。

⑥及时并公正地解决冲突和问题。

能力 18：适当地使用技术管理教学过程

①使用技术支持教学管理功能。

②使用技术查找和共享信息。

③使用技术存储和重复利用教学资源。

④使用技术维护学习者个人信息的安全及隐私。

3.3.3　IBSTPI 教师能力标准的分析

IBSTPI 教师能力标准共有五个维度，每一个维度对应了教师应该具备的一方面能力。

3.3.3.1 专业基础

对于专业基础维度的能力，IBSTPI 在制定标准时非常明确：作为专业人员的教师，其职责已经超越了教与学的活动，与其他专业的人员一样，教师还需要承担其他的责任，满足其他的愿望，如进行有效的交流沟通，提高自身的知识和技能，遵守法律和道德规范，维护职业声誉等。满足上述责任，达到上述期望所具备的知识、技能和情感态度，构成了教师的专业基础。

有效的沟通是每个教师应有的基本技能。交流所用的语言是否合适，取决于具体的交流对象、交流情境和文化背景。在交流过程中合理使用非语言符号，对教师来说也是一项十分重要的技能。称职的教师还需要认真地倾听，使发言者感觉到正在被倾听。称职的教师也会运用适当的技术交流，如何时及如何使用音视频、文本、图像等手段作为交流渠道去表达思想观点。

教师还应该不断努力去更新和提高自己的专业知识和技能，称职的教师会及时掌握最新的学习与教学原理。此外，技术在不断发展，传播交流媒体在不断推陈出新，称职的教师也需要不断更新知识和能力，以及应用技术开展有效教学的知识和能力。教师应该积极参加专业发展活动，如参加专业会议、阅读专业杂志等，建立和维持专业联系。除了拓展自身的知识技能，教师还应该建立个人工作档案袋，利用档案袋进行教学反思，记录自我提高的过程。

作为一名专业人员，每位教师都应该有责任遵守专业实践领域已有的道德实践规范和法律条文，还应该遵守正式的法律条文、职业道德标准和组织规范。IBSTPI 还制定了一系列与教师工作相关的特定道德标准，内容涉及个人权利与责任、社会及组织的权利与责任、自我责任等方面，被视作教师行为的最低标准。

称职的教师还应有意识地树立和维护职业声誉，包括人格可信度、社会可信度和专业可信度。具有人格可信度的教师才能示范规范的专业行为，从而对学生负责；具有社会可信度的教师能够尊重他人的价值观和见解；具有专业可信度的教师能够表现出专业知识和技能的水平。

3.3.3.2 教学计划与准备

成功的教学离不开精心的计划和准备。称职的教师在上课之前都要对教学过程、教学策略和教学活动进行设计和修改。教师需要通过分析学习者和教学环境的信息，选择或调整教学方法和教学材料。在引导学习活动或传授教学内容之前，教师也必须做好相应的准备，包括自身的准备，也包括对学习者、教学材料和教学设备的准备。

教师在多大程度上需要负责设计教学方法和教学质量，取决于很多因素，包括组织机构的实际情况和教师的特定工作职责等。在教学过程中，教师可以根据学习者已有的知识水平或学习经验修改某些教学活动。称职的教师应该能选择、适应合适的教学方法、教学策略和表现技巧，并能根据需要创建、修改基于技术的教学资源。

教师在开始教学前需要对教学内容、教学活动、教学材料、教学设备、学习者等相关因素做精心的准备，准备程度取决于组织的具体情况和教师个人的工作职责。

3.3.3.3　教学方法与策略

教学的主要目标是提高学习者及改进绩效。称职的教师应该采用各种方法和策略以实现这一目标，还应该了解如何激发学习者的学习兴趣，如何帮助学习者巩固所学知识、应用所学知识，这一条是教师能力的核心。

动机是提高学生学习绩效的前提，因此，采用各种策略激发并维持学习者的学习动机是教师的重要职责。教师还需帮助学习者建立切合实际的学习期望，帮助学生树立正确的学习观。

有效的表达能力是各种教学环境下教师都应具备的重要能力，称职的教师会根据具体的情境和学习者的需要去调整表达方式，如采用动画、实物、图式、图表、模型等。在学习过程中，教师还应该关注学习者的反应，与学生保持适当的交流。

除了有效的教学表达方式，称职的教师具备有效的促学技巧，优秀的促学者善于利用所有参与者的知识和经验。有效的促学即表明教师能够帮助学习者明确学习活动的方向，保证学习活动发展沿着该方向直至顺利完成。

有效的问题为学生积极参与教与学的过程创造了机会，各种类型和层次的问题都应该被用来促进学习。一个合格的教师，应该具有有效的提问技能。

称职的教师还要能够敏感地认识到学习者何时需要解释和反馈，并使用合理的策略，从而促进学习者的学习并改进其学习绩效。清晰的阐释能够降低问题难度、减少混淆、消除误解，清晰、及时、中肯和精确的反馈有助于学习者与教师的相互理解。称职的教师能给学生提供足够的机会为其他学习者和教师提供方法，并要保证开放与公平，接受学生的反馈。此外，教师还应该为学习者提供机会请求获取反馈及阐释。

教师可以通过一系列有效的策略促进知识和技能的巩固，并为学生提供反思和回顾的机会。除了促进知识的巩固外，有效的教师还会为学习者提供将新知识迁移的机会和自主学习的机会。

称职的教师还能够有效地应用媒体和技术促进学习、改进绩效，能根据学习任务、学习内容、学习活动特点、所传达的信息、学习者特征以及学习场所与教学环境等各方面因素，选择使用合适的媒体与技术工具。合格的教师并不需要成为技术专家，但需要对技术问题做出迅速处理，要么独立解决问题，要么为学习者提供可靠的技术支持服务。

3.3.3.4 评估与评价

评估与评价能力指出了收集信息以便评估学习绩效、评价学习效果的重要性。评估可以帮助学习者和教师了解学习的进展情况，也能帮助教师了解哪些学习者需要额外的辅导。对教学方法、教学策略、教学材料、教学人员的评价，能够获得教学相关信息，以改进教与学的过程。

合格的教师在布置学习任务时，就会向学习者提供评估学习的标准，并做好对个人和小组学习绩效的检测。

影响教学效果的四大关键因素——教学材料、教学方法和学习活动、教师教学能力、教学环境及设备设施需要，教师在教学前后的评价，有助于教师调整教学效果并为其提供改进措施。对教学材料的评价应该考虑其准确性、相关性、受众适合性、媒体适合性等，对教师教学能力的评价一般可通过调查教学活动是否清楚、有组织、有趣、可行、受欢迎，对教学环境及设备设施的评价应该从信息的可获取性和适应性等方面考虑。

3.3.3.5 教学管理

一般来说，管理涵盖了一系列的管理活动和决策活动，促使项目按照所期望的方向发展并达到预期的效果。教学目标是为了促进学习和改进绩效。在教学中，教师应该是管理教学的关键角色，还应该负责管理学习者的活动。教师还需要对教学过程、教学人员和教学环境负责。

各种教学环境中都包含了大量的资源，教师有责任确保这些资源对学习者来说都是可利用的、可获得的。教师应该负责帮助学习者建立学习期望和在教学环境中互动的基本原则，采用合适的方式方法及时劝阻不良行为，快速公正地解决矛盾和冲突。优秀教师应该能够预测教学过程中可能出现的问题，并对教学设计和教学过程进行恰当的调整。

教学过程通常包含技术的因素，与教学管理相关的技术包括认知科学、学习理论、组织心理学、人的因素、教学设计、绩效技术、著作工具、演示系统、适应性测试工具及学习者管理系统等。

尽管教学管理不是教师的主要职责，但是有效地使用技术去支持教学管理和支持其他教学活动对于教师来说是十分必要的。

3.3.3.6 小结

这五个能力维度包括了数种能力，每种能力又包含了多条具体的绩效指标，从而反映出能力在领域中的最佳实践和具体展现的技能、知识和情感态度。每一种绩效指标不能单独存在，各条绩效指标所描述的技能、知识和情感态度应该是紧密联系的。

称职的教师并不需要掌握所有能力，在某些条件下教师并不需要对某一领域的所有能力职责负责。所以能力标准的提出，不考虑具体由谁负责能力职责，其目的只是考虑教师能力的组成。

3.3.4　IBSTPI 教师能力标准的特点及启示

相较于 1993 年的版本，2004 年的 IBSTPI 教师能力标准发生了如表 3-6 所示的变化。[①]

表 3-6　1993 版与 2004 版 IBSTPI 教师能力标准对比

变化	1993 版教师能力标准	2004 版教师能力标准
新增的能力	无	更新和提高自身的专业知能
	无	遵守已有的道德规范和法律条文
	无	表现出有效的促学技巧
	无	促进知识和技能的巩固
	无	促进知识和技能的迁移
	无	运用适当的技术管理教学过程
内涵扩展的能力	分析课程材料和学习者信息	设计教学方法和教学内容
	确保准备好教学场所	教学准备
	提供积极的反馈和激发动机	激发并维持学习者的学习动机和学习投入
	有效使用媒体	使用媒体和技术来加强学习、改进绩效
	评价教学过程，汇报评价结果	评价教学效果
	管理学习环境	管理促进学习与改革绩效的环境
微小改变的能力	表现出有效的交流技能	有效地交流沟通
	表现出有效的提问技能和技巧	表现出有效的提问技能
	合理地回应学习者对阐释和反馈的需求	提供阐释和反馈
	评价学习者的绩效	评估学习和绩效
上升到维度的能力	合理使用教学方法	教学方法与策略（维度）

可以看出，新一版本对教师能力提出了新的要求，已有的能力层次要求也更高和更加细化。之前的"合理使用教学方法"已由一项具体的能力提升至一个维度。

IBSTPI 教师能力标准在继承传统的基础上大胆创新，呈现出了以下几个突出的特点。

[①]　李高峰：《IBSTPI 教师能力标准述评》，载《教育探索》，2013(5)。

3.3.4.1 能力内容全

标准突出能力，但对能力的定义并不局限，其实质是合格教师应该拥有的知识、能力、态度、价值观和道德责任感等。

3.3.4.2 适用情境多

如前所述，该标准相较于之前的标准强调传统师生面授的教学情境，丰富了在线教学情境下应有的能力。在面对面教学的情境下，教师的教授与学习者的学习是同时、同地的，即教与学同步；在在线情境下，教与学可以同步，也可以异步。当然，这两种教学情境并非完全分开，也可能是混合式的情境，即既有课堂的教学，又有在线的远程教学。IBSTPI 教师能力标准中所描述的能力和绩效指标适用于面授式教学、在线教学、混合式教学三种情境，适用情境十分广泛。

3.3.4.3 适用行业广

标准里的教师并不仅仅指中小学中的教师，还适用于各行各业中的培训者和辅导者。IBSTPI 在确定能力标准的过程中，调查了高科技组织、软件开发部门、电信部门、军事部门等多个行业中的教育工作者，所以该标准适用于包括基础教育、高等教育机构在内的各行各业。

3.3.4.4 适用用途范围广

IBSTPI 教师能力标准可以用于教师个人自我提高、发展专业能力的参考，也可以作为不同行业内的组织机构招聘、指导、培训、考核、评价教师的参考，即教师本人可以参照标准了解自己的不足和需要改进之处，教育培训机构可以用来开发课程，人事部门可以用其来进行招聘，教育行政管理人员可以参照标准评价教师的工作绩效等。

3.3.4.5 可操作性强

从标准的文字叙述中可以看出，这 18 项能力用简短的、概括性的语言描述了复杂的专业成就，98 条细化的指标更详细地阐述了能力的行为特征。每一句话的用词都十分明确、具体，所以有很强的可操作性。

3.3.4.6 以学生为主体

虽然上述 98 条绩效指标是对教师教学应该取得的绩效的描述，但是有 63 条绩效指标描述指向了学习者，真正体现了"以学生为主体，教师为主导"的教育原则。

IBSTPI 教师能力标准主要针对美洲和欧洲地区国家的教师制定（在调查被试中亚

洲仅 70 人，约占 6.3%）。IBSTPI 教师能力标准给我国标准的制定提供了一些启示：一是标准要来源于教育实践，并指导教育实践；二是教师能力标准的内容要体现全面性和专业性；三是教师能力标准需要随着时代变迁及时更新；四是需要人员科学地执行标准，并对教师进行合理、公正、权威的测试。

3.3.5　英国高等教育领导力基金会

为了适应英国高等教育改革发展的趋势，部分英国自发组织，向英国政府提出自我管理和培训大学领导人的诉求。2004 年，高等教育领导力基金会成立（Leadership Foundation for Higher Education，LFHE）。LFHE 通过个性化培训，有效提高高校领导人的素质，为英国高校转型和变革储备有发展潜力的领导者，有效引导和支撑英国高校的战略规划向战略管理的转变。该基金会是拥有慈善组织地位的非营利型机构，其核心任务是提升英国高等教育领域的领导力、质量和管理水平，由英国大学校长协会（Universities UK，UUK）和英国高等教育协会（Guild HE）共同管理。

LFHE 认为，要使高校领导者实现专业化发展，要高度重视培训需求调研并了解高校愿景和规划建设等，并以此来设定培训内容。在领导观念上，LFHE 强化了大学整体机构的行为和能力以及各管理部门的职能作用，通过对大学领导者个体的培养，建立和增强整个机构的领导力；在领导人选上，LFHE 提倡领导人种族的多样性、文化背景的广泛性、社会阶层的代表性；在培训重点上，LFHE 重视大学领导者战略思维的培养，提倡领导者要有远见卓识，要制定好未来三至五年的战略规划和行动方案，通过各职能部门的运作实现战略目标；在培训方法上，LFHE 以实际案例为引导开展全方位的个人培训计划，针对个体运用技术性方法、行为分析方法、360 度反馈等发现受训者的不足，有的放矢地实施培训工作，提高所有受训人员的综合领导力和环境适应能力。

因此，英国的领导力培训具有以下的特点。

3.3.5.1　个性化

英国超过 90% 的高校都以会员单位形式加入了 LFHE，按照学校规模每年需缴纳一定的会费和培训费用。高层管理项目（Top Management Programme，TMP）是基金会的重要项目之一，其每次接纳培训的数量只有十几人，一般培训时间会持续 6 个月。培训过程中，培训咨询师采取一对一或一对多的方式全程参与，根据领导者的培训需求以及对领导者的弱项做出诊断，形成个性化的培训计划。

3.3.5.2　现实化

培训关注领导者在实际工作情境中遇到的难点问题，如怎样做出正确决策、复杂人际关系的处理、危机应对等。培训中，重视参训人员工作经历中成功经验及失败教训的共享，通过总结具体的案例提升领导能力。

3.3.5.3　战略化

LFHE 重视培养领导人的远见卓识，通过拓展高校领导人的综合素质，以促进高等教育的变革，影响高等教育改革的发展。

3.3.5.4　多元化

除高等教育发展战略、危机应对及个性化培训内容外，LFHE 还根据大学发展的内、外部环境的需要，开展金融、法律等方面知识的培训。此外，还关注对少数族裔的培训。

3.3.6　本节小结

本节介绍了 1993 版和 2004 版的 IBSTPI 教师能力标准，后者从 5 个能力维度、18 项能力指标和 98 条绩效指标对称职教师应具有的能力进行了规范，内容全面、具体，且具有可行性。此外，本节还对英国高等教育领导力基金会及其相关培训项目做了简介，我国可以借鉴相关教师能力标准及英国高校领导者的培训模式，结合国情和国内教师发展的实际需要，不断制定、完善本土化的相关标准及培训。

3.4
TPACK 能力框架

2005 年，舒尔曼提出了"学科教学知识（Pedagogical and Content Knowledge，PCK）"的概念，2007 年科勒和米什拉在此基础上提出"整合技术的学科教学知识（Technological Pedagogical and Content Knowledge，TPACK）"框架，作为将技术有效整合到课堂中教师应具备的一种知识框架。自此，TPACK 在国外教师教育与教育技术学界受到了广泛关注，并已成为教师教育、信息技术与课程整合、教师知识研究的热点，相应 TPACK 的研究成果也越来越丰富。

教师必备 TPACK 是一个要求，也是一个宣言。如何促进教师 TPACK 的发展、转化和创新，更好地展示教师的教学实践智慧，促进教师自身的专业发展成为我们不得不去思考的重要课题。

3.4.1　TPACK 概念的演变

TPACK 的概念并不是第一次提出，早在多年前就已有了雏形。

2001 年，皮尔逊首先提出了模糊的概念。他认为，教师需要有技术辅助的学科教学知识，它是教师进行具体学科教学时所需要的知识和技能。2005 年，尼尔斯在其基础上进行了扩充，指出这种技能并不应该只是一种静态的知识和技能，它是一种具有生成性、发展性和创造性的动态理念，它所包含的学科知识、教学知识和技术知识是随着教师个体的经验和教学情境而不断发生变化的，即一个动态的概念。虽然诸多学者都提出了类似的表述，但用的是诸如 ICT-related PCK 或者 Technology-enhanced PCK 等提法。

TPACK 真正的提出是在 2007 年，科勒和米什拉在舒尔曼提出的 PCK 概念的基础上，开创性地构建了 TPCK(Technological Pedagogical Content Knowledge)的知识框架，并详细阐述了 TPCK 知识框架中的各个元素。自此之后，TPCK 受到了教育学者的广泛关注。

同一年，美国创新与技术委员会(AACTE)将原来缩写的"TPCK"中增加了"And"的首字母 A，变为便于拼读和记忆的"TPACK"。一是强调教学法知识(Pedagogical Knowledge，PK)、技术知识(Technological Knowledge，TK)和学科内容知识(Content Knowledge，CK)这三种知识都是有效技术整合必不可少的部分；二是强调为了帮助教师利用技术改善学生学习，这三种知识相互作用形成综合知识包(Total PACKage)，更加强调其组成的完整性和不可分割性。至此，TPACK 能力框架被完整地提出。

3.4.2　TPACK 能力框架的内涵及特征

TPACK 能力框架包含三个核心要素，即学科内容知识(CK)、教学法知识(PK)和技术知识(TK)；四个复合要素，即学科教学知识(PCK)、整合技术的学科内容知识(TCK)、整合技术的教学法知识(TPK)、整合技术的学科教学知识(TPACK)。具体如图 3-8 所示。

下面对这三个核心要素和四个复合要素进行详细说明，如图 3-5 所示。

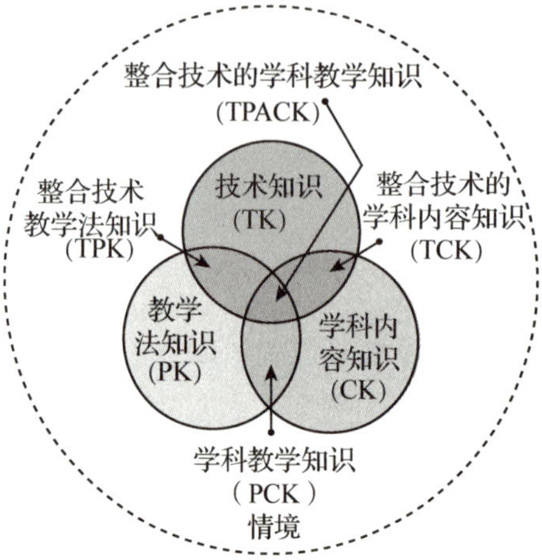

图 3-5 TPACK 能力框架

3.4.2.1 核心要素

1. 学科内容知识

学科内容知识是教学者教授或被学习者学习的学科知识，主要包括该学科有关的概念、理论、组织框架、证据和证明，以及为发展学科知识所进行的各种实践和探索等。不同的学科领域间存在着很大的差异，对学科内容知识的充分掌握是教师进行特定学科教学的基本前提和基础。学科内容知识不仅仅局限于那些约定俗成的专业领域的知识，还包括教师自身在网络、群体或教学实践中通过交流协作、头脑风暴和情境探索动态生成的知识。

2. 教学法知识

教学法知识是教师个体对教学的认知、开展教学的实践、过程或方法等的知识，是能够被所有学科所通用和共享的一般教学法，包括教师根据教学对象的特征和对教学目标的理解在教学过程中所使用的教学方法、技巧、策略和评价方式等，教师所使用的教学法能够影响学生对知识的获取、理解和加工方式。

3. 技术知识

技术知识包括传统技术和现代技术。传统技术如粉笔、黑板、课本和投影仪等，现代技术包括计算机、电子白板、电视和网络等，技术知识是 TPACK 能力框架中最为灵活、不定和最具变化性的成分。技术更新换代十分迅速，这使得技术知识总是处于动态变化的状态之中。

3.4.2.2 复合要素

以上的三个核心要素并不是孤立存在的，学科内容知识是教师教学得以开展的前提和基础，教学法知识是教师有效开展教学的手段，而技术知识动态影响着学科内容知识和教学法知识。三个核心要素相互交织，衍生出了四个复合要素。

1. 学科教学知识

学科教学知识是学科内容知识和教学法知识的有效整合，学科教学知识涵盖多个学科领域，是在真实的教学情境中，教师运用一定的教学策略和知识表征形式，将学科知识转化为学生可以理解和适应的一种能力，是具体学科知识"教学转化"的结果。学科教学知识作为教师个体的知识建构领域，是一种教师在教学实践中逐渐产生和发展的具有生成性的知识表征，它不断转化成教师的基础知识，植根于教师专业发展之中。

2. 整合技术的学科知识

整合技术的学科内容知识是具体学科知识和技术相互作用产生的，教师在学习和教学实践的过程中，不仅要注重技术本身的学习，还要关注技术与自身学科的契合，以便实现技术与本学科知识的有效整合。学科知识和技术之间的影响是双向的，一方面指根据具体的学科内容，教师可以选择特定的技术手段；另一方面指技术的更新换代为知识的表征方式带来了更多的可能性，会对学科知识的来源范围、获取途径和加工方式等产生影响，如通过网络或媒体获取学科最新的研究动态和成果，利用虚拟实验模拟某种现实中较难操作的化学现象等。学科教师需要了解哪些具体的技术手段能够更好地用于本学科教学中，并且掌握这一方式是如何得以实现的。

3. 整合技术的教学法知识

复制是由教学法知识和技术相互作用产生的，技术和教学法知识在教学中都具有工具性的作用，一种技术在课堂中的使用能够产生新的教学方法，反之亦然。教师教学方法和教学策略也会对具体技术的选择和应用产生影响。技术在教学中的运用并不是单一的工具手段，恰当的技术使用势必会引起教师教学方式和思维方式在某种程度上的变化，如白板是一种功能性的设备，在教学中，若教师是传统的讲授式教学，那白板通常会被当作黑板来使用，而如果教师将白板用于"头脑风暴"，则教师会选用小组协作探究的教学方式。教师应克服功能固着的限制，创造性地根据教学目标对技术进行"重设计"。

4. 整合技术的学科教学知识

整合技术的学科教学知识是学科知识、教学法知识和技术知识综合而成的知识，其核心是学科知识、教学法知识和技术三元素之间的动态平衡。一般认为，学科内容决定了教学方法和技术的选择、设计和应用，但信息技术融入课堂教学已成为一种趋势，学科知识、教学法知识和技术三者之间在动态平衡的这一常态下，TPACK 中某一元素的变化会引起其他元素的变化，新技术的使用往往会引发教师对学科内容组织的重构和教学法的重新思考和组织，同时教学法也能够在一定程度上影响具体技术的选择和学科内容的组织，这便是学科知识、教学法知识和技术知识之间的动态交织和制衡的表现。教师要使用技术工具进行有效教学，不仅要熟悉各元素本身，也要了解各元素交织而衍生的知识，必须理解和把握各元素之间的相互关系，并能根据某一元素的变化适时做出调整，教师要能够根据教学情境的需要，综合考虑学科知识、教学法和技术，从而设计出合适的教学方案。

TPACK能力框架强调了学科内容知识、教学法知识和技术知识三者之间的平等性、交互性和统一性，克服了以往观念中孤立地将技术和教学法作为学科知识的外在辅助工具的局限，构成了一个动态平衡的系统。

从对内涵的展开可以看出，TPACK能力框架具有以下三方面的特征。[①]

第一，TPACK是教师应当具备且必须具备的全新知识，它的贯彻、实施离不开教师。所以在推广、应用TPACK过程中，必须强调教师是教学改革的积极参与者，课堂教学的设计者、实施者；在教学过程中教师应起引导和监控作用。这种观点对教师教育和教师专业发展具有重要指导意义。

第二，TPACK涉及学科内容、教学法和技术三种知识要素，但并非这三种知识的简单组合或叠加，而是要将技术融入具体学科内容教学的教学法知识当中去。这就意味着对TPACK的学习、应用，不能只是单纯地强调技术，而是应当更多地关注信息技术环境下的教与学的理论及方法。

第三，TPACK是整合了三种知识要素以后形成的新知识，由于涉及的条件、因素较多，且彼此交互作用，因此这是一种"结构不良"(Ill-Structured)知识。这种知识要解决的问题(即信息技术整合于学科教学过程所遇到的问题)，都属于"劣性问题"(Wicked Problem)。这种问题不存在一种适用于每一位教师、每一门课程或每一种教学观念的解决方案(即确定的解决方案)。相反，这种解决方案只能依赖每位教师的认知灵活性在三种知识的结合与交叉中去寻找。

3.4.3 对TPACK能力框架的分析

TPACK能力框架的提出，一方面是为了适应信息化社会的发展趋势，让教师和学生用技术进行有创造力的教和学，从而更好地培养未来人才；另一方面是为了更好地解决技术和教育教学的关系问题。下面将从几个不同的维度对TPACK能力框架进行分析。

3.4.3.1 框架的站位

教师教育技术能力发展的根本诉求是让教师主动、灵活、有效地将技术融入常态

---

① 何克抗：《TPACK：美国"信息技术与课程整合"途径与方法研究的新发展（下）》，载《电化教育研究》，2012(6)。

教学中。那么，教师应该具备怎样的知识？又有哪些知识对于 21 世纪的教师是最为关键和有效的呢？针对这些问题，TPACK 能力框架给出了答案。框架通过明晰教师必备的知识，给教师（教育者）提供了一种技术整合的思维方式，帮助他们思考：什么样的知识才有助于课程整合？什么样的教学行动才合理而有效？因此，TPACK 能力框架是一个概念性的或者分析性的知识框架，一个顶层示意图和理想状态，它只告诉教师应该具备的知识体系，但没有告诉教师具体应该如何去做。

3.4.3.2　框架的面向对象

正如其提出者所说，TPACK 能力框架是面向研究者和教师专业发展人员的，研究者只是尝试通过呈现框架来反映一种思维方式，描述的是教师应该理解的一种事物。意图只是指出教师应该知道哪些东西才能做出好的决定，并不旨在告诉教师你该做什么、不该做什么，具体该怎样决策，教师并非其预期的读者受众。[①] TPACK 还不够具体明确，它需要进一步理解和开发到一个可操作的框架，才能够对教师的信息能力发展起到真正的干预作用。

3.4.3.3　框架的结构体系

TPACK 能力框架是一个简单凝练的韦恩图形式，表明了教师将技术整合到课堂所需要的知识成分，通俗易懂地展现了知识构成和知识关系。将技术有效整合到课堂中，教师不仅需要掌握具体学科的知识、思想、方法，知识背后的本质，相关领域的知识，具体学科教学法知识，还需要掌握如何用技术表征知识，如何设计技术整合的活动，因此教师要深刻理解 CK、PK、TK 以及它们之间的关系和动态平衡，并且在变化中保持平衡。

3.4.3.4　框架的内容维度

TPACK 能力框架包含了两个维度的理解。

第一，从课堂出发关注教师的教学方面，如前所述包含三个核心要素和四个复合要素，共七种组成成分。这与《ICT-CFT》框架中教师教学方面的五个维度是相互匹配的：理解教育信息技术、信息技术属于 TK，评价、教育学和组织管理属于 PK，课程属于 CK。TPACK 能力框架和《ICT-CFT》框架都体现了 TK、CK 和 PK 这三个基本核心要素。

第二，学会教学正如教学本身一样是一种过程。所以，要想让教师用技术"教"，

---

① 张宝辉、张静：《技术应用于学科教学的新视点——访美国密歇根州立大学马修·凯勒教授》，载《开放教育研究》，2013(2)。

必须让他们经历用技术"学"的过程，因而技术为教师专业发展提供了新的渠道。教师除了掌握新技术、结合技术的教学方法及教学理论外，还要积极面对并适应由技术支持和构建的专业发展环境，从而更好地实践技术，体会技术的影响。教师不仅要掌握TPACK，还要充分利用信息技术环境为自身TPACK发展提供实践环境，保障和促进TPACK得以建构。

由此可见，TPACK能力框架强调了教师不仅是教育者，还是学习者。数字教师只有成为好的学习者，才能成为好的教育者。技术不仅是教师学习的对象、教学的工具，还是学习的辅助工具。

3.4.4　TPACK能力框架的启示

就信息技术与课程的课内整合而言，TPACK是美国最为有效的，也是最受广大教师（尤其是中小学教师）欢迎的一种模式。从本质上讲，TPACK是一个功能强大的框架，在教育技术研究和实践中拥有巨大的潜力。它已被用来解析技术整合的课程，设计教师教育课程，设计教师专业发展的活动，设计课堂中的ICT整合，并作为技术或者教育技术等核心文献的分析框架等。TPACK能力框架的提出在教师技术整合的知识框架、教师教育课程设置的审视框架及教师教育技术应用的语言框架和教师发展项目的评估框架等方面带来很多的启示。[①]

第一，TPACK是从课堂教学中教师知识角度提出的，它强调的是在整合中教师所需要的知识，这种强调对教师地位有一定的纠偏作用。过去十来年，受建构主义影响，课程整合更多关注"以学生为中心"。例如，提倡信息技术在课堂中的应用要从"支持教师的教"向"支持学生的学"转变；提倡发挥信息技术作为知识表征工具、认知工具、知识建构工具、协作交流工具、智慧汇聚工具等的作用，支持学生实现自主、协作、探究、创造式学习等。这些理念在一定程度上蕴含着教师主导作用的发挥，但在教学实践中却往往出现以学生为中心，忽略或忽视教师作用的现象。而TPACK能力框架则明确提出，技术整合于课堂的必备前提就是教师具有TPACK，强调了教师的主导作用，凸显了教师的重要性。同时，对教师知识的关注反映了教学变革的思路，即既重视教师的主导作用，又重视学生的主体作用，两者相辅相成，共同促进教学质量的提高。

第二，TPACK能力框架作为信息时代数字教师的知识框架，技术元素成了其中一个不可或缺的要素。技术不再孤立地存在于教师的知识体系外，因而克服了以往将技

---

① 吴焕庆、崔京菁、马宁：《面向数字教师的〈ICT-CFT〉框架与TPACK框架的比较分析》，载《电化教育研究》，2014(9)。

术作为孤立的、外在的、单一的元素来思考整合技术教学的局限。TPACK 能力框架提示人们，教师的专业知识从 PCK 走向 TPACK，要重视内容、教学、技术以及三者间的交互和整合关系，TPACK 为信息技术背景下（职前）教师教育与培养提供了重要的参考价值。TPACK 成为教师教育课程设置的审视框架。教师的专业培训不能脱离具体情境进行 TK、PK、CK 的单独讲授，不能片面强调一种或两种知识。

第三，众所周知，信息技术与课程整合实践轰轰烈烈，但是并没有取得预期的效果。原因是人们只热衷于使用技术，但是对什么时候用、如何用、用得如何等问题关心不够。对于这种偏差，科勒和米什拉认为要归因于缺乏形成或者理解整合过程的理论基础。TPACK 则从教师教学知识的视角，为信息技术与学科课程整合提供了一个思考框架和可参考的实施框架，那就是教师要站在学生的立场上，思考在具体教学实践中如何使用技术、表征特定主题内容、选择与技术和学科内容相匹配的教学活动，从而有效地促进学生的学习。

第四，TPACK 能力框架中包含四个复合成分，这有助于确定教师教学知识与信息技术整合相关联的重要成分，有助于教师把握和判断什么是信息技术支持下的有效教学，并进一步加深对信息技术与课程整合的理解。"成功的整合"必须以具体的课程内容和教学法，以及教师设计的教学为基础。TPACK 为衡量成功的整合提供了评估框架，根据 TPACK 努力发展评估量表来评价教学质量是一个有意义的研究领域。

第五，TPACK 能力框架可以是一个强大的软件开发框架。有研究者根据 TPACK 能力框架为大一本科计算机专业开发了角色扮演游戏环境。他们按照 TPACK 能力框架，发现了所面临的困难并确定解决有关问题的方案。他们提供了一个如何采用 TPACK 能力框架构建基于内容的技术环境的开发实例。

3.4.5　本节小结

教师作为教学的设计者和实施者，使用技术无疑会对教育产生革命性的影响，而这种影响最终还要落脚在教师身上。因此，信息时代教师信息技术知识和能力的培养和发展越来越成为现代社会中被关注的焦点。TPACK 能力框架从教师教学知识基础的角度出发，为信息技术与学科课程整合提供了一个思考的框架，有助于教师确定和理解什么是信息技术支持下的有效教学。TPACK 框架使得我们能近距离地观察成功将信息技术与学科课程整合的培养方案，并对这种成功方案的因果机制做出推断。这对信息技术背景下，职前教师教育和在职教师培训具有重要的意义。

3.5
中国中小学教师信息技术应用能力相关标准

学习目标

1. 了解中国中小学教师信息技术应用能力的内涵与特征
2. 了解中国中小学教师信息技术应用能力的发展背景
3. 了解中国中小学教师信息技术应用能力的绩效标准
4. 理解中国中小学教师信息技术应用能力对教学实践的意义

为了提高我国中小学教师教育技术能力水平，促进教师专业能力发展，教育部出台了一系列计划与工程，并颁布了与之对应的一系列教师能力标准。

2004 年 3 月 3 日，国务院批转了教育部《2003—2007 年教育振兴行动计划》，提出了要实施高素质教师和管理队伍建设工程。同年 12 月 25 日，教育部正式颁布了《中小学教师教育技术能力标准(试行)》，这是我国中小学教师的第一个专业能力标准。它的颁布与实施是我国教师教育领域一件里程碑性的大事，将对我国教师教育的改革与发展产生深远影响。

2013 年 10 月 25 日，教育部启动实施全国中小学教师信息技术应用能力提升工程，提出要建立教师信息技术应用能力标准体系，完善顶层设计。次年 5 月 27 日，教育部颁布了《中小学教师信息技术应用能力标准(试行)》，该标准的实施对于全国中小学(及幼儿园)教师信息化教学专项能力的提升、教育信息化的有效推进具有重要的意义。

2018 年 1 月，《中共中央 国务院关于全面深化新时代教师队伍建设改革的意见》要求，教师主动适应信息化、人工智能等新技术变革，积极有效开展教育教学。2018 年 4 月，教育部启动实施教育信息化 2.0 行动计划，提出大力提升教师信息素养。

本节将分别对上述两轮"全国中小学教师信息技术应用能力提升工程"以及 2004 年的《中小学教师教育技术能力标准(试行)》、2014 年的《中小学教师信息技术应用能力标准(试行)》的制定背景、标准的体系结构与基本内容等内容进行阐述。

3.5.1 《中小学教师教育技术能力标准(试行)》的制定背景及过程

为了适应基础教育深化改革与发展的需要，全国教师教育信息化专家委员会从成立之日起就向教育部师范司提出建议——应尽快制定我国的《中小学教师教育技术能力标准(试行)》。师范司领导极为重视,不仅充分肯定这个建议,还要求教师教育信息化专家委员会立即对研制这一标准的必要性和可行性进行前期调研与论证。在充分调研与论证的基础上,教育部于 2003 年 4 月正式启动"中国中小学教师教育技术能力标准(试行)研制"项目,并将该项目列入教育部的重大研究课题,委托全国教师教育信息化专家委员会组织实施。于是以北京师范大学、华南师范大学、西南大学和中央电教馆等单位的有关专家为核心的标准研制组很快成立,并随即分成几个子课题迅速开展工作。

《中小学教师教育技术能力标准(试行)》的研制过程前后共经历了体系框架及内容设计、广泛征求意见、初稿研讨与修订、标准试验与完善四个阶段,历时近两年,共有 40 余名专家、学者,近 20 个单位和机构参与了该项目的研究与开发。

为了提高标准的科学性与适用性,专家深入研究和借鉴了西方发达国家的相关标准(特别是教育技术标准)以及国内的相关研究成果,其中国外的相关标准有:美国教师教育技术标准(NETS-T)、美国学生教育技术标准(NETS-S)、美国学校管理人员教育技术标准(NETS-A)、美国教育传播与技术协会的《教育传播和教学技术项目认证标准》(简称 ECIT 认证标准);英国教师 ICT 培训标准、英国教师专业发展标准和英国中小学校长职业标准等。国内的相关研究成果则涉及:《我国中小学教师教育技术能力的调查与分析》[1]《中小学教师的教育信息技术绩效标准研究》[2]《教育技术类专业人员的能力素质调查研究》[3]《高等师范教育面向 21 世纪教学内容和课程体系改革成果·教育技术分册》等。

2004 年 6 月,《中小学教师教育技术能力标准(试行)》的初稿基本形成,《中小学教师教育技术能力标准(试行)》研制组随即在全国七个实验区,共 100 余所中小学通过座谈、问卷调研等方式广泛征询意见,并在其中选择了部分学校进行《中小学教师教育技术能力标准(试行)》使用的试验。通过广泛的意见征询和《中小学教师教育技术能力标准(试行)》使用的试验,研制组获得了大量的回馈信息,从而形成对《中小学教师教育技术能力标准(试行)》初稿进行修改的指导思想,具体包括以下六个方面。

第一,《中小学教师教育技术能力标准(试行)》的体系结构与基本内容既要借鉴国外先进经验,又要充分考虑我国的国情。

第二,在突出教育技术要求的前提下,既要重视信息技术,又不能忽视传统的媒

---

[1]　王钢、朱京曦、刘莉等:《我国中小学教师教育技术能力的调查与分析》,载《中国电化教育》,2002(3)。

[2]　张建伟、师书恩、苗逢春等:《中小学教师的教育信息技术绩效标准研究(上)》,载《中国电化教育》,2003(2)。

[3]　赵为华:《教育技术类专业人员的能力素质社会需求分析及专业课程框架设计》,硕士学位论文,北京师范大学,1989。

体和技术。

第三，为了使《中小学教师教育技术能力标准(试行)》能在全国范围普遍适用，对《中小学教师教育技术能力标准(试行)》的表述宜粗不宜细。

第四，对于适合三类不同人员(教学人员、管理人员和技术人员)的教育技术能力标准，既要有共性，又要有明显区别，以体现不同的工作特点与需求。

第五，对《中小学教师教育技术能力标准(试行)》的所有条目要尽可能建立具有可操作性的绩效指标。

第六，对《中小学教师教育技术能力标准(试行)》的所有条目的表述既要具体、有可操作性，又不要出现某种软件的名称或某家公司的产品名称。

在上述思想的指引下，标准研制组经过多次讨论、修改，几易其稿，终于在2004年11月完成我国《中小学教师教育技术能力标准(试行)》(2004版)的正式文本。

在《中小学教师教育技术能力标准(试行)》研制过程中，除了在体系结构与基本内容方面认真吸取国外的先进经验以外，我们也注意兼收并蓄发达国家制定标准过程的有益经验。例如，美国在制定标准过程中取得的下述经验就值得我们借鉴。

第一，坚持一个《中小学教师教育技术能力标准(试行)》——全国不分地区都采用同一个教育技术标准。

第二，开发两类实施案例——围绕每一个学科设计的单科实施案例和涉及若干个学科、面向研究性学习的综合实施案例。

第三，注意三方面的结合——教育技术专家与学科专家相结合、教育技术标准的研究与实施案例的开发相结合、教育技术标准的要求与课程标准的要求相结合。

第四，狠抓四个环节——在《中小学教师教育技术能力标准(试行)》研制过程中要始终关注彼此密切相关的四个环节，即研究标准、开发案例、进行试点、评估检验。这四个环节环环相扣，前一环节为后一环节奠定基础、做好铺垫，后一环节则是前一环节的巩固、深化与拓展，所以四者缺一不可。

3.5.2 《中小学教师教育技术能力标准(试行)》的体系结构与基本内容

整个《中小学教师教育技术能力标准(试行)》的总体框架如图3-6所示。

针对学校教育中不同类型的教师，《中小学教师教育技术能力标准(试行)》制定了如下三个子标准。

第一，教学人员子标准。适用对象：中小学学科教师及对学科教学进行指导的人员；对中小学教师进行培训与培养的组织与机构；对中小学教师进行考核、认证的组织与机构；制定相关标准的人员。

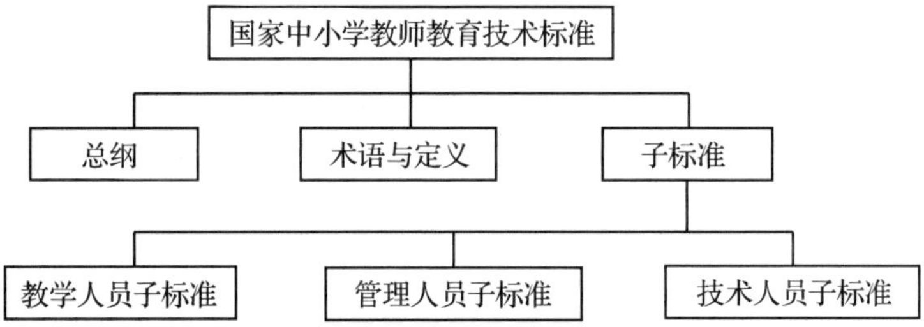

图 3-6　《中小学教师教育技术能力标准(试行)》的总体框架

第二，管理人员子标准。适用对象：中小学教育教学管理人员；对中小学管理人员进行培训与培养的组织与机构；对中小学管理人员进行考核认证的组织与机构；制定相关标准的人员。

第三，技术人员子标准。适用对象：在基础教育系统中从事技术支持的人员；对技术人员进行培训与培养的组织；对技术人员进行教育技术方面内容审核的各级教育组织；制定相关标准的人员。在基础教育系统中从事技术支持的人员，包括各级各类中小学校网络管理人员、电教人员等从事中小学信息技术支持的人员。

根据我国的国情和对中小学的实际调研情况并借鉴他国的经验，最终形成了具有我国特色的"4(14)N"教育技术能力标准体系结构。针对三类不同人员的子标准都遵循"4(14)N"的体系结构，只是在具体内容上有所差异。

4——表示有 4 个能力素质维度。

(14)——表示有 14 个一级指标。

N——表示有 N 个概要绩效指标(对于教学人员、管理人员、技术人员这三类子标准，N 依次为 41、46、44)。

4 个能力素质维度如下。

第一，应用教育技术的意识与态度(包括信息需求意识、信息应用与创新意识、对信息的敏感性与洞察力以及对信息的兴趣与态度等)。

第二，教育技术的知识与技能(包括教育技术的基本理论与方法、基本操作技能、信息的检索加工与表达、信息安全与评价等)。

第三，教育技术的应用与创新(包括教学设计、教学实践、信息技术与课程整合、自主学习与协作学习等)。

第四，应用教育技术的社会责任(包括信息利用及传播有关的道德、法律、人文关怀等)。

以教学人员的教育技术能力子标准为例，其体系结构与基本内容如图 3-7 所示。

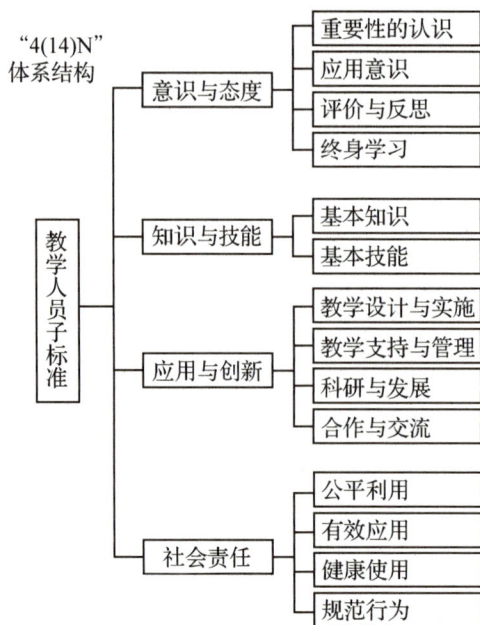

图 3-7　教育技术能力子标准的体系结构

3.5.3　《中小学教师教育技术能力标准(试行)》的具体绩效指标

3.5.3.1　教学人员

1. 意识与态度

(1)重要性的认识

①能够认识到教育技术的有效应用对于推进教育信息化、促进教育改革和实施国家课程标准的重要作用。

②能够认识到教育技术能力是教师专业素质的必要组成部分。

③能够认识到教育技术的有效应用对于优化教学过程、培养创新型人才的重要作用。

(2)应用意识

①具有在教学中应用教育技术的意识。

②具有在教学中开展信息技术与课程整合、进行教学改革研究的意识。

③具有运用教育技术不断丰富学习资源的意识。

④具有关注新技术发展并尝试将新技术应用于教学的意识。

(3)评价与反思

①具有对教学资源的利用进行评价与反思的意识。

②具有对教学过程进行评价与反思的意识。

③具有对教学效果与效率进行评价与反思的意识。

(4)终身学习

①具有不断学习新知识和新技术以完善自身素质结构的意识与态度。

②具有利用教育技术进行终身学习以实现专业发展与个人发展的意识与态度。

2．知识与技能

(1)基本知识

①了解教育技术基本概念。

②理解教育技术的主要理论基础。

③掌握教育技术理论的基本内容。

④了解基本的教育技术研究方法。

(2)基本技能

①掌握信息检索、加工与利用的方法。

②掌握常见教学媒体选择与开发的方法。

③掌握教学系统设计的一般方法。

④掌握教学资源管理、教学过程管理和项目管理的方法。

⑤掌握教学媒体、教学资源、教学过程与教学效果的评价方法。

3．应用与创新

(1)教学设计与实施

①能够正确地描述教学目标、分析教学内容，并能根据学生特点和教学条件设计有效的教学活动。

②积极开展信息技术与课程的整合，探索信息技术与课程整合的有效途径。

③能为学生提供各种运用技术进行实践的机会，并进行有针对性的指导。

④能应用技术开展对学生的评价和对教学过程的评价。

(2)教学支持与管理

①能够收集、甄别、整合、应用与学科相关的教学资源以优化教学环境。

②能在教学中对教学资源进行有效管理。

③能在教学中对学习活动进行有效管理。

④能在教学中对教学过程进行有效管理。

(3)科研与发展

①能结合学科教学进行教育技术应用的研究。

②能针对学科教学中教育技术应用的效果进行研究。

③能充分利用信息技术学习业务知识，发展自身的业务能力。

（4）合作与交流

①能利用技术与学生就学习进行交流。

②能利用技术与家长就学生情况进行交流。

③能利用技术与同事在教学和科研方面广泛开展合作与交流。

④能利用技术与教育管理人员就教育管理工作进行沟通。

⑤能利用技术与技术人员在教学资源的设计、选择与开发等方面进行合作与交流。

⑥能利用技术与学科专家、教育技术专家就教育技术的应用进行交流与合作。

4. 社会责任

（1）公平利用

努力使不同性别、不同经济状况的学生在学习资源的利用上享有均等的机会。

（2）有效应用

努力使不同背景、不同性格和不同能力的学生均能利用学习资源得到良好发展。

（3）健康使用

促进学生正确地使用学习资源，以营造良好的学习环境。

（4）规范行为

能向学生示范并传授与技术利用有关的法律法规知识和伦理道德观念。

3.5.3.2　管理人员

1. 意识与态度

（1）重要性的认识

①能够认识到教育技术的有效应用对于推进教育信息化、促进教育改革和实施国家课程标准的重要作用。

②能够认识到教育技术能力是教师专业素质的必要组成部分。

③能够认识到教育技术的有效应用对于优化教学过程、培养创新型人才的重要作用。

（2）应用意识

①具有推动在管理中应用教育技术的意识。

②具有推动在教学中开展信息技术与课程整合、促进教育教学改革研究的意识。

③具有支持教师运用教育技术不断丰富学习资源的意识。

④具有密切关注新技术的价值并不断挖掘其教育应用潜力的意识。

（3）评价与反思

①具有促进对教学资源的利用进行评价与反思的意识。

②具有促进对教学过程进行评价与反思的意识。

③具有促进对教学效果与效率进行评价与反思的意识。

④具有对教学管理的效果进行评价与反思的意识。

（4）终身学习

①具有不断学习新知识和新技术以提高自身管理水平的意识与态度。

②具有利用教育技术进行终身学习以实现管理能力与个人素质不断提高的意识与态度。

③具有利用教育技术为教师创造终身学习环境的意识与态度。

2．知识与技能

（1）基本知识

①了解教育思想、观念和教育技术的发展趋势。

②了解教育技术的基本概念和应用范畴。

③了解教育技术的基本理论。

④掌握绩效技术、知识管理和课程开发的基本知识。

（2）基本技能

①掌握信息检索、加工与利用的方法。

②掌握资源管理、过程管理和项目管理的方法。

③掌握教学媒体、教学资源、教学过程与教学效果的评价方法。

④掌握课程规划、设计、开发、实施与评价的方法。

3．应用与创新

（1）决策与规划

①制定并实施教育技术应用计划以及应用技术来促进教育教学改革的条例与法规。

②能够根据地区特点和实际教育状况，宏观调配学习资源，规划和设计教育系统。

③能够有效应用信息技术和统计数据辅助决策过程。

（2）组织与运用

①能组织与协调各种资源，保证教育技术应用计划的贯彻和执行。

②能组织与协调各种资源，促进信息化学习环境的创建。

③能组织与协调各种资源，支持信息化的教学活动。

④能运用技术辅助教学组织和教学实施。

（3）评估与发展

①能使用多种方法对教师和管理人员的教育技术应用效果进行评价。

②能运用技术辅助对管理体制和运行机制进行评价。

③能采取多种措施推动技术体系的不断改进，支持技术的周期性更新。

④能充分利用技术手段为教师、学生和管理者的发展提供更多机会。

⑤能充分运用技术改善教育教学条件，并为教师提供教育技术培训的机会。

（4）合作与交流

①能利用技术与教学人员就教学工作进行交流。

②能利用技术与技术人员就学习支持与服务进行交流。

③能利用技术与家长及学生就学生发展与成长进行交流。

④能利用技术与同事就管理工作进行合作与交流。

4. 社会责任

(1)公平利用

能够在管理制度上保障所有的教师和学生均能利用学习资源得到良好发展。

(2)有效应用

①能够促进学习资源的应用潜能得到最大化的发挥。

②能够促进技术应用达到预期效果。

(3)安全使用

①能确保技术环境的安全性。

②能提高技术应用的安全性。

(4)规范行为

①努力加强信息道德的宣传与教育。

②努力规范技术应用的行为与言论。

③具有技术环境下知识产权保护的意识，并能够以实际行动维护这种知识产权。

3.5.3.3 技术人员

1. 意识与态度

(1)重要性的认识

①能够认识到教育技术的有效应用对于推进教育信息化、促进教育改革和实施国家课程标准的重要作用。

②能够认识到教育技术应用能力是教师专业素质的重要组成部分。

③能够认识到教育技术的有效应用对于优化教学过程、培养创新型人才的重要作用。

(2)应用意识

①具有研究与推进信息技术与课程整合的意识。

②具有利用技术不断优化学习资源和学习环境的意识。

③具有积极辅助与支持教学人员和管理人员应用教育技术的意识。

④具有不断尝试应用新技术并探索其应用潜力的意识。

(3)评价与反思

①具有对技术及应用方案进行选择和评价的意识。

②具有对技术开发进行评价与反思的意识。

③具有对技术支持进行评价与反思的意识。

④具有对教学资源管理进行评价与反思的意识。

(4)终身学习

①具有积极学习新知识与新技术以提高业务水平的意识。

②具有利用教育技术进行终身学习以不断提高个人素质的意识。

2. 知识与技能

(1)基本知识

①了解教育思想、观念和技术的发展趋势。

②了解教育技术的基本概念和应用范畴。

③掌握现代教学媒体特别是计算机与网络通信的原理与应用。

(2)基本技能

①掌握信息检索、加工与利用的方法。

②了解教学系统设计与开发的方法。

③掌握教学媒体的设计与开发的技术。

④掌握教学媒体的维护与管理的方法。

⑤掌握学习资源维护与管理的方法。

⑥掌握对教学媒体、学习资源的评价方法。

3. 应用与创新

(1)设计与开发

①参与本单位教育信息化建设方案的整体规划与设计。

②能够设计与开发本单位的信息化学习环境。

③能够收集、整理已有学习资源并设计与开发符合教学需要的学习资源。

(2)应用与管理

①能够为教学人员的教学和科研工作提供技术支持与服务。

②能够为管理人员的管理和评估工作提供技术支持与服务。

③能够对学习资源与学习环境的使用进行有效的管理与维护。

(3)评估与发展

①能够对学习资源和学习环境的开发与应用效果进行评估，并提出发展建议。

②能够对自身的技术服务和管理工作进行评估，并反省自身的技术服务和业务水平。

③能够参与本校教师教育技术应用效果的评估工作，并提出发展建议。

④能够参与制定本校教师教育技术培训方案并实施。

(4)合作与交流

①能利用技术与教师就教育技术在教学中的应用效果进行交流。

②能利用技术与管理人员进行交流。

③能利用技术与学生及家长进行交流。

④能利用技术与同行及技术专家进行交流。

4. 社会责任

(1)公平利用

能够通过有效的统筹安排保障所有的教师和学生均能利用学习资源得到良好发展。

(2)有效应用

①能不断加强信息资源的管理。

②能不断提高教育技术应用的有效性。

(3)安全使用

①努力提高技术应用环境的信息安全。

②能为教师和学生提供安全、可靠的技术服务。

(4)规范行为

①努力加强技术环境下信息资源的规范管理。

②努力规范技术应用的行为方式。

作为我国第一个中小学教师专业能力的标准,《中小学教师教育技术能力标准(试行)》提出,教师的信息技术能力素质维度有应用教育技术的意识与态度、教育技术的知识与技能、教育技术的应用与创新、应用教育技术的社会责任。但是,该标准没有从更宏观的视角,从经济模式和社会发展的角度思考教育的发展目标与规划。

3.5.4 《中小学教师信息技术应用能力标准(试行)》的制定背景①

在信息化浪潮的推动下,我国政府意识到了必须把教育信息化上升到国家战略的层面,使教育信息化成为促进教育发展、变革的重要推动力量。《国家中长期教育改革和发展规划纲要(2010—2020 年)》首次专门把"加快教育信息化进程"作为一章,提出信息技术对教育发展具有革命性影响,必须予以高度重视,要通过教育信息化整体提升教育质量。随后,教育部制定了《教育信息化十年发展规划(2011—2020 年)》,全国各省市教育管理部门、各级各类教育机构也纷纷开始制定各自的教育信息化战略发展规划。在这些规划中,教师队伍建设的工作都被放在重要位置,教师的信息技术应用能力提升被认为是破解教育信息化发展瓶颈、推进基础教育课程改革和促进教师专业发展的重要软实力。

虽然我国中小学教师在不同程度上也接受了信息技术相关的培训(如办公自动化培训、教育技术培训等),但在信息技术教学应用能力方面仍有很大提升空间。纵观国际

---

① 祝智庭、闫寒冰:《〈中小学教师信息技术应用能力标准(试行)〉解读》,载《电化教育研究》,2015(9)。

上的标准《美国国家教师教育技术标准》前后经历了 1993 年、1997 年、2000 年、2008 年、2017 年五个版本的更新(见本章第二节);联合国教科文组织也在 2008 版《教师信息和通信技术能力标准》的基础上,经过三年多的应用以及世界范围内的专家和用户的反馈,于 2011 年 11 月推出第二版《教师信息与通信技术能力框架》(见本章第一节)。与此相比,我国相关的信息技术应用标准只有 2004 年的《中小学教师教育技术能力标准(试行)》,所以我国相应标准的更新与发展势在必行。

全国中小学教师信息技术应用能力提升工程 2.0 承担着培训改革的重担,因而,其中的很多举措都昭示着未来培训的发展方向。在培训开展前先明确标准,明确衡量教师信息技术应用专项能力的标尺,对于教师的自评自查、培训测评以及培训课程的开发与选用都将起到重要的指导作用。

能力标准的研制是一项谨慎而严肃的工作,从标准研制到出台,参与专家达到 193 人,开展核心专家组研讨会 18 次、资深专家咨询会 2 次。在不同阶段参与调研的中小学教师、学科专长教师、教研员、学校校长共计 9916 人。

3.5.5　《中小学教师信息技术应用能力标准(试行)》的具体指标

《中小学教师信息技术应用能力标准(试行)》根据我国中小学校信息技术实际条件的不同、师生信息技术应用情境的差异,对教师在教育教学和专业发展中应用信息技术提出了基本要求和发展性要求。其中,应用信息技术优化课堂教学的能力为基本要求,主要包括教师利用信息技术进行讲解、启发、示范、指导、评价等教学活动应具备的能力;应用信息技术转变学习方式的能力为发展性要求,主要针对教师在学生具备网络学习环境或相应设备的条件下,利用信息技术支持学生开展自主、合作、探究等学习活动所应具有的能力。

本标准根据教师教育教学工作与专业发展主线,将信息技术应用能力区分为技术素养、计划与准备、组织与管理、评估与诊断、学习与发展五个维度。标准的具体指标参照表 3-7。

表 3-7　《中小学教师信息技术应用能力标准(试行)》的具体指标

维度	应用信息技术优化课堂教学	应用信息技术转变学习方式
技术素养	理解信息技术对改进课堂教学的作用,具有主动运用信息技术优化课堂教学的意识。	了解信息时代对人才培养的新要求,具有主动探索和运用信息技术变革学生学习方式的意识。
	2. 了解多媒体教学环境的类型与功能,熟练操作常用设备。	2. 掌握互联网、移动设备及其他新技术的常用操作,了解其对教育教学的支持作用。

续表

维度	应用信息技术优化课堂教学	应用信息技术转变学习方式
	3. 了解与教学相关的通用软件及学科软件的功能及特点，并能熟练应用。	3. 探索使用支持学生自主、合作、探究学习的网络教学平台等技术资源。
	4. 通过多种途径获取数字教育资源，掌握加工、制作和管理数字教育资源的工具与方法。	4. 利用技术手段整合多方资源，实现学校、家庭、社会相连接，拓展学生的学习空间。
	5. 具备信息道德与信息安全意识，能够以身示范。	5. 帮助学生树立信息道德与信息安全意识，培养学生良好行为习惯。
计划与准备	6. 依据课程标准、学习目标、学生特征和技术条件，选择适当的教学方法，找准运用信息技术解决教学问题的契合点。	6. 依据课程标准、学习目标、学生特征和技术条件，选择适当的教学方法，确定运用信息技术培养学生综合能力的契合点。
	7. 设计有效实现学习目标的信息化教学过程。	7. 设计有助于学生进行自主、合作、探究学习的信息化教学过程与学习活动。
	8. 根据教学需要，合理选择与使用技术资源。	8. 合理选择与使用技术资源，为学生提供丰富的学习机会和个性化的学习体验。
	9. 加工制作有效支持课堂教学的数字教育资源。	9. 设计学习指导策略与方法，促进学生的合作、交流、探索、反思与创造。
	10. 确保相关设备与技术资源在课堂教学环境中的正常使用。	10. 确保学生便捷、安全地访问网络和利用资源。
	11. 预见信息技术应用过程中可能出现的问题，制订应对方案。	11. 预见学生在信息化环境中进行自主、合作、探究学习可能遇到的问题，制订应对方案。
组织与管理	12. 利用技术支持，改进教学方式，有效实施课堂教学。	12. 利用技术支持，转变学习方式，有效开展学生自主、合作、探究学习。
	13. 让每个学生平等地接触技术资源，激发学生学习兴趣，保持学生学习注意力。	13. 让学生在集体、小组和个别学习中平等获得技术资源和参与学习活动的机会。
	14. 在信息化教学过程中，观察和收集学生的课堂反馈，对教学行为进行有效调整。	14. 有效使用技术工具收集学生的学习反馈，对学习活动进行及时指导和适当干预。
	15. 灵活处置课堂教学中因技术故障引发的意外状况。	15. 灵活处置学生在信息化环境中开展学习活动发生的意外状况。
	16. 鼓励学生参与教学过程，引导学生提升技术素养并发挥其技术优势。	16. 支持学生积极探索使用新的技术资源，创造性地开展学习活动。

维度	应用信息技术优化课堂教学	应用信息技术转变学习方式
评估与诊断	17. 根据学习目标科学设计并实施信息化教学评价方案。	17. 根据学习目标科学设计并实施信息化教学评价方案，并合理选取或加工利用评价工具。
	18. 尝试利用技术工具收集学生学习过程信息，并能整理与分析，发现教学问题，提出针对性的改进措施。	18. 综合利用技术手段进行学情分析，为促进学生的个性化学习提供依据。
	19. 尝试利用技术工具开展测验、练习等工作，提高评价工作效率。	19. 引导学生利用评价工具开展自评与互评，做好过程性评价和终结性评价。
	20. 尝试建立学生学习电子档案，为学生综合素质评价提供支持。	20. 利用技术手段持续收集学生学习过程及结果的关键信息，建立学生学习电子档案，为学生综合素质评价提供支持。
学习与发展	21. 理解信息技术对教师专业发展的作用，具备主动运用信息技术促进自我反思与发展的意识。	
	22. 利用教师网络研修社区，积极参与技术支持的专业发展活动，养成网络学习的习惯，不断提升教育教学能力。	
	23. 利用信息技术与专家和同行建立并保持业务联系，依托学习共同体，促进自身专业成长。	
	24. 掌握专业发展所需的技术手段和方法，提升信息技术环境下的自主学习能力。	
	25. 有效参与信息技术支持下的校本研修，实现学用结合。	

3.5.6　《中小学教师信息技术应用能力标准（试行）》的不同教学情境

　　《中小学教师信息技术应用能力标准（试行）》对中小学教师的信息技术应用能力提出了"基本要求"和"发展性要求"这两类要求，这在其他的教师能力标准中是比较少见的。因而，理解这种划分的必要性，对于理解和执行标准都很重要。

　　根据对我国信息化教学环境的分析，标准研制组将我国的信息化教学环境分为以下四类。

　　第一，简易多媒体教学环境，主要由多媒体计算机、投影机、电视机等构成，以呈现数字教育资源为主。

　　第二，交互多媒体教学环境，主要由多媒体计算机、交互式电子白板、触控电视等构成，在支持数字教育资源呈现的同时，还能实现人机交互。

第三，网络教学环境，是由多媒体计算机网络教室、简易或交互多媒体教学环境，以及其他学生终端构成的，师生在课堂教学中能够充分利用数字教育资源、学科软件与网络教学平台开展教与学活动的信息化教学环境。

第四，移动学习环境，是由平板电脑、笔记本电脑、智能手机等移动学习终端设备构成的，能够使师生获得数字教育资源、学科软件与网络教学平台的支持，进行不受时空限制的教与学活动的信息化教学环境。

在简易多媒体和交互多媒体的教学环境中，由于学生不具备网络环境或相应设备，教师应用信息技术所做的主要工作是优化课堂教学。而在学生具备网络学习环境或相应设备的条件下，时空维度扩大，个性化体验、合作学习、探究学习的可能性大大提高，如果教师还只是应用信息技术来传递知识、提高教学效率，那则是新瓶老酒，浪费资源。这两种要求下的教学情境可以用表 3-8 来呈现。

表 3-8　不同教学情境对教师的要求对比

比较要素	教师需要能够	
	应用信息技术优化课堂教学	应用信息技术转变学习方式
技术环境	简易多媒体教学环境、交互多媒体教学环境	网络多媒体教学环境、移动学习环境
教学模式	授导式、启发式为主	项目学习、基于资源的学习、探究学习、基于问题的学习
应用目的	提高教学效率，支持集体学习	提高学习成效，促进合作交流，提供社会参与的渠道，支持个性化学习与合作学习
应用形式	利用信息技术支持讲解、启发、示范、指导、评价	利用信息技术支持学生开展自主、合作、探究等学习活动
学生行为	观看、思考、模仿、少量人机互动	动手操作、体验、应用、合作、交流、参与
代表技术	办公室软件，通用工具，学科工具（以展示、呈现为特点）等	社会性软件，思维工具，建模工具，教学平台，学习平台，学科软件（以体验、交流、分享为特点）等

3.5.6.1　技术环境

在简易多媒体教学环境和交互多媒体教学环境中，教师在信息技术应用方面所面临的挑战是自己如何用好技术资源，使教学效果得到更大的提升；而在网络多媒体教学环境和移动学习环境中，教师还需要在更为复杂、更为立体的环境中，引导学生用好技术资源。

3.5.6.2　教学模式

在"优化课堂教学"这一基本要求中，技术的作用角色是"辅助"，即使在教师不改变自己教学结构的情况下（可以依然使用自己常用的教学方式），如在以授导和启发为主的教学环节中，技术仍可以在很多方面对教学起到优化作用。而在学生拥有网络或数字化设备时，学生的学习方式会有更多的可能性。教师必须掌握项目学习、探究学习、基于资源的学习、基于问题的学习等"以学生为中心"的典型教学模式，才能将"每人拥有计算机"的硬件基础转化为教学创新的动力和实力。

3.5.6.3　应用目的

在"优化课堂教学"的要求中，信息技术应用的目的主要是提高教学效率，支持集体学习。其意义是将教师在课堂上无法做到或做不好的事情，通过技术手段加以实现，充分利用信息技术增加形象化、直观化、可视化，强化情绪表达，放大细节和增强真实感，呈现系统逻辑，加强体验与互动，形成集体记忆等，从而提高教学效率。随着学习理论研究的深入，人类学习的建构本质、社会协商本质和参与本质也越来越清晰地显现出来。信息技术在这些方面为人类的学习提供了强有力的支持。因而，当学生拥有数字化设备或网络时，信息技术的作用会得到质的放大。诸多教学实践，使我们看到信息技术在提高学习成效、促进合作交流、提供社会参与的渠道、支持个性化学习与合作学习等方面的贡献。可以说，在信息技术的支持下，学习模式的深度与广度都将得到拓展。

3.5.6.4　应用形式和学生行为

在"优化课堂教学"情境下，教师可以利用信息技术支持讲解、启发、示范、指导和评价，学生的行为主要是观看、思考、模仿和少量人机互动。而在"转变学习方式"情境下，由于信息技术成为教师和学生研究、交流和发布的便利工具，教师则需能够在更为复杂的学习环境中，支持学生开展自主、合作和探究等学习活动。学生也就有机会更为主动地应用与体验，他们不仅能够在信息技术的支持下学习知识，还可以更有深度地建构知识，建构自己在社会中的角色。

3.5.6.5　代表技术

在"优化课堂教学"情境中，主要将技术作为支持资源获取、媒体制作、数据统计、作品展示等工作的效率工具，如办公室软件、网络搜索工具，以及部分以展示、呈现为特点的学科软件等；而在"转变学习方式"情境中，主要将技术作为支持互动、体验、交流、合作、思考、创新的效能工具，如社会性软件、思维工具、建模工具、微博、微信，还有以体验、交流、分享为特点的学科软件等，这些工具往往具有网络化、共享互联的特点。能力标准的基本要求与发展性要求所预设的信息化环境之间存在交叉，如一些地区，学生虽然在教学过程中无法使用计算机、移动设备，但在自己家里仍然可以应用计算机和移动设备来进行学习，在这种情况下，教育行政管理者及中小学教师都应根据发展学生能力的教学理念，尽可能地以发展性要求为努力方向，利用信息技术为学生的自主、合作、探究学习搭建更为宽广的平台。

3.5.7　基于《中小学教师信息技术应用能力标准（试行）》的中小学教师信息技术应用能力的现状分析

张屹等人针对×省基础教育信息化发展状况的整体情况，在×省的 16 个市区的普通高中、普通初中和教学点（约占全省中小学总数的 10%）进行了调研，历时一个多月，回收问卷 795 份，问卷包括信息化应用、数字化人才培养、数字化资源建设、数字化环境建设、数字化管理以及保障体制共六大要素。[①] 研究从调查问卷中分别提取与《中小学教师信息技术应用能力标准（试行）》各维度相关的数据，在挑选指标数据时严格按照能力标准的指标要求，精心筛选了有足够代表性的数据。经过统计，结果如表 3-9 所示（问卷中部分设计的是百分比类型数据，部分是用 1～5 表达不同强弱程度的数据，从 1～5 强度逐渐增强）。

表 3-9　×省中小学教师信息技术应用能力的基本现状

维度	指标内容	比例	不同强弱程度（1～5）
技术素养	拥有电子邮箱的教师比例	77.9%*	
	使用电子白板等信息化设备教学的教师比例	42.6%	
	教师使用信息化工具辅助教学的程度		3.02*
	获取、合理使用数字化教学资源的能力		3.40*
	教师使用数字化资源的频率		2.60
	使用网络教学平台、博客等信息化工具辅助课堂教学的能力		2.71
计划与准备	在信息技术环境下进行教学设计的能力		2.92
	教师使用计算机备课的时间占总备课时间的比例	39.3%	
	使用计算机和网络进行电子备课的能力		3.19*

---

① 张屹、刘美娟、周平红等：《中小学教师信息技术应用能力的现状评估——基于〈中小学教师信息技术应用能力标准（试行）〉的分析》，载《中国电化教育》，2014(8)。

维度	指标内容	比例	不同强弱程度(1～5)
组织与管理	正确使用各种信息化教学设备，应对系统中常见错误的能力		2.61
	利用网络交流的能力		3.09*
	使教学资源编辑软件用于多用途的教师比例	21.6%	
评价与诊断	对学生进行信息化评价的能力		2.57
	教师采用信息化方式评价学生的比例	23.1%	
	使用多种信息化评价方式的比例	8.5%	
学习与发展	利用网络参与教研的能力		3.04*
	达标教师的比例	29.1%	
	能够每学期参与信息化教研的教师比例	83.5%*	
	能够每学期参加信息技术培训的教师比例	91.0%*	
	基本内容的培训达标情况	53.1%	

注：标有"*"处理的数据，表示比例大于 60%，强弱程度在 3 以上。

根据×省中小学教师信息技术应用能力的基本现状，研究者团队初步界定得分比例大于 60%，强弱程度在 3 以上为该指标已经达标，即"*"号表示已经达标的能力指标。由上表可以得出以下的结论。

3.5.7.1　技术素养和学习与发展方面取得了显著的成果

技术素养方面，拥有电子邮箱的教师比例达到了 77.9%，教师使用信息化工具辅助教学的程度为 3.02，获取、合理使用数字化教学资源的能力为 3.40。学习与发展方面，利用网络参与教研的能力达到 3.04，能够每学期参与信息化教研的教师比例为 83.5%，能够每学期参加信息技术培训的教师比例为 91.0%。

由此可得，技术素养方面，大多数教师拥有了电子邮箱，超过一半的教师已经在使用信息化工具辅助教学，教师基本能够获取并合理使用数字化教学资源。学习与发展方面，基本上每个教师每学期都能参加信息技术培训和信息化教研，并有部分教师能够利用网络参与教研。总之，教师在技术素养、学习与发展两方面具有较好的发展现状，只有达标教师的情况和使用电子白板等信息化相关设备教学教师的比例、信息化工具辅助教学的能力需要引起重视。

3.5.7.2　计划与准备和组织与管理有一定程度的发展

计划与准备方面，在信息技术环境下进行教学设计的能力程度为 2.92，教师使用计算机备课的时间占总备课时间的比例为 39.3%，都处于较弱的水平。只有使用计算机和网络进行电子备课的能力这一指标的得分较高，为 3.19。组织与管理方面，正确使用各种信息化教学设备，应对系统中常见错误的能力程度为 2.61，使教学资源编辑软件用于多用途的教师比例为 21.6%，只有利用网络交流的能力程度较高，为 3.09。

由此表明，在电子备课、网络交流方面已处于较好的发展水平，只是教师使用计算机备课的时间不足，教师在使用信息化教学设备，应对系统中常见错误的能力方面有所欠缺。

3.5.7.3 评价与诊断处于薄弱的水平

评价与诊断方面，对学生进行信息化评价的能力程度为 2.57，教师采用信息化方式评价学生的比例为 23.1%，使用多种信息化评价方式的比例为 8.5%。由此可得，各指标均处于较低的水平，这方面的培训工作有待加强，尤其是教师使用多种信息化评价方式进行评价的能力处于最弱的现状，应该给予较高的重视。

3.5.8 全国中小学教师信息技术应用能力提升工程 2.0

2013 年，教育部启动实施全国中小学教师信息技术应用能力提升工程（以下简称能力提升工程），建立了中小学教师信息技术应用能力标准体系，建设了两期课程资源，推动了全国中小学教师信息技术应用能力培训，并通过测评以评促学。截至 2017 年年底，共培训全国中小学教师 1000 余万名，基本完成全员培训任务，普遍提高了中小学教师应用信息技术改进教育教学的意识和能力。然而，在工程实施过程中也存在着重教师个体学习、轻学校整体应用，学与用未能紧密结合，以及支持服务体系不够健全等问题，教师信息化教学创新能力不足，尤其是乡村教师信息技术应用能力薄弱。同时，大数据、人工智能等新技术变革对教师信息素养提出了新要求。

因此在 2019 年，教育部印发了《教育部关于实施全国中小学教师信息技术应用能力提升工程 2.0 的意见》（以下简称《意见》），内容如下。

3.5.8.1 目标任务

到 2022 年，构建以校为本、基于课堂、应用驱动、注重创新、精准测评的教师信息素养发展新机制，通过示范项目带动各地开展教师信息技术应用能力培训（每人 5 年不少于 50 学时，其中实践应用学时不少于 50%），基本实现"三提升一全面"的总体发展目标：校长信息化领导力、教师信息化教学能力、培训团队信息化指导能力显著提升，全面促进信息技术与教育教学融合创新发展。

①整校推进教师应用能力培训，服务教育教学改革。加强校长牵头的学校信息化管

理团队建设，围绕学校教育教学改革发展目标制订信息化发展规划和教师研修计划，立足应用、靶向学习，整校推进、全员参与，建立适应学校发展需求的教师信息技术应用能力提升新模式，激发教师提升信息技术应用能力的内生动力，有效提高教育教学质量。

②缩小城乡教师应用能力差距，促进教育均衡发展。以"三区三州"等深度贫困地区、老少边穷地区为重点，国家示范、地方为主，整合资源、协同推进，因地制宜开展贫困地区乡村教师信息化教学示范培训，探索名师网络课堂和远程协同教研相结合的"双师教学"模式培训改革，提高乡村教师信息技术应用能力，推动乡村教育现代化。

③打造信息化教学创新团队，引领未来教育方向。遴选部分校长和骨干教师开展引领性培训，打造学校信息化教学创新团队，支持有条件的学校主动应用互联网、大数据、虚拟现实、人工智能等现代信息技术，探索跨学科教学、智能化教育等教育教学新模式，充分利用人工智能等新技术成果助推教师教育，提升校长、教师面向未来教育发展进行教育教学创新的能力。

④全方位升级支持服务体系，保障融合创新发展。适应信息技术发展趋势与分层分类培训需求，更新拓展标准体系，提高能力标准的引领性；优化培训团队建设，创新教师培训方式方法，提高培训指导的针对性；激励开放建设，改善资源供给，提高研修资源的适用性；变革测评方式，充分利用新技术开展教师研修伴随式数据采集与过程性评价，提高测评助学的精准性。

3.5.8.2 主要措施

1. 开展学校管理团队信息化领导力培训

由校领导担任学校首席信息官（CIO），组建由校长领衔、学校相关管理人员构成的学校信息化管理团队，采取国家示范培训先行、各地普及推进的方式，推动面向所有学校的管理团队信息化领导力提升专项培训。依据《中小学校长信息化领导力标准（试行）》，将学校信息化发展规划的制订与落实作为培训主线，指导管理团队结合学校教育教学改革发展目标，形成学校信息化发展规划，推进数字校园、智慧学校建设，探索教育、教学、教研、管理、评价等领域的创新发展，并确定相应的信息化教学校本研修主题及教师培训计划。通过线上线下相结合的跟踪指导，支持管理团队落实学校信息化发展规划，组织教师信息技术应用培训，有效提升管理团队领导全校教师应用信息技术开展教学创新的能力。

2. 围绕学校信息化教学创新推动教师研训

按照"国家示范、省市统筹、区县负责、学校自主、全员参与"的实施路径，以学校为单位申报研修主题和培训需求，在培训团队指导下，采取校本研修、区域教研、教师选学等多种方式，将集中培训、网络研修与实践应用相结合，以学科信息化教学为重点，整校推进开展教师信息技术应用培训。依据学校信息化发展规划，组建"骨干引领、学科联动、团队互助、整体提升"的研修共同体,围绕学科课程标准、专业教学标准,以问题为导向,以专题研修为抓手,推进相关教学设备和学科软件应用,开展教学案例研讨、课堂实录分析等信息化教学校本研修。推动教师应用网络学习空间、教师工作坊、研修社区等,利用线上资源,结合线下研讨,打造"技术创新课堂",提高应用信息技术进行学情分析、教学设计、学法指导和学业评价等的能力,破解教育教学重难点问题,满足学生个性化发展需求,助力学校教学创新。

3. 实施创新培训平台"三区三州"对口帮扶项目

教育部遴选建设一批能力提升工程创新培训平台,对口帮扶"三区三州"为代表的深度贫困地区,开展教师信息技术应用能力提升培训。采用与中小学校"牵手"合作的模式,根据当地教育信息化发展现状及"牵手"合作学校实际情况,帮助学校完成教育信息化发展规划与实施方案,针对不同类型的学校创新培训模式,结合不同学科(领域)、不同能力起点的教师信息技术应用能力提升需求制订培训规划,分类开展帮扶,支持学校信息化教育教学发展,打造中小学教师信息技术应用能力培训示范校,推动贫困地区乡村教师信息技术应用能力提升。

4. 推进中西部地区"双师教学"模式培训改革

中西部省(区、市)根据省域内深度贫困地区、老少边穷岛等地区乡村学校实际需求,多层次、多学科、多方式开展名师网络课堂和远程协同教研相结合的"双师教学"模式教师培训改革,加强乡村教师信息化培训精准帮扶工作。鼓励城乡之间、东中西部之间校际合作,发挥国家级教学成果奖、中小学教师信息技术应用创新实验区及示范校等的引领作用,通过优质学校与乡村学校"结对子"、建立"双师工作坊"等方式,利用专递课堂、同步课堂、名师课堂、名校网络课堂等,采取教师模仿名师网络录像,或者名师网络录像与当地教师辅导结合等模式开展教学。双方教师组成协同教研共同体,通过网络研修加强集体备课、研课交流,远程授课教师对乡村教师进行长期陪伴式培训,定向帮扶乡村教师提高专业水平与信息技术应用能力,助力贫困、边远地区教学点及乡村学校开齐国家课程,提高教育教学质量。

5. 促进教师跨学科教学能力提升

省级教育行政部门在有条件的地区积极发掘中小学基于信息技术支持的跨学科教学优秀经验,形成示范案例,建设本地教师跨学科教学能力提升培训资源和示范校。整合高等学校、教科研机构、教师培训机构、校外科技活动中心、企业等多方资源,组建培训团队,开展信息技术支持的跨学科教学培训。通过实施专项培训、组织多校协同的跨学科教学研修活动等方式,打造一批基于信息技术开展跨学科教学的骨干教师,推动信息化教育教学创新,全面提升学生核心素养。

6. 加强智能化教育领航名校长名师培养

有条件的地区遴选高等学校、教科研机构、教师培训机构、企业等组建培训团队,重点面向学校信息化基础较好的中小学校长和学科专业骨干教师，分别开展人工智能助推教育领导力和教育教学能力示范培训。教育教学专家、人工智能领域相关专家等制订研修方案，开发研修资源，将任务驱动、深度体验、行动研究等相结合，帮助参训校长、教师形成智能化教育意识，掌握智能化教育工具，提升解决教育教学问题的能力。通过迭代开发、优化升级，不断汇聚智能化教育管理与教学优秀示范案例，完善研修课程，融入最新技术内容和应用成果，形成产、学、研、培、用一体的多方协同参与机制，打造智能化教育领航名校长、名师。

7. 提升培训团队信息技术应用指导能力

各地教育行政部门选拔一线信息技术应用能力突出的学科骨干教师，建强培训者队伍，打造专兼结合的高水平教师信息技术应用能力培训团队。遴选信息化教学见长的高等学校、教科研机构和教师培训机构，采用专题研修、分类培训与学习共同体建设等模式，以县区为重点开展培训团队专项培训，推动培训团队开展应用信息技术促进学科教育教学的研究，探索基于"互联网＋"的教研组织形式，提高指导学科教师信息化教学的能力，以及应用信息技术进行培训设计、管理、评价等的能力。

8. 创新信息素养培训资源建设机制

以信息化教学方法创新、精准指导学生个性化发展为重点，创新机制建设教师信息素养培训资源。各地教育行政部门依据应用能力标准和本地教师信息技术应用的实际水平，统筹指导教师信息素养培训资源建设。面向社会汇聚教师信息素养提升的教育大资源，积极引入大数据、云计算、虚拟现实和人工智能等前沿技术支持的实物情景和实训操作等培训资源，尤其是职业教育课堂与实训室数字化教学相关资源，以及一线优秀教师参与研发的微课、慕课、直播课等视频培训课程资源。把开放教育资源创新应用与优质资源班班通项目结合起来，依托区域教育资源服务平台，通过资源使用率及用户评价等建立优质培训资源遴选机制，推进资源共建共享。

9. 构建成果导向、全程监测评价体系

省级教育行政部门统筹推进本省（区、市）教师信息技术应用能力发展测评，建立成果导向的能力评估模型，将教师研修学习、教学实践等活动纳入评估范畴，以评促用。充分利用各级各类管理与服务平台，推动开展以教师网络学习空间应用为核心的过程化评价，收集来自区县各校教师教学、教研的常态数据，进行数据综合挖掘，切实提高精准诊断、及时干预和个性化服务教师能力提升的水平。建立多元评价机制，引入第三方评价，通过评测中心、监测网络等多种途径，开展常态化监测，构建教师信息技术应用能力监测评价体系。

3.5.8.3　组织保障

1. 加强组织领导

教育部负责能力提升工程的顶层设计和宏观指导，完善教师信息技术应用能力标准体系，实施国家级示范培训项目，监测评估各地组织实施工作。能力提升工程执行办公室负责组织管理和支持服务的具体工作。省级教育行政部门负责本省（区、市）能力提升工程的统筹规划与管理，确定专门机构负责组织实施的具体工作，结合实际情况制订本省（区、市）能力提升工程规划方案，利用信息管理平台实施精细化管理，将信息技术应用能力培训纳入教师培训必修学分，建立推动学校与教师主动应用信息技术的相关制度，健全完善本省（区、市）教育系统网络安全制度体系。地（市）级教育行政部门负责本地区能力提升工程的组织管理，重在指导县级教师发展机构建设，通过本地区资源平台服务、管理平台应用等，推动教师信息技术应用能力提升。

2. 明确主体责任

县级教育行政部门是本地能力提升工程组织管理的责任主体，要完善制度、健全机制，整合电教、教科研、培训等机构资源，科学统筹教师信息技术应用能力培训项目，有效遴选学员，加强县级教师发展机构和网络平台建设，打造本地骨干培训者和项目示范校，构建示范带动辐射体系。中小学校是提升教师全员信息技术应用能力的关键节点，校长是第一责任人，要制订本校信息化发展目标和规划，并围绕目标、规划切实开展信息化教学校本研修，支持教师参加信息技术应用能力提升培训，落实全员信息化培训学分要求，提高信息化教育教学水平。

3. 落实经费保障

中央财政通过"国培计划"、职业院校教师素质提高计划等项目，支持开展国家级示范培训，推动能力提升工程实施。各省（区、市）要加大投入力度，保障本地区能力提升工程实施。中西部省（区、市）要用好"国培计划"专项经费，重点提高集中连片特困地区教师信息技术应用水平。地市及区县要有力保障教师全员培训，支持教师信息技术应用能力提升典型培育和经验推广。中小学校要统筹整合多方资源，为本校教师学习和应用信息技术创造良好条件。

4. 鼓励社会参与

积极争取社会力量支持中小学校信息化建设与教师信息技术应用能力提升，建立多元化筹资渠道，鼓励企业和社会机构与各地教育行政部门合作，积极研发服务中小学教育信息化应用的软硬件产品，参与中小学教育信息化建设及教师信息技术应用能力提升培训，打造智能化、数字化、实时在线、同期同步的教师培训网络平台，建立自适应、菜单式、个性化的教师培训学习体验空间，推动以信息技术为工具的教育教学创新。

5. 做好监管评估

教育部加强对各省(区、市)能力提升工程实施情况的监测、督导。各省(区、市)能力提升工程规划方案报教育部备案。省、地市级教育行政部门采取专家评估、参训教师网络评估和第三方评估等方式，做好能力提升工程实施的监管评估及督导工作。县区级教育行政部门要结合学校信息化发展规划和自我测评，对学校教师信息技术应用能力提升工作进行过程督导和质量评估，并将评估结果纳入学校办学水平评估和校长考评的指标体系。

《意见》通过九项主要措施，落实四大任务。一是围绕整校推进，包括开展学校管理团队信息化领导力培训、围绕学校信息化教学创新推动教师研训两项措施，帮助学校管理团队制订学校信息化教育教学发展规划和相应的教师培训计划，支持教师有针对性地参训，学科联动，整校开展，实现"所学为所用"。二是着力缩小差距，通过实施创新培训平台"三区三州"对口帮扶项目、推进中西部地区"双师教学"模式培训改革两项措施，定向帮扶乡村教师提高专业水平与信息技术应用能力。三是引领发展方向，包括促进教师跨学科教学能力提升、加强智能化教育领航名校长名师培养两项措施，充分利用互联网、大数据、人工智能等新技术成果助推教师专业发展。四是升级服务体系，包括提升培训团队信息技术应用指导能力、创新信息素养培训资源建设机制、构建成果导向全程监测评价体系三项措施，分别从提高培训指导的针对性、研修资源的适用性以及测评助学的精准性等方面，保障工程实施。

3.5.9　本节小结

本节详细介绍了我国 2004 年颁布的《中小学教师教育技术能力标准(试行)》和 2014 年颁布的《中小学教师信息技术应用能力标准(试行)》。两个标准从不同的维度对教师的行为准则进行了规范，前者更注重对不同角色(教学人员、管理人员、技术人员)的教育技术能力指标制定，后者更侧重于不同的教学环境下教师分别应该掌握的信息技术应用能力。

本章小结

本章对联合国教科文组织《教师信息与通信技术能力框架》《面向教师的美国国家教育技术标准》《IBSTPI 教师能力标准》，中国中小学教师信息技术应用能力相关政策及标准等进行了详细的介绍。通过对各国教师能力框架的剖析，帮助大家理解信息化时代教师应具备的能力素养。

总结＞

Aa 关键术语

教师专业发展	信息通信技术	学科教学知识
Teacher Professional Development	Information Communications Technology	Technological Pedagogical and Content Knowledge

应用＞

批判性思考

请比较几个教师能力框架，你觉得它们有什么异同？

体验练习

1. 请从比较 ISTE-E 2017 与 NETS-T 2000、NETS-T 2008 之间的区别。

2. 请谈一谈《中小学教师信息技术应用能力标准(试行)》对教学实践的启示。

3. 请谈一谈 TPACK 能力框架对教学实践的启示。

第 4 章

信息时代数字教师核心素养与能力

本章概要

　　对于处于以"互联网＋"为特点的信息时代的教师来说，其角色已经发生了根本性变革，即从传统的教学主导者、传授者、控制者转变为学生学习的设计者、组织者、引导者、创新者，从传统教学环境转变为教育信息化 2.0 时代环境中的数字化教师。数字化教师是指处于数字化时代大环境中，愿意接触和了解新的信息技术，不断更新教育观念，实现教师专业发展，并能够融合新技术、新理念、新方法，不断提高教育教学效率的开拓型、创新型教师，其所形成和发展的能力素养是落实学生核心素养的关键。

🔍 结构图

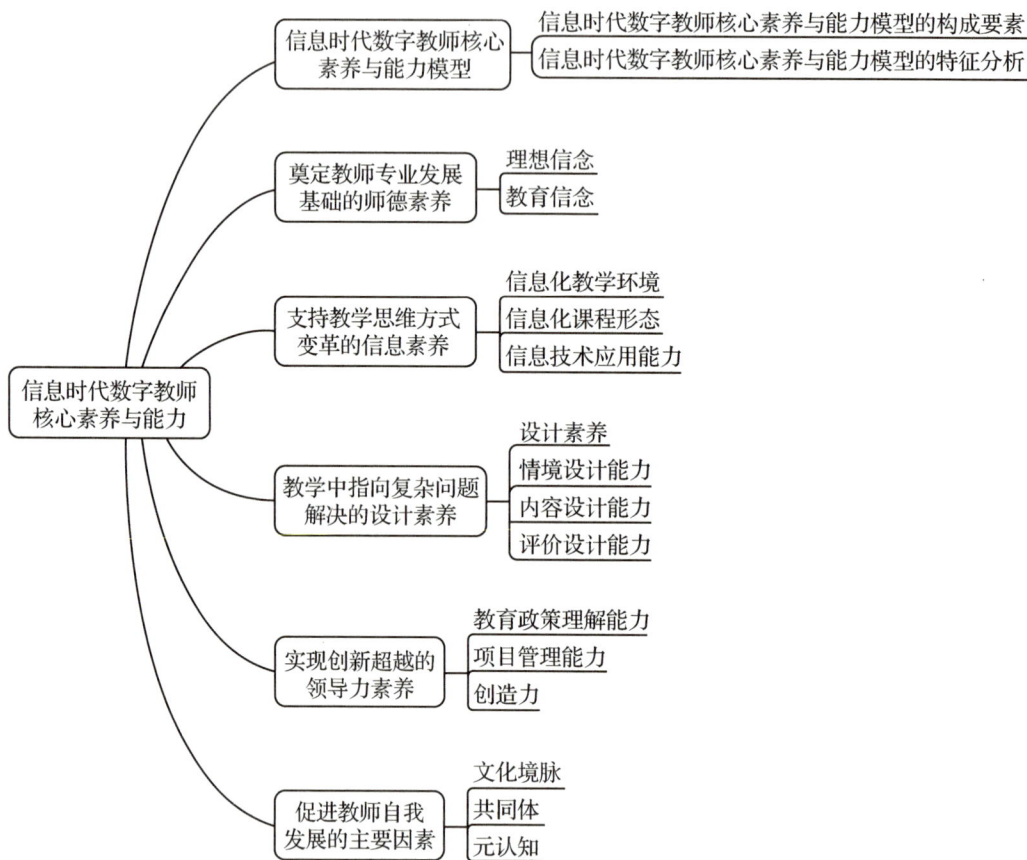

信息时代数字教师核心素养与能力
- 信息时代数字教师核心素养与能力模型
  - 信息时代数字教师核心素养与能力模型的构成要素
  - 信息时代数字教师核心素养与能力模型的特征分析
- 奠定教师专业发展基础的师德素养
  - 理想信念
  - 教育信念
- 支持教学思维方式变革的信息素养
  - 信息化教学环境
  - 信息化课程形态
  - 信息技术应用能力
- 教学中指向复杂问题解决的设计素养
  - 设计素养
  - 情境设计能力
  - 内容设计能力
  - 评价设计能力
- 实现创新超越的领导力素养
  - 教育政策理解能力
  - 项目管理能力
  - 创造力
- 促进教师自我发展的主要因素
  - 文化境脉
  - 共同体
  - 元认知

学习
目标

1. 了解"信息时代数字教师核心素养与能力模型"构成要素、主要关系及其影响因素。

2. 能够将核心素养和主要影响因素与自身教学实践相结合。

3. 能够联系自身实际教学和专业发展情况，明确目前所处发展水平，确定未来专业发展方向。

读前
反思

身处"互联网＋"的信息时代，您认为当前教师普遍亟待提升的素养及其能力是什么？

4.1
信息时代数字教师核心素养与能力模型

🎯 学习目标

1. 了解"数字教师核心素养与能力模型"的构成要素。
2. 了解"数字教师核心素养与能力模型"的特征。

　　层出不穷的技术形态和海量的网络信息改变了学习者获取知识、自我管理和交流互动的方式，在泛在学习环境中，全新技术形态的快速适应、海量信息来源的获取甄别、碎片化知识和时间的有效管理，成为人们生存和交往的必备素养。分布式认知理论认为，学习不只是学习者个体的知识建构过程，更重要的是在与群体、技术、环境、内容等的交互过程中得以实现的。[①]联通主义理论认为，学习是建立外部学习网络和内部学习网络的过程，是具有传统的个体学习转向群体互动、从自上而下的知识接受逐步转向自下而上的群体贡献与创造、从学习者为消费者的角色认识转向学习者是知识的生产者等特点的新型范式。基于新的学习理论，信息化环境下的教与学应以创造为隐喻，关注从知识传播、活动设计到社会认知网络的发展，从个体建构、群体协同到社会文化的发展，从行为习得、建构共享到发展创新的过程。在中共中央办公厅、国务院办公厅印发的《中国教育现代化 2035》和《加快推进教育现代化实施方案（2018—2022 年）》中，均提出信息化时代要更加注重以德为先、注重师德师风建设，将师德师风作为评价教师素质的第一标准。数字时代教师师德师风的内容更加丰富，影响范围更加广泛，其影响因素更加多元化，需要坚持以国家战略需求为导向，以内涵式发展为核心，以改革创新为动力，以立德树人为根本，实施引领未来教育变革发展的人才培养工程，构建面向未来的卓越教师培养体系，大力培养新时代"四有"好老师。同时，对于处于新环境中的教师来说，其应具备的核心能力和素养与传统时代的教师相比已经发生了很大的变化，无论是对信息化环境和信息化课程的了解程度，对教育教学过程中诸多方面的设计水平，对专业发展的自我管理和规划水平，还是对所在领域以及范围内必需的领导力水平，都需要数字教师能够做到广泛理解和深度认知。为此，很多国家和地区在教师发展的演变过程中，面对挑战，基于创新的教与学理论和新型技

---

　　① 杨孝堂：《泛在学习：理论、模式与资源》，载《中国远程教育》，2011(6)。

术环境，制定和构建了多个信息时代教师能力素养的典型框架，以寻求发展机遇促进教育教学的变革。在这样的社会发展背景下，本章依据当前国内基础教育的发展情况，借鉴已有的标准框架和其他国家的成功案例，结合新型教育技术在教育教学中的实践经验，构建了信息时代数字教师核心素养与能力模型，如图 4-1 所示。

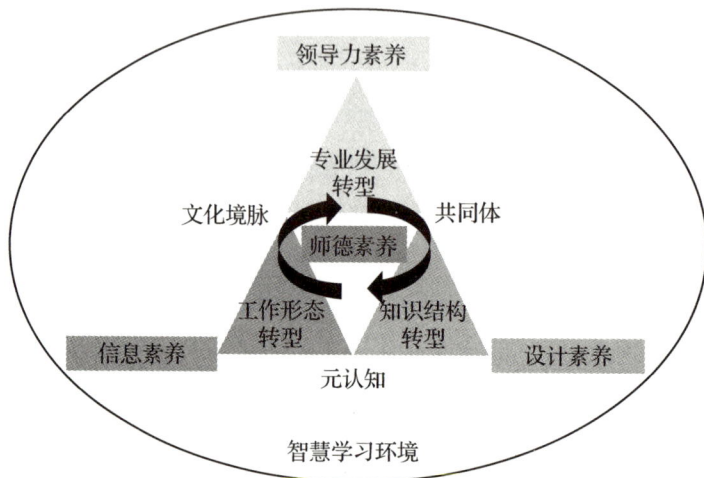

图 4-1　信息时代数字教师核心素养与能力模型

4.1.1　信息时代数字教师核心素养与能力模型的构成要素

4.1.1.1　核心素养及其能力

学生的核心素养是当前教育关注的要点，从关注知识和信息的获取转变为帮助学生成为真正全面发展的人，当教育指向核心素养时，即是由"知识核心时代"走向"核心素养时代"的关键转折点。面对培养新时代新型人才的社会需要，我们必须以新时代教师队伍建设为指引，以新时代教师发展观为指导，提高教师专业能力，提升教师核心素养。[1] 教师的核心素养在很大程度上决定了学生的核心素养能否在教育中真正实现，教师的核心能力是核心素养形成的重要前提条件。综合各类标准框架和国内教育教学实践情况，教师的核心素养以培养学生的核心素养和实现自身专业发展为基础，分为信息技术素养、设计素养和领导力素养三个方面，综合表现为对信息化教学环境和课程形态的了解及信息技术应用能力，情境、内容和评价的设计能力，以及政策理解、项目规划管理和创新等核心能力。

---

① 刘鹤、金祥雷、于杨：《论习近平新时代教师队伍建设思想及其践行策略》，载《现代教育科学》，2019(4)。

1. 师德素养

教师核心素养的发展水平是影响教育质量的一个关键性因素，师德素养水平在教师核心素养中处于重要的核心地位，既是教师发展的基础条件和原动力，影响着其他核心素养的发展，又是教师实现自我价值的出发点、指导方向和检验标准。在信息时代数字教师核心素养与能力模型中，师德素养包括理想信念和教育信念。

(1)理想信念

理想信念是在政治立场和世界观指导下的奋斗目标、实践行为、发展规划的集中体现，强调的是对某些事情、事实或结论发自内心的认同和坚信[①]，拥有强烈的理想信念，是激发人主动投入的有效内驱力。要想成为一名优秀教师，首先就要有正确的理想信念，能够明确地意识到自身肩负的国家使命和社会责任。

(2)教育信念

教育信念主要体现在对教育理念的内在理解和外在表现上，教育信念通过与教育教学行为的相互作用和相互影响来支持、指导和检验教育教学实践。教师的教育信念形成于个人成长、学习经历和专业成长过程中，受到重要人物、关键时期和主要事件的影响，是长期积淀形成的价值观念的教育体现。[②]

2. 信息技术素养

教育信息化的发展将从以"物"为中心转向以"人"为中心，信息技术的教育应用为师生创造了现代化的生存环境，提高了师生的生命质量，促进了人的全面发展。[③] 教师的信息技术素养成为其专业发展的一个重要组成部分，信息技术素养的提升对于教师顺应教育教学发展潮流，吸纳前沿的教与学理念和思路，积累教育研究过程中的经验和智慧，完善专业品质等方面均有促进意义。在信息时代数字教师核心素养与能力模型中，信息技术素养涵盖了对信息化教学环境和信息化课程形态的了解，以及应具有的信息技术能力。

(1)信息化教学环境

"互联网＋"时代的信息化教学环境包含各类支持教育教学变革的信息技术形态，并能够覆盖教与学的全过程，支持"教—学—研"的每个环节和活动。信息化教学环境应包括教与学软硬件环境及其相关服务、教师在线培训和研修系统、课堂互动平台及学习应用程序等。

(2)信息化课程形态

信息化时代的学生获取学习内容的渠道越来越多元化，教师不再是学习的唯一"权

---

① 董海霞：《论教师教育信念的文化性格》，载《当代教育科学》，2019(3)。
② 陈向明：《实践性知识：教师专业发展的知识基础》，载《北京大学教育评论》，2003(1)。
③ 黎加厚：《创感时代的境脉思维》，载《中国现代教育装备》，2009(10)。

威"，通过网络通信技术，学生可以随时随地向他人学习。信息化课程的设计和实施应从关注知识传播的课程形态转向实现能够满足不同学情、不同学习情境、不同需求的虚实融合的课程形态，以促进"互联网＋"环境下的课程变革。

（3）信息技术应用能力

信息技术应用能力是信息化社会教师必备的专业能力，是促进信息技术与教育教学深度融合的重要基础。教师的信息技术能力体现在数字化学习面向教学创新及常态化教学实践的实施过程中，高效课堂的改革与信息技术的应用水平和程度息息相关。

3. 设计素养

设计思维（也称"设计思考"），是为学习者提供经验、创造原型，并通过收集反馈信息，进行再创造的分析过程和创新过程。对于教学来说，教学设计及其所呈现出来的设计思维贯穿教与学过程的始终，将设计思维整合成信息化课程的一部分，即培养教师的设计素养是解决教育诸多根本问题的一个关键和核心要素。在信息时代数字教师核心素养与能力模型中，设计素养建立在发展情境设计能力、内容设计能力和评价设计能力的基础上。

（1）情境设计能力

教学情境是教育教学的基本组成要素，有价值的教学情境是促进学生学习、提高教学质量的必然要求。教学情境不仅指物理环境，对数字时代尤其特指教育教学所需构建的技术情境，以及能够引导学生进行情感投入从而开展深度交互和学习的教学氛围或者探究起点。故而，情境设计能力除包含能支持与教育教学深度融合的技术情境设计能力以外，还应关注促使学生积极主动投入和有效产出的问题情境设计能力。

（2）内容设计能力

设计能力是教师必备和核心的专业技能，具体指能够依据教学大纲的要求，在全面分析教材内容和学生情况的基础上，安排教学过程和编写教学方案的综合能力。互联网＋的时代环境引发了教学设计的变革，对于教与学所需内容的设计不仅包含对知识点内容的理解，更需要教师能够根据知识点内容设计和开发符合学情的、能够促进学生深度投入的学习资源。故而，对于内容设计能力方面，应重点关注信息化课程内容设计能力和数字化资源内容设计能力。

（3）评价设计能力

教育评价是指在系统、科学、全面地收集、整理、处理和分析教育信息的基础上，对教育的价值做出判断的过程。随着教与学环境的不断变化，评价的方式和策略也在向着多元化、过程性、全面性等方向发展，由以经验为基础逐渐过渡到以数据为基础。这种评价范式的转变，促使教师需要重新审视和设计评价指标和评价维度，需要具备基于大数据的评价能力。故而，互联网＋时代的评价设计能力应重点关注信息化评价设计能力和大数据挖掘能力。

4．领导力素养

教师不仅是教育教学的规划者和执行者，更是推进课程改革与创新的设计者和实践者，学校的发展不能仅依靠校长，教师是教育政策和理念的实际执行者。教师的领导力素养是促进人际交流和资源共享的基础，是实现学生品质提升和个体发展的前提，建立在教学设计素养和专业发展素养的基础上。在信息时代数字教师核心素养与能力模型中，领导力素养建立在发展政策理解能力、项目管理能力和创造力的基础之上。

（1）政策理解能力

教育政策指导着教育事业的发展方向和方式策略，教师对教育政策的理解和践行是落实教育教学目标的前提条件之一，无论是对教育政策开展研究还是利用教育政策进行实践研究，都需要教师能够对政策的变化保持敏感度和接受度，对政策的发展保持积极性和适应性。

（2）项目管理能力

教师的管理能力不仅体现在对教育教学活动、对班级学生的管理上，更体现在作为学习型组织的引导者和管理者，组织和领导成员参与学习和研究的过程，通过申请立项—立项—执行—结项的完整过程，建立和实施学校、学科、年级的发展愿景。

（3）创造力

21 世纪学生的核心素养重在提升创造意识和培养创造能力，培养学生的创造力重在关注和提升教师的创新意识和创造能力水平。教师的创造力建立在教师对常规教育教学活动的个性化理解，对信息化教育情境和教育教学方法的创新设计，对与他人交流和协作的批判和创新方式策略的达成共识的基础上，组织和谐有效的研究与实践共同体，构建促进自身发展和团队共同进步的学习共同体，并在达成基本目标的基础上进行创造与创新的探索。

4.1.1.2　主要关系及其因素

随着信息化环境与教育教学的不断深度融合，促进学生核心素养发展的教师核心素养及其相关能力应在一定的情境中培养，虚拟环境中的社会化交互关系成为关注的焦点，主要涉及个体自身关系的监控、群体成员交互关系的建构和社会互动关系的发展。

1．境脉

境脉是情境、脉络的合成，即整体把握事物的全部情境，在教师发展研究领域，境脉涉及生理、心理、认知、语言、社会、文化等方面。

2．文化境脉

文化境脉是境脉因素的一部分，包含了文化建构的工具和意义，关注人与环境的互动，关注教师作为设计者角色在促进学生学习的过程中所展现的建构能力。

3．共同体

在社会化媒体不断发展的背景下，学习者参与的小组活动不再基于预先指定或者分配好的小组，而是以共同的兴趣话题、共同的发展目标、共同的学习经历，或者可以产生共鸣、共勉、共情等来组织长久的或者临时的共同体，学习者在此类社会化人际网络情境的发展中实现既定目标。学习什么已经变得不再重要，如何学习和通过谁来学习成为学习成功的关键。

（1）虚拟实践共同体

实践共同体是通过群体共同关注的实践活动以提升自身专业知识和技能发展的个体集合。随着互联网技术的发展，实践共同体的交互活动转向在在线的虚拟情境中开展，知识和信息的共享、交流和合作等被认为是虚拟实践共同体的重要动力。

（2）学习共同体

学习共同体的建立是为了实现个体同样的目标，个体通过与其他学习者进行探究、交流、协作、分享的方式来学习。教师学习共同体的构建，主要依据资源共享、交互、建立约束机制、社会性联系的原则。

3．元认知

"互联网＋"时代的教学场景已经发生了颠覆性的改变，教师对职业的认知和自我管理能力被赋予了新的内涵，被附加了信息化的属性。教师的专业发展从以传授知识为中心，到关注知识与教学法的结合，逐步向着利用技术增强教学的多形态方向发展。信息时代对数字教师提出了新的要求，需要重点发展职业认知能力和元认知能力。

（1）教师元认知

认知能力是认识和感知事物，从而进行分析和评判的能力。教师自我的认知来源于课程设计、教育管理、学生发展以及专业发展等方面，这不仅需要教师具备扎实的专业技能，更需要教师在此基础上对所从事职业的自我认知和协调规划。

（2）教师知识管理

教师不仅是教学者，还承担着教育教学研究者的角色，教师的知识管理是教师为推进个人的经验学习与反思的知识管理过程。教师需以严谨的态度发现工作中存在的问题，进而选择科学的方法来解决问题，并对每一个环节开展及时、深入、持续地反思。在这一发展过程中，教师需对自身所处的发展阶段有充分的了解，并通过自我反思、自我监控或者自我调节来培养自己的自主学习能力和自我发展能力，促使元认知能力的发展。

（3）教师元认知的测量

为了更好地了解教师元认知的发展情况，显性化衡量教师的元认知水平，为教师自身和教育教学相关领域的研究者提供科学的依据，此部分介绍了两个元认知测量量表，包括教师元认知意识测量量表（Metacognitive Awareness Inventory for Teachers，MAIT）和教师元认知量表（Teacher Metacognition Inventory，TMI）。

4.1.2　信息时代数字教师核心素养与能力模型的特征分析

4.1.2.1　基于"互联网＋"的智慧学习环境

以互联网为核心的现代信息技术为推进教育信息化的发展提供了基础条件，借助信息技术的发展推进教育公平已上升为我国教育发展的国家战略。[①]"互联网＋"时代的云计算、普适计算、语义网和物联网等智能信息技术成为教育教学智力资本和人力资本流转运行的基本环境，通过发生根本性变革的创新教育的组织模式、服务模式、教学模式等形式，通过互联网与教育的深度融合，通过变革传统教育教学的业务流程，构建信息化时代的新型教育生态。在基于"互联网＋"的智慧学习环境中，教师需要通过了解信息化环境和课程的特点，设计符合信息化时代特点的情境、资源、内容、活动和评价等，以提高教育教学质量，实现培养创新人才的目标。

4.1.2.2　核心素养的迭代式动态上升

教师的核心素养建立在社会发展和职业发展的基本需求上，以师德素养的发展为核心，以教育教学及教研等活动中所形成的核心能力为逻辑前提，是综合能力协同发展的体现。该模式关注信息化时代的师德素养，核心关注教师的信息素养和设计素养，重点关注教师的领导力素养，并且由低到高、由浅入深地体现了教师核心素养迭代式动态上升的发展过程。首先，数字时代海量性和碎片化的信息，开放性和隐匿性的交互对师德产生了新的影响和要求，网络环境与现实环境都需要师德师风的建设和发展；其次，信息化时代的发展对教师的认知能力和操作技能提出了新的要求，这促使教师需要对信息化环境及信息化课程形态有深入的了解，能够发展和提升自身的信息技术能力，从而促进信息素养的发展；再次，未来教师设计者的角色对技术与教育教学的无缝衔接和融合提出了更高的要求，教师对于情境、内容和评价的设计能力使得设计思维成为解决复杂问题的基本素养；信息素养和设计素养的发展不是齐头并进的关系，而是相辅相成、互相促进的迭代式动态上升的过程；最后，教师的领导力素养是二者交互促进的结果，不仅是教师教学技艺的体现，对教师成为专业领袖或者领域权威的表述，更是提升学生核心素养的有效途径之一。

---

① 徐继存：《"互联网＋"时代教育公平的推进》，载《教育研究》，2016(6)。

4.1.2.3　模型组成元素的内聚耦合

教师的信息素养和设计素养互相影响、相辅相成，在共同发展中建立起相互关联，二者相互关系非常紧密，内聚性和耦合性较强。信息素养和设计素养不仅在资源、内容上互相交流，更在交流互动、合作协同的基础上互相促进，成为教师领导力素养培养和发展的基础，同时也是师德素养内涵式提升的有效途径，二者的内聚性越强，耦合度越高，互动的强度越大，教师师德素养提升得越高，生成的领导力素养水平越高。同时，教师的内在核心素养的外部能力表现之间亦存在多向内聚，不同能力之间也体现出相互结合、相互促进和相互交融的耦合特点，为核心素养的发展和实现提供了强有力的基础。

4.1.2.4　以学习者为中心的教师发展业态转型

教育信息化的发展为从传统的以教师为中心到以学习者为中心的转变提供了环境和策略的支持，围绕 21 世纪学习者的教学方式发生了根本性变革。与传统教学相比，数字教师获取知识的来源更加多元化、碎片化和具有实时性，教师与学习者的角色也在信息化环境下发生着实时的转换。随着信息技术与教育教学的深度融合，教师的常态化工作方式在发生着巨大的变化，从以经验为主的教育教学判断逐渐过渡到基于教学平台动态反馈和在线数据的预判，更好地实现和满足了学习者的个性化学习方式及其需求；在教师专业发展的过程中，教师作为学习者的学习和研究范式也产生了巨大变化，教师实时更新观念、紧跟信息化发展浪潮，并且基于创新教与学理论、在线学习工具、远程教研平台等开展教与学的活动成为主要的基础和途径。

4.1.3　本节小结

在教育现代化发展的新时代，教育事业发展面临着新形势和新任务，在全面落实师德师风建设的基础上，以教师的核心素养及其能力的发展与提升，促进社会所需高水平人才的有效培养，不仅是教育现代化的核心要求，更是教师专业化成长的必经之路。信息时代教师不仅需要关注教学内容及其所处情境和评价方式，更需要关注信息化环境下技术与课程的融合方式与策略，关注新时代教育政策的发展与变化，关注项目研究与教学实践的有效结合，注重自身创造力的培养与提升，并在一定的文化境脉建构和多元共同体形成的过程中，发展自身元认知，促进专业内容与工作形态的积极转型。

4.2
奠定教师专业发展基础的师德素养

🎯 学习目标

1. 了解师德素养及其含义。
2. 理解理想信念和教育信念的区别。

从古至今，师德一直是评价教师的重要标准之一，是教师应具备的首要条件和基本品格，教师应具有较高的人格品质和道德修养，有正确的世界观、人生观和价值观，教师需要有崇高理想信念的引领，有坚定教育信念的支撑，更需要有对远大理想和奋斗目标的清醒认知和执着追求。

4.2.1　理想信念

教师是人类灵魂的工程师，是人类文明的传承者，教师的作用不仅是教书，其价值更体现在教师所承载的传播知识、传播思想、传播真理，塑造灵魂、塑造生命、塑造新人的时代重任上。培养新时期的创新人才，是实现教育现代化的主要方向和重要目标，这就需要教师能够坚定理想信念，增强自身综合素质，加强自身道德修养，为专业发展奠定良好的基础。

> **理想**
> 　　理想是在人们的实践过程中产生的想象和美好愿望，体现了人们的世界观、人生观和价值观，是人们向往的发展方向。
> **信念**
> 　　信念是对事物或者事实的判断、观点或者看法，是深信不疑的观念，是人们内心的意识表现。

4.2.1.1　理想信念的含义

理想是形成信念的基本前提，指引人生前进和发展的方向；信念是理想内化于心的精神状态，是决定事业成败的关键。二者共同构成了人们自我追求和发展的原动力，是支持人们不断前行、不断主动进取、不断开创美好未来的精神动力。

4.2.1.2 理想信念的特点

理想信念是人们实践的产物，是精神发展的表现形式，它不是一成不变的，处于不同阶段的人们会有不同的理想信念，理想信念具有时代性和阶段性。

1. 理想信念的时代性

不同历史时期的社会形态和发展形势不同，处于不同时期的人们的理想信念也不同，随着社会的变迁和时代的发展，理想信念也被赋予时代特性，教育中呈现的理想信念培育和传承方式均符合社会发展所处的阶段特点。在信息技术飞速发展的今天，数字化、碎片化和虚拟化等成为当今社会人们学习和生活的主要特点。对于网络时代的数字教师来说，面对时代的发展，面对数字时代的学生，教师的主要职责由知识传授变为学法指导，师生之间呈现出新型的合作关系，双方的尊重与信任使得教师的角色由单一的传授者，变为学生的辅导者、学习活动的组织者和学习内容的探讨者。故而，数字教师要及时转变师德观念，了解网络环境中的伦理道德规范，关注社会发展的社会主义核心价值观，树立正确的育人观，使自己转变为积极的学习者，为培养信息时代创新人才努力奋斗。

2. 理想信念的阶段性

教师理想信念的发展关注重点之一是学生个体的成长规律，随着学生年龄的不断增长，社会化程度的不断提升，理想信念教育呈现出阶段性或层次性的成长特点，教师可以充分利用这一特点，开展理想信念教育。[①] 当前信息化时代的学生，处在社会转型和网络社会飞速发展的变革进程中，虚拟社会和现实社会的不断深入交织，形成了与传统社会发展阶段迥然不同的特点和要求。教师不仅需要正确理解当今学生的世界观、人生观和价值观，更需要引导学生明辨奋斗目标，形成正确的自我发展观念，正确认识理想信念实现过程的长期性、艰巨性和曲折性，培养学生坚定不移的理想和坚忍不拔的信念，培养突出具备创新意识和实践能力的创新人才和高素质人才。

4.2.1.3 理想信念认同特点[②]

理想信念的重要性在多种场合被反复提及。对学生理想信念的教育是培养新时代创新人才的保障基础和先决条件之一。教师对当前社会发展理想信念的认同，是学生理想信念发展的一个决定因素。

---

① 韩迎春、杨淑玲：《论理想信念教育的时代性和阶段性》，载《南昌大学学报（人文社会科学版）》，2011(3)。

② 潘晔、王维：《新时代高校青年教师理想信念认同特点探析》，载《学校党建与思想教育》，2019(6)。

从认同途径上来看，教师对于社会理想信念的认同从习得开始，需要通过对获得的内容进行深入理解和认知加工实现内化，并且在实践过程中通过内省实现强化，以促进理想信念的转化和传承。从认同考量上来看，教师的理想信念建立于其所处的现实环境和实践经历上，在数字化时代，既包含实际生活环境，又包含线上的虚拟环境，其现实性不仅有正面作用，也会对理想信念产生负面作用，而这种矛盾也会促进教师实现理想信念的内在超越，为教师的专业发展提供了方向和动力。从认同状态上来看，教师所处的教育环境和专业发展环境决定了教师理想信念的易受性，成为传承社会主义核心价值观的重要现实根基；网络环境的发展使得纷繁复杂的信息很容易被接触到，加大了教师对信息进行处理和筛选的难度，使理想信念具有一定的可变性。

4.2.2　教育信念

4.2.2.1　教育信念的含义

教师是教育发展的关键，教育信念是教师发展的动力。教师的教育信念是教师对教学的取向，是对教育、学生和教师自身的认识，是教师的精神状态、思维形式和活动设计的内在导向。[①] 教育信念受不同社会文化的影响，具有复杂性、多样性、时代性等特点，在其所处的特定文化中直接影响教师对学生的认识以及所采取的教育行为。

4.2.2.2　教育信念的特点

教师的教育信念决定着教师对教育本身的理解，决定着对学生培养和引导的方向，决定着教师教学活动的设计思路与策略等。教育信念既是教师对教育行为价值理解的内在表现，又是教师对自身专业思考和发展的外在呈现。教育信念受不同社会文化影响而不同，具有文化性特点；在信息技术向着互联互通、智能化方向发展的同时，也体现出一定的技术性特点。

1. 教育信念的文化性[②]

首先，文化是教育信念的来源，文化的核心是价值观，教师教育信念的价值观与文化密切相关，是教师基于某种特定文化形成的，教师对教育的看法是他们所在的社会文化之中对教育的习俗性认识。[③] 其次，教师的专业知识建构与发展受到教育信念的影响和指引，知识框架成为教育信念向深层发展的解释原则，以及教学思想和实践行

---

① 赵昌木：《论教师信念》，载《当代教育科学》，2004(9)。
② 董海霞：《论教师教育信念的文化性格》，载《当代教育科学》，2019(3)。
③ 易凌云、庞丽娟：《教师教育观念：内涵、结构与特征的思考》，载《教师教育研究》，2004(3)。

为的根据。同时，教育信念通过教学行为和实践活动进行外化，研究者通过对教师外显行为的观察从而了解教师的教育信念。故而，教师教育信念的价值观、知识基础和外在教育行为均具有文化性。

2. 教育信念的技术性①

随着信息技术与学科教学的不断融合，教师的信息技术水平和能力直接影响了学生利用技术进行主动学习的观念和效果，教师教育信念与信息化教学能力之间具有一定的关系。教育信念水平高的教师，其信息化教学设计与实施能力较强，并关注在利用信息技术进行教与学活动过程中，对学生高阶思维能力（批判性思维、创造性思维等）的培养，鼓励学生利用信息技术开展自主学习和合作探究；教育信念也影响教师的信息化教学组织与管理能力，这决定了教师的教学方式是以学生为中心的，引导学生开展积极自主建构，还是以教师为中心的传授式教学；教师教育信念与教学诊断和评价能力也具有一定的相关性，这体现在教师对学生学习过程和学习成果评价的维度上，教育信念较高的教师更加注重评价的多元化，即重视过程性评价，突出学生评价主体地位等。

4.2.3 本节小结

师德是教师必须遵守的道德规范和行为准则，也是教师自身发展的基本条件之一。在数字化时代，对师德的关注，从作为职业基本条件之一，从满足社会人才培养的道德层面，逐渐发展到对教师师德素养，即理想信念和教育信念层面的关注，对师德素养提升的需要被提到了更高的层次，是学生核心素养形成的一个必然要求。落实立德树人，加强师德师风建设，在正确的理念中培养学生，是提高师德素养的有效实践渠道。

4.3
支持教学思维方式变革的信息素养

🎯 **学习目标**

1. 了解什么是信息化教学环境，理解其对教学、教研和学习的支持方式。

---

① 刘学敏、孙崴、关玉兵等：《中小学教师教育信念与信息化教学能力的关系研究》，载《现代教育科学》，2018(6)。

2. 了解目前应用较为广泛的信息化课程形态。

3. 了解能够提升信息技术应用能力的渠道以及新兴技术形态。

　　在"互联网＋"时代，作为"数字移民"的教师面临着由作为"数字原住民"的学生带来巨大的挑战，教师需要深入了解信息化教学环境和课程形态及其特点，采用新技术作为教与学支持工具的方式变革传统信息化教学设计的思维方式，促进教师信息化教学能力的提升，实现教师的专业化发展。

4.3.1　信息化教学环境

　　教学环境是指教与学活动发生的主要场所，对教学实施和学习实践起着重要的支撑作用。当前，信息化教学环境是基于"互联网＋"教育理念下的，将互联网技术、移动通信技术、虚拟增强技术、物联网技术等前沿创新技术融入教学环境，实现学习实践过程中的无缝转换、自然交互、任务驱动、自适应等目的的智慧学习环境。

4.3.1.1　教与学的环境及服务

　　一对一学习环境的应用给教育信息化及教育改革带来了全面的影响。一对一数字化课堂教学环境是指利用网络技术将若干台智能终端及相关的设备互联成的小型教学网络环境，如图 4-2 所示。每位学生都有一台智能终端，可随时上网进行在线学习，且长期在教室的网络环境中上课，而并非流动式的公用机房。在这一共享的学习环境中，

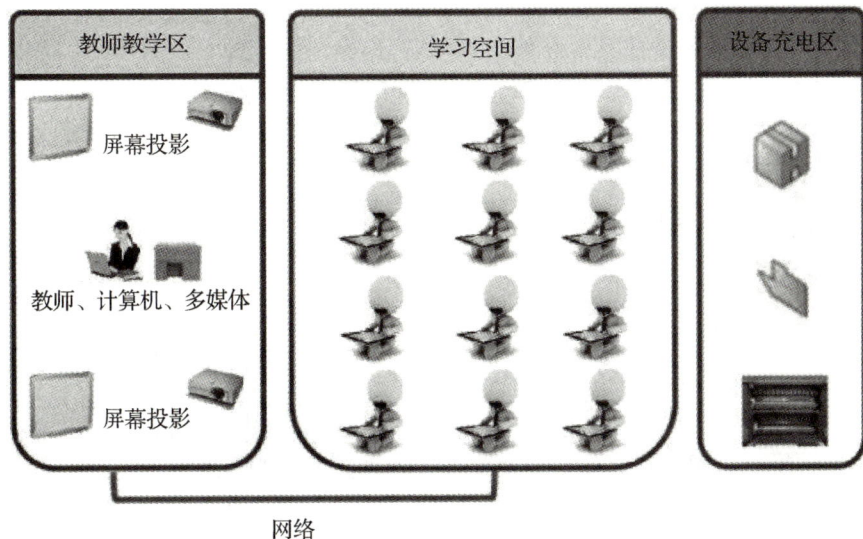

图 4-2　一对一数字化课堂教学环境

师生可以充分使用各种学习平台与资源，可以共享各种资源，信息技术真正变成了促进学生自主学习的认知工具、情感激励工具、环境创设工具以及交流与学习的工具。在这一共享的学习环境中，教师可以充分发挥与培养学生的自主学习、主动探究、协作交流的意识与能力，培养学生的信息素养、创新意识及解决问题的能力。

一对一数字化课堂教学环境需要学校配备网络、存储等与移动学习有关的通信服务，有相应的教学和学习指导、资源准备、平台工具支持、教师培训等理论与实践指导，有学生与教师的终端配置及服务。在这三方面的共同支持下，学校达到减轻学生负担、提高教学质量、促进学生素质全面提高的目标，（图4-3）。

图 4-3 三方共同支持

建设全新的学习环境、实施有效的课堂管理等，是建设一对一数字化课堂教学环境的学校要面对的挑战。一对一数字教室的校内体系结构和网络结构配置方案建议如图 4-4 所示。

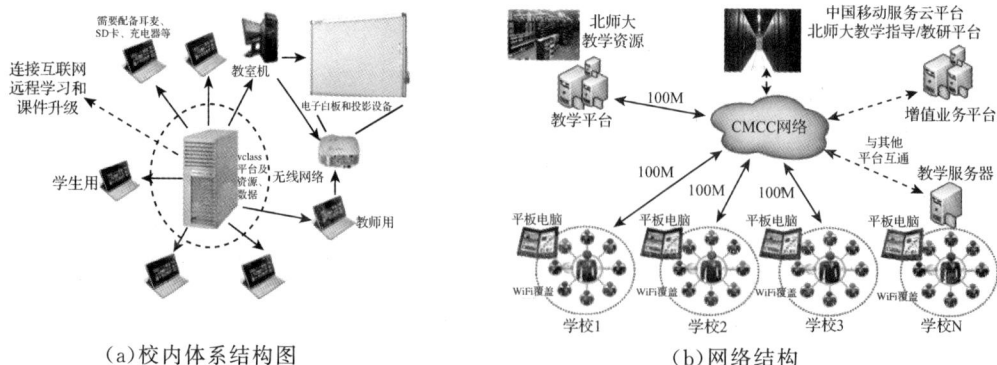

（a）校内体系结构图　　　　　（b）网络结构

图 4-4 网络环境配置

4.3.1.2　教师在线培训与研修支持系统

教师信息化能力和水平的提升以及信息化教学的深入开展，不仅需要信息化教与学的环境支持，更需要根据教师所处的发展阶段及其个性化需求为其推送相关理论培训，让教师进行网络协同教研，提交并修改教学设计等。

学习元是一种适合泛在学习和非正式学习，具有可重用特性支持学习过程信息采集和学习认知网络共享，可实现自我进化发展的微型化、智能性的数字化学习资源，是北京师范大学教育技术学院自主研发的一个综合平台。[①]（图 4-5）学习元平台包括学习元、知识群、知识云、学习工具、个人学习空间、学习社区六大功能模块，核心功能点包含学习元创作、内容协同编辑、历史版本对比、学习活动管理、个人空间展示、好友管理、知识网络导航、学习工具上传与分享、资源检索、人际网络构建与分享、知识本体协同创作、标签导航、标签聚类、社区学习与交互等。

> **学习元**
>
> 学习元是学习对象的进一步发展，它具有可重用、生成性、开放性、连通性、可进化发展、智能性、内聚性、自跟踪、微型化等基本特征，支持学习过程信息采集和学习认知网络共享，主要服务于社会各级各类组织和个体（成人）的非正式学习。

学习元是适合泛在学习环境与非正式学习的一种新型学习资源组织方式，为教师在网上实施教学提供全面的支持，使教师能够集中精力于教学，也使网上教学从简单的教学信息发布变成一个充满交互与交流的虚拟学习社区。

图 4-5　学习元平台

---

①　余胜泉、杨现民、程罡：《泛在学习环境中的学习资源设计与共享："学习元"的理念与结构》，载《开放教育研究》，2009(1)。

4.3.1.3　课堂互动教学平台及学习应用程序

一对一环境下的课堂教学需要能够支持教与学多维互动的教学平台，如图 4-6 所示，将教学环境涵盖课前、课中、课后等，提供制作完备、使用便捷的课件阅读及课堂互动手段，并将学生学习过程中的数据进行保留，通过智能分析把握学生的知识掌握情况，为教师的教学提供修改的依据，真正实现个性化教学、个性化学习。同时，平台需要内置一些用于学生探究学习的工具，帮助实现教师和学生之间的互动活动，还需要内置与教学内容相配套的教学资源，为智慧课堂数字化教学提供基本条件，满足信息化教与学的需求，如图 4-7 所示。

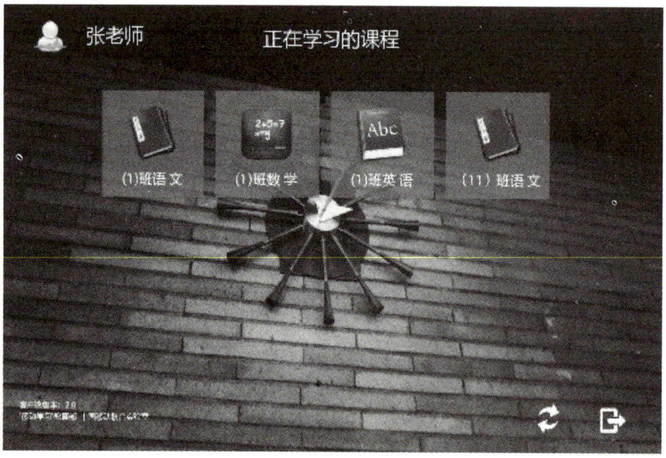

图 4-6　课堂教学互动平台首页

图 4-7　一对一在线学习环境

4.3.2　信息化课程形态

　　课程形态是课程在时空系统中的存在及其表现形式[①]，"互联网＋"时代知识在发生转型，教育教学也必须不断进行改革来适应社会的需求，课程形态历经教科书阶段、多媒体阶段、网络阶段即在线开放课程阶段，并仍在不断地演化。[②] 课程形态的变迁需要学生对数字时代海量信息的多线程驾驭水平和能力，这使得教学载体之一的课程不再以传授知识为主，而更多的是以培养学生的创新思维和创造能力为主要目的。信息技术的飞速发展为信息化课程的常态发展提供了便利条件，"互联网＋"环境下的信息化课程逐步趋向于线上线下融合、课内课外融合、校内校外融合等虚实融合的创新形态，未来课程的表现形态将更加体现数字化、立体化、智能化和个性化，强调知识与实际生活的紧密联系，强调知识获取方式和渠道的根本性改变，强调学习的分布式认知和联通。虚实融合的信息化课程建构和组织具有碎片化、模块化、动态性和可重组性等特点，更加适应学生的个性化需求和发展。

4.3.2.1　情境感知课程

　　学习情境是促进学习者主动投入学习形成知识迁移的重要条件之一，是教师教学设计的一个核心要素。在"互联网＋"环境下，虚实融合的信息化课程更多采用了新型的互联网技术，如二维码教学、多屏互动、增强现实、虚拟实验室、情境感知等，如

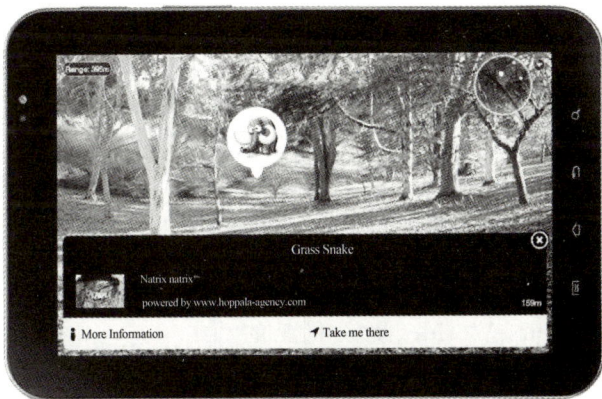

图 4-8　感知情境的移动探究学习

---

①　赵婧：《课程形态信息化变革的"人学"致思》，载《教育理论与实践》，2016(10)。
②　张刚要、刘陈、赵允玉：《多重逻辑下的课程形态变迁：一个分析框架》，载《教育理论与实践》，2019
(7)。

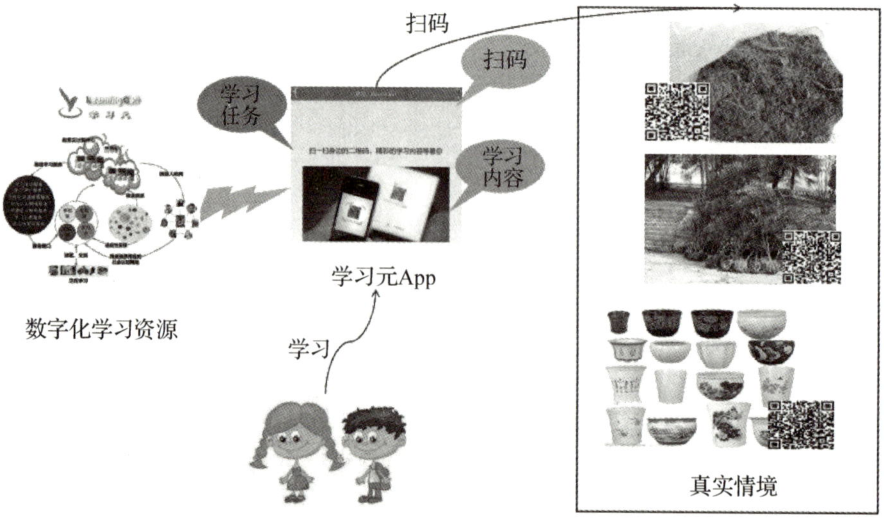

图 4-9　基于情境感知的移动学习

图 4-8、图 4-9 所示。将"现实"的学习环境拓展到基于网络和多媒体的"虚拟"学习环境，拓展和延伸了课堂的环境和活动形式，弥补了真实环境和虚拟环境在培养学习者协作创新与满足学生真实体验等方面的不足，有效地激发学习者的学习热情，促进协作和分布式学习。[①]

4.3.2.2　MOOC 课程

　　互联网技术的发展促使 MOOC 在全球范围内兴起。美国麻省理工学院从 2001 年开始启动的开放式课件项目（Open Course Ware，OCW）带动了全球开放教育资源运动，此后，各国纷纷开发和建立 MOOC 课程教学平台，影响力较大的是美国的 Coursera、Udacity 和 edX 三大平台，其他较为有名的平台还有英国的 FutureLearn、德国的 OpenCourseWorld、澳大利亚的 Open2Study 和国内的中国大学 MOOC、学堂在线等。基于联通主义（Connectivism）学习理论的 MOOC 也被称为 cMOOC，cMOOC 中教师是课程的组织者和协调者，学生需要较高的自主性，通过高交互性的学习活动构建学习网

> **慕课 MOOC（Massive Open Online Course）**
>
> 　　慕课在全球范围内兴起，它为学习者提供了可以跨时间和跨空间的课程内容学习、讨论活动参与、自我诊断分析等方面的学习支持，具有大规模、开放性、共享化、社会化等特点，促进了优质教育资源的共享与进化。

[①]　张剑平、许玮、杨进中等：《虚实融合学习环境：概念、特征与应用》，载《远程教育杂志》，2013(3)。

络，在知识网络和社会网络中进行交流、协作和探究，从而建构和发展自己的学习网络。另外一种 MOOC 课程形态是 xMOOC，与 cMOOC 相比，xMOOC 更接近于传统教学过程和理念，两种课程模式如图 4-10 所示。①

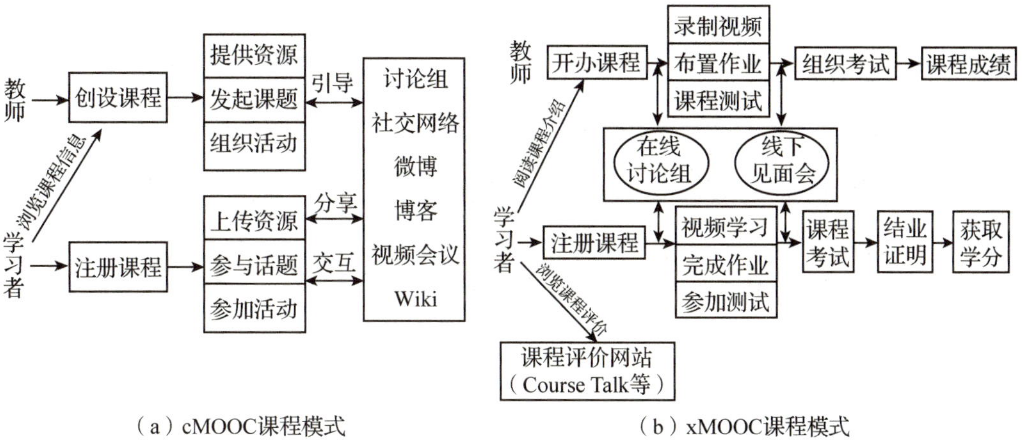

（a）cMOOC课程模式　　　　　　　（b）xMOOC课程模式

图 4-10　cMOOC 和 xMOOC 课程模式图

4.3.2.3　翻转课堂

信息技术的发展使人们可以随时、随地、随处以任意方式获取知识和信息，故而课程内容的设计需要更多关注模块化、碎片化、动态化、自组织和可重用等形态，并从课堂、课外、校内等空间拓展延伸到网络虚拟空间，以课程社区、学习共同体等形式形成学习的群体和关注的话题，并与真实生活情境及其问题相联系，如与科技馆、博物馆等社会资源单位相结合。课程实施需要从班级集体授课转向尊重学习者

翻转课堂

翻转课堂将学习过程中的课内知识传授与课外知识内化两个阶段翻转过来(将"先教后学"倒置为"先学后教")，更强调学生的课前的自主学习，课上则集中在答疑解惑，为学生解答有争议或有困惑的问题，这种课程形态改变了传统教学范式，改变了课堂教学结构，其"逆序创新"的思维方式，体现了用技术优势促进教育教学创新融合的思路，具有时代特性。

个体发展的个性化学习方式，如翻转课堂、在线个性化课堂等新的课程实施形式。

---

① 王萍：《大规模在线开放课程的新发展与应用：从 cMOOC 到 xMOOC》，载《现代远程教育研究》，2013(3)。

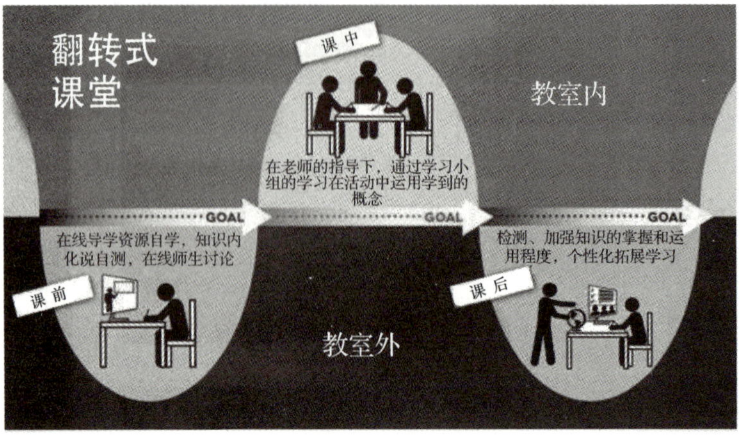

图 4-11　翻转课堂

4.3.3　信息技术应用能力

从国家教育信息化发展需要来看，教育信息化成为促进教育发展和变革的重要推动力量，关键取决于教师的信息技术应用能力。[①] 随着信息化的不断普及，各地区教育信息化程度在逐渐加深，由于不同信息技术工具带来的落差在逐渐弥合，教师的信息技术能力也逐渐从"应用信息技术优化课堂教学"向着"应用信息技术转变学习方式"的深层次目标方向发展。教师是信息技术与教育教学深度融合过程的关键因素，而信息技术的迅速发展使教师面临着越来越大的压力，一方面当前信息技术环境所呈现出的海量、碎片、无结构的信息和资源特点，对教师的信息筛选、快速和综合处理能力提出了巨大挑战；另一方面，在新型信息技术不断快速涌现的境况中，新型技术辅助下的教与学方式的创新、信息技术与教学融合的水平被更多关注。[②]

4.3.3.1　有效信息的筛选与应用

网络时代层出不穷的技术形态和海量的网络信息要求人们具有较强的发现、提出和解决问题的能力，收集、处理和分析信息的能力，学习者通过网络能够直接接触到知识、经验和智慧的核心，不仅节约了时间，更能降低学习知识的总体负担。从信息获取的内容来说，碎片化学习内容较之传统学习内容更加具有及时性、前沿性、引领性或者批判性等特点，人们能够在知识产生、思维碰撞、事情发生的第一时间开展基于真实情境的观点、假设、结论等的交流探讨，对于学习者来说，新知识、新架构、

---

① 祝智庭、闫寒冰：《〈中小学教师信息技术应用能力标准（试行）〉解读》，载《电化教育研究》，2015(9)。
② 李玉顺：《信息技术与教育教学深度融合的发展需求与趋势》，载《中国教育信息化》，2014(12)。

新体系能够以最快的方式被吸收、被融入已有的知识结构中，即使新的内容、新的假设、新的观点等尚未被充分验证和归纳总结，抑或经过论证后不被接受甚至被验证为错误，仍然不妨碍学习者对此展开了解、讨论和批判。碎片化的时间管理、学习方式和思维方式对学习者的规划、实施和优化自主学习的能力提出了更高的要求，学习者需要具有创新、持续发展和终身学习的意识和能力。

信息的查找、筛选与应用表现的是搜寻、发现、利用、推送、传播信息的意识和能力，包括但不局限于以下几方面。第一，信息意识，即对信息、信息社会、教育信息化有自己独到的认识和理解。第二，信息敏锐性，即对信息有较强的敏感度，理解信息资源对教育教学和学生发展的价值。第三，信息加工，即信息的准确高效的解释和信息的筛选甄别。第四，信息分享，即能有效整合、共享的相关信息，创造性地利用信息解决问题，可以利用创新方式进行信息的表达、呈现和存储。第五，信息安全，即有较强的信息道德意识和信息安全意识。[①]

4.3.3.2　新兴技术的教育应用

随着信息技术的飞速发展，新兴技术形态不断涌现，一些具有代表性的新兴技术教育应用具有前所未有的特征、优势与功能。[②] 随着新兴信息技术与教学、学习和教研的不断融合，其在常规教育教学活动应用的情境逐渐增多。教师能否保持对层出不穷的新兴技术的敏感度，能否真正将其与课堂教学无缝衔接，能否应用其提高教学效率、培养创新意识、提升核心素养等成为研究与实践的关注焦点，这使教师依据学习内容、学习环境和学习者特征等选择适合的信息技术形态进行课堂教学的应用能力，成为其专业发展道路上的一项必备能力。

1. 大数据支持的教育应用

教育大数据作为未来区域教育发展的契机和质量改进与提升的破解方法，是区域智慧教育发展的基础，是科学配置教育资源的基础，是改进教育公共服务模式的重要契机，是推进区域教育质量监测与管理的最佳手段，(图 4-12)。[③]

教育大数据支持从学习情境、知识建构行为、学习活动行为和学习结果四个方面的教与学全过程数据的采集，并通过数据集成交换标准实现统一贯通和协同管理；支持学习者个性化认知模型构建，不仅包括学生的学业情况，还关注其发展特征与认知特征，如认知风格、学习风格、体质健康、心理健康等；支持基础教育学科知识图谱的构建，用于表示教育全过程教学、学习、管理和评价内容的语义特征及其相互关联，

①　桑国元、董艳：《论"互联网＋"时代教师信息素养内涵演进及其提升策》，载《电化教育研究》，2016(11)。
②　何克抗：《21 世纪以来的新兴信息技术对教育深化改革的重大影响》，载《电化教育研究》，2019(3)。
③　余胜泉、李晓庆：《区域性教育大数据总体架构与应用模型》，载《中国电化教育》，2019(1)。

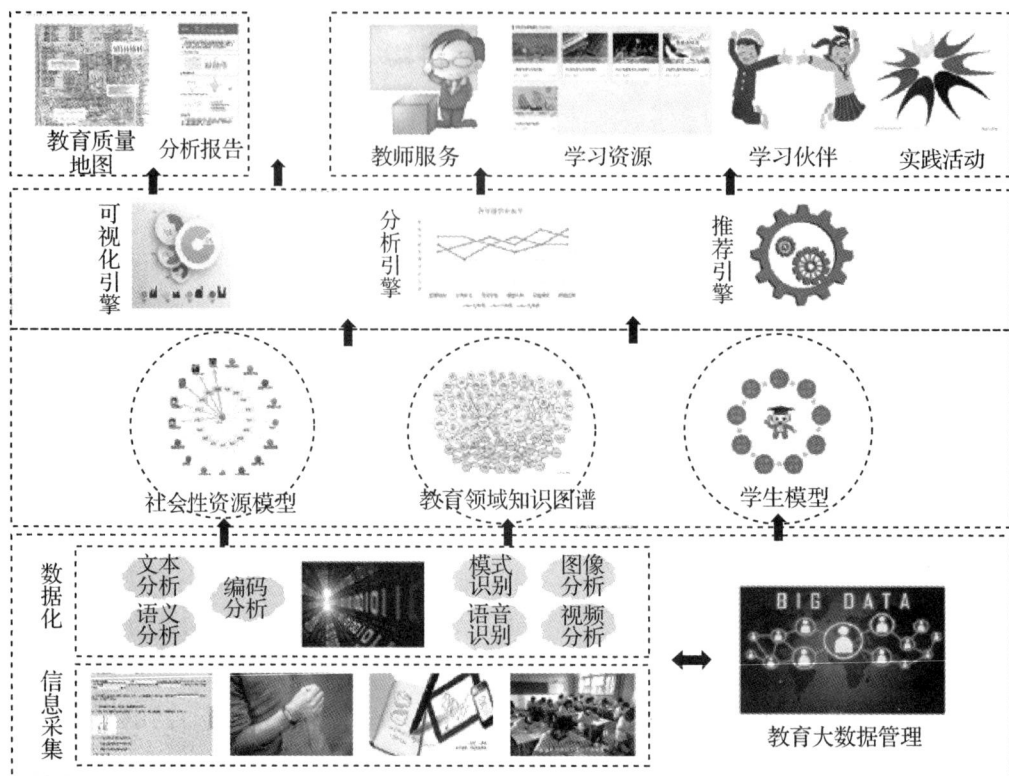

图 4-12 区域大数据平台的逻辑结构

从而构建动态的、发展的教育知识图谱；支持对教育数据实时的挖掘分析及其诊断结果的可视化报告，为个性化学习内容的精准推送提供样例与依据。区域多元化、多维度、多形态的教育大数据，是提升管理效率、提高管理深度、促进有效教育决策的重要新兴技术，是解决区域发展问题的重要渠道和主要方式。

未来教育借助大数据技术的支持，个性化教育将逐步转变为教育改革的发展方向，未来教育将愈加呈现个性、精准、自适应的趋势。[①] 未来教育的一个重要目标是培养创新型人才，通过对学生学科能力的诊断分析，能够更为深入和精准地了解学生学科发展的个性化需求，为其个性化发展和能力素养提升提供基础和动力，学科能力指标体系是在这一需求和目标之下建立起来的，能够清晰表征学生学科能力。[②] 利用学科能力指标体系，区域管理者、教研员和教师能够直观、深入地了解区域学生整体和个体的能力发展情况，并针对学生的实际情况及时调整教学与教研方向，使之更贴合学生的

---

① 李晓庆、余胜泉、杨现民等：《基于学科能力分析的个性化教育服务研究——以大数据分析平台"智慧学伴"为例》，载《现代教育技术》，2018(4)。

② 王磊：《学科能力构成及其表现研究——基于学习理解、应用实践与迁移创新导向的多维整合模型》，载《教育研究》，2016(9)。

实际发展需求，（图 4-13）。

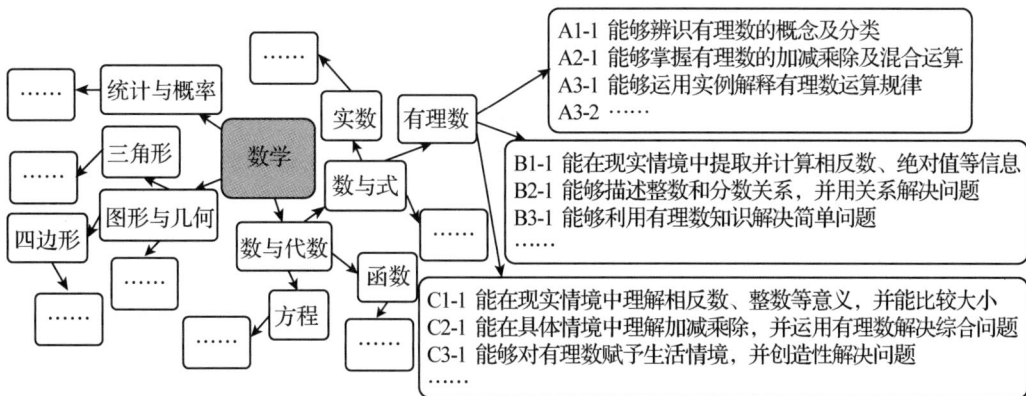

图 4-13　基于大数据的学科能力分析体系样例

2. 人工智能支持的教育应用

随着信息技术发展到人工智能时代，人工智能技术与教育教学的不断融合促使了教育教学内容、教学策略与形式、教学媒介形态、师生关系和角色产生了本质的发展和变革，这其中创新人才的培养成为教育专家和实践者关注的焦点，人工智能教育需要上升到素养层面，以培养学生信息素养为基本教学目标。[1] 人工智能教育成为人工智能时代培养创新人才的一个有效研究与实践方式，其目标是培养具备创新能量和素养的人。[2]

中小学是学生学习的基础阶段，在这个阶段开设人工智能教育系列课程，重在以人工智能思维方式转变和思维能力提升为培养目标，以激发探索兴趣、理解基本思想为出发点，通过系统的、科学的课程内容设计，让学生在小学、初中和高中接受体系化的、符合其认知发展规律的人工智能教育，使学生在建立兴趣的基础上，提高运用人工智能相关技术思想来分析和解决问题的能力、动手实践能力及创新创造能力。（图 4-14）。

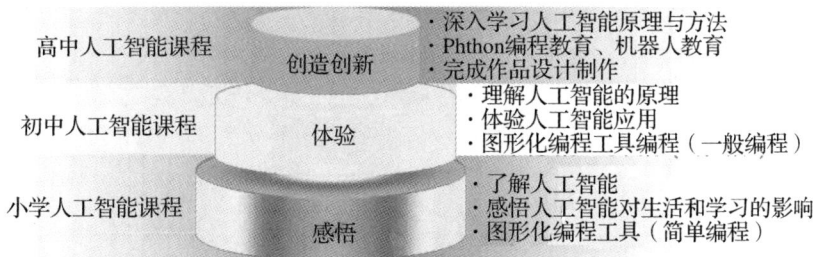

图 4-14　中小学人工智能课程体系设计

---

① 陈凯泉、何瑶、仲国强：《人工智能视域下的信息素养内涵转型及 AI 教育目标定位——兼论基础教育阶段 AI 课程与教学实施路径》，载《远程教育杂志》，2018(1)。

② 王佑镁、王晓静、包雪：《成为自造者：众创时代的创客素养及其发展》，载《中国电化教育》，2017(4)。

人工智能课程的设计需要教师了解和掌握处于不同学段学生信息技术知识与能力的基础和特点，并能在深入分析学习者特征的基础上，规划和设计人工智能课程的目标和能力要求。北京市海淀区分析和依托现有区域内学生信息技术学科教育的基础，构建了人工智能能力培养目标框架，如表 4-1 所示，并在每一学段的学生培养中，将学生学习人工智能的能力分为了解、理解、掌握三个层次。

表 4-1　人工智能能力培养目标框架

学段能力目标	能力目标
小学	能够感知、体验、分辨人工智能，逐步培养计算思维能力
初中	初步理解人工智能实现的知识体系，培养高级计算思维
高中	利用专题理解与实现人工智能技术，了解人工智能发展与应用前沿

了解：通过对人工智能的感知、体验、讨论、分辨、描述等方式，了解人工智能的基本特征和应用渠道。

理解：在了解的基础上，通过学习程序设计提高计算思维能力，从识别、解释、运用、主动选择等层面加深对人工智能原理和途径的理解。

掌握：在理解的基础上，通过对人工智能核心算法的学习，通过开发工具和开发平台，实现对人工智能实际应用模块的学习，实现对简单人工智能的掌握和应用。

基于上述目标框架和能力层次，我们制定了海淀区人工智能教育课程内容，如表 4-2 所示。

表 4-2　海淀区人工智能教育课程内容

学段	学习内容
小学	认识人工智能的特征(语音识别、图像识别、语义理解) 分辨人工智能和非人工智能(体会人工智能功能的特殊性) 了解人工智能的应用场景(基于应用的人工智能解决问题场景) 图形化编程下的计算思维(Scratch 编程) 基于程序的人工智能功能调用(Scratch 调用人工智能 API 和 SDK) 人工智能的功能实现(在计算机上实现语音识别和图像识别的功能)
初中	依据人工智能特征分辨人工智能和非人工智能(体会和分辨语音识别、图像识别、语义理解的人工智能功能) 编程下的计算思维(Scratch、App Inventor、Python 编程) 基于程序的人工智能功能调用(程序设计语言调用人工智能 API 和 SDK) 人工智能的功能实现(在计算机上实现语音识别和图像识别的功能)
高中	深入体会人工智能特征(深入体会语音识别、图像识别、语义理解的人工智能功能) 编程下的计算思维(Python 编程) 基于程序的人工智能功能调用(程序设计语言调用人工智能 API 和 SDK) 人工智能核心算法的学习(基于高中选择性必修模块 4 的内容) 人工智能的功能实现(在计算机上实现语音识别和图像识别的功能)

4.3.4　本节小结

　　"互联网＋"教师信息化素养及能力的提升需要关注全面深化的课程改革，以立德树人为根本任务，通过聚焦技术与课程的深度融合，实现对课程的精准研究设计，满足教与学双方面的个性化需求，促进学生 21 世纪核心素养的培养。首先，信息技术对于课程设计的支持，体现在课程实施融合的路径上，即技术支持下教学模式的优化和创新，满足新课程改革对学生综合素质的要求。其次，体现在交叉学科的联系和贯通上，即通过增强跨学科知识的横向联系，促进知识的迁移转化和创新创造。再次，体现在与真实生活体验的联系上，即通过支持自主探究和协作学习的一系列在线工具和软件，促进抽象的学科知识转化为能够解决实际生活问题的生活性知识，打通课程与生活的联系渠道，促进课程内容与真实生活的真正关联。最后，还需要体现教育的核心价值观与文化传承，即代表中国精神、树立中国形象、传达中国声音的中华优秀传统文化，以促进文明的继承和发展，实现文化的弘扬和繁荣。

4.4
教学中指向复杂问题解决的设计素养

🎯 学习目标

　　1. 了解数字化教师设计素养所需要的设计思维理念和体现路径。

　　2. 掌握基于问题情境和技术情境进行的教学设计。

　　3. 掌握信息化环境下课程内容及其所需资源内容的设计思路。

　　4. 了解信息化时代教育评价的因素及其发展方向。

　　飞速发展的信息技术和不断涌现的网络信息要求人们具有较强的发现、提出和解决问题的能力，收集、处理和分析信息的能力，也正是因为技术、网络的发展，才使得知识、经验、智慧由少数人的垄断，逐渐过渡到被更多的人发现和学习，人们得以"站在巨人的肩膀上"，"踩着前人的脚印"进步，这使得现代社会与文化比以往任何时期的发展和创新都要快速。技术与网络的发展弥补了区域之间的鸿沟，教师与学习者通过使用网络学习工具开展跨越距离、超越时间的教学和学习，降低了由于使用的学习工具不同而带来的"工具落差"，在一定程度上促进了教育公平。然而，随着泛在学习环境的发展和扩张，网络学习工具越来越被大众接受，利用其开展教学和学习的方式越来越普及，当工具鸿沟逐渐弥合的时候，教师和学习者需要关注随之而来的"动机落差"，即是否使用工具开展教与学不再是教师与学习者关注的焦点，如何主动、便捷、充分、高效地利用新的技术工具改进课堂教学，从而实现创新这一学习目标成为研究与实践的重心。教学因信息技术的介入变得更复杂多元，信息技术作为支撑实践的手段将直接影响课堂效果，这对教师信息化教学设计能力和素养提出了更高的要求。

4.4.1 设计素养

在教育信息化飞速发展的"互联网＋"时代，教学模式不再是流水线式的统一模式，不再是以知识传授为主的传统教学模式，而是基于信息认知探究工具和互联网形态的深度的、创新的、个性化的、分布式的模式，是与真实情境和生活实践紧密结合的模式，以培养学生解决复杂问题的高阶思维能力和 21 世纪核心素养为重要目标。教师的角色不再是教学知识的权威提供者，不再是学习资源的唯一提供者，而更多地转变为教学内容和学习活动的设计者。培养学生的核心素养关键在于教师专业素养的水平，需要教师通过有效的教学设计将其转化和落实。

4.4.1.1 数字化教师的设计者角色

在教师专业发展的诸多标准中，均指出和强调了教师作为设计者角色的重要性及其关键意义。例如，2011 年，联合国教科文组织发布了《ICT-CFT》框架，《ICT-CFT》框架指出，教师发展的三个连续阶段即技术素养、知识深化、知识创造，教师需要能够针对不同的教与学方面进行相关的设计。[①] 教师作为教与学的设计者，是实现学生全面发展最终目标的一个关键因素。2008 年，美国国际教育技术协会(International Society for Technology in Education，ISTE)制定了美国国家教育技术标准(National Educational Technology Standards，NETS)，在面向教师发布的版本中指出教师需要能够设计、为学生开发数字时代的学习经验和相关评估工具，其设计者的角色成为促进和激励学习主动性和创造性的一项重要指标。ISTE 于 2016 年发布了《ISTE Standards for Educators》，围绕七个方面进行了标准的修订和重新规划，其中指出教师的身份之一即"设计者"。2004 年，国际培训、绩效、教学标准委员会(the International Board of Standards for Training Performance and Instruction，IBSTPI)修订的教师能力标准，强调了教师作为教学设计师的重要性，以及在教学及其他领域可能发挥的作用和产生的

---

① 马宁、崔京菁、余胜泉：《UNESCO〈教师信息与通信技术能力框架〉(2011 版)解读及启示》，载《中国电化教育》，2013(7)。

影响。① 对于着重探索将技术与学科教学知识进行整合的 TPACK 框架来说，核心关注教师在设计技术融入教与学活动过程中的教学理解、学习策略以及知识之间关系表达的发展过程。在国内，教育部于 2013 年 10 月发布了《教育部关于实施全国中小学教师信息技术应用能力提升工程的意见》，2014 年 5 月发布了《中小学教师信息技术应用能力标准（试行）》，其中均对数字化教师应用信息技术优化课堂教学、转变学习方式的设计能力提出了具体要求。②

4.4.1.2　设计思维的理念

> **设计思维**
>
> 　　设计思维是运用思维方法、创新手段，实现最终设计、解决问题的思考过程，是创新思维培养的有效方法。

　　设计思维的理念最早出现在 1969 年《人工科学》一书中，作者 Simon 认为人工与自然的差别在于人的设计，而人工与自然的融合离不开人的思维。③ Rowe 在 1987 年出版的《设计思维》一书中正式提出这一概念，并且这一概念在研究和实践中被不断推广到多个领域。④ 设计思维体现了设计与思维的不断往复和迭代进化的过程，教师在遇到真实情境中的复杂问题时，通过设计解决方案或者提出预设思路，在实践中实施并及时开展反思活动，不断调整、修改和完善以达到解决复杂问题的目的。在这一过程中，思维得到锻炼，教学能力得到提升。

　　当前，创新人才的培养是教育教学根本性变革的主要目标，其创新意识和能力的水平和程度不仅与学习者的思维广度直接相关，更与思维的深度以及所反映出来的高阶思维能力有着密不可分的关系。设计思维以学生发展为中心，强调对学生创新精神、问题解决等综合能力的培养，都是以项目学习为依托、以小组合作的形式展开，强调以学生为中心的体验，是基于真实问题的探究性学习。所以，学习者实现知识技能、经验智慧的迁移运用，解决真实情境下的复杂问题，生成具有创造性的学习制品，实现高阶思维能力的培养，有赖于教师的教学设计水平、设计思维的纵深程度以及创新的意识。这促使数字化时代的教师变革传统教学模式，探究新型认知工具与信息化课程的融合方式，探索"互联网＋"环境下的深度学习策略，以期构建能够有效实现学生核心素养的创新学习方式。

---

① 方向、盛群力：《IBSTPI 国际教学设计能力新标准述要——教学设计师专业化发展的一种图景》，载《远程教育杂志》，2015(3)。

② 袁磊、侯晓丹：《美国〈AECT 标准(2012 版)〉与我国〈中小学教师信息技术应用能力标准(试行)〉的比较研究》，载《中国电化教育》，2015(5)。

③ 林琳、沈书生：《设计思维的概念内涵与培养策略》，载《现代远程教育研究》，2016(6)。

④ 尹睿、张文朵、何靖瑜：《设计思维：数字时代教师教学能力发展的新生长点》，载《电化教育研究》，2018(8)。

4.4.1.3 设计思维的体现路径

培养学生的核心素养是教育教学的一个主要目标。核心素养的培养是通过教师的教学设计，在课程的实施和实践中，引导学生不断聚焦和指向生成、创造和创新的过程。因此，设计思维涉及的维度及其特征与学生的核心素养表现一致，如表4-3所示。

表 4-3 核心素养与设计思维的特征比较①

核心素养		设计思维	
维度	特征	维度	特征
素养属性	跨学科性	载体属性	依附性
	社会性		实境性
	整合性	素养要素	可视性、合作性、需求性
	迁移性		
作用	价值性	作用	创造性
	多功能性		

教师的设计思维体现在引导和促进学生的学习过程中，具体包括如下内容。

1. 真实情境中的问题设计

在教学设计中，解决真实情境或实际生活中的问题往往成为教学的出发点。因此，设计思维与学科教学的首要结合点，即寻找真正需要解决的问题、学习过程中可能遇到的挑战或者学生感兴趣的项目主题，这为通过问题、任务或者项目驱动的方式开展学习提供了前提条件和内驱力，能够最大限度地发挥学生的积极性和主动性，是创造能力培养的最佳途径，有利于学习者对复杂知识的理解，也有利于其高级认知技能和社会技能的形成。

2. 认知工具与共同体支持的项目式学习

在互联网时代，学生获取知识的渠道拓宽了，教师能够提供的学习支持仅仅是学习渠道的一部分，学生更多地是从同伴或者学生专家那里获取知识和技能、经验和智慧，而基于共同主题、共同话题甚至共情生成的学习共同体是数字时代学生学习的一个重要来源。在这一过程中，信息技术为学习共同体的建构、知识体系的扩充和协作交流的促进提供了认知工具上的支持。以项目式的方式开展学习，有利于学生不断进行自我反思和完善，实现高阶思维能力和核心素养的培养。

---

① 林琳、沈书生：《设计思维与学科融合的作用路径研究——基础教育中核心素养的培养方法》，载《电化教育研究》，2018(5)。

3．深度学习的实现

数字时代碎片化、海量的信息和移动学习方式使学习活动较多地停留在浅层学习的层面。与浅层学习相比，深度学习更加注重对知识的理解与建构、迁移与应用，注重解决真实情境中的问题，注重培养学习者的高阶思维能力。知识经济时代更需要学习者能够深度加工信息，理解并掌握知识点的深刻含义及其之间的联系，进而合理运用并迁移知识，最终实现创新和创造。

4.4.2　情境设计能力

教学情境是教师创设的情感氛围和教学活动，是学生理解、运用和迁移所学知识的必要环境和有效支架。引导学生进入学习情境是开展学习的首要条件之一，良好的学习情境能充分调动学生学习的主动性和积极性，是提高学科教学效果的一个重要途径。

4.4.2.1　问题情境的设计

教学的艺术不在于传授的本领，而在于激励、唤醒和鼓舞。情境是联系学习者与学习任务、连接知识技能与经验智慧的重要基础。当教师设计新颖独特的、与学生实际生活紧密联系的情境时，需要为学生提供合适的素材、具有由易到难的层次性、具有启发性和探究性的问题，能够促进学生根据已有的知识经验（知识结构）进行有意义的建构（同化或顺应），能够为学生解决复杂问题提供思维路径，促进知识的迁移运用，实现有意义学习。

1．问题情境的设计原则

问题情境的设计应该能够有效激发学生的参与积极性，能够引导学生主动思考、发现、提出问题并通过深入分析寻求解决问题的方案，以达成学习目标。问题情境的设计应遵循目标明确并且真实的原则，过程具有开放性并且是完整的原则，能够启发深入思考并且引发探究的原则，以及考虑教学预设目标与学生实际生成的原则。

（1）目标真实性

问题情境的设计需要与学生真实的生活体验相结合，符合解决复杂生活问题的实际目标，将教育内容和学科核心领域的实践相结合，在丰富的参与中让学习自然地发生，以促进有意义学习。[①] 问题情境目标的真实性关注过程性体验，通过具有实际生活逻辑的问题解决实践来培养学生的综合能力，在体验中合理、充分地运用所学的学科知识分析问题情境。

----

① 　马颖峰、付亚丽：《基于 Conceptual Play Spaces 理论的教育游戏设计：探究式教育游戏的情境设计》，载《电化教育研究》，2012(9)。

（2）开放完整性

真实生活中的问题是非线性发展的，结果具有开放性的特点，因此问题情境应当与多门学科相结合，问题是需要学生运用多种综合技能才能解决的复杂的、非良构的、多样的问题。然而问题情境也需要具备一定程度的完整性，以引导学生经历发现、提出、分析和解决问题的全过程，获得完整的学习体验。

（3）启发探究性

教师创设的问题情境不仅为学生学习知识提供了沉浸的环境，引导学生联系旧知、建立模型并开展协作探究，在解决问题中与情境产生共鸣，提高代入感，更主要的是在教师提出问题的基础上，激发学生的问题意识，不断发现和聚焦自己知识结构中存在的问题，探究问题情境中可能存在的新的问题，以及独立解决或者需要团队合作解决不同类型的问题，等等，以促进学习的不断深入。

（4）预设生成性

问题情境是学科知识学习的一个载体，需要满足课程标准和教学目标的要求，具有预设性，预设的问题情境能够将学生引领到达成学习目标的方向上。而学生的学习是生成性的，对于问题情境的准备和理解不同，生成的新问题或者对问题情境聚焦和细化的维度不同，学习过程具有很大的不确定性，教师需要多角度分析教材内容和学生特点，以尽量全面地设计学生学习过程中可能生成的问题或者内容。[①]

2. 问题情境的设计思路

问题情境能够激发学生的学习兴趣，促使学生积极地沉浸其中，并能主动参与、交流讨论和协作探究，是知识迁移运用和达成学习目标的基础条件。问题情境的设计需要教师综合分析教学目标、学习者特征、学习内容、学习目标之间的关系，以适合学习内容、促进学生的深度学习和发展。

（1）教学目标分析

教学目标是教师教学和学生学习的依据，可分为认知领域、情感领域、动作技能领域三大类，知识与技能、过程与方法、情感态度与价值观是新课程的三维目标。首先是知识与技能，知识是指人类生存不可或缺的核心知识和学科基本知识，技能指获取、收集、处理、运用信息的能力，创新精神和实践能力，终身学习的愿望和能力。其次是过程与方法，主要包括人类生存不可或缺的过程和方法。过程指应答性学习环境和交往、体验；方法包括基本的学习方式（自主学习、合作学习、探究学习）和具体的学习方式（发现式学习、小组式学习、交往式学习等）。最后是情感态度与价值观。情感不仅指学习兴趣、学习责任，更重要的是乐观的生活态度、求实的科学态度、宽容的人生态度。价值观不仅强调个人的价值，更强调个人价值和社会价值的统一；不

---

① 武法提、李彤彤：《生成性目标导向的网络学习环境设计研究》，载《电化教育研究》，2014（3）。

仅强调科学的价值，更强调科学价值和人文价值的统一；不仅强调人类价值，更强调人类价值和自然价值的统一。教学目标能使学生内心确立起对真善美的价值追求以及人与自然和谐和可持续发展的理念。

（2）学习者特征分析

学习者特征包括认知特点、已有知识经验和能力水平、对学习内容的了解程度、信息技术水平、学习风格等方面。对学习者特征的分析是为了了解学生的学习准备情况及其学习特点，为学习内容的选择和组织、学习目标的阐明、教学活动的设计、教学方法与媒体的选用等教学外因条件适合学生的内因条件提供依据，从而使教学真正促进学习者智力和能力的发展。首先，教师需要了解学生的一般特征，包括心理、生理和社会特点，与具体学科内容虽无直接联系，但影响教学设计者对学习内容的选择和组织，影响教学方法、教学媒体和教学组织形式的选择与运用。其次，学生的初始能力与学科教学相关，教师需要了解学生在学习某一特定的学科内容之前，已经具备的知识与技能情况，以及他们对这些学习内容的认识和态度。再次，学习风格是学生个别差异的集中表现，是因材施教的前提和根本。最后，教师需要了解不同层次学生可能存在的问题，提前做好教学预设。

（3）学习内容分析

学习内容是教师对教学内容的解释和转化，学习内容的分析是将教师"教什么""怎样教"转化为学生"学什么""怎样学"的过程。首先，需要分析学科课程标准的要求，正确理解课程标准的精神与内涵，建立本学科的知识体系，在此基础上确定每一章节、每一课时的具体知识点。其次，需要分析教材内容在整个课程标准中和每个模块（每本教材）中的地位和作用，厘清教材所呈现知识体系的各维度关系。再次，根据课程标准要求确定学习的重点，根据学习者特征确定学习的难点，并通过确定学习内容的范围与深度（这与"教什么"有关），揭示学习内容中各项知识与能力的相互关系，以确定教学对学习的支持策略（与"如何教"有关）。最后，选择拓展学习内容，选择具有科学性（内容正确无误）、目标性（内容反映目标）、启发性（内容本身富有启发意义或实际价值）、思想性（内容本身具有教育意义或培养价值）的内容，通过具有广度和深度的学习材料，以促进知识的迁移运用，培养学生的高阶思维能力。

（4）教与学的策略设计

教学策略是达成教学目标的方法和手段，包括知识传递策略、师生互动策略、课堂组织策略三个方面。知识传递策略主要环节有创设情境、提出问题、明确目标、布置任务、讲解示范、检测练习和总结概括等。师生互动策略主要包括问答、小组对话、情感激励、辅助学习、解答疑难问题和示范活动等。课堂组织策略包括使用资源和网络、控制时间、解答问题等。教学的策略不是为了控制学生，而是为学生提供一定程度的引导、支持和辅助，以充分发挥学生在学习过程中的主体地位。

学习策略的设计目的是充分发挥学生的主体性，体现学生的认知主体地位，包括探究策略、协作策略、认知策略三个方面。探究策略通常包括自主学习、交流讨论、认知表达、问题解决、信息检索、画概念图、实践操作、拓展阅读和知识摘录等。协作策略包括角色扮演、竞争、分工协作、辩论、伙伴网络交流和互评互助等。认知策略包括选择学习方法、监控思维过程、调节情绪、感知学习意义、反思与反省和形成信息化学习技能等。学习策略的正确选择，不仅有利于学生高阶思维能力的发展，还有利于促进教师的自我反思，实现教学相长。

4.4.2.2　技术情境的设计

教育环境是教与学活动发生的场所，是实践创新教学理论、变革智慧学习范式的支持基础，互联网技术与信息通信技术的发展为信息化教学环境的建设提供了技术基础，而信息化技术从根本上革新传统教育教学模式、提高教与学质量、促进深度学习的达成则需要对技术情境进行深入思考，对其中所涉及的内容进行充分设计，以突出"主导—主体"相结合的课堂教学结构，真正实现学科教学质量与学生综合素质的提升。

1. 教学课件

在学科的教学过程中，通过教学课件的辅助来组织教学活动、突破难点重点、演示知识是教师在信息化课堂中发挥主导作用的重要方式。教学课件适用于对某个知识点的教与学，它可以是创设某个情境，引入教学的主题，可以是辅助教师讲解，提示重点和难点，可以是动作、活动的示范，实验过程的演示，可以是对某些知识的总结、概括、提炼，也可以是教学调控指令的发布。教学课件内容不宜过多，否则会增加学生的认知负荷。教学课件中应着重呈现如下内容。首先是教学主题，教师利用信息技术创设与主题相关的、尽可能真实的情境，使学习能在和现实情况基本一致或相类似的情境中发生。其次是教学重难点，紧密围绕教学重难点是课堂教学的关键。最后，总结、概括、归纳与提炼的信息化呈现方式有助于学生学习知识的系统化。

2. 学习资源

学习资源是经过选取、组织，使之有序化的，适合课程发展和学习者发展的有用信息的集合。学习资源可以为教师实施课程提供全面的支持，但更重要的是提供给学习者使用，能帮助和促进他们的学习，促进他们发展。学习资源可以单独地使用，也可以由学习者组合起来使用。现代信息技术，特别是多媒体与计算机网络技术、社交媒体、虚拟空间等在教学中的应用，为学习者提供了极为丰富的电子学习资源。网络学习资源不仅是接受式学习的内容来源，更是以协作建构、创新研究、探索生成等为目的的拓展学习的内容来源。在师生共同创设的学习资源网络中，以问题的发现、探究和解决来激发学生的求知欲和主体意识，从而培养学生的实践能力和创新能力。

3. 认知工具

在泛在学习环境中，认知工具是特指促进某特定认知过程的广义信息技术工具，主要是指以计算机和通信网络相结合，用于帮助和促进认知过程的工具。认知工具帮助学生实现与学习环境的交互，帮助学生运用自己的语言、文字表达自己的思想和观点，形成个性化的知识结构。协同工作工具，可以让学生组织协商活动，培养学生合作学习精神。信息工具平台，可以让学生尝试创造性实践，培养学生信息加工处理和表达交流能力。信息搜索工具可以帮助学习者收集解决问题所必需的重要信息。管理与评价工具，为学习者提供自我评价反馈的机会，调整学习的起点和路径。认知工具可以自动实现一些低层任务或代替做一些任务来减轻教师和学生的负担。

4.4.3　内容设计能力

信息技术与学科教学的融合以及新课改理念带来的对传统教与学方式变革的指引，赋予了数字教师新的角色。教师不再仅仅是教学内容的接受者和传递者，而更多的是以"课程开发者"的身份参与内容设计，这种转变将教师带入了教学内容中，提升了教师的参与程度，为教师深入研究教学内容，形成积极的教学主体意识，从而促进教师高阶职业技能的发展奠定了基础。在信息化时代，教学内容的设计不仅包含基于教材的课程内容设计，还包含适用于数字时代学生学习所需的资源设计。

4.4.3.1　课程内容的设计

数字化时代的知识及其存储、传播的特点与传统教育教学形态相比，已经发生了根本性的变革。教师作为课程的设计者，不仅需要考虑技术与学科教学的融合方式和途径，更需要在建立师生角色互换的学习共同体基础上，在课程标准、教学大纲及教材深入分析的基础上，规划、设计、重组和实施具有数字化时代特色的动态变化和可进化、可重用的课程内容，以满足学生的个性化学习需求。

1. 课内外知识的融合

传统观念认为只要具备学科知识就可以做教师了，反之，如果不具备深厚的学科知识功底就不能成为一名合格的教师。而对于网络时代的学生来说，他们获取知识的渠道是多元化的、实时的、碎片化的，可以从很多渠道获取和了解课堂内教师讲授的知识内容。教师如果只具备课内所需的知识是远远不能满足学生的学习需要的，教师需要从广度和深度上走出教材，跳出课内知识的桎梏，对课内知识的课外延伸即拓展学习的内容做全面的设计。

（1）拓展知识的质量

对于课内知识外部延伸的设计，要具有科学性（内容正确无误）、目标性（内容反映目标)、启发性(内容本身富有启发意义或实际价值)、思想性(内容本身具有教育意义或培养价值)。其中,科学性是前提,目标性是核心,启发性和思想性是教学的发展性规律和教育性规律的体现。

(2)拓展知识的广度

课内知识内容是有限的,要实现知识的迁移运用,需要拓展知识的广度,需要围绕目标,把"博"与"精"有机结合起来。所谓"博"要求学习内容的选择不仅限于既定教材,还要适当加以延伸,使其尽量宽广一些,让学生在课堂学习中有一种充实感;"精"即要求学习内容的选择必须是精心筛选的,具有基础性和示范性,以帮助学生收到以纲带目、以简驭繁的效果。

(3)拓展知识的深度

一定数量的知识内容并不一定能够引发质变,教师需要立足于目标,把高难度和量力性有机结合起来,使内容的难度恰好落脚在学生通过努力可以达到的潜在接受能力上,让学生通过拓展知识的学习,主动深入知识核心,实现知识的深化。

2. 跨学科知识的融合

跨学科的教学是教师多学科知识能力的综合体现。为实现跨学科教学,教师需从生活中的实际问题出发,以当前的实际问题为导向,从整体和具有一定高度的视角考察和分析问题,通过整合不同学科领域的知识、能力、观点、经验等,对遇到的问题进行更深刻的认识。在信息化时代,学生面对的问题越来越复杂,通常需要统筹多学科领域的知识才能解决生活中的实际问题。在这样的前提下,教师的教学内容设计也需要注重综合学科能力的培养。

(1)创客课程

随着教育信息化的发展,创客教育应运而生,创客教育能够提升学生的信息素养、创新意识和创新能力,让学生养成数字化学习习惯,促进学生的全面发展。信息技术支持下的创客教育需要不同学科知识支撑,通过技术创设跨学科的真实情境。[①] 创客课程设计的主要关注点在于由传统的学习特定学科知识变为基于问题或者需要学习跨学科知识,由课标或者教材固定的学习视角变为从真实生活情境的视角出发,让学生生成具有创造性和创新性的学习产品,并通过预先设定的评价标准引导学生开展自我反思。

(2)STEAM 课程

STEAM 教育是指统整"科学、技术、工程、艺术和数学"等 21 世纪学生能力需求的基础学科,形成跨学科整合的多元化交互式学习实践,打破了传统单一学科以应试

---

① 赵呈领、申静洁、蒋志辉:《一种整合创客和 STEM 的教学模型建构研究》,载《电化教育研究》,2018(9)。

为导向的人才培养思维，塑造适应时代发展的创新型人才。[①] 但统整多元学科和知识的 STEAM 教育不是几个学科间的简单叠加，而是如信息技术和教育教学深度融合一样，需要各学科以适宜的方式和实践整合成综合目标为导向的全新教育形态。[②] 通过学习基础知识、开展团队协作、展示学习成果等环节，学生综合利用各学科知识开展独立自主或者团队协作的创新型学习。

（3）项目式学习课程

以学生为中心的项目式学习课程是指校际师生围绕一个学习项目开展教与学的活动。这种基于项目的学习活动强调从真实世界中的基本问题出发，围绕复杂的、来自真实情境的主题，在精心设计任务、活动的基础上，以小组方式进行较长时期的开放性探究，并将学习结果以作品的形式表现出来，最终达到知识建构与自身能力提高的目的。项目式学习是用类似研究的方法进行学习，是"在研究中学"，因此在具体教学中教师可以以"问题"为中心进行组织，指导学生学习。

3. 技术与教学的融合

信息技术与教学的融合与整合不同，信息技术与教学的整合是将技术应用于改进教学手段、方式方法、策略或者环境等，而融合涉及的是教育系统的结构性变革，包含营造信息化教学环境，实现新型教与学方式，变革传统的课堂教学结构。[③]

（1）营造信息化教学环境

信息化教学环境是指能够支持情境创设、问题提出、自主探究、协作交流等多种学习活动的教学环境，适当的技术形态和认知工具能够对教学系统四要素即教师、学生、内容和媒体产生有效影响，营造信息化教学环境是对教学系统变革的有效支撑。例如，丰富信息化教学资源，将以教材为主转变为包含大量拓展学习资源及多元化呈现形式的学习资源，辅助教师突破教学重难点，实现有效的知识探究、迁移运用、协作交流和情感体验。

（2）实现新型教与学方式

传统课堂教学中，技术通常作为教师的展示工具，而在新型技术与课堂的不断融合过程中，认知探究工具、社会化学习工具、实时交流工具和评价反馈工具等更多地用于对学生学习的支持。学生利用支持不同学习内容和环境的工具进行学习和交流，充分体现了作为学习主体的地位，教师在适当时机对学生给予辅助、引导和帮助，这同时体现了教师的主导地位。在技术的支持下，教师不再是学习内容的唯一来源，学生也可以提供学习内容，教师和学生的角色随时互换，这促进了学生的主动学习和意

---

① 赵慧臣、陆晓婷、马悦：《基础教育、高等教育、企业以及教育管理部门协同开展 STEM 教育——美国〈印第安纳州科学、技术、工程和数学(STEM)行动计划〉的启示》，载《电化教育研究》，2017(4)。

② 李王伟、徐晓东：《作为一种学习方式存在的 STEAM 教育：路径何为》，载《电化教育研究》，2018(9)。

③ 何克抗：《如何实现信息技术与学科教学的"深度融合"》，载《教育研究》，2017(10)。

义建构，促进了媒体资源的合理运用。

（3）变革传统的课堂教学结构

传统课堂教学结构的变革依赖于教师的教学实践，只有教师在课题教学中实施有效的新型教学模式，才有可能实现这一目标。例如，北京师范大学何克抗教授实施的"基础教育跨越式发展创新试验研究"项目，通过变革传统的学科课堂教学模式，采用信息技术支持的新型教学模式，在完全不增加课时与学生课业负担的前提下，实现了传统课堂教学结构的根本变革，并且已取得显著成效。[①]

4.4.3.2　资源内容的设计

要根本改变传统的课堂教学结构，除了在创新教学模式中设计课程内容、教学情境和学习活动，更需要有适应学科、学段、场景和学习者的丰富学习资源，为学生自主学习、自主探究、协作交流、成果展示、反思优化等提供全方位的支持。网络学习资源在整个"互联网＋"教育体系中占有重要地位，网络学习资源的形态与传统教育教学环境中的学习资源相比已经发生了颠覆性的改变。开放性资源、整合性资源、碎片化资源、生成性资源、移动化资源以及虚拟化资源是"互联网＋"教育所"中意"的新型资源形态，发展潜力巨大。[②] 对于学生来说，学习资源不能自觉和直接地与其已有的知识结构发生关联，需要主动地探究和认识，所以，只有教师根据学生的实际情况适时、适量、适度地对学习资源进行开发、重构和利用，才能充分发挥其最大价值。教师在设计学习资源内容时，应重点关注资源从预设到生成、从内容到活动[③]、从资源到认知网络、从通用到个性化以及从知识到智慧的变化[④]。

1. 学习资源的生成性

学习资源的生成性是相对预设性而言的，教师根据教学分析预设学习所需的资源，然而这并不能满足学生在学习过程中的实际需求，不能根据自身所处的发展阶段和问题困难生成对知识的新的理解，从而不能快速地生成对知识的新的理解和内化。在"互联网＋"时代，师生的角色边界逐渐模糊，预设的学习资源仅仅只占资料来源的很小一部分，更多的是在真实情境中伴随教学过程产生的、学习者也可以创建的、不断动态进化的多源性资源。

2. 资源与活动设计并行

在教学过程中，教师为学生提供学习资源并不一定能够发生有效的学习，资源内

---

① 何克抗：《新课改 新课堂 新跨越——教育系统如何实现信息技术支持下的重大结构性变革》，载《现代远程教育研究》，2013(4)。

② 杨现民、赵鑫硕：《"互联网＋"时代学习资源再认识及其发展趋势》，载《电化教育研究》，2016(10)。

③ 余胜泉：《学习资源建设发展大趋势(上)》，载《中国教育信息化(高教职教)》，2014(1)。

④ 余胜泉：《学习资源建设发展大趋势(下)》，载《中国教育信息化》，2014(3)。

容的传递不再是信息化时代关注的重点，而需要更多地转向与资源内容密切相关的、能够促进人与资源之间进行多维度交互的学习活动的设计上来。学习者参与和学习内容紧密相关的活动时，才能激发其主动参与和积极探索的热情、协作交流和自我调控的意识。

3．对社会认知网络的关注

学习者的知识建构不仅发生在与教师、与学习内容的互动过程中，还发生在与同伴、与学生专家的交流沟通以及实践分享的过程中，这两个获取渠道同等重要。学习者的学习一方面是主体与客体的相互作用，另一方面是个体与其他人在人际互动的过程中建构知识，围绕学习资源交互而生成的人际网络也是十分重要的学习资源，这是持续了解和掌握相关知识以及知识变化发展过程的一个有效渠道。[①]

4．支持个性化学习

当代学习的碎片化管理方式对个性化的学习资源提出了强烈的需求，建设海量的个性化的学习资源库已成为未来学习资源建设重要课题的发展方向，这将改变传统教育中通用学习资源不能匹配学习者实际需求的困境。教师通过设计多维度、多形态、多获取渠道的学习资源内容，并通过对学生的了解或者学习分析结果为其推送适合的学习资源，实现按需学习。

5．经验智慧的累计

虽然技术已经融入了教育教学系统，学习环境中的技术形态已经较为发达和完善，然而并没有真正促进深度学习的发生。目前在线学习所使用的教学方式主要是课堂"搬家"，虽然学习者能获得知识，但是对知识的理解是浅层次、表面化的。[②] 教师在设计学习资源的时候，不能仅在内容表达方面进行设计，还需要帮助学生实现与学习环境的交互，帮助学生运用自己的语言、文字表达自己的思想和观点，形成个性化知识结构的新形态学习资源。

4.4.4　评价设计能力

传统教育环境下，对教育教学的评价主要建立在教育价值唯一的基础上。现代教育教学的价值观趋向于多元化、个性化、过程性、多角度等，对于教育教学及其过程效果等需要满足不同教育角色对于其实践的现实需求。在"互联网＋"的环境下，信息技术的长足发展为教育教学评价带来了新的视角、依据和支持，"互联网＋"技术使得基于学生学习全过程和教育职能部门全业务的大数据采集及其可视化分析成为可能，

---

① 崔京菁、马宁、余胜泉：《基于社会认知网络的翻转课堂教学模式研究》，载《现代教育技术》，2016(11)。
② 余胜泉、段金菊、崔京菁：《基于学习元的双螺旋深度学习模型》，载《现代远程教育研究》，2017(6)。

并能够提供实时的、有效的、科学的教育决策和发展预测。《国家中长期教育改革和发展规划纲要（2010—2020 年）》指出，"要改进教育教学评价，根据培养目标和人才理念，建立科学、多样的评价标准。开展由政府、学校、家长及社会各方面参与的教育质量评价活动。做好学生成长记录，完善综合素质评价，探索促进学生发展的多种评价方式。这种评价的变革主要是为了更好地促进学生成长，让最适合学生发展的服务精准、通畅地通过供给到达学生。[①]

4.4.4.1 信息化时代的教育评价

教育评价是教育的重要组成部分，对整个教育体系有着非常重要的作用，是对教育价值做出判断的过程，反映了在一定发展时期下的教育价值取向和关注焦点，体现了国家的整体教育质量。教育评价不仅有助于教育工作者全面了解学生的发展情况，还能够促进教师的专业发展。教育评价历经测量、描述和判断三个发展阶段，在不断发现和克服三个阶段中存在的管理主义倾向、价值取向单一和过于依赖科学实证主义方法等一元价值取向不足的基础上，20 世纪 80 年代末，美国评价专家认为，教育评价应该是强调"回应—协商—共识"的心理建构过程，是具有多元价值取向的探究过程。当前，"互联网＋"的环境体现了一种新的技术范式，即在信息共享、数据融合、业务协同、智能服务等理念的引导下，构建相应的技术服务支撑体系；同时也是一种新的价值取向，即在不同主体、层级和领域之间，形成的具有动态关联、高效互黏、相互监督、共同发展等特点的基本公共教育服务供给模式。[②] 这符合第四代评价理论所倡导的评价观，主张重视利益相关者，提倡在真实情境中运用建构主义探究方法，通过充分的交流沟通和协作，促进共同体达成共识。

在新型评价理论和技术范式的支撑下，信息化时代的教育评价需要以大数据为基础，反映真实的教育过程、教学效果和学生发展情况，从以经验为基础的模糊判断变革为以数据为依托的精准预判，利用数据本质"反观"教育现象，为教育教学的变革提供更为科学的引导和指向。从教育评价体系出发，需要关注各基本组成要素的发展特征及其变革路径。

1. 评价依据

传统教育教学中的教与学评价多由决策部门、施教者等进行设计，其权威身份占据绝对主动的地位，并决定了评价的维度、权重、活动等整个实施过程。信息化环境中的教师和学生在不断转换角色，评价依据则需要在评价主体通过协商所达成的共识基础上，由多元主体共同参与制定评价标准，体现多角度、多维度、多方面等的多元

---

① 李奕：《以移动互联促进基础教育课程及考试评价改革》，载《开放学习研究》，2016(2)。
② 李奕：《基于"移动互联"的基本公共教育服务研究》，载《中小学管理》，2015(1)。

价值观，并具有生成性、可进化性、开放性等特点。

2. 评价主体

参与评价的主体从单一的教育管理者变为参与教育的共同体及其中的相关个体，各级各类多元利益相关者需要以平等的身份加入其中，真正促进了被评价者和评价者之间的角色转换。同时，评价主体的多元化发展，不仅有助于平衡评价主客体之间的关系，更有助于二者之间的交流与价值判断，补充评价资源，拓展评价维度，提升评价方案的应用和分析价值。

3. 评价内容

评价的内容除了包括既定知识、技能、经验和思维，还需要评价在与学生相关的真实生活情境、项目情境、问题情境或者主题情境等特定环境下的学习效果以及行为表现，能够引发学生自我导向的学习，体现核心素养的导向地位。所以，通过收集和分析学生在发展过程中所产生的数据，并通过一定的方案评价分析学习过程，以促进学生不断反思、改进和完善，培养学生的高阶思维能力显得尤为重要。

4. 评价方式

教师设计多元化、个性化的评价方式和评分标准，并依托数据的可视化分析方式，能够直观呈现教育全过程的真实表现；同时对学生表现出的情感、态度和价值观等方面的效果利用多维度量化的方式进行描述，不仅是为了完善和丰富评价结果，更主要的是通过过程性数据跟踪和形成性评价，引导学生不断改进学习过程，提升学习效果。

5. 评价工具

在传统的试卷、测验等评价工具的基础上，教师需要核心关注能够采集教育全过程的技术平台，能够促进主动探究的软件工具，能够感知教育情境的新型技术形态等，并选用较为成熟的、经过信效度检验的测试量表和问卷，以扩展评价的方式和内容。信息化评价工具的使用逐渐成为信息化教学的研究重点和焦点，教师对信息化学习评价的了解、熟悉和掌握程度，直接关系到学生的学习效果，反映其信息化教育水平，这也是如何用评价结果促进学生发展的一个关键因素。

6. 评价目的

教育评价不仅关注形成性评价结果，更关注过程性评价效果，以实现"立德树人"，促进学生的发展，优化学习效果，提升学习体验等目标，培养学习者的思维能力和学科素养，培养未来所需的创新人才。在信息技术与教育教学深度融合的过程中，教师需创新学习内容和形式，重构教与学组织形态与关系，创新学习评价方式与渠道，从关注学习资源和技术平台等转向对内容的优化、应用的创新、关系网络的重构等维度上来。

4.4.4.2　教育大数据的挖掘

大数据技术的普及和不断迭代更新，为变革传统教育教学提供了基础和支撑条件，教育大数据的应用主要体现在驱动国家教育政策科学化、区域教育均衡、学校教育质量提升、课程体系与教学效果最优化和个体的个性化发展。[①] 如何挖掘隐藏在其中的丰富价值，将其转化成有价值的知识，从而促进教学决策，改进教学实践，完善自身专业发展，这是大数据时代教师面临的重大挑战。[②]

1. 精准学习分析

通过采集学生学习的全过程数据，并对教育大数据进行分析，不仅可以了解学生的学习结果，还可以发现学生的个性化特点、学习阶段和程度、学习行为等情况，充分和深入地了解学生的学习需求，这为从传统基于经验的个性化教育方式向新型基于全样本的个性化学习的真正转变提供了工具手段，使精准的个性化学习成为可能。

通过基于教育大数据实现的学习结果分析、个性化学习资源推送、学习行为分析和预测等个性化学习服务，为提升学生的综合素养和核心竞争力，促进综合型创新人才的培养提供了对未来发展的预测和有效指导，（图 4-15）。

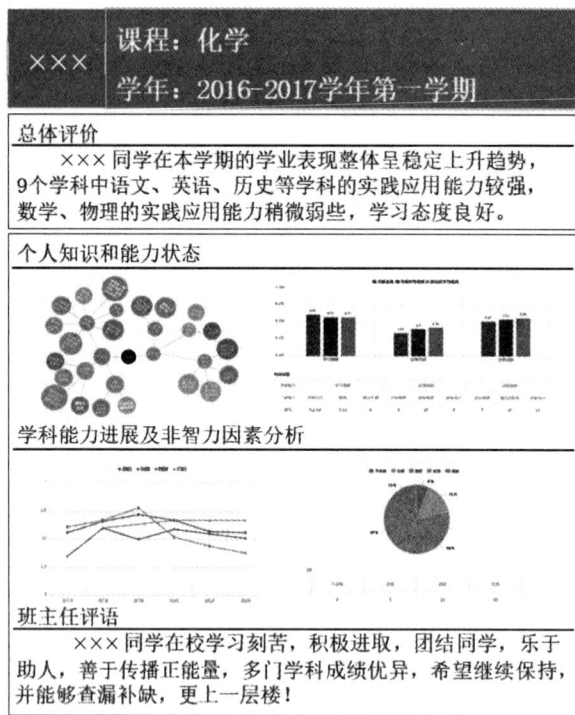

图 4-15　北京师范大学未来教育高精尖创新中心研发的智慧学伴平台中的学生综合素质报告[③]

---

① 杨现民、王榴卉、唐斯斯：《教育大数据的应用模式与政策建议》，载《电化教育研究》，2015(9)。

② 张进良、李保臻：《大数据背景下教师数据素养的内涵、价值与发展路径》，载《电化教育研究》，2015(7)。

③ 余胜泉、李晓庆：《基于大数据的区域教育质量分析与改进研究》，载《电化教育研究》，2017(7)。

2. 教育决策预判

通过智能教学平台的大数据收集和分析，学校的教育管理者能够判断学校不同年级、不同班级的发展特点，了解教师的业务水平和专业特长，发现班主任的管理特点，在对多维度、多层次、多视角、多角色等的数据进行多元分析之后，形成适合学校发展的教育教学改进方案，以促进教学资源的合理分配、课程的合理安排、问题的有效解决等，促进教育教学治理质量的有效提升，实现教育流程的革命性变革，实现教学服务模式的根本性创新。

对于教师来说，教育大数据支持教师了解所教全体学生的学习程度、行为偏好、习惯特点等，从而开展合适的集体教学，并对学生的个性化需求进行有针对性的教学，或者对可能产生的问题进行预测，以判断是否需要进行干预等，教育大数据促使了教师精准教学的有效实践。同时，长期收集学生的过程性数据，为发展性评价的诊断提升提供了坚实的基础，对数据辅以时间序列分析、聚类分析、学科知识地图分析、学习风格和学习行为等方面的科学数据分析手段[1]，更提升了精准预判的效果，促进了教育决策的深入落实。不仅如此，对于教师的专业发展来说，处在不同发展阶段的教师有着不同的专业发展需求和取向[2]，智能教学平台需能够帮助分析教师的优劣势和发展目标，同时支持个性化学习资源及学习路径的推送，支持学习共同体的建构。

4.4.5 本节小结

面对数字时代的学生，教师不仅需要信息技术与学科教学整合甚至融合的能力，更需要面向具有多元的、交互的、复杂的、动态变化等特征学习环境的变革教育教学范式的设计能力，发现、提出和解决复杂问题的设计思维。教师设计思维及其能力的提升，是培养和实现学生核心素养的基础，是促进学生利用技术变革情境以实现复杂问题解决效果最大化的途径之一，是提升创新能力和发展创造性思维的生成性过程，归根结底，它不仅指向教师的创造能力，更指向学生的知识创造、经验汇聚、智慧生成能力。

---

① 李葆萍、周颖：《基于大数据的教学评价研究》，载《现代教育技术》，2016(6)。
② 向宁：《大数据时代的教育信息化建设研究》，载《改革与开放》，2015(24)。

4.5
实现创新超越的领导力素养

🎯 学习目标

1. 了解教育政策及其分析维度和要素。
2. 掌握项目管理能力的提升方式和路径。
3. 了解创造力的内涵，掌握创新型教师应具备的素质特征。

在传统的学校管理形式上，校长和各级各类主管为普遍认为的领导层，领导层成员对学校的各种业务具有主导权，教师通常作为管理规则的执行者，将标准、规范、条规等在教育教学活动中予以执行和落实。在互联网时代的动态社会化情境中，人们凭借自身的专长和各种能力成为某一主题、某一领域或者某一团体的领导，领导者的角色不是一成不变的，而是根据任务形式、共享内容、研讨活动等实时发生变化。因此，在不同的具体情境中，领导者和追随者是不同的，情境的变化会影响角色的变化，领导力也具有分布式的特点。在学校这一教育教学情境中，校长及各级主管为学校管理和常规运行的领导者，而对于课程来说，教师是教学知识和技能的拥有者，又与学生长期直接接触，处于教育教学的最前线，课程的建立、实施、变化和革新应体现和发挥教师领导力素养的作用。

4.5.1 教育政策理解能力

教师对教育政策的理解能力是课程设计、教学活动设计的基础，只有对教育政策有了充分的理解，才能在教学设计中体现和落实政策，反映政策所关心的社会问题，将培养创新人才的社会发展方向和需求落在实处。

4.5.1.1 教育政策

随着教育在国力提升和政治经济发展中的作用越来越显现，教育政策的制定和执行越来越受到来自各个理论领域和实践行业的重视。国外相关研究推动了国外教育政策的发展，国内的相关研究认为教育政策通过静态文件有目的、有组织地促进实践的动态发展，实践过程中的动态变化是理解和落实教育政策的关键因素；教育政策同时也是关于教育权益和教育利益的具体产物，它起着平衡和协调社会各阶层和利益集团关系的作用。[①]

4.5.1.2　教育政策的分析维度

教育政策分析主要包含两种形态，一种是强调对教育政策的描述和解释，属于侧重于理论层面的分析，另一种是强调对政策的评价、预测和咨询，属于侧重于应用研究层面的分析。对于教师来说，教育政策分析是其运用科学的方法及技术对教育政策的内容、过程及结果等方面进行分析，从而促使教育政策达到预期目标的活动。[②] 对于教育政策的分析，应包含对内容、过程、产出、评价、信息和倡导等方面的分析。

1. 教育政策的内容分析

对内容的分析通常涉及教育政策的起因、预算、内容及运作或者发展，这是深入了解教育政策的关键部分。教育政策的内容表明了其所具有的社会价值，是了解其提出背景、缘由或存在矛盾的重要渠道。对教育政策内容进行分析，有助于教师深入了解教育政策的形成背景与实施原因，促进教学实践的深入与教学范式变革的发展，从而明确自身专业发展方向，实现能力到素养的全方位提升。

2. 教育政策的过程分析

对过程的分析是指影响教育政策的形成及合法化的主要因素，一般针对的是现实情况和实践效果，通过不同维度的对比，可以为实施效果提供评价维度。教育政策的过程分析，实际上也是决策分析，将执行决策的目标和过程进行具体化、细致化的可行性分析，有助于教师有效落实教育政策、探索教育政策与实践结合的有效途径，从而促进教育政策的真正落实。

3. 教育政策的产出分析

对产出的分析涉及具体的情境，在不同情境中存在着不同的教育产出，其社会效益和经济效益也不同，这对于了解教育政策的落实情况、实施效果、产生的效能等具有一定的指导意义。分析教育政策的产出，不仅包含执行效率的情况，还应关注教育政策所要求实现的经济效益和社会效益，即分析教育政策的投入、效益、效率和回应程度。在全方位考虑的基础上，确定和安排所需教育投入成本，配备适合的技术形态和人员结构，目标及产出的有效拆解和一一对应，是实现效益最大化的一个重要前提。

4. 教育政策的评价

对评价的分析是对教育价值的判断，通过判断政策目标与实际执行成效之间的差异，能够很好地了解教育政策期望目标的达成情况，了解不同价值主体的主要价值观，

---

① 　王举：《教育政策的逻辑体系探究》，载《教育理论与实践》，2013(16)。

② 　孙绵涛：《关于教育政策分析若干理论问题的探讨》，载《教育研究与实验》，2002(2)。

为政策的完善创新以及后期实践的推进落实提供指导和引领。在评价方案的制定上，不仅需要关注评价主体，还需要关注决策主体和执行主体，从多维度的不同视角出发，实现教育政策评价的效果和价值。

5. 教育政策的制定信息分析

对于制定信息的分析，涉及过程中所需的资料、信息等的核查与应用情况，从不同方面获取相关信息，分析其优势和劣势，以做到扬长避短。参考信息的查找和筛选，有利于决策执行和落实的准确程度以及效果的体现。

6. 教育政策的倡导

作为教育政策的制定者或者实施者，需要对某一教育政策的采用和实践进行论证分析，如成本的投入、人员的配备、经济的支持、组织机构的健全等，并通过实际情况与既定目标匹配的情况，来说明教育政策的实施效率和效果。

4.5.1.3 教育政策分析要素

对于教育政策理解能力的培养，不仅需要了解教育政策及其分析的内涵和方法，还需要了解其分析要素，力求进行全面细致、客观公正以及具有正确价值取向的分析。Quade 认为应该从五个方面的要素对教育政策进行分析。

1. 教育政策的目标

目标是将教育政策在实践中落实的出发点，其制定有助于制定者和执行者考察和衡量政策及其对应实施效果之间的差异，从而不断反思和改善实践过程和效果，以达到教育政策制定的初衷。

2. 教育政策的策略

教育政策的实施需要一定的方式方法和路径策略支持，不同执行方案的对比和优化，有助于提高执行效果，降低执行成本，将利益和效益最大化。

3. 教育政策的影响力

教育政策的实施效果不仅在于其所发挥的优势和成功的经验，更需要考察所产生的不良影响、负面效果以及缺陷等，将有效成果进行推广，将与预期成果相悖的结果进行整改或者进行规避，从而扩大影响力和范围。

4. 教育政策的标准

教育政策的实施效果因情境、执行者价值观、基础条件、内外因等因素影响而不同，因此应确定一定的标准或者规范，根据规则来衡量效果与预期目标之间的差距，为执行的过程指引发展方向和规避风险。

5. 教育政策的模式

通过对教育政策依据的相关理论、支持策略、实现方式和目标等的规划设计，借助多元化、多角度、多维度等的各种动态发展分析，建立分析政策的常模，并通过实践效果不断反思和修改应用模式，使其符合社会化价值判断和常态化教育实践。

4.5.2　项目管理能力

没有高质量的教师，就没有高质量的教育，将管理项目的权利放开给教师是促进教师专业发展、提升教师领导力水平的重要途径。[①] 教师的项目管理能力直接影响学校的发展程度和水平，影响学校的教育教学质量。

4.5.2.1　课程领导力

课程领导力对于学校发展和教师成长来说是非常重要的。综合各种定义和内涵，普遍认为教师课程领导力体现在课程设计能力、开发能力、实施能力和评价能力几个方面。[②]

> **课程领导力**
> 课程领导力体现的是教师对课程系统的认识和整体把握，最终目标是实现课程愿景，提升学生的学习品质。

1. 课程设计能力

处于不同发展阶段的教师对于课程设计的理解和实践结果不同，从最初的简单模仿，到加入自己部分理解的模仿，再到形成个性化风格的创新，体现了社会氛围和教育环境、学校文化与教学风气等外在情境对教师的影响，同时教师的课程设计能力也有赖于教师的知识和技能水平，以及对于本学科的理解程度。

2. 课程开发能力

课程开发能力是教师课程领导力的重要组成部分，体现了教师的创新意识和能力。课程改革中对于三级课程的实施要求，将课程的开发权利交还给教师，使得教师角色不仅仅是课程的贯彻实施者，更成了课程开发的主要力量，从课程的执行者转变为课程的设计者，提升了教师的决策意识和对课程管理的参与意识。

3. 课程实施能力

课程实施是把新的课程计划付诸实践的过程，是教育政策落实的重要条件之一，是课程改革能否达到既定效果的基础因素。[③] 课程实施的效果有赖于教师的教学设计和学生的学习参与，但不等同于教学活动。教师的教学能力与课程实施能力不尽相同，前者主要指教师对教学内容进行客观传递的能力，后者则为教师提供了更多施展的空间，教师可以对课程进行加工、重组、整合甚至变革和创新，是教师的基本功和高阶

---

① 马宁、周鹏琴、谢敏漪：《英国基础教育信息化现状与启示》，载《中国电化教育》，2016(9)。
② 杨跃：《教师的课程领导力：源泉、要素及其培育》，载《当代教师教育》，2017(1)。
③ 施良方：《课程理论——课程的基础、原理与问题》，130 页，北京，教育科学出版社，1996。

能力发展的综合体现。

4. 课程评价能力

评价能力的提升也促进了教师反思的深入开展，有助于从批判和创新的视角反观课程，从而不断完善和发展课程。课程评价能力的发展是对学校课程满足社会与个体需要程度做出判断，是对学校课程现实的或潜在的价值做出判断，以期不断完善课程，达到教育价值增值的过程。[①]

4.5.2.2 项目管理领导力

项目管理是指把各种知识、技能、手段和技术应用于项目活动中，以达到项目的要求，是通过应用和综合诸如启动、规划、实施、监视与控制和结尾等过程进行的。在教育教学领域中的项目管理，特指教师引导学生开展项目式学习时进行的管理，在教研时主持项目的运维，以及与学校发展相关项目的参与和实施等，利用专门的知识、方法、策略和技术达成或超越项目的目标。教师能够成功地管理项目，需要考虑四个要素，即目标、规划、过程监督和沟通。[②]

1. 一致的目标

教师无论是开展教学活动还是进行教研，依据出发点和目的的不同，会构建出不同的共同体，如学习共同体、实践共同体等。共同体的维护和发展需要处于其中的成员在方向、形式、策略和规划等方面达成共识，形成一致的达成目标和发展愿景，这对于项目的顺利开展尤为重要，是项目管理者需要考虑的第一因素。

2. 严谨的规划

在制定项目目标之后，需要对项目的制度、实施方案、人员选择、场地要求、专家邀请、培训考核等做出细致周密的计划，使项目的利益相关者，即任何一个能够影响组织目标的实现或者能够被这种实现过程影响的团体或个人能够积极投入或者参与，为了整体利益而进行分享和奉献，并能从中有所获得。[③]

3. 严格的过程监督

明确的目标和严谨的规划是项目取得成功的首要条件，然而在项目进行的过程中，更加需要对其过程进行严格监督。首先，监督的渠道需要多样化，如面对面交流、例会、邮件等；其次，监督的时机和方式应恰当，如在既定的时间节点或者关键的项目进展节点等；最后，监督的路径应当畅通有效，如不同级别之间的通路需要能够做到随时的上传下达。

---

① 陈玉琨、沈玉顺、代蕊华等：《课程改革与课程评价》，137 页，北京，教育科学出版社，2001。

② 陈喜贝、何晓澜：《教师"项目管理者"角色探微：以湖南第一师范学院英语演讲培训为例》，载《湖南第一师范学院学报》，2013(6)。

③ 杨晓宏、杨方琦：《利益相关者视角的高等教育信息化发展策略研究》，载《电化教育研究》，2014(11)。

4. 持续、有效的沟通

在项目中，沟通交流分为外部沟通和内部沟通。外部沟通主要是项目负责教师与团队以外的人员进行交流，以期获得社会环境和实际情境对项目的支持，保障项目的顺利运行；内部沟通主要指项目负责教师与团队内部的人员进行交流，以便及时了解项目的动态变化，从而进行适时应对或者不断改善、创新。

4.5.3　创造力

"互联网＋"对于教育的影响最先发生在环境上，处于这一时代的教育逐步融入了新技术形态，如云计算、物联网、大数据平台以及移动设备、增强现实、虚拟实验室等，而与之相关的智慧教室、智慧学校等与传统教育环境相比也发生了根本性变革。面对新型技术形态与教育教学的深度融合方式，关注信息化教学环境的规划设计和应用管理，关注信息化课程形态的特点和教学要求，是实现教学范式和教学评价的创新，促进教师自我发展方向和渠道的变革，培养新时代管理者的重要途径，同时也是满足"互联网＋"时代学生的个性化学习需求，培养学生创新技能和核心素养的关键基础。

> **创造力内隐理论**
>
> 　　创造力内隐理论一般是指公众(专家和外行人)在日常生活和工作背景下形成的，并以某种形式存在于个体头脑中的关于创造力的概念、结构及其发展的看法。

4.5.3.1　创造力内隐理论

创造力理论分为外显和内隐两种，有别于领域专家或者专业研究者建构和发展的理论体系这一外显理论，一般公众通常在常规生活和日常情境中形成内隐创造力。创造力内隐理论有助于教师及时了解创造力的培养和实践情况，能够引导教师发现和区别有创造力的学生和成绩优异的学生。[①] 教师的创造力意识对于培养和发展创造性人才发挥着至关重要的作用。

1. 对创造力本质的理解

教师对创造力本质的理解程度决定了对学生创造力培养的策略和程度，这需要教师能够敏锐地感知学生具有创造力的表现，即学生应该是自由思想者，并具有想象力，如果教师不能了解创造力的意义，不能识别这些外在表现，就有可能忽视对创造力的培养。对于创造力意义的理解，可以从三个方面进行表达。

---

① 林崇德、辛自强：《关于创新人才培养的心理学思考》，载《国家教育行政学院学报》，2004(4)。

（1）感知

感知方面即发现和理解或者察觉到复杂的外部社会环境，以及对其的看法。

（2）行动

行动方面是指通过一定的行为和活动实现既定目标，如适应一个新的环境、解决一个从未见过的问题、了解一个从未接触过的领域等。

（3）影响

影响方面是指能够紧跟发展进度，了解事件产生的影响，或者提出新的想法、原创的策略方式或者与众不同的规范标准等。

教师对创造力本质的理解还体现在教师对创造性产品和发展等方面的认识。学生的创造力可以通过教学来培养，即教师通过设计一定的教学活动，激发学生的想象力和创新意识，属于在创造中学习或者基于创造的学习。例如，开展创客教育或者基于项目式的学习，以一个特定的任务为中心，引导学生在完成任务的过程中进行独立自主和团队协作的探究和交流，从而培养学生综合分析和解决问题的能力、批判地看待事物的能力，最终实现创新意识、创新思维和创新能力三方面的培养。

2. 创造力的培养路径与方法

对创造力的培养，不仅是看学生是否有独立的、与众不同的看法，是否能创造新的、与教师提供的学资源内容不同的学习制品，更需要学生能够用开放的视野和创新的视角，在有效的分析与评价、实时的输入与反馈甚至于错误中进行学习。所以，对创造力的培养需要从创新意识、创新思维和创新能力这三方面入手，让学生努力进行探索。

（1）高度重视创新意识这种素质的统领意义与作用及其培养方式

创新意识主要解决"为什么要创新"和"为谁创新"，即创新的动力问题，必须通过长期的、坚持不懈的人生观与价值观的培育才能树立，这主要依靠学科教学中对内容、活动、评价等方面的设计来实现。

（2）充分认识创新思维这种素质的奠基意义与作用及其培养方式

创新思维是形成创新的思想、理论、方法及创新设计的高级、复杂认知能力，是创新意识和创新能力的重要基础与前提条件，其结构是由发散思维、逻辑思维、形象思维、直觉思维、辩证思维、横纵思维六个要素组成的。发散思维用于指引思维方向，其作用是冲破传统思想、观念、理论、方法的束缚；逻辑思维、形象思维、直觉思维三者构成创造性思维的主体，也是人类最基本的三种思维方式；辩证思维、横纵思维二者的共同作用是提高创新思维的品质与效率，前者（辩证思维）通过为认知主体提供宏观的哲学指导思想、后者（横纵思维）则为认知主体提供微观的心理加工策略来达到提高创新思维品质与效率的目标。

(3)密切关注创新能力这种素质的实际意义与价值及其培养方式

创新能力是指能够把创新的思想、理论、方法及创新设计转化为实际的精神产品或物质产品的能力素质，这可以通过专门的培养创造力的课程和学习活动等来实现，亦可以通过为学生设计不同形式的学习作品激发学生的多元化表现来实现。

4.5.3.2　创新型教师的素质特征

当前的教育目标是培养适应飞速发展的信息化时代的创新型人才。对于创新型人才的培养需要在教育教学的各个方面和环节实施创新变革，故而关注教育创新的前沿动态发展、了解处于不同发展阶段所需的创新意识和程度、能够在教育教学实践中进行创新的教师成为促进学生全面发展、促进教育价值全面实现的教育主力军。创新型教师应具有的素质结构和特征包括其教育的基本素质、教育创新的倾向性、教育创新的技能和行为以及教育创新的产品四个维度。[①]

1. 教育的基本素质

教师的创造力需要教师具有关于教育教学的基本素质，如学科专业发展的基本知识和基本技能，从事教育工作的基本品德和基本心理素质等，同时应具有能够独立自主探究、开放协作包容、灵活应对突发状况等的稳定人格。

2. 教育创新的倾向性

教师对于教育的创新和创造需要保持一定的积极态度，能够兼容并包多方观点，并能够在接受基本理论和实践经验的基础上，培养求同存异的思维品质，如对教育问题或者现象的多角度发散思考、对事件本质有逻辑地思考、对相关事物的多元联系思考和对相关事件的批判思考等。

3. 教育创新的能力和行为

创新意识的培养和创造力的实践是教育创新的前提，在此基础上还需要将其应用于教育教学实践中，转化为各个方面、各个层级、各个部门或者各种活动之间联系和价值体系的能力与相应行为。当然，行为能力的创新和创造依赖教师的专业知识和实践经验，以及在同伴协作中汲取的教育智慧等。

4. 教育创新的产品

教育创新产品的生成是教师在心理活动中创造价值的体现。产品的呈现形式是多元化的，如个性化的教学风格和策略、创新的教学模式和思路、多维度的问题意识和研究分析、基于问题的教学研究，以及学生的新作品等。

---

① 陈红艳：《专业发展下的创新型教师及其素养建构》，载《教育与教学研究》，2013(12)。

4.5.4　本节小结

教师不仅要有信息技术的使用能力和信息素养，要有教学设计能力和设计思维，还要能够从课堂教学的主导者转变为课程的设计与实施者、活动的规划与组织者，甚至是项目的计划与管理者。教师领导力反映了教师知识、技能和专业的储备情况，体现了教师与其他同伴所形成的共同体内部和外部的协作意识与交流能力，表现了教师获取和吸收前沿理念与实践经验的视野与决策力，这不仅是教师的角色转换，还体现了教师专业发展的层次。

4.6
促进教师自我发展的主要因素

🎯 学习目标

1. 了解文化境脉的含义及数字教师所处的文化境脉特征。
2. 掌握信息化环境中的共同体含义及其构建方式。
3. 掌握教师元认知及其管理的方式，了解元认知的策略方法。

教师除了承载传道授业解惑和输出人才的使命外，还担负着教育教学领域内的科研工作。学习型社会的发展也要求教师重视对新思想和理念、新知识和技术、新领域和研究的学习拓展和不断追求，教师的专业发展是循序渐进、持续不断、贯穿职业始终的重要内容。随着我国基础教育新课程改革进入深入实施的阶段，教师的专业发展越来越受到教育领域的关注，国内对这一问题的研究也日渐丰富。教师的专业发展强调教师自身教育教学专业程度的提高，强调教师在教育教学过程中通过自身积极地学习、不断地反思，以丰富专业能力适应不同职业发展阶段对教师这一角色和身份的要求。

4.6.1　文化境脉

文化是人们在社会化交互过程中形成的属性和精神活动的产物，并在此基础上生成个体特有的、受到遗传和习得共同影响的个人属性。境脉主要研究主体在情境中的发展过程，具有高度指向性、整合性和动态性的特点。① 学生的学习发生在真实的、社会化情境中的多重交互中，并在具有不同文化属性的不同情境中进行交流协商和意义建构，并在动态发展的过程中不断深化和升华。在"互联网＋"的环境下，学习者可以接触到的文化境脉主要包含网络学习文化、信息化课程文化和大数据文化。

4.6.1.1　网络学习文化

网络学习是通过互联网或者其他数字化内容进行学习与教学的活动，它充分利用现代信息技术提供的，具有全新的沟通机制与丰富资源的学习环境，实现一种全新的学习方式——这种学习方式将改变传统教学中教师的作用及师生之间的关系，从而从根本上改变教学结构和教育本质。② 在线的虚拟社区、虚拟课堂、虚拟活动空间等构成了网络学习的文化境脉，学习者在其中获得学习的认同感和讨论的情感共鸣，感受虚拟空间的学习文化，在数据的使用过程中体验文化的适应过程及其传承。在网络学习文化中，除了主要涉及的认同感、规则意识、共同愿景等因素，学习者个人背景知识、网络学习群体的价值观和社会化学习方式是需要多加关注的。

1. 个人背景知识

虚拟学习社区作为一种聚合具有相同兴趣、发展愿景学习者的社会形态，促进了个体发展与群体意义建构的共同进化。文化是一种传播过程，在虚拟社区中的沟通交流形成了虚拟社区文化，具有相对独立、多元化、开放性等特点。个人背景知识是虚拟社区中包含的一种重要的隐性知识，包括个人的价值观、目标和奋斗历程，对解决复杂问题起着重要作用。③ 同一社区中不同知识背景的成员，从不同角度看待问题，对不断发现和解决冲突、弥合鸿沟，促进虚拟社区形成正确价值观和良好的社区氛围具有显著意义。

2. 价值观

教师及其价值观在塑造课堂文化中起着重要作用，在不能实时做到师生面对面的虚拟课堂中，影响成员交流和协作的文化氛围在很大程度上影响了学习的有效开展和学习者的积极性，影响了学习者的价值观。学习者在网络学习中的投入程度，决定了其在现实社会中的实践应用程度和效果，成为检验网络学习文化价值观的依据。

3. 社会化学习

社会化学习强调个体认知因素、环境影响与行为的交互作用，认为学习是个体通过观摩他人的行为形成新的行为或者改变原有行为习惯的过程，强调社会环境对学习

---

① 郑燕林、李卢一、王以宁：《"网络学习境脉"的概念模型》，载《中国电化教育》，2007(8)。

② 何克抗：《E-learning 与高校教学的深化改革(上)》，载《中国电化教育》，2002(2)。

③ 王陆：《价值观：影响学习的深层因素——访哥伦比亚大学林晓东教授》，载《中国电化教育》，2010(4)。

有重要的作用。随着技术的发展，无处不在的学习促使学习者形成了基于网络的大规模社会化学习，在虚拟空间中，学习者通过在线交互工具、模拟真实场景等方式来改变行为、形成认识以及积累经验智慧，这使得社会化学习的环境内涵更丰富，共同体的形成更加多元化以及内容来源更广泛。

4.6.1.2 信息化课程文化

课程的内容涵盖了人类社会历史进化演变的经验和智慧，课程的实施是传播文化的一个有效方式，这不仅体现了时空的交融，还是社会向未来发展的关键途径。课程文化作为现代学校文化的重要内容，是对人类文化的选择、整理和提炼而形成的一种课程观念和课程活动形态，课程是一种文化现象。随着科技的进步和发展，信息化课程的设计和实施成为教育信息化研究和实践的主阵地，其富媒体支持的深度交互和动态发展特点为信息化课程文化的建构和发展提供了基础条件，信息化课程文化体现了在信息化教育教学过程中的课程文化。

1. 基本意蕴

新的技术环境及其表现形态对教育教学要想形成革命性影响，从根本上变革传统教育，需要在变革了的课程设计、教学模式和策略实施的基础上进行，即从技术取向转到文化取向，从原有课程文化中衍生出新的课程文化，这就需要避免将新课程内容和形式与旧课程文化直接嵌合，避免"新瓶装旧酒"的现象。同时，由于信息技术与多学科的可融合特点，信息化课程呈现出形式、内容、领域、模式、规范和评价等的多元化、多维度、多视角等特点，这与网络文化所体现出来的个性化、交互性、平等性、去中心化和创新性的特点相呼应。

2. 价值取向

信息化课程文化蕴含于课程内容之中，对课程的价值取向有决定作用，同时也受其影响。

(1)培养学生核心素养与应用能力

随着"互联网＋"知识的转型，教育也必须不断进行改革来适应知识变革和社会需求。课程作为教育活动的核心载体，其作用应从单纯的"传授知识为主"向"培养学习与应用能力为主"转变，关注学生的核心素养与未来发展所需的基本应用能力，以适应信息社会对创新型人才的需求和高要求。

(2)支持个体全面发展和终身学习

信息化课程在设计、开发、应用的过程中，通过收集和分析各种类型数据，试图通过多样化的形式满足学习者个体实际需求，在动态进化和螺旋式上升的目标重构与价值重塑的过程中，支持学习者的全面发展，满足学习型社会对终身学习的需要和要求。

（3）面向社会生活和实际问题

信息技术与课程整合的结果是把"知识"通过"活动"转化为"经验"，其关注重点在于将静态课程知识转换为动态个体经验，以及在此基础上形成的核心素养、应用能力以及发展意识，而仅靠技术取向不能解决这个层面的整合，必须把技术上升到社会文化层面。人的社会化过程和社会性发展一方面取决于真实的社会问题或者真实情境，联通课程内容和社会生活；另一方面实践于社会化情境中的问题，用于问题探究或问题解决，最终实现课程内容、社会情境和学习者经验三者的贯通。[①]

4.6.1.3　大数据文化[②]

随着教育信息化的深入发展，信息技术越来越多地与教育教学深度融合，由此产生的学习过程数据被广泛地记录下来，形成了教育教学领域的大数据。对教育大数据的挖掘，有效改变了基于经验进行判断和策略实施的传统教育教学方式，转而利用数据分析的结果指导教学和进行教育预判，从而实现个性化学习。对于教育大数据的解读，需要其所在社会的文化价值理念作为引导，与之相结合才能对教育教学提出建设性意见，从而促进智慧教育的决策和发展，促进个性化精准教学的实现。

1.基于大数据文化的教育策略框架

该框架具有两个维度，即层级结构和模式粒度，如图 4-16 所示。

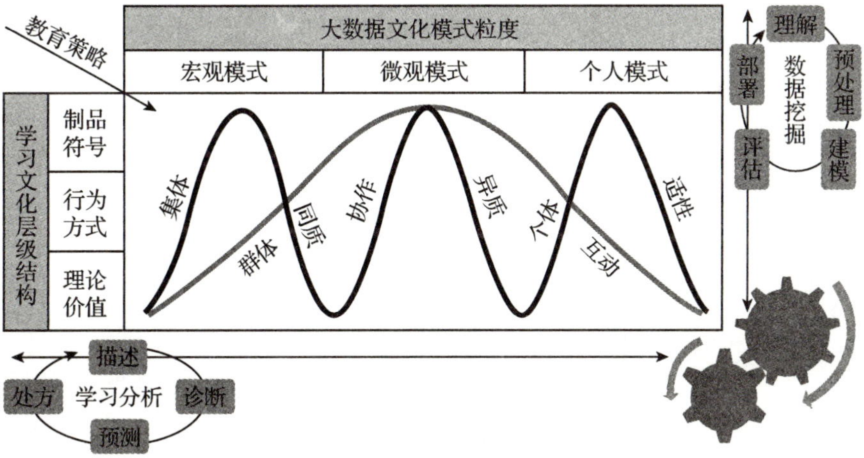

图 4-16　基于大数据文化的教育策略框架

---

① 朱永海：《信息技术与课程整合之时空追问》，载《电化教育研究》，2009(1)。

② 祝智庭、孙妍妍、彭红超：《解读教育大数据的文化意蕴》，载《电化教育研究》，2017(1)。

（1）模式粒度

模式粒度包含宏观模式、微观模式和个人模式三个层次，由宏观模式至个人模式即教学的逐步个性化、精细化的体现。

（2）层级结构

层级结构包含理念价值、行为方式和制品符号。教学设计过程是依据教学目标（理念价值）设计适宜的学与教活动（行为方式），形成学与教材料（教案、学案等）的过程；学与教过程是借助形成的学与教材料，实施预设的学与教活动，实现教学目标的过程。

（3）教育策略

掌握知识技能属于学习者需要达成的基础目标，教育策略方面侧重于集体学习模式，这些集体应尽量趋向于"同质"；对综合应用能力的培养属于对不同学习者不同能力的衡量，具有协作和异质的特性；个体特征的满足适合采用个体学习模式，并关注学习的适应性；群体智慧的汇聚是在讨论、交流、协商、互动等活动中获得的，重点关注过程中的生成性特点。

2. 基于微文化的个性化学习模型

通过大数据方法及其他信息技术来分析每位学习者的个体特征、学习方式、心理状态等多方面影响因素，并在此基础上为每位学习者制订不同的教学方案，进行精准教学，是个性化教学的理想状态。个体认知过程与课程文化模式适应过程是相辅相成的，对于个人而言，在参与不同学习活动过程中形成的文化属于基于不同情境的微文化，基于微文化的个性化学习模型为实现精准的个性化推送、有效的个性化学习提供了策略框架，如图 4-17 所示。

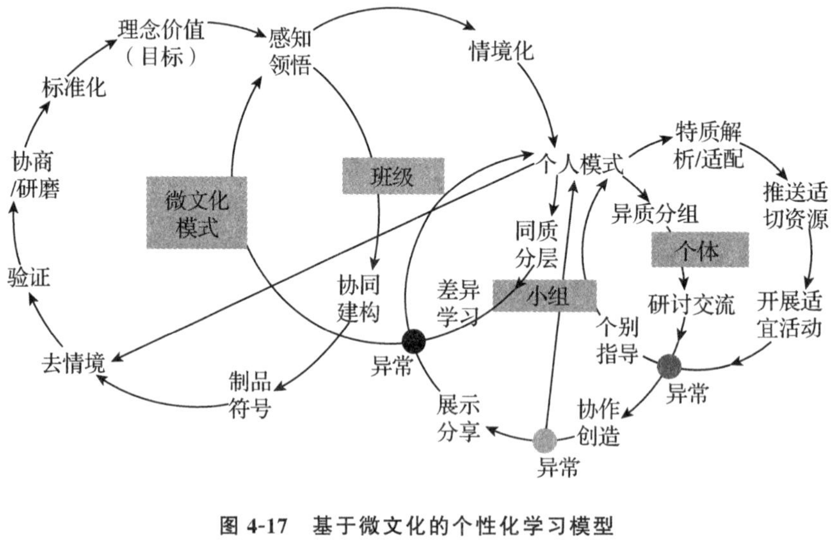

图 4-17　基于微文化的个性化学习模型

（1）微文化模式

在微文化境域中，通过感知/领悟理念价值所蕴含的智慧，可协同建构各种各样的制品符号，这些制品符号可作为个性化学习中的资源。个性化学习后，这些制品符号得到更新和演化，对其去情境化、验证价值、协商/研磨以达成共识，最后标准化，便可形成新型的微文化模式。

（2）班级

在班级层面，首先感知/领悟微文化中价值理念所蕴含的智慧，并进行情境化设计。之后，借助大数据挖掘形成的个人模式，将学习者进行同质分层，并进行差异教学。班级层面的差异化教学作为粗略的个性化教学可以解决大部分学习者的基础知识与技能问题。

（3）小组

对于学习过程的监控，可以发现学习异常者，并让其进入小组层面的教学。在小组层面，首先要重新分析这些学习者的个人模式，并对他们进行异质分组，异质分组的成员具有"术业专攻"的特点，因此有利于探讨交流、协作创造等高阶认知活动。

（4）个体

对小组层进行学习后，依然有学习异常的个别学习者，给予个体层面的适性学习。首先重新分析学习者的最新个人模式，基于学习者的个人模式，解析、适配学生特质，精准推送适切的资源，开展适宜的活动，并辅以个别指导。

4.6.2　共同体

学习共同体认为，学习需要在一定的社会情境中进行，是基于广泛学习共同体的社会建构；还有研究者在其社会性学习理论中提出了实践者共同体这一概念，认为学习是社会性参与的过程，是学习者作为共同体成员参与实践、获得体验与意义，以及建立身份与认同的过程。社会环境是学习赖以发生的生态基础，共同体是学习者观察、参与、体验、交互的方式，学习是一种社会化活动已成为共识。

随着技术的发展和网络的普及，传统意义上的社会已经逐渐被网络社会扩展了内涵和外延，与之对应的网络共同体的研究及其实践亦成为关注焦点，尤其是在构建社会环境和网络学习共同体的过程中，共同体的建立和发展机制、协作交互的促进因素以及社会化的关键特征和属性等成为热点问题。以互联网为代表的信息革命使得学习者具有高强度、强刺激、多通道等特点，开放和共享的互联网技术、机制及其内在逻辑促使了网络时代学习方式的变革。

4.6.2.1 虚拟实践共同体①

教师作为教学和学习理论的实践者，能够促进虚拟实践共同体内部的知识转化，促进共同体成员从"边缘参与"向着"核心参与"的方向发展。学习是社会性参与的过程，是学习者作为共同体成员参与实践、获得体验与意义，以及建立身份与认同的过程。在虚拟实践共同体中，"人"是实践主体，"知识"是资源与指向，"技术"是发展环境和平台，这三者成为分析研究的主体。

1. 社会

共同体作为成员个体之间社会化联系的表现形式，强调关联与互动，为知识发展赋予了社会属性，这促使共同体成员不仅关注知识的建构和发展，还重视人际网络对于促进成员与知识深度交互的作用。相较于传统在线交互方式，社会属性的添加，使共同体成员的交互更加注重关系网络对学习的支持，明确个体当前的身份，为从"边缘参与者"到"积极参与者"再到"核心参与者"的身份转变提供了社会途径。

2. 知识

知识对实践共同体有着决定性意义，不但是共同体存在的基础，还是共同体实践发展的目标。互联网时代的知识不是静止、孤立和静默的，在更多情况下，知识具有情境性、连通性、共享性、可重用性和分布式等特点，社会主体之间的联通往往通过人与知识之间多维的互动关系而显性化、个性化和泛在化。知识在数字化环境中经历"发展、变化、适应"的进化循环，为了满足学习者的个性化学习需求进行自身内容和结构的完善和调整，在内容和关联的不断进化过程中，不断适应外界变化的学习环境。②

3. 技术

虚拟实践共同体的构建和发展有赖于信息化环境的支持，不仅包括能够实现实时交流和沟通的交互工具，收集和共享实践经验和智慧的在线资源库，还包括在线实践工具及其使用技巧和互动策略。技术的发展和深化，不仅使共同体中的个体能获取所需要的知识，更重要的是能够获取相应的人力资源，通过知识网络和人际网络的协同发展进行学习和实践。

4.6.2.2 学习共同体

学习共同体的构建通常有随机分配、同质分组或者异质分组等形式。在社会化媒体不断发展的背景下，学习者所处的社会网络能够被无限拓展和延伸，社会化学习的

---

① 郑燕林、李卢一：《虚拟实践共同体的境脉分析》，载《现代远距离教育》，2013(6)。

② 杨现民：《泛在学习环境下的学习资源有序进化研究》，载《电化教育研究》，2015(1)。

模式、策略、方式方法等都发生了巨大的变化。学习者参与的小组探究、协作、交流、展示等活动不再基于同质或者异质而预先指定或者分配好的小组，而是以共同的兴趣话题、共同的发展目标、共同的学习经历，或者可以产生共鸣、共勉、共情等来组织长久的或者临时的团体，这样的群体相比较传统的学习共同体，更能促进社会化协商和会话，促进社会化建构和意义联结，促进社会化知识流转和创新。技术与媒体的发展将学习从学什么、怎样学，拓展为从哪里学、跟谁学，从而产生了围绕内容、围绕主题或者围绕某个领域专家的学习共同体，相较于传统教学模式中采用的组间同质、组内异质、随机等形成学习共同体的方式来说，这种以社会化学习为前提的、去中心化的、多对多的共同体能够提高学习者的归属感和存在感，促进基于相同主题或者兴趣话题的深入交互。

1. 网络环境下教师学习共同体

网络环境下的教师学习共同体是一个拥有共同愿景的教师个体(专家、骨干教师、同行)借助网络学习环境提供的必要支持条件所组成的学习团体。在网络环境下，教师可以在线获取海量的信息资源，用于自身知识和技能的提升，除此以外，网络平台和交流工具也为教师提出和发表自己的观点、阐述自己的案例和理由、创建个性化的作品等提供了有力支撑，即每位教师创建的内容都可以成为其他教师学习的资源，师生的角色在随时互换，多元化的交流讨论和实践探索的方式，有效促进了教师个体和群体的知识建构、整合和创新。

2. 教师网络学习共同体的表现形式

"互联网＋"的环境发展改变了传统环境中对知识内容的来源、交流沟通的情境、领域专业的发展等的局限，通过碎片化的学习方式和随时随地的社交构建了网络学习共同体。在社会化学习构成的社交网络中，教师网络学习共同体通过个体学习、交互式学习和项目式学习三种方式开展学习和实践，如图 4-18 所示。

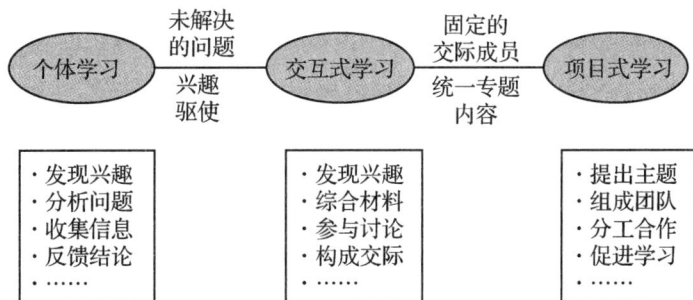

图 4-18　教师网络学习共同体的表现形式

（1）个体学习

教师网络学习共同体，要求教师保持积极的学习态度，进行全面的自我认知，不断地进行自主学习、自主探究。在开展共同体内部学习时，个体要进行先期的自主学习，保证交互式学习知识的完备。教师要对自己的薄弱之处进行自学，将能够自我解决的问题先解决，将遗留的问题带入下一个环节。在教师网络学习共同体中，教师被要求不仅能够自我解决先期问题，还能够对已解决的问题提供可解决的方案，保证知识资源库的不断补充和更新，并对新问题、新解决方案进行归纳、总结、重新发布。

（2）交互式学习

社交学习网络就是在网络社交的基础上通过信息交流来促进学习，社交性是教师网络学习共同体构建的关键。良好的社交性决定着高效学习性知识的传递，这就要求教师有积极的社交态度，主动地建立与他人的社交关系。无论是在正式学习状态下，硬性要求教师解决个人发展问题，还是在非正式学习状态下，参与兴趣小组、寻找交流对象，教师都要主动进行资源共享、经验分享、思想交流等一系列良性社交活动。教师网络学习共同体这一凝聚体能否持续、有效地实践，教师与不对等环境的良性交互过程起了决定性的作用。

（3）项目式学习

教师网络学习共同体的目标之一，就是建立可持续的共同体项目式学习。在一个社交学习网络中，教师通过先期的个体学习，提高自我认知；在中期的交互式学习中，互相了解交互对象；后期就需要在深入交互程度的基础上，达成强烈合作意向和主题内容，积极促进彼此之间的集体学习。再由项目式学习促进个人的发展，提升自主学习，带动交互式学习，实现教师网络学习共同体的持久发展。

3. 教师网络学习共同体的特点[①]

教师网络学习共同体以成员的主动参与、积极分享和无私奉献为基础。保持在共同体中参与的积极性[②]，具有以专业发展为目标的群体归属感[③]，承担广泛的责任和具有一定挑战的任务等成为维护共同体活跃程度的焦点。能够促进教师专业发展、实现以创造为隐喻的学习共同体应具有共同愿景、深度交互及多元化的特点。

（1）一致的共同愿景

处在同一共同体中的成员应具有一致的发展目标和追求，然而这并不意味着所有

① 王继新、吴秀圆、翟亚娟：《共同体视域下的区域基础教育均衡发展模式研究》，载《电化教育研究》，2018(3)。

② 顾小清：《教师专业发展：在线学习共同体的作用》，载《开放教育研究》，2003(2)。

③ 王陆：《虚拟学习社区中的师生行为分析——一个面向信息化教师专业发展的个案研究》，载《电化教育研究》，2004(4)。

成员都必须具有相同的观点，而是要在保持相同发展方向和相似发展追求的基础上，成员之间求同存异，在不断尝试解决矛盾的过程中，在不断探索解决问题的道路上，逐渐聚焦共同的、群体需要尽快解决的问题或者一致的发展愿景，以促进群体共同发展和个性化发展这一双赢局面的实现。

（2）情境中的深度交互

学习的本质是社会性的，是在不同情境中的知识与知识、人与人、人与知识之间的多维交互，涉及学习社会中存在的知识信息、文化资源等知识网络中的内容，以及人与人交互过程中的多元经验、不同智慧等人际网络中的内容，这需要教师之间通过深度讨论沟通、信息资源共享、个体实时反思、群体协同建构等在线活动，实现群体的共建共享、情境中的深度交互以及资源的整体效益。

（3）多元化的规范准则

教师网络学习共同体虽然是基于相同的发展愿景、共同的兴趣主题、主动的分享贡献等形成的在线学习组织，但是其结构并不松散，并非随意聚集和分散，而是需要建立在互相信任、共同投入、信念坚定、遵守规则等基础上的。这一社会型学习共同体的构建，与虚拟组织的社会网络关系状况有关，网络的密集程度与共同体成员间联系的紧密度有关，成员之间影响力的大小不同，但都相互交叉影响，互相之间更重视成员的人际交往能力和个人品质。[①]

4.6.3　元认知

"互联网＋"时代，学习者的学习呈现出泛在化、碎片化、去中心化、弱结构化等特点，对于培养学生的高阶思维能力和核心素养等目标，则更为强调引导学生学会学习、学会自定步调、学会自我管理，即元认知技巧是影响学习质量的重要因素。对于学生元认知能力的培养固然重要，然而教师元认知能力的水平和程度，对于教学效果、学生发展以及自身专业成长来说具有举足轻重的地位，需要引起更多关注。另外，教师除了具备学科教学的基本功外，还需要具备教育学、心理学、管理学等领域的基本知识和技能，具备策划教学方案、实施教学方案、调整教学策略的能力，并能将其运用到实践教学中，同时具备自我管理、自我发展的规划能力。

4.6.3.1　教师元认知

教师元认知是指教师对自身的学科知识结构、教学知识技能、专业发展规划等方

---

① 陶佳：《基于社交学习的教师网络学习共同体之构建——兼论面向智能时代的教师网络学习共同体》，载《远程教育杂志》，2018(2)。

面的了解与控制。其中，教师元认知知识是指学科知识、教学内容、教学水平、教学习惯等自身具有的与教学相关的知识；教师元认知体验是指在完整教学过程中对基本情况的判断和把握、对教学内容和活动的规划设计和调节反馈、对教学进度和反思的评价和调节；教师元认知监控是指教师能够客观地判断自身情况及状态，能够进行合理调整，元认知监控对于教师的专业发展具有重要作用。

4.6.3.2 教师知识管理[①]

教师的知识管理是指教师对教学情境中的教学知识与经验进行不断学习、积累、交流、分享和创新的主动过程，教师知识管理能力是教师为推进个人的经验学习与反思的知识管理过程，在认知、技能、态度及价值观等方面所具备的有效行为表现。教师知识管理能力的维度主要涉及教学知识取得、教学知识转化、教学知识应用和教学知识保护四个方面。

1. 教学知识取得

教师不仅要具备通过正式的教育培训途径获取教学知识的学习能力，还要具备在非正式场合，基于实践反思，获取校内或校外知识的能力。此外，识别教学知识的能力对于教学知识的获取很重要，表现在教师能够在繁杂的教学情境中，认识到对学校有价值的教学信息、教学经验和知识。

2. 教学知识转化

知识转化是隐性知识显性化的过程，即教师将其隐性形态的教学知识，如教学思想、教学方法、教学态度等，通过授课实录、案例写作、公开课展示、课例讲评等适当的形式，转化为其他教师可以共享和利用的隐性知识，是教师知识管理能力的核心。

3. 教学知识应用

教师在具备基本学科教学知识技能后，还需具备将其转化和落实到教学实践中的意识和能力，同时，教师间的沟通协调是知识应用的重要途径，是知识管理能力培养的重要方面。

4. 教学知识保护

教师在利用教学档案整理、教学反思笔记、教学案例研究、教学博客等多样化的积累方式，发展具有个性化的教育教学思想的同时，需要将其梳理成章，以实现知识创新的产权保护。

① 易凌峰、吴艳梅：《教师知识管理能力维度研究》，载《教育发展研究》，2010(24)。

4.6.4　本节小结

　　教育是一项面向未来的事业，在数字化时代，教师的主体地位和作用仍具有不可替代性。教师的自身发展不仅需要顺应社会发展和技术变迁，更需要关注新时期新的教育观念和理念支撑下的教育文化境脉、多元化的共同体形式以及基于科学发展分析与预判的元认知能力发展等的变革与延伸，需要重塑数字化教师这一角色，转变人才培养的理念和目标，保持自我革新的态度和意识，以教育信息化促进专业发展变革，以专业发展的实现推动教育现代化创新。

[本章小结]

　　在教育现代化发展的新时代，教育事业发展面临新形势和新任务，随着技术的飞速发展和信息的几何级数递增，教师提供的教学内容和资源不再是学生获取知识的唯一渠道，教师的角色已经由教学权威者变为学习辅助者，关注学生素养能力的提升成为教与学的目标。《中国学生发展核心素养》要求形成以学生发展为核心的完整育人体系，这就要求在实施和落实学生素养与能力教育的过程中，教师要首先具备新形势下的专业素养与能力。数字化教师核心素养与能力的发展与提升，不仅是教育现代化的核心要求，更是教师专业化成长的必经之路。在全面落实师德师风建设的师德素养提升基础上，在提升信息化素养以促进教学范式根本性变革的基础上，教师还需要关注教学内容及其所处情境和评价方式，更需要关注信息化环境下技术与课程的融合方式与策略，注重自身创造力和领导力的培养与提升，并在一定的文化境脉建构和多元共同体形成的过程中，发展自身元认知，从而促进专业内容与工作形态的积极转型。

总结＞

Aa 关键术语

| 境脉 | 设计思维 | 创造力内隐理论 |
| Context | Design Thinking | Implicit Theories of Creativity |

🔗 章节链接

"第三节支持教学思维方式变革的信息化素养"所涉及的更多信息化课程形态，请参阅"第五章在线学习与混合式学习"。

"第四节教学中指向复杂问题解决的设计素养"所涉及的更多教学与学习设计，请参阅"第六章交流与协作"。

"第六节促进教师自我发展的主要因素"所涉及的更多自我发展方式与渠道，请参阅"第七章自我调节与自我管理"。

应用＞

✒️ 批判性思考

随着"互联网＋"、物联网、大数据等与教育教学的不断融合，催生了新型教育业态，促进了教育生态的发展，在培养"全面发展的人"的学生核心素养要求提出后，教师的核心素养也需要发生相应的转变。面对信息时代原住民的学生，教师应重点关注哪方面核心素养的发展？核心素养的发展对于处于不同发展阶段的教师来说，是否有其侧重点和优先级呢？

✏️ 体验练习

1. 简答题：简述思维过程中影响问题解决的因素。

2. 简答题：教学过程的基本特点是什么？

3. 论述题：2016 年 9 月，教育部发布了《中国学生发展核心素养》总体框架，请依据图 4-19，论述核心素养的三个方面、六大素养和十八个支撑点，并结合所教学科，详细阐述如何在实际教学中落实培养学生的核心素养。

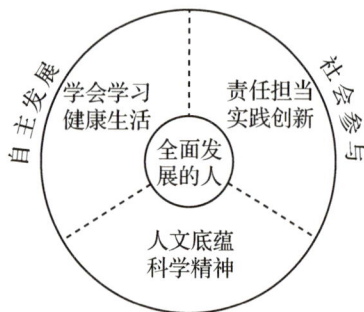

图 4-19

拓展>

补充读物 ....

　　《创造性思维理论——DC 模型的建构与论证》何克抗著北京师范大学出版社

　　本书解释了人类思维的基本形式及其历史发展和现状，阐述了创造性思维的心理模型，并详细介绍了创造性思维的培养方法，为教师核心素养的提升提供了理论依据和实践方式。其中第六章的第二节至第五节主要介绍了创造性思维的培养方法和思路，第六节主要阐述了创造性思维培养中应注意的问题。对于教师来说，教师的创造力是其专业成长的关键要素，是提升学生创造意识和培养创新能力的一个重要渠道，教师需要在充分认识创新思维的奠基意义与作用的基础上，重视和发展创造性思维的培养方式、途径和策略。

第 5 章

在线学习与混合式学习

本章概要

　　本章从应用角度出发，介绍在线学习与混合式学习在教师专业发展中的应用。第一节从教师在线学习、教师在线专业发展和教师混合式学习三方面概述了教师在线学习与混合式学习。第二节则聚焦于大规模在线开放课程(MOOC)在教师专业发展中的应用，介绍了 MOOC 的起源与发展、结构与内容，以及 MOOC 在教师自主机制、教师教学和教师培训中的应用。第三节介绍了知识地图在教师在线学习中的应用，介绍了知识地图的概念、分类、作用，并介绍了知识地图的应用平台及案例。第四节对移动学习在教师专业发展中的应用进行了阐述，介绍了移动学习的应用模式、移动环境下的教师学习共同体，以及基于新媒体应用的教师移动学习模式。第五节承接第四节的内容，介绍了新媒体的概念、特点及影响，介绍了基于微信公众平台的教师混合式培训、基于 QQ 群的教师远程研修共同体和基于教育博客的教师互动策略模型。

🔍 **结构图**

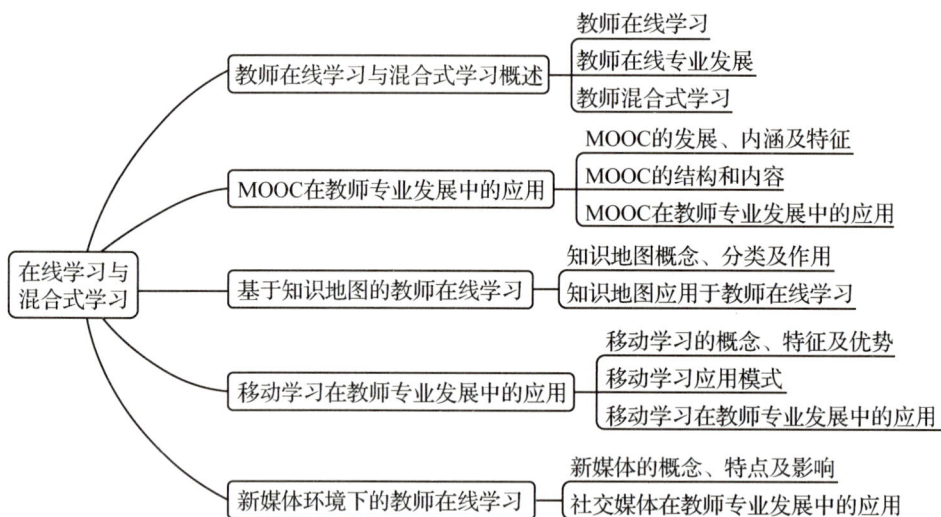

对教师在线学习与混合式学习的模式、方法有整体性的了解。了解在线学习与混合式学习环境下的教师培训模式，知道在线学习在教师专业发展中的作用与不足。掌握 MOOC、知识地图、移动学习和新媒体环境的特点以及它们在教师专业发展中的应用模式及优缺点。

读前
反思

1. 在线学习与混合式学习分别适用于什么情境下的教师培训？

2. 知识地图在教师专业发展中有哪些作用？该如何应用于教师专业培训？

3. 移动学习和新媒体的出现与盛行对教师专业发展会产生什么样的影响？会出现新形式的教师培训吗？

5.1
教师在线学习与混合式学习概述

🎯 学习目标

1. 了解教师在线学习的特征、学习要素。
2. 知道教师在线专业发展的内涵及模式。
3. 掌握教师混合式学习模式、教师混合式培训。

教师在线专业发展通常指那些基于网络的、交互式的专业发展经历。它通常以某种技术平台作为支撑，为参与者提供如资源、内容、工具、人际等方面的专业发展在线支持，旨在发展教师对于教与学的理解，转变教学实践，并最终促进学生的学业发展。① 在线学习被越来越多的教师认可并采用，在解决"工学矛盾"中发挥着越来越重要的作用，弥补了传统教师培训的不足。混合式学习是在线学习的发展，教师混合式学习能够兼顾集传统培训与在线培训的优点，同时又较好地互补了二者的不足，在教师专业发展中起到越来越重要的作用。

5.1.1　教师在线学习

随着信息时代的到来，教师专业发展的途径也悄然发生了变化，从集中面授式培训转向了分布式在线学习，从外在刚性变革需要和被动政策推进到基于内在的自主发展需要，从固定的学习形式（内容、时间和场所）到自由选择的学习形式，这些变化直接使教师在线学习成为可能。通过在线学习，教师共同建构有意义的、能分享的学习体验活动，并使学习作为一种嵌入教师工作生活中的持续活动，具有主动性、目的性、真实性、合作性和反思性等特点，而不再是一种刺激与反应模式。因此，在线学习意义的形成不是靠灌输，而是在社会（或网络虚拟）情境中以教师之间的相互对话生成的，而且学习不仅包括知识、技能、态度、能力等方面的获得，还包括了一种更为普遍的文化获得和自我认识与理解。

教师在线学习是指教师在由互联网架构的虚拟环境中，利用数字化符号作为中

---

① 王美：《教师在线专业发展（oTPD）：背景、研究、优势及挑战》，载《教师教育研究》，2008(6)。

介手段所进行的一系列学习意义建构及人际关系生成的实践活动。值得我们注意的是，这一过程不只是简单地学会使用数字化学习工具的过程，更是一个学习网络规范、遵守虚拟社会秩序、学会处理人际关系和获得专业生命成长的教育实践活动过程。

5.1.1.1　教师在线学习的特征分析

教师作为一个特殊的群体，与其他类型学习者相比有其独特的学习行为特征。教师在线学习具有自我导向性、民主性与多样性的特点。

1. 自我导向性学习

教师在指导者与学习伙伴的帮助下，利用必要的学习资料，通过意义建构的方式获得相关学习体验。由于自我决定课程内容的难度和时间，这就能促使教师确立自己在学习过程中的主体地位，而且在线学习从时空上解放了教师，宽松的学习氛围更可以使教师发挥他们的聪明才智和主观能动性。同时，在线学习能很好地实现个性化学习，教师不仅可以根据自己的时间安排学习进度，还可以根据自己的需求、知识背景、个人喜好、学习风格来选择学习内容，有效地增强了学习的针对性。

2. 民主性学习

由于网络带来的匿名性和非面对面形式的交流，在线学习沟通环境将是"去中心化的"，将身份、地位、外貌、年龄等形成交流障碍的束缚条件进行过滤，从而更加关注学习参与者的思想与观点。由此，每一个教师都能平等、充分地参与在线学习活动，即不管是"熟手教师"，还是"新手教师"都能享受到学习机会公平、学习过程公平和学习结果公平。因此，在线学习体现了一种民主性特征。这一特征不仅反对压抑教师的个性，要求尊重教师学习权利，还强调了教师个人与教师群体间的相互利益和自由交往，调动了教师学习的积极性，促进了教师的创造力和合作的潜力。

3. 多样性学习

在线学习是基于互联网的，相对于传统的课堂教学，线上学习的方式是多种多样的。例如，网络上有很多免费网络课程可供教师学习，在线论坛使教师在线学习社会化，可在虚拟环境中进行交流与研究，浏览相关主题网站等。不同的教育情境酝酿着丰富的教育文化，当教师学习根植于这一教育文化中时，不仅涉及对显现的、意识性的教学技能、实践知识、规章制度和处事行为的学习，还涉及对隐性的、无意识的态度、价值观、信念等内容的学习。因此，丰富的教育文化促成了教师学习的多层性特征。

5.1.1.2　教师在线学习要素

在线学习对于提高教师专业发展具有十分重要的意义，教师在线学习要素决定着教师在线学习是否成功，教师是否学有所获。通过文献调研与整理，本文总结出教师在线学习的几点要素。

1. 丰富的在线学习资源

教师依托网络上丰富的学习资源，通过自主选择相关的学习内容，继而完成促进自身专业发展的目标。MOOC 是教师在线学习的主要资源，高质量的在线课程（MOOC）能够在调动教师学习积极性、深化学习内容方面具有积极作用；而质量不高的课程不仅使教师浪费时间，学不到知识，达不到学习目的，还会对在线学习这种学习方式丧失信心。因此，加大优质在线课程（MOOC）建设是保障教师在线学习目标实现的基础。

2. 教师在线学习共同体

教师在线学习共同体就是以广大教师为参与主体，以网络为交流平台，以合作为交流目的，以教师专业发展为最终目标建立的虚拟共同体。具体来说，在线学习的教师通过构建一个具有明确奋斗目标、和谐人际关系、有力领导核心、先进技术和学术追求的在线学习团队，从而推动在线学习与教师自身的发展。教师在线共同体的形成不仅有利于教师自身专业学术、技术水平的发展，还有利于推动在线学习的进步。建构教师在线学习共同体主要有利于资源的共享以及教育理念的传播。在线学习共同体的教师来自不同学校、不同区域甚至不同的国家，利用现代互联网技术，可以在更大的范围内更加快速地传播各级各类的教育资源，分享各种不同的教育理念。

3. 信息技术

近年来，技术支持的教师专业发展的研究已逐渐成为教育技术领域研究的热点内容。一般认为，由技术支持的教师专业发展有两种含义。一是技术作为教师专业发展的内容之一，即在信息化时代下，教师要掌握一定的信息技术，并应用于教育教学中，产生良好的教育教学效果。二是技术作为促进教师专业发展的环境、手段、方法与途径，为教师专业发展提供帮助。焦建利等人在对教师专业发展与信息技术二者间的关系进行分析后提出，技术支持的教师专业发展是指以技术，尤其是信息技术为环境、手段、途径、方式和方法，促使作为专业人员的教师，在专业知识、教学技能、职业态度等方面不断完善的一个系统的、动态的、复杂的过程。其目标是帮助教师适应信息化教学，促进教师专业发展，进而提升教学质量。[1]

---

[1]　焦建利、汪晓东、秦丹：《技术支持的教师专业发展：中国文献综述》，载《远程教育杂志》，2009(1)。

教师专业发展是一个漫长而动态的过程。如上所述，一般将教师专业发展划分为准备、求生、巩固、更新、成熟五个阶段。① 无论在教师专业发展的哪个阶段，我们都可以看到技术对教师专业发展的促进作用。1993 年国家开启"校园网"建设工程；2000年国家启动"校校通"建设工程；2003 年国家正式启动"全国教师网络联盟"计划；2018年教育部印发《教育信息化 2.0 行动计划》的通知，指出实施网络学习空间覆盖行动，规范网络学习空间建设与应用，保障全体教师和适龄学生"人人有空间"，开展校长领导力和教师应用力培训，普及推广网络学习空间应用，实现"人人用空间"。2018 年，《教师教育振兴行动计划（2018—2022 年）》中提到开展"互联网＋教师教育"创新行动，即充分利用云计算、大数据、虚拟现实、人工智能等新技术，推进教师教育信息化教学服务平台的建设和应用，推动以自主、合作、探究为主要特征的教学方式变革。启动实施教师教育在线开放课程建设计划，遴选认定 200 门教师教育国家精品在线开放课程，推动在线开放课程广泛应用共享。依托全国教师管理信息系统，加强在职教师培训信息化管理，建设教师专业发展"学分银行"。将信息技术应用于教师素质的提高中，旨在将优秀的教育资源传播到全国各地，为实现教师的终身学习提供了可能。② 例如，多媒体演示教学，是教育与多媒体技术结合的完美体现，直到现在多媒体演示教学也广泛地存在于教师的校本培训及日常工作中。以动画、视频、音频等多种媒体表现形式为依托的教学资源为教师提供了丰富多样的学习材料。教师资源库为教师的专业发展提供了资源基础，为教师专业发展不断注入新鲜血液。电子档案袋便于教师进行学习材料的整理、记录自我反思情况，并对自身各阶段专业发展的情况做出评价，电子档案袋的出现使教师专业成长路径更加明晰和系统。2003 年博客（Blog）被引入了中国的教育教学领域③，从此拉开了教育与 WEB2.0 技术融合的序幕。博客作为一种实用的知识更新工具被广泛地应用于教师专业发展中，教师利用博客记录学习的心得体会，通过阅读其他教师的博客对自己的知识进行更新。一些博主的成功让我们看到博客对教师专业发展起到的积极促进作用。除此之外，基于 WEB2.0 技术的其他工具，如微信、QQ 等也在教师专业发展领域中扮演着重要角色。进入 WEB3.0 时代，人工智能、关联数据和语义网络等，也在教师专业发展领域中崭露头角。

5.1.2 教师在线专业发展

5.1.2.1 教师在线专业发展的内涵

教师在线专业发展作为一种学习模式，其核心是为作为学习者和专业人员的教

---

① 郑小军：《信息技术支持的教师专业发展：从应然走向实然》，载《现代教育技术》，2010(7)。
② 汪晓东、秦丹：《技术支持的教师专业发展案例研究》，载《远程教育杂志》，2009(2)。
③ 胡三华、汪晓东：《博客在教育教学中的应用初探》，载《远程教育杂志》，2004(1)。

师提供基于网络的新的学习机会和学习环境，如专业拓展项目、在线课程、理论研讨、信息沟通、资源分享等，并构建由项目指导教师、网络课程管理人员、进修学习的教师共同参与的专业共同体。教师在线专业发展作为一种教师专业发展的新模式，旨在通过高质量的在线学习设计来增强教师学习的自主性和互动性——通过有意义的活动安排和任务来激发教师的反思意识，进而增强教师提高教学水平的自信心；通过建立教师学习者共同体为水平不同、需求各异的教师学员提供一个平台，以进行相互合作与交流；通过不同观点的碰撞和冲

> **教师在线专业发展**
>
> 　　通常指那些基于网络的、交互式的专业发展经历。它通常以某种技术平台作为支撑，为参与者提供如资源、内容、工具、人际等方面的专业发展在线支持，旨在发展教师对于教与学的理解，转变教学实践，并最终促进学生的学业发展。

突，促使教师进行持续的专业实践反思；通过为教师提供丰富的在线工具和资源，提高教师的团队意识，培育教师之间的协作能力。

5.1.2.2　教师在线专业发展的模式

　　谢海波认为网络环境下教师专业发展有五种模式，分别是自主学习模式、交流协商模式、专题讨论模式、咨询服务模式与协作研究模式。在自主学习模式中，教师可按需支配丰富的学习资源，自主支配学习时间，合理安排工作与学习的场所，避免工学矛盾。在交流协商模式下，教师进行信息的整合、传播与分享，在与其他教师的交流中，促进教师自我反思，理解信息多维度与多层次的意义，使教师建构自身知识体系。在专题讨论模式下，有相关学科背景、相似学习经历与教学经验的学科教师，利用网络，形成在线学习共同体，就某一专题进行研讨，高效快速地解决问题，共同成长。咨询服务模式有专门为连接教师与专家沟通的交流平台，用于解决教师教学和学习过程中的疑难问题，咨询服务模式的优势在相关领域的权威专家通过互联网汇聚在一起，聚集群体的智慧解决教师的疑难和困惑，是教师专业发展的可靠、有效途径。协作研究模式是为了解决教师教学实践中复杂、综合性的问题而组织教师进行协作研究，共同探索问题的一种模式。[①]

　　促进学生成功的教师在线指导系统(e-Mentoring for Student Success，eMSS)是教师在线学习的一个著名项目。它是在美国国家科学基金会(NSF)资助下，由全国科学教师联合会(NSTA)、加州大学圣克鲁兹分校(UCSC)新任教师中心(NTC)、蒙大拿州立大学科学／数学资源中心(MSU)三方共同合作开发的为中学新任科学教师(现又拓展

[①]　谢海波：《网络环境下促进教师专业发展的模式和策略研究》，载《中国电化教育》，2011(8)。

至数学学科)提供专家指导的在线学习环境。eMSS 项目分为三个阶段：第一阶段是"支持培训"，针对项目的促进者和学科研究者；第二阶段是"导师培训"，先选出有经验的教师作为新科学教师的导师，对这些导师进行培训；第三阶段是"学员体验"，新教师接受培训，包含科学研究探究、学科内容探究、导师一对一辅导等。在 Sakai 的支持下，eMSS 已发展成为一个以引导式、促进式对话为主要交互形式，以"导师—学员"关系为基本关系，由有经验的科学教师(导师)、新任科学教师、科学家、项目促进者等构成共同体的在线学习平台。eMSS 的在线空间主要有四个区域：一对一空间、教学讨论区、内容讨论区以及面向导师的在线研讨活动区。eMSS 聚焦于特定学科内容和针对性的教法，而非一般教学法，巧妙结合学徒制与在线共同体，将学生的学习成功作为根本目标，同时重视导师、科学家与项目促进者的领导力培训。[①] eMSS 是美国众多教师在线学习项目的一个成熟案例。

5.1.3 教师混合式学习

目前，混合式学习的定义有很多，这些定义反映了教学实践、教学方法和技术模式的多样性。在教师的专业发展环境中，混合式学习通常被看作提供面对面交流及远程学习方法的组合，以此发展教师的知识和技能，并为他们提供额外的支持。研究显示，混合式学习方法增加了教师接受培训的机会，提供了有效的教学策略以发展教师的知识和技能。

迄今为止，国外混合式学习的许多研究大都是由参与旨在支持教师持续专业发展的国家项目的研究人员完成的。

有研究者对来自三个辖区的教师专业发展项目的评估结果进行了比对分析，这些项目均以混合式学习的形式开展，包括线上与线下两个部分。他们的发现揭示了影响教师混合式学习成功程度的几个因素，包括大量的面对面交流、使用的软件工具的可靠性和简单性、管理员的充分支持等。国外研究者研究了一个为期两年的教师专业发展课程，包括一天的面对面会议、八周的在线会议以及课程结束时的最后一次面对面会议。研究结果显示，该课程对教师的态度和知识有正面影响，并促使他们改变课堂实践。然而，在线会话中缺乏凝聚力和参与失败率，表明需要重新思考混合式学习环境设计的一些方面。另外，还有研究者探讨了社区在维持教师参与由面对面和在线学习组成的混合式学习专业发展课程中的作用，并建议，教师参与学习的过程可以通过组织教师学习小组来进行。国外相关学者还研究了为物理教师设计的混合式专业发展课程。这门课程有九次面对面的会议，同时也支持教学者与教师在网站上进行交流。

---

① 王美、任友群：《美国 eMSS 教师在线学习项目述评》，载《远程教育杂志》，2009(1)。

研究结果表明，面对面的会议以及网络环境在教师学习中发挥着不同且互补的作用。

国内针对混合式培训的探索也越来越多。最早何克抗教授在 2006 年的中小学教师教育技术能力提升培训项目中，开始尝试以网络培训为辅助手段、集中面授为主的混合式培训方式。

郭绍青等在 2011 年依托"中国—UNICEF 灾区教师培训项目"研究探索基于网络分层分级的混合式培训模式，从而提升面向大规模教师的培训项目质量。

网络支持下的分级分层混合式教师培训模式，就是在混合学习理论的指导下，将传统的集中面授培训、网络远程培训和校本培训等方式结合起来，在组织形式上分级、在培训内容和活动上分层的混合式教师培训。它实现了传统的"传递接受"式培训、网络平台远程培训及远程（资源）支持下的校本的优势互补，并且在组织形式、内容和活动设计上遵循教师行动学习特征和学习活动设计理念，在较大程度上克服了单一培训模式的效果难题，（图 5-1）。

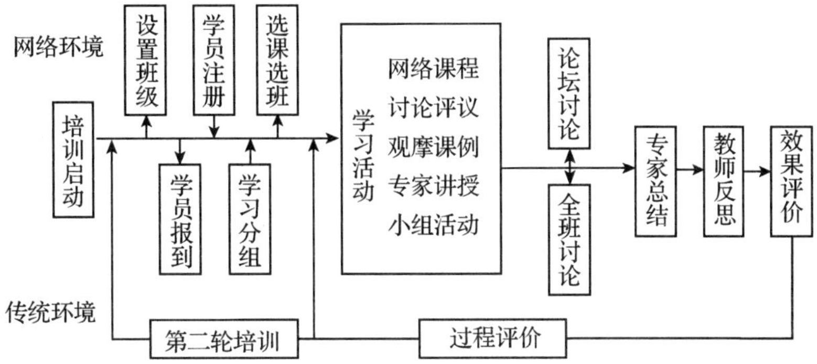

图 5-1　培训过程模式图

培训围绕着基本主题与扩展主题进行。基本主题针对教育发展相对落后、专业水平较低地区的教师，扩展主题主要针对发达地区的教师。学习活动在网络与传统两个环境下交替进行，互为补充。传统环境中的培训活动主要指集中面授，在主讲教师（专家）的引导下，学员以小组为单位观摩案例、参与研讨，进行实践操作、汇报交流，主讲教师适时归纳总结并对相关理论进行系统讲授。同时，网络平台提供相应的课程资源和交互工具，这些集成于网络平台的交互工具主要包括论坛（主题论坛、班级论坛），维基，博客等，网络平台活动和传统环境的活动相互对应，可以通过网络平台实现与传统环境培训同步/异步的学习和交流讨论活动，满足个性化的学习需求。教师可以在集中面授之中、之后的任何时间登录网络平台在线学习，培训团队通过在线答疑、BBS 论坛、博客以及 QQ 群等交互工具与各地参与培训的教师建立联系，形成持久的学习共同体。混合式教师培训将多种媒体形式的资源统一到学习活动中，满足了多时空自由选择的学习需求。

任小媛等针对教育信息化背景下新入职教师在逐步进入教学过程中所面临的问题，以及 MOOCs 在教学示范、个性化学习需求满足、构建学习与学术研究共同体、学习评价保障深度参与和免费等方面的优势，提出了基于 MOOCs 的混合式培训模式，并将其作为高校新教师专业发展的新途径。该模式包括前期培训与指导、寻找和推荐 MOOCs、自主学习、集中面授、培训考核与认证五个主要环节，并提出在培训实施过程中应把帮助教师找到最合适的 MOOCs 作为培训的重点，坚持以线上自主学习为主、集中培训为辅，将培训组织机构转变为学习支持服务的提供者，培训考核更加注重形成性考核和第三方认证，将培训重心转变为通过网络化学习促进教师的专业发展，如图 5-2 所示。[①]

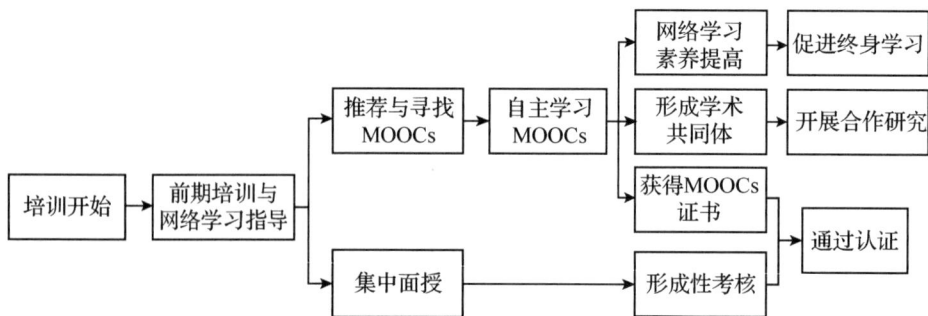

图 5-2　基于 MOOCs 的混合式培训模式

值得注意的是，集中面授主要解决的是参训教师的共性问题，如与教师资格证等相关的学历培训需求问题，与教学技能、职业道德修养、政治思想素质等相关的培训需求问题，以及在线上学习中遇到的技术问题等。

赵呈领等学者在 2017 年从职业教育领域的教师研修模式入手，提出了基于平台、课程体系、活动设计、研修平台和研修管理的"五要素混合式培训研修 O2O 模型"，从职场化视角开始尝试探索混合式培训的实践模式，如图 5-3 所示。[②]

史婷、葛文双从教师实施混合式培训何以有效的问题出发提出了职场化教师开展混合式培训"双效-2e"模式的实践框架。"双效-2e"代表有效（effective）和高效（efficient）之意，主要是从敏捷设计原理出发对混合培训模式进行有效混合设计，通过构建高效实用的数字化技术工具环境，来促进教师有效开展混合式培训实践，进而提升教师的培训效果，具体模式的实践框架如图 5-4 所示。[③]

---

① 任小媛、王志军、王诗佳：《基于 MOOCs 的混合培训模式研究——高校新教师专业发展的新途径》，载《现代教育技术》，2016(8)。

② 赵呈领、蒋志辉、李红霞：《五要素视角下教师混合式研修模式构建研究》，载《电化教育研究》，2017(3)。

③ 史婷、葛文双：《职场化教师开展混合式培训的"双效-2e"模式研究》，载《中国教育信息化》，2018(6)。

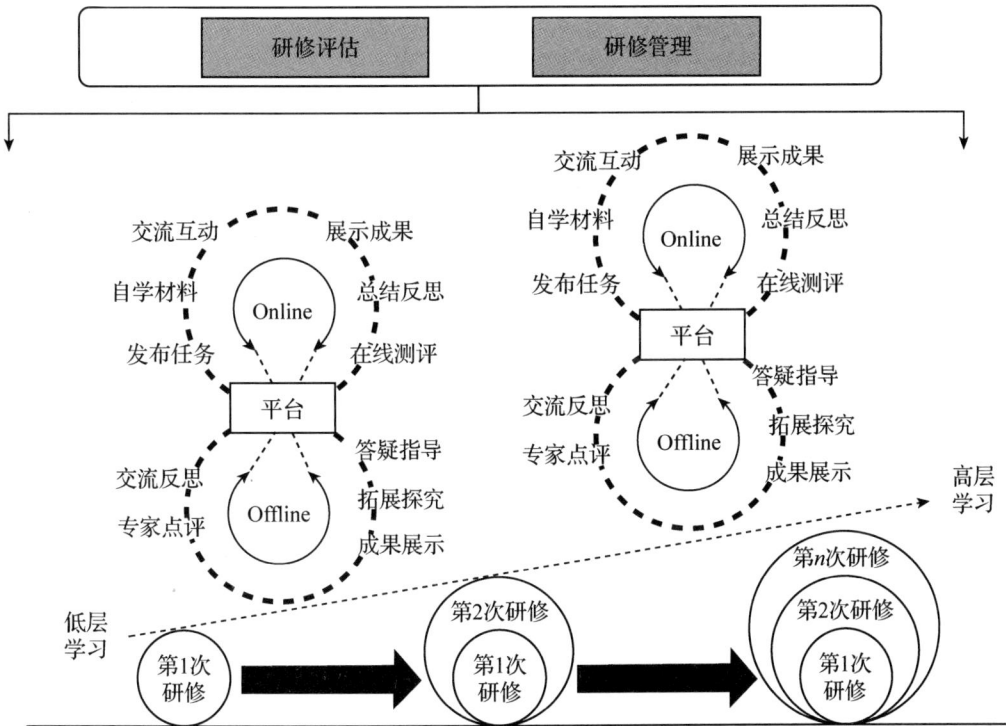

图 5-3　五要素视角下 O2O 模式的教师混合式研修模式图

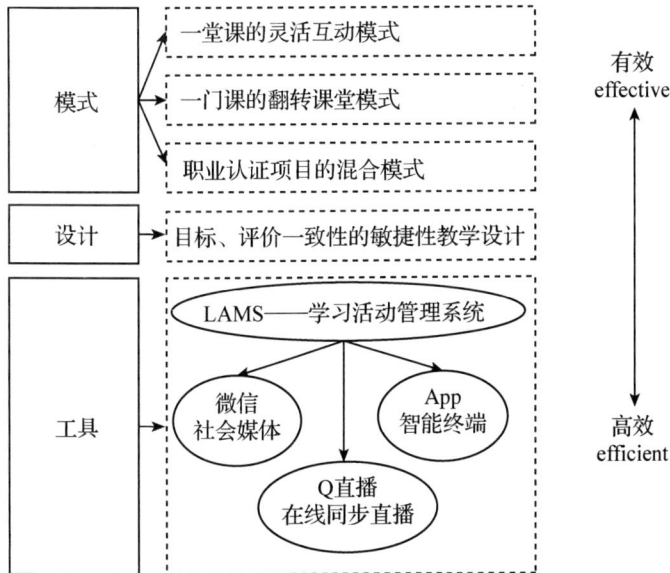

图 5-4　混合式培训"双效-2e"模式的实践框架

5.1.4　本节小结

教师在线学习能够帮助教师建构有意义、可分享的学习活动体验，教师在在线学习过程中建构的学习共同体，有助于促进教师专业发展。本节介绍了教师在线专业发展的相关标准，为教师在线学习的设计提供了可借鉴的内容。混合式学习是传统培训与在线学习的组合，利用二者的优势，进一步发展教师的知识和技能。本节介绍的教师混合式学习的模式与策略可作为开展教师混合式学习的参考。

5.2
MOOC 在教师专业发展中的应用

学习目标

1. 了解 MOOC 的起源与发展、内涵及特征。
2. 知道 MOOC 的结构和内容。
3. 掌握 MOOC 在教师专业发展中的应用。

MOOC，是为了增强知识传播而由具有分享和协作精神的个人或组织发布的、散布于互联网上的开放课程。作为在线教育的形态之一，MOOC 自 2012 年以来不断受到教育者和教育机构的关注。事实上，MOOC 不仅是网络课程学习平台，也不仅是技术的革新，还是一种新颖的教育模式，带来学习方式、教育观念的变化。

5.2.1　MOOC 的发展、内涵及特征

5.2.1.1　起源与发展

MOOC 始于 2007 年美国犹他大学戴维·威利教授发起的一门开放课程，该课程资源可以被世界各地的用户分享。2008 年 1 月，加拿大里贾纳大学的亚历克·库罗斯教授开设了网络课程"社会媒体与开放教育"，并邀请全球众多专家远程参与教学。这两个项目为 MOOC 课程模式的诞生奠定了思想基础和技术准备，可以说是 MOOC 的前身。

MOOC 这个名称是由加拿大学者戴维·科米尔和布莱恩·亚历山大在 2008 年提出

的。随后，加拿大学者应用 MOOC 这一概念设计了第一门真正意义上的 MOOC 课程〔Connectivism and Connective Knowledge Online Course（CCK08）〕。2012 年，美国高校推出的三大主流平台"勇敢之城"（Udacity）、"课程时代"（Coursera）、"教育在线"（edX），MOOC 开始席卷全球整个教育界。

2012 年 11 月，美国教育理事会（ACE）同意对"Coursera"上由顶尖大学提供的几门课程进行评估，随后在 2013 年 2 月，美国教育理事会将"Coursera"的五门课程列入了学分推荐计划，学生选修这些课程的学分可以获得大学的承认。这一事件标志着MOOCs 正式进入了正规的高等教育体系。同时，三大教育平台与高校合作，推出了百余门课程，因此，美国《纽约时报》把 2012 年称为 MOOC 元年。

2013 年，MOOC 继续蓬勃发展，世界各国的高校也都陆续推出各具自身特色的"慕课"课程。在欧洲，德国推出了"我的大学"（Iversity）公司；法国政府推出了"法国数字大学"（France Universite Numerique，FUN）；在澳洲，名为"开始学习"（Open2Study）的网络课程平台被建立。越来越多国家的高校和政府、教育公司投入"慕课"的建设中。与 2012 年相比，发生的变化除了课程数量和平台数量的增多，还有部分像"Udacity"和"Coursera"这样的网络大学开始收费了。在亚洲，印度推出了"卡特教育"（EduKart），日本也出现了"学校"（Schoo），中国大学自 2013 年初开始加入 MOOC建设实践中，清华大学与北京大学与之签订合作协议，国内多数大学也参与了大规模在线教育在中国的建设。2013 年 8 月，华东师范大学联合我国各知名高中、初中和小学，分别组建了 C20 MOOC 联盟（高中）、C20 MOOC（初中）和 C20 MOOC（小学），MOOC 在中国不再局限于高等教育领域，越来越多的大学和老师开始以这种课程模式设计课程，越来越多的学生也投入 MOOC 的学习中。

通过建设教师教育 MOOC 平台促进教师的专业发展也不断受到国家的重视。教育部与国家发展改革委、财政部、人力资源社会保障部、中央编办联合印发的《教师教育振兴行动计划（2018—2022）年》提出，启动实施教师教育在线开放课程建设计划，遴选认定 200门教师教育国家精品在线开放课程；研究制定师范生信息技术应用能力标准；建设教师专业发展"学分银行"。

5.2.1.2　MOOC 的内涵及特征

教师教育 MOOC 是一类以教师专业发展为目标的大规模开放在线课程，帮助教师学习基础知识、提高专业技能，其面向的学习者包括一线

> **大规模开放在线课程**
>
> 　　指参与课程的学习者数量庞大，也指课程活动范围很大；开放（open）是指课程资源、评价过程以及学习环境都是开放的；在线（online）意味着在移动设备的帮助下，MOOC 平台可以随时随地满足学习者的要求。

教师、教育和培训工作者、相关专业的学生和教学管理人员。

MOOC 的内涵可以从课程形态、教育模式和知识创新三个维度诠释。[①] 从课程形态的角度，MOOC 是一种将分布于全球各地的教学者和学习者通过教与学联系起来的大规模线上虚拟开放课程，它既提供视频、教材、习题集等传统课程材料，又通过交互性论坛创建学习社区，将数以万计的学习者在共同的学习兴趣和学习目标的驱动下组织起来开展课程学习。从教育模式的角度，MOOC 是一种通过开放教育资源与学习服务而形成的新型教育模式，它通过网络实施教学全过程，允许全世界有学习需求的人通过互联网进行学习。在知识创新方面，MOOC 是一种新型的知识创新平台，引导学习者创造性地重组信息资源和自主探究知识，支持学习者在问题场域中通过协商对话激发灵感和生成新知。

与传统的教师培训相比，MOOC 有着"规模大""开放性""个性化"和"参与性"等鲜明的个性特征，为教师的专业发展提供了更多的优势。

MOOC 的"规模大"体现在大规模参与、大规模交互和海量学习数据三个方面。大规模参与是指课程参与人数众多，人数众多的参与者进行讨论则产生了大规模交互，并最终生成了海量学习数据。"规模大"这一特征体现的优势如下。首先，更多的教师可以接受优质的学习资源，原本只有几十人的名师课堂，现在可以由上千人同时参与。其次，正如萨米尔·可汗所评论的"MOOC 课堂是一个'国际化的世界性课堂'"，班级规模的巨型化使得参与者身份"国际化"，教师可以与来自多样背景的其他同人共同学习和讨论，进行跨文化的交流和学习。最后，当教师在论坛或讨论区提出问题，数百人可以从不同的角度共同参与，在需要小组合作的任务中，不同的学习者还可以协同工作并共同分享学习目标，进行协作学习。

"开放性"是由互联网本身的特性带来的。首先，互联网使得时间和学习空间更加灵活，学习不再受时间和空间的限制。其次，MOOC 的学习资源免费开放，除申请证书需要缴纳一定费用外，学习资源和服务均免费面向所有学生。最后，传统课堂中权威的消失使得学习者可以进行自由的交流和讨论。对在职教师而言，其学习时间和学习地点往往不固定，大部分是割裂和分散的状态，"开放性"这一特征便使得 MOOC 很好地满足了教师的时空需求。

"个性化"比较容易理解，教师可以选择自己感兴趣的学习内容，按照适合自己的学习步调进行学习，MOOC 平台也可以根据其个人档案和学习行为，向不同方向和不同层次的学习者推荐感兴趣的课程。"参与性"则将 MOOC 与视频公开课、网络精品课程和精品资源共享课区别开来，学习者除了观看教学视频，还可以参与师生对话、学生研讨、作业互评、分组协作等活动，课程评价也将学习者在教学活动中的参与度作

---

① 王永固、张庆：《Mooc：特征与学习机制》，载《教育研究》，2014(9)。

为主要的评价维度。

　　首先，MOOC 作为一种新的网络自主学习平台，为教师提供了获取新知识的途径和学习模式，其优质的学习资源和个性化的学习方式，有利于帮助教师完善自助机制，实现专业发展。其次，MOOC 也为教师的自助提供了良好的协作探讨机会。在传统教育模式下，教师的交流往往呈现区域性的特征，与大量、异质化同专业从业人员的接触有限。良好的沟通和交流有助于教师的专业发展，而 MOOC 便以其"开放性"的特征满足了教师在专业发展过程中的这一需求，突破了时空限制，为教师提供了一个良好的探讨和交流平台。

5.2.2　MOOC 的结构和内容

　　MOOC 课程在结构和内容上设计新颖、合理。一门设计较好的 MOOC，其形式不同于传统的电视广播、互联网、辅导专线、函授等形式的远程教育课程，也不完全等同于近期兴起的教学视频网络共享——公开课，更不同于基于网络的学习软件或在线应用。[①] 以下将从课程材料、课程测试、师生互动和生生互动活动三个方面来刻画它的结构和内容设计，先阐述一般性的结构，再介绍针对教师的 MOOC 与普通 MOOC 的不同之处。

5.2.2.1　课程材料

　　普通的 MOOC 课程伴随 9 月份或 3 月份大学开学而开课，进度一般为每周一节，与普通大学教学进度也相仿，通常在 4～16 周内完成。其具体内容和时间的长短取决于课程性质、教学大纲，由课程本身的性质和要求决定，但一般不会超过 16 周。课程材料的主体为教学视频，一般还伴有与课程进度对应的 PPT。MOOC 将课程内容分解为 50～150 个时长为 5～15 分钟的教学视频，约为 16.7 小时。以一门 3 学分、16 周的普通大学课程为例，学生需要在一学期花费 36 个小时。MOOC 的时长之所以与传统课堂相比更短，是因为 MOOC 压缩了开场白、收尾词、各种打断和干扰，并且减少了课堂互动环节。在实际发布过程中，对于每周的课程将划分为 5～20 分钟不等的知识模块，有利于学生根据自己的学习情况选择不同的学习路径进行学习，构建自己的知识地图。除教师讲授外，视频中还有其他内容穿插。例如，视频中和视频后通常会有小测验。从认知心理学的角度，回溯性检索学习可以提高学习质量。并且由于 MOOC 中

---

　　① 李曼丽：《Moocs 的特征及其教学设计原理探析》，载《清华大学教育研究》，2013(4)。

嵌入问题的存在，学习者投入学习的热情会大大增加。① 值得注意的是，小测验结果不应计入成绩，否则学习者容易产生焦虑的情绪，甚至会弃选自己原本想上的课程。

与普通的 MOOC 相比，针对教师培训的 MOOC 教学内容更为模块化和相对独立，课程内容以主体引领的趋势更为明显。"中学生物学教学设计"是一门教师教育精品资源共享课，该课程由华中师范大学崔鸿教授主持，2017 年 11 月第一次开课，历时十周，面向的学习者主要是高等师范学校生物科学专业师范生、中学一线生物教师、教研员及其他生物教育从业人员。其内容设计顺应学习者的需求，结合现代教育技术，开发了基于多元教学策略的教学设计专题、信息化学习环境下的教学设计专题和基于不同课型的教学设计专题等。课程以基于问题的学习进行统整，在每节课教学实施中，围绕问题组织学习，通过使用复杂真实、结构不良的问题，创设情境，引起参训教师的学习兴趣。②

5.2.2.2　课程测试

MOOC 中的课程测试通过在线测试题实现。在线测试题可能内嵌于视频中或者紧随视频后面，它不仅是一种中性测试，而且能让学习者反复提取认知活动，与仅仅观看课程视频、完成课后作业相比，在线测试题更能促进学习者的有意义学习。在线测试题主要分为两类，即机器程序打分和同伴互评。机器程序打分主要针对单选题、多选题、填空题等客观题，不仅能给学生及时和正确的反馈，还能帮助学生通过题目的练习掌握某一知识模块。同伴互评则主要适用于论文、作品、设计等主观题，这样的题目和任务很难采用机器打分，而同伴互评不仅可以帮助学生纠正错误和获得建议，还能增强学习者之间的互助交流。

5.2.2.3　师生互动和生生互动活动

MOOC 的一大特点在于互动，包括师生互动和生生互动。互动的实现手段是建立讨论区。在 MOOC 的讨论区中，参与课程学习的学生可以通过提问和回答等方式进行交流、互帮互助。授课教师也会通过网络社交平台参与讨论区的讨论，了解学生的学习状况，给予学生帮助。例如，部分 Coursera 的使用者通过在线聊天、制作在线教室、分享学习经验、交换意见和看法等方式来实现互动。讨论作为一种人际互动活动，被认为是网络课程的核心环节，有利于唤起学生对非面对面教学模式的积极感受，增强在线学习环境的参与性、合作性和启迪性。此外，互动的发生也有利于基于网络的协

---

① J. M. Royer, M. R. Perkins, & C. E. Konold, "Evidence for a selective storage mechanism in prose learning," *Journal of Educational Psychology*, 1987(70), pp. 457-462.

② 崔鸿、朱家华、陈院豪：《融合信息技术的教师教育精品资源共享课程建设反思——能力为本，资源为基，实践为桥》，载《中国教育信息化》，2016(15)。

作学习的开展，因为协作学习的一个关键要素就是面对面地交互。

MOOC 通过有效的互动促进学生的交流、沟通、理解、启发与补充。教师与学习者交流彼此的情感、观念和理念，以求得新的发展，从而达成共识，实现真正意义上的教学相长、平等对话、合作建构。

5.2.3　MOOC 在教师专业发展中的应用

教师专业发展指教师内在专业结构不断更新、演进与丰富，成为成熟专业人员的过程，主要包括丰富的专业知识、娴熟的专业技能、坚定的专业信念、深厚的专业情感和独特的教学风格等。近年来，MOOC 席卷世界高等教育，并以其优质的课程资源、文本材料和交互性讨论，促进了知识的共享，为不同学科的教和学创造了大量的机会，并且，MOOC 自身的特点也促进了教师的专业发展。

5.2.3.1　MOOC 在教师自助机制中的应用

教师通过他助和自助两种机制实现专业发展。长期以来，政策与经济扶持等"他助"机制受到重视，但事实上，教师自助机制的构建也非常重要，自助是建立教师专业发展的必要条件。所谓"自助机制"，指教师通过自我专业发展规划、自主学习、对自己的教育教学实践活动进行自我反思等方式实现专业发展的途径。MOOC 的"浪潮"中涌现出许多优秀且丰富的课程资源，教师可以通过中国大学 MOOC、MOOCs4U、MOOC 学院等网络平台进行线上学习，完善自助机制。平台上的学习资源按照科目进行归类，教师可以自主加入学习，并与学习伙伴讨论。

教师在 MOOC 平台上通过自主机制实现专业发展，一般可以分为以下几项内容。

一是学习当前最新的专业知识和前沿技术。例如，计算机相关专业教师可以在 MOOC 平台上学习有关云计算、大数据、物联网、移动开发应用等多个方面的课程，将自身知识进行补充和更新，从而达到开阔知识、更好地服务于教学实践的目的。

二是学习在线课程设计和制作的理念、方法和技巧等内容。在"互联网＋"时代，MOOC 的出现对原有的教学模式提出了新的挑战。因此，在 MOOC 平台的课程学习过程中，教师不仅可以学习新知识、新技术，还可以学习在线课程的设计制作理念、方法和技术。

例如，清华大学的"学堂在线"平台中，有一门课程"e 时代的大佬师——慕课教师的修炼心法"，可以说这是一门 MOOC 中的 MOOC。课程从"认识 MOOC""设计 MOOC"到"制作 MOOC"（流程与视频）与"制作 MOOC"（视频之外），最后介绍了如何"运营 MOOC"和进行"实战 MOOC"。清华大学一线 MOOC 教师通过实例深入探讨了 MOOC 的设计、制作和运营方法。通过学习这门课程，教师能够学到国内 MOOC 制作的一流理念和技术方法。对于其他专业课程而言，因为每门课程都经过课程团队的精心策划和设计制作，不仅内容出彩，其教学设计思想、教学的多种表现手段和先进的MOOC制作技巧等都可以细心体会和感受，从而应用到实际的在线课程开发和制作中来。

三是在线课程学习体验。先尝试当学生学习在线课程，然后才能更多地从学生的角度去思考问题，开发制作出学生喜欢的在线课程，从而更好地服务学生。在MOOC的学习过程中，教师可以体验到学习过程中学习内容以及作业、成绩等对学生的影响[①]，从而在使用MOOC进行教学时结合切身体验，从学生角度出发思考MOOC内容、任务量等问题，提高学生的参与度与积极性。

5.2.3.2　MOOC在教师教学中的应用

MOOC不仅可以为教师提供优质的学习平台，帮助教师实现自助，还可以用于教师在课堂中的教学，并且随着现代信息技术的不断发展，MOOC的教学功能日益完善。若能在教学中合理而有效地使用MOOC，则可以帮助教师教和学生学，提升教学质量，而MOOC应用于基于O2O(Online To Offline)的翻转课堂便是其中一例。

翻转课堂是基于互联网开展的，具体指翻转传统课堂的教学结构，重新调整课堂内外的时间，将学习的决定权从教师转移给学生。在翻转课堂的模式下，学生更多地是需要利用互联网来完成教学的任务，教师则更多地是需要帮助学生、引导学生来完成对知识点的理解和运用。基于O2O的翻转课堂模式则是一种线下线上混合式教学模式，即在大数据和"互联网＋"背景下，采用线下物理实体与线上虚拟教学平台高度融合的方式进行学习。

通过对比MOOC的特征和O2O翻转课堂的特点，我们不难发现MOOC与翻转课堂模式有着较高的相似性和互补性。[②] 首先，MOOC的教学资源多由名校、名师发布，质量高，这些优质的资源正好可以作为翻转课堂模式下学生课前学习与课前练习的材料。其次，MOOC具有"开放性"的特点，门槛低、使用便利，学生可以方便地接触这些学习资源，并且不受时空的限制。再次，MOOC平台的交互功能强，可以为学生提供交互式训练和机器评分等功能，此外，依托于先进的技术，MOOC还可以追踪学习者的学习进程。最后，MOOC还具有生成性与建构性的特点，教师在初始时仅提供少量的学习材料作为学生进行学习活动的出发点，学生可以通过参与讨论、思考和交流，通过"路径寻找"和"意义建构"构建自己的学习和知识网络。

基于O2O的翻转课堂是结合MOOC与O2O翻转课堂优势的一种教学模式。美国

---

① 贺桂英：《基于任务驱动和MOOC学习的开放大学教师研修模式探索与研究》，载《高教探索》，2016(1)。
② 曾明星、周清平、蔡国民等：《基于MOOC的翻转课堂教学模式研究》，载《中国电化教育》，2015(4)。

教育部应用元分析方法统计了 1996—2008 年的 50 项在线学习效果研究数据，结果发现，高等教育的在线教学与面对面教学的教学效果没有显著性差异，混合学习融合在线与面对面两种学习方式的优点，其教学效果明显优于单纯的面对面或在线教学的效果。该教学模式的具体实施环节如下：课前，学生通过线上 MOOC 学习，完成对知识的初步掌握和针对性训练，提出问题；课上，教师不再占用课堂的时间来讲授知识，而是将课上时间主要用来解析、讨论、交流；课下由学生协作完成课程实践项目，将项目成果进行演示汇报；课后，教师采用形成性评价与终结性评价相结合的方法对学生在前三个环节的表现做出评价。①

🔗 案例

【案例 MOOC 在教学中的应用——翻转课堂】范德堡大学的费雪教授（Douglas H. Fisher）教授数据库和机器学习的课程，因为来不及录制自己的课程，他决定使用 Coursera 上 Andrew Ng 的"Machine learning"进行翻转课堂教学，从而获得更多的时间与学生一起在教室里解决问题，而不仅仅是在课堂上传授一些抽象概念。

每堂课初始，费雪教授都会先测试学生的在线自主学习情况，即收取学生观看视频的截图，以检验学生在课前是否完成了影片的观看。接下来，费雪教授会在实际课程中引导讨论，在课下给学生推荐进阶的读物，之后实际的测验会包含线上与线下的教学内容。

由于 Andrew 的"Machine Learning"MOOC 课程只有十周，因此实体课程多出的四周中，学生需要完成教师指定的专题计划，这个专题计划需要学生使用 MOOC 或是教师指定读本里介绍的方法进行。

费雪教授起初很担心其他教师和学生的观感，但最终学生的反映很好，他的课程评价比以往都高。学生通过阅读他指定的书目和材料，以及在讨论中发现他不同于 Andrew 的见解，都能体会到教师的专业。但是如果是对于课程内容了解不深的低年级学生，很可能就会认为 Andrew 的地位比费雪高。

MOOC 无法完全替代传统课堂教学，但在 MOOC 环境下建构 O2O 的翻转课堂教学模式有利于扬长避短。首先，MOOC 为学生提供了翻转课堂所需要的丰富而优质的学习资源，并且支持学生在学习平台上对自己感兴趣的知识点进行深入探究，做到学有所专。其次，O2O 整合了线上优质的资源和线下教师与学生的"面对面"互动优势。教师既可以在 MOOC 平台组织讨论区和论坛，鼓励学生之间相互交流，也可以在课堂上进行现场答疑，还可以通过面对面的交流更好地理解学生的疑问并做出答复。不仅

---

① 罗鹏程、刘颖、程志君等：《MOOC 条件下的本科课程 O2O 混合教学模式设计》，载《科教导刊》，2018 (5)。

如此，教师还可以根据 MOOC 平台学生的学习行为的相关数据以及学生在课堂上表现出的学习特点，提供有针对性的学习支持服务，实现教师的"因材施教"与学生的"按需学习"相结合。学生也可以构建自主学习支持体系，根据自身需求，有针对性地进行课堂学习和实践。

MOOC 环境下的 O2O 翻转课堂教学模式不仅发挥了 MOOC 平台自身的优势，还利用了线上互动的广泛性和开放性以及线下互动的实时性和高效性，使得课堂的重心更加侧重于师生互动和问题解决，教师可以更好地发挥其主导作用，学生也可以获得更为良好的学习环境，促进学生与教师的共同发展。

5.2.3.3　MOOC 在教师培训中的应用

当前的教师培训，其形式主要是面对面的讲座式培训，虽然也有小部分面对面与网络相结合的混合式培训。目前大多数仍然以面对面培训为主，辅之以一定时长的网络远程学习。对于面对面培训来说，首先，由于教师工作时间的原因，面授培训一般安排在节假日或寒暑假，教师不能自主安排时间，非常被动。其次，教师培训资源也存在很大的区域不均衡的问题，优质的教师培训资源不能得到共享，不能在大范围内传播。最后，由于消息不能及时传递，也会存在培训内容重复等问题。对于网络培训来说，其形式多为讲座式，互动性较差，虽然解决了时空问题，但培训效果也并不是很好。

MOOC 不仅有着精心的教学设计和网络课程所具有的跨时空、跨区域学习的优势，其"开放性"的特征也使得学习者之间有着较强的互动。将 MOOC 应用于教师培训，可以解决面对面培训和网络培训的缺点，并将其优势结合起来，实现时空的便利，缓解教学工作与进修的工学矛盾，并能通过学习者之间的互动实现广泛的交流和互动，有效弥补现有培训模式的一些问题。于此，国内外已有一些先例。

在美国，2014 年 11 月 19 日，时任美国总统的奥巴马宣布了"Future Ready Pledge"，每位教师都可以获得一张 Coursera 提供的为期两年的认证证书免费券，以通过 MOOC 课程获得相关培训。除 Coursera，国外几大 MOOC 平台也相继推出了一定数量和规模的教师培训 MOOC。截至目前，eDX 的"教育和教师培训"模块（Education & Teacher Training）下开设有 104 门课程，FutureLearn 也推出了 120 余门与教师培训和专业发展相关的课程。

中国的大学也在促进教师专业发展的 MOOC 建设和推行方面有一些实践，在北京大学，2014 年 3 月，由教务长办公室与人事部联合推行《北京大学慕课运行管理条例》开始在北京大学实施，并且成立了慕课建设领导小组负责北京大学慕课的建设与开设管理工作。条例明确规定，学校每年安排慕课相关教育技术培训，凡北京大学在编教师都可以申请参加培训。该项工作的目的是普遍提高北京大学师生的教育技术水平，从而提升教学能力。截至 2014 年春季学期，该项目进行了四期培训，并且取得了不错的效果。前三期的培训中，有一半以上的教师已经综合掌握 MOOC 相关教育技术，能设计并呈现出至少一周比较像样的 MOOC 课程。在北京大学的 MOOC & SPOC 平台上，已经有至少 36 门课程是通过培训产出的。培训结束后，通过调查问卷的反馈，发现大多数参训教师对课程内容掌握情况总体较好，并且认为培训内容对自己帮助较大。[①]

如下是 MOOC 应用于教师培训的一个案例。[②]

🔗 案例

【案例 MOOC 教师培训】2014 年 7 月，北京大学数字化学习研究中心在"爱课程"网中国大学 MOOC 平台上陆续开设"翻转课堂教学法""教你如何做 MOOC"和"教师如何做研究"三门教师教学能力提升类课程。截至 2015 年 9 月底，三门 MOOC 课程共开设 9 个期次，累计学员 16 万余人次，近 1.5 万人次通过课程考核取得了 MOOC 证书，获得了良好的信誉和口碑。

基于以上实践，2015 年 10 月，"教师教学能力提升类 MOOC 项目"（http：//tmooc. icourses. cn/）由"爱课程"网立项，北京大学教育学院数字化学习研究中心作为学术牵头单位，与项目专家一起，组成项目的咨询与管理团队。该项目目前已成功开展两期（目前是第三期），总选课人数近 70 万人次，在山东、黑龙江、江苏、河南等地区和学校得到了集体选用，受到了学员的广泛认可，具有较为广泛的社会影响力。该项目旨在通过立项的方式召集优秀的教育学家和学者为教师开展课程，逐步构建相对系统的教师教学能力提升 MOOC 课程群，涵盖教师素养、教学方法、信息化教学、信息化领导力等类别，搭建一线教师与科研人员的桥梁，加快把优秀的学术成果应用到教学中的步伐。

与师范学校一般持续一个学期的课程不同，"教师教学能力提升类 MOOC 项目"的项目课程按照模块进行教学，每周一个模块，总学时在 50 学时以上；课程内容以问题为导向，聚焦专题；课程还重视实践案例的分析和成功经验的提炼，帮助一线教师更好地理解和应用相关理论，进行有效的教学反思；课程重视讨论和交流活动，设计话题鼓励学员更多地提出问题和分享案例。最后，在参与课程考核活动的学员中，有近 1/3 的人通过了课程考核，最终取得资格证书。9 门课程的平均认证率为 18.49%。教师教学能力提升类 MOOC 课程体现出高选课人次、高通过率和高认证率的显著特征。

5.2.4　本节小结

教育信息化的到来促进了在线教育的不断发展，教师要想不落后于时代，就要树

---

① 王胜清、冯雪松：《面向教师教育技术能力提升的 MOOC 培训课程体系设计与实践》，载《中国远程教育（下半月）》，2015(2)。

② 高瑜珊、汪琼：《教师教学能力提升类 MOOC 的探索与实践》，载《电化教育研究》，2017(10)。

立终身学习的信念。MOOC 运用的新兴教学法和工具给教师专业发展带来了新途径，教师要从不断发展的在线教育模式中学习，将先进的理念融入自身教学中，积极主动地提升自我并在行动中不断反思。此外，由于教师个人的发展有一定的局限性，因此教师要勇于实现知识的共享，以创建教师共同体，在相互促进中发展个人的专业化水平，最终适应 MOOC 带来的新一轮信息化对教师专业发展提出的新要求。

5.3
基于知识地图的教师在线学习

🎯 学习目标

1. 了解知识地图的概念、分类及作用。
2. 掌握知识地图应用平台。
3. 掌握知识地图在教师在线学习中的应用模式、过程和方法。

由于面对面培训受训面窄、费时、缺乏个性化等限制，越来越多的教师培训采用微课程、MOOCs、混合式学习等方式，有针对性地对教师进行短时间、内容重点突出的培训。在线课程虽然内容丰富，但是随着资源内容的不断增长，缺乏课程内容的整体性和系统性，学习者无法辨识自己所学知识与在线课程的关联，无法选择合适的学习路径，容易造成知识迷航、知识碎片化和非良构状况。针对在线课程资源中存在的资源缺乏组织、分类不清晰的问题，基于知识地图的资源检索与导航方法，是一种能方便浏览、检索、共享和重用知识的技术方法，知识地图可以有效促进知识的交流、共享和创新。

5.3.1 知识地图概念、分类及作用

5.3.1.1 知识地图概念的转变

知识地图一词由英国的情报学家布鲁克斯首次提出，他认为知识地图能够揭示知识的有机结构，同时，学科知识结构可以绘制成以各个概念为节点的知识地图。[①] 有的

---

① B. C. Brookes，"The Foundations of Information Science：Part I，Philosophical Aspects，"*Journal of Information Science*，1980(5)，pp. 125-133.

研究者认为，知识地图虽然在结构、目标、优势及应用领域等方面与概念图非常相似，然而知识地图具有指向特定内容的链接，同时，它是展示信息及信息之间关系的二维图形，这又使它区别于包括概念图在内的其他图形。① 有的研究者认为，知识地图是一种呈现信息和信息间关系的可视化工具，学习者通过观察知识地图，从而能够更加高效地对知识进行学习，知识地图的节点代表知识的特征，可以包括文本、故事、图片、模型或数字等形式的信息。还有的研究者认为，知识地图是将领域知识可视化的层级结构，并根据已有研究中对知识地图的描述，将知识地图分为五个不同的类型：知识结构地图、知识资产地图、知识来源地图、知识应用地图和知识发展地图。知识地图是一种通过空间位置显示知识资源潜在关系的知识表征工具。例如，新闻文章的知识地图，通过用节点表示关键概念、用连线表示概念间的联系，来凸显当前重大新闻的主题以及它们之间的关系。

随着知识地图概念引入我国，国内学者也根据其对知识地图的理解给出了定义。吴才唤认为，知识地图是一种以解决问题为导向的知识管理工具，而解决问题的方法可以是"显性知识"，也可以是"隐性知识"。② 吴岩认为，知识地图是一种结构化的、显性的组织知识关系网络，它通过采用现代化的信息管理技术，描绘一个系统知识的存量、位置、功能、结构及路径。③ 王君和樊治平认为，知识地图是一种知识导航技术，即利用现代化信息技术将知识资源及其关系汇总并呈现出来，从而使用户知道能够在哪儿找到所需的知识。④ 陈强认为，知识地图主要包括知识资源目录和各目录之间关系两方面的内容，即知识地图是知识目录的总览，通过汇聚零散的知识，方便用户学习、分享和存取。⑤ 陈立娜将在企业管理中应用的知识地图称为企业知识地图，并认为它是一种知识分布图，包括企业知识资源目录及其之间的关系，以及对企业员工技能和相关领域专家的描述。⑥

总结知识地图内涵的研究现状，研究者们主要从知识地图所包含的内容和知识地图所具有的功能两个方面来对知识地图进行定义。⑦ 知识地图的内容包括知识源以及知识源之间的关系；知识地图的功能一是告诉人们知识所在位置，即指向知识源，而这些知识源不仅可以是已经固化在一定载体上的各种形式的文献、数据库、Web 资源，也可以是大脑中存储了丰富的隐性知识的专家，即不仅指向显性知识，也指向隐性知

① A. A. Amer, "The Effect of Knowledge Map and Underlining Training on the Reading Comprehension of Scientific Texts," *English for Specific Purposes*, 1994(1), pp. 35-45.
② 吴才唤：《知识地图研究进展：从显性知识地图到隐性知识地图》，载《图书情报知识》，2012(6)。
③ 吴岩、谭玉红：《论学校知识管理中的"知识地图"》，载《教学与管理》，2004(12)。
④ 王君、樊治平：《一种基于知识地图集的知识管理系统模型框架》，载《工业工程与管理》，2003(6)。
⑤ 陈强、廖开际、奚建清：《知识地图研究现状与展望》，载《情报杂志》，2006(5)。
⑥ 陈立娜：《知识管理中企业知识地图的绘制》，载《图书情报工作》，2003(8)。
⑦ 李亮：《知识地图——知识管理的有效工具》，载《情报理论与实践》，2005(3)。

识；二是除了揭示知识的所在地，还揭示知识之间的关系；三是可视化呈现知识之间的关系，有助于发现新知识。①

可见，知识地图被认为是知识管理的关键组成部分。它是一个重要的知识组织工具，帮助知识用户检索需要的知识，以及分析知识之间的关系。它还可以帮助知识管理者了解知识的现状并且计划知识发展策略。

由上所述可见，知识地图研究的重要性，由于不同学者关注的知识视角不同，应用的知识领域不同，人们将知识地图分为不同类型进行研究，而这些类型的知识地图都极好地将不同类型的知识可视化展现、表达、共享、组织。因此对知识地图的认识不仅应知晓其定义，还应结合其不同的分类类型来理解。

5.3.1.2　知识地图的分类

1. 从知识地图的形态分类

知识地图的形态分为层级和网状。层级知识地图如概念地图和思维导图，提供了一种对知识进行有层级性组织的模型。高层概念具有概括性，底层概念会更加具体，具有上下位的关系。有研究者使用概念地图显示本科生的学习地图，概念地图被用于生成图表，解释学生要表达的概念。网状的知识结构地图如因果图，它是一种因果映射工具，特点是帮助厘清复杂问题，将想法进行连线。它将具有原因和结果意义的知识编码，称为概念节点，而节点间有箭头的连线则表示因果关系，被广泛用于获取复杂的个人心智模型，以便提供学习者分析的起始点状态，进行可视化建模和仿真模拟计算，是一种分析复杂性问题的图形化思考工具。

2. 从知识地图的功能分类

按照功能分为知识资源地图、知识资产地图、知识结构地图、知识应用地图、知识开发地图。其中，知识资源地图用于描述如何找到专家——拥有我需要知识能力的人或能为我的问题提供解决办法的人；知识资产地图用于描述自己所拥有的知识资产；知识结构地图用于描述所需知识以及它们之间的关系、如何获取这些知识；知识应用地图表明在课程某一阶段或某一具体情境中应用到哪些知识，是最常用的知识地图形式；知识开发地图描述开发某种能力所必须经历的阶段，可以作为可视化的学习或开发的导引图，为组织学习提供共同的目标。

3. 依据知识对象进行分类

有研究者将知识地图按照知识对象不同分为概念型知识地图、流程型知识地图和能力型知识地图。概念型知识地图只包含叙述性知识，依据主题或概念组织而成，支持站点导航、搜寻检索、分类编目和主题学习。流程型知识地图包含了叙述性知识，

---

① 廖宏建：《移动学习中基于位置服务的个人知识地图及应用》，载《电化教育研究》，2014(6)。

依据有次序的活动流程组织而成，可以用于知识管理清单、知识管理项目工程设计、产品维护、诊断和制造作业。能力型知识地图也叫职称型知识地图，也包含叙述性知识与程序性知识，依据人员与知识间的关系组织而成，支持项目团队管理、数字化学习、竞争性情报、线上社群、快速定位知识领域专家等任务。

4. 按照知识形态进行分类

按照知识形态可以分为静态知识地图和动态知识地图。其中静态知识地图只是描绘组织的知识所在，其内容不会随着相关知识内容的改变而改变，需要创建者不断地完善和更新；动态知识地图将组织现有的多样的信息科技系统的组件，其内容会随着知识源的变化自动更新。

此外，知识地图还可以按照呈现方式分为仿真型知识地图、树图型知识地图、异形图，按照知识属性和范围分为内部显性知识地图、内部隐性知识地图、外部显性知识地图、外部隐性知识地图，等等。

5.3.1.3　知识地图的作用

国内外学者对知识地图的功能有很多说法，其中有"知识管理工具说""知识指南与目录说""知识导航系统说"等，当前知识地图的主要用途有知识的可视化、知识的建构与组织、产品的开发设计、知识的发现与管理、知识的表达与共享、知识的评价、知识的存储等方面。归结以上说法能够归纳出知识地图有以下作用。

第一，管理知识、揭示知识间的关系。知识地图能够揭示知识间的上下位和同等级关系，帮助用户快速定位知识并有效地进行知识组织；能够将零散的知识根据其关系，将知识间隐性的和显性的关系进行线性连接，将细小的知识点能够以整体的形式呈现给学习者，使学习者明晰知识点与知识体系之间的关系，明白知识在知识体系中的位置和作用，方便学习者进行序列化的学习，建立清晰的概念关系和良好的知识结构，在非正式环境中依然能够根据知识间的关系进行间断性的学习。

第二，显性化知识。知识地图能够显示知识的流动，能够将知识的隐性关系进行显性化呈现。知识地图作为显性化工具能够起到知识可视化的作用，帮助学习者将不易发现、不易厘清关系的知识以图示的方式呈现，降低学习者的学习难度，为学习者提供学习的支架，使学习者在不知不觉的非正式学习中掌握知识点本身无法体现的知识，并对知识进行深度记忆与学习。

第三，动态展示知识。知识地图的动态性体现在两个方面，一种为知识地图的建构，即学习者在学习过程中根据自身对知识的理解进行知识地图的建构，学习者逐步建立知识地图的过程，正是体现学习者学习的过程、知识流动的过程以及知识掌握程度的过程；另一种为知识地图的动态导航，结合数据挖掘及人工智能技术，根据学习者的学习需求及学习习惯为学习者提供相应知识导览，实现个性化和针对性强的知识导航，根据已有学习者的知识流动动态地设计知识地图的导航功能。

第四，知识地图有助于学习者对自身的知识体系进行评估，发现学习中的不足，弥补相关知识空白。知识地图不仅具备知识可视化的作用，而且能够动态地呈现学习者的学习状态，帮助学习者了解自己的学习进度，督促其学习进程。利用知识地图每个节点的颜色变化显示其学习状态，告知学习者处于未学习、学习中或已学完，使其合理安排学习时间。

5.3.2　知识地图应用于教师在线学习

5.3.2.1　知识地图应用平台

目前，知识地图在教育领域中的应用主要是在线学习，其面向的对象主要是在校学生或社会人员，而专门针对教师的微培训应用相对较少。知识地图应用于教师的专业发展，也主要是对高校教师或中小学教师的个人知识管理以及专业共同体的建设。

国内外的研究主要是将知识地图应用于微培训资源管理、微培训网站导航以及微培训课程体系构建三个方面。接下来以可汗学院知识地图和学习元知识地图作为典型案例进行分析。

可汗学院是由孟加拉裔美国人萨尔曼·可汗于 2007 年创立的基于微视频的在线学习网站，且为全世界学习者免费开放。该网站适用于各年龄阶段的学习者，学科教师也可以通过学习网站上的微视频促进自身专业发展。可汗学院的学科覆盖数学、科学、计算机编程、历史、艺术历史、经济学，它通过提供实践练习、教学视频、个性化学习数据和自适应技术促进学习者根据自己的节奏进行室内或室外的学习。可汗学院通过嵌套谷歌地图构建了数学学科的知识地图，如图 5-5 所示。

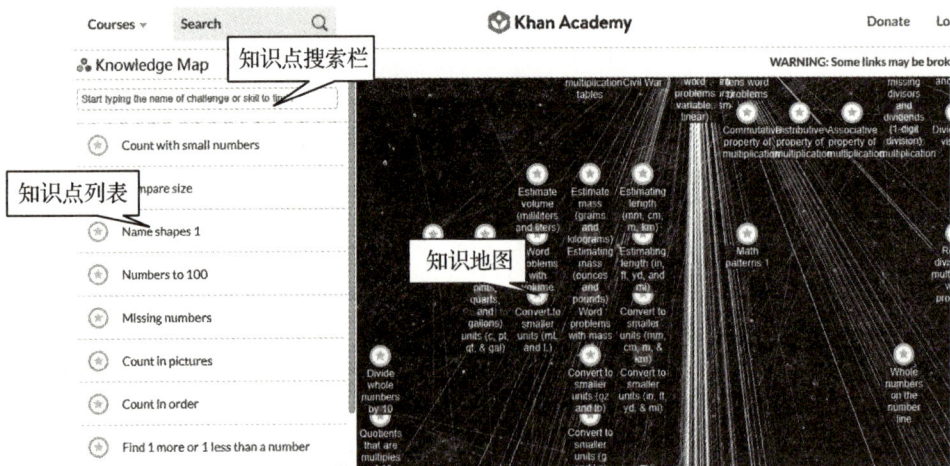

图 5-5　可汗学院知识地图

　　它主要分为两部分，左边为知识点列表和搜索栏，当搜索栏输入关键词时，知识点列表则筛选出含该关键词的所有知识点，而右边的知识地图界面其他不含该关键词的节点将会变暗，以突出这些节点。左边知识点列表顺序与右边知识地图的位置有一定关系，当知识点处于相对上位的关系时，它在列表中的位置也相对偏上。鼠标置于知识地图界面，可将其放大、缩小和移动，点击右下角的加减号，也可放大或缩小。点击知识地图的节点，将学习者导航到相关知识点的练习题和教学视频，并进行及时反馈，且知识地图节点颜色会随着学习者完成练习情况而变化。该知识地图可以直观地呈现学科知识结构及其之间的联系。

　　国内的学习元平台，通过建立学科知识的语义关联、学习过程数据采集、知识地图可视化呈现，构建了面向教师和学习者的个性化知识地图。该知识地图不仅呈现了知识点及知识点间的关系，还对学习者的学习状态进行可视化表征，既是知识管理和导航的工具，又是学习评估工具。[①]

　　学习元平台能够为教师和学习者提供具体的课程知识结构地图，以方便用户了解课程的结构，了解自己所学内容在课程结构中所处的位置以及作用。环绕中心的第一圈节点为课程知识群下的学习元分类，即各章名称；环绕中心的第二圈节点为学习元，即课程教学单元，并以不同颜色来代表不同的掌握水平。对于第一圈的章节点，则根据该学习者对本章中所有课程教学单元的三种掌握水平所占百分比以饼状图的方式进行展示；对于第二圈的课程教学单元节点，则根据该教学单元所设定的评估方案计算出的学习成绩进行纯色标注（低于 60 分为红色，60～80 分为黄色，大于 80 分为绿色）。该知识地图中所蕴含的这种结构化课程内容设计，使得学习者能够及时获取课程学习反馈并基于反馈调整计划，教师能够方便地组织课程内容、安排授课计划和学习任务，借助知识地图的评估功能能够及时掌握学习者的学习进度、分析学习者的学习路径、发现学习者的学习困难，从而适时适当调整教学环节和内容。

5.3.2.2　知识地图应用案例

1. 知识地图在教学资源导航中的应用

　　知识地图作为知识管理的重要工具，在情报学、图书馆书籍管理等相关信息管理行业已有应用，它能够以直观的形式呈现知识，并将知识之间的关系组织化呈现，有利于进行知识的快速检索，实现知识的共享和重利用。在教学中，教师也常利用"思维导图"这一形式构建知识地图，帮助和引导学生厘清概念间的关系、梳理学习思路，直观地呈现知识点间的脉络与联系，让学生能够沿着思维导图中的路径进行系统的学习。

---

　　① 万海鹏、李威、余胜泉：《大规模开放课程的知识地图分析——以学习元平台为例》，载《中国电化教育》，2015(5)。

而知识地图与思维导图的区别之处就是知识地图具有动态性，能够支持数字化学习中数字教学资源的动态显示、资源检索、超链接等。

为了探讨知识地图在数字化学习中教学资源的可视化导航和检索作用，黄涛等人构建了知识地图与资源导航模型，并基于此模型进行知识可视化，设计与实现了基于知识地图的资源导航与检索系统。[1]

知识地图模型及其在资源组织中的应用系统架构图如图 5-6 所示，由底至顶分别为：本体层、语义层、知识可视化层、应用层。其中下层为上层提供服务，上层调用下层的开放接口，整个平台实现了资源的开放与共享。本体层存储资源实体及知识本体；语义层进行知识元标引与资源描述；知识可视化层用于将知识地图以图状形式直观呈现；应用层面向用户，支持多条件的资源检索并呈现资源结果列表。纵观知识地图模型架构图，其中有两条主线：第一条主线以知识本体为基础，经过知识元标引，生成知识地图可视化的知识线；第二条主线是对多种多媒体格式的资源经过整合描述形成的资源线。

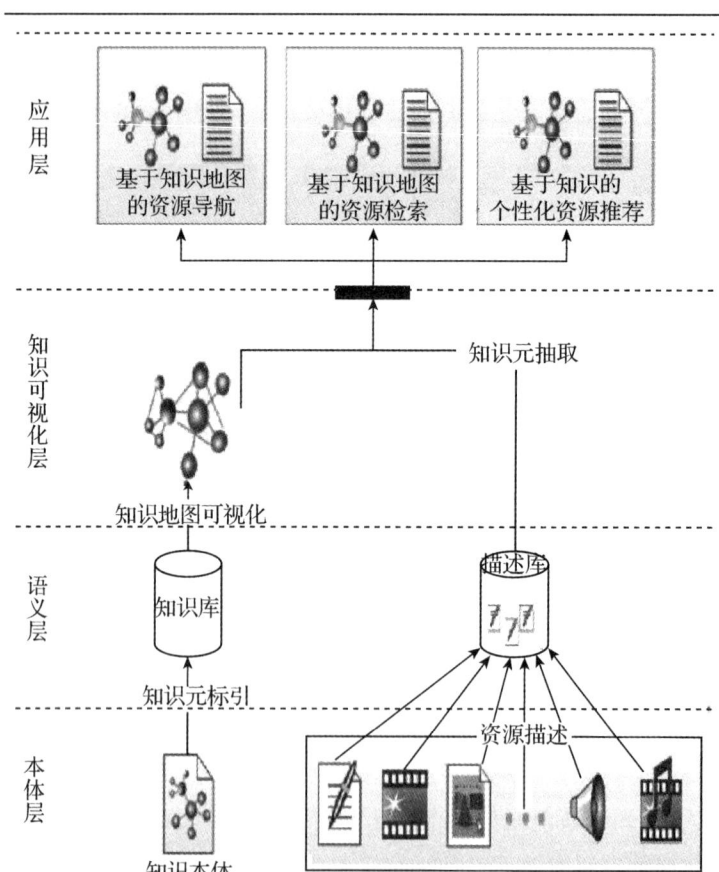

图 5-6　知识地图模型架构图

① 黄涛、施枫、杨华利：《知识地图模型及其在教学资源导航中应用研究》，载《中国电化教育》，2015(7)。

为了防止教学资源像零元件一样杂乱无章地堆放在库中，基于知识地图的资源导航与检索将资源按知识地图形成的框架来组织，首先需要构建知识地图框架，如图 5-7 所示为基于知识地图的资源导航与检索实现流程图。

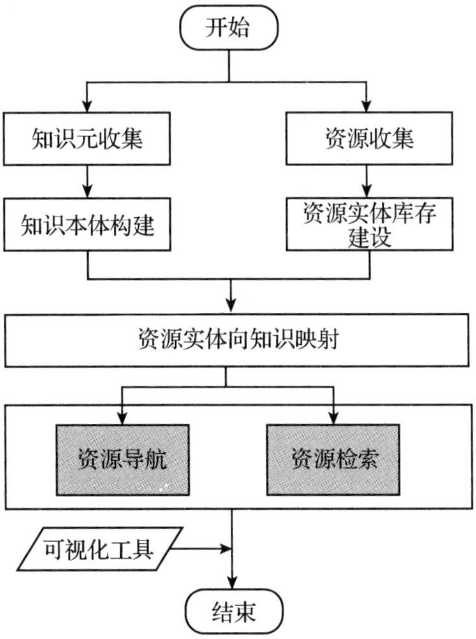

图 5-7　基于知识地图的资源导航与检索流程

基于知识地图的资源检索与导航步骤如下。

第一，收集知识点，构建知识本体。学科专家收集并整理知识点，拆分整合为最小单元"知识元"，并标识各知识元间的社会关系，构建完整的知识本体。在基于知识地图的资源导航与检索过程中，知识本体的构建是整个过程的关键，知识本体的质量将直接影响学习者对学科框架的理解，决定检索和学习的效率。

第二，收集资源，建立资源实体库。从互联网海量资源库中收集学科资源，建设资源实体库，并对资源进行本体常规描述，形成资源实体，记录存储到数据库资源描述表中。

第三，资源实体向知识本体的映射。从表征资源实体的关键字集合出发，为每个实体匹配相关的知识元。由于实体资源拥有一个关键词集合，具有多个关键词，在进行知识元匹配时需遍历关键词集合的每个关键词，一个关键词与一个知识元相对应，多个关键词则对应多个知识元。

第四，可视化知识地图。

第五，资源导航与检索。用户在接口界面可视化知识地图中发出资源导航与检索请求，将知识元发送至服务器，服务器根据接收的知识元信息，查找资源返回给用户。

将"知识地图"应用在资源组织与导航中，学习者除了能以知识地图为线索查找学习资源外，系统还能根据学习者学习情况智能推荐相关学习资源。教学资源个性化推荐的运行原理与资源导航和检索相似，都需要收集知识元建立知识本体，收集资源建设资源实体库，资源实体向知识本体的映射及知识本体可视化处理，唯一不同的是个性化资源推荐还需输入学习者的认知状态，经过"个性化资源推荐机制"处理后推荐相关的资源。

知识地图构建时记录了组成知识本体各知识元所构建的隐形网络，通过利用隐藏在知识地图中的网状路径，查找相匹配的教学资源。当学习者学习某资源遇到困难时，系统将自动沿着隐形网络向上寻找此知识的前驱知识，将映射到的知识元的精品资源给学习者，补充知识的薄弱环节；当学习者在当前知识点的学习过关时，系统将自动沿着隐形网络向下找到当前知识点的后继知识，推荐精品资源，[1] 使其运用在中小学课程教学中，学习者将能够进行自适应学习，找到适合自己知识状态的学习内容。

🔗 案例

【案例 "教育技术新发展"课程中的知识地图】

"教育技术新发展"课程使用《教育传播与技术研究手册》作为学生课后学习的主要资料，要求学生对手册内容进行汇报和讨论。课程依托学习元平台开展教学。

《教育传播与技术研究手册》为全英文，共计 70 余章，学生要在一学期内精读所有内容十分困难，因此，课程为学生提供了知识地图功能进行知识点的导航，（图 5-8）。

研究结果表明，通过知识地图实现的课程可视化导航加强了知识的系统性与资源的关联性，带动了资源的有序呈现。有序知识链能起到知识导航的作用，从而尽量避免网络学习中的"迷航"问题，为提升学习效果提供支持。同时，良好的知识结构也有利于学习者的认知结构发展，促进学习者更好地自适应性学习。

2. 知识地图在微课程中的应用

为明确知识地图在微课程中的具体作用，姜宛彤、王翠萍等人提出了微课程中知识地图应用模型。从此模型中可以看出，利用知识地图组织微视频和微课程学习资源，可清晰呈现其知识结构和知识关联，而在学习系统中使用知识地图，也可为微课程提供搜索、导航以及定位知识点的功能，便于学习者利用微课程进行学习，（图 5-9）。[2]

此模型认为知识地图在微课程中的应用应从微视频、学习资源和学习系统三方面考虑。

---

① 胡海斌、丁国柱、吴鹏飞：《基于学习元平台的课程知识本体的构建与应用——以"教育技术新发展"课程为例》，载《电化教育研究》，2017(10)。

② 姜宛彤、王翠萍、唐烨伟等：《构建基于知识地图的微课程研究》，载《电化教育研究》，2016(12)。

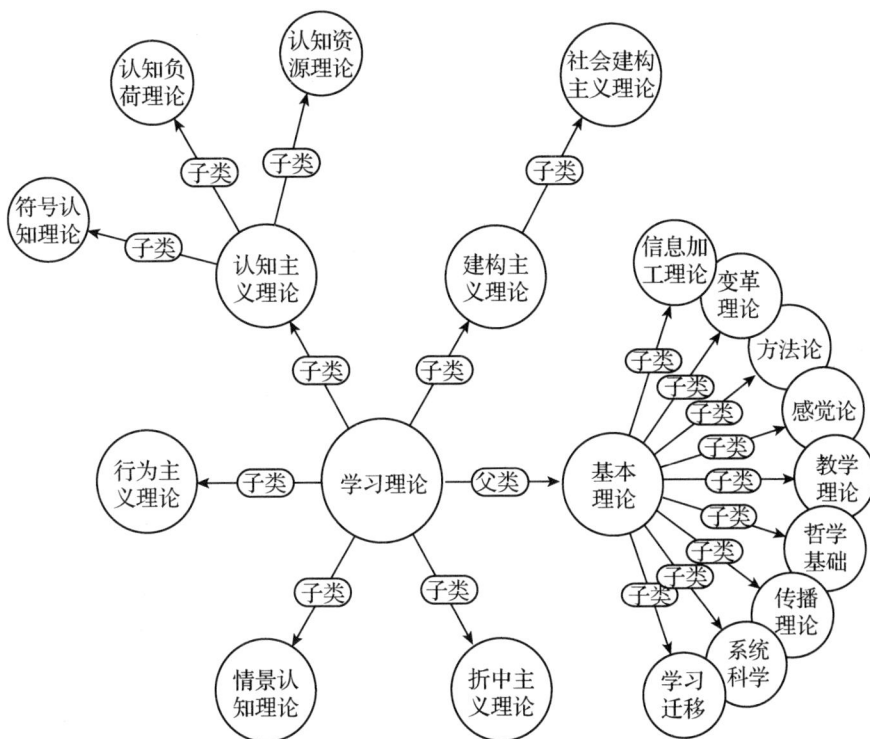

图 5-8　《教育传播与技术研究手册》知识本体可视化

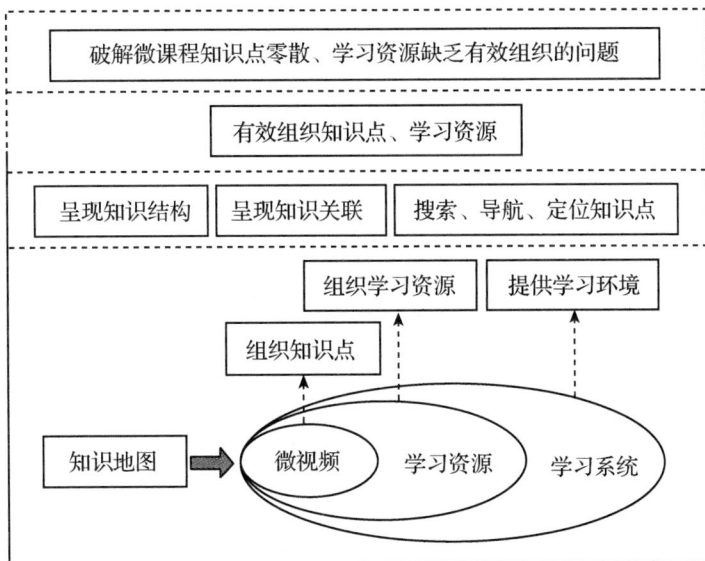

图 5-9　微课程中知识地图应用模型

①知识地图在微课程教学视频中的应用。知识地图在微课程教学视频中的呈现方式可以是与微视频展示区、重难点标注区结合，以三分屏的形式呈现。在应用之前将

学习内容按照难易程度和关联结构进行知识点解析。在应用知识地图的微课程三分屏中，微视频展示区用于播放讲解知识点的教学视频，而知识地图区以知识地图的形式呈现知识点之间的关联和结构，重难点标注区用于呈现本讲的重难点知识点。这种微课程呈现方式可以将知识点之间的结构清晰地呈现，并且将重难点知识点突出强调，帮助学习者自我建构。

②知识地图在微课程学习资源中的应用。微课程学习资源包括微视频、微素材、微引导、微试题等。其中微素材主要指文本、图片等辅助学习素材，微引导主要是对学习资源、学习要点的说明，微试题主要是对该知识点提出的若干问题。在学习资源中应用知识地图时，首先根据学习内容的逻辑关系确定知识节点和节点关联，按照这些关联结构将知识点进行连接，形成知识地图雏形；然后将学习资源按知识点注入，形成单个微课，最终形成一个具有关联性和结构性的微课程，点击知识地图中的知识节点即可进入单个微课的学习。

③知识地图在微课程学习系统中的应用。基于知识地图的微课程必须依托学习系统，为学习者提供个人账号，记录学习进度等学习情况。在学习系统中以知识地图的形式向学习者展示各微课程的知识点，便于学习者了解课程中知识点的关联结构。学习者点击知识地图中的知识节点，系统给出相应学习资源，并给出问题，在学习者答对后改变该节点的颜色，帮助学习者了解自己对各个知识点的掌握程度和学习进度、学习路径。

3. 知识地图在教师微培训中的应用

为研究不同学习者采用知识地图进行微培训学习的效果与特点，马宁等人基于学习元平台，将知识地图与教师微培训相结合，采取个案研究的方式进行了探讨。[①]

研究以参与"基础教育跨越式发展课题"的两名新手教师为研究对象，依托学习元教学平台，选取"低年级语文课文课教学模式"为培训内容，并将内容按照知识结构等划分为三大模块20个知识点，如图5-10所示。

在两位新手教师为期四周的在线微培训中，学习前后均有访谈、观察，并根据学习顺序、频率等学习过程信息，绘制学习路径。学习结束后，学习者需提交一份相关知识的概念图，以展示学习效果和知识结构化程度；在此基础上，通过访谈以及对访谈内容的深入分析，了解教师的学习特点和感受。

通过对教师学习过程的记录，我们得到了两位教师的学习路径，如图5-11所示。从两人的学习路径图可以看出，两人均是按照知识地图所划分的板块进行学习，即能将零散的知识点按照一定的结构顺序进行学习。R教师的选择具有一定的随机性，且出现回溯学习的现象；C教师的选择具有一定的针对性，但并未进行回溯学习。关于为什么要进行回溯学习，R教师说："我在学习的时候已经学习了那几个学习元，但是

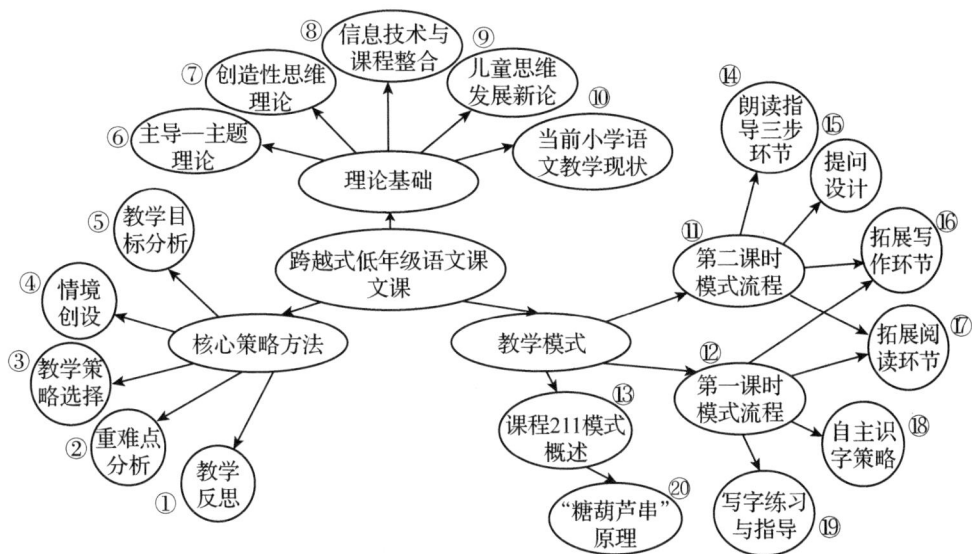

图 5-10 教学内容的知识点结构与关系

后来我在备课的过程中意识到了某一点恰好是之前学过的，所以又去复习了那几个学习元的相关知识，这对于我备课很有帮助，复习让我收获不少。"由此可以分析出，学习者进行在线自主学习时，对不熟悉的知识领域来说，教学内容中知识点的联系在很大程度上决定了学习者的意义建构活动。知识地图的直观性更利于教师对所学内容形成整体性的认知，使零散的、碎片化的知识有结构、有层次、有顺序，能够帮助学习者选择、决策下一步将要学习的内容。

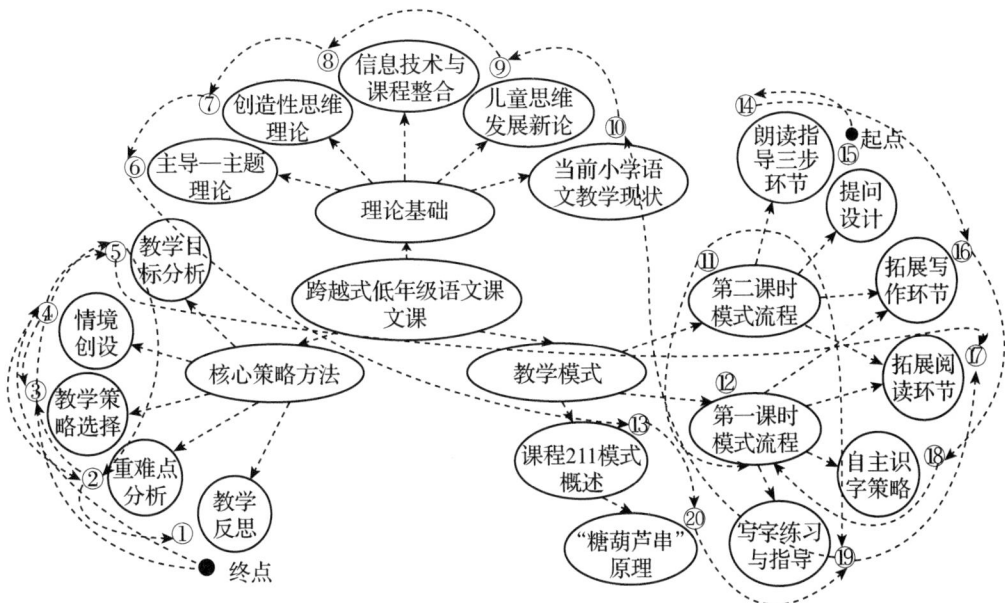

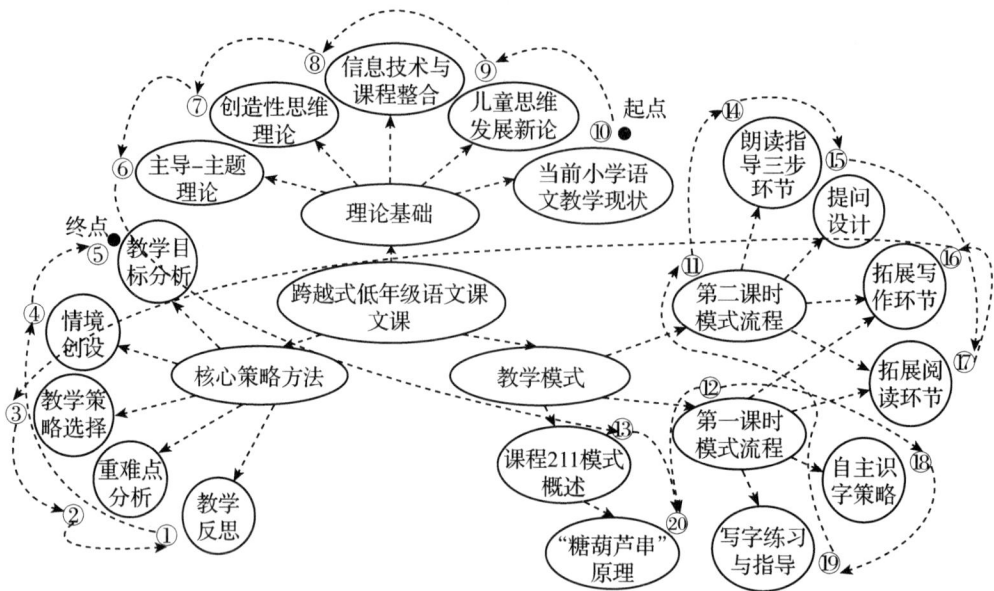

图 5-11　R 教师的学习路径(左)和 C 教师的学习路径(右)

在两位新手教师完成整个课程的学习之后，分别让其对所学内容进行了回顾，独立绘制出整体的概念图，利用概念图评价指标体系对两位教师所绘制的概念图分别从概念结点、连接、组织结构、举例等方面细化，并进行评分。其中，R 教师最终得分为 81 分，C 教师最终得分为 80 分。由于是百分制的评分系统，80 分及以上成绩属于"良好"范畴。

据此可以知道，在利用知识地图进行学习之后，两位教师均能独立完成概念图的绘制，而且评分结果达到了良好，说明两位教师的与本课程相关的知识，均得到了较为有效的结构化。

根据针对课程内容和知识地图使用情况的访谈内容分析，通过提取关键词并建立节点与节点之间的关系，得到了如图 5-12 所示的模型，以图示的形式更加明了地呈现了节点与节点之间的内在联系。

根据建立的模型对访谈内容进行分析，发现两位教师均认为在学习过程中知识地图产生了积极影响：①知识地图能够使知识更加系统化、更具有整体性；②知识地图能够帮助学习者对学习内容形成较为完整的知识体系；③知识点间的联系能够使学习者清晰地认识到某一知识在整个课程中所起到的作用；④知识地图使学习者对学习内容印象更加深刻。

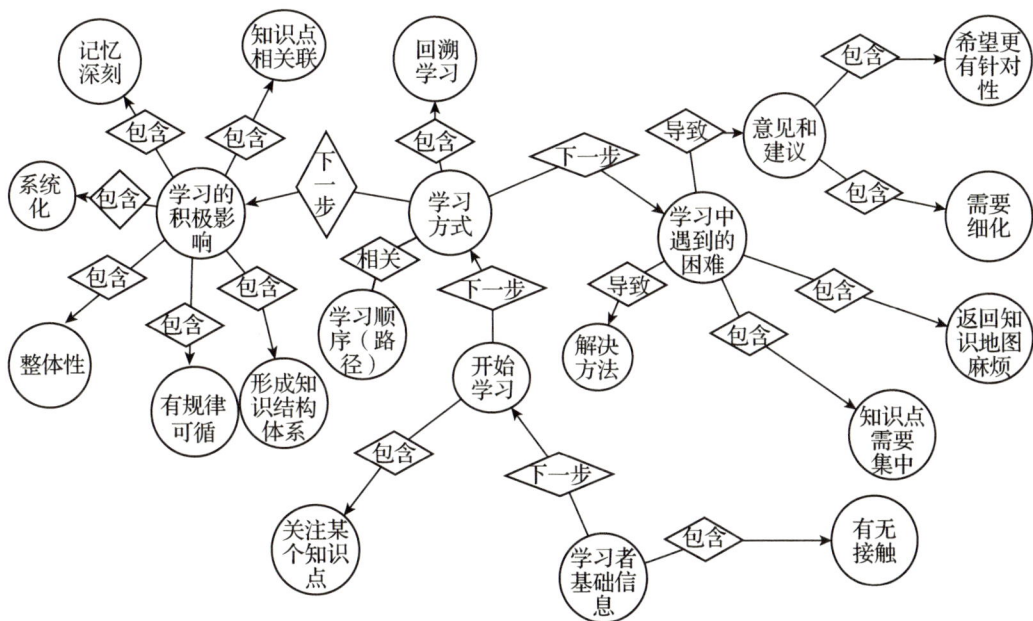

图 5-12 教师访谈内容关键词模型

5.3.3 本节小结

知识地图是以清晰的形式呈现知识及知识间关系的可视化工具，在知识的有效组织与结构化呈现方面具有重要作用，能够帮助学习者建立知识间的联系。知识地图的知识可视化、学习导航、学习评估等功能使其在教师在线学习领域具有较大的应用价值。

5.4
移动学习在教师专业发展中的应用

🎯 **学习目标**

1. 了解移动学习的概念、特征及优势。
2. 知道移动学习的应用模式。
3. 掌握移动学习在教师专业发展中的应用。

由于课堂教学实践的复杂性和深入推进课程教学改革的现实迫切性，教师专业发展必须是一个持续不断的过程。尽管促进中小学教师教学能力发展的学习方式多种多样，但并不是每种学习方式都尽善尽美，已有的非移动学习方式在中小学教师教学能力发展中存在着机会有限、持续支持缺乏、针对性不足、教师学习时间难以保障、教师主体性缺失等问题。因此，以移动通信技术和网络技术为基础，借助智能手机、笔记本电脑、平板电脑等移动设备，以方便学习发生的原则为前提，自主选择学习内容、学习时间、学习场所、学习方法以随时随地获取教育资源和学习资源，满足自身学习需求的移动学习，是一种有助于实现中小学教师学习日常化、突破时空限制的学习方式。因其具有学习可以随时随地发生、学习资源随手可得的特点，为中小学教师在想学、愿意学、有时间学的情况下提供了触手可及的学习机会和有效的备择手段与工具。因而，移动学习有助于中小学教师解决突出的工学矛盾，为中小学教师教学能力的发展创造了一种泛在的学习环境，提供了解决中小学教师已有主要非移动学习方式存在问题的补充形式。

5.4.1　移动学习的概念、特征及优势

5.4.1.1　移动学习的基本内涵

从与数字化学习关系的角度分析，可以将移动学习作为数字化学习的拓展。移动学习是在数字化学习的基础上发展起来的，是数字化学习的扩展。移动学习在形式上是移动的，学习者不再局限于计算机面前，学习环境、学习资源和学习者都是可以移动的；在内容上是互动的，技术支持实现双向交流，实现方式是数字化的，使用移动计算设备进行学习。[①] 教师移动学习是作为学习者的中小学教师以移动通信技术和网络技术为基础，借助智能手机、笔记本电脑、平板电脑等移动设备，以方便学习发生的原则为前提，自主选择学习内容、学习时间、学习场所、学习方法以随时随地获取教育资源和学习资源、满足自身学习需求的一种数字化学习形式。[②] 移动学习主体（教师个体、教师移动学习共同体），移动技术（包括移动

> **移动学习**
>
> 移动学习是指学习者利用移动设备、多媒体技术及移动互联网，能够在任何时间、任何地点发生的体验和学习，基于移动学习的成人在职学习和培训模式。

---

① 黄荣怀、Jyri Salomaa：《移动学习——理论·现状·趋势》，10页，北京，科学出版社，2008。
② 彭兰：《基于移动学习的中小学教师教学能力发展研究》，硕士学位论文，西南大学，2015。

学习设备和移动网络通信技术），移动学习资源，移动学习环境（虚拟移动学习空间、物理学习空间）构成了移动学习的四个基本要素。移动学习包含双重意蕴，既意指教师的学习行为发生于移动状态，又指教师借助移动设备进行学习。

5.4.1.2　教师移动学习的基本特征

1. 即时性

中小学教师不是无所不知的圣人，在教学知识结构上难免存在某种知识漏洞，在教学实践过程中，也可能会产生很多仅凭个人之力难以解决的教学难题。网络通信技术利用移动学习设备，中小学教师可开展在线浏览，发起与教师、教育专家之间的在线实时对话等方式，获得此时此刻、此时此地最迫切需要的学习内容和教学问题解决策略，化解中小学教师教学实践中的燃眉之急。

2. 灵活性

移动学习设备为处于移动状态下的中小学教师提供了随时随地进行学习的机会，教师可以利用移动学习设备自由安排教学能力发展的时间、地点、方式、内容，从而免于外界的干扰，可以利用碎片化的时间进行见缝插针式的学习而不会与教学工作之间产生较大的冲突。中小学教师还可将学习场所拓展到户外，而无须固定在办公室、图书馆、教师培训机构等场所进行学习，并且教师可以根据个人偏好、学习需求灵活定夺学习方式和学习内容，自主控制学习进度。

3. 个性化

个性化是中小学教师移动学习的最根本的特征。这种个性化特征表现为中小学教师从自己教学能力发展的实际需求出发，对移动学习资源进行取舍，选择自己喜欢的学习策略，依据教学能力发展计划和教学能力发展水平确定学习进度，从而提高教学能力发展的针对性。这种自主性既为随时随地发展中小学教师教学能力带来了契机，又因为需要中小学教师要有较强的自觉意识和自主行动而对教学能力发展构成了挑战。

4. 碎片性

中小学教师移动学习属于基于移动技术的成人学习，而成人学习的最大特征是其目的不是为了获取系统的知识体系，而主要是基于已有的经验解决具体的教学问题或是获取感兴趣的主题的有关知识，因而这种问题解决式的学习以获得散点式的知识为主。移动学习主要是为学习者展开随地随时的学习提供方便，这种学习方式不会刻意营造安静的学习环境，学习者在移动学习状态下注意力很容易分散。此外，移动学习设备由于其自身容量有限，因而教师多以获取短小精悍、模块化的学习内容为主，这些都导致了教师知识的碎片化。

5. 持续性

中小学教师教学能力的发展是一个持续不断的过程，基于移动学习的中小学教师教学能力发展的持续性表现为有专门的工作人员不断更新移动学习资源，解读最新的教育理论与教育政策，分享教学改革的实践智慧，从而可以为中小学教师教学能力的不断发展拓宽知识基础。此外，中小学教师围绕教学问题与专家、教师同行进行交流研讨，建立相对稳定的关系，从而在教学能力发展中获得持续的人力支持。同时，移动学习对中小学教师教学能力发展的持续性支持也意味着中小学教师可以借助移动设备长期关注某一感兴趣的教育教学主题，巧用移动设备的网络书签功能收藏经典的教学案例，利用网络编辑功能撰写教学博客，对学习资源进行归类整理，以便在后续的学习中多次利用已有的学习资源。中小学教师在不同的专业发展阶段面临着不同的挑战与任务。例如，新手教师需要大力发展教学适应能力，提升课堂教学能力，需要的是情境性知识；而积累了一定教学经验的中小学教师需要更新教学知识和把握前沿教育理念，缓解教学倦怠。因而，要为不同专业发展阶段的中小学教师提供持续连贯而又有侧重的专业支持。

5.4.1.3　移动学习的优势

1. 移动学习符合自主学习需求

任何促进教师专业发展的活动离开教师个体的积极参与是毫无意义的。教师专业发展是一个教师自觉地、主动地追求专业水平提升的过程。它要求教师在职业生涯过程中进行自觉、主动、可持续的学习。实际上，教师专业发展也是教师自觉成长、自主学习的过程。所以在教师专业发展的过程中，教师的自主学习对于教师的专业成长起着举足轻重的作用。传统的教师培训，把几十名教师固定在同一个地点，学习同一项内容，接受同一个人的指导，这很难满足教师个体不同的学习需求，教师只能被动地接受既定的学习内容，教师个体在传统培训中也很难选择适合自己的学习策略。然而移动学习可以很好地改善传统教师培训的局限，在移动学习中教师具有高度的自主性，教师可以根据自己的学习需要自主选择学习内容，这样会使教师的学习更有针对性，对于教师的专业发展指导作用更强。在移动学习中，教师可以根据自己的学习计划和接受程度确定个人的学习进度，选择适合自己的学习策略，使教师的学习更加有效地进行。

2. 移动学习符合终身学习需求

随着知识社会的到来，人们越来越认识到教师的学习不能止于师范教育，教师的学习不应该是阶段性的而应该是连续性的。信息时代要求教师的发展必须是一个前后衔接、持续一生的过程。教师专业发展作为一个持续的发展过程，它需要教师不断积累知识和技能，不断进行自我教育，从某种程度上来说，专业发展也是一个教师终身学习的过程。然而，目前国内的教师培训阶段化特征过于明显，每年几次的教师培训或者几年一次的教师进修，远远不能满足教师终身教育的需求。正如有些教师所说，如果想解决问题不得不等到明年的某个时候。但是信息技术能够较好地弥补传统教师培训的这一局限，它能为学习者提供泛在的学习环境，可以为教师学习不间断地提供服务，实现教师终身学习，只要教师有学习的需求，移动学习就会为教师提供资源。通过移动学习的平台，教师与专家随时都可以互动。移动学习能及时实现教师问答，在便于教师沟通的同时，又可以帮助教师间形成共同发展团体，促使教师群体共同实现专业发展，让教师在终身学习的道路上不再孤立无援。

3. 移动学习可以减少"教育二元化"

当前我国城乡教育资源分配不均，导致城乡教育失衡。城乡教育的差距最集中地反映在教师队伍素质的差距上。农村教师获得继续教育的资源和机会较少，从而导致农村教师知识面较窄、创新能力和教研能力与城市教师相比存在一定差距。造成如此困境的原因很大程度上是欠发达地区不能获得与发达地区同样的信息量。传统的教师培训对于解决教育二元化的问题十分无力，而移动学习却可以有效地弥补地区差异造成的教育差异。通过互联网技术，农村教师可以获得和城市教育同样的教育资源和提升机会，即使在偏远山区的教师通过移动学习设备同样可以了解世界上最先进的教育理论和最新的教学方法。这有利于保证作为知识传播者的教师时刻站在知识浪潮的前沿。

5.4.2　移动学习应用模式

移动通信技术和移动终端设备的发展，不仅为学习提供了新的媒体和工具，而且给学习者带来了新的学习方式，进一步促使学习理念的变革。这种新的学习方式通过渗透、关联、混合传统的学习模式，促进情境学习、非正式学习、协作学习等学习理念的创新性实践。传统的课堂教学以基于符号的知识传递为主，由于移动通信技术和终端设备的引入，我们可以进入真实的工作或问题情境中学习，促进情境认知。个人学习和协作学习是两种重要的学习组织形式，由于受设备和空间的限制，传统的协作学习存在一些约束条件，移动技术支持的协作学习能弥补协作学习和计算机支持的协作学习的许多不足。移动技术不仅能在正式学习场合得到很好的应用，它所支持的片段学习和零散学习更能有效地支持非正式学习的发展。

5.4.2.1　从知识传递到情境认知

1. 基于知识传递和反馈的移动学习

余胜泉教授在 2007 年提出了移动学习从知识传递到认知建构再到情境认知的三代发展理论。在移动学习兴起的初级阶段，人们自然想到利用移动设备的便携性、移动性和无处不在的通信，将原来在计算机上运行的课件迁移到手持设备中，使用移动通信技术传递原来通过网络传递的内容。① 这种基于知识传递和反馈的典型移动学习应用模式有课堂即时信息反馈系统，基于内容推送的移动学习服务、播客等。

(1)课堂即时信息反馈系统

课堂即时信息反馈系统是一种在教室中使用的，基于无线网络支持交互的课堂反馈系统。在课堂上，学生每人手中拿着一个与计算机连接的手持设备，参与随堂测验、统计、游戏比赛等活动。教师根据学生反馈的数据，能马上诊断学生的学习情况，及时补救教学。系统收集的各种反馈数据还可用于课后对学生的分析研究。典型的课堂即时信息反馈系统有新加坡的 MobiSkoolz 系统和日本的 BSUL 环境等。

MobiSkoolz 项目于 2001 年在新加坡的一所中学启动，起初由 40 名学生和 10 名教师参与研究。该项目使用学校已有的互联网平台和新增的移动设备来增强学习和教学环境，支持无线学习。学生可以很方便地在线获得作业、进行在线测试和查看测试分数等。②

国内的雨课堂工具也可以进行课堂即时信息反馈，教师可以将带有 MOOC 视频、习题等的课前预习材料推送到学生手机上，师生沟通，及时反馈；课堂上实时答题、弹幕互动，并提供个性化报表、自动任务提醒等功能，为师生提供完整立体的数据，支持师生交互和学生分析。在教师培训中使用雨课堂工具可以帮助受训教师即时反馈问题，帮助培训教师了解受训教师学习情况，促进受训教师间、受训教师与培训教师之间进行交互。

(2)基于内容推送的移动学习服务

基于内容推送的移动学习服务是指通过使用短消息、WAP 等方式，将以文字和图片为主的学习内容推送到学习者的移动设备上。这种内容推送既可以是单向推送，又可以实现一定的交互性，如根据学习者的输入来选择动态推送内容。这种类型的移动学习模式在全球范围内均有典例，如 MOBIlearn 项目、欧洲的"Form E-Learning to M-Learning"项目等；国内开始兴起基于微信公众平台的内容推送式移动学习，这一形式在教师专业发展中的应用尚处于起步阶段，但国内多所高校已逐渐开始利用微信公众平台开展高校教师培训。

目前微信公众平台在高校教师培训中主要的功能是向教师发布中心最新活动公告和相关新闻，推送服务信息，分享先进教学理念、教与学最新资讯、教学工具等，部分平台还推送有关教师的社会热点消息。不同高校发布的消息内容存在差异，其中四川大学、南京邮电大学等高校除了利用微信平台辅助教师培训等活动的开展，还定期

---

① 余胜泉：《从知识传递到认知建构、再到情境认知——三代移动学习的发展与展望》，载《中国电化教育》，2007(6)。

② 隋清江、张艳萍、张进宝：《移动教育：国内外实践研究综述》，载《教育探索》，2004(8)。

分享教师教学相关的资源。①

（3）播客（Podcasting）

Podcasting 源自"iPod"与"广播"（broadcast）的合成词，它是 RSS 技术与 MP3 播放器结合的产物，就是把预先录制的 MP3 音频文件发布在博客上，利用相关的 RSS 订阅软件（如 iPodder），定制并将这些 MP3 文件自动下载到本地计算机上播放，这些 MP3 文件还可以转移到便携式 MP3 播放器上，在移动中随时播放。②

英国的 teachers. TV 是一个针对教师的播客网站，旨在提高教师的专业素质水平。在这个网站，资源按学科、阶段、角色等进行分类，方便教师查找和获取，并可以和他人分享，对该播客发布评论。教师可以根据自己的需要选择自己感兴趣的内容进行学习、观看，也可以将其下载到自己的计算机上或者 MP3 中，随时随地进行观看，还可以将自己看过的播客添加到自己的清单中，方便再次观看。同时，播客还提供了多种学习资料供教师学习，如一些拓展知识的书目、相关 PPT 以及一些有用的网站链接等。③

2. 移动技术支持的情境学习

移动技术不仅能支持传统意义的知识传递，还能支持在真实问题情境和社会文化背景下的情境学习。情境学习理论强调知识具有情境性，学习者应该在情境中，最好在真实活动和文化背景中学习知识，鼓励协作与互动。移动终端设备和移动通信技术为我们在真实的问题情境、工作活动、文化背景中开展情境学习提供了独特的机遇。在移动技术支持的情境学习中，移动设备不再是传统的资料呈现和内容传递工具，更多的是学习者知识建构的工具，它可以帮助学习者在真实的情境下进行意义建构。移动技术支持的情境学习又可分为多种学习范式，主要包括基于问题解决的移动学习、移动探究性学习、情境感知学习和参与模拟的体验式学习。

（1）基于问题解决的移动学习

学习者在学习或工作场景中通常会遇到各种问题，在问题发生的真实情境中及时解决这些问题对学习者掌握与问题相关的知识和技能非常关键，移动技术和移动设备为学习解决即时问题提供了便利。

（2）移动探究性学习

与基于问题解决的移动学习类似，移动技术支持的探究式学习也强调学生的自主

---

①　罗先辉、刘允、康小丽：《微信公众平台在高校教师（教学）发展中心的应用研究与实践》，载《当代教育实践与教学研究》，2015（9）。

②　余胜泉：《从知识传递到认知建构、再到情境认知——三代移动学习的发展与展望》，载《中国电化教育》，2007（6）。

③　王玲、陈跃：《播客 Podcasting 促进教师专业化发展的应用研究》，载《东南大学学报（哲学社会科学版）》，2010（1）。

探索，但探究性学习并非以问题的解决为主要目的，主要是使学习者体验探究过程，在探究活动中加深对知识的理解和应用。在移动技术支持的探究性学习中，移动技术的主要功能包括检索信息、收集资料、数据记录、信息共享、协作交流等。

（3）情境感知学习

情境感知学习是指学习系统通过感知学习者的具体情境将相关的学习内容自动推送给学习者。这种应用模式与基于问题解决的学习和探究性学习相比，更能有效地促使学习者在具体情境中学习。通过使用 RFID 标签、GPS 定位等技术，目前移动技术支持的情境感知学习主要能对时间、地点、标签等要素进行感知。

（4）参与模拟的体验式学习

随着技术的不断发展，移动设备的交互和显示能力得到进一步的增强，学习者不但可以将移动设备带入真实的学习环境中，还可以利用移动设备的模拟和演示功能，对不易接近的学习情境进行动态模拟。学习者携带具有网络功能的移动设备沉浸在一个动态模拟系统中，参与学习活动，能够快速看到自身活动对于整个系统的影响，他们不仅只是观看模拟，而且自身就是模拟系统的一部分，这种学习模式被称为共同参与模拟仿真。

5.4.2.2　从个人学习到协作学习

1. 移动技术支持的个人自主学习

个人自主学习是指学生在教师必要的指导下使用多种方式和途径，以个体为单位进行能动的学习活动。前面所举的支持知识传递和情境认知的移动学习许多案例都是针对个人自主学习的，如基于内容推送的学习等。教师可以利用这些工具和软件，自主学习，提高个人专业发展能力。

2. 移动技术支持的协作学习

移动技术不仅能有效地支持个人自主学习，还能克服传统协作学习遇到的一些障碍，推动协作学习创造性的应用和发展。

协作学习是学习者以小组形式参与，为达到共同的学习目标，在一定的激励机制下最大化个人和他人习得成果合作互助的一切相关行为。[①] 它以建构主义学习理论和社会认知学习理论为主要理论基础。协作学习主张将教学内容精心设计为各个任务，学习者以小组的形式一起进行学习，各自担当一定的角色，共同完成某一任务或解决某一问题。协作学习强调学习者的创造性、自主性、社会性和互动性。

计算机支持的协作学习是指利用计算机技术（尤其是多媒体和网络技术）来辅助和支持协作学习。它是在计算机的支持下，通过协作的方式，利用人机交互的协同效应

---

① 黄荣怀：《计算机支持的协作学习——理论与方法》，3 页，北京，人民教育出版社，2003。

和计算机信息传播与处理的优势来最大化共同体和个人学习绩效的一种新的学习方式。虽然许多学者研究表明成功设计的计算机支持的协作学习（Computer Supported Collaborative Learning，CSCL）行为能够对小组成员间的协作、交流和知识共享等方面提供良好支持，但 CSCL 也存在一些不足，如学习者空间位置固定、与现实活动或工作场景的整合性差等。

移动技术支持的协作学习是教育技术中一项新的研究领域，其研究的主要内容是在无线网络环境中协作学习者知识的有效构建以及如何实现这个过程。从世界范围看，移动技术支持的协作学习研究已经取得了一些初步成果。很多研究表明，移动技术支持的协作学习能够填补协作学习和计算机支持的协作学习的弱点，当小组成员在一个相同的空间中开展协同学习时，无线交互的移动设备因其移动性和小屏幕等特点，能够增强学习信息交换中空间的可用性，在交互行为和小组规模上具有较大的灵活性，促进社会化的交流和真实活动场景下的交流，提高协作学习的质量。此外，移动设备小巧、便携，而且辐射强度要比桌面计算机低得多，降低了对学生身体健康、视力等的副作用。当然，移动技术支持的协作学习也有一定的局限性，如设备的局限、成本问题等。目前，在移动技术促进协作学习的信息交流、知识共享、协同知识建构等方面已有许多成功的案例。

5.4.3　移动学习在教师专业发展中的应用

与传统教师专业发展的构建模式相比，基于移动环境下的教师学习共同体的学习作为一种崭新的学习模式，可以为教师提供对话的平台，促进教师反思；还可以有效地解决教师培训中出现的这些问题，能更有效地促进教师专业发展。为此，代玲玲等人提出了移动环境下教师学习共同体的设计模式。[①]

代玲玲等人首先提出了构成移动环境下教师学习共同体的要素。一是共同体成员：有兴趣的教师、访客、教研人员、专家、特级教师及具有共同愿景的教师。二是技术工具：移动通信设备和通信技术，以及移动终端技术。三是移动环境下教师学习共同体的目的：促进教师专业发展。四是可用的资源：微博、教师教学实践的反思日志、学术论文、教学案例、站内的短信以及教学笔记等。五是移动环境下教师学习共同体的活动：主要有实践性问题解决方案沙龙、教学案例互评、协同完成小型的任务等。这五个要素的作用关系如图 5-13 所示。

---

① 代玲玲、唐章蔚：《移动环境下教师学习共同体的设计与研究》，载《现代教育技术》，2012(10)。

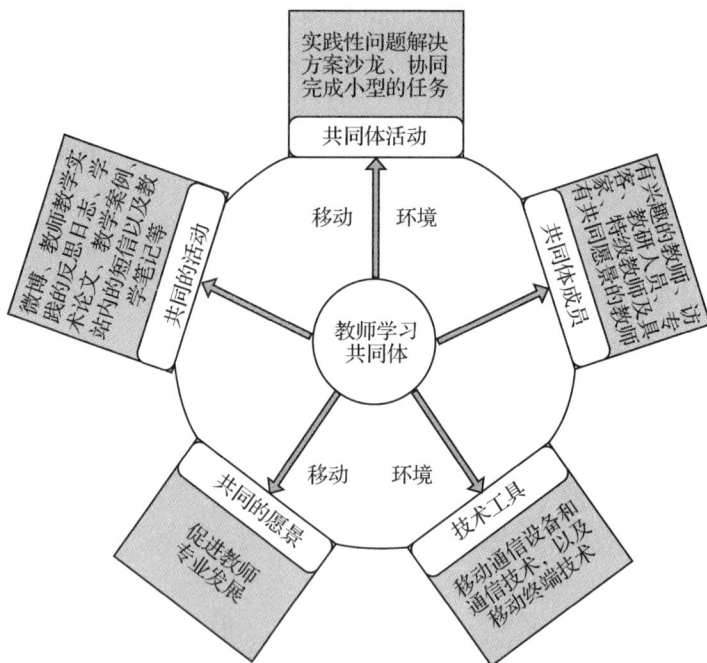

图 5-13　移动环境下教师学习共同体各要素之间的关系

基于上述关系图，利用移动环境下的几个典型应用工具，代玲玲等人构建了一个移动教师学习共同体的模型，如图 5-14 所示。

图 5-14　移动环境下教师学习共同体的构建模型

在教师学习共同体构建初期，移动环境下的教师并没有意识到共同体的存在，而只是通过阅读、简易信息聚合和美味书签收藏别人有价值的阅读内容（微博、教学反思日志、教学实践性问题解决方案等）来完成内容的掌握和资源的学习。随着时间的推移，一些教师逐步形成了自己固定的阅读链接群，并开始关注"这些有价值的内容"背后的"创造者"的存在，从此，开展有意识的交互和沟通。从此，具有相同爱好、兴趣和学术研究方向的人逐渐聚集在一起，开始积极互动，在这期间他们可以通过手机 QQ、微信等开展同步交流；也可以通过写微博或者利用手机发送邮件开展异步交流；或者利用 Wiki 进行协作共建，成员之间互相帮助并共享感兴趣的内容，建立教师学习共同体。此时，移动环境下教师学习共同体大体形成，教师在共同体内进一步交流、分享和沟通，提高共同体的凝聚力。

5.4.4　本节小结

网络信息与通信技术驱动下的时代，不断赋予兼具便捷性与多媒体数字处理功能的移动设备在促进教育与学习革命上的重要使命。移动学习以其灵活性、即时性、持续性、个性化、碎片化等优势，在促进教师专业发展、变革学习者学习方式方面发挥着越来越重要的作用。

5.5
新媒体环境下的教师在线学习

🎯 **学习目标**

1. 了解新媒体的概念、特点及影响。
2. 掌握社交媒体在教师专业发展中的应用模式及实施方法、策略。

新媒体的出现与盛行给课堂带来了教学方式、教学内容上的创新，同时也给教师自身的专业理念、专业知识和专业能力带来了挑战。信息化时代要求教师能够正确把握新媒体，利用新媒体进行移动学习、终身学习，不断提高自身专业发展能力。在新媒体环境下，教师摆脱传统教学观念的束缚，适应新型环境带来的变化，及时转变教学行为既是教育改革和发展的客观要求，又是提高课堂教学效率和质量的关键。

5.5.1　新媒体的概念、特点及影响

5.5.1.1　新媒体的概念

互联网和手机是教师常常接触的新媒体。新媒体以互联网、手机等新兴媒介为依托，逐渐改变着人们的社会交往方式以及信息的传递和传播方式，潜移默化地影响人

们的生活方式、学习方式、娱乐方式甚至是语言习惯。新媒体不仅融入人们的工作、学习和生活中，而且也深深地影响着教师教学能力和科研水平的提高。以互联网为代表的新媒体技术的日渐成熟，使教师培训模式朝着多元化方向发展，充分认识以互联网为代表的新媒体对教师教学能力的影响力，通过新媒体的运用来完善教师培训方式，努力营造具有时代特点的培训方式，满足教师的个性化需求，帮助实现培训的有效性，对于促进新时代教师的专业发展具有重大意义。

> **新媒体**
>
> 新媒体是信息通信技术在一定发展阶段所诞生的产物，是相对于报纸、杂志、广播、电视四大传统媒体而言的，是指以现代信息技术为基础，以信息网络、无线通信网、卫星等作为平台，以有线和无线作为传送方式的一对一、一对多、多对多的传播媒体形态。

5.5.1.2 新媒体的特点

随着新技术的迅速发展，新媒体的出现如同风起云涌，从最初的互联网媒体到今日的手机媒体、数字电视和 IPTV，一时间全世界都为新媒体而疯狂。新媒体的特点可以概括为以下几点。

1. 开放性与平等性

当一个普通人理论上可以随时随地通过互联网、手机网络等渠道，向全世界非特定的多数人发布信息，或者向某个特定的人发布符合对方需求的特定信息，甚至成为传统媒体的重要信息来源的时候，这就使个人或小群体随时有可能突破传统媒体的话语壁垒，表达自己的参与权、话语权，进行大众传播，这使受众在传播中的地位大大增强，主动性大大提高。现代互联网技术的进步，使人们已经打破了时间、空间的限制，进而完成了对国界的超越，形成了一个广阔的信息空间场域。

2. 双向性与互动性

新媒体具有充分的互动性。传统媒体的交互性弱，相对于受众媒体地位更强大，它决定着受众"选择什么信息"，受众的反馈往往是弱的、无力的。新媒体交互性极强，独特的网络介质和技术手段使信息传播者与接受者的关系走向平等，受众不再轻易受媒体左右，可以通过同媒体以及其他受众的互动发出更多的声音，进而影响信息传播者。

3. 即时性和便捷性

新媒体时代的信息传播中，传统的受众由简单的知识的单向接受者转变为知识与信息的创造者，这种角色转变的意义是巨大的。此外，新媒体由于传播形式的多样化，不但让受众"随时"可以获取所需要的信息，还可以让受众"随地"凭借手机、UMPC、户外显示屏等多种信息终端，不管是在机场还是在高速公路或者身处写字楼里都能够获取各种资讯。

4. 选择性和强迫性

选择性和强迫性是新媒体传播的两个本质特征。由于技术的局限，以往所有的媒体几乎都是大众化的，而新媒体却可以做到面向更加细分的受众，可以面向具体的个人。一张报纸无法通过信息区分读者，更无法做到某一个版面的广告只给某些特定的读者阅读。而新媒体却可以做到：互联网浏览可以设置权限，手机可以区分手机号码归属地，也就是说，每个新媒体受众最终接收到的信息内容组合可以是完全不同的，个人可以通过新媒体定制他需要的新闻。这与传统媒体受众只能被动地进行"无差别阅读"有很大不同。

5.5.1.3　新媒体的影响

1. 新媒体对课堂教学的影响

与传统的教学相比，新媒体不仅是教学手段的改变，还包括教学模式和教学理念的改变。仅仅改变教学手段并不能提高教学效果，也不能实现推动教学信息化的初衷。推进新媒体下教学改革不仅要实现新媒体教学方式，还要改革传统教学模式和培养创新人才。从传统教学方式到新媒体教学方式，教师的教学发生了较大的改变：从课堂教学到实施课堂与活动并存的教学，从教内容到教方法，教学设计重点由教学内容转移为教学过程，教学设计成果从教案变为教学过程单元包。因此，如果教师依然沿用原有的教学方式，利用原来的模式进行教学活动，那么新媒体教学的优势必然无法显现。

2. 新媒体对教师教学能力发展的影响

教育教学改革的重点之一是如何提高教师的专业技能，它关系到教育效能和学生的学习质量，以及学生的可持续发展问题，甚至整个教育行业的发展。教师的教学能力融于整体教育过程中，是教师专业能力中最主要的能力素质，主要表现为教师能否通过教学活动优质高效地训练和提高学生的素养。新媒体技术的日新月异使传统的课堂教学模式受到了挑战，"终身教育""远程教育""网络教学""交互式学习"等已对教师所从事的事业发起了挑战。由于新媒体在操作和使用上的简单快捷，技术要求较低，受到广大中小学教师的青睐。新媒体的应用不仅局限于人们的交流、娱乐，还可以帮助教师在新媒体上共享教学成果，提高教学技能。新媒体技术对教师的课前准备、课堂实施、课后反思、教学研究等能力都有一定的影响。

新媒体辅助教学是现代教学与现代教育技术、信息技术有效整合的具体实现，是将教育技术的主要功能和多媒体网络教学的主要配置系统集中于教学一体，在教学过程中教师可根据不同的课程要求和内容，灵活地用相关的媒体进行教学，把大量的知识、信息，科学、快速、有效地传递给学生，为学生提供多元化、立体感的信息，充分调动学生视觉、听觉、触觉等感官综合、协调作用，增强学习效果，让学生从形象生动的直观出发达到丰富的感性认识，最终形成规律、定律等心理定势。

新媒体的出现，改变了传统的教师与教师之间的关系。教师之间不仅要相互分享经验教训，从同行的总结中学习并反思自己，同时还要积极地对同行提出建设性的意见，促进共同发展。新媒体有效地打破了教师职业原本封闭的隔绝局面，实现了同质团队和异质团队之间的交流与合作，出现了许多以反思为主题的由一线教师承担的各级各类研究课题，大大促进了反思性教学的实践运用和理论发展。

此外，新媒体在校本研修、网络教研、学科共同体联动等方面发挥了得天独厚的作用。一方面为广大一线教师提供了各种共享资料，丰富了教师的资料源；另一方面为教师提供了即时交流的平台，可以围绕教材教法、学案设置、学程安排、作业批改、文本解读等方面的或对话，或请教，或商榷，或质疑，或争辩，甚或"炮轰"，可以不留情面地畅所欲言，真正达到"百花齐放，百家争鸣"，在比较中知优劣，在论争中明是非，在碰撞中长智慧，在坚持中共成长，在合作中求发展。

5.5.2 社交媒体在教师专业发展中的应用

5.5.2.1 基于微信公众平台的教师混合式培训

微信用户可以和好友通过微信进行更加丰富的免费交流活动，微信公众平台作为网络资源的传播媒介，具有良好的用户体验和广泛的用户群体，为移动学习者提供了丰富的学习知识和交流方法。

1. 模式构建

顾文玲等学者尝试挖掘微信公众平台的教育功能，以秀米和金数据为辅助工具，构建基于微信的混合教学设计模式，如图 5-15 所示。金数据是一款免费的表单设计和数据收集工具，可用来设计表单、制作在线问卷调查、组织聚会、询问意见、整理团队数据资料、获得产品反馈等。秀米是微信图文排版和 H5 场景制作平台，提供了丰富多彩的设计模板以及便利的操作体验，并能快速制作出如报纸杂志般精美的排版，利用秀米编辑教学内容并推送到相应微信公众平台上，作为教学资源开展教学。

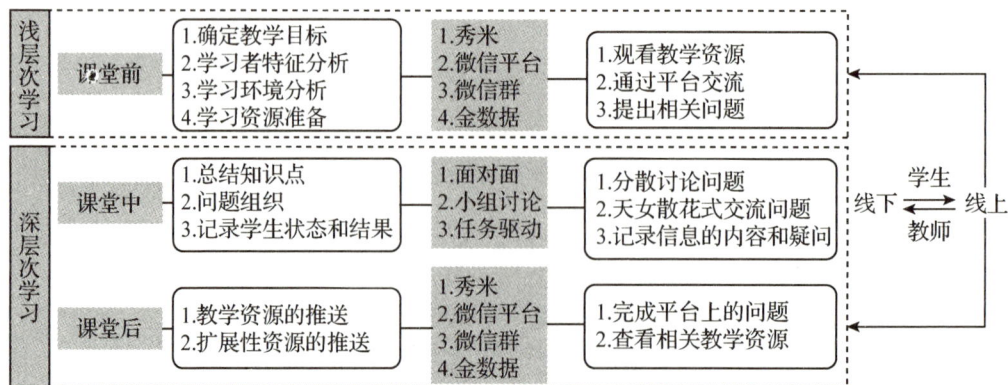

图 5-15 基于微信的教师混合式教学模式

2. 应用实施

研究者以宁波市中小学高级语文教师培训为依托，开展了为期 5 天的基于微信的教师混合教学模式的实践应用，具体的实施过程如下。

(1)混合教学实施前的准备

培训内容主要是新媒体在教学中的应用，首先在线上的教学准备过程中，教师需要先注册微信公众平台，建立微信群，便于线上交流学习。根据布鲁姆教学目标的分类，认知程度由易到难依次为知道、理解、应用、分析、综合、评价，对基础性理论知识和引导性教学资源，教师通过微信公众平台进行推送，使学生达到"知道"与"理解"的程度。

(2)混合教学的实施

在课堂上，学生学习新知识，微信群可以作为课后的交流平台。教师可以利用零碎的时间进行课程的制作和发布，学生也可以在课余时间里与教师交流。这种教学模式将学生从传统教学模式下解脱出来，真正实现碎片化学习。同时，学生可以根据自己的情况选择合适的学习内容，从而提高学习效率。

①培训前：对长期处于传统教学模式下的高级语文教师的教学情况进行调查。高级语文教师基本都年近中旬，长期从事语文教学工作，但被问到是否接触过"线上＋线下"教学模式，大部分表示并不了解。本次培训旨在培养高级语文教师通过新媒体实施课堂教学活动、辅助语文课堂教学开展的能力。在课前，研究者利用秀米制作"新媒体在教学中的相关案例"，并发布在课程微信平台中，让教师查看了解。

②培训中：整个教学过程中，教师处于引导的角色，首先告诉他们"课程培训目标及内容"——如何利用新媒体发布教学资源，并与语文课堂教学内容进行融合。上课时，教师通过秀米进行点名，查看学生到课情况。教师注重讲解本次课程的教学重点和难点，引导学生更好地构建知识体系。教学过程中，教师可以通过金数据实时发送网上问卷，用于了解学生掌握情况，并做出相应调整。后期的小组讨论式学习，能够激发学生思维，促进学生思考能力，让学员不再束缚于标准答案的禁锢。最后教师在讨论结束后给予适当的总结和建议。

③培训后：教师将课程中学生遇到的问题和解决方案进行汇总，将其上传到微信公众平台上，学生可以实时查阅，便于学生复习教学内容。教师可以推送下次课程相关知识点，让学生有目的地预习，还可以通过群聊方式，对当天某小组或者某同学的优秀表现提出表扬，给予"点赞"的奖励，从而提高学生学习的自信心。

5.5.2.2　基于 QQ 群的教师远程研修共同体

QQ 是一款网络聊天交互软件，交互功能强大，包括进行文字、语音、视频等多种形式的同步与异步交互。以 QQ 网络平台为媒介，由教师构成的教师学习共同体，打破了一线教师交流欠缺的现状，增强了教师间的交流与合作，形成团队文化，使教师从线性发展转向域性发展，从而使教师个体与教师团体一起成长。

1. 模式构建

刘志家依据个体和共同体共同发展、知识共享、多途径参与、成员平等的原则，参照已有相关研究成果，结合教师远程研修共同体及 QQ 群的特点，构建了基于 QQ 群的教师远程研修共同体，如图 5-16 所示。

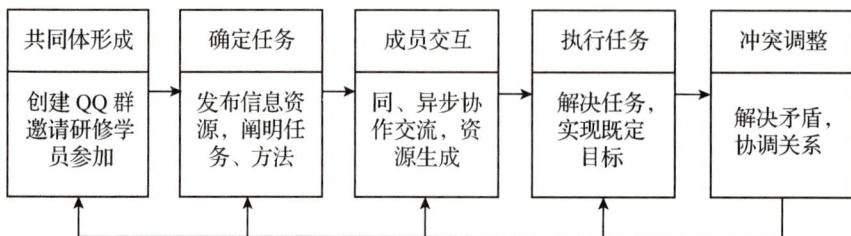

图 5-16　基于 QQ 群的教师远程研修共同体构建过程

2. 应用实施

①共同体形成，就是组织者创建一个 QQ 群，邀请研修学员加入该群。明确研修者角色，分析他们各自在共同体中的作用，并提出明确要求，如参加者是否以真实姓名出现、个人信息的完善程度、应该遵守的共同规范等。

②确定任务、目标。组织者要根据研修平台确定的任务、目标，设置好共同体的任务，提出合理的目标，只有让研修学员在解决研修任务的交往中，不断增加认知，实现自我提高，达到研修目标，才能让他们体会到共同体的共享、互惠、信任和归属的作用。

③成员交往。最初，成员之间彼此不熟，交互意识不强，交流互动只是一种边缘性的参与。随着研修活动的展开，问题逐渐增多，研修学员与引领者之间的联系逐渐频繁、加深，共同体的凝聚力增强。他们之间的交往可能是同步的，也可能是异步的。

④执行任务。在研修学员共同愿景和任务的驱动下，积极开展交流、协作、共享。共同探索问题的解决方法，努力完成研修任务，达到研修目标。

⑤冲突调整。在研修过程中，研修学员与引领者之间，难免会产生观点不一、心理不适应等各种矛盾，这都会削弱共同体的凝聚力。这时组织者就需要通过一些策略来调整冲突，使问题逐步得以解决，这样共同体才会进一步发展。

5.5.3　本节小结

新媒体技术突破了传统媒体在传播形式和资源获取上的局限性，具有很强的平等性与交互性，信息传递方便、快捷，打破了传统媒体在传播时间、空间上的限制，为教师专业发展提供了新思路。随着新媒体技术的发展，新媒体环境为教师专业发展提供了新的途径与条件，逐渐成为教师学习模式的有益补充。

本章小结

　　随着当下教育教学信息化的逐步发展，以信息技术为基础的在线学习、混合式学习在教师专业发展中的应用越来越广泛。教育部《关于实施全国中小学教师信息技术应用能力提升工程 2.0 的意见》中指出，目前教师应用信息技术改进教育教学的意识和能力普遍提高，但存在信息化教学创新能力不足、乡村教师应用能力薄弱等问题，同时新技术变革对教师信息素养提出了新要求。为推动教师主动适应信息化变革，教师需进行在线学习、混合式学习，提高在线专业发展能力。同时，移动学习、新媒体的出现与盛行给课堂带来了教学方式、教学内容上的创新，也对教师自身的专业理念、专业知识和专业能力带来了挑战。信息化时代为教师的专业发展提供了多种多样的途径，如何较好地利用这些方法，使之为自己的专业发展服务是每一位教师都应该思考的问题。

总结>

Aa **关键术语**

教师在线专业发展
Online Teacher
Professional Development

大规模开放在线课程
Massive Open
Online Course

移动学习
Mobile Learning

新媒体
New Media

章节链接

　　"第一节教师在线学习与混合式学习概述"，请参阅"第二章第三节在线学习与混合学习"。

　　"第五节新媒体环境下的教师在线学习"，可参阅"第六章交流与协作第四节群体知识图谱建构"。

应用>

批判性思考

　　在线学习、混合式学习、MOOC、知识地图、移动学习、新媒体在教师专业发展中的应用模式分别有什么特点？它们分别适用于什么情境下的教师培训？

✎ 体验练习

1. 判断题：教师在线学习是指教师学会使用数字化学习工具的过程。
2. 简答题：教师移动学习有哪些特征？
3. 简答题：与传统的教师培训相比，MOOC 具有哪些特征？
4. 简答题：简答知识地图的功能。

拓展＞

☕ 补充读物

《数字时代的教师学习》黄荣怀著 科学出版社

本书探讨了在线和混合式教师职业发展的示范模型，详细说明了已广泛出现的创新项目，收录了丰富的案例资源，为设计人员、研究人员和教育工作者提供了至关重要的经验和简介，帮助他们去探索行之有效的方法来充分利用科技辅助正式或非正式的教师学习。

本书案例丰富，通俗易懂，可借鉴性和可操作性强，适合读者在学习混合式学习相关章节时进一步参阅。

《混合式学习的理论与实践》黄荣怀著 高等教育出版社

本书按照观念篇、设计篇和实施篇详细介绍了混合式学习的理论与实践的内容。观念篇主要介绍混合式学习教学策略的特点、混合式学习教学过程的四个关键环节、教师的角色转变和新的能力结构、虚拟学习环境及其在混合式学习中的作用。设计篇主要介绍在开展混合式学习之前的准备工作。实施篇主要介绍混合式学习教学中四个关键环节的具体实施。每个环节都围绕"为什么这样做"和"如何做"这两个核心问题来展开，并配有相应的案例。在学习混合式学习相关章节时，读者可进一步阅读《混合式学习的理论与实践》一书。

《教育展望169：移动学习支持下的教师培训与课程开发》联合国教科文组织国际教育局　华东师范大学出版社

本刊由联合国教科文组织国际教育局主编，围绕"移动学习支持下的教师培训与课程开发"这个主题具体展开，介绍了移动技术促进教师专业发展比较关键的因素，以及如何探索移动学习在教师教育中的潜力，为移动世界培养教师等内容。此外，本刊还提供了具体的案例，如"数字时代的后识字教育""在探究性学习中整合技术与教学：斯坦福移动探究性学习环境项目"等。在学习移动学习相关章节时，读者可进一步阅读《教育展望169：移动学习支持下的教师培训与课程开发》一书。

第 6 章

交流与协作

本章概要

　　在知识社会中，接受教育的机会不等于学习的实际发生，学习者的讨论和协作是学习的关键，学习者通过交流和协作来理解和解决现实世界问题，才有可能实现更好的学习。在教师专业发展的大背景下，充分发挥信息化环境的优势，借助互联网的支持，推动教师交流和协作的发展，已成为教师培训领域中的一种趋势。教师在知识、思想、文化等方面的互相启发与协同，是促进教师专业发展的前提和基础。本章从交流与协作的视角出发，结合教师专业发展的背景，分别介绍了协同知识建构、同伴互助、学习共同体、群体知识图谱在教师培训中的应用，以帮助教师在培训中更好地交流、分享、协作，从而达到知识的深层学习。

🔍 结构图

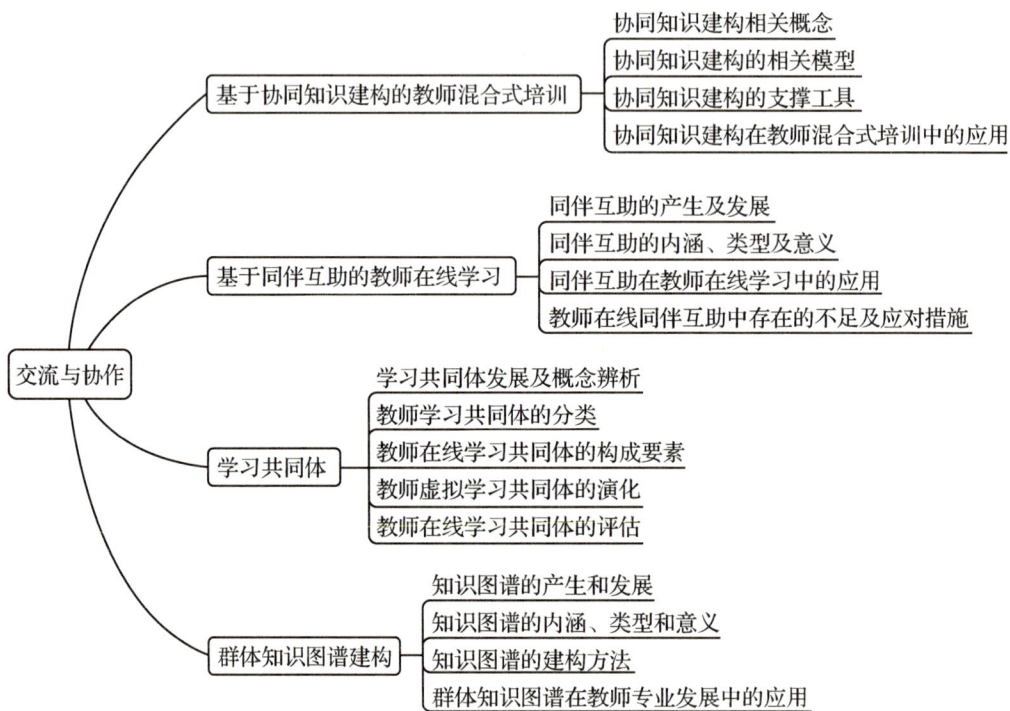

学习
目标

　　1. 学习掌握协同知识建构、同伴互助、学习共同体、群体知识图谱的相关概念、典型的模型以及支撑工具等。

　　2. 了解协同知识建构、同伴互助、学习共同体以及群体知识图谱分别在教师在线培训中的应用。

　　3. 能够将本章所学内容和教师培训中存在的问题结合起来，明确今后教师培训的发展方向。

读前
反思

　　在教师在线培训中，应借助哪些策略、工具及方法等以促进教师进行有效的交流与协作？

6.1
基于协同知识建构的教师混合式培训

◎ 学习目标

1. 学习掌握协同知识建构的相关概念、典型的模型等。
2. 了解协同知识建构在教师在线学习中的基本应用。

目前，越来越多的工作都是在特定的群体环境中由群体成员互相协作、共同完成的。学习正在从关注知识传递向关注知识建构活动以及知识共建共享转变。随着情境认知理论、分布式认知理论，以及社会建构主义理论在教育领域的深入发展，"学习是知识建构"已经成了 CSCL、学习科学、教育技术等领域中新兴的研究理念，而协同知识建构作为协作学习中的重要理论，更是成了其中的热点问题。此外，在网络学习领域已经形成了如何看待学习的共同观点，即学习是一个协作知识建构的社会过程。教师教育也正在经历从面对面集中培训到远程在线培训，再到以协同建构为核心的在线课程的转型。

6.1.1 协同知识建构相关概念

6.1.1.1 协同知识建构的概念及特征

目前，协作学习得到了广泛的应用，协同知识建构作为协作学习中的重要理论也备受关注。然而，有关协同知识建构的定义众说纷纭，学术界从不同角度对协同知识建构进行了解释和阐述。国外研究者提出，协同知识建构是一个创建、分享个体知识经验，并且不断修改、调整公共知识的过程，在这个过程中，学习者创建共同愿景，协商讨论，共享理解，形成共识，创人造物。还有的研究者认为协同知识建构就是参与者

> **知识建构**
>
> 知识建构是一个创建、共享个体知识，通过创建公共认知目标、以小组协同讨论、协商互动的方式获得公共知识的过程，在不断修正公共知识的认知过程中，实现创建高级"集体智慧"。

通过社会互动共同建构知识的社会化过程。谢幼如提出协同知识建构是学习者个人在特定的群体中相互交流协商、一起参加某种活动，最后形成某种想法、观点、方法等

智慧产品的过程。[①] 赵建华将协同知识建构定义为学习者个人在特定群体中相互协作，共同参与有目的的活动，如知识学习、问题讨论等，最终形成某种思想、观点或者理论等智慧产品。[②] 赵海霞结合信息技术，对 Web 环境下的协同知识建构做出定义，指出 Web 环境下的协同知识建构是指通过信息技术手段为学习者提供丰富的学习资源和认知工具，并强调学习活动的设计应当与情境和学科特点融合。[③]

虽然各研究者对协同知识建构的界定不尽相同，但也可体现出协同知识建构的主要特征：①协同知识建构注重群体和个人的双重知识建构；②协同知识建构强调学习者的交互协作，共同参与活动；③协同知识建构最终要形成某种智慧产品。总之，协同知识建构需要借助一定的信息技术手段，相互交流，共同建构，经过"产生冲突—解释与澄清—冲突解决"的过程，最终生成集体智慧产品。

6.1.1.2 协同知识建构用于教师混合式培训的优势

1. 促进群体知识和个体知识的双重增长

在协同知识建构的整个过程中，知识建构共同体不仅实现了集体知识的建构，学习者个人也发展了对知识的深入理解和探究技能。因此，知识建构环境直接制约着学习者个体与群体知识的共同发展。金慧、张建伟等以对知识建构的过程性分析为着眼点对学习者的在线讨论记录和知识建构进行了内容分析，重点考查学生在集体知识建构中的参与方式与学生个体知识增长的关系。在为期三个月的有效的协同知识建构活动之后发现，学习者自身知识深度和广度均有所增长，整个群体知识的质量也得到了良好的提升，这说明良好的协同知识建构环境可以促进个体与集体学习的相互进步、相互提升。[④]

2. 促进隐性知识向显性知识的转化

隐性知识是在技能和经验中获得的，难以用语言进行描述，通常只能通过演示来表达。教师通过日常的学习和经验积累，积累了大量的隐性知识，但是这些隐性知识却未能显性化呈现出来，也就是教师自己都不知道自己掌握了什么。协同知识建构的过程可以将教师的隐性知识向显性知识的方向转化，在一定程度上对实践有着良好的指导作用。王陆设计了教师远程学习圈，采用教师协同知识建构的方法，支持教师将教学行为中的隐性知识显性化，有助于教师实践性知识的发展与传播。[⑤] 诸立尚的研究证明了在教师实践社区中，良好的协同知识建构活动能够促进教师大量的隐性知识向

① 谢幼如、宋乃庆、刘鸣：《基于问题的网络课堂协作知识建构模式》，《电化教育研究》，2010(1)。
② 赵建华：《知识建构的原理与方法》，载《电化教育研究》，2007(5)。
③ 赵海霞：《WEB 环境下的协作知识建构》，载《现代教育技术》，2012(11)。
④ 金慧、张建伟、孙燕青：《基于网络的知识建构共同体：对集体知识发展与个体知识增长的互进关系的考察》，载《中国电化教育》，2014(4)。
⑤ 王陆、张敏霞：《一种改进的基于教师凝聚子群的远程合作学习圈方法》，载《电化教育研究》，2011(4)。

显性知识转化并通过实践性知识呈现，在短时间内将教师的实践性知识推广，这有利于教师教育教学实践的优化与创新。[①]

3. 促进理论知识向实践能力的转化

教师在学习、培训中获得的理论知识，并不一定能够真正用于实践当中，理论对教师的实践起的只是一个引导作用。在教师协同知识建构的过程中，教师通过相互交流、探讨、经验分享，能够使理论知识与实践建立起联结，促使教师在实践当中去运用知识，从而对教学产生实际意义。有研究者通过对教师在论坛上的对话进行编码分析教师是如何在理论和实践之间建立联结的，结果表明教师在线进行讨论、反思、想法分享等协同活动，能够促进理论知识向能力的转化。

6.1.2 协同知识建构的相关模型

目前已经有很多研究者对协作学习中的知识建构过程进行了系统化、简约化和抽象化的描述，形成了很多知识建构模型。

6.1.2.1 Gunawardena 交互知识构建模型

Gunawardena 交互知识建构模型从认知水平、社会性、元认知技能、参与性、交互性五个层面分析阐述了在线讨论小组中学习者能够达到的参与程度与认知水平，并反映了知识建构的完整过程。交互知识建构模型将协同知识建构过程分为五个阶段：对信息观点的分享阶段；对问题的深化认识阶段；进行知识的群体建构阶段；对新建构的观点进行检验和修改的阶段；对新建构的知识进行应用的阶段。并且，该模型针对每个阶段给出了详细的解释，如表 6-1 所示。该模型得到了国内外许多研究学者的运用，具有良好的信效度，成为知识建构水平的主要依据。

表 6-1 Gunawardena 交互知识构建模型[②]

阶段	具体描述	编码
第一阶段：学习者相互分享各种信息、观点，针对讨论的主题进行描述	对某个观察结果或者某个观点进行描述	PH1/A
	对其他参与者的观点表示认同的描述	PH1/B
	证实其他学习者所提供的例子	PH1/C

---

① 诸立尚、张敏霞：《知识管理视角下基于网络的教师专业学习研究：第五届全国基于网络的教师实践社区 COP 学术研讨会综述》，载《中国电化教育》，2014(12)。

② Gunawardena N. Charlotte，ConstanceA. Lowe，Terry Anderson，"Terry. Analysis of a Global Online Debate and the Development of an Interaction Analysis Model for Examining Social Construction of Knowledge in Computer Conferencing,"*Journal of Educational Computing Research*，1997(4)，pp. 261-269.

阶段	具体描述	编码
	相互询问、回答以澄清描述的问题	PH1/D
	详细说明、描述、确定一个问题	PH1/E
第二阶段：学习者发现和分析在各种思想或者描述中不一致的地方，深化对问题的认识	确定并描述不一致的地方	PH2/A
	询问、回答问题以澄清不一致的地方与差异程度	PH2/B
	重申学习者立场，并利用学习者经验、文献、收集到的正式数据或者相关的隐喻建议或者类比来进一步阐述，支持其观点	PH2/C
	提出替代性假设	PH2/D
第三阶段：学习者通过意义协商，进行知识的群体建构	协商或者澄清术语的意义	PH3/A
	协商各种观点并分辨其重要性	PH3/B
	鉴别相互冲突的概念间存在的共同之处	PH3/C
	提出并协商体现妥协、共同建构的新描述	PH3/D
	整合包含隐喻或者类比的建议	PH3/E
第四阶段：学习者对新建构的观点进行检验和修改		PH4
第五阶段：学习者意见达成一致，应用新建构的知识		PH5

6.1.2.2 Stahl 知识建构模型

在社会认知论的基础上，Stahl 知识建构模型从个体和群体两个角度出发，通过个人知识建构和社会知识建构两个循环，呈现了协同知识建构的过程，如图 6-1 所示。在个人知识建构的循环中，个人对知识首先是潜在理解的状态，通过形成问题产生个人信念，以达到个体对知识的理解。在社会知识建构循环当中，个体通过话语来公开表述自己对问题的个人信念，其他人表达自己的观点，参与讨论，这个时候通过辩论和推理达到意义澄清的效果，进而完成对知识的理解与共享。在共享理解基础上，交流自己的观点，形成协作知识，将协作知识外化（形式化、目标化），最后形成智慧产品，在实践活动中的运用又将促进个人理解，形成个体和群体知识建构的双循环。

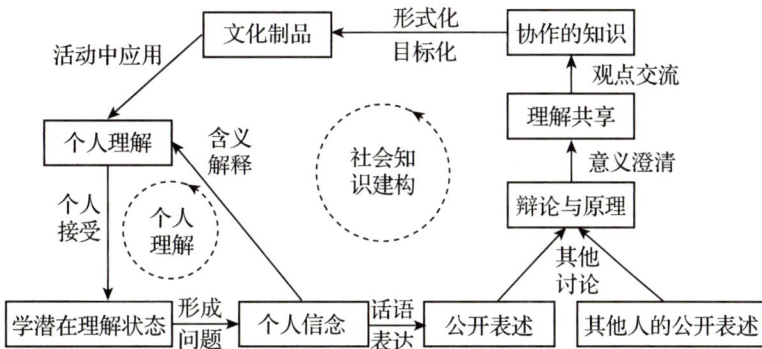

图 6-1　**Stahl** 的知识建构模型

6.1.2.3　野中郁次郎知识转换模型（SECI）

SECI 模型认为显性知识与隐性知识的相互转化可以促进个体知识与群体知识的螺旋上升，并提出了知识转换的四种模式（图 6-2）：知识的社会化、知识的外化、知识的组合化、知识的内化。知识的社会化是个体相互之间通过模仿、观察、体验和实践等方法，使个体之间的隐性知识得到共享，每个个体的隐性知识获得增长；知识的外化是使隐性知识表述更加清晰，通过隐性知识向显性知识转化，转化为更加易于理解的形式；知识的组合化是个体将外显的显性知识通过收集、整理、归纳、总结等方法形成系统化的新型显性知识，这一环节可以通过创建知识库、知识可视化工具来实现整合；知识的内化是学习者在学到新的知识后，通过将显性知识运用到具体实践当中，使显性知识向隐性知识转化，产生新的隐性知识，学习者个体的隐性知识得到拓展，本质上是理论运用到实践的过程。

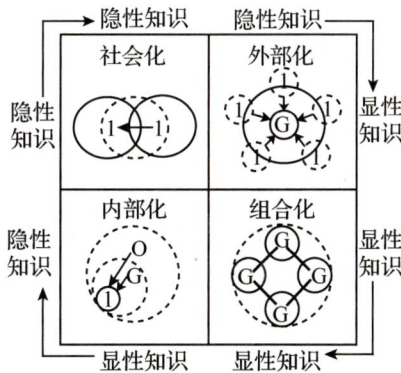

注：I—Individual（个人）；G—Group（群体）；O—Organization（组织）

图 6-2　**SECI** 知识转换模型

6.1.2.4 "共享—论证—协商—创作—反思"过程模型

参考 Fisher 等人提出的四阶段模型、Hansen 等人提出的六阶段模型以及 Gerry Stahl 提出的十一阶段模型,谢幼如提出协作知识建构的"共享—论证—协商—创作—反思"五个环节。共享:学习者通过陈述个人观点达到知识共享的目的。这些观点包括对讨论主题的描述、提出问题、个人看法等。论证:学习者通过比较信息,分析观点之间的差异和矛盾,识别有争论之处,提出并回答问题,从而对观点进行论证。同时,学习者可以进一步阐述自己原有的观点,在讨论中纠正、完善个人观点。协商:学习者在论证基础上进行协商,形成更为完善的小组观点,也就是协作知识。创作:学习者在协作知识的基础上选取适当的形式把知识表现出来,创作作品。反思:教师和学生对协作知识建构过程和结果进行反思,发现存在的问题并及时加以纠正。完整的协作知识建构过程就是这五个环节螺旋上升的过程。[①]

6.1.3 协同知识建构的支撑工具

技术支撑环境能给知识建构带来极大的便利,支撑工具不仅能帮助克服一些实践上的困难,如"观点的可视化";同时,技术会影响个人行为和认知,如"帮助养成协同认知责任"。下面介绍两种协同知识建构的支撑工具。

6.1.3.1 知识论坛(Knowledge Forum)

以知识建构理论为指导,加拿大多伦多大学教育研究院应用认知科学中心的研究小组与 CSILE 计算机专家、一线教师和学生共同合作,花了十多年的时间研发了一个促进知识建构的有效网络学习平台:知识论坛。知识论坛具备促进知识建构的各种功能(图 6-3),如支持和促进学生个人或小组对某一核心问题或概念讨论的支架;提供图像界面显示协作认知图;查阅他人观点或者理论的功能,不仅可以清楚标识该发帖人参考了哪些人的意见,而且会自动提供参考资料的来源;还提供了对讨论笔记进行量化统计的工具,供讨论的学生或者教师了解个人的参与度,等等。[②]

知识论坛的设计处处体现以观点为中心的思想。学生可以把自己的观点以记录的形式发表在知识论坛中,通过反复修改、记录、完善自己的观点,每次修订都会被保存在后台数据库中。知识论坛还支持记录之间的相互引用,允许学生在别人观点的基

① 谢幼如、宋乃庆、刘鸣:《基于网络的协作知识建构及其共同体的分析研究》,《电化教育研究》,2008(4)。

② 赵珂:《"知识论坛"及其在香港中小学教育中的应用和推广》,载《外国中小学教育》,2007(11)。

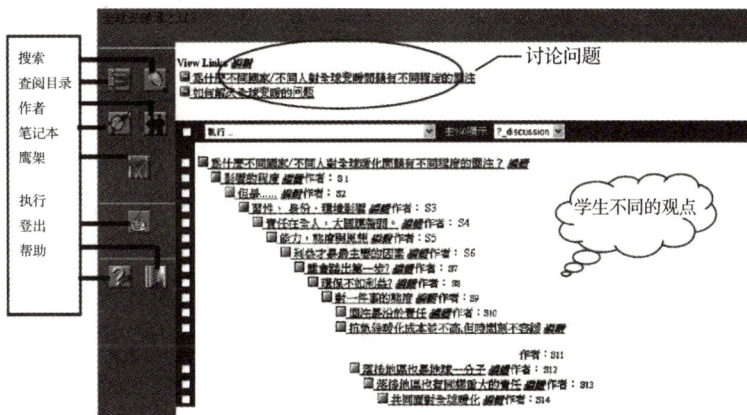

图 6-3　知识论坛页面

础上增建新的观点。知识论坛把记录通过可视化的方式在视窗中呈现出来，学生可以自由拖动记录的位置，按自己的方式组织视图，这也为多样性观点的形成创造了条件。在多元观点的基础上，知识论坛还提供了"升华"功能，即在多个观点的基础上总结提炼出更综合、更统筹的观点。知识社区提供"合著"功能，多个作者可以一起写同一条记录，支持社区知识、民主化的知识和对等的知识发展。知识社区还支持以图片、绘图、视频等为载体的多媒体交互。通过整合语义分析技术，也可为学生提供权威性知识的推荐，帮助学生改进观点。[1]

6.1.3.2　学习元平台

学习元知识图谱依托的是北京师范大学现代教育技术研究所自主研发设计的网络互动平台学习元平台。[2] 学习元具有可重用特征，能够支持学习者学习过程的信息记录，适合开展泛在学习和非正式学习，便于学习者（用户）群体知识建构及工具共享。学习元平台主要包括了六大模块，分别为学习元、知识群、知识云、个人空间、学习社区、学习工具。该平台支持各种教学资源的上传、分享和个性化推荐，能实现小组讨论、投票、作品分享等学习活动的设计。

学习元协同编辑功能能够让参与协作的不同主体对同一篇方案进行协同编辑（对方案内容进行群体修订）、评论（对方案整体进行评论和打分）和微批注（针对方案的某个部分提供支持、批判、提问、解释、补充批注）；每次对方案的协同编辑都会保留相应

---

① 张义兵、陈伯栋、Marlene Scardamalia 等：《从浅层建构走向深层建构：知识建构理论的发展及其在中国的应用分析》，载《电化教育研究》，2012(9)。

② 余胜泉、杨现民、程罡：《泛在学习环境中的学习资源设计与共享："学习元"的理念与结构》，载《开放教育研究》，2009(1)。

版本，两份方案版本差异的部分还可以直接以修订方式进行对比呈现，进而有助于教师反思其教学设计的演化过程。

学习元知识图谱作为内嵌于学习元模块的一个工具，它具有以下特色（图 6-4）：①支持用户主动建构知识图谱，用户可以手动添加任意知识点，形成知识网络；②支持用户协作添加知识点，通过讨论、协商、论证、修改，形成一个集体认可的知识图谱；③支持知识点所链接的资源的建构，用户不仅形成一个知识点体系，还能建设面向应用的知识资源；④学习社区的功能让用户处于一个共同体当中，能够对所建构的资源进行交流与学习。

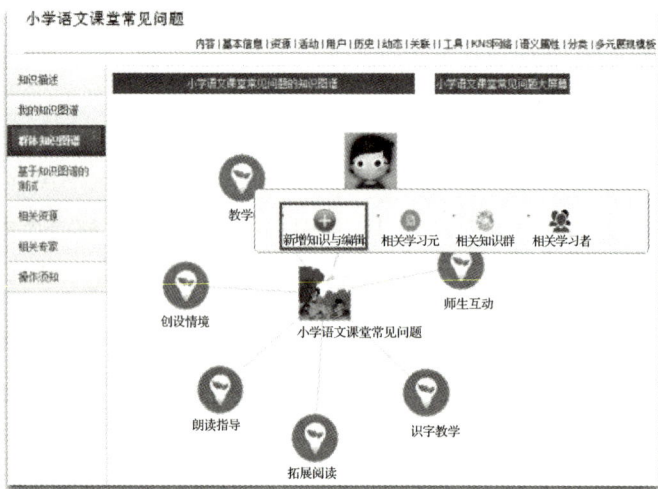

图 6-4　学习元知识图谱界面图

6.1.4　协同知识建构在教师混合式培训中的应用

协同知识建构是学习者主动建构知识的过程，在建构和探究的过程中协商、评价、反思、应用，从而构建更优的知识。将协同知识建构运用到教师混合式培训当中，有利于教师个体知识与群体知识的共同增长，能够促进隐性知识向显性知识转化，使理论知识更好地应用于实践。

6.1.4.1　以协同知识建构为核心的教师混合式研训

1. 模型建构

马宁等借鉴 Stahl 知识建构模型，结合教师实践性知识发展的特点，以 Web 2.0 技术和理念为支持，以面向过程、任务驱动为导向，建构了以协同知识建构为核心的教师混合式研训模型，如图 6-5 所示。

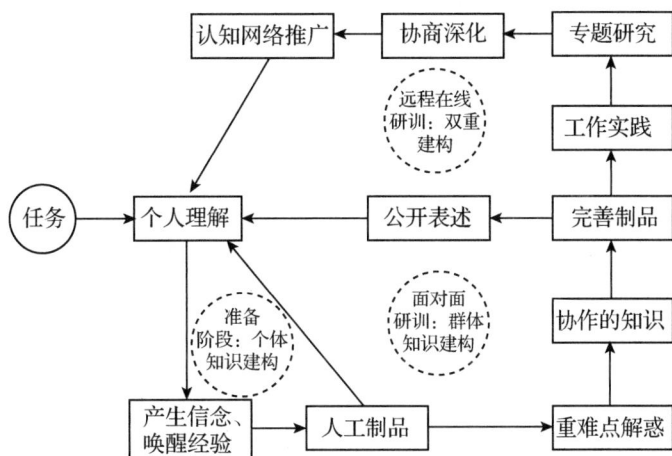

图 6-5　以协同知识建构为核心的教师混合式研训模型①

该研训模型包括准备、面对面研训和远程在线研训三个阶段。

①准备阶段：该阶段主要是以经验唤醒、产生信念为主的个体知识建构。学习者在明确了研训目标、任务与安排的基础上，初步理解与建构研训的形式及结果，产生研训的信念，并根据相关信息唤醒自身已有的实践经验，同时按照研训要求完成一份与研训紧密相关的人工制品。

②面对面研训阶段：该阶段是以讨论、协商为主的群体知识建构。学习者通过聆听专家讲座、有针对性地深化学习内容，吸收新知识，解决疑难点与困惑，从而进行个体知识的建构。在此基础上，学习者还可以在协作学习平台上分享准备阶段的人工制品，可以在组内讨论、修改各自的人工制品，在群组内以及整个研训共同体内分享各自的实践经验与智慧，甚至在班级内公开表述本组的优秀成果与观点。

③远程在线研训阶段：该阶段是以实践创作、应用、反思为主的双重建构。学习者通过在实践领域中应用自己的人工制品，并在实践场所中不断反思、与同行交流，在个体知识与群体知识的双重建构、螺旋上升中不断提升自己的知识与能力。

这三个阶段相互独立又彼此联系，均以任务驱动为导向，强调在不同阶段中以"人工制品"为核心的创作、协商、会话、应用与反思。

2. 实践应用

基于以协同知识建构为核心的教师混合式研训模型，马宁等以学习元平台为依托，从 2014 年到 2017 年已连续开展了基础教育跨越式发展项目全国骨干教师研训。马宁等以 2014 年 1 月至 6 月的第一期英语骨干教师研训为例对研训过程进行详细阐述。整

---

①　马宁、吴焕庆、崔京菁：《以协同知识建构为核心的教师混合式研训模型研究》，载《教师教育研究》，2017(3)。

个研训过程包括计划与准备、面对面研训、远程在线研训和面对面分享四个阶段，具体各个阶段中培训者的活动和参训学员的活动，如图 6-6 所示。

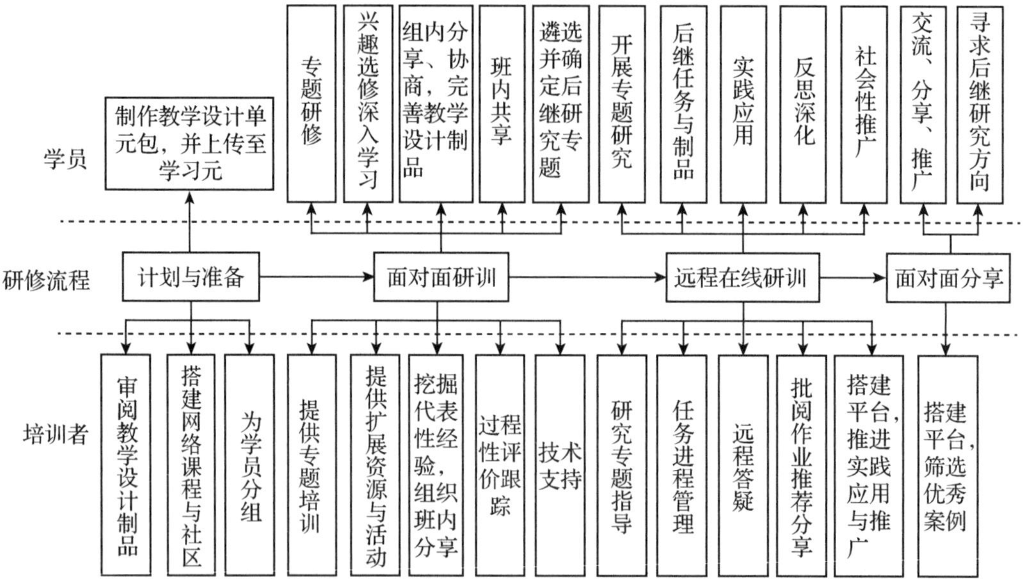

图 6-6　以协同知识建构为核心的混合式研训流程图

计划和准备阶段：该阶段历时一个多月，核心任务有三项。①设计与开发研训课程，搭建学习平台与社区。马宁等根据教师的学习需求与特点，以任务驱动为核心，以教学设计制品的制作、分享、协商、应用、推广为主线，有机衔接九大研训主题，构建课程结构。同时，在学习元平台上搭建在线社区，支持学员的在线学习。②参训学员制作并提交教学设计制品。参训学员在面对面研训之前被要求任选主题与内容，提交一份教学设计单元包（包括教学设计方案、教学资源等内容）上传至学习元平台，并允许所有授课教师和参训学员访问、协同编辑。③根据参训学员的地域分布以及教学设计单元包的选题，对学员进行分组。分组时主要考虑两方面：一方面，是从地域上进行异质分组，以便在组内讨论时更好地分享不同区域的经验与特色；另一方面，是根据教学设计单元包的选题进行同质分组，以便促进组内协商的深化。

面对面研训阶段：该阶段是整个研训过程中培训者与参训学员相互了解、建立人际认知网络和学习共同体的重要阶段，共历时五天，核心内容有五项。①人际认知网络和学习共同体的建立。通过游戏、互动等多种形式促进学员间的相互了解与信任，营造轻松、平等的文化氛围。②以教学设计制品为核心，开展协同知识建构。首先要求学习者在小组内彼此分享教学设计制品，小组选取一份制品共同讨论、分析，在学习元平台上对其进行修改、完善。随后再对其他成员的制品进行分析，每位学习者需要针对他人的建议反思、完善作品。③为教师提供个性化资源支持。由于参训学员在地域、教学背景、成长历程、个人需求等方面都存在巨大差异，因此要为教师在内容和策略上提供个性化选择的空间。④丰富的认知工具与活动支持。学习元平台支持十几种在线活动与交流，包括讨论区、投票调查、提问答疑、在线交流、发布作品、六项思考帽、概念图、学习反思、练习测试、辩论、策展、SWOT 分析等。马宁等在课程的设计中将资源与活动有机结合，学习者在学习过程中可及时记录所思所想、分享经验、发布作品。⑤开展过程性评价与管理。马宁等结合过程性评价和表现性评价的相关理念在九大主题的学习元下分别建立评价方案，对学习者的学习时间、活动参与、作业完成情况等进行自动跟踪、记录、评价，并生成评价方案。

远程在线研训阶段：该阶段是参训学员将面对面研训阶段完善后的教学设计制品进行实践、反思，同时在各自的实践领域进一步探索、提炼的过程。共历时四个月，核心内容有三项。①以研究课题为驱动，开展在线研训。在面对面研训阶段，马宁等发布了六个研究主题，每个研究主题由两位北京师范大学博士生或专职教师作为导师，参训学员在面对面研训阶段可与导师见面，选好研究主题。在后续远程研训的四个月中，参训学员借助学习元平台，以研究主题为框架，在导师的引导下与相关团队成员共同开展实践研究与探索，并在学习元平台上分享经验、讨论交流、协商互动。②教学设计制品的实践、反思与创新。参训学员需要完成与面授阶段紧密结合的五项实践任务(五个一)：一个技术作品、一节公开研讨课、一次主题研讨(校本教研或区域教研)、一次现场或远程培训、一篇研究论文。学习者可以根据自己选择的研究主题完成实践任务。③更大范围的社会推广，将有助于教师与更多的人群进行共享、会话、协商，从而促进个体知识的不断反思与建构，促进教师向研究型教师不断转型与发展。

最后一个阶段就是再次的面对面交流与分享阶段。在历时半年的面对面研训与远程在线研训后，将会搭建全国性教研平台，发布教师的优秀研究成果与经验，促进相关经验的交流、推广。

在长达半年的研训之后，马宁等对学习者提交的五项实践任务进行分析，并通过访谈发现，以协同知识建构为核心的教师研训模式将人与资源有机地联系起来，构成了丰富的社会认知网络，拓展了教师的学习路径，拓宽了教师进一步知识创造的流通管道，促进了教师个体知识和群体知识的不断增长。同时，面向教师实践应用，以教学设计制品为核心的研训真正做到了与教师实践工作场所的无缝衔接，教师通过在具体的课堂情境中不断修正、创造和发展，真正获得了实践性知识的增长，使知识的创造得以真正发生。

6.1.4.2　面向知识建构的教师区域网络协同备课模式

1. 模式建构

陈玲等依据知识协同建构的相关原则和策略，以相关知识协同建构模式为理论指导，将知识协同建构理论引入到区域网络协同备课中，借助学习元所提供的协同编辑、微批注、评论等功能，通过实践探索，按照知识的外化、协作知识的建构和社会化、知识的实践化以及知识的内化和组合化过程，归纳出基于学习元的区域网络协同备课的一般模式(图 6-7)，梳理了基于学习元的协同备课的七个基本环节，并提出了技术、认知、内容和群体动力这四方面的支持策略。

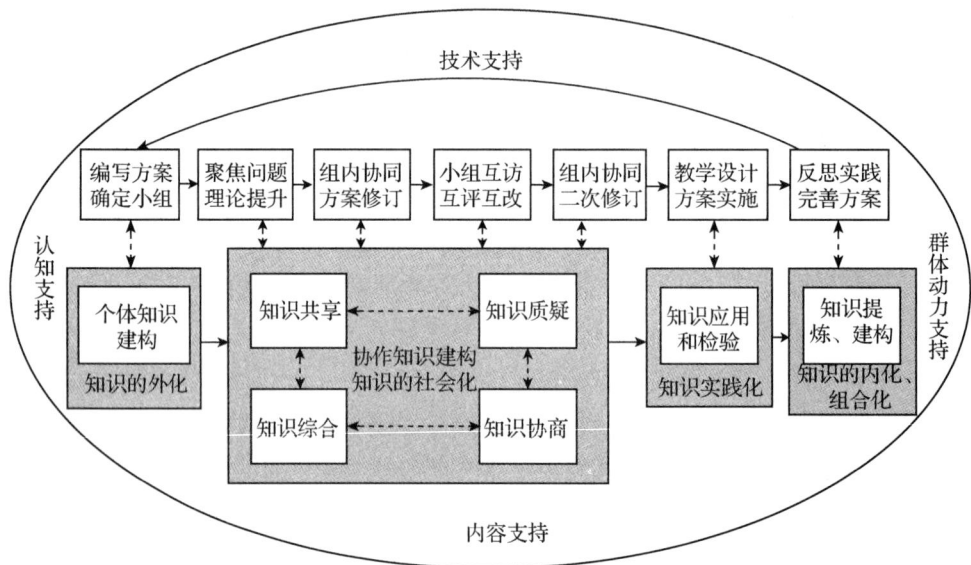

图 6-7　基于学习元的网络协同备课模式①

2. 实施应用

基于面向知识建构的教师区域网络协同备课模式，陈玲等以北京师范大学何克抗教授主持的国家级重点课题"基于网络环境的基础教育跨越式发展创新试验研究"(以下简称"跨越式试验")为依托，在安徽肥西 10 所小学展开实践探索。

①编写方案、确定小组。要求参与备课的教师在线提交体现个体知识建构的教学设计方案，形成相应的协同备课知识群。这体现了教师对相关教学设计知识的外化和显现化过程。在此基础上，协同备课组织者(主要为来自北京师范大学教育技术研究所的课题实施人员)根据参与教师所在年级及学校等，初步确定区域备课协同小组，并发布相关协同备课开展的指导材料。

②聚焦问题、理论提升。协同备课组织者诊断教师教学设计中的共性问题，确定本次协同备课的教研主题，并在线推送学习资源和材料，让教师进行拓展理论学习，并以微批注或评论方式分享各自的阅读心得。在此过程中，教师个体通过跟学习材料

---

①　陈玲、张俊、汪晓凤等：《面向知识建构的教师区域网络协同备课模式研究——一项基于学习元平台的实践探索》，载《教师教育研究》，2013(6)。

之间的交互，为后期的网络协同备课提供知识储备。同时，根据方案诊断在学习元平台上为教师推送相关文献，要求教师阅读并通过微批注和评论方式交流和分享阅读体会。

③组内协同、方案修订。阅读文献后，同组教师通过协同编辑、微批注和评论等方式开展协同备课。在协同过程中，要求教师不仅要注意提出可操作性的修改建议，同时需阐明建议背后的设计依据，从而能够实现不同教学思想、教学策略的分享，比较，碰撞和协商，实现教师教学设计群体知识的分享和进化。

④小组互访、互评互改。组内协同完毕之后，不同组间对彼此协同方案进行评论，提出质疑，或者分享自己的意见等，以使教师能够跟多种教研资源和教研群体交互，进而促进其个体知识的进化和发展，同时也推动群体知识的发展。

⑤组内协同、二次修订。根据组间交互过程中产生和形成的新的见解和观点，各小组回到组内重新审视自己的修改意见，并通过协同编辑方式做出进一步的修订。上述的组内协同、组际互访和组内二次协同，体现了知识的共享、质疑、协商和综合。

⑥教学设计方案实施。完成了设计方案的在线协同建构环节，接下来需要将其应用在教学实践中，教师根据协同教学设计方案进行执教，同一小组的教师互相进行教学现场课观摩，在观摩的基础上开展评课。通过知识的实践化，反过来可以进一步验证、修正理论知识，从而实现理论和实践知识的互补。

⑦反思实践、完善方案。教师参考小组观摩建议，反思教学设计预设和生成的差异及原因，进一步完善方案，以教学反思的形式提交到学习元平台。通过对协同备课过程的反思和梳理，进行知识的提炼，在实现教师个体知识的内化和组合化基础上，为后续协同备课活动提出新需求、新主题。

陈玲等对参与协同备课的教师进行问卷调查，并对教师参与协同备课的相关修订、微批注和评论记录进行编码和统计分析发现，在网络协同备课中，教师之间能够积极分享观点，能针对相应的问题进行相互交流，并能通过群体协同建构形成一份格式规范、设计完备的教学设计方案。教师认为，在网络协同备课中能够积累更多的教学方法和策略，提升自身的信息素养和技能，有助于教学智慧的分享和信息化教学设计能力的共同提升。

协同知识建构是复杂的过程，并不是一次建构活动就能达到对某一知识的深入理解，知识的建构又是一个不断循环发展、螺旋上升的过程。教师的发展，关系到国计民生。基于协同知识建构的混合式研训有利于促进教师的个体知识建构和群体知识建构，有助于教师将理论知识不断向实践性知识转化，从而不断提升教师个人及所在群体的能力结构。

6.1.5 本节小结

随着知识经济时代的到来，教师培训的方式也越来越注重教师群体间的知识共享、协作和转化。协同知识建构强调群体成员间的相互协作和共同构建知识。以协同知识建构为中心的教师培训为其提供了良好的知识建构环境，参训教师通过询问与回答的方式共享知识，通过协商和共建整合观点的形式消除认知冲突，体现了知识建构过程中参训教师之间产生冲突—澄清、辩护—协商、妥协—共建与修改的认知过程，从而帮助参训教师将所学的知识内化、迁移到教学实践中，实现更高层次的知识建构。

6.2
基于同伴互助的教师在线学习

◎ 学习目标

1. 学习掌握同伴互助的内涵、类型及意义。
2. 了解教师在在线学习中开展同伴互助的形式、过程等具体应用。

教师同伴互助是促进教师专业发展的一个重要手段，也有越来越多的专家学者将教师同伴互助视为教师专业发展的一条切实有效的途径。同伴互助以其方便、易行、有效的特点，帮助教师改善教学实践，促进个人与集体的共同成长，最终提升教师的整体专业能力和水平。教师同伴互助通过集体的力量帮助主讲教师发现问题并经过讨论给出改进的建议，从而提高主讲教师的教育教学能力，同时也有利于提高其他研修教师的团队合作能力与科研能力，实现真正意义上的"双赢"。

6.2.1 同伴互助的产生及发展

6.2.1.1 同伴互助的产生

20 世纪 70 年代以后，促进教师专业化发展的主要方式是以学者专家的理论为支撑来协助教师改进教学，采取的是"理论呈现—展示—实践—反馈"这样一种教师培训模式。[①]但是我国教师培训一直受传统培训低效、受众面窄的困扰，在实践中，一方面，有众多来源渠道多样的资源被投放在教师培训上；另一方面，校长和教师却发出这样的抱怨：花费大量时间和精力参加的教师培训，并没有对自身教学能力、绩效成绩的提高带来实质性帮助。[②] 自 20 世纪 80 年代以来，随着风靡欧美的建构主义在各个学科领域的迅速发展，一场改变人类学习理念与方式的革命正悄然兴起，教育领域开始对有效的教师培训模式进行探索，学者们纷纷主张教师与同伴合作，集体探讨问题。美国开始推出"教师同伴互助"制度，随后被西方各国的教育界所仿效。"教师同伴互助"正是在这样一场学习理论的风云变革中产生的，从传统的以理论为支撑的教学培训转变到教师同伴互助小组之间相互听评课，互相提出教学反馈、意见和建议的培训模式。研究表明，通过共同分享教学经验、共同规划教学和共同反思的同伴互助学习，教师能够更恰当地应用一些技能和策略于教学活动中，这就促使了教师同伴互助这一教师专业化发展培训模式的进一步发展。

6.2.1.2　同伴互助的发展

同伴互助学习在国外发展的近三十年来，至今已形成了两大主要流派：一派是以英国的托平，美国的弗彻斯、格林伍德以及樊图佐等为代表的学者，他们主要关注同伴指导。同伴指导主要指针对具体的课程内容，具有清晰的程序结构的交互学习活动，在此活动中，学习者被具体指定为指导者和被指导者。[③] 另一派主要是以斯莱文、约翰兄弟等为代表的学者，他们提倡的合作学习被定义为为了追求共同的具体目标或成果而结构化的积极互赖。但研究都表明，教师同伴互助是促进教师专业发展的一个重要手段。

随着教师的专业素质日益受到重视，以教师为主的校本教研与教师的专业发展融为一体，而同伴互助作为校本教研的一个实施途径，被更多的教师采用。进入 21 世纪，信息技术在迅速影响我们工作、学习、生活方式的同时，也为培训领域带来一缕清风，教育信息化发展成为各国普遍的关注点，教师在线培训也成为一种趋势。我国实施的"国培计划"，便采用了大规模的教师远程培训方式，突破时间和空间的限制，有效地扩大了同伴互助的应用范围。

[①]　张亚珍：《促进高校教师专业发展的有效路径：同伴互助》，载《浙江树人大学学报（人文社会科学版）》，2011(5)。

[②]　赵德成、梁永正：《教师培训需求分析》，3 页，北京，北京师范大学出版社，2012。

[③]　K. J. Topping, "Trends in Peer Learning," *Educational Psychology*，2005(6)，pp. 631-645.

6.2.2 同伴互助的内涵、类型及意义

6.2.2.1 同伴互助的内涵

同伴互助的概念最早是由英国的托平教授和美国的尔利博士在 1998 年出版的《同伴互助学习》一书中提出的，即所谓同伴互助学习，是指通过地位平等或匹配的伙伴（即同伴）积极主动地帮助和支援来获得知识和技能的学习活动同伴互助的理论基础源于维果茨基提出的最近发展区。最近发展区指的是实际发展水平和潜在发展水平之间的区域，强调学生的发展主要是通过与教师或有经验的同伴的社会交往而获得的。著名学者道尔顿与莫伊尔将同伴互助界定为一种专业发展的手段，认为同伴互助是一个过程，在这一过程中教师分享知识，相互提供支持；为提高技能，学习新知识，解决实践问题而相互帮助，给出反馈意见，这有助于加强教师间的合作与提高教学。[1] 罗宾斯提出，同伴互助是指两个或多个教师一起，共同反思当前的教学实践，改进与建立新的技能，相互教导，共享经验，共同参与教学研究并在工作中共同解决实际问题。学校支持同伴互助这种方式，将其作为一种获得课程与教学反馈的手段。[2]

关于教师同伴互助的内涵，不同的学者给出了不同的描述，分析上述学者的观点可以看出，所有定义都存在本质共通性，主要包括以下基本特征。

①以实践中的教师为主体：同伴互助活动的主体是教师，人数上可以是两个也可以多个；各学科、各人群间可以自由组合，但要遵循双方自愿的原则，并在平等合作的基础上开展活动。

②以实践教学问题为基础：同伴互助的内容源于教师的需求，关注教师教学实践情境中的真实性问题，包括课程教材的处理、课堂结构的组织、课堂氛围的创设等。

③实质在于教师之间的合作：基于专业学科和学术团队结成的教学伙伴，通过共同研习，促进教学与科研相结合，有效地提高教学质量，从而促进教师专业素质的提升。

④方式呈现多样性：教师同伴互助的形式可以多种多样，常见的形式有集体备课、听课评课、疑难问题探究、课题研究等[3]，其中集体备课、听课评课在教师的日常教学活动中出现较多。

⑤以促进教师教学技能和专业发展为目的：教师同伴互助是一种"为教师所有""为教师所参与"及"为教师所享"的过程，在这个过程中达到提高教学与教师专业发展的目的。

---

① 张莹、符文娟：《教师同伴互助：教师专业发展的有效途径》，载《新课程研究（下旬刊）》，2011(11)。
② 朱宁波、张萍：《校本教研中的教师同伴互助》，载《教育科学》，2005(5)。
③ 姚丽丽、苏桂荣：《同伴互助促进教师专业成长的重要途径》，载《辽宁教育行政学院学报》，2008(11)。

6.2.2.2　同伴互助的类型

同伴互助成员遵循自由组合的原则，各学科、各年级间的每一位教师都可以进行组合。因此，也会出现组织类型的多样性，根据其地点、目的、区域范围、内容及风格等方面的不同进行分类，主要有以下几种常见的类型。

按互助的地点不同，可以分为课外互助和课堂互助两种组织类型。课外互助主要包含课前的共同备课和课后的共同反思两种活动。课堂互助是同伴互助小组成员以观察者的身份发现成员在课堂教学中存在的问题，共同解决课堂教学中的难题，主要包括三个环节：课前确定观察的主要内容；课堂观察记录；课后提出建议、共同反思。

按互助的目的不同，可以分为师徒结对互助和教学团队互助。在师徒结对活动中，老教师从理论到实践对青年教师进行指导，青年教师在试教、反思中得到提高。教学团队由两名以上的教师组成，他们之间既分工又合作，共同进行课程及教学的建设。

按互助的区域范围不同，可以分为校际同伴互助、区域同伴互助和网上同伴互助。校际同伴互助由来自不同学校的同学科、同课程教师联合开展教研活动，使不同学校之间达到资源共享、优势互补。区域同伴互助是学校之间以行政区或自然区为单位成立的协作体或联合体，定期到指定学校开展教研活动。网上同伴互助是指教师通过网络与有相近工作需求的人建立联系，利用网络展示自己的教学成果或体会。

按互助的内容不同，可以分为技能互助、合作互助、认知互助和挑战互助。技能互助主要围绕某种教学技能进行，关注教师在实际教学过程中新技能的应用能力。合作互助主要是通过教师共同实践、共同思考以改善教师教学实践，促进教师的反思。认知互助主要关注教师的理解能力、思维方式，即在掌握某种技能的基础上能否将经验知识升华为理论知识。挑战互助主要用于解决某一具体的复杂问题，既包括课堂教学问题，又包括年级层面、学校层面甚至整个教育领域内的一些问题。

按互助的风格不同，可以分为榜样互助、合作式互助和专家式互助。榜样互助是指互助教师之间互相借鉴对方的优秀教学理念、教学方法，并在实际教学活动中践行。合作式互助是同伴之间共同分析、共同讨论教学中的问题，并提出改进策略。专家式互助是指通过提问、启发等方式促进教师对探讨的问题或课堂教学进行思考，获取解决方案并改进教学。

按团队构建的组织结构不同，可以分为问题解决式互助、交叉机能式互助和自我管理式互助。[①] 问题解决式互助是为探寻当前教学过程中遇到的特定问题而组成的一个团队，问题解决后团队将自动解散。交叉技能式互助的成员来自不同学科和层次，关

---

① 朱宁波、张萍：《教师同伴互助的校本教研模式探析》，载《教育科学》，2007(6)。

注学校和教学层面存在的一般性问题。自我管理式互助通常由青年教师组成，围绕校本教研的日常工作展开互助。

6.2.2.3　同伴互助的意义

同伴互助作为促进教师专业发展的一种策略，目的是帮助教师提高教学水平以综合提升教学质量，尤其是为教师建立以合作和探究为核心特征的文化，为教师专业水平的提升创造良好的平台。

1. 实现教师队伍专业化

提高教师专业化水平，推进教师专业发展，早已成为国际教育组织和各国政府努力的目标，也是世界范围内教育战略的共同措施。教师间的同伴互助对教师的成长和教师专业发展具有重要的意义。基于同伴互助关系开展的教师专业活动，给教师同行之间的相互启发、分享、研讨创造了良好的平台。同伴互助围绕教师集体的发展和共同进步展开，以教师集体的共同进步为出发点和目标，就教学实践问题展开研究和讨论，同伴之间紧密协作，共同寻求解决问题的方法，以更好地明晰教师的优势和特点。通过同伴互助，教师同伴之间互相提供知识、技能和资源等多方面的支持，实现学校教师间良性的交流与互助，从而调动教师教学研究的积极性，使教师解决教育教学实践问题的能力得以提升，教育研究能力、教学实践能力和自主发展能力得以不断提高，学校的教育水平得以提升，从而促进教师的专业发展。

2. 终身学习体系的有机组成部分

《教育2030行动框架》明确将"使人人可以获得终身学习的机会"作为世界教育发展的一个总体目标。终身学习不仅是个体为适应社会变化而产生的一种生存方式，还是人类可持续发展的重要保障和不竭动力。教师不仅是终身学习的实施者，是终身学习的践行者，实施教师同伴互助是多元化、个性化终身学习体系的有机组成部分。美国学者瓦金斯和马席克在《学习型组织》一书中提到，从经验学习，向同伴学习，只有持续学习才能不断进步。教师通过同伴互助开展学习，不断更新、完善自身知识体系，努力去适应新时代对教师提出的新要求，同伴互助可以有效地促进教师个人和集体的共同成长。在互助合作的过程中，通过交流观点，教师可以获得对知识与理念的新的认识，加速专业成长，突破教案、教材、教学大纲所划定的有限范围，时刻保持对新知识、新技术、新概念的旺盛求知欲，不断增强终身学习的意识和能力。

3. 有助于形成一种新型的学校文化

高校是知识分子的汇聚地，是思想的宝库，教师同伴互助具有促进教师合作的潜力，有助于打破教师间的相互隔绝，形成一种相互协作、支持、促进的新型学校文化。[①] 教师同伴互助采用团队的形式能够通过团队精神和团队规范的形成，促进成员之间的合作，形成成员间互相帮助和支持的氛围，增强成员间的信任感和成员对团队的归属感，并使这种团队文化成为教师日常工作的一部分，成为一种深层次的、持久的教师文化。合作的、无威胁性的氛围是教师同伴互助取得良好效果的一个保障，教师只有在这样一种相互信任、相互支持的环境中共同学习和探究，才敢于交流和面对教学实践中的失败，才能有效地进行同伴间知识、技能和经验的分享，在平等的合作环境中发现、解决问题并提高教学反思能力，从而改善教学实践活动。同伴互助学习的开展，加强了教师之间的专业对话和合作，营造了教师之间专业合作的精神面貌和合作氛围，教师可以从同伴那里获得专业发展的情感和工作上的支持，从而大大促进教师的专业发展。

6.2.3　同伴互助在教师在线学习中的应用

同伴互助是促进教师专业发展的有效方式，已经得到研究者的广泛认同，而面对面的教师同伴互助对于大规模的教师培训又存在诸多缺陷。很多都只是局限在学校或者是学区范围内，并没有形成具有广泛影响力的网络，也缺乏适当的渠道汇集以便在更广泛的共同体中得以共享。随着远程学习技术在教师专业发展中的广泛应用，同伴互助这一教师专业发展方式也有了新的内涵，在线学习社区为教师同伴互助提供了新的环境。

6.2.3.1　教师在线学习中开展同伴互助的形式

教师同伴互助的基本形式主要有对话、协作和帮助三种。[②] 对话包括信息交换、经验共享、深度会谈（课改沙龙）和专题讨论（辩论）四种方式，可以通过信息发布会、读书汇报会、经验交流或经验总结会以及定期的会谈等途径开展；协作指教师共同承担责任完成任务，群策群力，充分发挥每个教师的兴趣爱好和个性特长，使教师在相互补充、彼此合作互助中成长；帮助是新老教师之间的合作互助形式，要求教学经验丰富、教学成绩突出的优秀教师帮助和指导新任教师，使其尽快适应角色和环境，防止并克服教师各自为战和孤立无助的现象。[③] 结合网络环境的内在优势，可以开展的同伴

---

① 张亚珍：《促进高校教师专业发展的有效路径：同伴互助》，载《浙江树人大学学报（人文社会科学版）》，2011(5)。

② 余文森：《论以校为本的教学研究》，载《教育研究》，2003(4)。

③ 于梅芳、韦雪艳：《同伴互助与初任教师的角色适应——以"合法的边缘性参与"为视角》，载《教育探索》，2017(2)。

互助形式有以下几种。

1. 集体备课

集体备课，是同年级同学科之间进行的教学研究互动，在以理解感悟教材、分析教学对象、思考教学方法、研究教学策略的基础上，进行教学理念的交流。根据教师教学过程的不同阶段集体备课分为课前互助、课中互助和课后互助。在网络环境下，教师对于课前互助和课后互助的时间分配有了更多的选择，从而可以保证互助的内容更加深入，有利于教师间的差异互补和智慧共享，有利于教师相互启发、取长补短，有利于其专业的提高，也有利于实现课堂教学的优化和教师课程理念的提高。

2. 案例评析

新课程倡导教师成为研究者。教师拥有的大量生动、鲜活的教学实例可以通过网络平台分享给更广泛的互助共同体，通过案例的学习、研讨、评析和撰写，教师之间可以加强沟通，快速提高分析问题、解决问题的能力和教学研究的能力。教师通过教学案例描述教学实践，可以把行动和研究紧密结合起来，有效地探究教学规律。对于优秀案例，需要组织专门力量进行加工、整理，编辑成案例集，加强优秀案例的宣传和推广，在更大范围内实现教师经验的共享。

3. 反思互动

教师个体的经验反思无论是在深度上还是在广度上都是有限的，通过网络分享自己的教学录像，并组织教师和同事一起观看，集体反思教学行为，研究讨论教案的可行性，共同修订教案，制订教学策略改进方案。教师群体共同反思教学实践，有助于整合智慧、拓宽思维、触及教学中的深层次问题，指引教师共同改进教学实践。

4. 定向研讨

定向研讨是一种教师群体教研活动。定向研讨可以促使教师直观体验和感受新理念与教学组织形式，鼓励教师结合自身实际平等讨论，在专家指导下品味、体验课例中所蕴含的教育理念与教学技能。定向研讨大致按照集体听课、分组讨论、会议交流、专家分析、总结评估等环节进行。[①] 借助信息技术，各学校可以采取多种形式组织定向研讨活动，提高教师参与教学研究的积极性。

5. 专业对话

基于论坛、QQ、微信等社交媒体，通过组织专业对话教师能够进行深度会谈，就教学中存在的问题与同事进行深层次研讨，实现教研经验的共享。深度会谈主要指专业会谈和专题讨论，信息和经验只有在流动中才能被激活，才能实现增值。专业对话是一个相对自由开放的发散过程，这个过程是最具有生成性和建设性的，它会形成很多有价值的新见解。

---

① 孙景源：《同伴互助：让教师在团队中成长》，载《当代教育科学》，2006(8)。

6.2.3.2　教师在线学习中同伴互助活动的过程

依据活动理论、教师同伴互助交互理论和设计研究理论，李胜波和李爽等将教师同伴互助嵌入活动理论中，并且把教师同伴互助的活动分成连续的四个迭代的子过程。[①]

1. 创建问题情境

在线实践社区中的两个或更多的教师同伴确定个人的或讨论的问题，该问题是开放的和劣构的。借助先前的案例、项目等，依据共同协商的创造问题情境的机制，按照互助的目标确定角色、会话结构和活动，活动的结果是产生问题、项目或案例的情境。

2. 共同解决问题

问题情境确定后，便开始问题解决阶段，在线实践社区中的同伴借助技术工具，依据讨论的问题解决机制和其他同伴或专家共同去解决感兴趣的或个人需要的问题等。其结果（包括互助过程、案例、答案、文档）可以作为评论问题子过程和产生结果子过程的客体。

3. 评论问题

解决问题后便进入评论问题的阶段，在线实践社区中同伴和其他同伴在解决问题的过程中，借助先前的案例或项目对互助过程和问题进行评论或回答等。其结果可以作为问题解决活动的中介工具，同时也可以作为产生结果活动的中介工具。

4. 产生结果

最后的过程是产生结果，在线实践社区中同伴和其他同伴共同商定其结果的机制（形式、内容等），共建最后的结果（人工制品如文档和案例等）。教师同伴互助活动的结果会与真实问题的有效解决进行比较，设计者会反思其促进教师同伴互助的在线实践社区功能的设计，进入新一轮的循环迭代。

6.2.3.3　教师在线学习中同伴互助活动的具体实施

实施同伴互助活动是同伴互助在教师在线学习中的核心环节。怎样充分发挥同伴互助的最大作用，是同伴互助中需要重点考虑的问题。

1. 基于同伴互助的教师网络培训

（1）模式构建

马宁等根据教师同伴互助的本质特征，基于具体问题，以信任为条件，以反思为基础，以分享为核心，以交流和合作为基本手段，设计得到基于同伴互助的教师网络

---

① 李胜波、李爽、孙洪涛：《在线实践社区中教师同伴互助活动的可视化》，载《现代远距离教育》，2011（2）。

培训的流程，如图 6-8 所示。

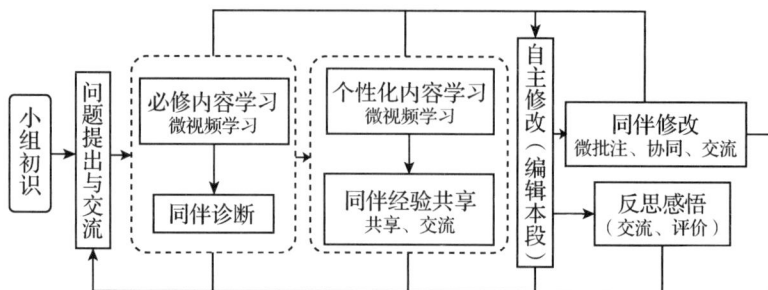

图 6-8　同伴互助活动设计图

小组初识：信任活动是同伴互助活动实施的基础。新成立的教师同伴是互相不认识的教师，通过小组初识，教师发布个人照片以及相关信息，本小组成员互相认识，消除芥蒂，便于同伴互助活动的开展。

同伴诊断：为教师提供直面同伴与自身教学问题的机会。通过诊断同伴教学设计中存在的问题，一方面借鉴同伴的优点、指出同伴的不足，另一方面也自省自身的不足，实现在交流中学、在比较中学。

个性化内容学习：每位教师拿到同伴的教学设计诊断单以及课程推荐单之后，进行自我反思，并且对推荐的课程进行学习。在教师自我分享教学经验与自我认识的基础上，实现知识从隐性到显性再到隐性的转化过程，使教师对知识达到更深层次的理解，更容易运用到实际教学过程中。

问题提出与交流：为教师同伴提供疑惑互解的机会，并鼓励其他教师对可以解答的疑惑进行解释，即教师抛出问题，作为后期交流、讨论、协商的基础，教师同伴之间互相帮助、解除疑惑，而且该过程贯穿培训始终。培训者此时既作为参与者，又作为培训专家及时修正教师有偏差的观点，也起到网络个性化培训中专家的作用。

同伴修改：知识实际运用阶段，是同伴互助活动的进一步升华，是对教师所学知识以及运用知识程度的检测。教师首先运用所学的知识对自身教学设计中存在的问题进行修改，更重要的是查看同伴教学设计的修改是否合适，对同伴的教学设计也进行进一步修改。同伴之间的经验或者背景比较相似，因此他们提出的意见往往比较容易被同伴接受，提升同伴能力的同时也提升了自身能力。

反思感悟：教师完成本次培训任务后，结合修改之前与修改之后的内容，写出自己的反思与收获，使自己能够在重构中学习，在反思中学习，将从培训中和同伴那里学到的知识内化成自己的知识。

（2）实施应用

基于同伴互助的教师网络个性化培训的前提是教师网络个性化培训，研究者以北京师范大学何克抗教授主持的国家级重点课题"基于网络环境的基础教育跨越式发展创新试验研究"（以下简称"跨越式试验"）为依托开展实施。具体实验组和对照组的培训流程实施如下。

初始教学设计、调查问卷提交：培训伊始，为参加培训教师发布教学设计撰写模板与要求，教师每人提交一份小学语文低年段两课时的教学设计，并完成教师基本信息调查问卷的填写。

划分小组：三位"跨越式"语文课题专家对教师提交的教学设计按照《"跨越式"语文低年级课文课教学设计评价量规》对教师的教学设计进行评分，检测评分效度后，求出均值，结合教师的教龄、参与"跨越式"课题年限、学习动机、学习风格、自我效能感等因素分为水平大体相同的两组，随即挑选一组为对照组，准备实施教师网络个性化培训，另外一组为实验组，准备实施基于同伴互助的教师网络个性化培训。

个性化诊断阶段：个性化诊断阶段实验组和对照组的操作存在差异，实验组耗时一周，对照组培训专家在培训前完成。对于对照组，培训专家依据《"跨越式"语文低年级课文课教学设计诊断表》诊断教师教学设计中存在的问题，并且为其个性化推荐课程学习单，每位教师将得到不同的学习推荐单。教师可以在提交的教学设计最下方查看该学习单，并且根据自身教学设计中出现问题的大小程度，为其推荐了不同星级，星星数目越多，说明在此部分出现的问题越大，该专题的内容越需要学习。对于实验组，需要先进行小组初识，彼此熟识之后，进行教师同伴互助活动中的同伴诊断部分，该部分耗时一周。最终，培训专家结合同伴诊断的信息，为其制定并推送个性化学习单。

个性化学习阶段：实验组和对照组均按照自己的个性化学习单进行自主学习。学习时间方面，实验组因为在同伴诊断部分已经学习了教学模式与理念部分的专题内容，还需进行教学设计基本信息、教学过程设计等内容的个性化学习，该学习阶段的时间为 3 周；对照组在实验组进行同伴诊断时，便已开始进行个性化学习阶段，其学习时间为 1＋3 周，总共 4 周。在学习的过程中，实验组和对照组所对应的课程库是相同的，唯一不同的设计是教师学习过程中出现疑惑的处理：实验组给同伴互助提供了一个平台，设计一份"跨越式"问题清单，被培训教师可以进行提问，也可以对其他教师提出的问题进行作答；对照组的教师可以将自己的疑惑和问题发到讨论区中，培训专家会及时对教师提出的问题进行作答，确保被培训教师与专家的深度交互。

教学设计修改阶段：对照组和实验组教师在个性化学习阶段，可以随时对自身教学设计中存在的问题进行修改。实验组的教师在修改完成之后，还需要同伴对彼此的教学设计进行进一步修改。

自我反思阶段：培训课程学习完毕，实验组和对照组的教师均需要对本次课程的学习以及自身教学设计修改等情况进行反思。教学设计修改和自我反思阶段耗时 1 周的时间。

提交个性化培训作业：所有培训内容结束之后，教师有 2 周的时间撰写本次培训的作业——一份新的课文课教学设计以及依据该教学设计的视频录像。

根据实验结果和数据的讨论，虽然实验组和对照组教师的教学设计成绩较培训前均有了显著性提升，但是实验组与对照组之间有显著性差异，实验组教师的学习参与度、教学设计能力以及教学实践能力的提升水平明显高于对照组。可以看出，教师网络个性化培训中同伴互助对教师学习效果具有显著影响。

2. 基于微课资源的教师网络研修模式的构建与应用

(1)模式构建

王文君、杨永亮在构建教师网络研修活动时，从同伴互助的角度出发，提出同伴互助活动主要包括集体备课、合作研修、答疑解惑三部分，如图 6-9 所示。

基于微课的教师网络研修模式中的同伴互助活动利用微课资源来实现教师隐性知识与显性知识之间的相互转化，在隐性知识与显性知识的转化过程中使教师的教学技能得到提升。其中，以微课资源作为承载隐性知识的载体，研修教师在创作微课案例的基础上，将其提交到教师网络研修平台与其他研修教师进行共享，从而实现共享经验向隐性知识的转化；研修教师对微课案例运用开放式课堂观察、聚焦式课堂观察、结构式课堂观察等方法，形成不同的案例观察报告，通过这些案例观察报告将微课案例中教师的教学经验、教学思想、教学性格等隐性知识表现出来，从而将隐性知识通过一定显性化的形式表达出来；研修教师对各自形成的案例观察报告进行讨论，形成一份完整的微课案例分析报告，从而实现对显性知识的整合过程；主讲教师对微课案例分析报告中的建议结合自身的教学实践进行再思考，寻找到符合自己实际的建议，从而实现对隐性知识的提升过程。

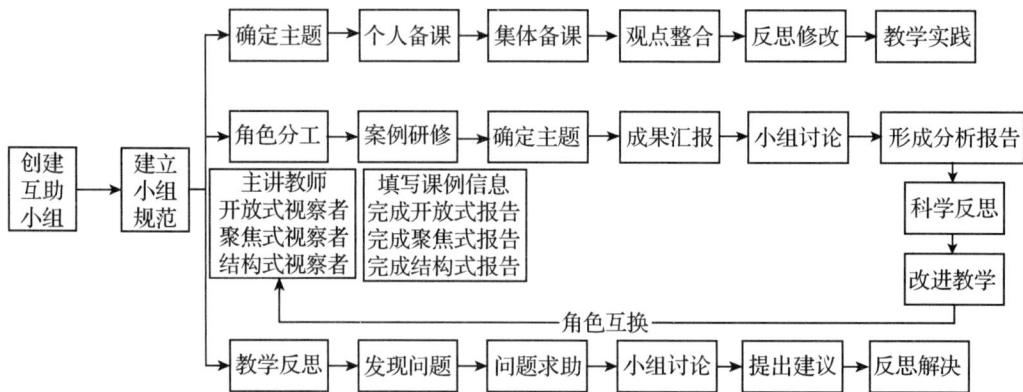

图 6-9　同伴互助活动流程

(2)实施应用

集体备课：教师根据主讲教师确定的主题进行备课，然后将自己的教学设计上传至教师研修平台与小组其他成员共享，寻求其他成员的意见和建议，其他教师针对该教学设计进行集体讨论，主讲教师根据自身的实际情况，整合不同成员的观点，对教学设计进行反思修改，并将其应用于教学实践。

合作研修：小组成员首先进行角色分工，然后针对小组中主讲教师上传的微课案例进行研修，并将研修成果进行汇报，小组成员对其进行讨论，从而形成案例分析报告，主讲教师通过案例分析报告，结合自身的实际情况改进教学。最后进行角色互换，进行下一轮的案例研修。主要包括角色分工、案例研修、成果汇报、小组讨论、科学反思和角色互换等阶段。

答疑解惑：小组成员对自己的教学进行反思，针对其中存在的问题向其他小组成员求助，其他小组成员经过小组讨论，提出建议，教师根据其他小组成员提出的建议，结合自身的实际情况解决问题。[1]

6.2.4　教师在线同伴互助中存在的不足及应对措施

6.2.4.1　存在的不足

在网络环境下，人们的生活方式和学习方式受到了极大的影响。在教师在线学习中，同伴互助有着必然的内在优势，然而在实践过程中，由于受客观因素的影响，依托网络技术开展的教师同伴互助也暴露出一些不足。

1. 合作被动

在教育部组织的两次对新课程实验区的评估标准中明确提出教师合作的要求。例如，教师之间有较多的沟通与交流，组织教师集体备课，开展不同层次的教学研究与经验交流。因此，现有的一些同伴合作不是出于教师的自发要求，而是出于行政压力的影响而互助。与传统的教师合作相比，以网络为支撑的交流合作更需要充沛的资金支持和完善的技术保障。在我国，这种合作起步晚，后续资金、技术保障不能及时跟进，缺乏合理的顶层设计。[2] 因此，薄弱的合作根基使教师的合作愿望逐渐被淡化，合作意识不强。

2. 评价机制不完善

学校对教师的传统考核评聘机制以教师的教学、科研工作量为评价依据，这种重结果轻过程的显性评价标尺，不能很好地兼顾个人对集体的奉献，体现互助合作的价值，这种评价是成功与失败的评价，而不是诊断问题与促进教师发展的评价，这会造成教师间的恶性竞争，遏制教师合作的共同愿景，形成了同一领域中竞争大于合作的格局。这种教师之间以竞

---

① 王文君、杨永亮：《基于微课资源的教师网络研修模式构建与活动设计》，载《电化教育研究》，2016(1)。
② 夏惠贤、杨超：《美国中小学教师的同伴互助及对我国教研组活动的启示》，载《教育科学》，2008(4)。

争为主导的文化使他们在互助的目的上产生了分歧，不是双赢而是战胜对方。为了在竞争中保持优势，有些教师自顾不暇，埋首于自己的一方学术天地；有些教师担心其他同事汲取了自己的智慧精华，不愿把自己的真知灼见与他人分享。这种评价机制不但降低了教师间的信任度，减少了互助合作的机会，而且增加了教师间人际关系的紧张度，形成不良的竞争心理。教师的互助合作在竞争性评价制度下浮于表面，收效甚微。[①]

6.2.4.2 应对措施

1. 营造教师相互合作的和谐文化氛围

教师同伴互助模式是以教师间的合作为基础的，教师的合作愿望和能力是保证模式有效实施的基础，学校合作的、无威胁性的氛围是教师同伴互助取得良好效果的一个保障。[②] 为了能让教师在一个开放、自主、合作和安全的环境下深刻认识到同伴互助对自己专业素质的提升，学校首先应向教师传递一个信号，即学校对教师有较高期望，不论是新入职的青年教师还是教学经验丰富的老教师，以使教师充分认识到持续改善和不断学习的需求。同时，也可以推出如青年教师助教等制度，青年教师可以从老教师那里学到许多教学技能和教学管理经验，老教师也能从青年教师那里了解许多新生事物，了解新的教学理念、教学手段等。通过互动合作，促进教师在知识和信息上的充分交流，保障互助教师之间既相互信赖、相互尊重，从而建立起和谐的人际关系和融洽的合作氛围，在合作中实现个人的专业成长。

2. 评价制度上有所创新

评价既是一种导向又是一种激励机制，恰当的评价机制是教师同伴互助模式得以有效运作的保证。当一个团队中的成员认为自身的贡献无法衡量时，就会降低个人的努力程度。因此，为促进教师同伴互助行为的发生，就要从教师团队和成员发展的角度出发，充分考虑教师个体的努力程度和成就水平，建立公平的评估机制。为保证评价的公平性，可以选择在教师同伴互助活动开展前由教师团队讨论并制定评价标准，评价既要对教师团队的工作有一个正确的反应，又要对教师个人的努力程度和成就水平有一个充分的肯定。例如，可以在教师合作体中制定优秀互助小组、领军人物的评比方案；推出奉献因子量化表，根据每个成员在协作过程中的贡献大小、质量高低给予不同等级的评定。通过评价既要使教师意识到团队对自己工作和努力的肯定，又要使教师明确自己是团队的一部分，从而为教师的合作环境和互助氛围提供保证。

---

① 高颖、施皓：《网络环境下大学英语教师同伴互助的生态模式》，载《南通大学学报（社会科学版）》，2016(2)。

② 张亚珍：《促进高校教师专业发展的有效路径：同伴互助》，载《浙江树人大学学报（人文社会科学版）》，2011(5)。

6.2.5 本节小结

教师同伴互助作为教师专业发展的一个路径，能使教师在进行教学反思的同时开放自己，加强教师之间以及教学活动上的资源分享、互惠互利、专业切磋、互相学习和彼此支持。各学校应根据教师工作过程中的实际需要组织各种形式的活动，如集体备课、案例评析、反思互动、定向研讨、专业对话等，为教师提供相互指导，共享经验，共同解决问题的教研环境，倡导教师之间精诚合作，互相帮助，共同成长。同时，在移动教育迅速发展的背景下，各学校也可以运用网络平台开展同伴互助教研活动，实现更方便、更快捷、更高效的教学探究。

6.3
学习共同体

🎯 **学习目标**

1. 学习掌握教师学习共同体的概念、分类及构成要素。
2. 了解教师在线学习共同体的演化及评估。

现代信息技术的快速发展为教师专业发展提供了较为理想的网络技术环境和信息环境，促进了网络环境下教师学习共同体的产生。基于网络的学习共同体突破了教师间在时间和空间上的限制，使教师间形成了广域的协作学习空间，为教师提供了较为理想的实践和交互场所，为教师个体学习和群体合作学习提供了学习支持。教师以学习平台为基础，以学习活动为核心，达到获取知识、合作交流并完成相应的学习任务，形成相互促进的人际关系。可见，网络环境下的教师学习共同体是实现教师专业化发展的又一有效的途径。

6.3.1 学习共同体发展及概念辨析

本部分主要是介绍学习共同体概念及历史演变，并将着重关注基于教师专业发展的教师学习共同体。

6.3.1.1 学习共同体历史演变

"共同体"一词是从社会学中分离出来的，德国社会学家滕尼斯在其《共同体与社会》著作中首次提出共同体的概念，指出共同体是人类群体生活中的两种类型之一，是建立在组织成员为实现某一目标共同争取的基础上的，他强调的是人与人之间的紧密关系，对共同体的归属感、认同感和共同的精神意识对共同体的作用。此外，美国的帕克·帕尔默认为，真正的共同体是互动的、动态的，是通过争论来推进认知的，这些争论是公开的、群体共享的，每个人都能够在共同体学习的过程中收获有用的知识。[①] 齐格蒙特·鲍曼在其《共同体》一书中描述：共同体是一个温暖舒适的地方，当你靠近时能够给你以温暖，在共同体中，人们互相信任、相互依靠，如果有人跌倒了，其他人会帮忙重新站起来，不会有人因此而幸灾乐祸。

> **学习共同体**
>
> 学习共同体强调将学习者置于真实的学习环境以及社会关系结构中，致力于个体学习与群体学习的相互结合，不仅要培养学生的认知能力，更要促进学生主体性的发展。它强调活动的交互性、共同的文化与历史以及个体之间、个体与集体之间相互依赖的关系，它还指出应将学习建设成为一种文化，并特别关注共同愿景的作用。

20 世纪 80 年代末，"共同体"一词被引入教育领域，逐渐形成了"学习共同体"的概念。1995年，博耶尔在其《基础学校：学习共同体》一文中首次提出有关学习共同体的概念，他认为学习共同体必须有共同的愿景支持，成员间能够彼此交流合作，人人有平等的机会，并且有共同规则纪律约束。他强调了学习共同体是一个由教师、学生以及其他成员的有明确目标，可面对面沟通与互动的组织。杜威将学校看作学习共同体，强调了"互利互惠"的理念，学习共同体能够使成员利益和信息共享理念得以实现。在杜威看来，学校是学生成长的环境，让学生生活在其中，学生会兴趣盎然，并能够活学活用。学习共同体理念形成的过程中，多位教育学、心理学专家对其进行了探索和研究，布朗和坎皮恩提出设计学习者和思考者共同体；琼斯和艾达分别从不同角度对学习共同体的内涵和外延进行了阐述。

6.3.1.2 教师学习共同体历史演变

斯帕克斯和赫希曾提出进入 21 世纪以来教师发展范式发生的两点关键变化：一是通过培训转变教师的学习方式，使教师成为主动的学习者，教师能够通过专业发展项目和教学实践来促进个人的专业发展；二是从关注提供单一化补足式教师发展活动转

---

① ［美］约翰·杜威：《民主主义与教育》，9～10 页，北京，人民教育出版社，1990。

移到为教师创设发展的时空条件和资源培育有利于教师发展的土壤。此外，教师专业发展是教师实践性知识发展和积累的过程，教师学习有其个体性、实践性、默会性的特点，这些与学习共同体的协商、异质、脱域、互嵌的内在特征相吻合。因此，学习共同体成为教师实践性知识创建、创新的理想方式。

教师学习共同体的兴起和研究源自美国，早在 20 世纪就开始进入人们的视野。从学校改革的视角来看，美国学者弗兰和哈德曼于 2013 年正式概述出教师学习共同体的内在含义。弗兰表示教师的专业成长与学校改革的战略性计策有着明确联系；哈德曼认为全面、持久、团体等特征是教师专业成长的关键。教师学习共同体应由教师自愿、资源技术共享以及合作等要点构建而成。教师学习共同体的构建应具有相互支持、集体创造、分享经验等特征。日本学者佐藤学一直致力于学校学习共同体的实践，其构想了将"学习共同体"的组织方式作为未来教师发展的方式，同时阐述了通过学习共同体对教师的实践知识与理论知识进行相互融合。从实践的角度来看，威斯康星大学建立了第一个学习共同体，在团体教学中注重将学习者的理论学习与实践相统一。美国西南教育发展实验室通过九年的实践，来研究如何创建能够促进教师专业发展的学习共同体。美国北中地区教育实验室经过长期的研究最终设计出一个"有效学习共同体"，其主要目的是推动教师的专业化成长，让教师在共同体中承担一定的角色，并与其他成员一同完成教学使命。

在国内，有关教师学习共同体的研究相对较少。北京师范大学学者郑葳从生态学的角度，将教师学习共同体定义为一个有生命的组织，一个能够为学习者的发展提供丰满和必需的养料的学习环境与空间。许萍茵分析了生态视角下的教师学习共同体的特征和类型，并对构建生态化的教师学习共同体提供了思路。从教师专业发展角度来看，魏会廷借鉴美国教师学习共同体构建的经验，论证了教师学习共同体有助于推动教师的专业发展。[①] 此外，校本教研也是教师学习共同体的基础，教师学习者通过组建团体，以交流的方式实现资源和知识的共享，共同完成教学任务。陈桂生和郑金洲等对校本教研和教师合作进行了探讨，认为应以协作对话的方式建立教师学习共同体，强调共同体是教师实现互动互惠和合作的有效方式。

纵观国内外的文献，教师学习共同体的概念界定较为丰富，表现出不同的视角。其主要强调以下几个方面：一是教师学习共同体是一个学习的场所和环境；二是一个系统的学习环境，包含共同的成员、共同的实践活动、共同的话语、共同的工具资源；三是认为教师学习共同体是一种学习文化、学习方式；四是认为教师学习共同体是一种特定的组织形式，学习者在同伴支持和知识共享的基础上，通过对话、分享、协商、反思等实践活动，达到有意义的学习。

---

① 魏会廷：《教师学习共同体：促进教师专业发展的新途径》，1～2 页，武汉，武汉大学出版社，2014。

6.3.2 教师学习共同体的分类

根据不同的分类标准，教师学习共同体可以分为不同的类型。根据教师学习共同体依托平台的不同，可以分为线下实体和线上虚拟两种类型的教师学习共同体；根据教师共同体的组成成员可以将教师学习共同体分为同学科和跨学科共同体；根据区域特点，可以将学习共同体分为校内教师学习共同体和校际教师学习共同体。事实上，大部分的教师学习共同体并不是孤立存在的，教师会同时归属于多个共同体中。本书通过文献梳理主要介绍以下三种教师学习共同体：校内教师学习共同体、校际教师学习共同体和在线（虚拟）教师学习共同体。

6.3.2.1 校内教师学习共同体

校内教师学习共同体由学校管理者、教师等组成。校内的教师学习共同体通常以不同的形式存在（如年级组、教研组、跨学科或跨教研的组织），主要围绕课题和活动两方面展开讨论与交流。

年级组是指同一年级的不同学科的教职工共同组成的团体。该团体的目的和宗旨是解决教育教学实践问题，不同学科的教师坐下来一起商量讨论，充分利用每门学科的特色和不同学科的教学经验，找出解决问题的最好方式。这种共同体存在的一个优势，就是解决问题的思路更广泛，因为不同学科的教师有着不同的思维方式。

教研组是指以探讨、研究、解决教育教学中存在的实际问题为目的，由相同或相近学科的教职工组成的团体。教研组成员以教育教学实践问题为基础，积极参加研讨，通过互相观摩课堂教学和评课，及时调整教学方法，并做到课后认真反思，改进自己的教学实践，同时也可以通过集体备课和读书会的形式进行交流。

此外，校内教师学习共同体也存在着其他的形式，其主要是致力于在实际工作情境中解决问题，不断改进教学实践。

6.3.2.2 校际教师学习共同体

校际教师学习共同体是指本校教师与其他中小学或者大学的教师或学者合作组成的共同体。这种学习共同体引入了外部的力量，主要包括专家引领的教师学习共同体、基于合作项目的教师学习共同体和教师专业发展学校等形式。

专家引领的教师学习共同体是由教师和课程专家、学科专家、研究专家或一线特级教师等专家共同组成的团体。专家在这种教师学习共同体中起指导作用，他们根据教师的实际需求，从教师自身的知识和能力出发，在观念和行动上给予教师一定的专业支持。

与此同时，教育专家也从教师的教学实践中获得理论素材，为自己的研究积累案例和材料。在这种教师学习共同体中，教师和教育专家相互沟通合作、相互影响、相互促进。

基于合作项目的教师学习共同体是以项目合作为主的共同体。这种教师学习共同体是由项目专家牵引，根据各项教育内涵发展项目的需求，选择部分高校、中小学和幼儿园的教师，调动他们参与项目的积极性。基于合作项目的教师学习共同体是从合作项目的需要出发，由项目专家领导相关学校共同进行项目研究。这种形式的教师学习共同体由项目专家来引领，选择几所学校作为研究基地，这几所学校组成项目核心组，然后有步骤地实施项目计划。例如，北京师范大学现代教育技术研究所何克抗教授于 2000 年带头开展的"基础教育跨越式发展创新试验"项目，由学科组教授亲临一线课程，与教师面对面进行交流，帮助一线教师不断提升教学能力，同时引导教师教科研的开展。

此外，教师专业发展学校也是校际教师学习共同体的一种，它将大学作为中小学教师和大学教师等的学习场所，把中小学作为实践应用的地方。中小学和大学进行合作，参与研究的人员发现自身问题，并进行研究找到解决问题的策略，同时还能在实践中检验策略的准确性。这扩大了参与人员的范围，帮助广大教师形成教育、教学、研究、学习统一为一体的生活方式，不断提高教师的专业能力，促进教师的专业发展。

🔗 案例

校际学习共同体案例——城乡教师共同体的基本架构[①]

例如，2018 年，华中师范大学王继新在文章中通过对区域基础教育均衡发展面临的关键问题进行分析，指出优质师资短缺对乡村薄弱学校发展的影响。在此基础上构建了城乡教师共同体的基本构架，如图 6-10 所示。

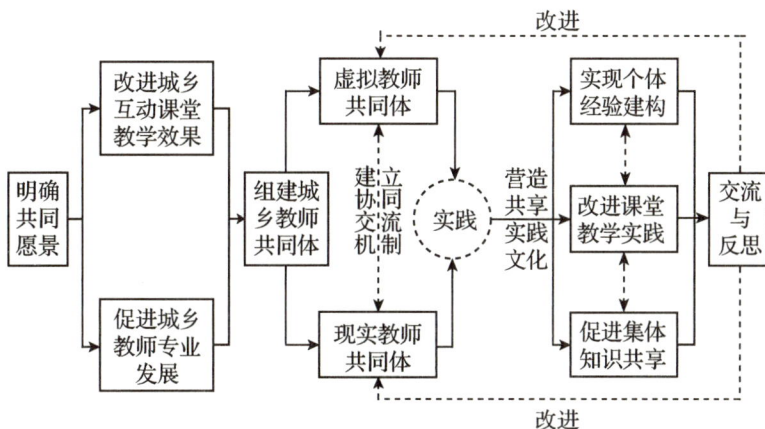

图 6-10　城乡教师共同体的基本架构

----

① 王继新、吴秀圆、翟亚娟：《共同体视域下的区域基础教育均衡发展模式研究》，载《电化教育研究》，2018(3)。

王继新指出，在明确城乡教师改进教学和促进专业发展的共同愿景下，建立校际间的学习共同体，通过协作交流，打破传统个体知识建构的局限，将教师的学习置于个体、物理和社会文化境脉中，促进教师在活动中不断实现显性、隐性知识的相互转化，实现专业发展，并在长期的交流中促进城乡学生的共同成长。

6.3.2.3　在线(虚拟)教师学习共同体

科技发展为教师的共同学习提供了更加便捷的平台，实现了教师在线学习共同体的建立。在线教师学习共同体是以网络为平台建立的教师实践学习共同体，它的成员包括专职教学的教师、学校的管理者、学科专家和优秀教师等。这种教师学习共同体不受地域、学历、职称等的限制，只要成员加入其中，都可以参加讨论，学习者通过沟通交流，分享资源、相互影响、相互促进，以共同体完成一定的学习任务。[①] 网络环境为教师在线学习共同体提供了必要的支持条件，在线学习共同体中，需要教师相互信任、相互合作、资源共享。例如，许多在线平台上开设了教师在线培训课程，在虚拟课程中，往往将学习者按照同质或者异质分组，使学习者在组内能够分享、协商，共同完成教学制品等。

在线学习给学习者提供开放自主的学习环境，学习者能够利用网络工具共享各种信息资源，从而共同完成学习任务，实现教师的全面发展。其具体的特征介绍如下。

(1)资源共享

教师在学习共同体中，往往通过彼此间的交互、共享等，实现个体知识的建构。由于教师个体知识建构的特殊性，要求教师学习共同体中的知识来源于教师的教学生活和社会生活，立足于学科教学实践性知识的运用、深化和拓展。网络学习共同体中的资源主要包括成员之间的资源共享和公共资源的相互分享。网络环境能够为教师提供共享协作空间、资源空间和个人私有空间。共享协作空间指论坛和聊天室等，在共享协作空间中，学习者之间可以进行讨论、对话和聊天等；资源空间指学习共同体成员能够获得的关于教育学的相应的媒体知识库；教师在学习共同体中能够使用博客、电子邮件、在线编辑文档等工具，具有自己的私人空间。教师间通过这种深层次的交互，能够实现教育资源的深度共享，以发挥教育资源的最大效益。

(2)交互的多样性

交互的多样性主要表现在方式的多样性和领域的多样性。教师网络学习共同体中教师的交互更为便捷，教师不仅能够阅读在线文章和观看在线课程，更能够参与相关群组的讨论，学习方式由以网络个体为中心转向以网络群组为中心。网络环境为教师

---

①　李海峰、王炜：《社会系统理论视域下的在线学习共同体构建》，载《中国电化教育》，2018(6)。

在线学习提供了一种独特的情境交互空间，为教师的合作互助提供便捷的技术平台。此外，组成在线学习共同体的成员往往来自不同的领域，每位教师具有独特的领域知识，在共享中，不断扩大学习共同体的知识范围，参与学习共同体中的成员均能够从中获益，不断扩充自身的知识结构。

（3）特殊的内部约束机制

网络环境下的教师学习共同体是虚拟的，组成共同体的成员可能来自不同的学科、不同的领域，这些不确定性均要求网络学习共同体应具有一定的约束机制，为实现共同体的目标提供一定的环境支持。参与学习共同体的成员要做出必要的承诺，并且愿意为共同的目标和任务投入一定的时间和精力，为共同体的建构提供技术和智慧支持。①

国内在线教师学习共同体也在不断发展。随着网络技术的不断发展，基于论坛、博客、QQ 群等平台构建教师学习共同体已逐渐普遍。其中，影响比较大的有苏州教育博客、海盐教师博客、成长教育博客、浙江教师研修网、宁波教师教育网和天河部落等。以下我们将以"在线教育资讯网"为例，来了解教师在线学习共同体的结构。

6.3.3　教师在线学习共同体的构成要素

建立一个学习共同体，需要考虑各种要素的作用。教师在线学习共同体借助网络平台，以成员专业发展为核心，教师有着强烈的学习愿望和研究精神，在网络平台中，围绕着共同的愿景，遵从同样的规范约束，通过不断的学习、交流、共建共享等活动，最终实现共同发展。教师在线学习共同体主要由共同体成员、共同愿景、技术支持、规范约束以及共同活动五个方面组成。②③

6.3.3.1　共同体成员

共同体成员是学习共同体最基本的构成要素，由学习者、指导者与组织者共同构成。学习者由刚加入学校的新教师或同辈教师组成，是学习共同体的核心组成成员。学习者平时教学任务繁重，无法抽出时间，希望能够通过学习共同体提高自己的教学技能，具有较强的学习积极性。指导者包括辅导教师、优秀教师和专家，是共同体的关键要素。他们具有丰富的经验，能够为学习者提供多维度的指导和咨询，能够实现

---

①　周速：《网络环境下教师学习共同体对教师专业发展的支持》，载《电化教育研究》，2007(6)。
②　林文婷：《大数据时代教师网络学习共同体构建模式探究》，载《软件导刊(教育技术)》，2016(3)。
③　胡小勇：《促进教师专业发展的网络学习共同体创建研究》，载《开放教育研究》，2009(2)。

全方位的交流和共享。组织者包括管理经验丰富的教师和专家，是共同体的重要因素。他们能够结合不同目标，提出不同类型的主题，并将拥有共同愿景的成员组织起来，构建一个凝聚力强的学习共同体。与此同时，他们能够调动一切可利用的资源，组织有利于学校发展特点的学习共同体，带动共同体组织的良性发展。

6.3.3.2 共同愿景

共同愿景是共同体形成和发展的前提。它是成员共同持有的意象或景象，能将成员紧紧结合起来，使成员产生归属感，成为默契的学习伙伴，激发新的思考与行动方式，产生更大的凝聚力，促进教师专业水平的提高，当学习过程出现挫折或困难时，共同愿景能引领成员朝着正确的方向前行，不偏离最初目标和轨迹。

6.3.3.3 技术支持

技术支持是共同体正常发展的基本保障。网络平台为共同体成员彼此的学习交流和反思提供技术支持。共同体成员通过 QQ 群、邮件、微信群、微博等交流工具，实现同步实时交流和异步沟通分享，满足教师多方位的学习需求，有效解决教学困难，提升专业能力。

技术平台和工具是影响教师在线学习社区形成和运作的关键。为了支持教师的活动，共同体平台应为对话和反馈、内容构成和分享、小组活动和协作知识建构提供更多的机会，要能够支持学习者的个性化学习需求，具有社交性。社区平台要能够支持参与者的互动和协作，因此，它应该包含以下三个最基本的内容。

①虚拟空间。教师能够相互交流，共享学习材料，并与其他成员合作。

②社区记忆。要能够记录学习共同体中发生的变化，即社区知识、社区进化和发展，以及其运作历史。

③社区储存库。包括参与者的活动、学习材料和通过个人和协作创建的人工制品。

例如，齐奥塔基斯和吉莫伊安尼斯[①]基于以上原则搭建了社区平台模型，如图 6-11 所示。

6.3.3.4 规范约束

规范约束是共同体成员共同遵守的行为准则。网络学习共同体突破了时空局限性，使成员间的交流更加方便与灵活。任何一个组织的构建都必须遵循共同的规范和约束条件，在网络平台中，只有共同体成员都提高自我约束力，自觉遵守共同规范，才能

---

① P. Tsiotakis, A. Jimoyiannis, "Critical factors towards analysing teachers' presence in on-line learning communities," *The Internet & Higher Education*, 2016(1), pp. 45-58.

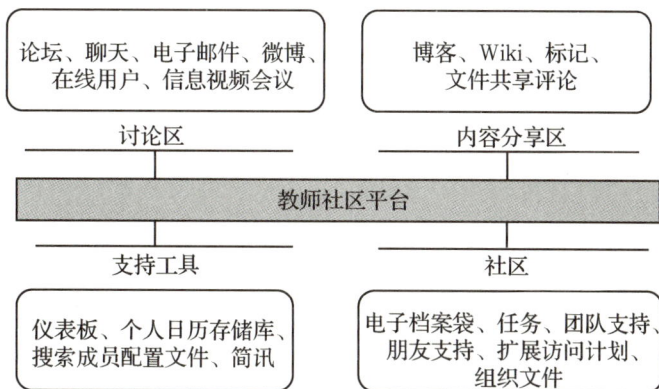

图 6-11　社区平台模型

保证共同体活动公平、公正、有序地开展，才能有利于实现教师专业发展。

6.3.3.5　共同活动

共同活动是共同体发展的催化剂和实现方式。由于工学矛盾、时空局限等原因，高校教师开展当面交流的难度较大，通过共同活动能有效缓解这种矛盾。一方面能将参与者聚集在一起，调动学习者的积极性，增加成员之间的交流，推动教师学习共同体的发展和进步；另一方面，可以通过专家引领、课题活动、结伴合作等方式分享彼此的经验，讨论研究，使教师在交互过程中产生归属感和在场感，更好地完成学习目标。

基于教师在线学习共同体构成要素分析，林文婷建构了促进教师网络学习的共同体模型，如图 6-12 所示。

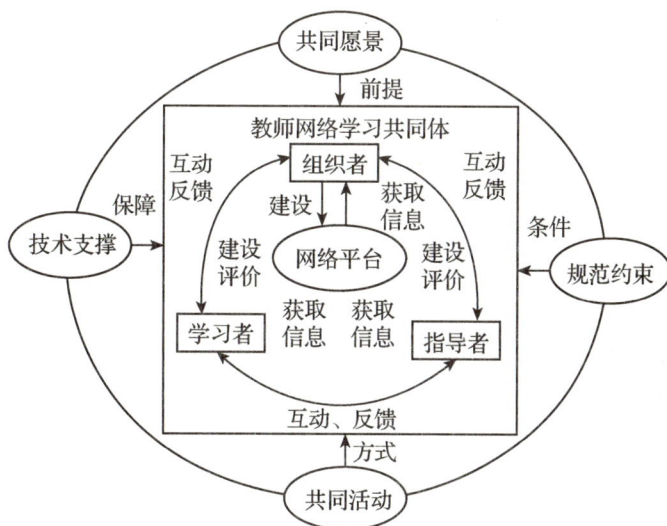

图 6-12　教师网络学习共同体模型

6.3.4　教师虚拟学习共同体的演化

虚拟学习社区建立以后会经历不同的演化阶段，其中一些虚拟社区已经发展起来并且步入稳定运作的阶段，也有一些社区由于各种各样的原因已进入衰落阶段，甚至消亡了。教师虚拟学习社区作为其中的一种，我们要了解教师虚拟学习社区中演化过程的影响因素，才能够采取一定的手段进行干扰，以促进教师学习共同体的持续发展。

6.3.4.1　教师虚拟学习社区的生命周期模型[①]

虚拟社区具有不同的演化阶段，每个阶段具有不同的需求和特征，建立虚拟学习社区必须着力考虑社区成员以及整个社区在每一阶段的需求。[②] 伊里贝里和勒罗伊根据信息系统的生命周期提出了一个五阶段的虚拟社区生命周期模型，包括开始阶段、产生阶段、成长阶段、成熟阶段、消亡阶段，如图 6-13 所示。

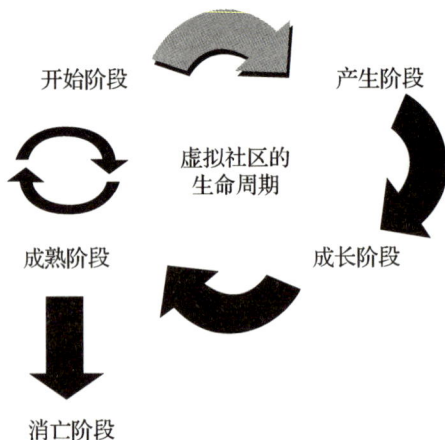

图 6-13　虚拟社区生命周期模型

我国学者区詠结合教师的专业发展，指出动态性、持续性决定了教师虚拟学习社区的持续发展。虚拟学习社区最好能够持续发展以致动态稳定，且这两个阶段保持的时间越长就越有利于专业发展。"动态稳定"是指虚拟社区经历持续发展以后，若其规模（参与人数）及其信息流量在较长的一段时间内能够维持在一定的水平，则虚拟社区

---

① 区詠、李克东、柴少明：《教师虚拟社区演化的研究——以台湾 WIDE KM 教师入口网社区为例》，载《电化教育研究》，2016(1)。

② R. Kling, C. Courtright，"Group Behavior and Learning in Electronic Forums：A Sociotechnical Approach," *Information Society*，2003(3)，pp. 221-235.

在这段时间内处于动态稳定状态，但是考虑到虚拟学习社区发展变化的渐变性，虚拟学习社区在经历持续发展和动态稳定的过程以后仍旧会逐渐衰落，最终消亡。作者结合伊里贝里和勒罗伊提出的虚拟社区生命周期模型提出了教师虚拟学习社区的生命周期模型，构建了一个八阶段的生命周期模型，如图 6-14 所示。

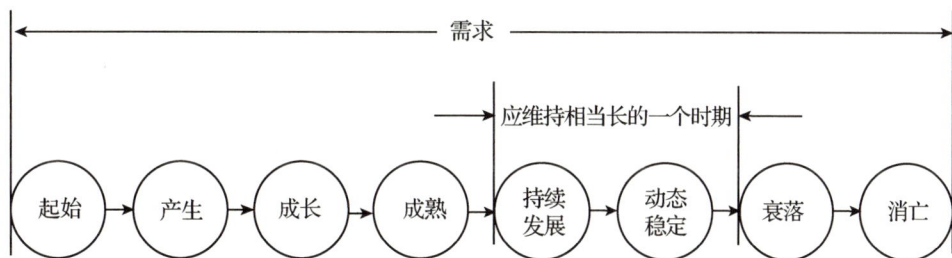

图 6-14　教师虚拟学习社区的生命周期模型

6.3.4.2　教师虚拟学习社区演化的影响因素

教师虚拟学习社区生命周期中的各个阶段均具有影响其演化的重要因素，具体分为以下几个方面。①开始阶段：目的、对象、社区规则、商标、资金/收入来源。②产生阶段：以成员用户为主导的社区设计和演变、界面的可用性、工具的可用性、社区网站系统的稳定性、社区网站系统的性能、个人资料的安全性和隐私度、身份持续性、匿名性、协调者的作用。③成长阶段：社区吸引力、对象的初始关系、初始联结、社区的成长管理、信任感的建立、对互动的支援、内容的更新和质量、网下活动。④成熟阶段：定期的网上活动、完善的社区管理、对成员贡献的认可、对成员忠实性的认可、完备的用户工具。⑤消亡阶段：成员的参与性差、社区的内容不足、社区的内容欠缺组织、成员乐意分享信息的程度低、成员羞于公开发表意见、成员间的联系薄弱、社区缺乏匿名性、成员担心隐私和安全、成员资格期限短暂、成员受时间的限制。

虚拟社区持续发展的研究涉及所需条件、社区特点、影响因素、参与性、动力以及技术支持等方面。结合教师虚拟社区演化的影响因素对社区持续发展的后续影响，总结出影响教师虚拟社区的持续发展和动态稳定的因素包括社区的领导角色、对社区的监察、内容的质量和有用性、成员的满意度、对成员贡献的认可、对成员忠实性的认可、线上线下活动以及情感的投入，这些因素是影响教师虚拟社区持续发展以致动态稳定阶段的重要因素。

综合以上内容，并结合具体的实验验证，有关学者对教师虚拟学习社区的生命周期模型和各个演化阶段的影响因素进行了建构，如图 6-15 所示。

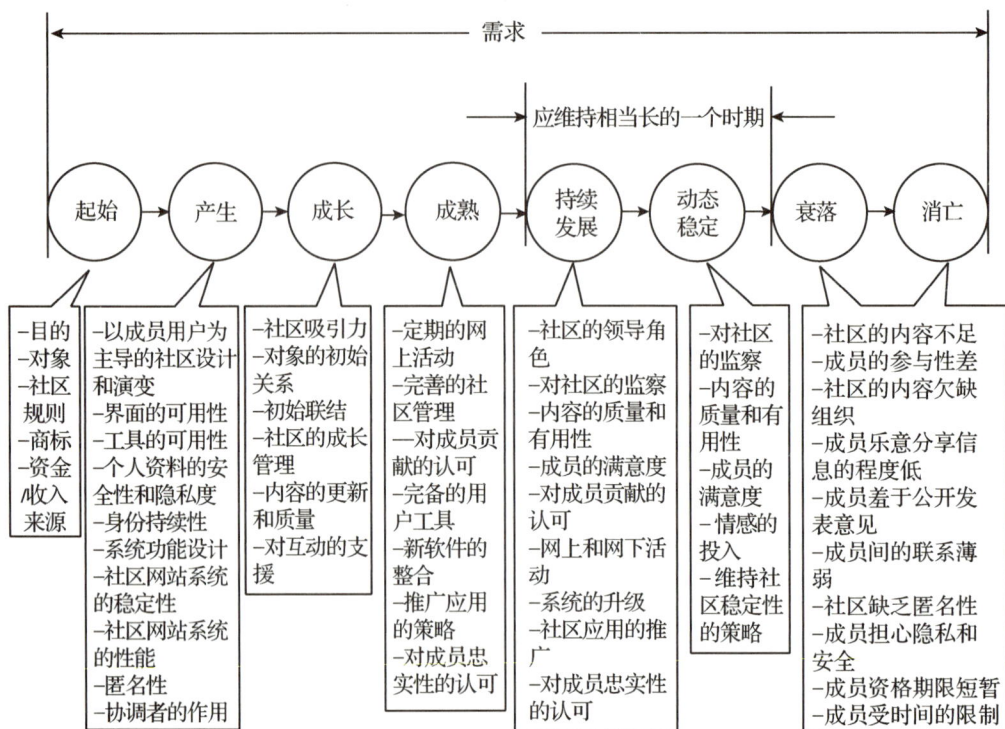

图 6-15　教师虚拟学习社区的生命周期模型和各个演化阶段的影响因素

该模型综合了教师专业发展的特点以及一般虚拟社区演化的过程，形成了教师虚拟学习社区的演化模型及各阶段的影响因素，这为我们建立教师在线学习共同体的发展提供了重要的参考和指导价值。

6.3.5　教师在线学习共同体的评估

针对在线学习共同体的研究，学者不仅关注其设计和实施手段，还关注在线学习社区的评估，以评估哪些设计能够提高在线学习共同体的有效性，并且成功地促进已经明确的学习活动。教师在线学习社区作为教师专业发展中越来越重要的方式，我们必须了解教师在线学习共同体的有效性。

6.3.5.1　在线学习社区的常见评估方法[①]

柯和霍德利通过大量的文献综述，归纳出评估在线学习社区的方法，并对多种方

---

① F. Ke，C. Hoadley，"Evaluating online learning communities，"*Educational Technology Research & Development*，2009(4)，pp. 487-510.

法进行了分类说明，具体分类如图 6-16 所示。

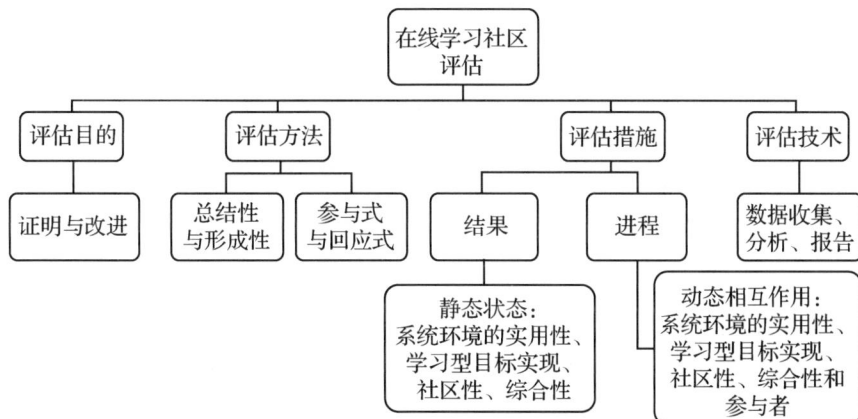

图 6-16　在线学习社区评估方法分类

在线学习社区的评估方法主要有评估目的、评估方法、评估措施和评估技术四大类。

评估目的——研究的起点是确定每项研究的目的，研究目的主要分为两大类：证明和改进。具有"证明"的研究记录和描述了在线学习社区对解决诸如以下问题的影响，如"在线学习是否促进了学习社区的出现和社区成员之间的知识建构和网络形成"。具有"改进"目的的研究侧重于解决以下问题，如"能够设计有效的沟通工具和支持性工具来促进学习社区的发展""哪些过程变量影响了学习社区的发展"等，通过最终结论来指导在线学习社区的发展和改进。

评估方法——评估方法分为总结性、形成性、参与式和响应式四类。总结性评估一般用于检查学习社区效果的证据，如社区成员之间的协作知识建构和社交网络、进行在线观察、在线成绩单、深入访谈等。参与式评估包括参与者进行的内部评估和外部评估。在线学习社区参与者可以进行自评，为评估过程增添了新的因素。评估者能够通过充分发挥观察者的作用，能够对参与者的在线活动内容进行存档，并进行内容分析。

评估措施——在线学习社区中使用了各种各样的措施，在研究中主要测量的两个构建体是结果和过程。检查结构结果的评估人员要从：系统环境的可用性（包括规则和工具）、学习成就、社区性以及三个维度的整合来进行评估，如图 6-17 所示。系统环境的可用性旨在为学习社区开发更加有效的在线环境，专注于社区的支持环境；学习目标的实现通常是对在线学习社区有效性的审查，审查的对象不仅是个人，还包括在线学习社区对其他人（学校、专业组织或整个社会）的价值；社区性应来衡量在线学习社区和一般虚拟学习群组，社区包括两个方面的内涵，一个层面指积极参与——社区学习需要成员积极参与，另一个层面是良好的社交能力——社区的参与者同时具有学术和社交上的交流。审查过程构建的评估者需要测量上述结果维度中的动态开发过程——交互，如"系统环境的可用性对在线学习成就和社区性的水平的影响"，如图6-18所示。通常需要测量在线学习者的在线学习参与，包括会员增长、平均会员持续时间、活跃参与者和潜伏者的数量、每个消息的数量时间单位、参与时间、主题讨论的数量、产生的新想法的数量、互动中的同理程度、在线交流中的社交线索的数量，以及社区成员帮助其他成员的程度等。

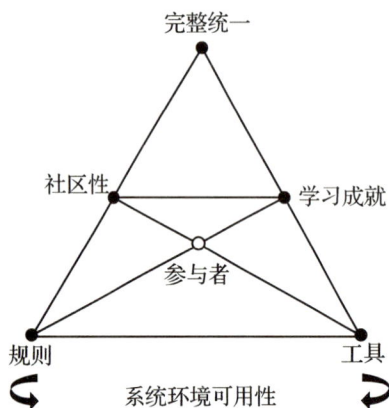

图 6-17　结果建构的措施　　　　图 6-18　流程建构的措施

　　评估技术——研究采用的数据收集技术多种多样，可以分为客观、定性或混合。客观数据收集通常是基于绩效的评估，如记录在线活动、交互，进行知识掌握测验等。定性数据收集通常通过与参与者和专家进行访谈、让参与者和专家填写态度问卷等来收集数据，数据的收集是纵向的，可以持续到在线学习社区的各个发展阶段。相应的在线学习社区采用了各种数据分析技术，如针对在线交互的内容分析或话语分析；为检验在线学习社区的成功，可从在线学习成绩、活动日志或调查中量化的数据，进行描述性或相关性统计分析；从交互的视角来看，可采集学习者在线讨论的数据，收集相关的参与指标数据，如发送消息的数量、主题讨论的数量以及活跃参与者的数量，进行内容分析和社会网络分析，以检验社区的成功。

6.3.5.2　评估教师在线学习共同体效果的工具

　　教师学习共同体的核心是促进社区成员之间的交互共享，实现知识的建构。为了更好地理解教师学习共同体的有效性评价，我们在文献分析的基础上明确了常见的评价方法，主要分为两类：内容分析法、社会网络分析法。内容分析法能够对教师学习共同体成员的专题讨论的话题进行分析，以确定成员之间的交互质量、特点和知识建构的水平。社会网络分析法能够分析教师在共同体中的互动情况，分析教师之间在讨论中所形成的学术对话关系，明确共同体中社会网络的形成、成员的角色、地位和成员之间的网络连接强度。

（1）内容分析法

内容分析是一种基于定性研究的量化分析方法，以定性研究为前提，找出能反映研究内容的一定本质的量的特征，并且将它转化成定量的数据，获得从定性的数据中难以发现的联系和规律。

在早期网络学习中，希尔兹提出了利用内容分析法对网络异步讨论进行分析，亨利等人提出了分析学习者高级思维能力发展的模型，还有研究者提出五个水平层次的交互知识建构模型。这些研究以单个的帖子为基本分析单元进行分析，能够详细地解读质性内容中存在的信息。国内有关内容分析的案例有很多，其研究过程如案例 3 所示。

案例

教师虚拟学习社区中的知识建构水平分析

李彤彤曾对教师虚拟学习社区中知识建构水平进行研究，通过采集教师使用频率较高的四个论坛 K12 教育论坛、教育在线论坛、中国教师论坛、教师之家，对它们的域名注册时间、会员总数和帖子总数进行比较，并选择其中较具有价值的帖子进行统计分析，并借鉴话语分析编码表（Community of Inquiry Coding Template）和甘永成教授的学习论坛内容的知识建构的分类与标志编码系统的基础上，建立了包含 12 大类 34 小类的编码系统。具体编码表可在网上进行查找。

此外，作者根据帖子内容，将帖子进行编码，如表 6-2，为进一步分析不同内容类型在写作知识建构各阶段的含义，作者将各内容类型进行分析并将其纳入各阶段，以评测教师的协作知识建构水平。

表 6-2　帖子内容摘录及编码示例

帖子内容	编码类型	编码符号
学习并思考：如何才能摸得着学习的"大门"？	劣构性问题	1
是不是可以这么理解：一个符号的学习，需要经验的支撑。当有实物支撑的时候，用实物最好，如说拿一片树叶到讲台上讲树叶的知识；如果没有实物，就可以让孩子想想这些实物，让知识和这些表象相联系。	深层阐述	5
针对不同的学生，教师要调整方法，减少学生对自己的负面影响！	综合、结论	7a
我们怎样思维——经验与教育（约翰·杜威）1. 思维等同于信念……	引用	10
欣赏！赞！期待更多精彩。	情感交流（正面回应）	11a

通过内容分析法，作者发现社区内教师的知识建构层次并不高，教师参与互动的

频率不均衡，指出社区中需要采取一定的措施来创设冲突、辩护和协商的讨论氛围，以促进教师协作知识的建构。

（2）社会网络分析法

内容分析法是以单个帖子为基本分析单元，但是这种分析不能体现学习者之间的互动。在学习共同体中，我们不仅要关注学习者之间是否通过专题讨论开展了有效的互动，还要关注学习者互动过程中的交互质量。因此，我们需要借社会网络分析法来分析整个社区的构成。

社会网络分析指的是社会行动者及其关系的集合，即一个社会网络是由多个点（社会行动者）和各个点之间的连线（行动者之间的关系）组成的集合。用点和线来表达网络。社会网络强调每个成员都与其他成员有着或多或少的联系。社会网络分析法注重如何建立这些练习的模型，并力图描述群体关系的结构，进而研究结构对群体功能以及内部个体的影响。常见的网络分析的软件有 Ucinet、NEGOPY、Blanch、SocioMetrica Suite 和 Pajek 等。具体见案例 4。

案例

社会网络分析——评估教师学习共同体成员在社区内信息传播的影响[①]

研究者为了研究教师在线学习社区中存在的关键因素，搭建了相应的社区平台和框架，为了分析该社区平台的有效性，作者采集社区内成员在平台中参与讨论的数据，量化为矩阵，采用 Ucinet6.0 进行社会网络分析，以确定成员之间的互动关系、社区结构和凝聚力。

作者采用中心度分析，来解释网络的运作特征，并评估每个成员在社区内传播信息的影响。具有高度中心性的教师是社区网络中最活跃、最受欢迎、最具影响力的成员。他们往往与其他教师有较多的联系，是重要的社区成员，能够有效地传播信息和影响他人。

图 6-19 揭示了社区平台中教师活动的特征向量中心图，它能够全面反映每个参与者对社区的影响。例如，T 主要负责领导社区运作，促进教师参与，并能够从其他教师那里接收大量的帖子。位于地图中心附近的教师（P8、P54、P82、P49、P94）是社区中最有效和最成功的成员，可以引发其他教师发起新主题并保持成员之间的可持续讨论和联系。他们是社区中最活跃、最有影响力的成员，因为他们与其他参与者有许多联系。随着移动到外围，教师不那么强大，对社区活动的贡献减少。通过对社区中其他教师的评论和讨论发布，外围成员没有表现出任何互动或可见的存在。

---

① P. Tsiotakis, A. Jimoyiannis, "Critical factors towards analysing teachers' presence in on-line learning communities," *The Internet & Higher Education*, 2016(1), pp. 45-58.

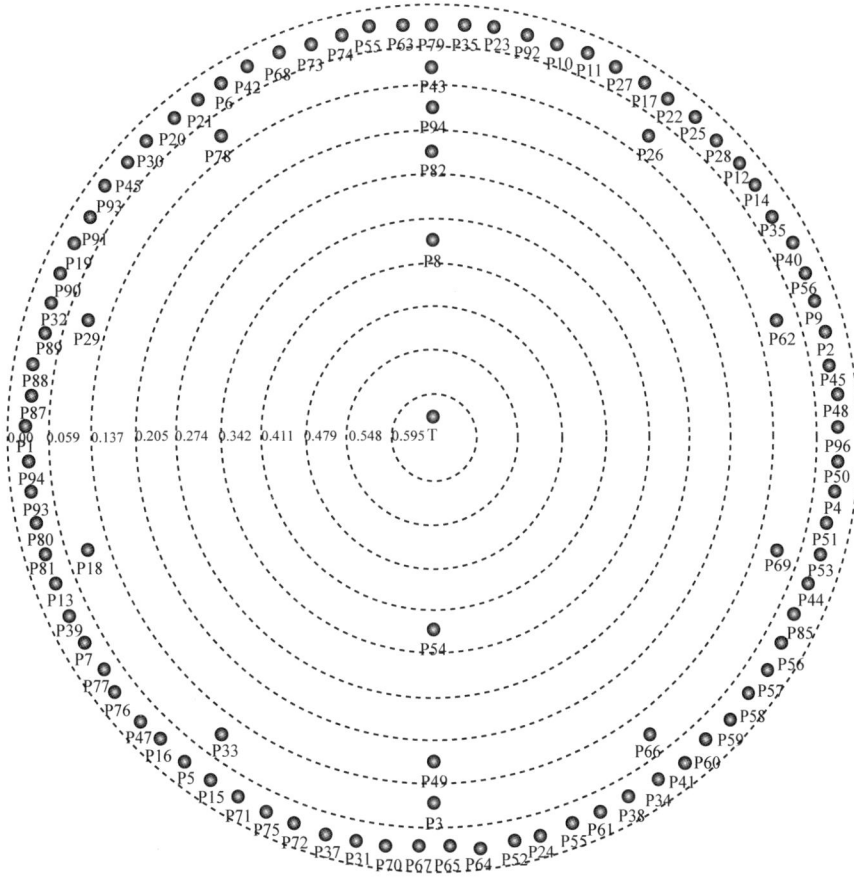

图 6-19　特征向量中心图

　　图 6-20 是整个社区网络的度中心性，包括成员之间通过平台各个子系统的连接。教师 P8、P49、P54，P78 和 P82 是最强大的成员。此外，教师 P42，P66，P86 和 P94 是社区成员中的良好响应者和连接者。另外，我们发现 47 名教师在社区活动中处于边缘地位。尽管这些教师经常与平台建立联系并且似乎参加其中的各种讨论和活动，但他们与社区中的其他成员分享帖子和信息没有明显的联系。这些教师被定性为潜伏者，即从未在他们所属的社区中发布的成员。

　　此外，凝聚力分析旨在揭示社区的体系结构，即社区成员（团体）的子群体的存在。社团成员之间往往有着紧密的联系和相互关系，他们的内部联系多于外部，这种关系推动着社团进化和协作知识的建构。一个团体中包括的成员数量决定了参与者之间互动的范围。凝聚力指数是团体内部存在的相互关系（联系）的强度的度量，反映团体成员之间交换职位的数量。如果内聚力指数大于 1，那么这个特定团体就构成了一个高度内聚力子群。

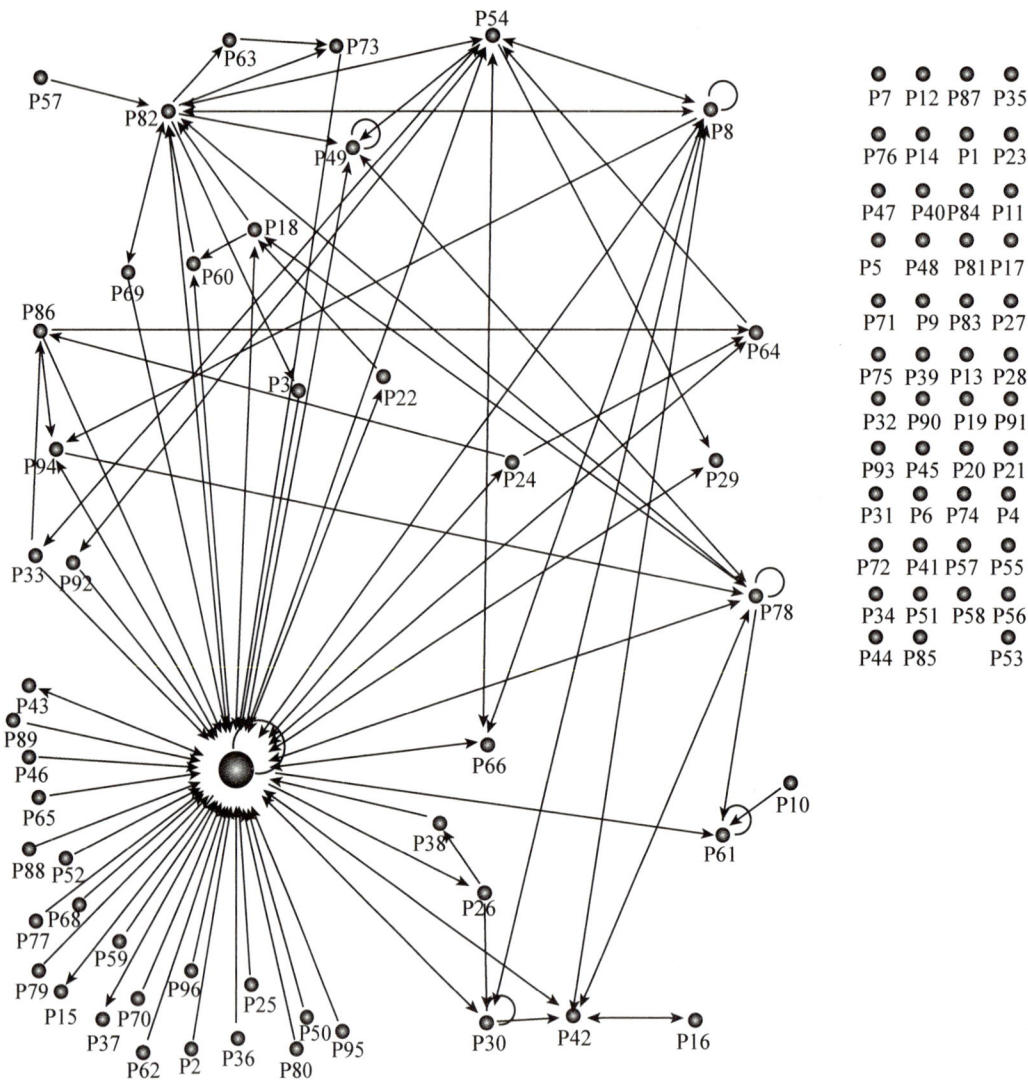

图 6-20　度中心性测量

6.3.6　本节小结

  基于网络学习共同体进行教师在线专业能力发展，顺应了时代发展的潮流，成为教师专业发展的主流形式，具有广阔的研究前景。此外，随着教师对网络认知工具应用技能的加深，网络已经被认为是提升教师专业技能的重要手段和工具。这不仅关系到教师自身的制约因素，还关系到教师网络学习共同体中的平台环境、内容学习和交互活动的设计。因此，我们应该从教师的实际需求出发，构建具有内部约束机制的网络学习共同体；不断改进技术平台，支持学习者的多维度互动，设置具有实用主义的教学交互区域，包括学科内容交互区、教学活动探究区、教学经验交流区，并为教师提供一对一指导、教师间的对话和群体交互等多维度交互关系，保障教师在线学习共同体的全面发展。相信随着网络共同体平台功能的逐步完善和增强，教师网络学习共同体将成为促进教师专业发展的重要途径。

6.4
群体知识图谱建构

🎯 学习目标

1. 学习掌握知识图谱的内涵、类型和意义。
2. 了解知识图谱的建构方法。
3. 了解群体知识图谱在教师在线培训中的应用。

随着信息时代的高速发展，各个学科领域的信息量和知识量都飞速增长，知识之间的关系结构错综复杂，研究脚步也不断拓宽和加深，其知识结构和研究脉络亟待梳理，以保证科学研究的稳固推进，知识图谱应运而生。基于知识图谱的教师在线培训增强了教师的交流互动和群体知识发展，推动了教师专业化发展。

6.4.1　知识图谱的产生和发展

6.4.1.1　知识图谱的产生

1955 年，加菲尔德在科学杂志上发表了一篇论文，首先提出科学引文索引，在一篇重要的文章中，引文索引有一个量化的值，这有利于科学家研究文章的影响力，即"影响因子"。他的论文奠定了引文分析的基础，推动了代表学术共同体的多学科数据库——引文索引数据库的发展。[①] 1965 年，普赖斯在其论文《科学文献的网络》中提出利用科学文献之间的引证关系——引文网络来研究科学领域的知识结构和发展脉络。以前的研究者虽然没有明确提出"知识图谱"这个术语，但是他们对引文分析以及将科学文献结构可视化的研究都推动了知识图谱的产生。[②]

---

① 陈悦、刘则渊、陈劲等：《科学知识图谱的发展历程》，载《科学学研究》，2008(3)。
② 陈悦、刘则渊、陈劲等：《科学知识图谱的发展历程》，载《科学学研究》，2008(3)。

20 世纪末，迅猛发展的信息网络、不断完善的引文分析研究以及逐步提高的信息可视化技术，共同推动了知识图谱的研究和使用。2003 年，美国国家科学院召开了旨在探讨知识选取与整合的研讨会，知识图谱的概念被正式提出，相关研究随之展开并逐步深入。[①]

6.4.1.2　知识图谱的发展

2012 年 5 月 16 日，谷歌公司发布了知识图谱技术，该技术更好地协助搜索引擎检索信息，将搜索结果进行知识系统化，方便用户更快、更简便地发现新的信息和知识。知识图谱技术支持用户按主题而不是按字符串检索，真正实现了语义检索。[②] 与以往的检索方式相比，知识图谱技术通过以下三个方面大大提高了谷歌信息检索的效果：①找到正确的检索结果；②获得最优的结构化摘要；③检索过程向深度和广度迈进。谷歌提出的知识图谱一经推出，便在互联网行业引起一股热潮，相关研究不断开展和深入，其概念和建构技术也被应用到其他各个学科领域，产生热烈反响，研究者相继开展有关理论和技术的各项研究。

谷歌发布的知识图谱(Knowledge Graph)，与开始提到的基于引文分析的知识图谱(Mapping Knowledge Domains)的概念已经不大相同了。"Knowledge Graph"拓宽了"Mapping Knowledge Domains"的意义，后者基于文献检索，旨在发现各学科中研究者及其研究内容的关联程度及其影响程度。新的知识图谱不再局限于文献引文范畴，而是加强对知识本身的收集、分析和整理，其结果适用于多学科多领域，为显示各学科领域的知识结构、研究方向和研究进程提供了有利的支撑和有效的参照。

在教育领域，也开展了知识图谱的相关研究，但数量较少。eduKG 平台是一个集成大规模 K-12 基础教育领域的知识图谱平台，它为学习者提供了该领域内语文、数学、英语等九门基础学科的相关知识图谱。由北京师范大学现代教育技术研究自主研发的学习元平台不仅为课程参与者提供了个人知识图谱的建构功能，在此基础上还开发了群体知识图谱的协作编辑功能。借助学习元平台，崔京菁等人发现群体知识图谱建构活动能提高小学五年级学生的学习效果[③]；马宁、谢敏漪等通过教师在线培训活动，发现建构群体性知识图谱有助于教师实践性知识的增长；马宁、崔志军等采用准实验研究法发现群体知识图谱建构活动能够促进参训教师的知识建构水平和合作倾向。

---

① 崔京菁、马宁、余胜泉：《基于知识图谱的翻转课堂教学模式及其应用——以小学语文古诗词教学为例》，载《现代教育技术》，2018(7)。

② 刘峤、李杨、段宏等：《知识图谱构建技术综述》，载《计算机研究与发展》，2016(3)。

③ 崔京菁、马宁、余胜泉：《基于知识图谱的翻转课堂教学模式及其应用——以小学语文古诗词教学为例》，载《现代教育技术》，2018(7)。

6.4.2　知识图谱的内涵、类型和意义

6.4.2.1　知识图谱的内涵

知识图谱的研究不断推进，国内外关于知识图谱的定义没有统一，以下列出一些权威学者所做的定义。

国外研究者提出知识图谱是一个新兴跨学科交叉领域，旨在通过记录、数据挖掘、分析、分类等方法，对知识进行导航和展示，以表证知识结构，便利知识信息获取过程。

陈悦和刘则渊将知识图谱定义为可视化地描述人类随时间拥有的知识资源及其载体，绘制、挖掘、分析和显示科

> **知识图谱**
>
> 知识图谱以网状图来表征知识结构，图中包含节点和连线。知识图谱中的节点表示现实世界中的实体。连线表示实体与实体间的相互关系或者实体的属性。知识图谱的基本组成单位是"实体—关系—实体"三元组，以及"实体—属性—属性值"三元组，实体之间通过关系连接，进而构成复杂的网状结构。

学技术知识以及他们之间的相互联系，在组织内创造知识共享的环境以促进科学技术研究的合作和深入。①

梁秀娟认为，知识图谱是将复杂的科学知识领域通过数据挖掘、信息处理、知识计量，绘制可视化图形的方式展现知识结构关系与演化规律。② 知识图谱能够表征动态发展的知识结构，在展示学科内以及学科间知识的现实状况基础上，更揭示了知识间的联系和发展规律。③

秦长江和侯汉清认为，知识图谱是把应用数学、图形学、信息可视化技术、信息科学等学科的理论和技术与引文分析、共线分析等方法结合，用可视化的图谱形象地展现学科的知识结构、发展进程和前沿领域的多学科融合的一种研究方法。④

6.4.2.2　知识图谱的类型

按照研究对象的规模分类，知识图谱可以分为基于单样本的知识图谱和基于样本集的知识图谱。

按照研究内容的领域来分类，知识图谱可以分为一般化知识图谱和领域知识图谱。

---

① 陈悦、刘则渊：《悄然兴起的科学知识图谱》，载《科学学研究》，2005(2)。
② 梁秀娟：《科学知识图谱研究综述》，载《图书馆杂志》，2009(6)。
③ 梁秀娟：《科学知识图谱研究综述》，载《图书馆杂志》，2009(6)。
④ 秦长江、侯汉清：《知识图谱：信息管理与知识管理的新领域》，载《大学图书馆学报》，2009(1)。

前者应用于各类搜索引擎，整合各领域知识形成一般化的知识图谱，如百度公司的知心、搜狗公司的知立方。后者是专注于某一个领域的知识内容而形成的知识图谱，如影视领域的互联网电影资料库、金融领域的文因互联。

按照研究内容来分类，知识图谱可以分为文本知识图谱、视觉知识图谱、多模态知识图谱。文本知识图谱是以文本为主要研究内容，分析文本内的知识信息；视觉知识图谱是以图像为主要研究内容，分析图像内的知识信息；多模态知识图谱则是分析文字、声音、图像、视频等多模态的数据和信息，进而形成的知识图谱。[①] 后文谈到的知识图谱建构方法是指基于文本的知识图谱。

按照建构知识图谱的参与协作者来分类，知识图谱可分为个体知识图谱和群体知识图谱。个体知识图谱是个人基于自身的知识储备自主建构的，反映个人的知识结构；群体知识图谱是由群体协作建构的，协作过程中需要群体成员不断地交流和沟通，以最终确定知识点的取舍和关系结构，反映了群体知识的凝结。[②]

6.4.2.3　知识图谱在教学中应用的意义

1. 知识图谱直观地展现学科领域的知识结构体系和发展脉络

以往知识点在文本中被梳理和记录下来，篇幅巨大，对于关键事件和信息的查找困难，知识的结构层次不清晰，其他研究者难以对其进行二次修改和及时更新。知识图谱依托于可视化技术，利用网状图谱展现知识结构，以节点表征知识，以连线表征知识的属性或知识之间的联系，这样的表现形式更加直观形象，便于研究者和学习者发现知识之间的关联程度。

根据知识图谱中知识节点的疏密程度和节点间的连线情况可进一步分析知识的发展深度和广度。核心—边缘的网络结构显示学科领域内知识的发展脉络，位于核心的知识节点往往是研究的热点或者研究领域的最关键知识，其他知识节点依托核心知识节点展开，并不断延伸扩展，形成次要的关键知识节点，表现知识研究的广度。一条连线上的节点数越多，表明有关该连线上的知识研究开展越深入，对知识的挖掘更加深刻。

2. 知识图谱为教学提供参考和指导

把知识图谱应用到教学中，能够帮助学生反思和总结所学知识，同时教师可以根据反馈的学生知识习得情况，重新规划教学步伐，提升教学效果。在教学过程中，学习者通过自主构建个体初级知识图谱，帮助学习者回顾所学知识，梳理知识结构，更好地厘清知识之间的关系层次，增强学习的积极性；教师可以通过学生的个体知识图

---

① 朱木易洁、鲍秉坤、徐常胜：《知识图谱发展与构建的研究进展》，载《南京信息工程大学学报（自然科学版）》，2017(6)。

② 崔京菁、马宁、余胜泉：《基于知识图谱的翻转课堂教学模式及其应用——以小学语文古诗词教学为例》，载《现代教育技术》，2018(7)。

谱发现学习者的知识建构过程，了解学生的知识掌握情况，帮助不同的学习者制订更好的学习计划。

在个体知识图谱的基础上，学生共同建构群体知识图谱，教师通过对群体知识图谱的分析，更好地了解学生群体对知识的掌握情况，从而调整自己的教学方式和教学内容，设计和开展更有针对性的教学活动。学习者通过协作建构和完善群体知识图谱，鼓励学习者对知识进行深入的思考和挖掘，促进学习者修改和深化个体高级知识图谱，发展个体和群体的创造性知识。知识图谱直观清晰的层次结构有助于高自由度学习计划的实现，其基于深度交互的实时、动态变化方式，能够激发学生的学习兴趣，强化学生的学习动机。[①]

3. 知识图谱的建构推动教师专业化发展

不同类型的教师群体知识图谱建构完成后，可以为教师的专业发展提供专业帮助和推动力。基于学科知识形成的知识图谱直观地展现了学科领域的知识结构体系和发展脉络，教师可以借助该类知识图谱，认识自己所在学科领域的研究进程，弥补自己专业知识的缺漏，提升专业知识素养。建构基于教育管理方针的知识图谱凝聚了教育教学的模式经验、方法和政策等，为教师的教学管理提供指导。建构基于学术群体的知识图谱展现专业领域内关键人物之间的联系，能够深入了解每个学术群体背后所代表的研究流派，从宏观层面认识该领域的知识结构。[②]

6.4.3　知识图谱的建构方法

知识图谱有自底向上和自顶向下的两种建构方式。自底向上的建构方式是指从基层事件中抽取出实体或概念，然后分析被抽取的实体间的关系，构建本体，最后形成相应的知识图谱。自顶向下的建构方式与自底向上的建构方式相反，它是指借助已成型的可信本体库或者数据源，学习本体知识，依据本体性质来补充相关的实体对象、关系和属性，然后绘制知识图谱。

6.4.3.1　自底向上的建构方法

自底向上的建构方法是迭代更新的过程，每一轮更新都包括信息抽取、知识融合和知识加工三个步骤。[③] 三个步骤依次进行，最终完成知识图谱的初步构建，其完整过程如图 6-21 所示。

---

① 崔京菁、马宁、余胜泉：《基于知识图谱的翻转课堂教学模式及其应用——以小学语文古诗词教学为例》，载《现代教育技术》，2018(7)。

② 白文倩、李文昊：《国际教育技术学科学术群体知识图谱构建与分析》，载《中国电化教育》，2013(6)。

③ 刘峤、李杨、段宏等：《知识图谱构建技术综述》，载《计算机研究与发展》，2016(3)。

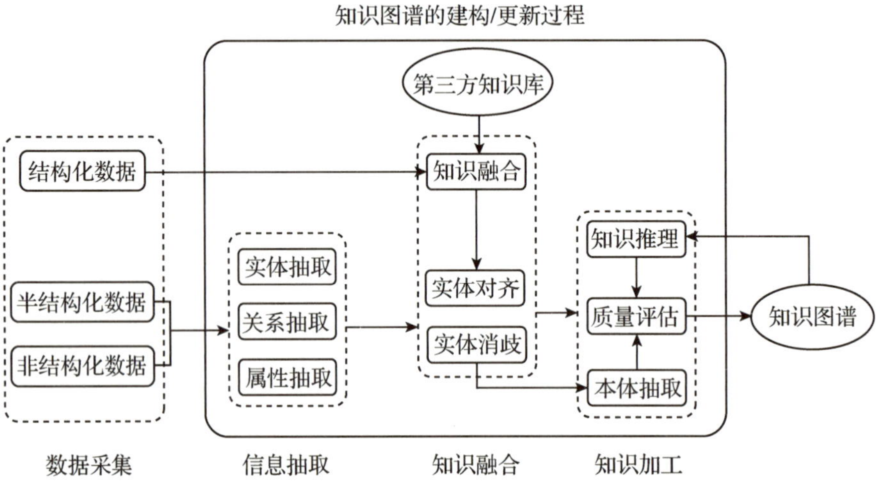

知识图谱的建构/更新过程

图 6-21 自底向上的知识图谱建构过程

收集的文本数据首先经过信息抽取，将其中的实体、关系或属性提取出来，对事件所蕴含的信息进行初步提炼。例如，"李白创作了《望庐山瀑布》这首诗"这个事件中存在"李白"和"诗作《望庐山瀑布》"两个实体，他们之间为作者和作品的关系；"李白，字太白，号青莲居士"这个事件中的实体是"李白"，并包含该实体的两个属性和值，一是"字—太白"，二是"号—青莲居士"。第二步，通过知识融合，消除信息提取过程中存在的歧义或冗余，以获得更加精练和准确的知识结构。例如，"番薯"在中国北方称为"地瓜"，南方称为"红薯"，最终选取统一的学名"番薯"作为该植物的命名实体。

通过信息抽取和知识融合已经能够初步建立一个不完整的知识图谱，但由于知识发展迅猛，一个固化的知识图谱难以完全表征知识结构和发展脉络，容易失去其效用。因此，为确保更准确地获得该领域结构化、网络化的知识体系，知识图谱需要通过知识加工的步骤来提升其质量，利用本体抽取、知识推理和质量评估三个子方法来实现知识图谱的更新和完善。

6.4.3.2 自顶向下的建构方法

自顶向下的建构方法与自底向上的建构方法相反。自顶向下的建构方式按照本体抽取、信息抽取、知识融合的顺序展开。首先，需要进行本体抽取，整理和制定规范化的知识结构范式；第二步进行信息抽取，对文本中的实体、关系和属性进行抽取；第三步进行知识融合，利用关系融合、实体对齐和实体消歧的方式将冗杂的知识信息进行辨析和整合。以上三个步骤的具体方法同自底向上的建构方式，不再赘述。

Metaweb 公司在 2007 年创建的开放共享数据库 Freebase 就采用了自顶向下的建构方式，它在 2010 年被谷歌公司收购。Freebase 规定了用户向其中添加的条目都采用结构化数据的形式，即它的创建团队先进行了本体抽取，于是向用户开放共享编辑之后，用户必须按照一定的规则向数据库中添加实体及其关联信息。Freebase 是建立在实体、事实、种类和属性概念上的。每一个实体都有一个固定的身份标识，属于一个或多个种类，并通过属性值来表征其在这些种类中的事实含义。

6.4.3.3　群体知识图谱的建构方法

学习元平台的知识图谱是作为一个内嵌工具存在的，它支持用户主动建构个人知识图谱以及协作编辑群体知识图谱，即处于同一群组的用户可以协作创建知识点，并对其加以描述和修改，与本组成员共同生成群体的知识点网络。学习元群体知识图谱的建构方法具体如下。

在学习元的"语义属性"功能中，用户可选择"群体图谱"并开始建构，点击图谱上的知识点，便会弹出图 6-22 中步骤 3 的按钮，这里点击"关联知识点"，用户便可为群体知识图谱创建知识节点，选择知识节点之间的关系（如包含关系），并且描述知识节点。

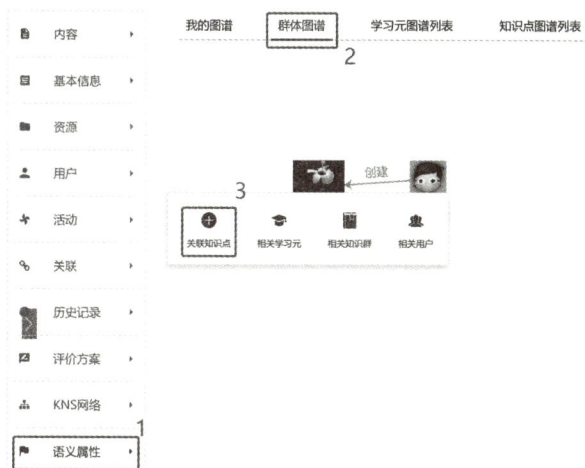

图 6-22　"群体知识图谱"功能界面

6.4.4　群体知识图谱在教师专业发展中的应用

基于知识图谱：教师在线培训的模式建构及实践应用如下。

1. 模式建构

马宁、谢敏漪等借鉴 Gunawardna 交互知识建构模型、Stahl 知识建构模型、王佑美协同知识建构过程模型、野中郁次郎知识转化模型，注重个体和群体的知识建构，设计了教师协同建构知识图谱的活动模型，（图 6-23）。

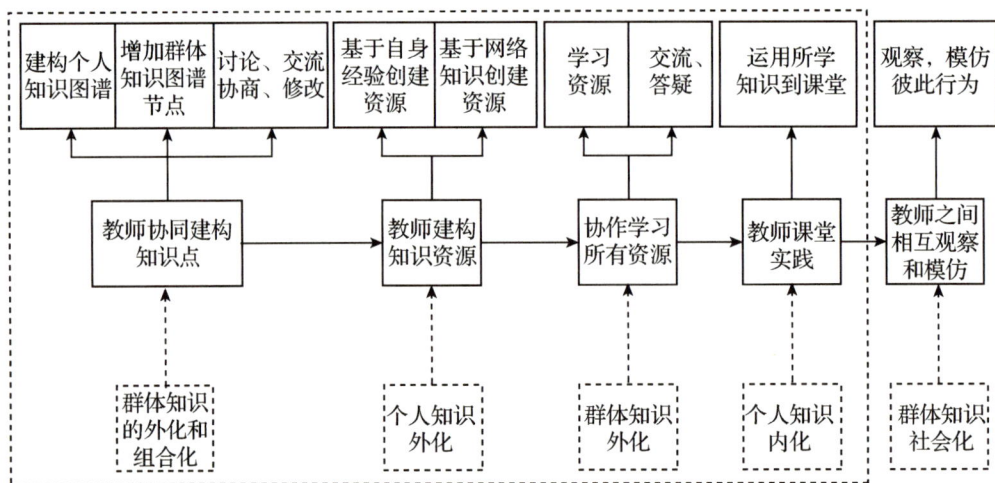

图 6-23   教师协同建构知识图谱的活动模型

该活动模型以 SECI 知识转换模型为框架，分别从群体知识的外化和组合化、个人知识外化、群体知识外化、个人知识内化及群体知识社会化五个维度展开活动设计，包括教师协同建构知识点、教师建构知识资源、协作学习所有资源、教师课堂实践以及教师之间相互观察和模仿五个活动环节。知识的外化是通过语言文字等表述方式将模糊的隐性知识转化为易于理解和呈现的显性知识，便于参与者基于个体和群体知识进行沟通和讨论，达到更好的协作学习效果。知识的内化是指吸收新的显性知识，通过实践应用等手段将其转化为自己的知识，使个体的隐性知识得到发展。知识的组合化是指将外化的显性知识碎片进行整理、归纳，转化为更加结构和系统化的显性知识。知识的外化和组合化程度决定了群体知识图谱的准确性和层次度。知识的社会化是指通过个人之间的相互观察模仿等方式，使隐性知识得到进一步迁移和转化，以此为导向的教师之间相互观察和模仿的活动贯穿于前四个活动中。

2. 实践应用

🔗 案例

教师协同建构知识图谱的在线培训效果研究

马宁、谢敏漪等借助北京师范大学现代教育技术研究所自主研发的网络互动平台学习元平台，利用平台上的知识图谱工具，对教师群体协同建构知识图谱的在线培训效果展开研究[①]。该研究以"小学语文课堂常见问题"为主题，一共选取了来自不同小学的 30 名中低年级授课教师，将其分为五个小组分别展开教师培训活动，活动主要包括

---

① 马宁、谢敏漪、马超、赵若辰：《网络环境下知识图谱协同建构对教师实践性知识的效果研究》，载《教师教育研究》，2019(4)。

三个核心步骤：①协同建构知识图谱节点；②协同建构知识图谱资源；③完成知识图谱的协作学习。

　　第一个阶段中教师根据自己的教学经验主动提出小学语文课堂中常见的问题，将与其相关的隐性知识外化，总结形成结构化的显性知识，熟悉知识图谱的操作，建构个人的知识图谱（图 6-24），并与组内其他教师积极交流和讨论，为小组知识图谱添加常见问题的节点，教师需要具体描述该知识点（图 6-25 和图 6-26），以丰富该知识节点的内涵，该过程可以对应知识图谱建构过程的信息抽取环节，最终采取教师投票讨论的形式评定新增问题节点是否可以保留（图 6-27 和图 6-28）。

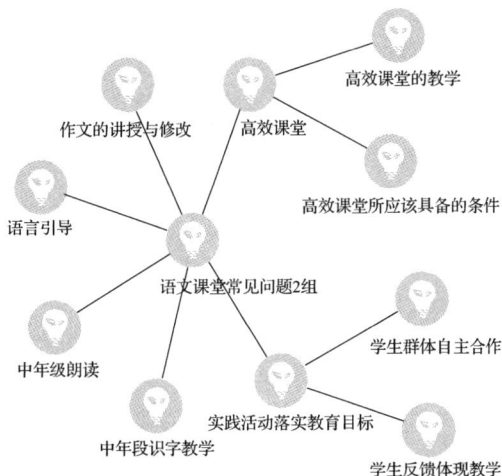

图 6-24　某教师的个人知识图谱

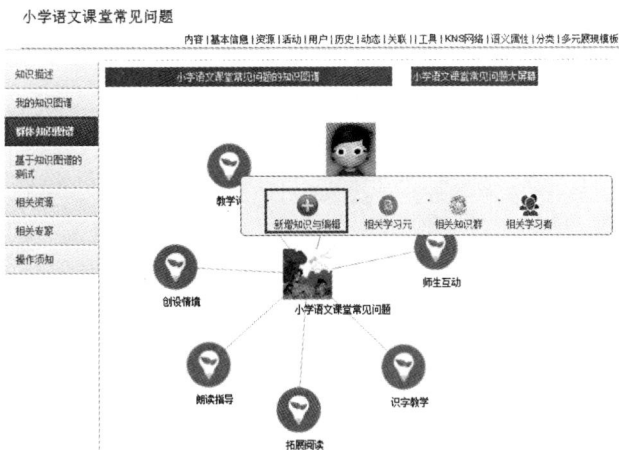

图 6-25　新增知识点与编辑

　　第二阶段鼓励教师主动为群体知识图谱中的节点建立"问题库"和提供问题解决方案的"资源库"，教师的资源主要来自自身经验、网络资源和课题组提供的资源，可以在学习元平台上以 word 文档、PPT 课件、录课视频等方式呈现。

有了前两个阶段的铺垫后，在学习元平台上已经建立起"小学语文课堂常见问题"的群体知识图谱及相应的"问题库"和"资源库"。在第三阶段，教师需利用本组建构的知识图谱及资源进行学习，并注重相互间的沟通交流、经验分享和答疑解惑，特别是与资源创建者的交流。

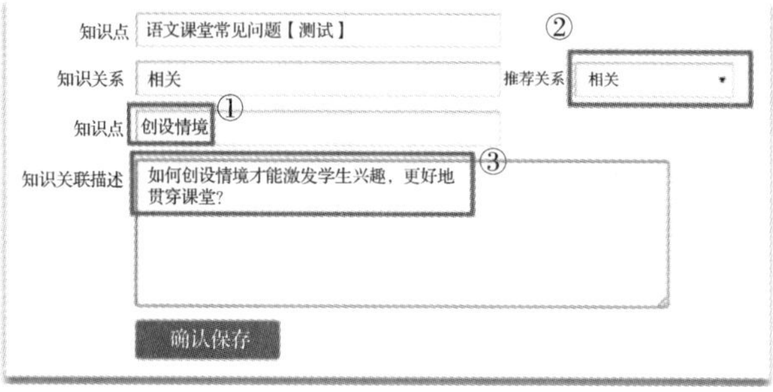

图 6-26　知识点描述

编号	知识点	知识关系	知识点	关联人	投票	讨论	是否进化
1	语文课堂常见问题	相关	创设情境		☑(3) ✖(0)	讨论	未有定论
2	语文课堂常见问题	相似	中年级朗读		☑(3) ✖(0)	讨论	未有定论
3	语文课堂常见问题	相关	教学评价		☑(3) ✖(0)	讨论	未有定论
4	语文课堂常见问题	相关	有效提问		☑(3) ✖(0)	讨论	未有定论
5	语文课堂常见问题	相似	高效课堂		☑(2) ✖(0)	讨论	未有定论
6	语文课堂常见问题	相似	作文的讲授与修改		☑(4) ✖(0)	讨论	未有定论
7	语文课堂常见问题	相关	中年段识字教学		☑(2) ✖(0)	讨论	未有定论
8	语文课堂常见问题	相关	语言引导		☑(3) ✖(0)	讨论	未有定论
9	语文课堂常见问题	相关	神话故事阅读教学策略		☑(2) ✖(0)	讨论	未有定论
10	语文课堂常见问题	相关	学生活动设计		☑(3) ✖(0)	讨论	未有定论

共56条数据，6页 首页 <1 3456> 尾页

图 6-27　某组教师投票界面

图 6-28　某组教师讨论举例

　　该研究最终得出三点结论：①教师协同建构知识图谱的在线培训能够促进教师实践知识的增长；②知识图谱的结构化程度与教师实践性知识增长有显著的正相关关系；③教师的协同参与度与教师实践性知识增长有显著的正相关关系。知识图谱的建构过程要求教师群体依据主题并结合自身知识展开发散式思考，通过积极主动的交流和协作，以改善知识图谱的结构和层次；知识图谱的建构完成后，教师以知识图谱为导向展开资源库的创建和学习。基于知识图谱的教师在线培训促进教师个体知识的发展和群体知识的挖掘，增强教师群体协作学习的效果。

6.4.5　本节小结

　　信息爆炸时代，群体内的知识体量不断增加，构建群体内部的知识图谱有助于梳理相关领域内的知识结构和发展脉络，为领域内的研究开展提供线索和依据。在教师培训中开展群体知识图谱建构活动，内隐的个人知识能够在添加知识节点的过程中被外化为文字和知识点的关联关系。在与群体内成员的讨论交流中教师能够进一步修改和完善群体知识图谱，将群体知识以知识网络这种可视化的形式展现出来，有助于提升教师群体的智慧发展和协作交流的能力。教师组织学生协同建构群体知识图谱，能够提升教学效果，帮助学生增强对知识的理解和应用。有关协同建构群体知识图谱的研究仍在继续推进，相信未来群体知识图谱能够为教师的专业发展带来更多有益的帮助。

本章小结

　　教学学习型社会的到来、知识更新速度的不断加快、新课程的不断改革，这些都给新时代的教师带来了严峻的挑战。生活在网络信息发展的时代里和倡导终身学习的社会中，加强和改进教师继续教育，创新教师培训模式，促进新型教师队伍建设和发展实乃当务之急。教师培训应该是将行之有效的传统手段与交互便捷的现代手段相结合，以协同知识建构、同伴互助、学习共同体等为理论基础，借助网络平台，设计网络交流协作学习活动，形成共享共建、互助共进、交流协作的培训模式。

总结＞

Aa 关键术语

| 协同知识建构
collaborative
knowledge building | 同伴互助
Peer Coaching | 学习共同体
Learning Community | 知识图谱
Mapping Knowledge
Domains |

🔗 章节链接

本章所涉及的更多的关于在线学习和混合式学习的内容，请参阅"第二章教师专业发展的理论基础第三节在线学习与混合学习"及"第五章在线学习和混合式学习"。

"第一节基于协同知识建构的教师混合式培训"所涉及的更多关于知识建构的理论知识，请参阅"第二章教师专业发展的理论基础第四节知识建构理论"。

应用＞

✒ 批判性思考

随着知识经济时代的到来，学习的方式越来越注重学习者之间的知识交流、共享、协作和转化。通过交流和协作来理解和解决现实世界问题，是实现深层学习的一个有效途径。请结合自身在线学习的经历，谈一谈您是如何进行在线协作与交流的？存在哪些问题？结合本章所学内容，是否可以总结出有效的策略？

✏ 体验练习

1. 协同知识建构共有 5 个常见活动阶段，它们的正确顺序是（　　　）。

A. 共享→论证/质疑→协商→反思/实践→创作/综合

B. 共享→协商→论证/质疑→创作/综合→反思/实践

C. 共享→协商→论证/质疑→反思/实践→创作/综合

D. 共享→论证/质疑→协商→创作/综合→反思/实践

2. 按照研究内容来分类，知识图谱可以分为（　　　）。

A. 个体知识图谱和群体知识图谱

B. 文本知识图谱、视觉知识图谱、多模态知识图谱

C. 一般化知识图谱和领域知识图谱

D. 基于单样本的知识图谱和基于样本集的知识图谱

3. 简述协同知识建构的相关模型有哪些？

4. 简述教师在线学习中开展同伴互助活动的一般过程。

5. 简述教师在线学习共同体的构成要素。

拓展 >

补充读物

《学习共同体——文化生态学习环境的理想架构》郑葳著 教育科学出版社

本书以人类学有关文化生态环境的研究为视点，立足于学习的生态观，构建了一种文化生态的学习环境——学习共同体。首先从对"环境"进行生态意义的解读着手，对学习环境的发展历程细加梳理，并在以往学习理论分析的基础上，系统分析了学习共同体的基本特性，系统结构及其理念。最后，通过借鉴混沌学及后现代理论的有关思想，提出了构建理想学习共同体的实施原则、策略及设计程序。在学习"学习共同体"相关内容时，读者可进一步阅读《学习共同体——文化生态学习环境的理想架构》一书。

《计算机支持的学习——协同知识建构与可视化视野》任建峰著 首都师范大学出版社

本书论述了计算机支持的协作学习（简称 CSCL），从教育传播系统的一般模型出发，建立了 CSCL 协同知识建构的支持策略框架，并对其中的协同知识建构活动组织策略、CSCL 微交互行为、CSCL 中的社会文化和动机等影响因素进行了比较系统的研究。其中第五章详细介绍了 CSCL 协同知识建构及其引导策略，提出了引导"协同知识建构"发展的综合框架；第六章具体介绍了协同知识建构引导策略的各个侧面，包括认知及元认知支持策略、活动与行为的自组织与引导策略、组织社会文化支持策略、动机情感支持策略及信息技术资源与环境支持，对教师有效开展协同知识建构活动具有一定的指导意义。

第 7 章

自我调节与自我管理

本章概要

    教师的自我调节与自我管理是教师专业发展的重要环节。数字化时代在给教师专业发展带来挑战的同时，也增加了新的发展机遇。在自主发展意识的驱动下，教师通过自我反思、自我调节、自我管理，不断优化自身专业能力与素养。本章我们将讨论在数字时代中，教师如何应用技术手段实现教师自我调节的学习、教学反思和教师的自我管理，进而实现教师的专业发展。

🔍 结构图

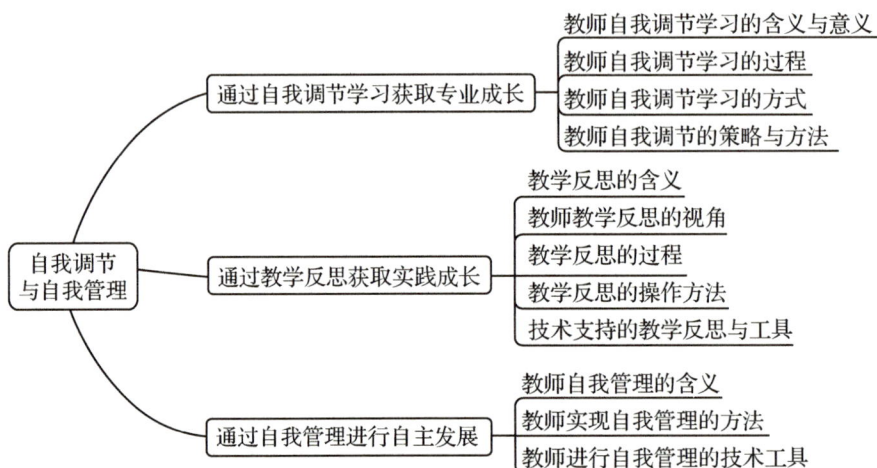

学习
目标

1. 了解教师自我调节、自我反思、自我管理的内涵。

2. 掌握技术支持的教师自我调节、自我反思、自我管理的工具。

3. 能够选择合适的方法进行教师的自我调节与自我管理。

读前
反思

数字化时代为教师的自我调节与自我管理带来哪些挑战与机遇？

　　自主发展的意识是教师专业发展的必要条件。与此同时，数字化时代在给教师的专业发展带来挑战的同时，也增加了新的发展机遇。在自主发展意识的驱动下，教师自觉地承担其专业发展职责，将自己的专业发展状况作为反思的对象，通过自我反思、自我设计、自觉实施和自觉调整，不断更新自己的内在专业素质及其结构。本章我们将讨论在数字时代中，教师如何应用技术手段实现教师自我调节的学习、教学反思自我管理，进而实现教师的专业发展。

7.1
通过自我调节学习获取专业成长

🎯 **学习目标**

1. 了解教师自我调节学习的含义与意义。
2. 知道教师自我调节学习的过程与方法。
3. 掌握自我调节学习的策略与工具。

教师的自我反思与管理影响了教师的学习、交流、实践。教师的自我反思、调节、管理与自我导向对教师的专业发展有导向性作用。本节将从自我调节学习角度来介绍教师如何在数字时代的专业发展过程中进行自主发展。

7.1.1　教师自我调节学习的含义与意义

> **自我调节学习**
>
> 教师的自我调节学习是指教师者为了保证教学任务的成功、提高教学效果、达到教学目标，主动地运用与调控元认知、动机与行为的过程。

自我调节学习从 20 世纪 80 年代开始成为西方教育心理学、学习心理学的研究热点，也是社会认知理论中的重要亮点。自我调节学习的概念是由齐默尔曼于 1989 年提出的，它的理论来源于班杜拉的社会学习理论，强调学习者意识的主观能动性在学习中的重要作用。自我调节学习帮助学习者认知自己的学习活动，它可以指导教师认知自己的学习活动和教学实践，从而帮助教师的专业发展。它强调教师能够积极激励自己拥有与调用适当的学习策略进行教学指导，即教师拥有一个清晰明确的职业规划与教学目标并需要对自己的行为表现有所预期和监控。

教师的专业成长过程就是教师素质的提高过程，是教师自强不息的进取过程，顺应时代要求产生的自我调节学习正是学习者积极主动去获得知识和技能的一种学习方式。自我调节学习对教师专业发展具有以下重要的意义。

第一，自我调节学习能激发教师的内在学习动机。自我调节学习是学习者积极主动地学习，因为对自己认知的深入了解，才能明白自己成败、得失的具体原因，从而调节自己的归因，进一步激发学习者的内在学习动机。教师通过自我调节学习可以对自己学习和教学实践有更深入的理解，从而进一步激发自己的学习和教学动机。

第二，自我调节学习能促进教师的反思。教师专业的成长依靠理论的学习和经验的积累，但是没有反思的经验是肤浅的经验，而反思是自我调节学习必不可少的组成部分，通过自我调节学习中的反思，教师获取深层的经验。

第三，教师的自我调节学习更能保证教师培训的效果。自我调节学习发挥了教师自身的积极性，让教师更了解自己，让他们更会学习，同时增强了培训的效果。

第四，教师的自我调节学习将促进学生的自我调节学习。学生的学习是在教师的指导下进行的，教师有效的自我调节学习将是学生自我调节学习的有力榜样，同时，教师在自身经验的基础上会更有效地指导学生。

7.1.2 教师自我调节学习的过程[①]

教师的自我调节学习可以分为三个阶段：计划阶段、实施阶段、反思阶段(图7-1)。在计划阶段，教师根据策略和资源制定任务目标。任务策略包括认知策略和动机策略，并且资源需要与策略保持一致。在实施阶段，至少要有一个实施周期(过程目标设定—策略/行动—监控)。根据明确后的目标和资源，教师选择可用的资源和策略(包括认知策略和动机策略)。教师监督任务的实施情况以及影响下一个实施周期的结果。在反思阶段，教师根据计划阶段设定的目标判断并评价自己的任务表现。此后这些判断和评价就成为任务经验去影响或指导以后的相关行为。

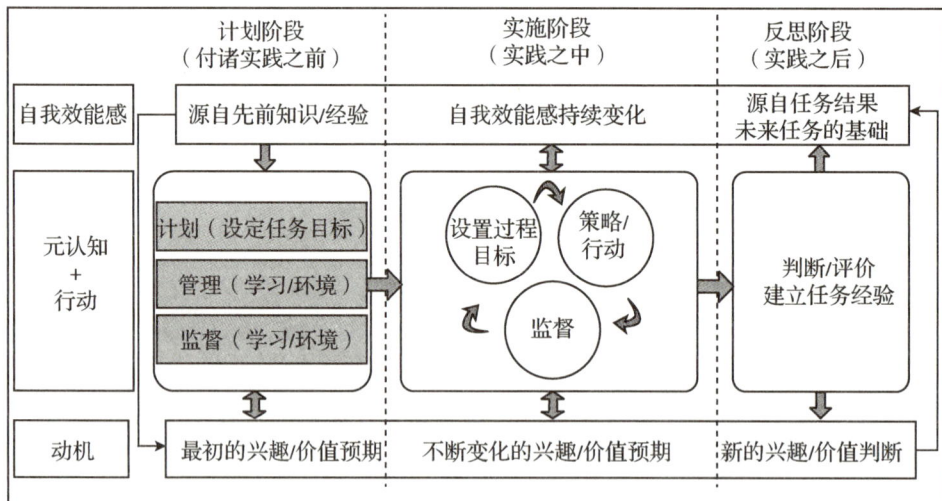

图 7-1　自我调节学习过程

---

① 约尔·哈、尔斯·M. 赖格卢特、方向等：《自我调节学习——概念框架变化和新范式、技术系统及教学支持的愿景》，载《数字教育》，2018(4)。

　　另外，值得注意的是教师的自我调节学习是一个循环的过程。计划阶段的自我效能感主要受教师对任务或其他相关任务的先前知识或经验的影响，它会持续出现在实施阶段和反思阶段并不断变化。由于实施阶段的自我监督和控制，教师在经历了如何根据目标做事的过程后，自我效能感也会随之改变。在实施阶段，无论教师在完成任务之前需要经历何种过程，当他们监督自己在各个阶段的表现时，他们的自我效能感都会不断变化。随后，在表现阶段的自我效能感还会影响反思阶段的自我效能感。从反思阶段的自我判断过程开始，教师的自我效能感可以增加或者减少，并且成为以后相关任务中计划阶段的基础。

　　教师的自我调节学习强调目标设定过程。在自我调节学习过程中，目标设定是最关键的一个要素。目标可以分为两种类型：任务目标和过程目标。任务目标出现在计划阶段，是指整个任务的目标，过程目标是实施阶段具体的一步步目标。根据实施阶段的过程目标和自我监督结果，教师可以不断设置多种过程目标，提出新策略，改变他们的行为以完成目标。也就是说，即使在实施阶段，目标设定、监督以及策略和行为的改变可以不断循环。齐默尔曼曾经提出类似的概念，他将目标分为过程目标和结果目标。尽管概念非常相似，但是没有很好地在自我调节学习框架中体现实施阶段的循环性。他的框架显示了计划、表现和自我反思这三个阶段的循环关系，却没有解释目标—监督—行动的循环性，也未能在框架中将其展示出来，这一特点体现在持续变化的框架中。

　　教师的自我调节学习强调自我动机信念的功能。由于动机与个人的自我效能感、结果预期、自我满足和目标定位高度相关，它们影响了整个自我调节学习过程，自我调节学习过程反过来也影响动机。教师最初关于任务的自我效能感也会影响动机。在任务的实施阶段，教师对任务的兴趣和价值判断也会基于每个阶段的学习结果而改变。在反思阶段之后，教师发展了对未来相关任务的新兴趣与价值观念。

7.1.3　教师自我调节学习的方式

1. 提高自我认知和自我效能感

　　对自己的认知再认识。自我调节学习建立在元认知理论的基础上，人们通常把元认知定义为任何以认识过程与结果为对象的知识，或是任何监控与调节认知过程的活动。为了获得对知识的深刻理解，学习者必须能组织与调节认知过程的活动。正确认识自己认知的过程包括认识自己的认知目标、学习策略、学习动机。另外，在正确认识的基础上，调节自己的自我效能感。

　　信息时代的到来，对人们的心理素质提出了前所未有的挑战，自我效能感是人们成功完成某一活动的关键。舒尔克和齐默尔曼等人的研究发现，自我效能感和人们的成就有直接的正相关关系。同时，自我效能感也是影响自我调节学习的重要因素，它与自我调节学习是相互作用、相互促进的。

教师除了完成基本的教学工作还要进行一定的教研工作和自我发展。教师能否取得教学、教研以及自我成长的关键就在于自我效能感的高低。因为这直接决定着教师的工作兴趣，也决定着教师对教学和专业发展付出努力的程度，特别是新手教师刚刚来到职位上，自我意识较强，他们比较关注自我及他人对自己的评价、重视自己在群众中的地位。适当的自我效能可以弥补新手教师工作初期的不适应，而过高或过低的自我效能则会限制教师能力的正常发挥。教师的自我效能感越强，就会越发努力地参与学习，在工作、学习和生活中遇到障碍就越能够坚持下去。

2. 确立适当的教学和专业发展目标

明确的学习目标是提高自我调节学习能力的一个重要途径。怎样的学习目标更加有利于学习能力的提高呢？戴维克等人把人们的成就目标分为两大类：一类是操作目标，指向外界，人们的活动目标是为了取得外界的良好评价；另一类是掌握目标，指向任务本身，人们的活动目的是掌握知识和发展自身能力。研究表明，掌握目标可以促进人们对所从事活动的持久兴趣，促使人们不断地克服行动中的困难，表现出坚韧的行为，使人们取得更大、时效更久的成就。因此，教师在教学和专业发展中应确立掌握目标，从提高自身的教学能力和专业水平出发，不断克服教学中存在的不足，这样能够减少挫折感，提高对教学和专业发展内在兴趣，进而提高自我调节学习能力。教师的教学和专业发展目标一定要适当。维果茨基的最近发展区理论认为，最近发展区是现有水平和潜在发展水平之间的距离，所以我们设置的目标应该在最近发展区之间。就像跳起来摘桃子，目标太低，随便就可以完成，不能够发挥个人的潜能；目标太高，怎么跳都摘不到，会形成习得性无力感。教师一定要根据自身实际情况和外在要求，设置切实可行的目标，不能急于求成，也不能好高骛远，当然更不能对自己要求太低，不求上进。同时目标理论中成就动机的目标分为掌握目标和成就目标，从学习的角度，我们更提倡掌握目标，即学习取向的目标。因为在同别人相比处于优胜地位时，可能会促进学习者不断学习以保持自己的优越地位，但是当其处于劣势时，则可能怀疑自己的能力等自身内在的、稳定的、不可控的因素，从而产生挫败感而一蹶不振。因此，教师在制定自己的专业成长目标时，应以自身为参照，追求自身的进步，与以前的自己比较，不断超越自己。

3. 运用自我调节学习策略

心理学家经过多年研究发现：人们在学习过程中经常运用近10种自我调节学习策略，如自我评价、组织转换、制定目标、寻求信息、保持记录与监控、自我奖惩、复述与记忆、寻求社会帮助、复习记录等。教师要进行自我调节学习，必须掌握有效的学习策略，从而促进教师的专业成长。从认知调控角度来讲，教师要掌握对认知过程进行调控的策略。

第一，严格而有效的时间管理。教师的一个突出特点是自由支配的时间比较多。怎样合理安排时间，让有限的时间产出无限的效率，这是值得每个教师反思的。科学合理地利用大量的业余时间，养成良好的工作习惯、生活习惯、思维习惯，这是教师提高自我调节学习能力的关键。

第二，培养良好的学习坚持性。研究发现，学习者学习坚持性的高低直接影响其自我调节学习能力的高低，并能有效预测学习者的学习成绩。教师也是一样，如果他们有很强的学习坚持性，就会积极采取有效的办法去克服生活和工作中的各种困难，进而提高其自我调节学习能力。否则，他们就会因工作和生活中的困难而放弃学习目标，更谈不上对学习的调节和监控。可见，个体的意志控制水平对于提高自我调节学习能力是至关重要的。

第三，运用计划和监控策略。教师首先定好自己的专业成长计划，安排和筹划自己的学习内容与顺序。有了学习的信心和决心，同时必须有恰当的学习方法。各种学习策略的有效运用是提高个人自我调节学习能力的最直接途径。对于教师而言，学习的计划与监控策略尤其重要。因为他们的自由度较大，工作时间灵活，如果没有明确的学习目标，又不能很好地筹划和调控自己的学习，教师很容易在忙忙碌碌中无所作为。因此，在计划的执行中教师要监督和随时检查自己计划的执行情况。

4. 通过自我调节学习策略对成败进行积极的归因

在学习进行一段时间后，教师可以回顾与总结自己的学习情况和教学发展情况，对自己的教学和学习进行恰当的归因。维纳等人认为，人们会从四个方面对自己行为的结果进行归因，即内部和外部、可控和不可控。内部可控的因素主要指努力，内部不可控的因素主要指个人能力。如何看待成功和失败的具体原因会影响到人们的自我调节学习能力。教师将教学和学习的成功归因于偶然的机遇，或者将失败归因于能力不足，都会降低其学习的自我效能感，进而降低自我调节学习能力。相反，如果将教学和学习的成功归因于自己的努力和能力，将失败归因于自己努力不够，而非能力不足，会增强教师的自我效能感，促进其自我调节学习能力的发展。所以，教师应将自己工作和生活的成功与努力和能力相联系，将失败归因于缺乏努力而不是与无能或者工作环境相联系。教师应该建构积极的适合自己学习与成长的环境。

5. 对教学和学习成果进行直接而及时的反馈

教师还可以根据自己的计划执行情况和教学中学生、领导、同事反馈给自己的情况及时调整和修订计划。每次教学和学习行为之后不但要自我反思，而且更加需要来自外界的评价。在教学和学习之后及时予以教学评价，是提高教师自我调节学习能力的一个重要途径。这使他们能够清楚了解自己的优势和不足，以便在今后的工作中明确目标，对自己的活动进行有效调控。对教师进行评价和反馈，在指出问题和不足的同时，一定要给予适当的积极评价，让其体验到教学的成功，这是教师自信心的关键。这会极大地增强他们的自我效能感进而提高其自我调节学习能力。

6. 构建有效的激励机制

当需要得到满足时，人们会产生相应的满足感，也会增强其自信和促进其工作积极性，进而使学习能力得到提高。阿尔德夫的生存关系成长理论中将个人的需要分为生存、相互关系和成长三个层次。生存的需要是最基本的，主要是衣食住行等物质需要，相互关系和谐的需要是指友谊、爱和归属的需要，成长的需要是指个人在事业上和前途方面发展的需要。教师在自我调节学习过程中除了为自己设定目标，也应该给自己设定一些奖励机制，适当的奖励机制能够更好地激发教师的内在动机，从而帮助教师充满激情地投入教学和专业发展中。

7. 合理运用技术手段进行自我调节学习

"互联网＋"时代的到来改变了生活工作的方方面面，也为教师的自我调节学习带来了新的方式方法。这要求教师不要拘泥于传统的调节方式，要乐于、善于、敢于合理运用技术手段提升自我调节能力、完成自我调节学习目的，实现更深度、更全面的教师专业发展。一方面，技术手段可以应用在自我调节学习的各个阶段，包括计划阶段、实施阶段、反思阶段；另一方面，技术手段也可以作为教师自我调节学习的各种方式的有效补充。

7.1.4　教师自我调节学习的策略与方法

7.1.4.1　自我调节学习策略

齐默尔曼总结了心理学家研究的各种自我调节学习策略发现，人们在学习过程中经常运用近 10 种自我调节学习策略，如自我评价、组织与转换、制定目标与制订计划、寻找信息、保持记录与监控、建构环境、自我奖惩、复述与记忆、寻求社会帮助、复习记录等（表 7-1）。例如，自我评价的学习策略要求学习者定期对自己的工作质量和进度进行评价，教师在自我调节学习的过程中不仅要对自己的教学进度进行自我评价，还要对自己的专业发展进行自我评价。

表 7-1 自我调节学习策略类型

策略类型	定义	教师策略
自我评价	学习者对自己的工作质量或进度进行评价,如"我检查了我的工作,确保我做对了"。	对自己的教学进度进行自我检查。
组织与转换	学习者重新安排学习材料以改进学习,如"我在写论文之前先写了一个提纲"。	为每个单元准备教学大纲。
制定目标与计划	设定学习目标或子目标并计划与之相关的排序、计时和完成活动的目标,如"我会在考试前两周开始复习,并调整自己的节奏"。	针对每个单元提前两周准备教学设计并安排工作计划和时间规划。
寻找信息	在执行任务之前努力地寻找非社会来源的其他任务信息,如"开始写论文之前,去图书馆获取关于本次主题尽可能多的信息"。	收集除教学工具书以外的教学材料。
保持记录与监控	学习者努力地记录事件和结果,如"我做了本次课堂的记录"。	对课堂教学进行录像或记录。
建构环境	学习者选择或安排物理环境以便让学习更加有效,如"我关闭音乐让自己能够更加集中在当前的事务中"。	选择安静的工作环境。
自我奖惩	学习者对自己的成功或失败进行奖惩,如"如果本次考试优秀,我奖励自己去看场电影"。	如果本次考试学生成绩优异奖励自己半天假期。
复述与记忆	学习者通过练习来记忆学习材料,如"在准备数学考试时,我会一直练习公式直到记住"。	模拟讲课直到自己记住本次课堂内容。
寻求社会帮助	学习者寻求同伴的帮助,如"这个数学问题解决不了可以问一下朋友"。	教学疑点可以请教同学科的教师。
复习记录	学习者为考试或课堂复习此前的记录如笔记、讲义,如"考试之前我需要复习我的笔记"。	讲课之前查看自己的教学设计。

7.1.4.2 教师自我调节学习方法

研究者认为帮助自我调节学习的方法是在主题内容中嵌入元认知的指令来确保连接性,并告知学习者元认知活动的有用性来让他们做出额外的努力。这些研究者强调了元认知技能的重要性,他们指出通过使用自我提问的策略可以帮助学习者选择特定的自我调节策略,包括何时、何地、为何以及使用何种自我调节的策略。研究者特别强调了建构自我元认知提问的有效性,它的重点在于学习者对任务的理解和学习者在学习之前、之中和之后对自我意识和策略应用的自我调节。下面的案例介绍的是梅瓦雷奇和克拉玛斯基的 IMPROVE 方法。

🔗 案例

梅瓦雷奇和克拉玛斯基的 IMPROVE 方法[①]

IMPROVE 方法鼓励学习者通过使用自我元认知提问来参与规范学习。例如，①理解问题："问题/任务是什么？"②将新知识与旧知识建立连接："现在这个问题与我以前解决的问题有何相似性和不同的地方？"③使用恰当的策略来解决问题——"什么样的策略、方法或者原则可以帮助解决这个问题？""我应该何时使用这种策略？"④对过程和解决方案进行反思——"现在这个方法有效吗？""我还可以使用什么其他方法吗？"

克拉玛斯基和米哈尔斯基在原有的针对一般学习者的 IMPROVE 方法基础上，结合教学技能构建了帮助教师自我调节学习的元认知提问策略的模型，见表7-2。教师通过在教学实践之前、之中和之后不断的自我提问来帮助自己提升对教学实践的理解，从而获得专业发展。例如，在教授新的教学单元时，教师首先要理解单元教学的目标，即教学技能中的理解问题。针对教学单元除了要理解任务目标还要依次理解教学内容、选择合适的教学活动、教学法、教学环境和教学的时间安排。

表 7-2　教师自我调节学习的元认知提问策略的模型[②]

教学技能	确定学习目标	理解内容	选择活动	规划教学材料	设计学习环境	安排学习时间
理解问题：任务的目标是什么？	我理解本单元的学习目的或任务吗？请解释。	我理解本单元或学习任务的内容吗？请解释。	我理解学习任务中的活动吗？请解释。	我理解学习任务中的教学法吗？请解释。	我理解学习环境的独特性吗？请解释。	我理解教学单元中时间的重要性吗？请阐释。
连接问题：任务之间的相似点是什么？	我确定的目标与我在课程中接触的目标相似吗？请阐释。	这些术语与课程主题有关吗？解释如何相关。	我熟悉哪些学习活动？	哪些先验知识可以帮助我理解教学教材？	学习环境的理论是什么？	哪些先验知识可以帮助我安排学习时间？

① Z. R. Mevarech，B. Kramarski，"IMPROVE：A multidimensional method for teaching mathematics in heterogeneous classrooms,"*American Educational Research Journal*，1997(2)，pp. 365-395.

② B. Kramarski，T. Michalsky，"Investigating preservice teachers' professional growth in self-regulated learning environments,"*Journal of Educational Psychology*，2009(1)，pp. 161-175.

续表

教学技能	确定学习目标	理解内容	选择活动	规划教学材料	设计学习环境	安排学习时间
策略问题：什么策略可以帮助我解决问题，为什么？	什么工具能帮助我正确地分析教学单元的学习目标？请阐释。	什么工具可以帮助我分析本单元的学习内容？请阐释。	什么工具可以帮助我选择最合适的学习活动？请阐释。	什么工具能帮助我理解什么材料是合适的？请阐释。	我可以用什么工具来设计合适的学习环境？请阐释。	什么工具可以帮助我划分教学单元之间的时间？请阐释。
反思问题：解决方案有效吗？	教学内容与目标结合了吗？请阐释。	我是否遗漏了什么重要的内容？请阐释。	我是否检查了活动对教学目标是否合适？请阐释。	针对教学目标，我选择的教学适合吗？请解释。	我设计的学习环境安排得井井有条吗？请解释。	我是否留足了练习和提问的时间？

　　克拉玛斯基和米哈尔斯基使用该学习模型进行了实证研究，分别在在线学习和面对面学习的环境中对比了有无自我调节学习帮助的学习效果，已经证实获得自我调节学习帮助即元认知提问模型帮助的教师在教学设计和知识建构上比没有帮助的教师更加成功。

　　教师同样可以自行设计模型或使用克拉玛斯基和米哈尔斯基的问题模型进行自我元认知的提问。通过自我提问，教师对自己的课程设计进行调节，对自己的课程实践进行反思，从而在专业发展上获得成长。

7.1.5　本节小结

　　教师的自我调节学习是指教师在一定程度上从元认知、动机和行为方面积极主动地参与自己学习活动的过程，强调教师的主观能动性在学习中的重要作用。自我调节学习可以一方面指导教师认知自己的学习活动、激发内部学习动机、促进教学反思，从而帮助教师的专业发展；另一方面，自我调节能力高的教师同样为学生起到了示范作用。

　　自我调节学习受学习目标、自我效能感、自我调节学习的归因倾向、策略调控等多种因素的影响，因此相对应教师实现自我调节的方式有很多，如提高自我认知和自我效能感、确立适当的教学和专业发展目标、运用自我调节学习策略、通过自我调节学习策略对成败进行积极的归因、对教学和学习成果进行直接而及时的反馈、构建有效的激励机制。

　　那么，教师如何有效提高自己的自我调节学习能力呢？本节介绍了 10 种自我调节的策略，分别是自我评价、组织与转换、制定目标与计划、寻找信息、保持记录与监控、建构环境、自我奖惩、复述与记忆、寻求社会帮助、复习记录。同时，我们通过案例介绍了基于建构有效的自我元认知提问的 IMPROVE 方法。

7.2
通过教学反思获取实践成长

学习目标

1. 了解教学反思的含义与意义。
2. 知道教学反思的基本过程。
3. 掌握教学反思的操作方法。
4. 掌握技术支持的教学反思工具。

自 20 世纪 80 年代以来，强调培养教师反思能力的教育思潮开始在美国、澳大利亚、英国等国家的教师教育界兴起。一种新的教师教育模式——反思性教师教育被广泛看作教师专业发展和自我成长的核心要素。在教师专业发展的过程中，对自己的教学经验进行剖析和研究是教师进行自我管理和反思的重要环节。

7.2.1　教学反思的含义

教育领域里的反思首先由杜威提出，舍恩把反思的概念发展为反思性实践者。美国心理学家波斯纳将教师的成长与其对自己经验的反思结合起来，提出了教师成长的公式：教师的成长＝经验＋反思。这意味着，从某种意义上讲，教师光有经验的累积是不够的，还需要对自己的经验进行剖析和研究。

实践—反思取向的理论是一种探究性的教师专业发展理论，旨在形成教师的"反思性实践"能力，即通过"反思"促使教师对自己所从事的专业活动有更为深入的理解。反思性教师教育已日益成为国际教师教育的重要模式。近年来，我国教育学术界也开始注意到反思对于教师自我发展的重要性。反思对于提高教师专业化水平有重要的意义，教学反思是教师专业发展的重要途径。

教学反思具有如下主要特征：一是实践性，是指教师教学效能的提高是在其具体的实践操作中，具有强烈的"行动研究"的色彩；二是针对性，是指对教师自我"现行的"行为和观念的解剖分析；三是时效性，是指对"当下"存在的非理性行为、观念的及时觉察、纠偏、矫正和完善，意即可以缩短其成长的周期；四是反省性，是指对于教师自身实践情境和经验，立足于自我以外所做的多视角、多层次的思考，是教师自觉意识和能力的体现；五是过程性，一方面指具体的反思是一个过程，要经过意识期、思索期和修正期，另一方面是指教师的整个职业成长要经过长期不懈的自我修炼，才可能成为一个专家型教师。[①]

> **教学反思**
>
> 教学反思是指教师在教学实践中，批判地考察自我的主体行为表现及其依据，通过回顾、诊断、自我监控等方式，或给予肯定与强化，或给予否定与修正，从而不断提高自身教学效能和素质的过程。

7.2.2 教师教学反思的视角

教师教学反思应该是多视角、多维度的。布鲁克菲尔德提出教师应从教师自身、学生的眼睛、同事的感受和理论文献四个视角来进行教学反思。上述四个视角得到了广大研究者的认可，并得到不断的丰富和完善。上述四个视角也成为广大教师进行教学反思时收集信息的主要渠道。

1. 分析作为学习者的经验

教师分析自己在做学生时期和作为教师的学习和教育教学经验是增强自身的反思意识和反思能力的重要途径。教师作为学生时期的各种经验是非理性的、情感水平的直觉感受。对这些经验进行分析有助于教师从学生的角度来理解和认识自己的教学实践，从而使教师的教学活动与学生的实际经验联系起来。例如，分析自己作为学生时，教师对自己的鼓励和表扬对激发自己学习积极性的作用，可以促使教师反思自己在教学中是否经常鼓励和表扬学生。因此，教师要想更好地理解学生，一个有效的途径就是分析自己在学生时期的经验。

此外，教师还可以对自己的教育教学实践进行反思，从别人的视角来审视自己的教学。对于大多数教师来说，私下思考自己的教学实践，要比他人审视和分析自己的教学更容易接受。教师分析自身的教学实践有很多方法，如写自传、教学日记、描述和解释教学、观摩自己的课堂录像等。

需要指出的是，教师分析自己的经验存在很大的局限性。其原因在于，无论教师多么善于分析和评价自己的经验，难免会陷入自我思考的框架和视野中不能自拔。因此，还需要结合其他三种渠道进行教学反思。

---

① 张立昌：《自我实践反思是教师成长的重要途径》，载《教育实践与研究》，2001(7)。

2. 征询学生的意见

征询学生的意见，从学生的眼中来看自己，可以使教师更好地认识和分析自己的教学。因为教学的互动受益者不但是学生，教师也是师生互动的受益者。从学生的角度收集信息，了解学生对教学的期望、反馈，可以使教师对自己的教学有更新的认识，从而进行更深入的反思；通过学生的意见，教师可以摒弃自己的许多"霸权假定"。征求学生的意见时，最大的障碍莫过于学生不愿说出自己的想法。要解决这一问题，教师一方面要努力创造一种平等的、相互尊重和信任的师生关系和课堂氛围，从而使学生产生安全感；另一方面，还需要教师掌握一定的收集学生意见的方法。教师可通过课堂教学中学生的眼神、回答问题的情况、做习题的情况等来了解学生对教学内容的掌握情况；可通过发放匿名课堂调查表、调查问卷等方式了解学生对某堂课教学或阶段性教学的反馈意见；可通过课下与学生的聊天、网上交流等了解学生对教学的建议。

3. 与同事的协作与交流

邀请同事去听自己的现场课，去听同事的现场课，以及与同事进行批判性对话等，都有助于教师发现教学实践中隐藏的一些问题，或者获取更多的经验。

同事交流对教师成长的意义在于：具有真正专业话语上的空间，作为监察者能够了解对方的优势和缺点，能够取长补短。同事作为教师反思自身教学的一面镜子，可以反映出教师日常教学的影像。这些影像有助于教师发现教学实践中隐藏的问题，也有助于教师对好的教学经验进行总结、概括、推广和应用。教师可以开放自己的课堂，邀请其他教师听课、评课；教师也可以观摩其他教师的课堂，这样可以更好地发现自己教育教学活动中存在的问题，此外，每个教师在教学中都会面临一定的困境和问题，与同事交流这些问题或与之合作共同解决这些问题，会使自己受益匪浅。

4. 理论文献

理论文献可以为教师反思自身教育教学观念和实践活动可借鉴的依据和标准。教师通过认真学习理论文献或其他教师总结的教育教学经验，更好地反思自身教育教学观念和实践方面存在的问题和差距。此外，通过阅读理论文献，教师还可以从多种视角来看待自己教育教学过程中出现的问题，更合理地找到问题产生的原因以及比较成熟的解决策略，从而更好地解决实际问题，提升教师的教育科研能力，促进教师的专业发展。

7.2.3 教学反思的过程

教学反思的一般过程为积累经验、观察分析、重新概括和积极验证四个主要环节。积累经验阶段的任务是使教师意识到问题的存在，并明确问题的情境。教学反思的起点是教学问题。教师通过总结自己的经验，收集其他渠道的信息，意识到自己教学中存在的问题，并产生研究这些问题的欲望。在观察分析阶段，教师既是各种信息的收集者，又是冷静的批评者，同时也是经验的描述者。首先，教师要围绕所要反思的问题，通过查阅文献、观摩研讨、专访等形式广泛地收集信息。其次，教师要以批判的眼光反观自己，分析产生这一问题的原因以及他人在解决这一问题时的经验与教训。重新概括阶段是在观察分析的基础上，教师必须重新审视自己教学活动中所依据的思想，积极主动地吸取新的信息，并寻求解决问题的新思路和新策略。在此基础上提出假设，制订新的实施方案，着力解决所面临的教学问题。积极验证阶段的主要任务就是验证上一阶段提出的假设和新的教学方案的合理性。在验证的过程中，教师又会积累新的经验，发现新的问题，开始新的循环。从以上教学反思的流程中可以看出，教学反思既是一个从发现问题到解决问题的过程，又是一个教师专业素质持续发展的过程。教学反思促进教师内在专业结构不断更新、演进和丰富，是教师专业发展的重要机制。正是在"反思—更新—发展—再反思—再更新—再发展"这样一个无限往复、不断上升的过程中，教师的信念态度、知识技能、行为方式等才更趋向成熟，教师才得以从一个阶段向另一个更高阶段过渡，实现个人的成长与发展。

下面将介绍几个具有实践意义的经典教学反思的过程模型。

1. 杜威的"五步法"①

杜威认为反省思维包括五个阶段。①暗示阶段。第一阶段个体过滤各种暗示，这些暗示代表着解决困扰的可能答案，个体经过反省思考，根据行动的目的、背景、资源等要素，衡量可能遇到的困难与问题解决的可能程度。②理智化阶段。第二阶段个体通过反省使暗示阶段感受到的问题明确化。③建立假设阶段，经过暗示、更多地观察以及资料的收集，权衡暗示成立的可能性。④推理精练期，采用一定的方式把经过初步检验的假设表达出来，进一步推导假设成立的可能性。⑤行动检验假设阶段，通过行动由实践验证假设是否成立。杜威指出，这五个阶段并非按照线性的顺序逐一出现，精心提出假设可以在任何时候，不必一定要等问题确定之后，检验也不一定非要到最后阶段才进行。杜威提出的反思过程实际上是一个一般的过程，没有限定问题领域。

2. 埃拜的教学反思过程模型②

在杜威反思理论的影响下，埃拜设计了一个模型，如图 7-2 所示。他认为教师的教学反思不仅包括课堂行为，还包括课前的计划与课后的评价，反思由反思性计划、反思性教学和反思性评价三部分构成，形成了一个连续统一体。在该统一体中，计划是相对起点，之后进入反思性教学，在该阶段教师要不断根据观察到的课堂情况调整教学，课堂教学结束后进入评价环节，此时一个反思性教学的周期结束，如果还有必要的话，再进入新的反思性教学周期。

---

① 〔美〕约翰·杜威：《我们怎样思维·经验与教育》，93～102 页，北京，北京人民教育出版社，2005。
② 熊川武：《反思性教学》，97 页，上海，华东师范大学出版社，1999。

3. ALACT 反思模型

荷兰学者指出，教师的教学反思过程遵循五个主要步骤：① 行动；② 回顾行动；③ 意识到主要问题；④ 创造可替代行动方案；⑤ 尝试。尝试又是一种新的行动，实际上成为新一轮反思的起点。此循环构成一个不断螺旋上升的连环套，教师在该过程中，不断地经由"反思"提升了自己的专业水平，这就是 ALACT 反思过程模型，如图 7-3 所示。该模型强调个体在反思过程中和教师教育者频繁的相互作用，模型的内圈表示教师反思的过程，外圈代表提供支持的教师教育者应具备的素质。

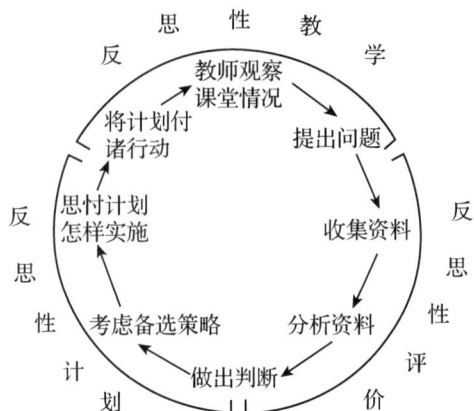

图 7-2　埃拜的反思过程模型

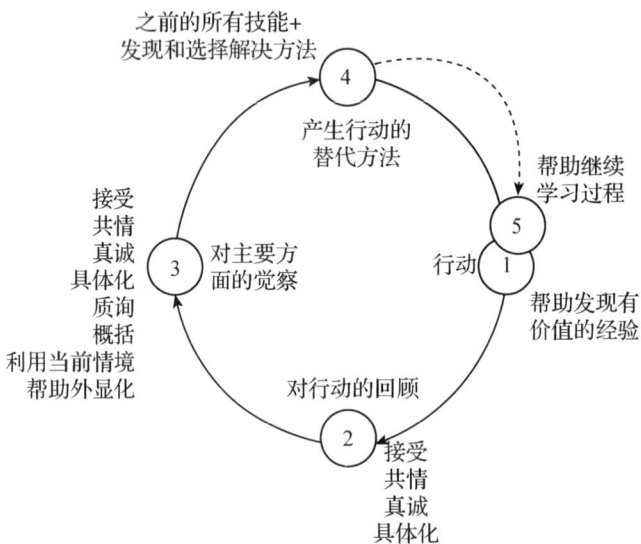

图 7-3　ALACT 反思过程模型

4. 申继亮等提出的反思过程模型①

申继亮、刘加霞把教学反思的过程区分为广义和狭义。所谓狭义的教学反思，是指教师从觉察、分析教学活动开始到获取直接、个人化的教学经验的认知过程。广义的教学反思不仅包括狭义的反思，还包括对自身教学经验的理论升华、迁移，也包括教师主动探究教学问题进而监控、调节、修正教学实践的过程。他们提出了如图 7-4 所示的教学反思过程。该图表示教学反思过程是一个多重的螺旋式的发展过程，每一环表示不同的发展阶段，由内向外发展阶段不断升高。从图 7-4 中可以看出，教师教学反

---

① 申继亮、刘加霞：《论教师的教学反思》，载《华东师范大学学报（教育科学版）》，2004(3)。

思过程的起点是"观察或回忆"，具体的反思过程可以分为三种情况：①观察回忆—产生暗示—分析比较—产生观念（一种观念）—经验概括—验证，即教师通过对课堂教学中师生活动的观察或教学后对教学过程以及自身或他人教学经验、理念的回忆，在头脑中产生各种对于教学事件的解释、看法以及可能的解决方案，然后把这些暗示与教学事实以及教师已有的教育理论进行比较分析，如果只产生一种观念，教师就将其概括、总结成自己的经验并在实践中检验，在检验过程中又会有新的观察或回忆，此时教学反思最里面一环的第一次循环结束；②观察回忆—产生暗示—分析比较—产生观念（多种观念）—评价判断有一种观念与自己已有的观念符合—理论获得—验证；③观察回忆—产生暗示—分析比较——产生观念（多种观念）—评价判断多种观念与自己已有的观念都不符合—问题表征—提出假设—寻求证据—推论—验证。

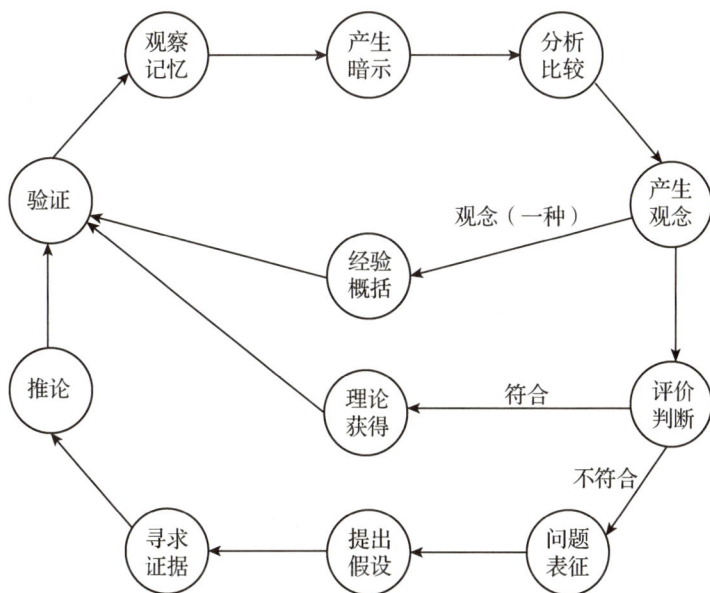

图 7-4　申继亮等提出的反思过程模型

7.2.4　教学反思的操作方法

教师在对反思的途径、内容和过程有了一定了解的基础上，还应掌握一些常用的反思策略和方法。这些策略和方法可以帮助教师更好地利用各种途径反思自身的教育教学观念及其实践活动。教师的常用策略和方法有以下几种。

1. 教学日记法

教学日记是教师对教学活动中发生的事件及由此而产生的感受和体会进行真实的记录和分析。写教学日记可以使教师较为系统地回顾和分析自己的教育教学观念和行为，发现其中存在的问题，并为更新观念、改进教育教学实践指明努力的方向。教学日记没有严格的时间限制或内容限制，教师反思日记的主体内容可以是对教学中包含问题的教学事件进行详细、实事求是的描述；教师对此问题的看法和体验，并提出问题；针对问题提出改进的教学建议。教学日记的形式不拘一格，常见的主要有以下几种。

第一，点评式，即在教案各个栏目和对应的地方，针对实施教学的实际情况，言简意赅地加以批注、评述。

第二，提纲式，比较全面地评价教育教学实践中的成败得失，经过分析与综合，提纲挈领地一一列出。

第三，专项式，抓住教育教学过程中存在的最突出的问题，进行实事求是的分析与总结，加以深入的认识与反思。

第四，随笔式，把教育教学实践中最典型、最需要探讨的事件集中起来，对它们进行较为深入的剖析、研究、整理和提炼，写出自己的认识、感想和体会，形成完整的篇章。

教师可以根据自己的习惯、爱好来选择相应的方式撰写日记，也可结合实际，创造其他的形式。教学日记的内容可以是教育教学实践中的成功或不足、灵感闪光点、学生的感受、其他教师对自己的建议或者教师进行的改革创新等。

教师在以教学日记法进行反思时，可以遵循一定的模板，记录下来一些关键信息，以便后期对自己的教学日记进行研究。在北京师范大学现代教育技术研究所主持的国家级"十五"课题"基础教育跨越式发展创新探索试验"中，我们为一线教师提供了如下的教学日记模板。教师可以记录下来上课的时间，课名，班级，上课环境（网络教室、多媒体教室还是传统教室），北京师范大学课题组听课后的评价，校课题组教师听课后的评价，以及执教教师上课后和听取相关评价后的反思，详见表7-3。

表7-3　跨越式课题教学日记模板

跨越式课题教学日记模板
时间：2018 年 9 月 28 日星期五 课名： 上课班级： 上课环境： 北京师范大学课题评价意见：   校课题组评价意见：   自我反思：

🔗 案例

基于教学日记法的高一语文教学反思与点评①

　　本案例的李老师是一位教学经验丰富的高中语文教师，本案例涉及的是高一学生。李老师从开学起就是该班级的语文老师，对学生的学习情况比较了解。表 7-4 展示的是李老师应用教学日记法进行教学反思的片段节选，以及专家对反思的点评。

表 7-4　基于教学日记法的高一语文教学反思节选与点评

教师反思日记	专家点评
本单元是学生升入高中后第一次系统地学习小说，学生对小说的整体把握、主题开掘、人物性格分析、语言鉴赏等都不太熟悉，甚至有时只限于能把故事情节看懂，对人物形象只有粗浅的认识。因此，本单元教学我打算采用传统教学模式和让学生自主学习相结合的教学思路。	李老师之所以会得出学生对小说的许多学习技巧"不熟悉"的结论，是建立在其对以往教学反思的基础上的，尤其是建立在其对所教班级的学生学习情况的深入了解的基础上的。这使得李老师在备课时能够结合教材内容对学生学习的不足或困难做出较为准确的预设，有时候甚至能准确预设到学生对其提问将会做出怎样的反应。这种建立在对以往教学反思和对学生了解基础上的、以预设课堂教学情况为形式的进一步教学反思，使李老师在备课时做出了对本单元的教学采用"传统教学模式和让学生自主学习相结合的教学思路"的决定。
在教学过程中，学生对"终南捷径"的做法应该属于"自然境界"还是"功利境界"产生了较大分歧。课堂中我虽然多方启发，但是学生分歧仍然很大，这是我在备课时没有预料到的。为了让学生对此有明确的判断，我随即对教学做了调整，通过带领学生对以往所学陶渊明生平的回顾，以及卢藏想做官而未能做官才去隐居做法的分析，终于让学生达成了"终南捷径"的做法属于"功利境界"的共识。	这种临场应急式教学反思的成功源于教师敏锐的观察力、灵活的思维能力和果断的判断力等心理品质，以及丰富的教育理论知识、教学技能技巧、对学生了解的深度和关爱的态度。
整体而言，由于学生对小说的分类知识把握得很好，在教学过程中可以对其进行淡化，重点是要明确分析角度。本文内容较浅易，学生对字词都已掌握，因此不必多加练习，应多增加朗读体会。	虽然教师在课前准备、课堂讲解和教学组织等方面都进行了精心的设计，但是教学预设与教学实践往往有一定的差距，这就需要教师对原来的设计和整堂课进行重新思考和整体的评价。

---

　　① 陈荟：《一位中学教师教学反思方法的个案研究》，载《中国教育学刊》，2011(7)。

2．描述—解释法

描述—解释法是教师私下审视和分析自身教育教学观念及实践的一种方法。它要求教师能够对自己的教育教学观念及其实践进行系统、完整的描述，并能对其中一些做法做出合理的解释。这样做的目的是使教师不断审视自己的教育教学理念和实践过程，从而使其注意力从指向教育教学本身转到指向对教育教学观念和行为的认知、监控、调节和评价上。

所谓描述就是要求教师应尽可能地说出自己在备课、上课时考虑到的一些问题，如所教课程的内容、价值，学生的兴趣、特点等，从而能使其对自己的教学有一个较为清晰的了解和把握。在此基础上，教师还要对自己的教学活动有一个合理的解释，这可以通过一系列的提问来实现。例如，我的教育教学目标和计划是怎样制定的？我为什么这样制定？在教育教学过程中出现了哪些问题？我是怎样解决的，还有没有更好的解决方法？教育教学结果是否实现了我的预定目标？如果没有实现，原因是什么？还有没有补救的办法？能不能找到更好的办法改进我的教育教学实践？这样可以促进教师不断反思和改进自身的教育教学观念和行为。教师可以参考表 7-5 的"问题清单"来进行反思提问。

表 7-5　教师反思的"问题清单"

问题清单列表
1. 本节课哪些环节比较成功？
2. 本节课哪些环节出现问题？
3. 课堂中有什么出乎意料的环节吗？我是如何处理的？效果如何？
4. 学生是否达到了我预先设定的目标？
5. 这节课的情境创设如何？
6. 情境导入是否引起学生的兴趣？
7. 本节课的课堂提问是否尊重学生的差异？
8. 课堂提问后是否给予学生足够的思考时间？
9. 本节课的教学任务是否存在难度梯度？
10. 本节课的重难点讲解如何？学生是否掌握？
11. 本节课时间安排是否恰当？如没有按原计划进行，是什么导致的？
12. 板书设计是否合理？应该如何改善？
……

3．教学研讨法

教学研讨法指同一所学校或来自不同学校的教师聚集在一起，定期或不定期地召开教学研讨会，提出各自教学活动中出现的问题，讨论解决方法，得出最佳方案为大家所用的一种反思方法。教学研讨可以针对某个问题集思广益，有效实现教师之间的交流与协作。在这一过程中，教师可以对教育教学活动中出现的问题形成正确的认识，并找到恰当的解决方案。进行这样的教学研讨需要外部环境，特别是学校的支持。同时，在研讨过程中也应该注意构建民主、平等对话的氛围；做好对教研活动的评价工作，督促和鼓励教师在教学研讨会上提出问题、发表观点，使教学研讨活动对改进教师的教学活动切实发挥应有的作用。

其具体步骤可以分为：①主讲教师在不看录像前，根据教学过程进行自我分析和评价；②主讲教师和听课人员一起观看录像；③看过录像后主讲教师重新进行自我分析；④听课人员评课，有效地运用各类评价量表；⑤主讲教师收集反馈量表来反思自己的问题。

有效运用教学研讨法，首先要求任课教师要勇于开放自己的课堂，虚心听取同事对自己教学活动的意见和建议；其次，每个教师都应当明确自己有责任帮助其他教师改进和提高教学水平，因为教师之间的协作和帮助是相互的；最后，学校管理者应为教师之间的互相听课、评课提供必要的时间和空间，创造一定的机会和条件。在数字化时代，教师在运用观摩法反思教学时，可以借助媒体信息工具更高效地实现教学反思。

4. 课堂录像观察①

课堂录像观察为教学反思提供了大量的实证证据，并且具有便利性、真实性、可塑性等特性。用视频记录课堂教学过程在教育领域并不新鲜，许多教师也有观看课堂教学视频，甚至点评自己或他人课堂教学视频的经历，但很多时候教师反思还是没有达到合理的预期效果，很重要的一个原因是在教师群体讨论和反思过程中，教师个体与视频的交互机会很少。② 可以说，教师与视频的互动方式对教学反思的效能产生了不可忽视的影响。

这个流程通常包含如下步骤和要点。

(1)连续回顾课堂教学视频

教师以"局外人"的视角连续回顾完整的课堂教学视频，从而重新审视课堂上究竟发生了什么。可以边看边记录一些自身感兴趣的或认为值得注意的师生言语或非言语行为，并使用手表或视频中的时间编码记录在课堂教学过程中师生主要活动转换的时间。这个过程要求教师"悬置"自己的角色，暂时"遗忘"自己的教学设计，如教师在教案中设计了 5 分钟左右的新课导入，但视频中显示只用了 3 分钟，同时课堂中学生还

---

① 欧柔：《视频图像分析让教学反思更精准》，载《中小学管理》，2018(6)。

② 王美：《视频研究在教师学习与专业发展中的运用》，载《远程教育杂志》，2011(6)。

出现了一些教师没有预料到的反应等。

（2）分解课堂教学全过程

这一环节的目的是通过对课堂视频中主要活动的分解，增加教师与课堂视频互动的次数和深度，具体做法是教师再次回顾完整的课堂教学视频，但可以在必要时暂停或重播主要片段，将其中的主要课堂活动细分为多种情节，可以根据师生或生生之间持续的姿势、人际距离的布局、主要话题或听说活动的转换来进行划分。例如，在小组合作中，学生 A 一直注视着学生 B，但教师突然走近这个小组，站在了两名学生中间。此时，学生 A 和学生 B 之间持续的姿势，以及师生三者间的人际距离都发生了变化，这就预示着上一个情节的结束或另一个情节的开始。教师还需同时在笔记中为课堂教学过程建构一条时间线，即按时间顺序写下小组讨论、课堂小结等主要课堂活动，并标注其中的学生讨论、教师介入、教师提问等情节，这样不仅可以为后期的片段分析提供背景信息，还可以在长期的课堂视频分析后对比多堂课的时间线，归纳其中的教学规律或模式。

（3）转录课堂教学视频片段

教师可以选择一个感兴趣的情节（视频片段），其中包含课堂互动过程中所有人之间持续的姿势、距离、相互凝视的布局，然后转录其中不同发言者的谈话和非言语行为以及倾听者的言语反应[如表示恍然大悟的"喔"和非言语反应（如表示不解的"皱眉头"]，接下来将这些转录内容按时间顺序呈现在表格中。

（4）转述并解释转录文本

转述并解释转录文本，即教师以第三人称转述转录文本中发生的事情，目的是以"写"带"思"，记录自己的观点。需要说明的是，在转录过程中，选择转录片段时，并非所有教师都有成熟的反思问题和主题，很多教师希望通过回顾课堂教学过程去发现问题。新手教师往往难以抓住课堂教学过程中的实质问题，因此可以将视频给经验更为丰富的同行观看，从中获得一些建议，如同行认为这堂课最需要改进或最欣赏的是哪个部分等，再选择转录片段。这样的好处是在解释转录文本之后，也可以倾听同行对教学片段的解释，从而获得多元启发和思考。

🔗 案例

基于视频图像分析的化学教学反思

视频转录片段描述：

在制作二氧化碳的过程中，教师走到了小磊和小凯的中间，看到小欣错用滴加法加稀盐酸，出声询问小欣"是用滴加法吗"，让小欣停下了手上的动作。此时，参与结构其实变了，本来是小组成员内部的互动，变成了教师和小组成员之间的问答，小磊先不完全确定地回答教师"倾倒吧"，小欣紧接着也拿不准，回答"直接倾倒吧"。教师向小组解释为什么要用倾倒法，却被小欣的抬头打断了（机位看不见表情），小欣得以再次尝试，动作上却还是滴加法；教师再次出声，小欣才改正了方法。可以推断，小欣并没有彻底理解并内化教师的解释，只是在"正确操作"的提示下完成了动作。

表 7-6 基于视频图像的化学课堂转录记录表

非言语行为	言语行为
教师身体前倾，看着小欣。	教师：哦，是这样的，用滴加法吗？你觉得呢＝
小磊把木条放进碗里，然后抬头看了小欣一眼。	小磊：＝倾倒吧。＝
小欣滴管收回滴头。	小欣：＝直接倾倒吧＝
小欣抬头看看老师。小磊和小凯都看着小欣。	教师：长颈漏斗下方一定要液封吗？（注：长颈漏斗必须插至液面下的原因是为防止气体生成时通过长颈漏斗下方溢出，也就是形成液封。）所以你是不是在一开始就要（　）所以就要用什么方法进行倾倒？
教师身体后倾，右手挠了挠头，笑着。 小磊伸出左手接近小欣手中的滴瓶，又收了回去。 小欣再次拿出胶头滴管对准长颈漏斗。小凯伸出右手，从小欣拿着滴瓶的左手下穿过，拿起导管。 小欣把胶头滴管收回，抬起左手，用滴管向长颈漏斗倾倒稀盐酸。	（3.0）嘿嘿，我知道，我啰嗦了。 （3.0）还用滴加？我刚才已经提示啦。

注：表格中"＝"意味着在邻近的两个话轮中间没有间隔，"（）"意味着一段不清楚的或者难以理解的讲话，"（3.0）"意味着语句间的以秒为单位计时的间隔，均为杰弗逊转录符号（Jeffersonian Notation Transcription Conventions）。

5. 课堂调查表法

调查表可以用来了解学生对学习和教学的体验，从而帮助教师从学生眼中更好地了解和认识自己的成绩和不足。教师可以根据自身教育教学实际情况制定适合自己需要的调查表。通常以问答题或选择题的形式出现，题数不限，最好不超过 8 个。调查表包括的内容因调查需要可以有所侧重，主要用于了解一周或几周内学生对教师教学行为的某一方面或某些方面的感受，如教学方法的选择、肢体语言的运用、突发事件的处理等。教师可以在课堂上或课下发调查表，在学生回答后以匿名方式交给教师。就调查表中涉及的问题，教师可以以班会的形式开展讨论、寻找解决方案；可以与同事商讨寻找方案；也可以作为自己的研究课题，在不断的教学实践中改进和寻找方案。

值得注意的是，教师在对学生进行课堂情况的调查时不能忽略对教学媒体的考察。

下面给出的是"古生物地史学"基于问卷调查的数据分析以及教学反思。

🔗 案例

基于课堂问卷调查的"古生物地史学"课堂教学改进（改编节选）

为了解学生对"古生物地史学"课程的认知及了解，设计了3道题目进行调查（见表7-7）。其中，在课程重要程度方面，有67位同学认为该课程在专业课中重要，占比62.04％；有3名认为该课程不重要，占比2.78％。和其他专业课程相比，认为该课程枯燥或无聊的有23人，占比21.29％；认为不枯燥的31人，占比28.70％。在学习态度上，认真学习的50人，占比46.30％；不认真的5人，占比4.63％。这反映了学生基本上都能够认识到该课程的重要性，并且能够主动学习，且在学习中能够发现一定的乐趣；有少数学生认为该课程枯燥。

在课堂教学中存在的最大问题上，调查结果显示，选择"教师水平有待提升"的5人，占比4.63％；选择"教学方法需要改革"的45人，占比41.67％；选择"教学资源稀缺"的58人，占比53.70％。可见，多数学生认为教学方法改革和教学资源是课堂教学存在的问题。在"古生物地史学"知识获取途径上，有54人选择课堂教学，占比50％；28人选择应付考试复习，占比25.93％；9人选择自学，占比8.33％。在缺（逃）课这一问题上，选择经常逃课的为0，偶尔缺课和请过一两次假的38人，占比35.18％；从没缺过课的70人，占比64.82％。整体而言，对"古生物地史学"教学的开放程度评价较好，学生能够积极参与课堂进行交流，且逃课或缺课控制情况良好。

基于上述调查，我在今后的课堂中将会做到以下几点改进。

1. 逐步完善教育教学资源

在以后的学科专业建设中，应当对课程体现出来的教学资源不足问题进行逐一解决，不断补充数字化实验室、数字化教学资源等，不断完善多媒体教学手段和教学内容，以调动学生的学习兴趣，实现学校发展目标和人才。

2. 加强学生的课程兴趣

兴趣是学习的基础和前提，但从问卷结果来看，七年级甚至是四年级学生尚有部分对专业没有兴趣，甚至还有厌学、逃学心理。通过后期和个别学生访谈可知，产生这个问题主要有两个原因：一是地质学的普及程度不够，多数学生在中学没有对地质学的认识，很多学生认为地质学和地理学为同一学科；二是学生接触到地质学后，发现很多新的概念和名词需要重新理解，知识量过大，难记难学。

表 7-7　课堂调查反馈

维度	调查内容	选项	比例(%)
课程认知情况	你觉得本节课重要吗	重要 一般 不重要	62.04 35.20 2.78
	你觉得本节课枯燥吗	枯燥或无聊 一般 不枯燥	21.29 50.00 28.70
	学习本节课认真吗	认真 一般 不认真	46.30 49.00 4.63
教学存在问题	你觉得本节课最大的问题是什么	教师水平有待提升 教学方法需要改革 课程资源稀缺	4.63 41.67 53.70
	本节课中你获取知识的主要途径	课前自学 野外实践 教师教学	8.33 15.70 25.93
	你觉得本节课的逃课情况如何	经常逃课 偶尔缺课请假 从未缺课	0 35.18 64.82

6. 阅读法

阅读理论文献是教师反思不可或缺的方法和手段。教师可以通过阅读获得大量信息，为自己熟悉的事件提供新的阐释，为自己所面临的困难和解决问题提供可能。教师阅读文献不要仅仅局限于自己的学科方面，教育基本理论、学习理论、课程与教学理论、哲学、人类学等方面也要涉猎。阅读时，要把握作者的意图，洞察其思想内涵，既要吸取其合理内核，又要对其持审视批判的态度。阅读能够帮助教师真正理解教学的意义，启迪自己的思想，增强自己的理性智慧，改进教学实践。

7.2.5　技术支持的教学反思与工具

数字化时代各种技术的出现，一方面对教师的职业能力与教师角色提出了新的挑战，引发了新的教育教学问题，从而拓展了教师教学反思的内容范围，另一方面信息技术也为教师的教学反思提供了更为有力的支持。如同技术与教师专业发展的关系一样，技术在教育教学中的引入，既作为手段和方式促进教师的教学反思，同时又改变和丰富着教师教学反思的内容。

7.2.5.1 技术支持的教学反思

技术支持的教师教学反思是指以技术，尤其是以信息技术为环境、工具手段、途径、方式和方法，促使教师对已经发生或正在发生的教育、教学活动以及这些活动背后的理论、假设进行系统思考，在思考过程中清晰地表征遇到的教育教学问题并寻求问题解决方案的过程。其目标是帮助教师提高自己的教学反思能力，最终促进其专业成长。

1. 技术作为教学反思环境的应用

信息技术作为教学反思环境的应用，主要是指教师利用网络通信工具通过参与社群与同行、专家等对话交流进行教学反思，具体又可以分为两种。

一种是专门设计开发的网络平台。目前该方式已经得到广泛的应用。下面介绍的是基于网络平台的教育反思案例。

🔗 案例

基于网络平台的教育反思

教育在线网站是由苏州大学朱永新教授的个人网站发展而来的，是国内知名的教育社区之一。教育在线成立于 2002 年 6 月，至今仍在运营。在这里，教师通过书写教育随笔来反思自己的教育行为，吸引了大量来自教育一线的普通中小学教师、教育行政管理人员，还有来自高校的专家学者和文学界的作家(图 7-5)。

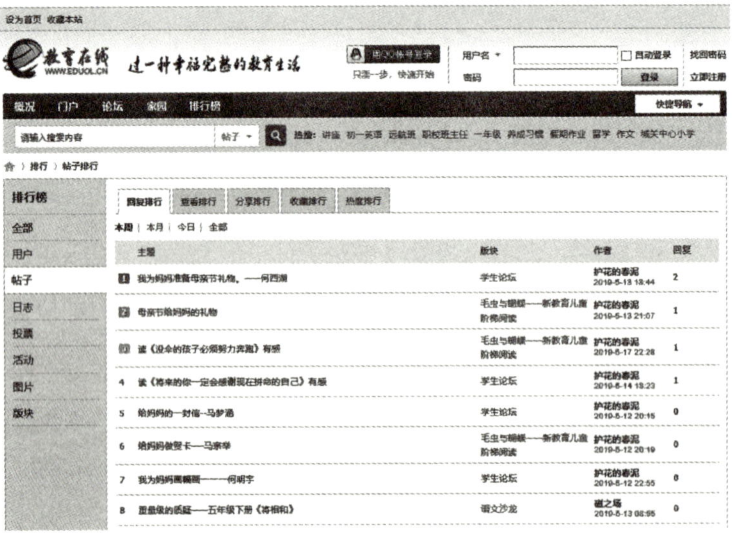

图 7-5　教育在线网站截图

　　另一种是利用社会性软件构建的网络环境（如微信公众号、博客、百度贴吧等）搭建的在线反思平台。相较于专门开发的网站，利用社会性软件构建的网络环境的教学反思具有操作简单、更利于分享传播等优势，目前得到了许多一线教师与其他教育教学工作者的青睐。下面介绍的是利用微信公众号进行教学反思的案例。

🔗 案例

基于微信公众号的教育反思

　　科学教师读书是蔡呈腾老师创建的微信公众号，截至 2019 年 5 月已有 356 篇原创文章，其中包含 69 篇关于科学教育的教学反思分享，其他人可以通过微信留言等方式与蔡呈腾老师进行沟通交流，如图 7-6 所示。

图 7-6　微信公众号"科学教师读书"的教学反思截图

2. 技术作为反思手段的应用

　　技术作为反思手段的应用典型实例是电子档案袋式教学反思。电子档案袋式教学反思和纸笔式反思日记在本质上是一样的，都是教师把自己的行动、体验、反思呈现出来，二者的主要差异在于表现形式和作为交流载体的便利性上。电子档案袋式教学反思采用的媒体与传统的纸笔不同，电子档案袋，或称电子文件夹，是用数字技术作为"容器"，存储教师或者学生的作品以及对这些作品的自我反思和相互评论。电子档案袋中的反思日记具有便于交流和讨论、表现力更强，可采用文字、图片、动画、声音、录像等多种多样的形式，支持超链接，存储、发布、更新、查找、管理更便利的特性。

3. 技术作为反思方法的应用

技术作为反思方法的应用实例是微格教学法或录像训练法，即通过观看自己的教学录像，在他人帮助下发现自己教学中的不足与问题，进而寻求解决方法。微格教学反思法一般适合新手教师对自己教学技能的反思。

7.2.5.2 技术支持的教学反思工具

1. 教师电子档案袋

电子档案袋，它是在传统的基于物理环境的档案袋基础上发展起来的。随着技术的发展，档案袋的介质也在发生变化，从最初的纸质档案，到多介质档案，再到多媒体档案，一直到今天的数字化档案。现有的档案袋主要用来进行评价，但实际上档案袋还可以作为反思的工具，尤其是对于教师成长档案袋来说，它是一个捕捉教师实践智慧的工具。档案袋具体的应用有两种形式，一种是基于物理环境的，另一种是基于信息技术环境的，后者常被称为电子档案袋。依据教师档案袋的性质，可以把它分为过程性教师档案袋、结果性教师档案袋和展示性教师档案三种类型。

2. 思维导图工具

教师可以利用 Xmind、MindManager 等思维导图软件进行教学反思，记录反思过程中经过自我审视与分析在头脑中产生的各种有关教育教学问题和教育教学事件的解释以及可能的解决方案，将反省思维可视化，并把这些可视化的思维结果与已有的教育教学事实、已有的教育理论进行比较分析，从而产生观念。

3.S-T 分析方法软件

S-T 分析方法即学生—教师分析法。S-T 分析方法是一种能够直观表现教学情况的教学分析方法，它可用于对教学过程进行定量和定性的分析和评价，判断课堂教学性格，获取具有共识的、客观的信息。这种方法要求首先用录像技术把整个课堂教学过程记录下来，然后按照一定的时间间隔对录像信息进行编码采样，之后经过一系列对采样数据的处理，可以判断这节课的教学模式是讲授型、练习型、对话型还是混合型。S-T 分析方法主要用于对教学过程的定量分析，把教学中的行为划分为教师行为和学生行为两类，能够大大减少对教学活动进行分类记述的模糊性，提高了客观性和可靠性。S-T 分析方法软件具有操作简单、结果直观、评价客观等特点，有利于教师使用该方法判定自己的教学并不断使其得到完善。

🔗 案例

基于 S-T 分析软件的教育反思①

本案例是广东省江门市范罗冈小学刘小兵老师应用 S-T 分析软件对小学四年级一堂英语课的课堂教学进行的分析评价。刘老师采用的 S-T 编码分析工具只有两个代码——S 和 T，S(Student)是学生行为，T(Teacher)是教师行为，整个数据采集表只有 S 和 T 代码。其设计的基本思想是，它可用于对教学过程及分析进行定量的处理和评价，判断课堂教学性格。仅对教师(T 行为)和学生(S 行为)进行两个维度的分析，减少了模糊性，提高了客观性和可靠性。

第一步：采集数据。这是一节 15 分钟的英语课，采样时间间隔为 3 秒，每一行 20 个方格记录一分钟内 20 个行为的编码，15 行就表示一段 15 分钟的连续观察。

第二步：进行技术分析，形成 S-T 曲线图通过将 Excel 的数据导入 S-T 教学活动分析工具，就可以迅速得出相应的数据，非常直观。各项参数：片长 15 分钟，采样间隔 3 秒，S 个数 123 个，T 个数 177 个。

第三步：数据分析。通过 S-T 编码分析工具对一节课进行分析，可以明确判断本节课的教学特点，总体把握这节课师生的行为比例以及师生行为互动比例。本节课师生行为转换率 Ch＝0.36，教师行为占有率 Rt＝0.59，学生占有率 Rs＝0.41。(Ch 表示师生行为转换率，即教师行为与学生行为间的转换次数与总的行为采样数之比，Ch≥0.4 则为对话型课堂教学类型。Rt 表示教师行为占有率，即教师行为在教学过程中所占的比例，Rt≤0.3 为练习型课堂教学类型，Rt≥0.7 为讲授型，0.3＜Rt＜0.7 为混合型。Rs 表示学生行为占有率，即学生行为在教学过程中所占的比例。)根据数据可以判定本节课应为混合型教学模式。

结论：这节课属于混合型教学模式，已经摆脱了传统的"满堂灌"现象，师生之间有互动，学生参与的程度达到了 41%；师生行为的转换率仍旧较低，为 0.36，还没达到"对话"的水平(0.4)，师生的互动质量还有待提高。通过数据分析和反思，授课教师可以改善课堂教学，更多地去设计学生活动，让学生在课堂中有更多的参与机会。

4. 视频标记工具

视频能够全面、真实地再现课堂教学的动态性和复杂性，刺激了对事件的回忆，改善了传统回忆性反思的不足，使教师对学习的感觉和思考更清晰化了。基于视频的方法给教学反思带来了很多正面的影响，但仍然存在一些使用的障碍，如缺少有

---

① 刘小兵：《用技术支持教学反思——应用 S-T 编码分析工具进行课堂观察》，载《信息技术教育》，2004 (10)。

效的视频分析体系、教师不确定如何有效应用视频、实施视频观察的成本高(时间精力等)。近年来,视频标注的兴起在一定程度上弥补了这方面的不足,增加了视频反思的可行性和便利性。当前,国内外教学反思的主流支持工具为网络工具和视频工具。这主要是由于网络能够为教师反思过程中寻求解决问题的方案提供资源和人际交流的支持;视频技术能够真实地记录教师的教学实践,可以为教师教学反思过程的起点——"观察回忆"提供清晰的材料。下面介绍几种已被多方实验证实效果的视频标记工具。

(1)VAST

VAST 由美国西北大学开发,已经被用于数学和科学教师教育项目。运用这个工具,教师能够将上传的视频进行片段抓取和转录以用于随后的分析(见图 7-7 中 A)。通过"导引注意"书写框(见图 7-7 中 B)和序列化的标签(证据、解释、提出问题),支持从不同的教育视角进行分析思考。教师首先被问:"你注意到什么?"然后提供证据,解释证据,随后鼓励他们根据他们注意到的事情去提出问题,或者提出他们在教学过程中如何做出反应,在此可以用"学生思考、教师的作用、发现"的框架进一步探索(见图 7-7 中 C)。在分析视频时,VAST 允许呈现其他相关的资源(如学生作业、课程计划等)(见图 7-7 中 D),这些可以在反思之前上传。

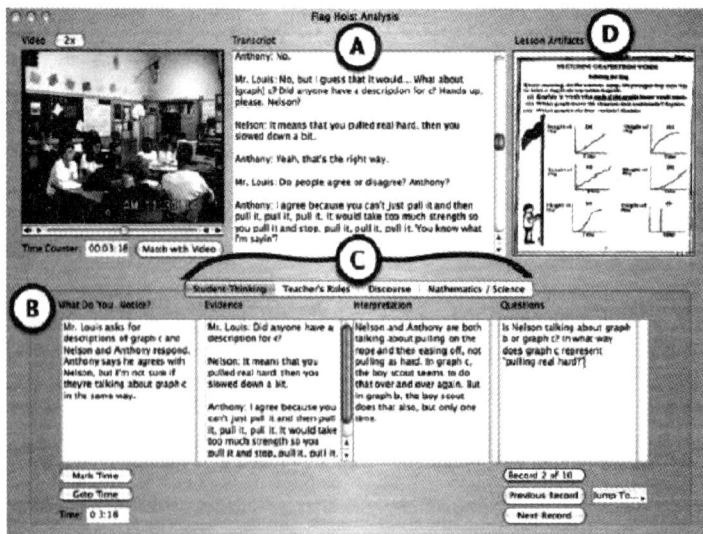

图 7-7　VAST 界面截图

(2)VAT

VAT 由佐治亚大学开发,已经被用于社会研究、科学和基础教育课程。教师可以在其中上传、存档、切分、标注和分享视频,系统用了"镜头"的比喻扩展或限制了教师实践和学生学习的方面(见图 7-8 中 A)。VAT 用选项的方式为视频提供了多个分析框架，从教学实践到课堂管理，以不同的视角考察同一教学事件(见图7-8中B)。VAT支持多个评价者针对同一视频进行分析比较，允许同伴、教师教育者或监督者对事件进行评价和标注，用户还可以分享和评论视频片段。利用VAT，教师能够独自审视或共同协作审视多个被标注的视频(如教师的看法和专家的看法相比较)。

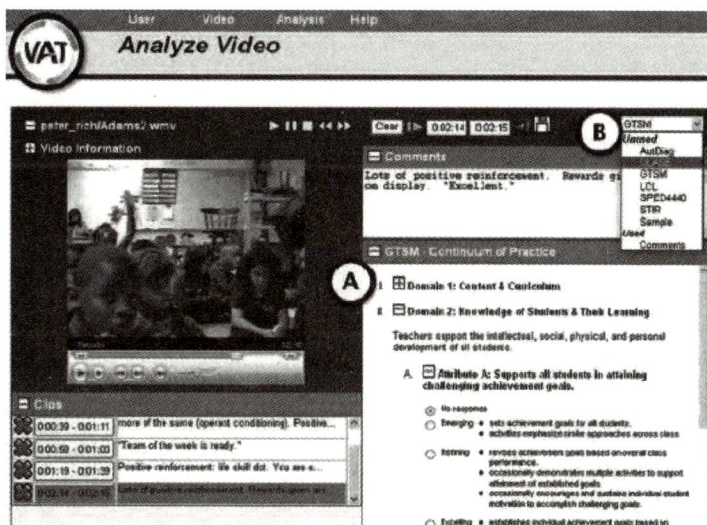

图 7-8　VAT 截图

7.2.6　本节小结

教师的自我反思一直被视为教师专业发展的核心要素，对教师的教学工作与自我成长起到了不可替代的作用。为了让读者了解如何进行教学反思，本节介绍了教师在教学反思中的四种视角，包括分析作为学习者的经验、征询学生意见、与教师同伴的协作交流、通过文献阅读获取启发思考。除此之外，本节通过杜威的"教学反思五步法"、埃拜的教学反思过程模型、ALACT反思模型、申继亮等人的反思模型对教学反思的过程进行梳理。为了进一步从实践的角度让读者了解教学反思的操作办法，本节重点介绍了教学日记法、描述—解释法、教学研讨法、课堂录像观察、课堂调查表法、阅读法6种方法，并配有部分案例。最后从技术的视角，为数字化时代的教师从技术应用的视角介绍了技术支持的教学反思与技术支持的教学反思工具，包括教师电子档案、思维导图工具、S-T分析方法软件、视频标记工具，希望为一线教师与研究者提供具有可操作性的教学反思的方法工具。

7.3
通过自我管理进行自主发展

🎯 **学习目标**

1. 了解教师自我管理的含义与意义。

2. 知道教师自我管理的方法。

3. 能够灵活运用自我管理的技术工具。

教师专业发展必须建立在教师自主与主动寻求自我提高和发展的基础上，在发展过程中增强自主发展意识，强化自主发展行为并进行自我管理，在教育教学过程中培养终身学习和研究的意识与能力，才是教师发展的关键。费里曼认为，在教师发展中教师要具备高度的自觉和自我意识，要有随时准备接受改变的积极态度，以改变自己所需要的知识和技能结构。意识可带动教师对态度、知识和技能三个要素的关注。在传统的教师教育中，知识传递模型只强调后两个因素——知识和技能，但长期的发展必须从意识和态度的改变开始，必须使教师具备发展的主观愿望和积极态度，才能实现教师专业发展的自主性。教师的自我管理是教师自主发展的重要体现。

7.3.1 教师自我管理的含义

自我管理是在适应知识社会大背景下的知识工作者的需求提出的，作为拥有专业知识和技能的教师自然也有进行自我管理的必要性。教师的自我管理表现在对自我发展的问题上，能够进行分析、规划、设计、约束、激励、反馈等，也就是说，教师是专业发展的主体，而不是被动的客体。自我管理本身就是一种自觉的社会行为，即教师在教育生活中实现教育理念的升华，达到自我管理的理性与非理性的统一。教师对自己的行为进行自我管理是一个融社会发展目标和个人发展目标为一体的过程，有着明确的指导思想和具体的准则。教师的自我管理，大致有自我觉察、自我探索、自我开放、自我了解、自我悦纳、自我认同等几个主题。① 由于有效决策对学校管理工作的成功至关重要，从决策促进管理的角度出发，也有学者认为，教师的自我管理就是在

---

① 陆水、韦东：《教师自我管理的途径》，载《管理科学文摘》，2007(2)。

学校组织中，教师对个体在职业中的行为及相关活动进行决策的过程。在决策的过程中，既包含个体对过程的控制，又包括对管理基本原则的贯彻。[①] 另有学者认为，教师的自我管理是指教师在教学、学习、生活中对自身的身体、思想、情感、意识形态等进行的管理，是教师从自身出发对内的调节与管理。

教师的自我管理是一个多维度、多层面的概念，在认知上它体现为教师要学会自我认识，包括自我分析和自我评价；在情感上教师要自我激励，主要是在精神层面上的内在激励；在行为训练上要自我修养、自我规划；在意志品质上教师要自我监督、自我控制和调节。简言之，教师的自我管理应当是教师在正确认识自我的基础上，通过自我激励，主动向自身提出发展目标，并能自觉地自我规划、实施、控制和调节，从而达到理想的发展目标的过程。教师的自我管理不同于传统意义上的教师管理，它是从教师个人角度出发，在与组织管理不相冲突的前提下，教师运用各种技能、技巧来使自己在工作过程中减少职业压力、激励自我、在学习中提升自我的各种素质。因此，教师的自我管理对教师的专业发展具有重要意义。

7.3.2 教师实现自我管理的方法

教师的自我管理，是指在一个开放的教育教学情境中，教师主体在内外双重机制的交互作用下，对自己的专业发展进行规划、设计、实施、评估和反馈，以最大限度地发挥自己的潜能，实现自己的个人价值和社会价值。

1. 教师主体视角下实现自我管理的方法

从职业特点出发，教师在自我管理中应重点从自我认知的提升、职业生涯的合理规划、自我管理能力的提升以及时间管理等方面入手。

（1）提升自我认知

教师作为自我管理的主体，对于自我一定要有充分的、深刻的认识与定位，了解自己的价值观。教师的价值观是在日常的工作、学习、生活中逐渐形成的，是教师对是非、对错、善恶、美丑等的判断，一旦形成就具有一定的稳定性，对个体的行动进行指导、约束、规范。例如，教师如何看待体罚、新课改、乱收费、待遇、成就等都涉及一个价值判断的问题。教师应该使自己的价值观与学校的价值观尽量地相容或者相似，如果这两者的价值观相冲突的话，那么教师只能够调整自己的价值观，使之与学校的价值观符合。

教师可以根据自己的性格特征与教师的职业特点进行对照，从中找出自己哪方面适合教师行业，同时写下在前一段时间里自己所做的事情期望的结果及其实际取得的

[①] 孙美龙：《教师自我管理的方法》，载《中国教育学刊》，2006(4)。

效果，通过对比，找到哪类事情是预期效果与实际效果一致的，那么这类事情就是你所擅长的；反之，就是教师的缺点。了解自己的学习方式。教师由于自身的知识结构、接受与消化知识等方面存在差异，其所擅长的学习方式、需要的学环境也是不同的。有的个体需要在很安静的环境下进行学习，而有的个体则对环境并不怎么在意；教师了解了自己的学习方式后，才更容易自我更新知识结构，对自己的知识进行管理。

教师需要找出适合自己的工作方式。教师工作的性质决定了教师在教学活动中具有很大的自主性，但这并不意味着教师不应该把自己隔离在一个封闭的教室中。教师要树立一种团队意识，认识到不同学科间的教师是一个合作的、相互协作的团队，在这个团队中，个体的生活习惯、性格特点、做事方式等各有差异，教师需要找出自己是适合与他人合作，还是适合单独一人完成工作，是否需要在他人的指导下完成教学任务。

(2)做好职业生涯规划

由于教师职业的相对稳定性，教师在做职业规划设计时更应该正确地认识学校的规划和长远目标，将自己的职业生涯规划与学校的规划相结合，从而发挥自己的潜能，合理地实现生涯目标。职业生涯规划是教师自我管理的基石，有清晰的规划意识才有可能将自己的人生变得丰盈而充实。因此，从入职开始，教师就要正确认识自我，对工作进行严肃认真的策略性思考，权衡职业发展中的各种选择，对职业的各个阶段进行安排，依据计划要点，运用环境资源，发挥自我潜能，来实现职业目标。拥有一个恰当的职业形态是人生的一个重要目标，成功的职业发展可以使教师获得人生满足以及自我价值的实现。

(3)注重管理能力提升

自我管理是管理主体对自己各方面的管理，要求教师具有比较高的素质，能够随时应对外部环境的变化，因此，教师应该要提升以下能力。

沟通能力。高效的教师会确保自己的教学计划和信息需求能够得到其他人的理解与支持，在得不到他人的理解时，他们会向他人解释做出这些计划的原因、过程、目的。具体来说，这意味着教师会与同事(包括上级、下级和同级)分享自己的计划，并且征询这些人的意见。同时，他们会让每一个人都知道，为了更好地开展教学工作，自己会需要哪些信息，需要哪些帮助及合作。

合作能力。不同学科的教师所拥有的知识在一定程度上是相分割的，但是作为教师的很多专业技能、技巧、素质、能力也是具有一定共性的。因此，教师之间应该相互合作、相互学习、相互帮助，在教师群体中形成与他人合作的意识、能力，学习他人的优点，在合作的氛围中促进教师的共同进步。

对情绪的管理能力。教师面对的是具有不同性格特征的学生、教学任务的繁重、科研项目资金的争取、升迁困难的压力、生活困境等，他们会产生不同程度的压力及不稳定的情绪，这就需要教师对其情绪进行管理。教师要意识到压力是无处不在的，在压力面前不应该一味地退却，而是以积极的心态来应对，通过参加体育锻炼、专业的压力指导、建立和谐的人际关系、争取社会网络的支持等途径来进行自我调适。

（4）重视时间管理

多数教师认为重复的教学工作缺乏挑战，在专业发展上也难以取得突破。重视对时间的管理是教师提高效率、取得专业发展的重要原因。有时间管理意识的教师，能把每天的工作、学习、生活安排得井然有序，使每一天都充满了新奇、希望和创新；没有时间管理意识的教师，每一天都疲于奔命，陷进烦冗琐事之中。教师应该学会管理时间的策略，掌握科学的管理方法，合理安排目标，优化工作空间，实施有效规划，提高决策力和工作效率。

重视时间管理，首先我们学会确定优先次序，并与行动联系起来。应该认识到，存在着许多不同的次序，不同类型的事情应该区别对待。应严格区分什么是紧急的，什么是重要的。最好根据紧急先于重要的原则安排时间序列，先处理紧急的事情，再处理重要的事情，当然，也不能只顾处理紧急的事情而忘记处理那些重要的事情。对于那些重要的事情，应通过各种可能的手段来进行思考，哪些属于长期的，哪些属于短期的，哪些可能是介于两者之间的。如果是长期的，就需要考虑它在短期内的应用，设置中间性的过渡步骤，然后，需要确定实施的时间和地点。举例来说，家长与教师的交流是必需的，这种交流可以通过如下方式进行：家访、电话、面谈、书面交流等。善于管理的教师将与家长的沟通分为例行活动（如定期家访、面谈、电话联系）和非例行活动（如各类突发事件需要与家长联系、家长的临时安排），依据每段时间内工作重点的不同进行重点关注和一般关注，据此安排与家长交流的形式、时间长度和频率。这既节省了时间，又会取得良好的效果。

其次，教师要养成良好的工作习惯和生活习惯，这也是时间管理的主要内容。教师要转变思维，即改变已有的对时间的态度、理解和认识。"忙碌"并不代表着教师不能追求生活的丰富多彩，不能享受应有的闲暇。

（5）做好自我激励

个体在精神层面上的反思和内省是进行自我管理的主要途径，激励和惩罚都是自我管理的有效手段。教师需要反思自己在专业发展、教学过程中的得失，在反思之余更应该为自己设置一定的激励手段。教师的自我激励应可以从以下几个方面进行。

舒缓压力。教师的工作是"育人子弟"，担负着比其他很多职业都重大的责任。很多教师也因此具有一定程度的心理问题。压力的舒缓可以与情绪管理相结合，通过对负面情绪的疏导缓解压力。舒缓压力的能力对于教师长远的发展有重要的意义。

自我激励。自我激励是教师自我管理的评估和反馈缓解。在自我管理过程中，合理的评估具有重要意义，教师无论是对自己短期、长期的专业发展，还是平时的教学实践成果都需要做出正确的评估。通过这种评估认识自己是否走在正确的专业发展道路上。除了评估，教师可以为自己设置一定的激励手段，激励不但可以消除职业倦怠，还可以激发教师在专业发展上前进的动力。教师的自我激励属于内部激励，其力量最为持久，是教师实现可持续发展的主要手段，因此要注重自我激励对教师专业发展的积极意义。

（6）明确责任意识

自我管理往往意味着自我放权，在此过程中更需要明确自我管理的意义或者在自我管理过程中的责任。教师要在自我管理的过程中逐渐培养个人责任感，对自我的发展、对学生、对学校负责。责任是个人对自己的职责、义务、组织要求、社会规范和社会价值等的态度、看法，是对自己过去行为的总结和对自己未来行为准则的保证。因此，具有责任心、富有责任感是教师实施自我管理必不可少的环节。在自我发展这个阶段里，责任作用的机制是，教师个体产生行为，学校、家长乃至社会对其行为做出评价，确定其与学校、家长和社会要求的相符程度，并将行为结果的社会反响反馈给教师个体，使之认识到结果与社会期望的差距并能够很好地调整自己的行为。培养个人责任感的途径，一是教师个人要认识和内化学校和社会的要求、规范和原则，在个人意识中产生对学校和社会的责任意识；二是教师要对自己提出合乎社会、学校和个人三者利益的要求。

2. 学校视角下促进教师自我管理的方法

强调教师的自我管理并不意味着学校组织的作用降低，相反，正是因为学校组织良好的大环境，才会促使教师更好地进行自我管理，从而对学校组织目标的实现起到积极的作用。为了实现这一良性循环，学校管理者不能简单地用各种规章制度硬性地约束和限制教师，更重要的是建立有效的体制来引导教师进行自我管理。学校需要为教师的专业成长营造坚实的情感基础和组织基础，学校帮助教师的自我管理可以从以下方面出手。

（1）加强情感基础，丰富激励手段

教师的自我管理首先要从情感基础开始，没有对学校的认同感和归属感，教师只会机械地接受学校管理的条规，不会也不愿去进行自我管理。对学校的认同感能有效地唤醒教师的自我管理意识，对学校的归属感起着决定作用。归属感的建立需要满足下列条件：组织能够满足成员生存及生活的需要，成员在组织中能得到尊重，成员在组织中能够得到公平竞争和不断发展的机会。因此，学校应积极创建教师发展的平台，多角度激励教师，激发教师的内在发展需求，让每一位教师都能意识到，自己应该成为自身职业生涯的主人，只要努力加强自我管理，实现自我更新，就能胜任当代教师的职责，并在成就学生的同时，成就自身特有的职业尊严和欢乐。对教师的激励不可能在待遇、感情、事业等方面都面面俱到，因此，需要结合学校发展的实际情况，灵活采取与教师需求以及学校组织发展水平相适应的激励策略是当前学校的选择。

（2）创建合理的组织文化

组织文化是影响学校有效发展的重要因素。通常情况下，组织文化是把组织成员结合起来的凝聚力，这种凝聚力可能是社会性的，也可能是规范性的，它所要表达的是组织成员所共享的价值观或群体信念。不同的组织文化，对教师产生的影响是不同的。优秀的组织文化可以让学校的领导、管理者和教师乐在其中，对工作充满信心，彼此合作愉快，并把这种乐趣传递给学生。教师有效地进行自我控制和约束，自我调节和学习，以及教师的学习、教研、合作已成为一种自觉的行为。一旦形成消极的组织文化，就可能导致教师怨言不断、消极怠工；学校领导虽拥有权力却难以指明发展的方向，管理者和教师之间冲突不断，教师的这种心理也会传递给学生，同样，学生反馈给教师的就是浮躁、自由散漫等惰性心理。因此，学校应营造良好氛围，实现价值的共享，提升教师团队的凝聚力，从而创建有利于教师自我管理的组织文化。

7.3.3　教师进行自我管理的技术工具

信息时代不仅为我们提供了获取、共享知识的便利，还为我们提供了各种便捷的日程和自我管理工具，如利用 Outlook 进行日程管理；利用智能手机自带的"日历"应用同样可以进行日程管理，手机应用市场中的各类日程、目标管理工具更是层出不穷，教师可以自行在各大手机应用市场进行下载和使用。

自我管理是一个不断积累、循序渐进的过程，也是一个动态、持续的过程，从时间、目标、计划等方面，每个维度都需要运用相应的工具进行管理。例如，在我们的生活中随处可见的记事贴、日记本、记事本、手账本，都是用来规划日程、自我管理的有效工具。优秀的自我管理工具应该包括以下维度和基本工具，详见表 7-8。

表 7-8　自我管理维度与工具

管理维度	基本工具
时间管理	四象限原理
目标管理	SMART 方法 目标多叉树法
计划管理	SMART 方法 目标多叉树法
压力管理	压力评估表
职业规划	剥洋葱法

7.3.3.1 时间管理

1. 四象限原则

四象限原则是一种常用的时间管理理论，它将要处理的事情按照"重要"和"紧急"两个维度分成为四种待处理状态，分别为重要不紧急的事、重要又紧急的事、不重要紧急的事和不紧急也不重要的事。这四种待处理状态分布在四个象限中(图 7-9)。

在一般情况下，你需要保证"重要又紧急的事"率先完成，如明天需要发布教学实践方案，这样的情况，需要先把这类事情完成。但是，从时间管理的

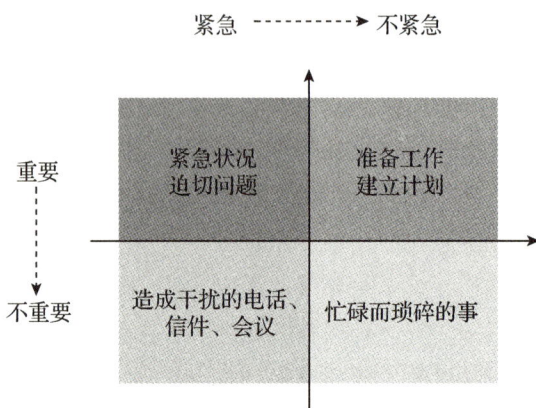

图 7-9　四象限原则

角度来看，在长期执行计划当中，需要把"重要不紧急的事"放在重心的位置，每天都能够在任务中有些进展，长此以往，一些"重要又不紧急的事"就会更少发生。

在实际生活中，会有很多突发事件，如老同学或者亲友突然登门造访、其他学科教师向你咨询问题等。当结束这些紧急但不重要的事情后，可能会想休息放松，但是这时需要回想起还有"重要不紧急的事"要完成。所以，合理分配时间，减少花在"重要不紧急的事"上的时间，尽快完成"重要又紧急的事"，将"重要不紧急的事"平均到每天的时间中。

2. 番茄工作法

番茄工作法是由弗朗西斯科·西里洛于 1992 年创立的一种时间管理方法。要求使用者选择一个想要完成的任务，在规定的 25 分钟内专注于这个任务，中间不允许做与该任务无关的事，当 25 分钟到时，休息 5 分钟。这个 25 分钟的时间即为"番茄钟"。没有实践检验及证明将"番茄钟"设置 25 分钟是最合理的时间，只是提出者一开始定了 25 分钟，使用者可以根据自己的时间去调整。番茄工作法的使用方法是，在每天开始时，计划今天要完成的任务，将这些任务记录在清单上或者软件中。之后，逐项完成清单上的任务，在完成任务的过程中，严格按照设定的"番茄钟"时长进行。例如，25 分钟的闹铃响起来，就要放下手头工作，让大脑休息 5 分钟后再去处理刚刚没有做完的事情或者开始新的事情，但是要严格执行在 25 分钟内，也就是"番茄钟"内，专心只做一件事情。

3. 技术和工具

(1)TickTick 应用软件

TickTick 应用软件,可以帮助用户记录下所有待办事项并通过提醒、协作等功能帮助使用者完成所有的任务,让生活和工作变得更有条理。2014 年,TickTick 应用软件推出中文版,名为"滴答清单",它易用、轻量、功能完整,并支持手机端和网页端。

利用 TickTick 应用软件可以根据四象限原则,方便快捷地进行时间管理。可以新建一个文件夹,文件夹里面有四种待处理状态的事件清单,在每天处理事件时,把对应的事件移动到对应的事件清单内,选择"所有任务"时,可以清晰地看见每个象限对应的要处理的事情。当完成事件后,需要在对应的事件上进行标记,对需要更改状态的事件进行清单间的移动。另外,此款应用软件中,还可以对日期、优先级进行选择和设定(图 7-10)。

图 7-10 "滴答清单"应用软件界面

(2)"番茄 todo"应用软件

"番茄 todo"是基于番茄工作法的时间管理软件,每一个待办的任务可以用一个"番茄钟"来计时,时间可以由用户自己设定,并且可以选择"正向计时""反向计时"等。设定完成后单击待办事件的开始按钮,就开始一个"番茄钟"的计时。在完成任务后,软件会对本次学习时长进行记录,并通过可视化图表进行呈现,方便用户查看自己的工作时间情况(图 7-11)。

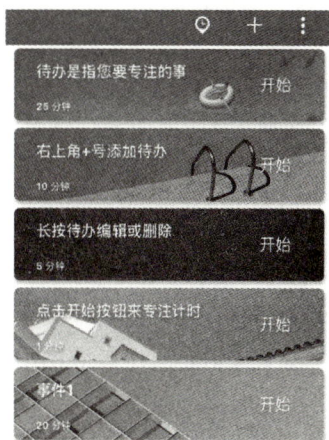

图 7-11 "番茄 todo"应用软件界面

案例

基于应用软件进行时间管理

廖老师一直有时间管理的习惯,并且手机不离手。对于时间管理,他习惯使用滴答清单应用软件,将滴答清单里的"清单"按照四象限的思路设置,且配以不同颜色(No.1——红色;No.2——蓝色;No.3——黄色;No.4——绿色),对应四象限原则里的"重要紧急""重要又不紧急""不重要紧急""不紧急也不重要"四种分类事件,他也使用了四种不同颜色来代替四种类型事件,使事件分类更为明显。

廖老师用应用软件清晰明了地将事件进行分类,紧接着在处理事件的过程中,他也运用了番茄工作法,在对应的"番茄钟"里面高效完成工作。廖老师也告诉我们,当他正忙于"番茄钟"的事件时，会偶尔有电话打过来，这时候，廖老师会判断电话是否必须接，如果是陌生人，廖老师会等待在此时"番茄钟"结束后再去回拨，当然如果是紧急电话，他会选择接听。如果电话那头要求廖老师执行某件事时，他也会进行判断，如果这件事并非紧急的事，廖老师会将此事归为"计划外"的清单里面，如果此事必须做，廖老师会废除掉此时的"番茄钟"，在忙完紧急事情后，会重新开启"番茄钟"。这样的时间管理方法给廖老师的工作和生活带来了极大的便利，使他能够很好地平衡家庭和学校之间的关系。当然每个人都会有适合自己的时间管理方式，而且每个人在不同的学习阶段也有不同的时间管理方法。

7.3.3.2 目标管理

1. SMART 原则

SMART 在目标管理中用于制定目标。S(Specific)是指设定的目标是明确的，而不是模糊不清、模棱两可的。例如，教师设定目标为"提高自身学习能力"，这类目标不够明确，需要改为具体在哪一方面的学习能力以及要达到何种标准。M(Measurable)是指设定的目标是可以测量的。例如，教师将学期目标设定为"班级语文平均成绩更好"，这类目标不够明确，需要将目标具体化，可以设定为"班级语文平均成绩达到 85 分以上"。A(Acceptable)是指目标是能够实现的，也就意味着目标一定要实际，并且要制定自己能够"跳起来"就可以够得到的目标。R(Relevant)是指要实现的目标和其他目标的相关性，如果实现了这个目标，但是和其他目标并无关系，那么即使该目标达到了，意义也不是很大。T(Time-based)是指时效性，即目标设定是有时间限制的，教师可以规定在一个时间段内实现该目标。总之，SMART 原则在教师目标管理中的作用是巨大的，它能够帮助教师更有效地实现目标。

2. "达目标"应用软件

"达目标"应用软件是一款可以支持用户目标管理的手机应用软件。用户在注册完成后，可以发起要实现的目标，并缴纳一定数额的押金，押金数额可以自定义。之后，用户可以邀请好友来进行监督，当然软件平台上的其他用户也可以加入对用户的监督中，充当"围观者"的角色，用户在实现目标时，可以成功退回押金，失败则会将押金分给"围观者"。

用户实现目标的手段在平台上主要以签到打卡的形式，如早睡早起、坚持学习英语、运动、完成某项任务等。目标发起后，用户需要每天进行签到，当然考虑到突发状况，平台允许在一定次数范围内可以不签到。用户所充当的角色不仅是目标实现者，还可以是其他用户的目标监督人。

"达目标"应用软件通过押金、监督的形式，通过外部动机来提高用户对目标实现的参与度，这种外部动机可以让用户养成逐步实现目标的习惯。在教师目标管理中，这类应用软件可以帮助教师形成良好的习惯以及更快地实现目标。

🔗 案例

基于应用软件的目标管理

很多人都制订过目标计划，过了一段时间来重新审视这些计划是否完成，有人能够顺利完成目标，也有人坚持下来但是没有实现目标，甚至有人在执行目标的过程中就放弃了。刚入职的钟老师就是很容易在实现目标的持久战中放弃的人，他经常说自己没有毅力坚持。偶然一次机会，他得知有一款"达目标"应用软件，能够通过网友的监督作用来督促用户更快实现目标。钟老师在国际学校工作，希望自己的英语能力能够得到提高，但是繁忙的工作只能让他在零碎的时间里学习英语。"达目标"软件是通过用户缴纳押金，完成目标后会返还押金的形式帮助用户实现目标，借助"达目标"软件，钟老师希望通过外部动机的激励作用，能够让他实现自己的目标。在初次使用时，钟老师严格执行规定，基本上每天打卡签到，通过自我反思，钟老师认为一直让自己坚持实现目标的原因有两点：第一是不想放弃押金，第二是会有"围观者"监督。这款软件也帮助钟老师实现了自己的目标，同时他也表示这款软件让他养成了坚持的好习惯，希望通过利用软件的目标管理，逐渐形成自己内在的目标管理方式。

7.3.3.3　压力管理

3A 模型用流程图将压力的形成过程展示出来，3A 分别表示评价（Appraisal）、归因（Attributions）、适应（Adaptation）。首先当压力源具有挑战性和阻碍性的时候，这种压力对个体形成强烈的冲击，这时个体会对压力源进行评价，当这种压力源被个体评价为是一种威胁时，个体会产生消极情绪；当压力源被个体认为是一种挑战时，反而会增强个体的积极情绪，当然个体也会认为这种压力不重要或者跟自己无关。

在个体初次评价之后，个体会结合自我效能感对初次评价的结果进行归因，从而产生对应的情绪。由于个体特质的不同，归因过后，具有高效能感和积极情绪的个体会认为压力源是一个挑战，会积极应对挑战，而低效能感和消极情绪的个体会羞愧、愤怒以及焦虑。

产生积极或消极的情绪后，个体会结合个人资源以及工作资源进行第二次评价。个人资源即个体本身的能力以及能够获得的帮助，工作资源主要是指来自所处组织的支持，如工作发展机会、同事以及领导所能给予的支持、压力的重要程度等。当然，个体可以利用的个人资源和工作资源越多，其二次评价后产生的积极情绪就会越高。

二次评价所产生的是行为倾向，需要经过个体自我调节产生应对行为，如果个体自我调节能力强，则会产生积极的情绪，个体会有更多的幸福感。相反，如果个体产生消极情绪，则会产生工作压力，当然个体也在压力中学习和适应（图 7-12）。

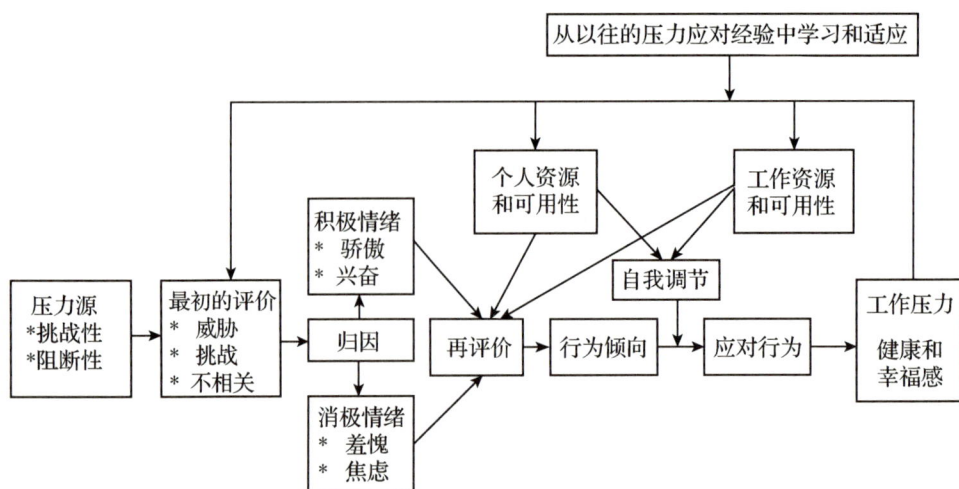

图 7-12　Jeremy D. Mackey 的 3A 模型流程图

🔗 案例

基于 3A 模型的压力管理

王老师毕业后就直接在学校教书，工作认真努力、吃苦耐劳，与学生关系融洽，对班级大小事都关心到位，得到了学生的喜爱以及领导的表扬。但是，在几次评高级教师职称时，名单里面都没有他。原因有以下几点：第一次是因为王老师英语不过关；第二次是因为教师名额少，规定年轻教师所占人数比例不能太多。经历这两次失败后，王老师把原因归为自己，认为自己很失败，产生了一些负面情绪。

虽然王老师产生负面情绪，但是他没有将这些情绪带给学生，而且他喜欢和学生相处，在和学生相处的过程中，王老师获得了更多的幸福感，也逐渐认识到自己的优势和劣势，于是继续努力工作，将评职称的所有材料准备好之后，再去参加第三次的评选。

在案例中可以看到，在初次评价中，王老师将失败归因为自己的原因，产生了消极情绪，后期王老师积极调整自己的心态，在个人资源以及工作资源中找到自我调节的方法，采取相应的应对行为，更好地面对工作压力。

7.3.3.4　职业规划

教师在压力管理的过程中可以寻找合理的评估量表，对自己的压力进行自我评估，从而对自己的情况有正确的认识。

教师对职业生涯的规划可以使用剥洋葱法，即将职业生涯目标层层叠套，从终极目标、长期目标、中期目标、短期目标的规划回归到近期目标（图 7-13）。

要想实现专业发展，教师必须具备发展的意识和需要、发展的实际行动以及为使发展顺利实施而进行的自我管理。外塑培训，内塑自主，即使是在"他主"型的培训活动中，具有自主发展意识的教师也能变被动为主动，充分发挥主体意识，全身心地投入教师发展中。所以，自主意识是教师自主发展的前提和内在驱动力，自主行动和实践将意识转化为现实，而自我管理则凌驾于自主意识和自主行动之上，起着宏观引导和微观调控的作用，三者层层递进，互

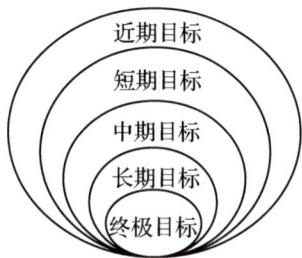

图 7-13　剥洋葱法

为依托。没有自主发展意识就不会有专业提升和发展的可能；只有意识而缺乏行动，则教师的专业发展将成为幻想；自我管理和规划可保证教师发展的目标和方向。只有三者并存且相互作用时，教师的专业自主发展才能得以实现。

7.3.4　本节小结

教师的自我管理包含在教学、学习、生活中对自身的管理，包括了身心、情感等，自我管理过程本身是一个自觉的行为，教师是自我管理过程中的主体而非客体。教师的自我管理应当是教师在正确认识自我的基础上，通过自我激励，主动向自身提出发展目标，并能自觉地自我规划、实施、控制和调节，从而达到理想的发展目标的过程。

本小节建议教师在自我管理中从自我认知的提升、职业生涯的合理规划、自我管理能力的提升以及时间管理等方面入手。另外，加强教师自我管理的同时，学校也需要形成良好的环境，使教师更好地进行自我管理。学校可以从两个方面入手：第一，加强情感基础、丰富激励手段；第二，创建合理的组织文化。

在教师进行自我管理的同时，本小节对时间管理、目标管理、计划管理、压力管理和职业规划五个方面，提供基本工具供读者使用，并结合部分案例进行详细表述。

本章小结

数字化时代在给教师专业发展带来挑战的同时，也增加了新的发展机遇。教师可以通过自我调节学习，指导教师认知自己的学习活动、激发内部学习动机、促进教学反思，从而帮助教师获取专业成长。教师通过教学反思中的传统方法：教学日记法、描述——解释法、教学研讨法、课堂录像观察、课堂调查表法、阅读法与技术支持的教学反思工具(教师电子档案、思维导图工具、S－T分析方法软件、视频标记工具获取实践成长)。教师的自我管理是在正确认识自我的基础上，通过自我激励，主动向自身提出发展目标，并能自觉地自我规划、实施、控制和调节，从而达到自主发展的目标。

总结 >

🅰 关键术语

自我调节学习 Self-regulated Learning	教学反思 Teaching Reflection	自我管理 Self-management

🔗 章节链接

第二章　教师专业发展的理论基础

应用 >

⚡ 批判性思考

你有体验过技术支持的教师自我调节与自我管理的工具吗？你认为这些工具对辅助教师的专业发展有什么优势和弊端？

✏ 体验练习

1. 请简要论述教师自我调节学习的基本过程。
2. 什么是技术支持的教学反思？
3. 教师自我管理分为哪几个维度？分别如何实现呢？

拓展 >

☕ 补充读物

《做个幸福的老师：教师自我管理和职业提升的五堂课》王力娟著 重庆大学出版社

本书沿着"现象呈现、发现问题、分析问题、经验总结、引申方法"的逻辑脉络，从中小学教师的时间管理、情绪管理、自我提升、师生互哺以及与家长相处五个维度出发，通过具体案例分析总结，剖析当前教师的教学管理现状和主要困惑，并给予科学性的策略指导。这本书能够帮助教师结合具体情景思考如何在日常工作中实现自我反思与自我管理，从而提升自身专业水平。在学习自我调节与自我管理的相关章节时，读者可进一步阅读《做个幸福的老师：教师自我管理和职业提升的五堂课》一书。

第 8 章

基于学习分析的教师专业发展

本章概要

　　随着信息化时代的快速发展，海量的学习数据快速扩增，如何从中提取出有效的信息进行分析和利用，促进教学发展和进步，变得越来越重要。学习分析是指通过测量、收集、分析和报告有关学生及其学习环境的数据，用以理解和优化学习及其产生的环境。学习分析既可以为教师提供相关的学习数据来跟踪学生的学习情况，又可以促进学生的自我导向学习，还可为教育研究者的个性化学习的设计和研究提供数据参考。

🔍 结构图

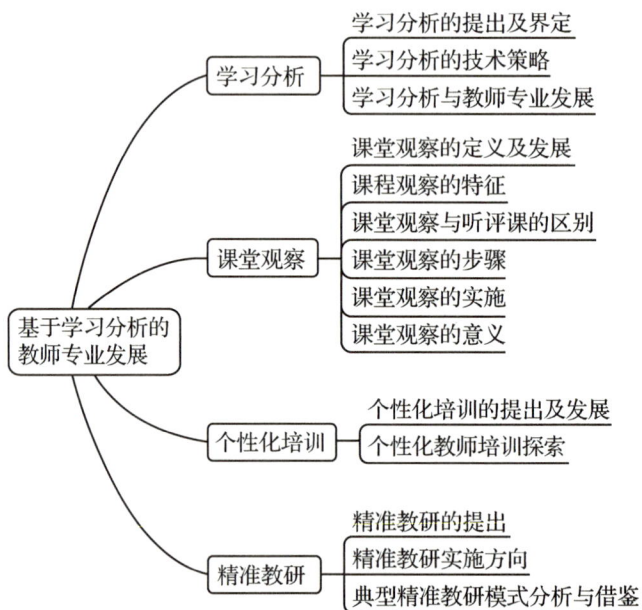

学习分析 ┬ 学习分析的提出及界定
　　　　　├ 学习分析的技术策略
　　　　　└ 学习分析与教师专业发展

课堂观察 ┬ 课堂观察的定义及发展
　　　　　├ 课程观察的特征
　　　　　├ 课堂观察与听评课的区别
　　　　　├ 课堂观察的步骤
　　　　　├ 课堂观察的实施
　　　　　└ 课堂观察的意义

基于学习分析的
教师专业发展

个性化培训 ┬ 个性化培训的提出及发展
　　　　　　└ 个性化教师培训探索

精准教研 ┬ 精准教研的提出
　　　　　├ 精准教研实施方向
　　　　　└ 典型精准教研模式分析与借鉴

学习目标

1. 了解学习分析的内涵及与教师专业发展的关系。

2. 了解三种常用的教师教研方式：课堂观察、个性化培训及精准教研。

3. 了解三种教研方法相应的支撑工具及在实践中的应用方法。

读前反思

1. 如何进行学习分析？

2. 课堂观察的基本步骤是什么？

3. 个性化培训的典型模式有哪些？

4. 精准教研的特点是什么？

8.1
学习分析

学习目标

1. 明确学习分析的内涵。
2. 掌握学习分析的几种技术策略。
3. 明确学习分析对教师专业发展的重要性。

随着教育信息化的普及与逐渐深入，学习管理系统已经获取并存储了大量的有关学生复杂学习行为的数据，从这些数据中挖掘出改进教学系统、提升学习效果的信息，在教育信息化领域一直有着巨大的吸引力。新技术的深入应用带来了教育"大数据"的高速增长，挖掘这些教育数据潜在价值的迫切需求，使学习分析应运而生。[①]

8.1.1　学习分析的提出及界定

8.1.1.1　学习分析的提出

从教育信息化大规模应用层面来说，教育信息化经历了学习管理系统(LMS)以及 Web 2.0 应用层面的变革，这些新技术的深入应用也带来了对教育数据爆炸的担忧。学习管理系统中存储着大量的学生学习数据，学生各种在线学习保留着大量学习轨迹信息，社交网络中的学习行为更是呈现出急剧增长的数据流趋势。研究者们逐渐开始关注这些"数据集过大，难以被典型数据库软件工具捕捉、储存、管理和分析"的教育类"大数据"潜在的利用价值。学习分析作为分析技术在教育领域中的应用和发展，逐渐受到研究者的关注和重视。

学习分析学(Learning Analytics，简称 LA)被认为是自学习管理系统(LMS)问世以来，教育技术发展的第三次浪潮。LA 的核心是收集、汇总、分析和呈现学习者及其相关的数据，并以提高教学和学习成效为终极目标。[②] 学习分析作为一个新的研究领域，学习过程与学习环境大数据的处理、在线学习环境设计、学习理论的发展以及在线数据使用中的伦理问题等都得到研究者的关注。

---

① 吴永和、陈丹、马晓玲等:《学习分析:教育信息化的新浪潮》，载《远程教育杂志》，2013(4)。
② 祝智庭、沈德梅:《学习分析学:智慧教育的科学力量》，载《电化教育研究》，2013(5)。

8.1.1.2 学习分析的界定

目前，学术界对于学习分析的定义并未有统一的描述，比较常用的几个定义分别来自 LAK11、EDUCAUSE"下一代学习挑战"、NMC《地平线报告》、学习分析领域专家等。从时间顺序来看，最早的学习分析定义源于 EDUCAUSE 的"下一代学习挑战"，其中将学习分析定义为使用数据和模型预测学生收获和行为，具备处理这些信息的能力。2010 年学习分析领域专家描述了他的学习分析定义，即学习分析使用智能数据、学习者产生的数据和分析模型来发掘信息和社会联系，以对学习进行预测和建议。在 2011 年 2 月的 LAK11 会议上，LAK11 对学习分析做了较权威的定义。在《地平线报告 2011》中也阐释了学习分析的定义，认为学习分析是以评估学业成就、预测未来表现、发现潜在问题为目的的，对学习者产生和收集的大量数据进行阐释的过程。

学习分析的执行准则可以概括为"先理解，后行动"，这就意味着学习分析的过程应该是先对数据进行"理解"，之后采取一定的"行动"。学习中的分析可以体现为一个周期，即先通过学习轨迹、话语分析等进行课程级的处理，之后采用预测建模、模型挖掘等挖掘教育数据，通过语义来定义课程资源的开发，最后进行自适应内容和学习。学习分析是在多种数据挖掘和分析技术基础上发展起来的新兴应用。

> **学习分析**
>
> 学习分析是以理解和优化学习及其发生的环境为目的，对学习者及其所处情境的数据进行的测量、收集、分析和报告。

8.1.2 学习分析的技术策略

学习分析是通过技术、算法、教学理论等相互协作完成的对数据的分析。技术是学习分析的实现手段，它完成学习分析的整个数据分析和呈现过程。[1] 学习分析技术是测量、收集、分析和报告有关学生的学习行为以及学习环境的数据，用以理解和优化学习及其产生的环境的技术。[2]

学习分析采用了一些技术手段，如预测、集群、关系挖掘、社会网络分析等。学习分析采用的一些技术手段源于教育数据挖掘，并利用 EDM 的信息检索技术优势结合其他相关技术手段，如社会网络分析、自然语言处理等，完成学习分析的整个过程。目前，常用的一

---

① G. Siemens，D. Gasevic，"Guest editorial-learning and knowledge analytics,"*Journal of Educational Technology & Society*，2012(3)，pp.1-2.

② 李艳燕、马韶茜、黄荣怀：《学习分析技术：服务学习过程设计和优化》，载《开放教育研究》，2012(5)。

些学习分析技术手段包括社会网络分析、话语分析、内容分析等。一些新的学习分析技术手段也在不断涌现，如韩国檀国大学的教师研究出了一个多维分析法，它主要是整合了常用学习分析技术手段，并结合在线交互可视化，从多个维度对学习数据进行分析。[①]

　　与此同时，可视化数据分析技术也成为学习分析的重要技术手段。作为 2010 年《地平线报告》推荐的主流趋势，可视化数据分析以其将高级计算方法和复杂图形引擎相融合，以呈现复杂图像的优越性，协助学习分析系统实现报告的可视化。可视化数据分析技术已发展得比较成熟，目前，完全可以实现变量的实时交互操作。作为学习分析报告呈现的必然趋势，可视化数据分析正向更好地呈示学习过程、社交进程等各种学习情况的方向发展。这些不同领域学习分析的实现需要不同的数据来源和类型，同时也依靠不同的技术手段。例如，用户建档强调构建个性化和自适应的学习环境，就需要以用户分类技术和集群技术为依托进行用户基本信息、学习习惯、学习偏好等的分析。在个性化和自适应过程中，对学习者进行预测之后行为的趋势分析技术和序列分析技术也起到了至关重要的作用(图 8-1)。

　　学者们设计了一种整合式模块化学习分析系统，系统的核心分析工具(引擎)包括：学习分析引擎，自适应内容引擎，干预引擎(推荐、自动化支持)，仪表盘、报告和可视化工具。

　　在该学习分析系统中，分析引擎是核心，它是一个整合多种分析模块的分析框架，应用社交网络分析、话语分析等多种技术辨识和处理数据。自适应内容引擎重点关注学习适应和个性化，在出版商等开发者的帮助下，对学习内容等进行适应性和个性化的定制和推送。

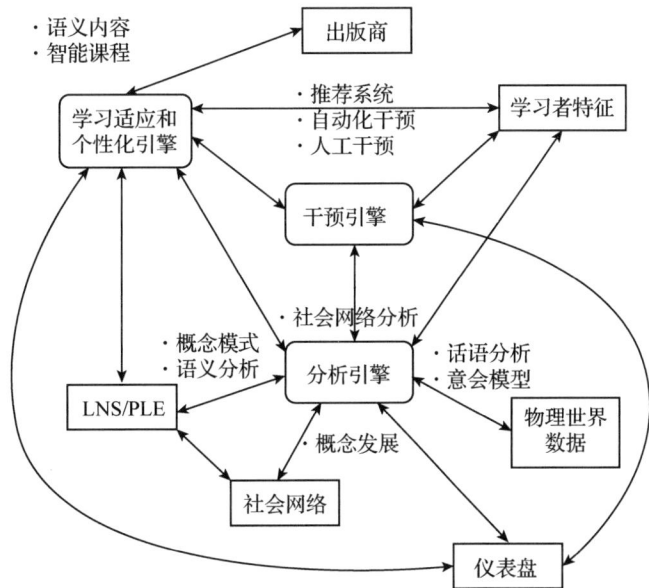

图 8-1　SoLAR 提出的整合式学习分析系统

　　① M. Kim，E. Lee，"A multidimensional analysis tool for visualizing online interactions,"*Journal of Educational Technology & Society*，2012(3)，pp. 89-102.

8.1.3　学习分析与教师专业发展

8.1.3.1　学习分析技术的应用

学习分析系统基于对大量学习数据的获取与分析，建立预测模型，可以对学生可能取得的成就或遇到的困难做出预测，为教师或教学管理者采取相应干预措施提供参照，以实现个性化学习环境或个别学习指导。越来越多的学习管理系统、在线学习平台开始应用学习分析技术，如 Blackboard、Desire2Learn、Moodle 等在线平台都向用户提供了学习分析工具；Coursera、Udacity、edX、可汗学院等慕课平台也开始应用学习分析技术提升其学习服务能力。

学习分析产生的报告对教学者、学习者、管理者三方有着直接利益关系。教学者获得学生学习活动和进展的报告，学习者获得自己学习进展的反馈，管理者了解课程和学位完成情况的数据。可视化的报告形式使用户可以一目了然地了解学生的学习进展与知识掌握程度，教师可以筛选出遇到困难的学习者或多数人难以掌握的知识点，进而安排针对性的教学活动；家长可以了解孩子的学习进展，并提供必要的帮助和引导；学生可以更清楚地把握自己的学习状况，对学习活动进行调整与规划，承担更多的责任，实现个性化学习。

戴心来等人应用学习分析对网络论坛讨论区中的交互数据进行分析，提取学习者的社会网络结构特征，对学习者进行类型划分，探究不同学习者的认知特征，据此做出教学干预，以实现促进虚拟学习社区发展的目的[①]。

8.1.3.2　学习分析技术与教师专业发展

学习分析可以为教学、学习、管理、开发提供有力的数据分析支持，推动教育模式的不断革新与教育理论的创新。学习分析为大数据环境下的教育实践与研究提供了更为高效的方法，迎合了当前在线学习、个性化学习的需要，可以为在线学习、个性化学习、教育管理、教育研究提供科学客观的依据与宽广的视野。

在教师专业发展领域中，学习分析技术也被引进，特别是在教师研究方面的应用越来越广泛。本章主要介绍三种教师教研模式，这三种模式均是在大数据环境下的定量的方法，通过精准分析数据，实施准确干预，最终实现教育及培训目标。

---

① 戴心来、王丽红、崔春阳等：《基于学习分析的虚拟学习社区社会性交互研究》，载《电化教育研究》，2015(12)。

　　第一，课堂观察是以学生课堂中产生的内容作为研究点，通过定性或定量的方法来分析课堂中产生的大量数据，挖掘学生课堂言语中表达的真实含义，从而促进课堂教学的改进和提升。

　　第二，个性化培训通过对学习者进行综合调查、研究、分析、测试、考核和诊断，为其量身定制教育目标、教育计划、辅导方案和执行管理系统，从而使个体在网络学习的过程中，实现个体的知识建构。

　　第三，精准教研借助信息技术和大数据来提高教研的精准性，通过传统手段和技术性手段帮助教师发现教学过程中的不足和问题，有针对性地提升教学水平和教学质量，从而提高教研的有效性。

　　以上三种教育教研模式是学习分析技术在教师研究中的典型模型，是学习分析技术在教师教研中的深刻应用，下面章节中会详细介绍三种教研模式的定义、方法、工具，并以案例的形式展开介绍具体的过程。

8.2
课堂观察

🎯 **学习目标**

1. 明确课堂观察的定义。
2. 区分课堂观察与传统听评课的区别。
3. 掌握课堂观察的实施步骤。

　　课堂观察作为一种重要的教育研究方法，是一种有效的教育观察方法。课堂教学是学校教学中的重要组成部分，学生在课堂中的表现是评估一门课的重要指标。教学技能强的教师，能够通过观察学生课堂上的表情、行为、举止来评估学生对课堂所学知识的掌握程度和理解程度，然后采取相应的措施来提高课堂效率。同时，以课堂观察数据为支撑的精细化课堂教学行为研究日渐成为教师行为研究的热点。① 因此，学会课堂观察对在岗教师或职前教师的专业发展显得尤为重要。

---

　　① 王庆超、孙芙蓉、袁娇等：《我国教师教学行为研究热点及演进——基于 949 篇 CSSCI 期刊论文知识图谱分析》，载《教育评论》，2016(11)。

8.2.1　课堂观察的定义及发展

观察在 20 世纪二三十年代就已经从自然科学、心理学实验中开始逐渐应用在教育领域中了。结构化的课堂观察至少可以追溯到 20 世纪 50 年代，当时研究开始关注离散的教师行为，学校开始系统地实施大规模的课堂观察。

到了 20 世纪五六十年代，观察法的应用越来越广泛。1950 年，贝尔思提出了"交互作用分析"的十二类编码行为，他认为师生之间在社会情绪的交互作用方面，如果多采取积极的手段而非消极的手段，有利于秩序的维持。美国弗兰德斯在修订的基础上提出了互动分析分类体系，提出了在课堂教学中记录和分析教师在教学情境中的教学行为和师生互动事件的分析系统。在这个时期，评价观察记录的工具也越来越系统化和定量化。

20 世纪 70 年代中期以后，校长们已经开始了"演练"，提供了一份易于评估的教室特征清单。课堂观察逐渐趋向于定量描述，课堂观察的方式也在逐渐丰富化，定量和定性的方法也逐渐趋向于结合。

> **课堂观察**
>
> 　　课堂观察是指研究者或观察者带着明确的目的，凭借自身感官(如眼、耳等)及有关辅助工具(观察表、录音录像设备等)，直接或间接(主要是直接)从课堂情境中收集资料，并依据资料做相应研究的一种教育科学研究方法。

8.2.2　课堂观察的特征

8.2.2.1　目的性

传统的听评课大多是没有明确目标的，有的教师只是为了听课而去听课，没有投入进去，不利于教师的专业发展。在课堂观察中教师或研究者需要根据自己的研究目标来设计相应的观察方法和观察内容，需要事先做好大量的准备工作，如确定课程的观察内容和需要准备的工具、进行人员的分工等。

8.2.2.2　理论性

课堂观察作为一种教育研究方法，必须有一定的理论基础作为研究依据。例如，定量的课堂观察以实证主义和科学主义为依据，定性的科学观察以解释主义为依据。运用一定教育理论和教育方法作为研究方法，会使课堂观察的内容更加精确和科学。

8.2.2.3 实践性

课堂观察以课堂中的第一手资料为研究内容，研究人员在真实的教学情境中进行观察，能够在短时间内获得大量的资料。在职教师则可以通过观察优秀教师的课堂，来反思和提升自己的教学技能，促进教师的专业发展。

8.2.3 课堂观察与听评课的区别

传统的听评课往往是从教学目标、教学内容、教学方法、教师素养、教学效果等几个方面进行评价，听课教师或相关研究人员在课前并不需要做什么准备，评课过程中以记录教学过程为主，教师的参与度不是很高，听课仅仅是为了完成一个任务，缺乏将听课实践转换为研究的意识。[①]

课堂观察需要教师或相关研究人员提前制定相关研究目标及准备好相关的工具，如分析课堂的观察表、准备录音设备、成员之间的分工等，同时在课堂中要把观察人员分工、分维度地记录各种信息和数据，课后还需要每个人都参与这个课堂的研究和评价。

课堂主要由教师、学生、课程及课堂环境四个方面构成。因此，在课堂观察中，需要分别观察教师的教学行为、学生的学习行为、课程的学科思想体现和课堂的文化氛围。教师设计的教学环节、板书呈现、提问时机，学生的课前准备、倾听程度、互动合作，课程的学习目标、教学策略、教学方法，班级的学习氛围、环境布置、师生关系等都可以是课堂观察中的观察内容。

8.2.4 课堂观察的步骤

8.2.4.1 观察前

在进行课堂观察前需要确定观察目标，根据相应的目标确定详细的观察规划。同时，要确定观察的焦点，资料的收集要围绕焦点进行，还要确定课堂中需要记录的行为。根据需要观察的内容，确定一种合适的观察方式和记录方式，如观察表、录音录像设备等，按照相应的规则和技巧进行观察和记录。最后还要使观察者之间形成一个相对统一的评判和记录标准。课堂观察之前的准备工作做得越充分，教师或研究人员收集到的资料就越有效。

---

① 陈佳钰：《传统听评课的革新——论课堂观察 LICC 范式》，载《教学月刊小学版(综合)》，2016(C1)。

8.2.4.2 观察中

在课堂观察中，首先需要消除上课教师和学生的戒备心和好奇心，事先征得教师和学生的同意，在课堂中建立一种友好的氛围。同时，也要按照相应记录方式和观察表的记录规则和技巧，观察和记录课堂中某些行为发生的时间、频率，或其他的内容和形式，如研究人员现场的感受或想法。

8.2.4.3 观察后

课堂观察后主要是对收集到的资料进行处理和分析，研究课堂相关行为的联系和意义。教师或研究人员通过对某一问题进行课堂观察研究，得到相应的研究结论，最终以研究报告或论文的形式进行呈现，从而改进和提升相关的教学策略，促进教师的成长与发展。

8.2.5 课堂观察的实施

课堂观察是用课堂中收集到的资料作为研究来源，按照资料收集的方式和资料的内容，可以把课堂观察分为定量课堂观察和定性课堂观察。

8.2.5.1 定量课堂观察

定量课堂观察一般需要确定观察的对象、时间、行为和类别。定量课堂观察具有实证主义的理论来源。实证主义认为社会现象是客观存在的，不受主观因素的影响，事物内部和事物之间一定存在着逻辑因果关系。研究就是寻找这些关系，通过工具对它们进行科学论证。

> **定量课堂观察**
> 定量课堂观察是以量化的形式来呈现数据资料，运用提前准备好的定量的记录方式在课堂中记录信息。

定量观察通过对事件、行为和情境的结构分解，对它们进行分类，记录事件发生相应的频率、百分比和分数，从而得出科学性的结论。它一般具有以下五个步骤：确定观察目标、选择观察方式、制作观察记录体系、培训观察者和观察并记录现象。

1. 确定观察目标

课堂观察是在一个明确的目标上进行观察的，教师作为课堂的真实参与者，需要从自己的真实感受出发，从教育教学生活中发现的实际问题出发，从而在研究的过程中提高自己的教育教学水平。

2．选择观察方式

在选取了相应的观察目标之后，教师需要选择最适合自己研究的观察方式，可以是观察的表格、问卷或访谈的框架，从而获取大量的一手资料。收集资料的方式主要有编码体系、项目清单和等级量表。

3．制作观察记录体系

编码体系中应用比较广泛的有弗兰德斯的互动分析分类体系（Flanders Interaction Analysis System，FIAS）。弗兰德斯互动分析系统是一个典型的课堂观察编码体系，通过对师生言语互动的编码和量化解读，为教学过程提供信息反馈并进行教学质量评估。[①] 在对观察结果进行矩阵分析、折线分析和比率计算的时候，可以比较客观地获取课堂教学互动的证据，用以还原和评估课堂教学。弗兰德斯将课堂互动行为分为教师语言、学生语言、安静或混乱三个类别，如表 8-1 所示。采用时间标记法，每隔 3 秒把师生之间的语言互动类别记录下来，每一行分别记录下来一分钟内所发生的 20 个行为，10 行表示进行了为期 10 分钟的课堂观察记录，如表 8-2 所示。弗兰德斯互动分析矩阵是一个 10×10 的对称矩阵，如表 8-3 所示。它的行和列的意义都由编码系统的规定编码代表，矩阵的每个单元格中填写一对编码表现先后连接的课堂行为出现的频次。

表 8-1　弗兰德斯的互动分析分类体系

教师语言	间接影响	1. 接受情感
		2. 表扬或鼓励
		3. 接受或使用学生的主张
		4. 提问
	直接影响	5. 讲解
		6. 给予指导或指令
		7. 批评或维护权威性
学生语言		8. 学生被动说话（比如回答教师提问）
		9. 学生主动说话
其他		10. 安静或混乱

---

① 余艳、余素华：《信息化环境下课堂评价系统的研究与应用》，载《现代教育技术》，2015(8)。

表 8-2　互动分析的 10 分钟课堂记录表

	1	2	3	4	5	6	7	8	9	10	11	12	13	14	15	16	17	18	19	20
1	8	7	8	8	8	5	4	5	4	6	7	5	7	8	4	5	8	9	8	8
2																				
3																				
4																				
5																				
6																				
7																				
8																				
9																				
10																				

注：表格中填 1—10。

表 8-3　弗兰德斯互动分析矩阵

	1	2	3	4	5	6	7	8	9	10
1										
2										
3										
4										
5										
6										
7										
8										
9										
10										
总计										

　　研究发现，教师使用 1、2、3 类教学手段，可以促进学生第 9 类行为的产生，学生对知识的学习兴趣大幅度提升。但是假如教师使用较多的 5、6、7 类教学手段，学生被动回答问题的时间大幅增加，学生的创造力和积极性都受到损害，不利于学生的学习与发展。教师可以根据不同的课堂内容，灵活选择不同的课堂教学手段。[①] FIAS 以量化的方式对课堂教学中师生言语交互行为进行统计、分析处理，客观呈现事实，避免了传统的质性课堂评价的直观性和随意性，保证了教学评价的客观性和科学性。[②]

　　FIAS 体系能够分析出教师在教学中的行为与变化，但是忽视了学生在课堂中的行

　　① 顾泠沅、周卫：《课堂教学的观察与研究：学会观察》，载《上海教育》，1999(5)。
　　② 张露丹、汪颖、潘玉霞：《信息技术专家教师课堂教学特征案例研究——基于弗兰德互动分析系统》，载《电化教育研究》，2011(7)。

为与表现，随着多媒体技术的广泛应用，教师、学生与技术之间的互动也应该纳入这个体系中进行分析。国内研究学者针对 FIAS 在实施过程中的不足，提出了基于信息技术的互动分析系统（Information Technology-based Interaction Analysis System，ITIAS)（见表 8-4）。ITIAS 对教师提问环节、学生言语行为和技术在课堂中的应用方面进行了一些改进，促使互动系统可以更加真实地反应和分析课堂中丰富的师生活动。[①]

表 8-4　基于信息技术的互动分析编码系统[②]

分类		编码	表述	内容
教师言语	间接影响	1	教师接受情感	以一种不具威胁性的方式，接纳及澄清学生的态度或情感的语气
		2	教师鼓励表扬	称赞或鼓励学生的动作或行为
		3	采纳意见	承认学生的说法；修饰或重述学生的说法；应用它去解决问题；与其他学生的说法相比较；总结学生所说的
		4	提问开放性的问题	以教师的意见或想法为基础，询问学生问题，并期待学生的回答
		5	提问封闭性的问题	
	直接影响	6	讲授	就内容或步骤提供事实或见解；表达教师自己的观念，提出教师自己的解释，或者引述某位权威者（而非学生）的看法
		7	指示	指令或命令学生做某件事情，此类行为具有期望学生服从的功能
		8	批评	陈述的语句内容为企图改变学生的行为，从不可接受的形态转变为可接受的形态；责骂学生；说明教师为何采取这种行为；极端的自我参照
学生言语		9	应答（被动反应）	（对编码 4 的反应）学生为了回应教师所讲的话。教师指定学生回答问题，或是引发学生说话，或是建构对话情境；学生自由表达自己的想法受到限制
		10	应答（主动反应）	学生的回答超出了问题的答案，表达自己的想法；引发新的话题；自由地表达自己的见解和思路，如提出具有思考性的问题，开放性的架构
		11	主动提问	主动提出问题，自由地表达自己的见解
		12	与同伴讨论	讨论、交流看法

[①]　马勋雕、朱海：《改进型的弗兰德斯互动分析系统及其教育应用——基于交互白板的互动课堂》，载《现代教育技术》，2016(7)。

[②]　顾小清、王炜：《支持教师专业发展的课堂分析技术新探索》，载《中国电化教育》，2004(7)。

续表

分类	编码	表述	内容
沉寂	13	无助于教学的混乱	暂时停顿、短时间的安静或混乱，以致观察者无法了解师生之间的沟通
	14	思考问题	学生思考问题
	15	做练习	学生做课堂练习
技术	16	教师操纵技术	教师使用技术来呈现教学内容，说明观点
	17	学生操纵技术	学生使用技术来呈现教学内容，说明观点；学生课堂做实验
	18	技术作用学生	学生观察媒体演示

项目清单就是观察者把单位时间内观察到的事件做记号，通过发生事件的频数来分析课堂活动的特点，如表 8-5 所示。项目清单跟编码系统性比，在使用方面更加简便和快捷，对信息的提取和分析也更加方便。

表 8-5　学生不当行为记录表

时间(分钟)	1	2	3	4	5	6	7	8	9	10
吵闹或违纪										
不合适的动作										
不合适的使用材料										
破坏学习材料										
随便拿别人的材料										
干扰其他同学										
违反教师的话										

注：表格中填√或/

等级量表是观察者在观察一段时间之后，对期间内目标行为发生的等级做一下评判，如表 8-6 所示。通过主观判断来进行客观定量分析，比较容易得到最后的结论。

表 8-6　学生表现等计量表

学生表现	评分(1—5 分)
1. 学习兴趣	
2. 学习情绪	
3. 活动参与情况	
4. 对教师的态度	

4. 培训观察者

观察者需要准确理解课堂观察的研究目的，同时要熟悉所用观察方法的观察技巧，能够快速准确地记录相关信息，形成协助合作的良好氛围。

5. 观察并记录现象

根据收集到的信息，可以选择合适的数据分析方式，如简单的百分比计算、组间差异性比较等，当处理大数据的样本时，还可以使用 SPSS 等专业的数据统计软件。

8.2.5.2　定性课堂观察

定性课堂观察是一种基于解释主义的方法论，实证主义强调主体和客体的截然分开，而解释主义则强调主体和客体之间的相互影响和相互作用，它需要观察者尽可能长时间地深入真实课堂中进行观察和研究，它一般具有以下五个步骤：确定观察目标、选定观察计划、制作观察提纲、观察并记录现象以及整理和分析课堂资料。

1. 确定观察目标

为了更好地进行定性观察，在确定好观察的问题后，需要把问题分解成一个个具体的事件或活动，如对"教师教学技能的观察"，可以分别从导入、声音、提问、反馈等方面进行观察记录。

2. 选定观察计划

确定好观察目标后，需要详细计划观察的对象、内容、时间等问题。定性观察主要是以非数字的形式来进行观察记录，如书面语言、录音设备记录、照片、影像资料等，主要有描述体系、叙述体系、图式记录和工艺学记录四种形式。

> **定性课堂观察**
>
> 定性课堂观察以质化的形式来呈现资料。定性研究的目的不是企图通过对样本的研究找到一个可以推广的普遍规律，而是对社会现象进行深入而细致的研究，再现其本质，从而为处于类似情况的人和事起到一种关照作用，通过认同而达到推广。定性课堂观察既要认真而细致地观察记录课堂中发生的事件，还要解释事件发生背后的原因和意义。

3. 制作观察提纲

描述体系是一种比较标准的定性观察的记录方法，它既具有定性观察分类的特点，又具有定性描述的特征，如文字的记录符号、录音录像资料等。例如，教师提问行为观察表（表 8-7）。

表 8-7　教师提问行为观察表

类型	课堂记录
问题的引入方式	
提问的方式	
提问的类型	
停顿时间	

描述体系也可以按照一个问题的几个方面来进行观察描述，如从一个社会场所的空间、时间、环境、事件、行动、行动者、情感等几方面进行描述。

叙述体系是在观察的同时对事件进行详细的文字记录，在分析资料时，可以对事件进行进一步的分类，找到真正需要研究的问题，可以用日记、事件记录、样本描述或田野笔记的形式进行记录。

日记形式比较适用于长期的观察记录，如学生行为态度的变化、教师工作过程中的经验和体会。事件记录适用于对某个事件进行详细的记录和观察，如学校课程改革在课程中的执行情况。

案例

特级教师窦桂梅课堂定性课堂观察案例[①]

课堂教学师生互动言语的这一特点，是窦桂梅老师独具的。在她与学生的言语互动中，一招一式，你来我往，交相辉映，都是在一个个"主题语词"照映下完成的。窦桂梅老师对教学主题是这样解释的：由主题"牵一发"，动教材知识体系的"全身"，即由主题"语词"把那些散乱的"珍珠"串联起来，统整成一个"集成块"，使文章的"文眼"成为教学的触发点、学生学习的兴奋点、师生成长的共振点、教学的课眼、课堂的灵魂。从各阶段的数据分析中，我们也能看出"主题性"所导致的区别。

案例《丑小鸭》

师：看来，他的藏，不仅是一个动作，更是一种姿态。原来，这个"藏"，是小鸭从世俗的世界跨入天鹅世界的"藏"。此时幸福的小鸭，藏在心中的是他成功后的谦虚，幸福中依然觉得自己渺小、卑微。"谦虚、卑微"合起来，可以用一个词概括——

生：大概叫"谦卑"吧。（掌声，并板书"谦卑"）

师：说说你怎么就"创造"了"谦卑"这个词呢？

生：把"谦虚"的"谦"和"卑微"的"卑"合起来，就是"谦卑"。

师：当这两个字连在一起的时候，已经不仅仅是谦虚和卑微两个意思了。我相信，随着年龄的增长，你会对"谦卑"有着更深层次的理解与感悟。此刻，请你用上"幸福"和"谦卑"两个词，再给幸福的小鸭题词吧。

生：小鸭啊，你是多么幸福啊，可你却是谦卑的。

生：既然上半句是"苦难中追求梦想"，我想这句应该是"幸福中怀有谦卑"。

上述《丑小鸭》师生言语片段，是窦桂梅老师在为主题语词"高贵"作铺垫，整堂课

---

① 杨新颖：《特级教师窦桂梅课堂教学言语互动的特点：基于弗兰德斯互动分析系统的实证研究》，载《中国教师》，2013(13)。

的设计体现了窦老师把"高贵"具体化的过程。她引领着学生将"高贵"一词，解读为"苦难中追求梦想，幸福中怀有谦卑"。这 14 个字的提炼，是在课堂师生的言语互动中一点一点生成的，循序渐进地使"高贵"这棵大树巍然屹立。

又如，其他一些经典课例的主题：《珍珠鸟》中的"信赖"，《村居》中的"安居乐业"，《晏子使楚》中的"尊重"，《再见了，亲人》中的"亲人"……窦桂梅老师也是和学生一起在主题语词的引领下，串联起一个个动人的故事、一段段难忘的历史和一份份厚重的思想与情感的。师生言语互动的"主题性"，实现了文与人、语言与精神的同构与统一，弘扬了母语文化，成为"主题教学"的重要实施途径。

样本描述适用于在一个特定的时间段内对行为事件的详细记录，如班主任一周的工作情况。田野记录则是用文字的形式来记录事件发生过程中看到的、听到的、想到的东西。在记录过程中要注意事物发展的内在逻辑和规律，既需要记录相关的事件、人物和行为，又需要记录研究者自己的想法、推测和情感，争取从各个角度解释事件发生背后的意义，如表 8-8 所示。

表 8-8　田野记录表

时间	事件	评价
9：15	李老师为了调整录像，两次走出教室，但时间都很短，录像顺利播放，录像内容是食物如何被消化吸收。	录像是国外录制的，拍得生动、具体、真实。
9：30	放完了录像，李老师开始讲消化系统的一些知识。这时候我开始观察一个目标学生，他就坐在我的左手边。	我使用一个记号体系定量观察表，每分钟对他的活动做观察记录。

图式记录可以利用位置图、环境图等直接呈现信息，可以作为一种辅助性的观察记录方法，配合定量和定性观察的资料记录，如分析学生课堂回答问题的分布（见图 8-2）。

工艺学记录就是使用照片、录音、影像等形式对事件留下永久性记录，可以用于微格教学和教师培训。除了以上四种定性研究方法，也可以用访谈、问卷调查、文献调研等方法。

4. 观察并记录现象

课堂首先要取得教师和学校领导的同意，观察者需要秉持公正、客观、理性的态度进行课堂观察的记录。观察者还可以通过交流互动的方式与教师、学生建立比较良好的互动合作氛围。在记录的过程中，通过一些特殊的符号或关键词进行标记，课后通过回忆再详细地记录课堂中的行为和话语。

5. 课后资料的整理和分析

在课后对相关资料进行系统性的整理，从而探究出一定的科学认识。资料整理时

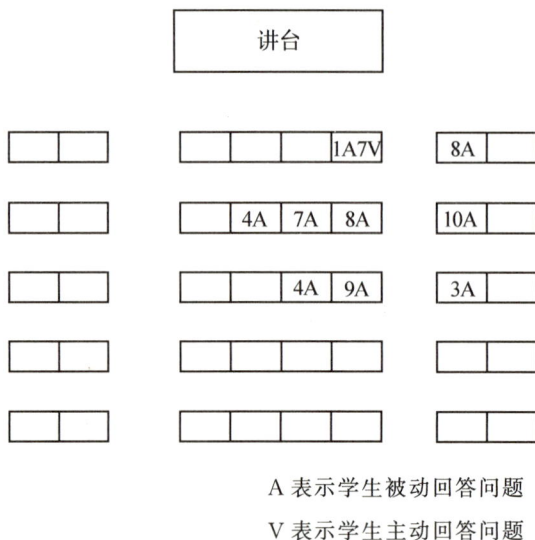

A 表示学生被动回答问题

V 表示学生主动回答问题

图 8-2 学生回答问题记录表

需要写清楚什么时候什么人做了什么事情，尽量详细记录下发生的原始事件。观察者对收集到的资料进行分析和推理，得出一定的结论。

8.2.6 课堂观察的意义

课堂观察可以使教师了解学生学习的真实情况。相比听评课粗糙地通过板书、作业等方式来评价学生的学习效果，课堂观察经过相关研究人员的分工合作，可以细致、精确地分析学生的倾听程度、合作行为、自学情况等，发现平时容易忽略的教学问题，帮助学生改进学习方式，促进学生的发展和进步。

课堂观察可以使教师发现课堂中的问题，从而改进和提高自己的教学方法。新手教师可以观察其他有经验老师的课堂，吸取他们课堂中的成功之处，总结相关课堂授课和管理方面的经验，如教学内容的科学性、课堂活动组织的合理性等。同时，教师也可以从发现的大量的课堂问题中找到可以进行研究的点，根据相应的文献和理论调研，进行教育论文的规划与写作。教师在这个过程中进行思考和反思，并寻找相应的解决策略。

课堂观察可以促进教师的专业发展。评价一门课的好坏，经常是从学生的学习效果方面来评估的。这时候教师经常会忽略自己在教学过程中的行为和表现，因此削弱教师对自己课堂的反思与总结。课堂观察可以使教师通过对自己和他人的观察，与其他教师进行有效教学实践的交流创造，从而提高对自己课堂教学行为的观察与反思，改进和提升自己的课堂。[1]

　　课堂观察也可以作为教育评价的一种有效手段。课堂观察可以使学校领导通过相关评价准则了解教师的教学状况，从而对其进行相关评价和考察。同时，教师也可以通过相应的观察量表对学生的学习情况进行评价。课堂观察作为一种教育研究方法，对相关教育问题的研究、教师专业发展、教育教学评价都有非常重要的作用。

8.2.7　本节小结

　　课堂观察法是指观察者带着明确的目的，凭借自身感官及辅助工具，直接从课堂上收集资料，并对资料进行相应的分析、研究，从而促进教师的专业发展和学生的课堂学习。[2] 课堂观察作为一种教研方法，通过观察量表、录音设备等工具发现课堂中存在的现象和问题，从而使教师在观察反思的基础上促进教师专业能力的发展。

　　当教师作为观察者进入课堂观察学生的学习，关注学生是如何学习、会不会学习以及学得怎样时，在一定程度上会引发学生行为上的改变。观察课堂中的其他行为或事件，如教师教学、课堂文化等，通过教师行为的改进、课程资源的利用或课堂文化的创设，都会直接或间接地影响学生的学习。教师要开展课堂观察，就要改变原来单兵作战的工作方式，从教学上的孤立的个人主义走向合作的专业主义，因为完整的课堂观察程序不能没有教师的合作行动。每个教师都要主动向课堂观察合作共同体的成员开放自己的教室，接纳不同的力量进入课堂，共同探讨课堂教学与学习的专业问题。通过课堂观察，教师在心理与行为上会发生一些变化，变得开放、民主与善于合作，这些变化会感染同伴，影响组织，进而使学校变成合作共同体的联合体。

8.3
个性化培训

学习目标

　　1. 明确个性化培训的概念。

　　2. 举例几个较为典型的个性化培训案例。

---

　　① 梁文艳、李涛：《基于课堂观察的教师教学质量评价：框架、实践与启示》，载《教师教育研究》，2018(1)。

　　② 尤炜：《听评课的现存问题和范式转型——崔允漷教授答记者问》，载《当代教育科学》，2007(11)。

促进教师专业化发展、贯彻终身教育思想是现今教师教育改革的首要目标，但教师个人参与继续教育学习的主动性仍然不足，教师个人的学习积极性与个性化学习需求无法在现行的继续教育体系中得到满足。传统的培训常常将许多中小学教师集中在一起，表现出"一刀切"的特点，忽略了不同学科以及教师本人的特点，忽视教师已有的知识背景、个性化需要，难以调动教师的学习积极性。

2013年6月，《教育部关于深化中小学教师培训模式改革全面提升培训质量的指导意见》指出，中小学教师培训要以满足教师专业发展个性化需求为工作目标，引领教师专业成长。同年9月，教育部关于印发《中等职业学校教师专业标准（试行）》的通知中也要求教师专业化发展，由被动向主动转变，由他塑向自塑转变；教师培训，由政府主导向教师主导转变，从集中统一培训向分散个性化培训转变。

2016年12月，《教育部关于大力推行中小学教师培训学分管理的指导意见》提出，省级教育行政部门要科学确定教师培训学分结构体系，明确学分总量，提出国家、省、市、县、校等不同级别培训以及教师自主研修的学分比例要求，规范引导地方教育行政部门和中小学校为教师提供多样化、个性化的培训服务。

8.3.1　个性化培训的提出及发展

我国教师教育培训已经进行了相当长时间。值得提出的是，在当前的教师教育培训工作中，教师的个性化需求还没有得到满足。通常组织区域性教师培训的方式是短期集中培训，这类培训大多处于通识层面，其优点是让教师能够学习把握教学改革的最近发展信息，其缺陷是不能满足不同教师个性发展的需求。主要存在的问题分为以下几个方面。

第一，继续教育的机会不均衡，课程分层有待丰富。[1] 中小学教师群体包括一线教师、省区市各级教科研人员和行政人员，专业水平存在着一定差异。不同类型、不同层次的教师都需要继续教育，都有专业发展的需求，但在教师继续教育课程内容的设计上，假设对象基本以中小学初级、中级教师为主。在针对中小学优秀教师的专项培训上，又倾向于名教师和名校长，各级教科研人员和行政人员常被忽视，而这两类群体恰恰是区域教改的引领者和政策的制定者，培训机会的不均衡使其对教改方向缺乏前沿的认知。

第二，学分的认定缺乏开放性，民主参与机会不足。[2] 我国教师教育体系以封闭定向型模式为主，在学分认定上更为突出，与中小学教师教育具有个性化的特征不符。

---

① 谢维和：《教师培训：补充还是转型》，载《教师人事》，2002(4)。
② 胡艳：《影响我国当前中小学教师培训质量的因素分析》，载《教师教育研究》，2004(6)。

　　第三，教师教育培训缺乏精准定位。[1] 教师培训的有效性依赖于教师参训的内在动力，而参训动力依赖教师需求的满足程度。教师的需求具有多样性、个性化的特点，如何真正满足教师的需求，激发教师持久的内生动力，是教师培训者致力解决的问题。培训对教学任务繁重的一线教师而言是一种考验和挑战，丰富的研修成果是教师强大和持久的动力来源。

　　在当今教育变革这样的大背景下，对教师发展要求越来越高，每一名教师都需要完成一定的培训，以实现自身的教师专业发展，提高业务水平，这是教育部的要求。[2] 然而，如何满足一线教师的需求，设计符合一线教师需要的培训形式、培训内容、培训时间，就需要对个性化培训有一个深刻的定位与认识。

　　1. 个性化教师培训的概念

　　(1) 个性化教育

　　个性化指在众化的基础上增加独特、另类、拥有自己特质的需要，是使物体具有个人的某种心理倾向或特质，决定着个人独特的行为方式。个性化教育是通过对学习者(个人或企业)进行综合调查、研究、分析、测试、考核和诊断，根据社会环境变化或未来社会发展趋势、学习者的潜质特征和自我价值倾向以及学习者和其利益人的目标与要求，为其量身定制教育目标、教育计划、辅导方案和执行管理系统，并组织相关专业人员通过量身定制的教育培训方法、学习管理和知识管理技术以整合有效的教育资源，从而帮助学习者实现量身定制的自我成长、自我实现和自我超越的教育和培训系统。

　　(2) 个性化培训

　　国内教育研究者针对个性化培训定义进行了相关的研究，余莲等认为个性化教师培训是依据教师个体的发展水平和社会发展对教师素质的需要，通过提供多样化培训资源和自主选择的手段，挖掘教师个体生命的潜能，发挥其主动性，促进每个教师全面而自由的发展，从而提高其教学能力的教师培训活动。[3] 余莲提出，开展个性

> **个性化培训**
>
> 　　个性化培训是基于对学员需求及问题的了解，有针对性地给出解决方案。

化教师培训旨在充分发挥教师在培训中的主体作用，通过促进其个性发展来促进教师专业发展，从而提高其教育教学能力。[4] 李洁、马宁等提出个性化是指非大众化的，个

――――――――――

①　宋萑、朱旭东：《论教师培训的需求评价要素：模型建构》，载《教师教育研究》，2017(1)。
②　张居震：《关于开展个性化培训的思考》，载《中国培训》，2006(11)。
③　余莲、刘建清：《个性化教师培训刍议》，载《高等继续教育学报》，2013(5)。
④　余莲：《个性化教师培训的反思及策略》，载《高等继续教育学报》，2014(2)。

性化培训是个性化教育理论在培训领域的运用。①

相比于国内，国外对教师个性化培训的研究开始得更早。美国的公立学校系统每年在教师培训上花费数十亿美元，以帮助教师满足学生的不同需求，但是其效果有限。有研究发现，教师课程往往不能在教师的教学实践中产生系统的变化，更不用说学生成绩的提高，特别是大规模实施的教师培训。

然而，近年来教师的期望越来越高，美国各州已采用新的大学和职业准备标准。教师的期望角色包括内容专家、课程开发者和教育者，以及社会工作者等。与传统的教师培训相比，当前教师培训更强调个性化、持续性、情境化，并专注于离散技能。培训者与受训教师进行持续的专业对话，重点是培养技能，以提高他们的课堂实践；理想情况下，教师发展变得个性化。

综上所述，个性化培训充分尊重个体的个性特征，强调在培训中发挥个体的主体性与选择性，有效配置培训资源，帮助个体实现自我成长。同样，个性化教师培训是依据教师自身的发展水平对教师素质的要求，通过多样化、有适应性的培训资源，促进每个教师的自我学习，从而实现个体发展，并提高教师的专业发展。

2. 个性化教师培训的特点

个性化教师培训强调以"组织人""教学人""个体人"教师身份和状态作为培训的关注点；以人与环境良性互动作为培训机制；以主体间平等的关系作为个性化培训者和培训对象的关系纽带；以教师发展趋势对未来教师的要求、教师现有的发展水平和个人潜质特征、自我价值，量身确定培训目标，制订培训方案；以满足个人发展需要，有针对性地构建培训的课程体系；以自主、自治作为个性化培训的基本策略；以学员为中心作为培训的范式；以现代信息技术为培训的辅助手段；以教师专业发展为培训评价的基本理念。个性化教师培训不是教师完全自由的培训，它也强调严格规范的培训管理。

个性化教师培训具有如下特点。

第一，主体性。个性化教师培训将教师作为"组织人""教学人""个体人"的多元角色纳入培训视野，注重调动教师的能动性、积极性，鼓励教师表达个人诉求，主动求教。支持教师贡献个体经验，在交流、互动、探究、实践、反思中达到专业技能提高与教师自我完善的统一。② 个性化教师培训注重引导教师个体把自身作为教育对象，按社会的要求和自身发展的需要，发掘潜能，通过自我学习、自我反思达到自我成长、自我实现、自我超越。这就把培训的对象变成自我教育亦即自己教育自己的主体，使教师经过培训，熟练掌握并能灵活运用个性化教育的方法，从而用已有的主体性来发

---

① 李洁、马宁：《基于教学设计方案诊断的网络个性化培训模式研究》，载《中国电化教育》，2014(1)。
② 石义堂：《以需为本的教师培训模式创新刍议》，载《中小学教师培训》，2008(5)。

展新的主体性。

第二，民主性。[①] 个性化教师培训是建立在平等、民主、博爱，并尊重每一个教师个体的人格和个体需要的基础上展开的，是适合教师个性发展和个人特点的培训，与以往传统的指令划一性的培训不同，它更带有教育民主性的色彩。个性化教师培训的民主性还要求对教师一视同仁，为教师的发展提供均等机会。没有个性化，民主化就不能落实，个性化教师培训要求区别对待教师，并提供适合其需要的培训，以促进每个教师的个性发展。

第三，针对性。[②] 不同学科专业、不同学历、不同职称以及不同民族传统、不同区域、不同类型学校教师主体千差万别，各具特点。个性化教师培训依据教师发展阶段理论尊重教师之间的个体差异，通过对教育当前形势和发展趋势对教师素质的需求与各类教师现有能力水平进行比较分析，确定教师现有的能力与岗位要求能力之间的差距，针对不同教师群体的发展需要，设计不同层次和类型的培训项目，提供具有针对性与个性化的培训内容、培训形式与评估方式。针对性培训有利于满足不同层次教师的学习需求，培训成果可以直接内化为教师的教育教学能力。

第四，选择性。教师能以自己的意识、思维支配自己的行动。可针对自身的基础、发展水平、个人潜质特征、自我价值倾向量身定制培训目标，并据此选择培训项目，可借助远程培训的优势确定自身培训方案，也可根据自身工作和家庭实际情况选择参加培训的时间。培训者为教师提供多样化的培训教育内容，并赋予教师自主选择权，教师个性的发展才有希望。

3. 个性化教师培训的意义

在个性化教育理念的指导下，根据教师个体的发展水平和社会发展对教师教学能力的需要，提供多样化培训资源和自主选择的手段，有针对性地开展教师教学能力"个性化培训"，既充分尊重参培教师个体的差异性、独特性、自主性和创造性，最大限度地调动其学习积极性和主观能动性；又可根据参培教师的不同水平和学习需求有的放矢地进行辅导，从而能够深入挖掘教师个体生命的潜能，充分发挥教师在培训中的主体作用，切实增强培训效果，有效提升教师教学能力。

尽管我们强调教师培养与教师培训目标的一致性、内容的联系性、机构的协调性以及发展的可持续性，但二者服务对象并不完全一致。如果说个性化教育是为了满足学生个体发展的需要，促进学生个性的和谐发展，那么个性化教师培训则不仅仅需要满足教师个体发展的需要，同时还需要满足社会经济和组织发展的需要。

---

① 黄炯明：《新教师个性化培训探究》，载《学园》，2017(2)。

② 田晶：《高级教师个性化培训的思考与实践——以大连市西岗区小学高级语文教师培训为例》，载《名师在线》，2017(4)。

个性化教师培训是解决问题的导向，强调对个体特征的分析，立足教师现有能力水平与当前学校教育、教育改革对教师能力需求之间的差异，确定培训目标和培训内容。在培训实施中，充分尊重教师的个体差异，强调个体的主观能动性、对培训的话语权与选择权，教师可以根据自己的个性，选择乐于接受的培训内容和培训方式，实现培训目标。同时，个性化教师培训强调个体全面发展的潜能，强调个体向上发展的能力，最终达到自我实现。

虽然个性化培训早在开始实践教师教育培训中就被提出，但是在具体的教师教育培训实践中，个性化培训面临着一些困境，主要集中在以下三个方面。第一，简单化倾向，即个性化培训就是特长培训。第二，个性化培训就是自愿发展式培训。第三，个性化培训就是打造式培训。究其根本原因，就是没有理解个性化培训的实质，只是为了避免大面积培训的效果不佳而采取的小范围的培训或教师个别培养，没有将其置于教学中心和个性发展需求来研究，缺乏必要的设计理念和可操作的实践方法。

8.3.2　个性化教师培训探索

1. 适应性学习系统

教育是个性化的，参与者也许可能有相同的学习目标，但参与者可以以不同的速度前进，并以不同的方式与特定的内容领域或特定的活动相关联，教学是为个人需求量身定制的。适应性学习系统是21世纪开发的一种适应用户需求的教育技术尝试。适应性学习是基于学习者的独特需求，利用计算机交互技术来精确调配人力资源与教学资源的教学方法。学习是通过学习者自身原有知识经验与适应性学习系统进行交互活动来获取知识、获得能力的过程，在这个过程中，学生能够自我组织、制订并执行学习计划，自主选择学习策略，并能控制整个学习过程，对学习进行自我评估，它充分考虑到教学行为的个人化与学习行为的个人化特征，打破了传统学习群体的结构，把学习者作为一个个体，置于一个更为个人化的情景之中。借助适应性学习系统，有助于实现学习者个性化学习，因此，个性化培训本质是通过适应性培训，实现个性化的培训。

2. 基于教学设计方案诊断的网络个性化培训模式

个性化培训是基于对学员需求及问题的了解，针对性地给出解决方案。一线教师撰写的教学设计方案是反映教师教学设计能力的重要指标，是网络个性化培训的重要抓手。以教师的教学设计方案为培训入口，诊断其存在的问题，对症下药，即针对问题设计并推送培训内容与活动，帮助教师解决实际工作情境中的问题。

李洁、马宁等依据情境学习理论，借鉴系统化培训的模型，强调1∶1的交互，建立学习者与培训者之间的导师关系，构建了基于教学设计方案诊断的网络个性化培训模式，该模型框架如图 8-3 所示。[①]

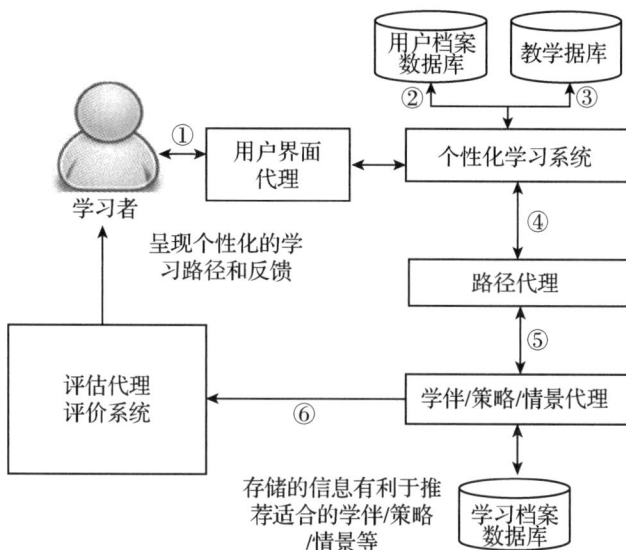

图 8-3　基于大数据的适应性培训系统

由图 8-4 可见，基于教学设计方案诊断的网络个性化培训的模式包含对象分析、个性化诊断、个性化推荐、个性化评价四个阶段。教师根据一定要求提交的教学设计方案，研究者根据教师教学设计中暴露出问题，设置逼真的问题讨论，让教师进行会话诊断问题，同时，培训者基于诊断出的问题设计对应的培训内容与活动，在实践过程中不断进化完善内容库与活动库，教师在这其中会接受专门的学习，教师可以基于学习内容开展交互，获取知识与能力的提升。基于教学制品诊断的个性化培训，诊断教师提交的教学设计方案、教学课件、教学反思等，找出问题症结，有针对性地设计/推荐培训活动，实质性地帮助教师解决教学设计中的问题。

（1）对象分析阶段

对象分析是初始环节，为了更好地了解每位学员，以便有针对性地开展培训，主要通过问卷、访谈的方式收集受训教师的基本信息、信息素养、教学设计能力三方面信息，为学员建立电子档案袋，确定受训教师的入门技能。

（2）个性化诊断阶段

个性化诊断阶段要求受训教师提交一份完整的教学设计方案，包括教学概述、教学目标、学习者分析、教学重难点分析、教学资源、教学策略、教学过程分析等环节。该阶段能与教师工作情境紧密结合，教师既能参与培训提升教学设计能力，又能与教

[①]　李洁、马宁：《基于教学设计方案诊断的网络个性化培训模式研究》，载《中国电化教育》，2014(1)。

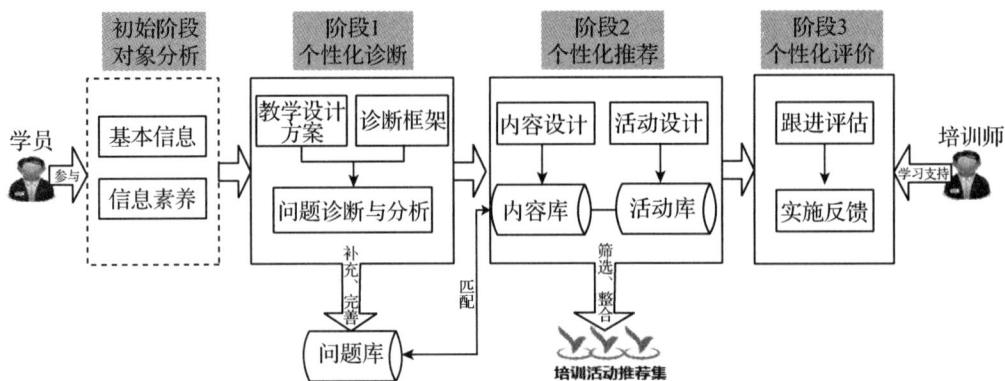

图 8-4　基于教学设计方案诊断的网络个性化培训的模式

学实践紧密结合，迁移运用培训内容。利用诊断框架对教学设计方案进行问题诊断。诊断是分析期望状态与现实状态之间的差距，找到问题症结及造成这种问题的原因。诊断框架的指标与教学设计模块相对应，每个维度中给出优秀教学方案的标准，即期望状态，以教师的教学设计方案为现实状态，将其两者进行比较找出差距，确定存在的问题。为了能更好地实现个性化推荐，培训师要与受训教师进行沟通，分析与确定问题。问题确定后，将其存入到预先建立好的问题库中，在培训过程中，不断发现问题，补充、完善该问题库。

（3）个性化推荐阶段

个性化推荐阶段，从学员的问题出发，判断是否已存在解决该问题的学习内容与学习活动，如果存在直接进入内容库和活动库中筛选整合相关培训推荐给学员。如果不存在相关资源，则要针对问题设计学习内容和学习活动，然后在对应库中存储后整合推荐给学习者。学习内容的设计是从学员存在的问题出发的，采用知识点的方式来进行设计。为了能有效地进行碎片化学习，学习内容的容量要小而精，对诊断出的问题要有针对性的解答。内容设计还需要考虑呈现方式，需要打破图文的单一模式，以多元化的方式呈现培训内容，可以采用视频、文本、幻灯片、课例等呈现方式，有效帮助学员学习相关内容，解决存在问题。学习活动的设计是为了帮助学员在培训中有效地与学习内容、学习者、培训师之间进行交互，采用活动序列组合的方式进行设计。在每个知识点内容学习中设置一系列的交互活动，即培训活动序列。每一个活动序列包含情境导入、学习活动区、学习互动区、实战演练四个大模块。为了更加有针对性地设计活动，将教师面临的教学设计问题归类成理念模式类、方法策略类、操作技术类，依据不同类型设计相应的活动序列。培训师可以根据学习内容及交互需求，灵活组合多种活动方式支持培训活动的开展。

培训内容与活动的推荐以问题解决为目的，由培训师手动将培训链接推送给学习者。培训推荐给学习者后，由学习者自主进行学习，由"知"向"行"转换，由知识向能力有效迁移。在培训实施过程中，要针对实际情况对培训进行适当的调整，对学习者做好学习支持服务，实现学习的交互。

（4）个性化评价阶段

个性化评价阶段不仅要评价学员的学习效果，还要评价培训方案与过程的合理化。在评估学员表现时，首先要整合多种评价方式，主要从三个维度来设置：第一是学习时间是否达到规定的时间；第二是学习活动的交互，是否参与了相应的活动；第三是内容交互方面，是否基于本活动的学习内容编辑、修改自己的教学设计方案。其次培训师根据学习者交互的内容做出一个判断，以弥补平台不能基于内容做出自动评价的不足。最后，强调评价主体的多元性，培训师作为主要的评价者，邀请受训教师所在学校的领导、教师的同伴参与评价。

实施反馈环节就是对培训方案的评估，学习者成为评价主体，让学习者回答"活动推荐是否有针对性""培训活动是否有效""是否喜欢本学习内容"等问题。为了能充分调动一线教师的能动地位，更好地改进培训，还让学习者针对本活动的内容与形式，提出自己的建议。

综合来看这四个阶段，我们可以发现对象分析只需要在学员第一次参与该培训时进行，作为培训的初始阶段。在分析对象之后，正式进入基于教学设计方案诊断的网络个性化培训，经过个性化诊断、个性化推荐、个性化评价三个阶段。需注意的是，这在三个阶段是可以循环进行的。

通过实践证明，基于教学设计方案诊断的网络个性化培训立足于真实的学习情境，基于教学设计方案诊断的网络个性化培训模式能够紧密结合教师的工作情境，满足教师的个性化需求，实现教师在知识和能力方面的双重提高，是一种有效的网络教师培训模式。该模式能够改进统一培训课程的弊端，满足教师的个性化需求；紧密结合教师的工作情境，有效迁移培训内容；解决中小学教师工学矛盾问题，合理利用碎片化时间学习；持续关注受训教师学习状况，给予及时的学习支持，消除学员网络学习孤独感。基于教学设计方案诊断的网络个性化培训模式在学员协作学习活动设计上略有不足，个性化推荐技术目前还是手动操作，在后续研究中还需要进一步设计协作学习活动，探索基于网络平台的自动推荐技术。

8.3.3　本节小结

学习需要个性化发展，教师培训也是同样的道理。

8.4
精准教研

🎯 学习目标

1. 明确精准教研的内涵。
2. 掌握精准教研的实施方向。
3. 分析典型的精准教研模式。

教研活动是促进教师专业成长的重要举措。[①] 教研活动往往是由教研员进行组织，在约定时间、地点将本学科的教师代表召集在一起，讨论研究某些特定的题目。这对促进学科发展、改善师资力量、提高教学质量起着非常重要的作用。[②]

当前，随着新课程改革的不断推进、教师专业化发展需求的凸显，教研组建设已经被提到学习型组织建设的高度上来，通过活动促进教师专业思考，提升其专业能力，把教研活动当作促进教师专业思考、专业成长的有效载体。[③]

8.4.1 精准教研的提出

当前，随着网络技术的发展，教研活动开展的形式也变得非常丰富，如各种展示课观摩、同课异构、优质课评比、各派教学理念的学术讲座等，也有基于网络的教研形式，如网络案例沙龙、大型活动现场会的视频直播、大型网络教研微课、MOOC 等。

这些教研活动形式的出现，既丰富了以往单一的教研内容，又开拓了教师的教学视野，尤其是一些网络直播的现场展示会，可以不出远门，直接了解各地区的先进做法。但是，无论是一些传统意义上的课例展示，还是具有现代气息的网络直播，都存在一些管理粗放的问题，不能真正满足各个层次教师的发展需求。

8.4.1.1 精准教研的内涵

教研活动的组织与开展更多地依托粗放型经验的支撑。[④] 首先，一次课例展示或学

---

① 王志勇：《分享——促进教研活动有效开展》，载《学校管理》，2018(1)。
② 张捷：《网上教研活动的实践与探索》，载《中国电化教育》，2003(2)。
③ 林万比：《教研组有效活动形式新探索》，载《中学教学参考》，2011(14)。
④ 蔡福山：《在"教研链"的思路下进行有效教研》，载《广西教育》，2013(21)。

术讲座，虽能暂时性洗脑，但不是过程性的，一个课例只是单纯的某个单元的一节课，学术讲座更是突兀，仅代表某个学者的观点，很难内化成教师的实践性指导知识。其次，网络教研给广大教师提供了有效的交流和展示机会，而且形式多样，比较自由灵活，因此那些有效灵活又简单易行的教研形式成了教师真正的教研阵地。[1]

一般传统的教研方法中，存在着教研过程粗放的问题。[2] 主要体现在问题意识差、交流对话少方面，研讨时泛泛而谈，缺少观念的交锋、思维的碰撞。研讨不能做到循序渐进，未能研细、研深、研透，活动中重视研究教材教法，轻视教师行为与学情研究；重视知识传授的研究，轻视教学技能与学法指导的研讨；重视活动的开展，轻视经验的总结与资料的积累。有些集体备课变味，只备不研，形成"一人备课众人用，一人主讲大家听"的局面。这些问题的存在使教研活动丧失了应有的作用，影响了教师的专业发展成效。为了不断提高教研活动质量和水平，必须从经验性转变为科学化，从随意性转变为规范化，从粗放性转变为精细化，精心设计，充分准备，严密组织，提升质量，追求实效，真正把教研活动落到实处。[3]

精准教研是"粗放教研"的对称，是针对不同学校、不同学段、不同学科、不同学生运用科学有效的方法，对教师实施精确指导、精确帮扶、精确管理的教研方式。教研工作贵在精准、重在精准、成败之举在于精准。

8.4.1.2 精准教研与传统教研之间的区别

随着传统"粗放型"教研弊端的不断显现，实现"精准教研"的需求越发强烈。精准教研作为一种全新的教研方式和理念被提出来，需要借助信息技术和大数据来为中小学教师的教研提供现实条件和技术保障，使其在新形势下满足中小学教师和学校的基本需求，提高教研的针对性和有效性。它的立足点在于"精准性"，注重教研活动细节，关注教师教研需求和发展规律，更有利于帮助教师解决实际教学问题。作为一种新型的教研模式，精准教研同传统教研之间有何区别，研究者依据发展背景、教研需求、教研特征、教研对象、教研手段、教研主题、教研目标、教研活动、教研评价等方面进行归纳，详情见表 8-9。

表 8-9　精准教研同传统教研之间的区别[4]

	传统教研	精准教研
教研需求	通过问卷、访谈等方式确定；主要由领导确定	通过大数据分析确定；由领导和教师协商共同确定

① 邢鑫：《网络教研给教研形式带来全新的变革》，载《学周刊 A 版》，2014(11)。
② 包昌升：《校本教研：从粗放走向精细》，载《山东教育》，2008(C1)。
③ 金昌杰：《"三段十有"主题式有效教研活动策略》，载《现代教育科学》，2013(12)。
④ 朱珊珊：《精准教研取向下听评课在线支持体系研究》，硕士学位论文，华东师范大学，2018。

续表

	传统教研	精准教研
教研特征	粗放型、漫灌式	精准性、切实性
教研对象	一统化；被动接受	特定化；主动满足自身专业发展需要
教研手段	传统手段	传统手段和信息化手段相结合
教研主题	自上而下	自下而上
教研目标	为教服务；注重总体目标	为学服务；注重具体目标
教研活动	粗线条、没有聚焦教学实际问题	关注活动细节、贴近教师实际需求
教研评价	基于经验；关注终结性评价	基于证据和数据；关注过程性评价

8.4.1.3　精准教研的特点

"精准教研"要实现两个目标：一是继承和创新已成熟的教学模式，并做实、做精，逐步形成品牌；二是查找当前教学工作中存在的问题，制定相应的解决措施，把短板补齐。

设计精准的教研活动与粗放型的教研活动截然不同。前者注重教研活动的细节，与时俱进，贴近教师的教研需求和教学的规律，更能解决教学中的实际问题；后者由于是粗线条，没有聚焦教学中的实际问题，务虚多于务实，设计不周密，考虑不严谨，效果不理想。精准教研主要有以下三个特点。

第一，管理精细化。管理精细化的实质，就是将管理责任具体化，做到人人都管理、处处有管理、事事见管理。将精细化管理思想引入教研组活动，就是要从完善校本教研机制入手，阅读教育经典文献资料，细化教研专题，指导教学实践，深化研讨反思，把各项教研活动落到实处。

第二，专题细节化。专题细节化具体而言就是要"小题大做"，按照问题的内在逻辑体系，把专题分解成相互联系的、可以操作的若干小问题，从而找到解决的步骤和途径。细化专题常用的方法有"横向拓展"和"纵向开掘"。"横向拓展"就是拓展问题的广度，由此及彼，横向拓展研究思路，确定与之相关的若干具体问题；"纵向开掘"就是开掘问题的深度，由浅入深，将问题展开成有一定层次结构的问题网络。专题细化之后，还要进行筛选，确定与专题联系紧密的关键问题，制定研究进度表。有了研究进度表，校本教研活动就能规范有序、扎实有效地开展，这样既能保证专题研究任务按期、保质、保量完成，又能克服过去校本教研那种浅尝辄止、随意化的通病。

第三，教研细节解剖。成功的教学必定离不开精彩的细节。重视对细节的解剖和改造，可以帮助教师聚焦关键点，提高教研活动的效率。要关注的细节有两类：一类是教研活动本身的细节；另一类是课堂教学实践中的细节。对于教研活动本身的细节，应着重围绕"过程和实效"进行剖析；对于课堂教学中的细节，应着重围绕"理念和操作"进行剖析。

解剖细节一般包括以下几个步骤。

①确定"关键性细节"。

②挖掘细节背后隐藏的观念。

③对于这种处理方式的反馈如何。

④还有哪些处理方式及其优缺点。

⑤在当时的情境中哪种处理方式效果更为有效。

在新课程改革形势下，如果我们注意到教研活动设计的精准性、活动方式的创新性，教研活动将被注入无穷的活力，教师也将会以更加饱满的热情、积极的态度投入教学的实践当中。教研活动的精心策划与组织，既注重活动前期的需求调研与整体策划，又注重活动过程的周密安排、活动事务的细节设计与后续的拓展提升，凸显教研活动的研究含量与功能辐射。[①]

8.4.2　精准教研实施方向

教研活动设计的精准和创新，既是个人的自觉参与行为，又是集体殚精竭虑、同心同德、群策群力的结果。精准教研可以针对不同学校的情况、不同层次的老师、不同的学科和不同的学生分别采取针对性、精确性的措施来开展教育研究。

8.4.2.1　学校

1. 目标量化管理

目标量化管理最先出现在工商业中，以量化的形式来确定目标，从而使效益达到最大化。学校管理者可以根据自己学校的实际情况来规划学校的各种教研活动，如课堂展示课、同课异构、优质课评比、学术讲座、网络教研、网络沙龙、视频直播，等等。[②] 学校可以根据教师的学科、教学层次，为他们设置合适的教研活动，促进教师的专业发展。

2. 校园文化建设

学校管理者需要加强校园的教研氛围，开设固定的课堂教学观摩，教师进行集体备课同课异构，定期开展教育培训和教研活动。

① 蔡福山：《在"教研链"的思路下进行有效教研》，载《广西教育》，2013(21)。

② 张海平：《精准教研 各取所需——基层体育教研活动分层实施的策略分析》，载《体育教学》，2017(3)。

3. 教师队伍建设

教育管理者既要注重新手教师的实践性知识和教学能力的培养，又要注重老手教师教学技能和科研能力的培养，分水平、分层次地进行教研实践指导。

8.4.2.2 教师

根据教师的教学资历和教学水平把他们划分为四层，分别是教龄在 1～3 年的新手教师、教龄在 4～10 年的一级教师、教龄在 10～18 年的教学骨干和教龄在 20 年以上的教学名师。

第一层次的新手教师需要加强对课堂的组织能力和管理能力，同时要练好扎实的教育教学基本功，对课堂实现基本的把控。

第二层次的教师已经具备课堂教学的基本能力，能驾驭课堂，这时候他们需要一些实践性的理论和知识，通过各类的优质课、展示课等来锻炼和提升自己的能力。这不仅是对他们教学能力的考验，还是对他们关于课堂组织管理、教学反思的提升，对他们的成长至关重要。

第三层次的教师在自己的教学领域取得了一定的成就，形成了自己的教学风格，这时候可以与新手教师组队或建立名师工作室来发挥名师效应，扩大自己的教师影响力。这个阶段的教师容易进入"生涯高原期"，这时候对这部分教师可以开展学术论文等科研方面的讲座，提升教师的教学科研能力。

第四层次的教师应该是本地区的名师，他们享受课堂，具有自己独特的"教学主张"，这时候可以引导教师形成自己独特的教学理论，注重教学反思和教学总结，实现教师的自我提升和飞跃。

案例

基层体育教研活动分层实施的策略分析[①]

处在第一层次的体育教师更适合集体统一培训，培训可以从最基本的教学设计入手，围绕教学设计中的几个重要内容分块培训，如如何撰写有效的教学目标、如何使隐性教学目标显性化、如何进行学情分析。实践性知识的培训可以从课堂常规、课堂组织与管理、安全预设等几方面入手，一些基本的课堂常规、对教学内容的理解和把握、课堂组织与管理可以学习一些基本的列队形知识，观看全国体育教师技能比武的现场视频，通过上课、观摩、点评、指导教师上"下水课"、教学再设计等互动形式，提高教师的教学管理水平。安全预设是一个很重要的教研主题，包括场地器材的安全排查，各种运动项目的风险研判，保护与帮助的方法学习，课堂安全细节（关键点）的

① 张海平：《精准教研 各取所需——基层体育教研活动分层实施的策略分析》，载《体育教学》，2017(3)。

把控、学生运动强度和运动量的控制、运动创伤的急救常识等，这些都是教研的关注点，尤其要注意调控自身的上课情绪，学会管理违纪学生，避免与学生发生冲突甚至情绪、肢体对抗和体罚现象。第一层次教师的专业发展一个核心词语就是"模仿"，通过大量的阅读，观摩海量的教学视频和优质课例，了解基本的上课套路，模仿和借鉴其他教师的经验，择优内化为自身的教学经验，这是年轻教师迅速成长的捷径。

第二层次和第三层次的教师其实相互共存，优秀的第二层教师有可能很少在第二层次逗留，直接成长为第三层次教师，这类教师是平时能注重教学积累，积极撰写教学反思的教学精英。相反，虽然已经处在第三层次的教师，由于平时放松对自身的要求，在"生涯高原期"徘徊，很可能教学水平降至第二层次。因此，处在这两个层次的教师是开展教研的重点对象，也是提高一个地区体育教学水平的关键。教研的基本内容可以分为以下三点。

一是开展体育教师技能比武（练兵），要求稍高的还要进行体育教师的体能与运动技能的过关测试。

二是提供日常交流学习的机会。例如，不同地区、学校教师之间关于教学的日常交谈和固定的课堂教学观摩，教学内容要有连续性，至少一个技能单元，可以多位教师进行同课异构；参与计划和准备。

三是这部分教学骨干对培训指导教师、教研员的愿景是：

（1）更广阔的教学视野——关于同一教学内容有很多种不同教学方法（有很多种不同练习技能的方法），这些教学方法和练习方法都和实战运用相关联；

（2）可靠——由受培训教师的成功所证实，教师的成长很多时候在一段时期以后才能显现，最有效的检验方法需要通过座谈交流等形式进行反馈；

（3）促进——建议和鼓励而不是命令，帮助而不是操纵，真诚的表扬和建设性的批评相结合。

四是引导这部分教师学写教学反思，养成习惯每节课后或几节课后记录课堂细节，提炼教学反思，在日常教学中能有意识地捕捉课堂的意外事件，记录这些事件是开展反思的前提条件。处于第二、第三层次的教师成长主要靠"用理论"来反思自己的经验，第一层次教师的成长主要表现在课堂行为方式的变化，而第二、第三层次教师的成长更重要的是看问题立场方法的重大变化。

处于第四层次教师的标准，可以列出很多优质特征：

①完备的学科知识与运动技能；

②课堂上总是积极倾听、对话，鼓励学生积极参与学练，提高学生的运动技能水平和体能；

③用多种多样的练习方法、手段、辅助器材以满足所有学生的学练需要；

④保持课堂在安全、轻松的氛围下，有组织、有纪律地进行；

⑤激发学生积极参与课堂活动，适时地和学生一起练习；

⑥尽量加大学生自主学练的时间；

⑦对学生的表现有很高的期望；

⑧密切关注学生学习进度并及时提供反馈。

以上这些特征或许在一些年轻教师课堂中也能找到，似乎一般优秀教师的表现都是这样一种方式，然而要在此基础上培育真正自成一派风格的大家，还要经过反复思考独特的教学体系，给他们的实践赋予不寻常的意义。他们能细致入微地去了解学生，用学生很容易理解的方式去教学，而不必根据教育专家、教研员、教研组长和同事所说的该怎样去做。这些教师只关乎和自我内心对话，能倾听全部学生的心声，对自己所做的完全是正确的信心驱使，而不需要其他人来解释教师的职责和教师的教学方法。处于第四层次的教师最重要的一点是，自己能做好自己的事，还能帮助别人、指导别人，让别人进步。

8.4.2.3　学科

不同的学科具有不同的学科特色和教学策略，针对不同的学科特色，教师和相关研究人员需要设计个性化的教研策略。

🔗 案例

中学英语教研活动的精准设计与创新①

在中学英语教学研究活动中，为了让教师更加积极主动地开展教研活动，可以从"诊断英语学情""创新评课方式""细化英语教学管理""完善青年教师培养机制"四个方面探讨教研活动的精准设计与创新，推动教师的专业成长。

"诊断学情"活动经常面对较多的学生（经常是一个班，有时甚至一个年级），因此，负责诊断学生英语学情的团队经常由 10～30 名具有丰富英语教学经验的骨干教师组成。我们事先制定好"高中生英语学习问题现场诊断表"，表中设定的栏目内容包括学生所在的学校、姓名、性别、年级、年龄、联系方式、所提的问题（主要是英语学习存在的困惑）以及诊断教师对于学生的学习困难所下的"处方"（改进建议），要求"诊断"教师像医生一样先认真倾听学生诉说他们的英语学习状况，在表内记录关键点，同时要求前来"问诊"的学生带课本、笔记本、作业本和试卷，以方便教师在审读学生的学习材料后能较为客观地对学生的英语学习状况做出客观判断，进而提出较为有效的改进建议。

"分工评课制"参照中国教育学会外语教学专业委员会研制的《中学英语课堂教学观察量表》，主要有以下观察的维度："教学内容的整合""教学行为""教师素质""课堂气

---

① 李陆桂：《中学英语教研活动的精准设计与创新》，载《基础教育研究》，2017(9)。

氛""学习过程中学生的参与""课件的设计与演示""教师对学生错误的反应"。教师依据表中有关细则进行评课,从科学的角度出发,言之有物,有的放矢,评课的方向性、专业性、准确性把握得很好;评者的水平得到了锻炼,听者受益匪浅,收到好的效果。例如,"教师对学生错误的反应"有以下细则:鼓励、引导、换其他学生回答、教师自己指正、进行解释和说明、由学生评价、由同伴补充完善、最终明确正确解答、忽视或视而不见。再如,"观察教师课堂提问的层次性"有以下细则:有单句提问、连续性提问及追问;激发学生在学习中讨论及提出问题的意识,记忆性提问、理解性提问、运用性提问、推理分析提问和评价性提问。

8.4.2.4　学生

针对不同学生的发展水平,因材施教,有的学校建立了导师制,不但关注了学生个体和学生能力之间的差异,更是为学生的个性化发展创造了条件。

🔗 案例

南京一中导师制校本教研

《国家中长期教育改革和发展规划纲要(2010—2020 年)》在"加强教师队伍建设"部分明确指出,要完善培养培训体系,提高教师专业水平和教学能力,通过研修培训、学术交流、项目资助等方式,培养教育教学骨干、学术带头人和校长,造就一批教学名师和学科领军人才。"研修培训"落实到中学,正说明了中学校本教研制度完善的紧迫性。

南京一中实施导师制,学校为中学生配备指导教师,为中学生的学习、生活、交往提供帮助与指导,引导全体学生主动、持续、和谐发展的教育运行机制。随着导师制的践行,导师制在培养教师方面发展为一种为教师配备名师、专家,为教师的成长提供帮助与指导,促进教师专业主动、持续、和谐发展的教育运行机制。其主要精神可以用四句话来概括,即平等的师生关系,互动的教育形态,多元的导师组织,共进的发展目标。这种校本教研制度是基于学校教研活动的规范实施与创新活动制定的行动准则,是为了促进教师的专业成长,保证教研有序、有效地进行,以学校实际问题为研究专题的系列制度。课题研究的核心,包含规划制度、实施制度、保障制度、评价制度等,最终形成完整合理的系列。通过校本教研制度的研究,引导教师在实践中研究,用研究的方式工作,逐步提高教育教学水平,提升教育教学和教研智慧。由此拓展教师专业成长的工作思路,打造适合不同层次、不同需求的教师发展平台,从而使校本教研制度显性化,进一步丰富导师制内涵。

研究思路是边实践、边反思、边提炼。关键有几步:第一步,问题和个例分析,抓住主要矛盾;第二步,寻求理论指导,提出初步设想;第三步,部分实践验证,完善制度；第四步，提炼总结，结题推广。

具体研究步骤如下。

1. 准备阶段

主要任务：分析历史，把握传统，分析现状，研究问题。

①查阅相关资料，开展理论研究，调查分析，咨询论证，做好课题研究前的整体设计，拟定课题研究方案。

②研究人员培训。学习相关理论，聘请专家对课题组主要成员和全体实验教师进行针对性培训。课题组主要成员明确分工，拟定个人研究计划。

2. 实施阶段

主要任务：提出假设，拟订方案，分组分步，全面探索。

①根据课题实施方案，各研究小组拟定子课题实施方案，同时以子课题方式从不同角度切入教研实践，在实践中积累第一手资料。

②总结反思，补漏纠正，收集资料，完善校本制度。

③结合上级教研部门、教师培训机构的要求和做法，做好资源整合。

④实行课题例会制，总结交流经验。

3. 总结阶段

主要任务：设计问卷，分类反馈，征求建议，形成报告。

①调整校本教研相关制度，全面征求教师意见，并及时修订。

②整理研究论文、教研案例，分析研究结果，完成子课题研究报告。

③完成总报告，申请结题。

8.4.3 典型精准教研模式分析与借鉴

8.4.3.1 基于人工智能系统的精准教研

精准教研研究帮助教师在教研中了解自己的知识结构、教学法、学科知识存在的问题，实现精准导向的教研，图 8-5 为实施精准教研流程图。

首先，采集教师在备课、听课、评课、课例分析、班级知识图谱、学生成绩数据。其次，将它们汇聚到多维度数据分析平台中，分析教师在教学法、学科知识、技术方面存在的问题。最后，汇总形成教师的 TPACK 知识模型，以期通过该模型精准诊断教学过程中存在的问题，如情景创设、提问设计等，然后基于问题，精准提供改进培训课程及参考案例。教研由形式单一、经验主导、小范围协调的方式向大规模协同、数据及时分享并深度挖掘的精准教研转变。

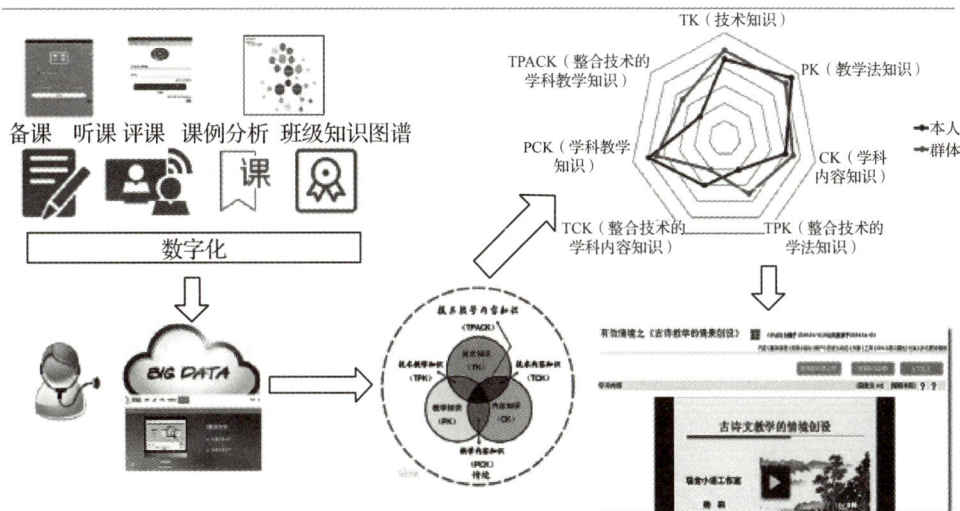

图 8-5　精准教研实施流程

这一系统的核心有两个：一是建立面向学科教学的问题知识库并不断完善；二是采集各种过程数据，如教师间的听课记录、教师的教学设计、教学课例、学生学科成绩等。

8.4.3.2　基于精准教研的在线评课系统[①]

精准教研取向下的听评课活动的核心诉求是帮助教师改进教学，促进学生成长，促进教师专业发展。在听评课活动中，授课教师参照评课教师的课堂观察和评价，对课堂教学展开反思，从中发现课堂教学中存在的问题，并采取措施解决教学问题，改进教学实践。

在线支持体系是基于传统听评课活动的不足，以"数据驱动"和"个性化"为关键思路，在"精准化"的价值取向下，结合信息技术在支持听评课精准化中的作用，依据听评课各个环节及其具体要素来构思形成的(图 8-6)。在线支持体系包括信息化策略方法和技术工具，可影响听评课活动的有效性和专业性。其中，信息化策略方法可用于指导听评课平台的设计和网络听评课活动的有效开

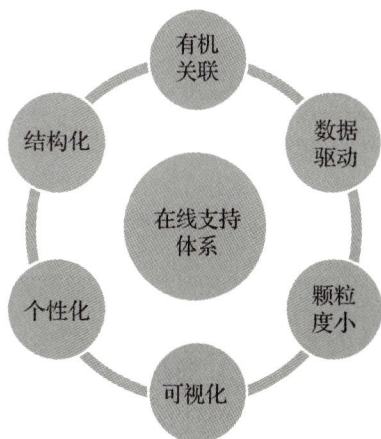

图 8-6　精准教研取向下听评课
在线支持体系的设计原则

---

①　朱珊珊：《精准教研取向下听评课在线支持体系研究》，硕士学位论文，华东师范大学，2018。

展，技术工具可以直接嵌入平台供参与听评课活动的人员使用，方便数据的记录，实现观察的全面性、评价的精细化、问题发现的精准性、过程的客观化和结果的可视化。

在实施精准教研取向下的听评课过程中，需要依据有机关联原则、数据驱动原则、颗粒度原则、可视化原则、个性化原则以及结构化原则，在线支持体系的构建也需遵循这些原则。

在线支持体系的整个理念是在"数据驱动"的理念下操作的，强调基于证据，通过对课前准备、课中观察、课后研讨阶段每个阶段所产生的数据，进行关联分析、回归分析、聚类分析等教育数据挖掘、学习行为分析，并可视化显示最终结果，实现个性化服务，帮助教师改进教学(图 8-7)。

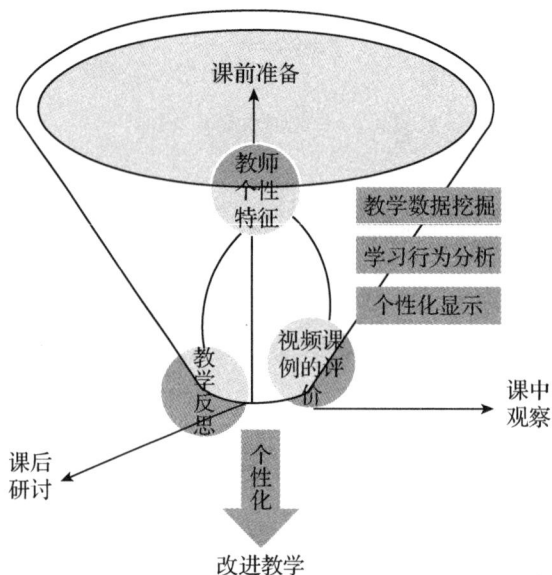

图 8-7 精准教研取向下听评课在线支持体系的两大关键技术图

在线支持体系作用的发挥都是在数据驱动下完成的，包括数据的收集与存储、分析与处理、统计与呈现，通过对课前准备、课中观察以及课后研讨阶段中所产生的数据的广泛收集，着力打造全面系统、深度汇集与听评课相关的数据，形成包括教师、课程、课堂观察、点评以及教研等信息内容的综合性数据库，为大数据分析奠定基础，全面提升在线支持体系的精准化。

通过收集用户数据，分析学习用户的兴趣和行为，从而实现个性化服务。在线支持体系通过运用信息化平台或者系统，实时收集教师的听评课行为数据，并运用学习分析技术、大数据技术，对教师的学习风格、学习兴趣等个性特征同教师的教研行为进行关联分析，深度挖掘与教师特征相关的数据，为后续的个性化学习资源或者学习路径等的推荐奠定基础。

　　听评课支持体系将以综合数据库为基础，收集主讲教师的基本信息、个性特征、评课教师的点评及其课堂观察记录等数据，将这些数据存储在云端，方便及时提取数据，采用批量化、多线程等方式及时分析处理数据，通过采用计算机算法对数据进行回归、聚类、分类等深度分析数据，并借助大数据技术进行关联分析、发展趋势的预测，来深度挖掘数据，并最终采用可视化技术呈现数据分析结果，促进教师的理解。通过实时收集主讲教师的基本信息，采用已经成熟的量表对主讲教师进行个性诊断，并将这些静态数据同评课教师的课堂观察记录等动态数据相结合，深度挖掘教师的隐性需求，据此给主讲教师提供个性化教学反思支持，并向他提供个性化资源，帮助他解决教学问题、改进教学(图 8-8)。

　　对于评课教师来说，精准教研视域下的听评课活动旨在促进评课教师评价素养的发展，借助视频标注技术、批注技术等，实现对教学设计(含资源)和教学视频课例的精细化点评，通过情绪标签实现结构化评价。通过精细化点评，加深评课教师对主讲教师课堂教学的认识，这有助于评课教师从不同的角度发现主讲教师课堂中存在的问题，支持评课教师问题素养的发展，同时促进课后研讨阶段浓郁教研氛围的形成。并且，评课教师的精细化点评能够更个性化、全面地支持主讲教师的教学反思，改进教学(图 8-9)。

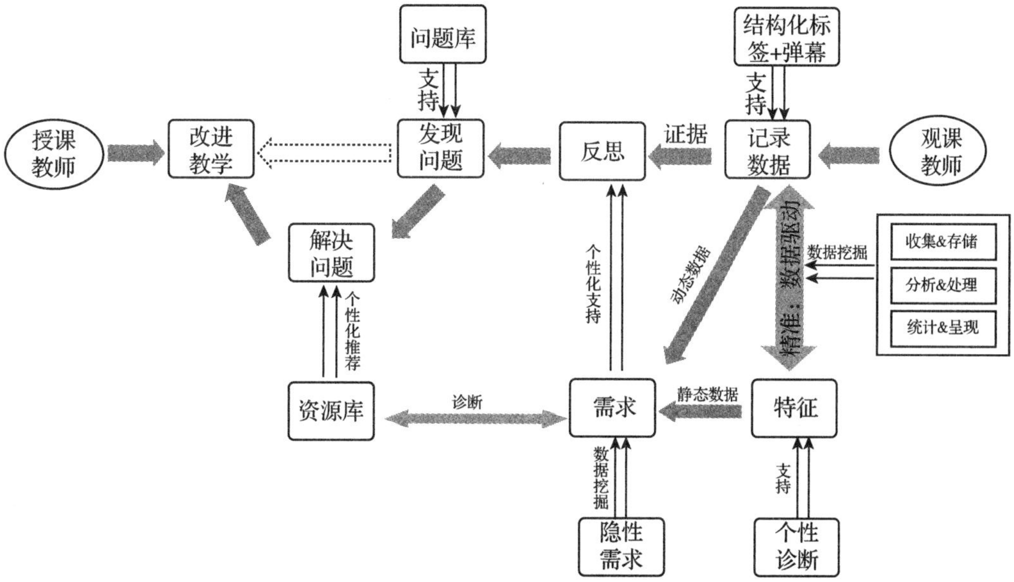

图 8-8　在线支持体系的两大关键技术

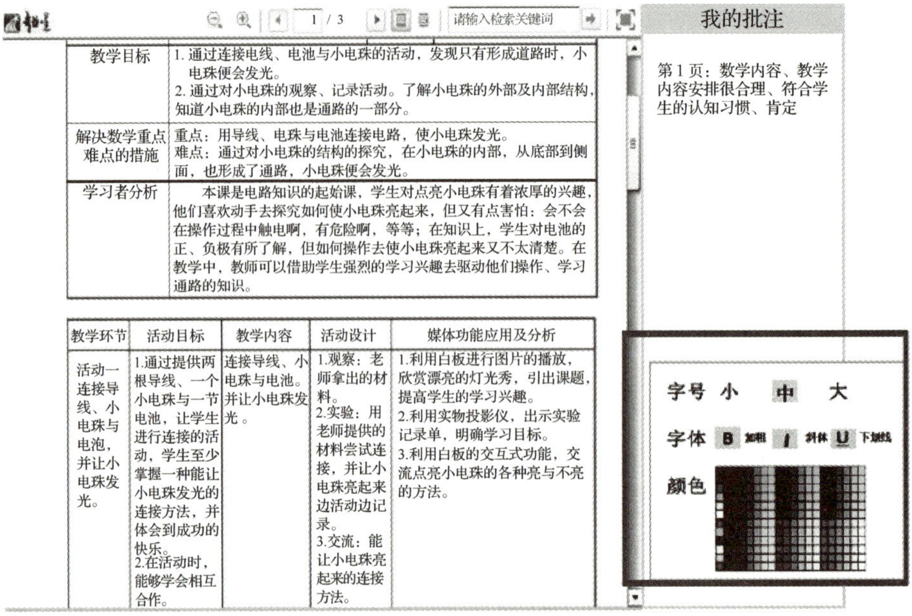

图 8-9　个性化批注功能

对于教学设计精准化评价来说，文本批注技术是关键。文本批注技术的有效应用有助于教师在评价教学设计过程中收集关键数据，以支持中小学教师的深度学习。批注所产生的数据会被存储在独立的数据库内，不会引发其对原始文章的改变。因而，关于批注技术的有效使用需要对其数据结构进行有效设计。批注的数据结构设计对在线支持体系批注功能的实现很重要，当对教学设计进行批注时，就会在数据库中增加一条批注记录。文本批注的功能是展示教师的实时评论。

8.4.4　本节小结

建立以校为本的教研制度，是促进教师专业发展的必然要求，有利于创设教师间互相关爱、互相帮助、互相切磋、互相交流的学校文化，使学校不仅成为学生成长的场所，还成为教师成就事业、不断学习和提高的学习型组织。[①]

教研活动承担着日常教学研究、经验交流、集体备课、教学水平评估、培训教师等重要职能，是提高教学质量的重要一环。其活动内容与教育理念变革、素质教育深化、课程整合等密切相关。教研活动的内容是第一位的，形式只是为提高解决问题效率而存在的，为了解决教师教学实践研究中的问题而进行的教研活动越来越多地借助

[①]　高枝国：《让教研活动成为促进教师专业思考的有效载体：黑龙江省小学数学第四届网络教研合作体教学素养展示会综述》，载《小学数学教育》，2013(4)。

于网络环境来实现，基于数字化环境的教师研训将日益扮演更加重要的角色。

[本章小结]

　　随着教育信息化的普及与逐渐深入，学习管理系统已经获取并存储了大量的有关学生复杂学习行为的数据，从这些数据中挖掘出改进教学系统、提升学习效果的信息，在教育信息化领域一直有着巨大的吸引力。新技术的深入应用带来了教育"大数据"的高速增长，挖掘这些教育数据潜在价值的迫切需求，使学习分析应运而生。

　　本章主要内容是对"学习分析"做界定，并介绍三种常用的教师教研方式：一种是教师作为合作共同体来共同探讨课堂教与学的课堂观察；一种是目标明确、形式多样的个性化培训；还有一种是设计精准、务实高效的精准教研。说明课堂观察、个性化培训、精准教研为何、如何属于"学习分析"，并具体介绍三种教研方法在实践中的应用方法及工具以案例的形式展开本章旨在向一线教师、职前教师或相关研究人员提供一些在教育教学实践中应用较广泛的教育研究形式。

总结>

Aa 关键术语

学习分析 Learning Analytics	课堂观察 Class Observation	个性化培训 Personalized training	精准教研 Precise research

章节链接

　　本章基于学习分析教师专业发展的理论基础部分请查阅"第二章教师专业发展的理论基础"。

应用>

批判性思考

　　如何运用学习分析技术促进教师的专业发展？

　　学习分析技术基于对大量学习数据的获取与分析，建立预测模型，可以对学生可能取得的成就或遇到的困难做出预测，为教师或教学管理者采取相应干预措施提供参照，以实现个性化学习环境或个别学习指导。教师在教学过程中可以运用学习分析技术在大数据环境下通过定量的方法，精准分析数据，实施准确干预，最终实现教育及培训目标，从而促进教师的专业发展。

✏️ 体验练习

1. 如何发现课堂观察中的研究点？
2. 个性化教师培训的特点是什么？
3. 精准教研与传统教研的区别是什么？

拓展＞

☕ 补充读物

《学习分析技术与方法》张琪著　科学出版社

本书主要从学习分析概述、学习分析的本质与模型、教育数据挖掘、学习者画像与应用学习分析工具设计五个方面展开，通过聚焦个体的真实表现，以及客观的数据获取、采集与分析呈现，全面、系统地阐述了学习分析的相关技术与方法，详细介绍了聚类、预测、深度学习等数据挖掘方法及工具，以及如何利用这些工具采集学习者的相关数据，进行精准的数据分析，实施准确的干预，最终实现教育目标。在学习"学习分析"相关内容时，读者可进一步阅读《学习分析技术与方法》一书。

《课堂观察指导》陈瑶著　教育科学出版社

本书在借鉴国外研究成果的基础上，对课堂观察方法的理论和运用进行了深入探讨，分别从定量和定性的两个维度介绍课堂观察方法，包括定量课堂观察和定性课堂观察各自的理论基础，多样具体的记录方式，资料分析上的特点以及它们的优势和缺陷等。同时，也探讨了一线教师运用课堂观察方法参与和开展课堂研究的问题，并提供了教师进行课堂观察研究的一些模式及相关案例。在学习课堂观察法相关内容时，读者可进一步阅读《课堂观察指导》一书。

参考文献

包昌升. 校本教研：从粗放走向精细[J]. 山东教育，2008(C1).

彼得·德鲁克，郭松青. 自我管理之道[J]. 中国人力资源开发，2000(1).

蔡福山. 在"教研链"的思路下进行有效教研[J]. 广西教育，2013(21).

曹慧，毛亚庆. 美国 UTOP 课堂教学质量评估系统的探索与反思[J]. 全球教育展望，2017(1).

陈红艳. 专业发展下的创新型教师及其素养建构[J]. 教育与教学研究，2013(12).

陈荟. 一位中学教师教学反思方法的个案研究[J]. 中国教育学刊，2011(7).

陈佳怡，刘向永. 赋能专业发展——解读 2017 版 ISTE 教育者标准[J]. 中国信息技术教育，2017(19).

陈佳钰. 传统听评课的革新——论课堂观察 LICC 范式[J]. 教学月刊小学版（综合），2016(C1).

陈杰苗、芬兰、新西兰和爱尔兰教育信息化政策演变及启示[J]. 中国教育信息化，2017(3).

陈凯泉，何瑶，仲国强. 人工智能视域下的信息素养内涵转型及 AI 教育目标定位——兼论基础教育阶段 AI 课程与教学实施路径[J]. 远程教育杂志，2018(1).

陈立娜. 知识管理中企业知识地图的绘制[J]. 图书情报工作，2003(8).

陈玲，张俊，汪晓凤等. 面向知识建构的教师区域网络协同备课模式研究——一项基于学习元平台的实践探索[J]. 教师教育研究，2013(6).

陈鹏，黄荣怀. 设计思维：从创客运动到创新能力培养[J]. 中国电化教育，2017(9).

陈强，廖开际，奚建清. 知识地图研究现状与展望[J]. 情报杂志，2006(5).

陈维超，李芒. 促进网络支持的面授教学交往的有效性——运用博客建构学习共同体[J]. 电化教育研究，2007(4).

陈喜贝，何晓澜. 教师"项目管理者"角色探微——以湖南第一师范学院英语演讲培训为例[J]. 湖南第一师范学院学报，2013(6).

陈向明. 实践性知识：教师专业发展的知识基础[J]. 北京大学教育评论，2003(1).

陈瑶. 课堂观察指导[M]. 北京：教育科学出版社，2002.

陈玉琨等. 课程改革与课程评价[M]. 北京：教育科学出版社，2001.

陈悦，刘则渊，陈劲等．科学知识图谱的发展历程[J]．科学学研究，2008(3).

陈悦，刘则渊．悄然兴起的科学知识图谱[J]．科学学研究，2005(2).

崔鸿，朱家华，陈院豪．融合信息技术的教师教育精品资源共享课程建设反思——能力为本，资源为基，实践为桥[J]．中国教育信息化，2016(15).

崔京菁，马宁，余胜泉．基于社会认知网络的翻转课堂教学模式研究[J]．现代教育技术，2016(11).

崔京菁，马宁，余胜泉．基于知识图谱的翻转课堂教学模式及其应用——以小学语文古诗词教学为例[J]．现代教育技术，2018(7).

代玲玲，唐章蔚．移动环境下教师学习共同体的设计与研究[J]．现代教育技术，2012(10).

戴心来，王丽红，崔春阳等．基于学习分析的虚拟学习社区社会性交互研究[J]．电化教育研究，2015(12).

董海霞．论教师教育信念的文化性格[J]．当代教育科学，2019(3).

董京峰，王伟娟，朱立波．社会性软件促进非正式学习[J]．中国远程教育，2009(13).

杜婧敏，方海光，李维杨等．教育大数据研究综述[J]．中国教育信息化，2016(19).

范新民，曾海军．基于移动学习的翻转课堂培训新模式的研究与实践[J]．中国电化教育，2017(7).

方向，盛群力．IBSTPI国际教学设计能力新标准述要——教学设计师专业化发展的一种图景[J]．远程教育杂志，2015(3).

傅宇凡．上海：中国在线教育"探路者"[J]．中国教育网络，2013(4).

高颖，施皓．网络环境下大学英语教师同伴互助的生态模式[J]．南通大学学报(社会科学版)，2016(2).

高枝国．让教研活动成为促进教师专业思考的有效载体：黑龙江省小学数学第四届网络教研合作体教学素养展示会综述[J]．小学数学教育，2013(4).

谷立东．数字化教育与数字化教师[J]．牡丹江教育学院学报，2005(1).

顾泠沅，周卫．课堂教学的观察与研究：学会观察[J]．上海教育，1999(5).

顾小清．教师专业发展：在线学习共同体的作用[J]．开放教育研究，2003(2).

顾小清．面向信息化的教师专业发展——行动学习的实践视角[M]．北京：教育科学出版社，2006.

郭海龙．国内自我管理研究存在的问题及出路探讨[J]．重庆社会科学，2005(1).

郭华．深度学习及其意义[J]．课程·教材·教法，2016(11).

郭少英，朱成科．论教师专业发展视野下教师课程意识的重建[J]．现代中小学教育，2013(7).

郭绍青，金彦红．基于网络的分级分层混合式中小学教师培训模式研究[J]．中小学教师培训，2011(1)．

韩迎春，杨淑玲．论理想信念教育的时代性和阶段性[J]．南昌大学学报(人文社会科学版)，2011(3)．

何克抗．21世纪以来的新兴信息技术对教育深化改革的重大影响[J]．电化教育研究，2019(3)．

何克抗．TPACK：美国"信息技术与课程整合"途径与方法研究的新发展(下)[J]．电化教育研究，2012(6)．

何克抗．创造性思维理论—DC模型的建构与论证[M]．北京师范大学出版社，2000．

何克抗．从Blending Learning看教育技术理论的新发展(上)[J]．电化教育研究，2004(3)．

何克抗．关于《中小学教师教育技术能力标准》[J]．电化教育研究，2005(4)．

何克抗．建构主义的教学模式、教学方法与教学设计[J]．北京师范大学学报(社会科学版)，1997(5)．

何克抗．论创客教育与创新教育[J]．教育研究，2016(4)．

何克抗．如何实现信息技术与学科教学的"深度融合"[J]．教育研究，2017(10)．

何克抗．新课改 新课堂 新跨越——教育系统如何实现信息技术支持下的重大结构性变革[J]．现代远程教育研究，2013(4)．

贺桂英．基于任务驱动和MOOC学习的开放大学教师研修模式探索与研究[J]．高教探索，2016(1)．

胡海斌，丁国柱，吴鹏飞．基于学习元平台的课程知识本体的构建与应用——以"教育技术新发展"课程为例[J]．电化教育研究，2017(10)．

胡三华，汪晓东．博客在教育教学中的应用初探[J]．远程教育杂志，2004(1)．

胡小勇．促进教师专业发展的网络学习共同体创建研究[J]．开放教育研究，2009(2)．

华晓宇．基于新媒体应用的教师移动学习模式探究[J]．中小学教师培训，2017(9)．

黄炯明．新教师个性化培训探究[J]．学园，2017(2)．

黄荣怀，刘黄玲子，郑兰琴．论协作学习中的动机因素[J]．现代教育技术，2002(3)．

黄四林，林崇德，王益文．教师的创造力内隐理论[J]．心理科学，2005(5)．

黄涛，施枫，杨华利．知识地图模型及其在教学资源导航中应用研究[J]．中国电化教育，2015(7)．

黄云峰，朱德全．教师课程领导力的意蕴与生成路径[J]．教学与管理，2015(4)．

黄忠敬．课程文化释义：一种分析框架[J]．学术探索，2002(1)．

贾亮亭，张秋杰．教师专业发展与教师专业成长的差异及促成策略探究[J]．教育导刊，2012(10)．

姜宛彤，王翠萍，唐烨伟等．构建基于知识地图的微课程研究[J]．电化教育研究，2016(12)．

蒋国珍．混合式研修：信息时代的教师专业发展[M]．北京：高等教育出版社，2011．

焦建利，汪晓东，秦丹．技术支持的教师专业发展：中国文献综述[J]．远程教育杂志，2009(1)．

金昌杰．"三段十有"主题式有效教研活动策略[J]．现代教育科学，2013(12)．

金慧，刘迪，高玲慧，宋蕾．新媒体联盟《地平线报告》(2016高等教育版)解读与启示[J]．远程教育杂志，2016(2)．

金慧，张建伟，孙燕青．基于网络的知识建构共同体：对集体知识发展与个体知识增长的互进关系的考察[J]．中国电化教育，2014(4)．

金一，王移芝，刘君亮．基于混合式学习的分层教学模式研究[J]．现代教育技术，2013(1)．

靳玉乐，殷世东．生态取向教师专业发展的理念与策略[J]．教师教育学报，2014(1)．

黎加厚．创感时代的境脉思维[J]．中国现代教育装备，2009(10)．

李葆萍，周颖．基于大数据的教学评价研究[J]．现代教育技术，2016(6)．

李飞．自我管理——教师可持续发展的有效途径[J]．教学与管理，2011(1)．

李海峰，王炜．社会系统理论视域下的在线学习共同体构建[J]．中国电化教育，2018(6)：77-85．

李洁，马宁．基于教学设计方案诊断的网络个性化培训模式研究[J]．中国电化教育，2014(1)．

李克东，赵建华．混合学习的原理与应用模式[J]．电化教育研究，2004(7)．

李亮．知识地图——知识管理的有效工具[J]．情报理论与实践，2005(3)．

李琳．学习共同体视域下民族高校英语教师专业发展研究[D]．兰州大学，2016．

李凌．群体动力学视域下职业院校教师教研能力提升策略探析[J]．遵义师范学院学报，2018(3)．

李陆桂．中学英语教研活动的精准设计与创新[J]．基础教育研究，2017(9)．

李胜波，李爽，孙洪涛．在线实践社区中教师同伴互助活动的可视化[J]．现代远距离教育，2011(2)．

李弦．教师专业发展网上群体动力问题研究[D]．浙江师范大学，2009．

李艳燕，马韶茜，黄荣怀．学习分析技术：服务学习过程设计和优化[J]．开放教育研究，2012(5)．

李奕．基于"移动互联"的基本公共教育服务研究[J]．中小学管理，2015(1)．

李奕．以移动互联促进基础教育课程及考试评价改革[J]．开放学习研究，2016(2)．

李玉顺．信息技术与教育教学深度融合的发展需求与趋势[J]．中国教育信息化，2014(12)．

李兆义，杨晓宏．"互联网＋"时代教师专业素养结构与培养路径[J]．电化教育研究，2019(7)．

连榕．教师教学专长发展的心理历程[J]．教育研究，2008(2)．

梁文鑫，余胜泉，吴一鸣．面向信息化的教师专业发展阶段描述与促进策略研究[J]．教师教育研究，2008(1)．

梁文艳，李涛．基于课堂观察的教师教学质量评价：框架、实践与启示[J]．教师教育研究，2018(1)．

梁秀娟．科学知识图谱研究综述[J]．图书馆杂志，2009(6)．

廖宏建．移动学习中基于位置服务的个人知识地图及应用[J]．电化教育研究，2014(6)．

林崇德，辛自强．关于创新人才培养的心理学思考[J]．国家教育行政学院学报，2004(4)．

林琳，沈书生．设计思维的概念内涵与培养策略[J]．现代远程教育研究，2016(6)．

林琳，沈书生．设计思维与学科融合的作用路径研究——基础教育中核心素养的培养方法[J]．电化教育研究，2018(5)．

林世员．从强化完善既有教育到重构新型教育体系——"互联网＋"时代教育信息化的战略转型[J]．开放学习研究，2017(3)．

林万比．教研组有效活动形式新探索[J]．中学教学参考，2011(14)．

林文婷．大数据时代教师网络学习共同体构建模式探究[J]．软件导刊（教育技术），2016(3)．

林小云，熊和平．创新继续教育模式，促进教师专业成长[J]．高等师范教育研究，2003(7)．

刘鹤，金祥雷，于杨．论习近平新时代教师队伍建设思想及其践行策略[J]．现代教育科学，2019(4)．

刘峤，李杨，段宏等．知识图谱构建技术综述[J]．计算机研究与发展，2016(3)．

刘菊霞．中日两国基础教育信息化比较研究——第四届中日教育技术学研究与发展论坛侧记[J]. 中国电化教育，2013(2).

刘军. 社会网络分析导论[M]. 北京：社会科学文献出版社，2004.

刘万海. 教师专业发展：内涵、问题与趋向[J]. 教育探索，2003(12).

刘小兵. 用技术支持教学反思——应用 S-T 编码分析工具进行课堂观察[J]. 信息技术教育，2004(10).

刘晓明. 职业压力、教学效能感与中小学教师职业倦怠的关系[J]. 心理发展与教育，2004(2).

刘旭东，吴银银. 我国教师实践性知识研究十年：回顾与反思[J]. 教师教育研究，2011(3).

刘志波，许惠芳. 面向教师的美国国家教育技术标准(2008 版)[J]. 现代教育技术，2008(9).

娄彦，王金素. 浅论自我调节学习与教师专业成长[J]. 当代教育论坛(学科教育研究)，2008(4).

陆水，韦东. 教师自我管理的途径[J]. 管理观察，2007(2).

陆芸. 混合式教学在新教师入职培训中的应用[J]. 广西教育，2018(23).

罗先辉，刘允，康小丽. 微信公众平台在高校教师(教学)发展中心的应用研究与实践[J]. 当代教育实践与教学研究，2015(9).

马宁，崔京菁，余胜泉. UNESCO《教师信息与通信技术能力框架》(2011 版)解读及启示[J]. 中国电化教育，2013(7).

马宁，崔志军，曾敏. 以协同知识建构为核心的教师混合式研训效果研究——基于内容分析的方法[J]. 中国电化教育，2018(9).

马宁，何俊杰，赵飞龙等. 基于知识地图的新手教师微培训的个案研究[J]. 教师教育研究，2018(1).

马宁，吴焕庆，崔京菁. 以协同知识建构为核心的教师混合式研训模型研究[J]. 教师教育研究，2017(3).

马宁，谢敏漪，马超等. 网络环境下知识图谱协同建构对教师实践性知识的效果研究[J]. 教师教育研究，2019(4)。

马宁，周鹏琴，谢敏漪. 英国基础教育信息化现状与启示[J]. 中国电化教育，2016(9).

马秀麟，毛荷，王翠霞. 从 MOOC 到 SPOC：两种在线学习模式成效的实证研究[J]. 远程教育杂志，2016(4).

马勋雕，朱海. 改进型的弗兰德斯互动分析系统及其教育应用——基于交互白板的互动课堂[J]. 现代教育技术，2016(7).

马颖峰，付亚丽. 基于 Conceptual Play Spaces 理论的教育游戏设计——探究式教育游戏的情境设计[J]. 电化教育研究，2012(9).

迈克尔·霍恩，希瑟·斯特克. 混合式学习———用颠覆式创新推动教育革命[M]. 北京：机械工业出版社，2015.

闵谷艳. 教师职业倦怠研究述评[J]. 教育科学论坛，2018(7).

欧柔. 视频图像分析让教学反思更精准[J]. 中小学管理，2018(6).

潘淳. 新媒体环境下教师教学能力发展研究[J]. 中国电化教育，2014(5).

潘晔，王维. 新时代高校青年教师理想信念认同特点探析[J]. 学校党建与思想教育，2019(6).

裴娣娜. 多元文化与基础教育课程文化建设的几点思考[J]. 教育发展研究，2002(4).

裴跃进. 教师专业发展阶段基本内涵的探究[J]. 重庆文理学院学报(社会科学版)，2008(1).

彭蜀晋，樊敏. 科学教师专业素养发展的理念与措施[J]. 中学化学教学参考，2005(11).

彭文辉，杨宗凯，黄克斌. 网络学习行为分析及其模型研究[J]. 中国电化教育，2006(10).

祁林亭，熊才平，葛军，胡甜. 基于分布式学习的协同知识建构影响因素分析[J]. 现代远距离教育，2016(3).

祁玉娟，陈梦稀. 非正式学习与教师专业发展[J]. 湖南第一师范学报，2009(6).

祁玉娟. 基于教师专业发展的教师非正式学习研究[D]. 湖南科技大学，2008.

秦慧臻. 虚拟学习社区的群体知识建构研究[D]. 曲阜师范大学，2014.

申沁. 国际视野中的教师专业学习与发展模式走向[J]. 教师教育研究，2012(2).

施良方. 课程理论———课程的基础、原理与问题[M]. 北京：教育科学出版社，1996.

石义堂. 以需为本的教师培训模式创新刍议[J]. 中小学教师培训，2008(5).

石中英. 知识转型与教育改革[M]. 北京：教育科学出版社，2001.

舒杭，王帆. 群体动力学视角下的 MOOC 本质及其教学转变[J]. 现代远距离教育，2016(1).

宋萑，朱旭东. 论教师培训的需求评价要素：模型建构[J]. 教师教育研究，2017(1).

隋清江，张艳萍，张进宝. 移动教育：国内外实践研究综述[J]. 教育探索，2004(8).

孙景源. 同伴互助：让教师在团队中成长[J]. 当代教育科学，2006(8).

孙美龙. 教师自我管理的方法[J]. 中国教育学刊，2006(4).

孙绵涛．关于教育政策分析若干理论问题的探讨[J]．教育研究与实验，2002(2)．

陶佳．基于社交学习的教师网络学习共同体之构建——兼论面向智能时代的教师网络学习共同体[J]．远程教育杂志，2018(2)．

陶梦云，刘义兵．芬兰基础教育均衡发展归因分析[J]．现代中小学教育，2015(12)．

田晶．高级教师个性化培训的思考与实践——以大连市西岗区小学高级语文教师培训为例[J]．名师在线，2017(4)．

田秋艳．虚拟学习社区中知识建构的影响因素研究[D]．东北师范大学，2009．

万海鹏，李威，余胜泉．大规模开放课程的知识地图分析——以学习元平台为例[J]．中国电化教育，2015(5)．

万明刚，刘显翠．现代社会心理学[M]．北京：对外经济贸易大学出版社，2013．

王阿习，陈玲，余胜泉．基于 SECI 模型的教师培训活动设计与应用研究——以"跨越式项目全国中小学语文和英语骨干教师培训"为例[J]．中国电化教育，2016(10)：24-30．

王继新，吴秀圆，翟亚娟．共同体视域下的区域基础教育均衡发展模式研究[J]．电化教育研究，2018(3)．

王建勤．终身学习：教师专业化的根本要求[J]．中国成人教育，2009(12)．

王举．教育政策的逻辑体系探究[J]．教育理论与实践，2013(16)．

王君，樊治平．一种基于知识地图集的知识管理系统模型框架[J]．工业工程与管理，2003(6)．

王磊．学科能力构成及其表现研究——基于学习理解、应用实践与迁移创新导向的多维整合模型[J]．教育研究，2016(9)．

王陆，张敏霞．一种改进的基于教师凝聚子群的远程合作学习圈方法[J]．电化教育研究，2011(4)．

王陆．价值观：影响学习的深层因素——访哥伦比亚大学林晓东教授[J]．中国电化教育，2010(4)．

王美．视频研究在教师学习与专业发展中的运用[J]．远程教育杂志，2011(6)

王萍．大规模在线开放课程的新发展与应用：从 cMOOC 到 xMOOC[J]．现代远程教育研究，2013(3)．

王钦，郑友训．新课程背景下的教师课程领导力探析[J]．教学与管理，2013(21)．

王庆超，孙芙蓉，袁娇，姜丽希．我国教师教学行为研究热点及演进——基于 949 篇 CSSCI 期刊论文知识图谱分析[J]．教育评论，2016(11)．

王少非．新课程背景下的教师专业发展[M]．上海：华东师范大学出版社，2005．

王文君，杨永亮．基于微课资源的教师网络研修模式构建与活动设计[J]．电化教育研究，2016(1).

王佑镁，王晓静，包雪．成为自造者：众创时代的创客素养及其发展[J]．中国电化教育，2017(4).

王志勇．分享——促进教研活动有效开展[J]．学校管理，2018(1).

王作亮，伏荣超．建构乡村学校共同体[M]．北京：光明日报出版社，2010.

魏非．教师远程教育中在线知识社区的构建与反思[D]．华东师范大学，2005.

魏先龙，王运武．日本教育信息化发展战略概览及其启示[J]．中国电化教育，2013(9).

魏星．混合式教学：基本原理、发展瓶颈及优化路向[J]．齐齐哈尔大学学报（哲学社会科学版），2018(8).

温彭年，贾国英．建构主义理论与教学改革——建构主义学习理论综述[J]．教育理论与实践，2002(5).

吴焕庆，荆宝坤．基于知识建构的数字化微格教学模式构建研究[J]．电化教育研究，2018(5).

吴良根．当前中小学教师职业倦怠成因分析及对策[J]．中国农村教育，2008(3).

吴卫东，骆伯巍．教师的反思能力结构及其培养研究[J]．教育评论，2001(1).

吴永和，陈丹，马晓玲等．学习分析：教育信息化的新浪潮[J]．远程教育杂志，2013(4).

武晓艳．从教师专业发展阶段性谈教师职业倦怠及组织应对[J]．沧州师范专科学校学报，2005(1).

武晓艳．论教师专业发展阶段中的职业倦怠与组织应对[J]．扬州大学学报（高教研究版），2005(3).

夏惠贤，杨超．美国中小学教师的同伴互助及对我国教研组活动的启示[J]．教育科学，2008(4).

向宁．大数据时代的教育信息化建设研究[J]．改革与开放，2015(24).

肖静，黄文琪．群体动力学视域下的高校教师学习共同体发展探究[J]．武汉理工大学学报（社会科学版），2017(5).

谢海波．网络环境下促进教师专业发展的模式和策略研究[J]．中国电化教育，2011(8).

谢维和．教师培训：补充还是转型[J]．教师教育研究，2002(1).

谢幼如，宋乃庆，刘鸣．基于网络的协作知识建构及其共同体的分析研究[J]．电化教育研究，2008(4).

谢幼如，宋乃庆，刘鸣．基于问题的网络课堂协作知识建构模式[J]．电化教育研究，2010(1).

邢蕾．成人非正式学习的研究[D]．华东师范大学，2011.

邢鑫．网络教研给教研形式带来全新的变革[J]．学周刊，2014(31).

徐碧琳，陈颉．组织行为与非正式组织研究[M]．北京：经济科学出版社，2009.

徐继存．"互联网＋"时代教育公平的推进[J]．教育研究，2016(6).

徐万晓．舒尔曼学科教学知识视角下对教师专业素养的新思考[J]．重庆电子工程职业学院学报，2012(1).

许林．BECTA 在英国 ICT 教育中的作用及其启示[J]．电化教育研究，2010(7).

闫寒冰，郑东芳，李笑樱．设计思维：创客教育不可或缺的使能方法论[J]．电化教育研究，2017(6).

杨春红，郑友奇．博洛尼亚进程中的芬兰教师教育改革及其启示[J]．高教探索，2011(1).

杨现民，王榴卉，唐斯斯．教育大数据的应用模式与政策建议[J]．电化教育研究，2015(9).

杨现民，赵鑫硕．"互联网＋"时代学习资源再认识及其发展趋势[J]．电化教育研究，2016(10).

杨晓宏，杨方琦．利益相关者视角的高等教育信息化发展策略研究[J]．电化教育研究，2014(11).

杨晓平．中小学教师非正式学习研究[D]．西南大学，2014.

杨新颖．特级教师窦桂梅课堂教学言语互动的特点——基于弗兰德斯互动分析系统的实证研究[J]．中国教师，2013(13).

杨延从，黄碧慧．群体动力学视域下农村小学英语教师学习共同体建构的研究——以厦门市 X 区农村小学为例[J]．教育理论与实践，2016(17).

杨彦军，童慧．基于课例研究的教师知识协同建构模型及其实践效果研究[J]．电化教育研究，2015(12).

杨玉东．"课堂观察"的回顾、反思与建构[J]．上海教育科研，2011(11).

杨跃．教师的课程领导力：源泉、要素及其培育[J]．当代教师教育，2017(1).

叶澜．教师角色与教师发展新探[M]．北京：教育科学出版社，2001.

殷玉新，华逸云．自我导向本位教师专业发展：为何与何为[J]．教育理论与实践，2016(7).

殷玉新，王德晓．优秀教师的基本特质——透视美国"年度教师"的秘密[J]．比较教育研究，2016(1).

尤炜．听评课的现存问题和范式转型——崔允漷教授答记者问[J]．当代教育科学，2007(24).

于梅芳，韦雪艳．同伴互助与初任教师的角色适应——以"合法的边缘性参与"为视角[J]. 教育探索，2017(2).

余胜泉，陈敏. 基于学习元平台的微课设计[J]. 开放教育研究，2014(1).

余胜泉，段金菊，崔京菁. 基于学习元的双螺旋深度学习模型[J]. 现代远程教育研究，2017(6).

余胜泉，李晓庆. 基于大数据的区域教育质量分析与改进研究[J]. 电化教育研究，2017(7).

余胜泉，李晓庆. 区域性教育大数据总体架构与应用模型[J]. 中国电化教育，2019(1).

余胜泉. 从知识传递到认知建构、再到情境认知——三代移动学习的发展与展望[J]. 中国电化教育，2007(6).

余胜泉. 移动学习的典型范式[J]. 中国教育网络，2013(6).

余文森. 论以校为本的教学研究[J]. 教育研究，2003(4).

余艳，余素华. 信息化环境下课堂评价系统的研究与应用[J]. 现代教育技术，2015(8).

袁磊，侯晓丹. 美国《AECT 标准(2012 版)》与我国《中小学教师信息技术应用能力标准(试行)》的比较研究[J]. 中国电化教育，2015(5).

曾明星，周清平，蔡国民等. 基于 MOOC 的翻转课堂教学模式研究[J]. 中国电化教育，2015(4).

曾群芳，杨刚，伍国华. 基于网络的教师非正式学习研究[J]. 中国电化教育，2015(9).

曾祥艳. 教师专业发展及教师专业发展阶段[J]. 新课程研究(新教师教学)，2016(14).

詹泽慧，李晓华. 混合学习：定义、策略、现状与发展趋势——与美国印第安纳大学柯蒂斯·邦克教授的对话[J]. 中国电化教育，2009(12).

张刚要，刘陈，赵允玉. 多重逻辑下的课程形态变迁：一个分析框架[J]. 教育理论与实践，2019(7).

张国强. 论基础教育信息化发展的中国道路[J]. 西北师大学报(社会科学版)，2018(6).

张海平. 精准教研 各取所需——基层体育教研活动分层实施的策略分析[J]. 体育教学，2017(3).

张浩，吴秀娟. 深度学习的内涵及认知理论基础探析[J]. 中国电化教育，2012(10).

张捷. 网上教研活动的实践与探索[J]. 中国电化教育，2003(2).

张进良，李保臻. 大数据背景下教师数据素养的内涵、价值与发展路径[J]. 电化教育研究，2015(7).

张居震. 关于开展个性化培训的思考[J]. 中国培训，2006(11).

张力. 关于我国教育经济研究及其功能的三个视角[J]. 教育经济评论，2016(1).

张立昌. 自我实践反思是教师成长的重要途径[J]. 教育实践与研究，2001(7).

张露丹，汪颖，潘玉霞. 信息技术专家教师课堂教学特征案例研究——基于弗兰德互动分析系统[J]. 电化教育研究，2011(7).

张松，宋哲. 基于群体动力学的高校教研模式[J]. 价值工程，2012(1)。

张玮，李哲，奥林泰一郎，贾若. 日本教育信息化政策分析及其对中国的启示[J]. 现代教育技术，2017(3).

张晓佳，张凯黎，颜磊. 电子书包支持的小学数学互动课堂案例研究——基于改进型的弗兰德斯互动分析系统(IFIAS)[J]. 现代教育技术，2015(3).

张屹，刘美娟，周平红，& 马静思. 中小学教师信息技术应用能力的现状评估——基于《中小学教师信息技术应用能力标准（试行）》的分析[J]. 中国电化教育，2014(8).

张莹，符文娟. 教师同伴互助：教师专业发展的有效途径[J]. 新课程研究（下旬刊），2011(11).

张志越. 谈教师专业发展的新理念[J]. 教育理论与实践，2002(6).

赵呈领，蒋志辉，李红霞. 五要素视角下教师混合式研修模式构建研究[J]. 电化教育研究，2017(3).

赵呈领，申静洁，蒋志辉. 一种整合创客和 STEM 的教学模型建构研究[J]. 电化教育研究，2018(9).

赵德成，梁永正. 培训需求分析[M]. 北京：北京师范大学出版社，2012.

赵冬臣. 教师专业发展的六个原理[J]. 教师教育学报，2019(4).

赵海霞. Web 环境下的协作知识建构[J]. 现代教育技术，2012(11).

赵慧臣，陆晓婷，马悦. 基础教育、高等教育、企业以及教育管理部门协同开展STEM 教育——美国《印第安纳州科学、技术、工程和数学（STEM）行动计划》的启示[J]. 电化教育研究，2017(4).

赵建华. 知识建构的原理与方法[J]. 电化教育研究，2007(5).

赵婧. 课程形态信息化变革的"人学"致思[J]. 教育理论与实践，2016(10).

赵珂. "知识论坛"及其在香港中小学教育中的应用和推广[J]. 外国中小学教育，2007(11).

郑葳. 学习共同体：一种文化生态型学习环境的理想架构[D]. 北京师范大学，2003.

郑葳. 学习共同体——文化生态学习环境的理想架构[M]. 北京：教育科学出版社，2007.

郑燕林，李卢一，王以宁 . "网络学习境脉"的概念模型[J]. 中国电化教育，2007(8).

郑燕林，李卢一 . 虚拟实践共同体的境脉分析[J]. 现代远距离教育，2013(6).

钟启泉 . 知识建构与教学创新——社会建构主义知识论及其启示[J]. 全球教育展望，2006(8).

钟志贤，杨蕾 . 论在线学习(续)[J]. 现代远距离教育，2002(4).

钟志贤，曾睿，张晓梅 . 我国教育信息化政策演进(1989—2016 年)研究[J]. 电化教育研究，2017(9).

钟志贤 . 知识建构、学习共同体与互动概念的理解[J]. 电化教育研究，2005(11).

周国韬 . 论自我调节学习的影响因素[J]. 吉林教育科学(普教研究)，2001(3).

周靖毅 . 情境学习理论视角下教师培训模式的变革[J]. 教育理论与实践，2017(4).

周速 . 网络环境下教师学习共同体对教师专业发展的支持[J]. 电化教育研究，2007(6).

朱木易洁，鲍秉坤，徐常胜 . 知识图谱发展与构建的研究进展[J]. 南京信息工程大学学报(自然科学版)，2017(6).

朱宁波，张萍 . 教师同伴互助的校本教研模式探析[J]. 教育科学，2007(6).

朱宁波，张萍 . 校本教研中的教师同伴互助[J]. 教育科学，2005(5).

朱宁波 . 中小学教师专业发展的理论与实践[M]. 长春：吉林人民出版社，2002.

朱旭东 . 论教师专业发展的理论模型建构[J]. 教育研究，2014(6).

朱永海 . 信息技术与课程整合之时空追问[J]. 电化教育研究，2009(1).

诸立尚，张敏霞 . 知识管理视角下基于网络的教师专业学习研究——第五届全国基于网络的教师实践社区 COP 学术研讨会综述[J]. 中国电化教育，2014(12).

祝智庭，管珏琪 . 教育变革中的技术力量[J]. 中国电化教育，2014(1).

祝智庭，沈德梅 . 学习分析学：智慧教育的科学力量[J]. 电化教育研究，2013(5).

祝智庭，孙妍妍，彭红超 . 解读教育大数据的文化意蕴[J]. 电化教育研究，2017(1).

祝智庭，闫寒冰 .《中小学教师信息技术应用能力标准(试行)》解读[J]. 电化教育研究，2015(9).

祝智庭，张浩，顾小清 . 微型学习——非正式学习的实用模式[J]. 中国电化教育，2008(2).

祝智庭 . 世界各国的教育信息化进程[J]. 外国教育资料，1999(2).